제3판

재난관리론 I

이론과 실제

임현우 · 유지선

"재난이란 무엇이고 어떻게 관리해야 하는가?"

이 책은 재난관리를 소명으로 안고 살아가는 재난관리 종사자이자

연구가인 부부가 쓴 재난관리 분야에 대한 실제적 이론서이다.

박영사

이 책을 지금의 나를 있게 해 주신 임영택, 장봉덕, 유종일, 고순례 부모님의
80여 년간의 삶에 대한 존경의 의미로 그분들께 바칩니다.

그리고 그분들이 일궈 놓은 세상에서 안전한 삶을 영위해야 하는
내 아이들 임희서, 임효주와 같은 미래세대를 위해 쓰이길 바랍니다.

3판 서문

3판을 준비하는 동안 발생한 10.29. 이태원 참사는 피해자뿐만 아니라 사회 전체적으로 잊을 수 없는 비통함을 주었다. 또한, 참사의 후유증은 다시 날카로운 도구가 되어, 사회 구성원 서로의 마음에 상처를 주고 사회적 갈등까지 야기하고 있다. 3판 출간이라는 저자의 부끄러운 노력이 안전한 사회를 위한 작은 보탬이라도 되기를 다시 한 번 소망해 본다.

3판에서는 2판의 틀을 가급적 유지하면서, 기존의 재난유형별 관리체계를 보다 구체적으로 보강하고, 국가별 재난관리체계를 새롭게 선보인다. 그동안 저자는 재난유형 간 공통적 접근방식(All－Hazards Apporach)으로의 전환을 주장하면서, 현행 재난유형별 개별적 접근방식의 소개에는 신중하였다. 하지만 재난관리 현업 종사자에게는 아직 재난유형별 개별적 접근방식이 익숙할 뿐만 아니라 재난유형 간 공통적 접근방식으로의 완전한 전환에는 시간과 노력이 필요하다. 이러한 점에서 오히려 현행 재난유형별 관리체계를 구체화하는 것이 현실적이라고 판단하였다.

해외사례라고 불리는 국가별 재난관리체계를 새롭게 선보인 것도 같은 이유에서다. 그동안 저자는 수박 겉핥기식의 단편적 해외사례 소개보다는 우리나라 재난관리 방식의 철학과 원칙을 제시하고 의미를 부여하는 방식을 집필 원칙으로 삼아 왔다. 하지만 재난이 발생할 때마다 해외 재난관리 운용사례에 대해 사회적 관심이 집중되고, 각 나라가 처한 정치, 행정 등의 고유한 특성에 대한 충분한 이해없이 해외 선도국가의 운용사례를 맹목적으로 추종하자는 다소 위태로워 보이는 주장이 제기되어 왔다. 저자는 이러한 현실을 존중하자는 의미에서 그동안 국내외에서 강의와 연구를 준비하며 수집해온 자료를 바탕으로 국가별로 상이한 해외사례를 소개하며 독자의 이해를 돕고자 한다.

저자의 새로운 시도로 책의 분량이 증가하면서, 재난관리론 I(이론과 실제), 재난관리론 II(유형 · 국가별 재난관리체계)의 2권으로 분권하였다는 점에 대해 독자 여러분의 양해를 구한다. 다시 한 번 3판이 세상에 나올 수 있도록 도움을 주신 재난현장 일선에서 저자와 함께 고군분투하고 있는 선후배와 동료들, 박영사의 조성호 이사님, 사윤지 님 등 출판 관계자를 비롯해 저자의 출간을 독려하고 응원해 주신 모든 분들께 감사의 인사를 드린다.

2024년 2월

대한민국 재난현장에서

저자 임현우, 유지선

2판 서문

초판을 발행한 지 벌써 3년여가 지나간다. 그동안 많은 대학에서 재난관리론 수업 교재로 초판을 채택하여 주는 등 예상하지 못한 과분한 사랑을 받았다. 재난관리 관련학과 외에도 행정 · 정책학과, 소방 · 경찰학과, 안보 · 비상대비학과 등에서 신규로 수업과정을 개설하면서까지 본서의 내용을 가르쳐주신 것에 깊은 감사와 함께 막중한 책임을 느낀다. 특히, 일부 행정 · 정책학과에서의 재난관리론을 정규과목으로 채택한 데 대해서는 "재난관리 역량은 일선 행정가에게 가장 필요한 덕목 중 하나이다"라는 그간 저자의 주장에 대한 사회적 응답으로 느껴져 보람을 느낀다.

이번 개정판에서는 초판의 단독 저자에게 인생의 동반자이자 재난관리 분야에서 함께 분투하고 공부해온 아내 유지선 박사가 집필에 참여하였다. 우리 부부는 지난 2017년, 미국에서 최초로 재난관리학 학사학위 과정이 개설된 University of North Texas의 행정학과 박사과정을 40이 넘은 나이에 진학했었다.

그간 재난관리가 토목, 건설 등과 같은 공학분야 중심으로 연구되어온 한국에서 국가 재난관리자로 근무해온 우리 부부에게 인문사회학을 모태로 가르치는 미국 재난관리 학문은 매우 신선한 경험이었다. 저는 재난관리에 대한 사람들의 행태이론에 관심을 가졌고 유지선 박사는 기후변화와 연계한 행정분야의 협력체계를 연구하는 계기가 되었다.

초판에서 강조한 바와 같이 재난관리학은 매우 다양한 분야에서 연구되어 왔지만 이런 다양성 때문에 오히려 전체적인 통찰력을 가지고 연구되기 어려운 한계가 있다. 우리 두 사람도 비록 같은 학위과정에서 공부했지만 행정학 이론에 보다 치중하는 유지선 박사와 그간의 공학적 한계를 심리학 이론으로 보완코자 노력하는 저의 관심도는 서로 다르다. 우리 부부는 이러한 차이가 이 책의 다양성을 넓히는 데에 도움이 될 것이라는 기대를 하며 이번 개정판 저술 작업에 함께 참여하였다.

이 개정판에는 재난관리 현업에 종사하며 연구자의 생활을 하는 우리 부부의 시간적 한계로 그간의 학문적 관심 연구성과가 충분히 반영되지는 못하였다. 그러나 위험지각(제2장)에 대한 내용을 보강하고 최근 이슈가 되고 있는 재난대피 행동학(제14장), 재난의 불평등성(제15장), 탈진실의 시대와 위험 커뮤니케이션(제16장), 기후변화와 재난관리(제19장) 등의 내용이 추가되었다.

또한, 재난관리 종사자에게 실질적으로 필요한 각종 재난유해별 특성과 현행 재난·사고관리체계를 부록에서 폭넓게 보완하였다. 아울러, 재난관리에 익숙치 않은 초심자도 쉽게 접근할 수 있기를 바라는 마음을 담아 책의 전개 순서를 재난의 개념과 발생(제1장)부터 순차적으로 소개하는 방식으로 변경하였다.

개정판을 준비하는 동안 기상관측 역사상 가장 긴 장마였다는 2020년 여름과 전대미문의 재난상황인 코로나19의 중앙재난안전대책본부 담당관으로 근무하였다. 또한, 피해자 시신수습에만 29일이 걸렸던 2022년 광주 현대산업개발 신축 아파트 붕괴사고에서는 사고상황을 총괄조정하는 행정안전부 담당국장으로, 역대 피해면적이 두 번째로 넓었던 2022년 강원·경북 산불에서는 중앙재난안전대책본부 통제관으로 근무하였다(이상 저자 임현우). 이 기간 동안 희생되신 수많은 사람들과 그 가족들에게 안타까운 마음과 함께 통렬한 책임의식을 가진다.

이 개정판은 이러한 책임의식에서 비롯하여 재난관리를 평생의 소명으로 살아가겠다고 다짐한 우리 부부의 작은 노력의 시작이다. 다음 개정판이 나올 때쯤에는 보다 안전한 사회에서 우리 아이들이 밝은 모습으로 살아가길 바란다.

개정판의 많은 내용들은 재난관리 현장에서 함께 부딪히며 노력해온 동료들과의 고민과 도움으로 완성되었다. 특히, 행정안전부 자연재난대응과, 중앙재난상황실, 사회재난대응정책관실(이상 저자 임현우), 국제협력담당관실, 안전소통담당관실(저자 유지선) 등에서 함께 동고동락했던 동료들에게 깊은 감사를 드린다. 그리고 우리 부부에게 재난관리 학문의 새로운 시각을 갖도록 해준 University of North Texas의 Simon Andrew, Garry Webb, 장희선 교수님께도 감사의 마음을 전한다. 그분들의 가르침은 행정현장에서 경직되어온 사고에 보다 포괄적인 유연성을 선물해 주셨다. 마지막으로 보잘것없는 저자의 원고를 발전시켜 이 책의 출판이 가능토록 해준 조성호 이사님, 김상인 위원님 등 박영사 관계자께 다시 한번 감사의 인사를 드린다.

2022년 3월

대한민국 재난현장에서

저자 임현우, 유지선

초판 서문

재난관리 업무에 첫발을 내딛은 후, 지난 15년간 미뤄 둔 숙제를 이제야 마친 기분이다. 15년 전 저자는 우리나라 최초의 재난관리 전담기관인 소방방재청에서 재난관리 업무를 시작하게 되었다. 재난관리 공무원으로의 삶은 매우 역동적이었다. 평상시에는 일반적인 중앙부처 공무원들처럼 기획, 입법 등 정책업무를 수행하였다. 하지만 예기치 않은 재난이 발생하면 24시간 상황근무 체계로 업무가 전환되면서 상황실에서 밤을 새웠고, 이후 상황이 수습되면 피해 현장을 찾아 복구 계획의 수립을 지원하는 삶이었다.

하지만 이렇게 바쁜 생활 속에서 당시 머릿속에는 떠나지 않은 의문이 있었다. 바로 "진정한 재난관리는 어떤 것일까?"라는 매우 어리석지만 근본적인 질문이었다. 항공사고, 환경오염 등 각종 사고에는 따로 주관부처가 있었고, 사고현장에는 소방, 경찰 등 초기대응자가 구조업무를 하고, 또 해당지역에는 지방자치단체도 있었다. 이러한 업무관계 속에서 재난관리라는 업무는 당시 내게 매우 추상적으로 다가왔다. 담당하고 있는 업무에 대한 확신이 생기지 않았다.

나중에 알게 된 것이지만 이런 의문은 내 자신만의 문제는 아니었다. 업무에 종사하는 내 동료와의 대화 속에서, 그리고 재난연구를 하는 학자, 학생에게서도 내가 겪고 있는 비슷한 혼란을 발견하였다. 이러한 혼란은 그들 스스로의 자존감을 떨어뜨리는 역할을 하기도 했고, 사회 전체적으로 재난관리라는 학문과 업무의 존립에 대한 의문으로 이어졌다.

그러던 중에 운이 좋게 UN 등에서 주최하는 여러 국제회의에 참석할 수 있는 기회들을 갖게 되었고 여기에서 다른 나라의 재난사례와 세계적으로 공유되는 재난관리의 의미에 대해 조금씩 알게 되었다. 또한, 미국 유학의 기회도 갖게 되어 박사과정 연구자로 미국 연방재난관리청(Federal Emergency Management Agency; FEMA)에서 발주한 연구과제 등에 참여하며 보다 실질적인 지식을 접하게 되었다.

이후 귀국해서 맡은 업무 중 하나가 우리나라의 재난상황을 총괄하는 재난상황실장의 업무였다. 재난상황실장의 업무는 그동안 맡아왔던 재난관리 담당자의 역할과는 또 다른 차원의 일이었다. 낮과 밤을 가르지 않고 수많은 사고들이 매일 발생했고, 어떤 날에는 끔찍한 대형 재난을 맡아야 했다. 그 어떤 사고와 재난도 동일한 상황, 절차를 적용할 수 있는 것은 없었다. 어떤 것들은 상상조차 허락되지 않은 상황이었다.

이런 상황에서 줄곧 재난관리 업무를 해온 담당자로서 내 자신의 무기력함에 너무 부끄러웠다. 돌이켜보건대 그간의 내 경험과 지식은 너무 지엽적이어서 경험해 보지 못한 재난상황에서 전체적으로 바라볼 수 있는 안목을 갖추지 못했다.

이 책은 저자의 이러한 자기반성에서 출발하여 재난관리에 관한 각종 이론과 지식을 정리해 보기 위해 쓴 책이다. 수년에 걸쳐 재난관리에 관해 국내외적으로 출간된 서적과 논문들을 조사하고, 저자가 대학에서 학생들에게 강의하면서 정리한 자료들을 토대로 저술하였다.

「1편: 재난관리의 학문」은 '재난관리학'의 정체성에 관한 논의부터 현재의 독립학문으로 자리매김하는 발전과정 등 학문으로서의 재난관리를 개괄적으로 다루고 있다. 이후 「2편: 재난관리의 기초」는 '재난이란 무엇인가?'에서부터 관련 이론들, 재난관리학의 발전, 재난관리 행정의 역사, 법령체계 전반, 정부의 재난관리 조직 · 기구 등 재난관리 전반을 개괄적으로 다루고 있다. 「3편: 재난관리의 단계」에서는 재난관리가 구체적으로 어떻게 이루어지는지를 단계별로 정리하였다. 또한 「4편: 협력적 재난관리」에서는 재난관리가 여러 이해관계자의 협력에 기반한다는 점에 초점을 맞춰 국내재난에 대한 민관협력과 국가 간 협력이 필요한 대규모 재난발생시의 국제협력으로 나누어 정리하였다. 마지막으로 「5편: 재난관리의 현안」에서는 최근 관심을 받고 있는 재난관리 현안으로, BCM(Business Countinuity Management)으로 대표되는 기업재난관리, 금융시장을 통한 재난위험을 분산하는 재난보험, 재난특성을 물리적 피해에서 심리적 현상까지 확대하는 재난심리와 위험인식, 그리고 위험 커뮤니케이션 등을 다루었다.

막상 출판을 하자니 망설여진다. 재난관리학 강의의 교재로 활용하기 위해 학기 시작 전에 마무리해야 한다는 성급함에 당초에 준비하고 있었던 국내외 주요 재난발생 사례, 주요 국가별 재난관리체계, 의미 있는 재난관리 담론 등을 충분히 반영하지 못하였다. 이런 부분은 향후 개정판의 후속작업에 반영할 예정이다. 아무쪼록 이 책이 15년 전의 저자와 똑같은 질문, "도대체 재난관리란 무엇이지?"를 가지고 있는 재난관리학을 배우는 학생들 그리고 현업에 종사하고 있는 담당자뿐만 아니라 재난관리에 관심을 가지는 모든 사람들에게 조금이라도 재난관리를 이해하는 데 도움이 되길 바라며, 우리 사회가 재난 없는 안전한 사회가 되는 데 작은 초석이 되기를 기원해 본다.

이 책은 그동안 저자에게 재난관리에 대한 가르침을 주신 수없이 많은 분들의 도움으로 완성되었다. 한 분, 한 분을 적는 것이 오히려 지면의 제약으로 인해 누락될 수 있는 분들께 서운함을 줄 수 있을 것 같아 실례를 무릅쓰고 마음속 감사의 표현으로 이를 대신한다. 하지만 항상 역동적인 모습으로 제자를 격려해 주시다 지금은 고인이 되신 서울대학교 김재관 교수님, 재난관리의 다양한 학문영역을 경험하게 해준 (前)University of Illinois at Urbana-Champaign 송준호 교수님, University of North Texas의 Simon Andrew, Garry Webb 교수님의 가르침은 아직까지 잊을 수가 없다. 그리고 항상 부족한 남편을 격려해 주며 같은 재난관리 업무에 종사하며 학문 연구에 매진하고 있는 내 아내 유지선에게도 다시 한번 고마움을 전한다. 마지막으로 보잘것없는 저자의 원고를 발전시켜 이 책의 출판이 가능토록 해준 조성호 이사님, 박송이 대리님 등 박영사 관계자께 다시 한번 감사의 인사를 드린다.

2019년 6월

University of North Texas의 재난상황연구실(EOC Lab)에서

저자 임현우

목차

PART 03 재난관리의 행정 ··· 129

PART 04 재난관리의 단계 ... 207

PART 06 협력적 재난관리 ... 399

PART 07 재난관리의 현안 ... 451

PART 01

재난관리의 기초

CHAPTER

01 재난의 개념과 발생

1. 재난 관련개념의 정의

1.1 재난의 정의

"재난이란 무엇인가?"

재난이란 용어는 우리에게 매우 친숙하다. 매년 여름 태풍, 호우 등으로 인해 물난리를 겪을 때마다 언론, 방송 등에서 가장 쉽게 접하는 용어이기도 하고, 붕괴, 폭발, 화재 등의 상황뿐만 아니라 감염병, 전염병이 발생할 때에도 재난이라고 표현한다. 하지만 역설적으로 재난관리 연구자 등을 포함하여 오랜 기간 재난관리 업무에 종사한 사람들일수록 이 기초적인 질문은 답하기 매우 어렵다. 그 이유는 재난의 정의가 다양하고 모호하기 때문이다.

사실, 재난에 대한 정의는 그 자체가 학술논문이 될 만큼 자주 논쟁의 소지가 되어 왔다. 쿼런텔리(Quarantelli, 1998) 등을 중심으로 여러 학자들은 오래전부터 "재난이란 무엇인가?"라는 화두로 활발한 담론을 펼쳤는데 아직까지도 이 담론은 끝나지 않고 있다. 이 장에서는 이러한 재난의 개념정의에 대한 복잡한 담론을 모두 다루지는 않는다. 대신, 가장 통용되는 개념을 소개하고 이에 대한 일부 쟁점을 다루도록 한다.

먼저 재난에 대한 가장 통용되는 개념을 찾기 위해 화재상황을 통해 '사고'와 '재난'을 구분해 보도록 하자. 대부분의 사람들은 화재가 발생하여 건물 한두 채가 소실되었을 때, 이를 재난이라고 하지는 않는다. 우리나라에서만 매일 100여 건 이상 발생하는 이러한 화재는 그냥 일상에서 일어나는 '사고(accident)'일 뿐이다.

하지만 1871년 10월 8일 미국 시카고에서 발생한 화재는 달랐다. 현상 자체는 일상적 화재와 다를 바 없었지만, 그 사회적 영향은 매우 파괴적이었다. 당시, 이틀도 되지 않은 기간 동안 건물 18,000여 채를 포함하여 시카고의 1/3이 소실되었고 300여 명의 사람들이 사망·실종되고 100,000여 명의 이재민이 발생하였다(Miller,

1996). 아직 정확한 원인조차 명확하게 밝혀지지 않은 미국 시카고의 화재는 재난관리 역사를 논할 때 빠지지 않고 거론되는 전형적 '재난(disaster)'이다.

그렇다면 이러한 일상적 사고와 재난은 어떻게 구분할 수 있을까? 위의 간단한 비교를 살펴보면 결국 재난은 대규모 피해가 발생한 대규모 사고라고 볼 수 있을 것 같다. 하지만 여기서 말하는 대규모 사고의 기준은 무엇인가? 이러한 간단한 질문에 답하기 위해서라도 재난의 정의에는 더 많은 설명이 필요하다. 이를 위해서 재난의 정의를 어원, 학문, 정책, 법률적 측면 등에서 살펴보기로 한다.

1.1.1 어원적 정의

먼저, 어원적으로 살펴보면 동양에서 사용하는 災難이란 단어는 '水(물)＋火(불)＋難(어려움)'이 결합된 것으로 "물과 불로 인하여 발생하는 어려움"을 나타낸다. 일반적으로 동양에서는 물과 불은 인간이 제어할 수 없는 힘의 상징이었다. 서양에서 사용하는 disaster란 단어에서도 유사한 점을 찾아볼 수 있다. 'disaster'란 분리 또는 파괴를 나타내는 dis(＝away)와 별을 나타내는 aster(＝star)가 결합된 것으로 이는 "away from the stars", 즉 별들에서 분리 또는 파괴되면서 생기는 불행, 또는 행성의 배열이 맞지 않아 생기는 불행을 의미한다. 즉, 서양에서도 '별'이라는 인간이 제어할 수 없는 힘에서 재난의 원인을 찾고 있다.

이렇게 보면, 동서양을 막론하고 재난이란 단어는 어원적으로 "예상치 못하고 제어가 어려운 큰 피해를 일으킬 수 있는 상황"을 나타내고 있다. 여기서 주목할 부분은 어원적 정의는 주로 물, 불, 별이라는 자연재난에 초점이 맞추어져 있다는 점이다. 과거에는 주된 재난이 자연에 의한 불가항력인 행위의 형태로 이해되었으며, 이후 근대화의 과정에서 인간의 행위로 인해 인적재난의 배아가 생성되어 현재까지 발생하고 있다는 위험사회론과 맥락을 같이 한다고 할 수 있다.

1.1.2 학문적 정의

학문 분야에서 재난의 정의는 학문 분야별로 또는 같은 분야에서도 이를 다루는 학자별로 다양하게 형성되어 왔다. 심지어는 같은 학자일지라도 시기에 따라 그 정의가 다르게 나타나기도 한다. 이는 그동안 재난관리학이 여러 학문분야에서 독립적으로 발전해 오면서, 재난이란 용어가 사용하는 주체나 목적에 따라 다양하게 정의되어 왔기 때문이다. 따라서 재난을 단 하나로 정의하는 것은 현실적으로 어렵다. 제5장에서 별도로 다루겠지만 일반적으로 재난관리학은 사회학, 지리학, 심리학 등에게 전통적으로 활발하게 연구되어 왔으며, 최근에는 다양한 기술공학 분야에서도 다양하게 연구되고 있다.

이러한 다양한 학문분야별로 재난을 보는 관점 또는 정의에 대해서는 제5장에서 세부적으로 다루기로 한다. 대신 여기에서는 이러한 다양한 학문분야에서 공통적으로 나타나는 재난에 대한 다양한 관점의 변화를 나타내는 재난관리학의 발달과 관련시켜 크게 3가지 관점에서 살펴보기로 한다(Perry, 2007).

이러한 3가지 관점은 재난의 성립에 있어서 ⅰ) "태풍, 호우 등과 같은 외부적 요인에 의한 영향이 있어야 하느냐?", ⅱ) "인명, 또는 재산과 같은 물리적인 피해가 있어야 하느냐?", ⅲ) "시간과 공간이 정해지는 갑작스러운 사건(event)이어야 하는가?"라는 세 가지 기준이다.

먼저, 대표적인 사회학자인 프리츠(Friz, 1961)는 재난을 "사회의 중요기능을 마비하며 사회의 전체 또는 부분에 영향을 주는 실제 충격 또는 위협이 되는 사건"으로 정의하고 있다. 여기서 실제 충격 또는 위협이 되는 사건이라고 표현은 외부적 요인에 의한 영향을 성립요건으로 하고 있다. 하지만, 이때 물리적 피해뿐만 아니라 위협이 되는 상황까지를 말하는 것으로 물리적 피해가 재난의 성립조건으로 규정하지는 않았다. 하지만 그는 재난을 사건(event)으로 정의하면서 '시간과 공간이 정해지는 갑작스러운 사건(event)'을 염두에 두고 있다.

이후, 같은 사회학자인 쇼버그(Sjoberg, 1962)의 프리츠의 정의와 같은 궤를 같이하고 있는데, 재난을 "사회적 제어가 어려운 어떤 촉진하는 사건으로 인한 심각하고 갑작스러운 그리고 예상하지 못한 사회적 시스템의 혼란"으로 정의하고 있다. 쇼버그의 정의는 재난의 성립요건에 있어서 외부적 요인, 갑작스러운 사건 외에서도 제어의 불가성까지도 포함시키고 있다.

한편 1970년대 이후 등장한 지리학자가 주축이 된 위해 중심의 연구학파(Hazard Tradition)에서는 주로 자연재난이 주된 관심분야로서 재난의 정의에서 외부적 요인(external agent)인 위해가 발달하는 과정과 이러한 위해와 사회 시스템과의 관계인 취약성(vulnerability)에 주목하였다. 이때의 취약성은 사회 시스템의 물리적인 부분에 해당되는 것은 뒤에서 설명할 사회학자 중심의 사회적 취약성과 구분된다. 하지만, 여전히 이들의 정의도 결국 앞서 언급한 3가지 관점에서의 외부적 요인, 물리적 피해, 시간과 공간이 정해지는 사건을 모두 성립요건으로 하고 있다.

가장 대표적으로 버튼, 케이츠와 화이트(Burton, Kates & White 1978)는 "위해의 요인(hazard agent)이 사회 시스템과 작용하면서 발생하는 극단적 사건"으로 정의하고 있다. 즉 이들의 정의는 물리적 피해를 전제조건으로 두고 있는데, 예를 들어 지진이 발생하여 사람들에게 영향을 미치면 재난이 되는 것이고 그렇지 않으면 재난이 아닌 것이다. 이와 관련하여 커터(Cutter, 2005)는 중요한 것은 사건으로서의 재난이 아니라 환경의 위협 또는 극단적 사건에 대한 사람의 취약성(과 복원력)이라는 점을 주장하였다.

하지만 사회학자인 콰런텔리(2005)는 지리학자 등이 외부적 요인인 위해(hazard)에 주된 관심을 두는 것에 대해 재난 현상 중에는 외부적 요인을 확인할 수 없는 것이 많다고 지적하면서, 외부적 요인인 위해(hazard)에만 관심을 가지면 재난은 중심 주제가 아니라 부수현상이 될 수밖에 없다고 비판했다. 이러한 맥락에서 학파 내에서 일부는 사회학자들이 주장해온 재난의 사회적 문맥을 일부 받아들이게 된다. 예를 들어, 알렉산더(Alexander, 2005)는 "재난은 인간과 자연 시스템 간의 결합에서 일어나는 사건일 뿐만 아니라 계층간 끊임없이 변화하고 다양화된 이 사건의 사회적 결과"라는 부분을 강조하였다.

이후의 재난 정의는 이러한 사회학자를 중심으로 발전하게 되는데, 그들의 주장에 따르면 재난이란 발생 요인에 관계없이 단지 사회적 현상일 따름이라는 것이다. 그들은 재난이 성립하기 위해 필요한 요건으로 외부적 요인, 물리적 피해뿐만 아니라 물리적 사건이 있어야 한다는 개념 자체를 부정하였다. 그들이 강조하는 것은 재난을 정의하는 데 있어서 물리적 요인에 주목하기보다는 사회적 혼란에 관심을 가져야 한다는 것이었다. 이러한 사회적 혼란은 결국 사회적 시스템이 취약할 때 발생하는데, 이러한 취약성은 물리적인 이유로 발생한 것이 아니라 사회적 구성(socially constructed)에 따라 야기되는 사회적 불평등 등에 따른 사회적 취약성[1])이다. 콰런텔리(2005)는 재난은 결국 사회적 구조 또는 사회 시스템상의 사회적 취약성과 결합하여 발생한다고 주장하였다.

따라서 이들은 자연 및 인적재난과 같은 발생 요인에 따른 재난의 구분에도 반대하였다. 대신에 바톤(Barton, 2005)은 재난을 "사회 시스템의 실패로 해당 구성원이 기대하는 수준의 생활 조건을 받지 못하였을 때 발생하는 집단적인 스트레스 상황"으로 정의하면서, 재난을 영향 범위, 전개 속도, 지속 시간, 대비 정도 등 4가지 기준에 따라 구분하였다.

---

1) 이러한 사회적 취약성은 위해 중심의 연구학파에서 주장하는 물리적 취약성과 대조되는 개념이다.

이렇게 그동안 재난에 대한 다양한 학문적인 정의에 대한 논의가 활발하게 이루어지면서 점차 그 의견의 차이가 해소되고 있는데, 이러한 학문적 재난 정의에 대한 공통된 의견은 쿼런텔리(2000)의 정의로 귀결된다. 그는 재난을 "집단단위의 일상이 심각하게 혼란되고 이를 처리하기 위한 계획되지 않은 조치가 필요한 상대적으로 갑작스럽게 발생한 상황"으로 정의하고 있다.

다시 말해, 최근의 학계에서 통용되는 재난 정의를 요소별로 살펴보면, 다음과 같이 다시 정리될 수 있다. 먼저, 재난은 외부적 요인에 따른 사건이 아닌 내부적인 사회적 현상으로 이해될 수 있다. 같은 맥락에서 물리적 피해가 없는 단순한 위협도 재난을 야기시킬 수 있을 뿐만 아니라, 재난을 특정한 시간과 공간으로 정의되는 사건으로 정의할 수도 없다. 그리고 결과적으로 재난의 크기는 인명 및 재산과 같은 물리적 피해가 아닌 사회적 혼란의 정도로 측정되어야 한다.

1.1.3 정책적 정의

앞서 논의한 학문적 정의는 재난의 정의에 대한 발전과 함의를 잘 보여주고 있다. 하지만 이를 행정현장 등에서 적용하기에는 너무 모호하다는 지적이 있다. 따라서 행정현장 등에서는 아직까지 재난의 성립요건으로 여전히 i) 외부적 요인으로 인한 ii) 물리적 피해를 일으키는 iii) 시간과 공간으로 정의되는 사건이라는 정의에서 벗어나지 못하고 있다.

각국의 행정현장에서는 이러한 사항을 반영하여 정책적 정의를 도입하여 사용하고 있는데, 국제적으로 가장 통용되는 것은 UN 재난위험경감사무국(UN Office for Disaster Risk Reduction; UNDRR)의 정의로 "재난이란 해당 지역사회가 보유한 자원으로 대응할 수 있는 역량 이상의 인적, 물적, 경제, 환경적 손실을 야기함으로써 해당 지역사회의 기능을 심각하게 혼란시키는 갑작스러운 재앙적인 사건[2)]"으로 정의하고 있다(UNISDR, 2009).

또한, 세계적 재난정보 연구기관인 재난역학연구센터(Center for Research on the Epidemiology of Disasters; CRED)에서도 재난을 "대규모 인적 또는 물적 피해를 야기한, 예측치 못하고 갑자기 발생한 상황으로 국가 또는 국제적 차원의 외부지원이 필요

2) "A disaster is a sudden, calamitous event that causes serious disruption of the functioning of a community or a society causing widespread human, material, economic and/or environmental losses which exceed the ability of the affected community or society to cope using its own level of resources."

할 정도로 지역의 역량을 넘어서는 상황 또는 사건[3)]"으로 정의하고 있다.

이외에도 UN개발계획(UN Development Programme; UNDP)에서는 "갑작스럽게 발생하여 지역사회의 기본조직과 정상기능을 와해시키는 대규모 사건으로 영향을 받은 지역사회가 외부의 도움이 없이는 극복할 수 없고 생명과 재산, 사회 간접시설과 생활수단에 일상적인 능력으로 처리할 수 없는 피해를 일으키는 단일 또는 일련의 사건"으로 정의하고 있다.

미국 연방재난관리청(Federal Emergency Management Agency; FEMA)에서는 재난을 "통상 사망과 상해, 재산 피해를 가져오고 또한 일상적인 절차나 정부의 차원으로는 관리할 수 없는 심각한 대규모 사건으로 이러한 사건은 보통 돌발적으로 발생하므로 정부와 민간 조직이 인간의 기본적 수요를 충족시키고 신속하게 복구하기 위하여 즉각적이고 체계적으로 효과적으로 대처를 해야 하는 사건"으로 규정하고 있다.

이러한 정의를 종합하여 보면 재난이 성립되기 위한 몇 가지 특성들을 살펴볼 수 있다. 크게 피해의 규모와 예측 불가능성 및 갑작스러운 전개이다.

■ **피해의 규모**

첫째, 재난은 대규모 피해를 야기하는 사건이라는 것이다. 비록 앞에 살펴본 바와 같이 학문적 정의에서는 물리적 피해가 없이 사회적 혼란을 야기하는 현상으로 재난의 범위를 정하고 있지만, 정책분야에서 쓰이는 재난의 정의는 일반적으로 물리적 피해로 국한되고 있다. 또한, 대규모 피해의 기준에 대해서도 해당 지역사회가 독자적으로 대응할 수 있는 수준 이상의 것으로 지역사회에 따라 상이한 상대적, 사회적 기준으로 설정하고 있다.

예를 들어, 화재사고로 인해 사상자가 20명 발생한 경우, 이를 재난이라고 할 수 있는지 아닌지에 대한 것인데 그 지역사회의 의료시설, 구급대원 등 응급의료체계가 체계적으로 운영되고 있는 경우에는 20명의 사상자가 발생하였더라도 이는 일상적 사고에 불과하지만 응급의료체계가 취약한 경우에는 이보다 더 적은 사상자가 발생하였더라도 이는 심각한 재난이 될 수 있는 것이다.

하지만 이러한 상대적, 사회적 기준은 정량적으로 명확하게 표현되지 않아 행정

---

3) CRED defines a disaster as "a situation or event that overwhelms local capacity, necessitating a request at the national or international level for external assistance; an unforeseen and often sudden event that causes great damage, destruction and human suffering"(Guha－Sapir 등, 2016).

영역에서 적용하기에는 어려운 부분이 많다. 따라서 이를 보완하기 위해 재난정보를 관리하는 일부 기관에서는 이를 정량화시키려는 노력을 기울여 왔다.

예를 들어, CRED의 재난정보 Database인 EM-DAT[4]에 재난으로 입력되기 위해서는 최소한 i) 사망 10명 이상, ii) 부상 100명 이상, iii) 재난사태(a state of emergency) 선포, iv) 국제원조 요청 중 한 가지 이상을 만족해야 하는 경우 이를 재난으로 규정하여 관리하고 있다(Guha-Sapir 등, 2016). 또한, 세계적인 재보험사인 SwissRe의 경우 대규모 사고의 기준으로 최소한 인적 피해의 경우에는 i) 사망·실종 20명 이상, ii) 부상 50명 이상, iii) 이재민 2,000명 이상 중 한 가지 이상이거나 재산 피해의 경우에는 최소한 i) 전체 경제적 손실로는 9,600만불 이상, ii) 보험에 가입된 손실로는 해상사고 1,930만불, 항공사고 3,860만불, 기타사고 480만불 이상으로 분류하고 있다(SwissRe, 2014).

하지만 이러한 조건들은 각 기관에서 재난관리를 위해 편의적으로 운영하는 기준일 뿐, 재난을 정의할 때의 기준이 되는 대규모 피해라 함은 일정수치 이상의 절대적 또는 물리적 관점이 아니라 그 지역사회가 가지는 대응능력에 따른 상대적 또는 사회적 관점이라는 다시 한번 강조한다.

이렇게 재난의 정의는 매우 주관적이며 명확한 기준이 있다고 볼 수는 없다. 이런 이유로 인해 재난의 횟수, 피해의 정도 등과 같은 재난통계 자체도 작성기관마다 다른 경우가 많다. 특히, 국가별 재난통계 자료의 경우, 아프리카 등 일부 국가에서는 아직 출생자 관리도 되지 않을 정도로 기초자료에 문제가 있는 경우가 많다. 또한, 해외원조를 받으려는 목적으로 과대산정하거나 반대로 정치적 비난을 피하기 위해 과소평가하는 관행도 있으며, 간접적 또는 장기적 영향의 포함여부에 따라서 관련통계가 달라지기도 한다.

■ **예측의 불가성 및 급격한 전개**

둘째, 재난의 정책적 정의에서 나타나는 공통되는 사항으로 재난은 예측이 어렵고 갑작스럽게 발생하는 사건이라는 점이 있다. 하지만 관련학계를 중심으로 최근에는 예측 불가성이 재난의 특성이 될 수는 없다는 주장이 제기되고 있다. 과학기술의

4) 일반적으로 세계 3대 재난통계자료기반이라 함은 연구기관 CRED의 EM-DAT, 재보험사 MunichRe의 NatCatSERVICE, 재보험사 SwissRe의 Sigma로 평가되며, 후자 2개 기관의 자료는 영리목적이라는 점에서 일반인들이 이용하기 어려워 EM-DAT가 공익목적으로 가장 활발하게 이용되고 있다(IRDR, 2014).

발달로 인해 많은 재난이 사전에 예측되고 있다는 점이다. 이뿐만 아니라 갑작스럽게 발생하는 사건이어야 한다는 점도 모든 재난에서 나타나는 특성은 아니다. 예를 들어, 일부 재난의 경우에는 그 진행속도가 매우 더디게 나타나는데 가뭄의 경우 오랜 기간에 걸쳐 형성되기 때문에 충분히 예측할 수 있고 발생도 점진적으로 일어나며, 대기오염 등 환경재난의 경우에도 갑작스러운 발생이라는 특징에는 부합하지 않다.

✍ 한번 생각해 보기: 재난에서 물리적 피해가 가지는 의미

전통적으로 재난은 물리적 피해를 그 성립요건으로 하고 있다. 하지만 최근 사회학자들 사이에서는 비록 물리적 피해는 없었으나 물리적 피해 이상으로 해당 지역사회를 혼란상황으로 몰고 간 일부 사건을 예로 들면서 재난을 정의할 때 물리적 피해를 필요조건으로 해서는 안 된다는 주장이 꾸준히 제기되고 있다. 이러한 주장을 뒷받침하는 사건 중 하나가 '쓰리마일섬 원자력 발전소' 사고이다. 당시 사고에서는 그동안 전통적 재난에서 필요조건으로 생각한 물리적 피해는 없었지만 그 어떤 전통적 재난보다 사회를 혼란사태에 빠뜨렸으며 그 이후 반핵운동 등으로 사회 · 경제 · 문화적으로 다른 분야에 미치는 영향도 지대했다.

1979년 3월 28일, 미국 펜실베니아주에 위치한 '쓰리마일섬 원자력 발전소'는 당시 상업운전을 시작한 지 갓 4개월이 지난 시점이었다. 이때 원자로의 자동밸브 이상으로 열 교환기 냉각수 공급이 차단되는 문제가 발생하는데, 적정한 조치가 이루어지지 않았다. 이로 인해 원자로 안의 온도가 5,000도까지 상승하고 핵 연료봉이 녹아내렸으며,[5] 원자로 용기가 파괴되면서, 방사능 수치가 정상치의 1,000배까지 상승하게 된다. 하지만 원자력 발전소는 이러한 상황에 대비하여 원자로 용기 밖에 1m 두께의 격납용기가 있어서 상승된 방사능은 내부에 국한되었을 뿐, 외부로 누출된 방사능은 실제 Zero에 가까웠다(Wikipedia, 2015).

하지만 주민들에게 미치는 물리적 피해가 없었음에도 불구하고 당시 사회 시스템에는 큰 혼란과 변화가 일어나게 된다. 먼저, 당시 펜실베이나 주정부에서 앞으로 일어날 일을 걱정하여 인근지역의 임산부와 어린이를 대피시키는데, 이에 자극받은 인근주민 10만여 명이 집단적으로 탈출하는 극도의 혼란상황이 발생하였다. 이뿐만 아니라 원자력 발전소에 대한 대중들의 공포와 불신이 증대되고 신규원전 건립반대 등 반핵 시민운동이 전개되었다. 그리고 결국 당시 지미 카터 대통령은 신규원전 건설추진을 철회하는 성명을 발표하게 되었다.[6]

---

5) 이를 노심용융(meltdown)이라 부른다.

6) 129개의 승인된 원자력 발전소 건설계획 중 진행 중인 53개를 제외하고는 모두 취소되었을 뿐만 아니라 쓰리마일섬 원자력 발전소와 동일 방식의 원자로 7기의 작동이 중단되었다.

즉, '전문가' 입장에서는 비록 예상하지 못한 사고이긴 했지만 핵 연료봉이 녹아내리는 초유의 사고에도 불구하고 외부로의 방사능 누출은 미미하여 한편으로는 원자력 발전소의 안전성을 입증하는 계기가 되었다고 할 수 있었으나, 전문가의 판단과는 달리 이 원자력 발전소 사고는 미국사회를 극도의 공황상태에 빠뜨리면서 미국의 원자력 정책을 완전히 '반핵'으로 바꿀 정도의 사회적 파장을 불러일으킨 것이다. 지역사회에 대한 인명 및 재산피해와 같은 물리적 피해를 발생시키지는 않지만, 사회적 혼란과 변화의 정도는 그 어떤 사고보다도 컸던, 쓰리마일 원자력 발전소 사고를 우리는 재난관리 정책의 실제 현장에서 재난으로 분류되어야 할까?

1.1.4 법률적 정의

우리나라의 경우, 재난에 대한 정의는 재난관리 관계법령의 기본이라고 할 수 있는「재난 및 안전관리 기본법」제3조에서는 "국민의 생명 · 신체 및 재산과 국가에 피해를 주거나 줄 수 있는 것"으로 규정하고 있다.

법률 규정만을 두고 살펴보면, 우리의 법률적 재난 정의는 재난과 사고를 구분하고 있지 않다. 이는 우리의 법률체계가 재난발생 이전의 예방, 대응 등까지 포괄하고 있기 때문에 재난으로 발전하기 이전인 사고까지도 고려하고 있기 때문이다. 하지만 이러한 법률 조항에서 재난과 사고의 구분이 명확하지 않음에 따라, 실제 재난행정에서도 그 업무영역의 범위와 관련된 혼란이 발생하고 있다.

다만, 우리의 법률 체계의 일부에서는 재난과 사고를 구분하는 국제적 기준이 제한적으로 적용되고 있다. 예를 들어, 사회재난의 일부인 화재, 붕괴, 폭발, 교통사고, 화생방사고, 환경오염사고 등 일부 사회재난에 대해서는 하위 법령에 "국가 또는 지방자치단체 차원의 대처가 필요한 인명 또는 재산의 피해", "그 밖에 이 피해에 준하는 것으로서 행정안전부 장관이 재난관리를 위하여 필요하다고 인정하는 피해"로 규모의 기준을 국제적 정의에서 규정하는 주관적 대규모 기준의 범위를 사용하고 있다.

이외에 실제 재난행정에서는 재난지원금 지급, 통계자료의 작성 등과 관련하여 작위적으로 정한 재난 기준을 사용하기도 한다. 예를 들어서, 재난지원금의 지급에 있어서는 기상특보의 발령기준을 지급여부를 결정하는 데 주요 기준으로 삼고 있으며, 재난에 대한 통계자료를 작성하는 경우에 있어서는 중앙 또는 지방 재난안전대책본부의 구성여부가 재난여부를 결정하는 기준이 되고 있다.

■ 해외 사례

재난관계 법령에서 재난을 정의하는 데 있어서 재난과 사고에 대한 명확한 기준이 없는 것은 다른 나라에서도 유사한 사례가 발견된다. 예를 들어, 일본의 경우에도 「재해대책법」 제2조 제1호에서 재난을 “태풍, 호우, 폭설, 홍수, 해일, 지진, 지진해일, 화산폭발, 그 밖의 이상한 자연현상 또는 대규모 화재, 폭발 기타의 원인에 의해서 생기는 피해”로 정의[7]하고 있다. 즉, 재난과 사고를 구분하는 기준에 대한 언급이 없다.

미국의 「로버트 스태포드 재난구호 및 비상지원법(Robert T. Stafford Disaster Relief and Emergency Assistance Act)」의 경우에는 재난이란 용어에 대한 정의없이 연방정부의 피해지원의 성립요건인 ‘주요 재난(major disaster)’에 대해서 정의하고 있다. 이때 ‘주요 재난’이 되기 위해서는 주지사의 건의를 대통령이 받아들여 ‘주요 재난’으로 선포해야만 성립되며, 이렇게 ‘주요 재난’으로 선포되어야만 연방정부의 지원을 받을 수 있게 된다. 즉, 주정부 입장에서 보면 ‘주요 재난’이란 주정부의 대응 역량에서 벗어난 재난이 되는 것이다.

1.1.5 비유적 표현

최근 전 세계적으로 그동안 예상하지 못했던 대규모 재난이 발생하면서 이러한 재난을 정의하고 이해하려는 다양한 시도가 이루어져 왔다. 이 중에서 가장 대표적인 것이 “전혀 예상할 수 없었던 일이 실제로 일어나는 경우”를 나타내는 블랙스완(Black Swan)이라는 비유적 표현이 있다.

7) 일본의 「재해대책법」에서는 재난이란 용어 대신에 재해라는 용어를 쓰고 있다.

✍ 블랙스완(Black Swan)과 재난정의

일반적으로 사람들은 백조(Swan)라고 하면 당연히 흰색이라고 생각했다. 이는 주변에서 흔히 볼 수 있는 백조가 흰색이므로 다른 색의 백조는 존재할 수 없다는 믿음 때문이었다. 하지만 1697년 호주에서 검은색의 백조가 발견되면서 이러한 믿음은 잘못된 것으로 밝혀졌다. 이후 다양한 학문분야에서 "전혀 예상할 수 없었던 일이 실제로 일어나는 경우"를 블랙스완이라고 부르고 있다.

특히, 2007년 나심 탈레브(Nassim Taleb)라는 경제학자는 「블랙스완」이라는 책을 발간하면서 월스트리트 금융시장의 문제점을 분석하고 2008년 미국의 서브프라임 모기지 사태로 인한 글로벌 경제위기를 예언하게 되는데, 이후 블랙스완이라는 용어가 더욱 주목받게 되었다. 나심 탈레브가 정의하는 '블랙스완'의 특징은 다음의 세 가지로 설명된다.

i) 과거의 경험으로 볼 때 극단적으로 예외적이고 알려지지 않아 일어나지 않을 것으로 보여졌지만, ii) 일단 발생하면 엄청난 충격과 파장을 가져오고, iii) 발생한 후에는 설명이 가능해져서 사전에 예측할 수 있었다고 받아들여지는 사건이다. 즉, 극단적인 1%의 가능성이 모든 것을 바꾸는 사고인 것이다.

이런 이유로 '블랙스완'이라는 용어는 2014년 우리 사회를 충격에 빠뜨리게 한 '세월호 참사'와 같이 예상하지 못했지만 실제 발생하고 사회적 충격을 주는 대규모 재난을 정의하는 데 사용되고 있다.

1.2 관련용어와 구분

재난관리 현장 또는 학문에서 많은 사람들을 당황하게 하는 것 중 하나는 재난과 관련하여 다양한 용어들이 혼재되어 사용되고 있다는 것이다. 따라서 여기서는 관련 용어들을 앞에서 정의한 재난과 비교하여 그 차이를 구분해 본다.

1.2.1 위해(hazard), 위험(risk) 및 재난(disaster)

재난이 발생하기 위해서는 태풍, 지진 등과 같이 원인이 되는 사건, 즉 외부적 요인이 있어야 한다. 이렇게 재난원인이 되는 외부적 사건을 '위해(危害, hazard)'라고 한다. 하지만, 이러한 위해(hazard) 모두가 재난을 야기하는 것은 아니다. 위해로 야기된 사고 중에서 해당 지역사회의 대응능력을 초과하는 피해를 야기한 사고만 '재난(災難, disaster)'으로 정의된다.

또한, 모든 위해가 피해를 일으키는 것도 아니다. 단지, 위해는 인적, 또는 물적으로 피해를 일으킬 수 있는 잠재성을 가지고 있을 뿐이다. 이렇게 피해를 일으킬 수 있는 위해의 잠재성을 '위험(危險, risk)'이라고 하며, 정량적으로는 일반적으로 위해의 '발생확률과 예상피해의 곱'으로 정의된다. 세부내용은 제3.3절에서 다루기로 한다.

■ **위협(threat), 손인(peril), 위태(hazard)**

그런데, 위해를 다시 협의적으로 분류하면 위해는 비의도적 우발적인 것만으로 한정되고, 테러와 같이 의도적이고 계획적인 것은 '위협(威脅, threat)'으로 구분되기도 한다.

반면에 보험분야에서는 위해의 의미를 손인(peril)과 위태(hazard)로 다시 구분하여 '손인(損因, peril)'은 보험손실을 일으키는 직접적인 사건으로, 위해와 동일한 영어 표현인 '위태(危殆, hazard)'는 이러한 손인을 만드는 조건 또는 상황을 의미하고 있다. 예를 들어, 짙은 안개로 인해 선박이 좌초되고 이로 인해 선박이 파손되는 보험손실이 발생한 경우를 생각해 보자. 선박의 파손이라는 보험손실을 일으킨 직접적 사건인 선박의 좌초는 손인(peril)이며, 이러한 손인을 일으킨 조건 또는 상황인 짙은 안개는 위태(hazard)가 된다.

1.2.2 사건(incident), 사고(accident), 재난(disaster) 및 재앙(catastrophe)

'사건(事件, incident)'은 사고를 포함하는 의미로 피해가 있던지 없던지 어떤 위해가 발생한 자체를 사건이라고 한다. 하지만 '사고(事故, accident)'는 결과적 의미로 위해에 의해 피해가 발생한 상황을 말한다. 또한, 앞서 설명한 바와 같이 사고 중에서도 해당 지역사회의 대응능력을 초과하는 대규모 피해를 야기한 것, 즉 대규모 사고를 '재난(災難, disaster)'이라고 하는 것이다. 그리고 '재앙(災殃, catastrophe)'은 재난 중에서도 이성적으로 생각할 수 있는 수준이상의 대규모 재난을 의미한다.

1.2.3 재난(disaster)과 재해(damage)

'재해(災害, damage[8])'는 법적 용어로 '재난(災難, disaster)'으로 인하여 발생하는 피해(「자연재해대책법」)로 정의하고 있다. 즉, 재난이 원인이고 재해는 결과라는 측면을 강조하고 있는 것이다. 하지만 이 두 용어는 「재난 및 안전관리 기본법」상에서 자연재난을 정의할 때, '태풍, 홍수 등 자연현상으로 인하여 발생하는 재해'라고 정의하

8) 현실적으로 재해와 재난의 의미가 아직 혼용되고 있어 적절한 영어표현도 모호하다. 여기서는 법적 용어를 기반으로 피해를 의미하는 영어표현인 damage를 사용하였다.

여 재난과 재해를 유사개념으로 할 만큼 현행 법령체계에서조차 혼재되어 사용되고 있다. 이렇게 혼용되는 이유로는 2004년 현행 「재난 및 안전관리 기본법」이 제정되기 전까지 재난은 인적재난(「재난관리법」), 재해는 자연재난(「자연재해대책법」)으로 구분하여 사용되었기 때문이기도 하다.

1.2.4 비상(emergency)과 재난(disaster)

'비상(非常, emergency)'과 '재난(災難, disaster)'은 규모와 시기적 특성에 따라 2가지로 다르게 쓰인다. 먼저 규모적인 측면에서 재난이 지역사회의 대응능력을 초과하는 대규모 사고라면 비상은 대규모 사고이기는 하지만 재난보다 다소 작은 수준의 사고를 지칭한다. 즉 규모로 구분한다면 사건 < 사고 < 비상 < 재난 < 재앙이 되는 셈이다. 또한, 완전히 다른 시각으로 발생시기적 특성에 따라 재난이 이미 발생한 결과적 사고라면 비상은 아직 발생하지 않았지만 바로 임박한 사고라는 차이를 나타내기도 한다.

1.2.5 위험(risk), 위기(crisis) 그리고 재난(disaster)

위험, 위기, 재난 등의 용어들을 광의로 정의할 경우에는, 사실 거의 같은 의미로 쓰인다. 하지만 협의적으로 살펴보면 그림 1.1과 같이 이들을 재난관리 단계와 연계시켜 다음과 같이 구분할 수 있다(정지범, 2009).

(1) 위험(危險, risk): 어떠한 혼란 또는 피해가 일어날 가능성을 의미하는 것으로 '가능성을 가진 위기의 배아(胚芽)'라고 정의할 수 있다. 여기서 쓰이는 위험은 앞서 '위해, 위험, 재난'의 구분에서 쓰인 위험의 개념이 수치적으로 표현할 수 있는 정량적인 표현임에 반해 다소 정성적 구분이다. 위험은 아직까지 위기가 현실화된 상태가 아니기 때문에 활동수준은 정상상태이며, 위험관리라 함은 이러한 위험을 관리하는 예방 및 대비적 활동이다.

(2) 위기(危機, crisis): 일반적으로 '위험한 고비나 시기'라는 의미로 혼란이 발생하고 있는 상황을 의미하는 것으로 '위험이 현실화된 혼란상황'이라고 정의할 수 있다. 조직은 혼란상황을 겪게 되고 이 혼란상황을 극복하지 못하면 활동수준이 급격하게 저하되면서 재난으로 발전한다. 위기관리라 함은 이러한 위기를 관리하는 대응적 활동이다.

(3) 재난(災難, disaster): 상당한 정도의 실질적 피해가 발생한 상황을 의미하는 것으로 '위기의 부정적인 결말'이라고 정의할 수 있다. 위기가 재난으로 발생하

면 활동수준이 급격하게 저하된다. 이 경우, 재난관리라 함은 이러한 피해를 관리하기 위한 수습적 활동으로 협의적으로 정의된다.[9)]

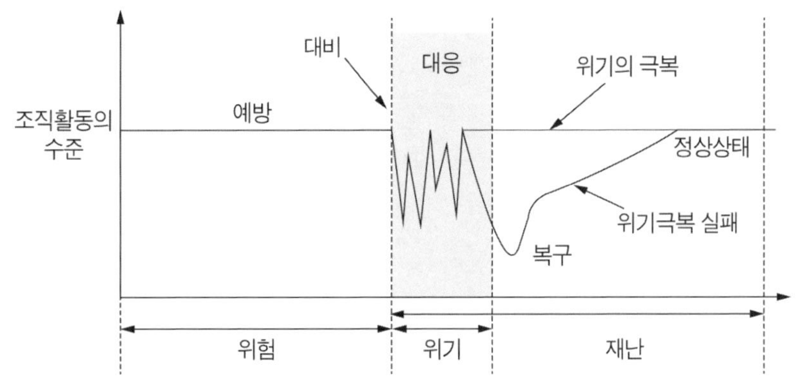

그림 1.1 위험, 위기 및 재난의 과정적 정의

* 출처: 정지범(2009) 재정리

이를 항공기 하이재킹의 예를 들어 설명하면, 항공기가 정상상태에서 운행되고 있었지만 테러범에 의해 하이재킹의 가능성이 있다는 사실을 인지했을 경우, 우리는 항공기 하이재킹의 위험(risk)에 대비해야 한다. 이후, 만일 항공기가 하이재킹이 되어 극도의 혼란을 동반한 상황이 야기되면 이는 위기(crisis)의 상황이고, 이후 항공기가 추락하여 엄청난 인적 · 물적 피해가 발생했다면 이는 재난(disaster)의 상황이 되는 것이다.

또한, 이들은 관리대상을 기준으로 구분하기도 하는데, 재난은 그 대상을 비군사적인 부분만으로 한정하나 위기는 재난의 대상뿐만 아니라 전쟁 또는 테러와 같은 군사적인 부분까지 포괄한다. 위험의 대상도 위기처럼 포괄적이다.

1.2.6 전통적 안보와 포괄적 안보, 국가안보와 인간안보

전통적 안보(traditional security)는 전쟁이나 분쟁 등의 군사적 위협으로부터 국가를 지킨다는 국가안보(national security)의 개념에 국한되었다. 하지만 최근에는 이러한 전통적 안보 외에도 안전을 보장해야 하는 객체를 개개의 인간에게 초점을 맞춰 자연 및 인위재난, 생활안전 등과 같이 국민안전을 위협하는 모든 영역으로 안보의

9) 다만, 이후 이 책에서 전반적으로 사용하는 재난관리라는 용어는, 광의적으로 해석하여 표현하는 것처럼 예방, 대비, 대응 복구의 개념까지 포함한다.

개념이 확대되고 있다. 이를 전통적 안보와 구분하여 비전통적 안보(non-traditional security)라고 지칭하며, 두 개념을 통합하여 포괄적 안보(comprehensive security)라고 부르고 있다.

유사한 맥락으로 1994년 UN 개발계획(UN Development Plan; UNDP)에서는 '국가안보(national security)'와 대응되는 개념으로 "사람들이 자유로운 선택을 하는 것에 대한 장애가 없고 향후에도 그 선택의 기회가 상실되지 않는다고 안심할 수 있는 것"이란 정의로 '인간안보(human security)'라는 개념을 정립하였다. 이는 국가 등 집단을 대상으로 한 군사적 침입을 대응하는 개념에서 개인의 삶을 대상으로 한 인권, 환경, 자유 등과 더불어 안전을 보장하는 포괄적 개념으로 확대된 것이라고 볼 수 있다.

2. 재난발생의 요인과 원인

2.1 재난발생의 요인

재난이 발생하기 위해서는 태풍, 지진 등과 같이 원인이 되는 사건, 즉 외부적 요인이 있어야 한다. 이렇게 재난원인이 되는 외부적 사건을 '위해(危害, hazard)'라고 한다. 하지만 모든 위해(hazard)가 재난을 야기하는 것은 아니다. 일부 위해(hazard)는 피해가 없을 수도 있고 단순한 사고에 그칠 수도 있다.

일반적으로 높은 강도의 태풍, 지진 등이 많은 피해를 일으킬 수 있지만 설계 · 시공의 잘못으로 인한 시설물의 낮은 강도, 대피계획과 같은 관리체계의 결함 등 재난관리에 있어서 그 사회의 내부적 '취약성(vulnerability)'이 결합되어야만 피해가 발생하게 된다. 이때 취약성이라 함은 단순히 물리적 취약성만을 의미하지는 않는다. 이외에도 그 사회의 경제, 문화 등 다양한 사회적 요소들의 개념, 즉 사회적 취약성까지 포괄하고 있다.

따라서 재난발생의 가능성은 결국 위해(H; Hazard)의 특성과 취약성(V; Vulnerability) 정도에 따라 좌우된다고 할 수 있다. 학자에 따라서는 위해의 특성에서 그 위해에 대한 인적 및 물적 노출의 정도(E; Exposure)를 따로 분리해서 아래와 같이 표시하기도 한다.

$$D(\text{Disaster}) = H(\text{Hazard}) \times V(\text{Vulnerability})$$
$$= H(\text{Hazard}) \times E(\text{Exposure}) \times V(\text{Vulnerability})$$

이때 취약성에 대해서는 학자에 따라서 대처역량을 내부적 취약성의 일부로 간주하여 포함하기도 하지만 분리해서 표시하기도 한다. 재난이 발생할 당시에 이에 대한 대처역량(Capability; C)[10]이 높다면 재난발생을 방지할 수도 있다. 이를 종합해서 보면 결국 재난발생은 '외부적 위해의 특성과 노출', '내부적 취약성' 및 '대처역량'과 같은 내외부적 요인의 상호작용에 따른 결과라고 할 수 있다. 이를 도식화하면 재난발생 가능성은 외부적 위해(특성과 노출)와 내부적 취약성의 크기에는 비례하고 사회적 대처역량에는 반비례하는 관계가 있다.

$$D(\text{disaster}) = \frac{H(\text{Hazard}) \times V(\text{Vulnerability})}{C(\text{Capability})}$$
$$= \frac{H(\text{Hazard}) \times E(\text{Exposure}) \times V(\text{Vulnerability})}{C(\text{Capability})}$$

✍ 용어의 정리: 취약성 vs. 저항성, 복원력, 지속가능성, 적응능력, 저감능력

- 취약성(Vulnerability): 개인, 집단, 또는 사회와 같은 시스템이 위해로 인해 직간접적 피해 또는 영향을 받거나 대처하지 못하는 정도이다. 일반적으로 그 시스템의 위해에 대한 민감 정도 및 적응 능력에 좌우된다. 광범위하게 해석될 경우에는 아래의 저항성, 복원력, 지속가능성 등에 반대되는 특성으로 이해될 수 있다.
- 저항성(Resistance): 시스템이 위해로 인한 충격에 저항할 수 있는 특성을 말한다. 위해로 인한 충격으로 인한 당시의 피해를 최소화할 수 있는 특성의 정도에 초점이 맞추어져 있다. 다만, 피해가 발생한 이후의 회복에 대해서는 고려하지 않는다.
- 복원력(Resilience): 시스템이 기본적인 기능을 유지하면서 어떤 위해로 인한 충격을 흡수하거나 이용하려는 특성을 말한다. 위해로 인한 피해의 정도보다는 위해로 피해가 발생한 이후에 기본적인 기능을 유지하면서 다시 회복하는 능력에 초점이 맞추어져 있다.
- 지속가능성(Sustainability): 시스템이 미래 발전을 위한 필요에 악영향을 주지 않으면

10) 대처역량(Capacity)은 이러한 취약성(Vulnerability)과 서로 반대되는 개념이라고 할 수 있는데, 좁은 의미로서는 위해로 인한 피해의 발생을 최소화하는 역량이라 할 수 있는 반면에 넓은 의미로는 피해를 극복하여 신속하게 회복하는 복원력, 지속발전할 수 있는 지속가능성 등까지도 포함하는 개념이라고 할 수 있다.

서 현재 생존의 필요를 만족시키는 능력으로 정의된다. 일반적으로 개발전략과 연계되어 위해로 인한 충격 등에도 지속적으로 개발될 수 있는 능력으로 해석될 수 있다.

- 적응능력(Adaptive Capacity): 기후변화에 대한 대응전략의 일환으로 주로 사용되는 용어로서 진행중인 또는 예상되는 기후변화에 대해 인간 또는 자연 시스템을 조정하여 악영향을 최소화하고 순영향은 활용하는 능력을 말한다. 최근에는 적응전략의 초점을 단계적 적응에 두는 점진적 적응(Incremental Adaptation)과 완전한 변화에 두는 변혁적 적응(Transformative Adaptation)으로 구분한다. 또한, 이를 적응성(Adaptation)과 구별하여 질적으로 성질이 다른 상태로의 변화를 의미하는 변혁성(Transformation)으로 표현하기도 한다.
- 저감능력(Mitigating Capacity): 기후변화에 대한 대응전략의 일환으로 주로 사용되는 용어로서 기후변화의 원인인 온실가스의 생산을 줄이거나 흡수를 늘려서 대기에서 온실가스 절대량을 감축시키는 전략을 의미하는 것으로서 주로 위해 자체의 정도를 줄이는데 초점을 두고 있다. 하지만 재난관리 분야에서는 이를 보다 폭넓게 해석하여 재난위험 전반을 낮추는 전략으로 사용되어 위해 자체의 발생뿐만 아니라 위해 발생시의 영향까지를 포함하여 해석된다. 따라서 이 경우에는 적응능력도 저감능력의 부분으로 해석될 수 있다.

2.2 재난발생 원리에 대한 이론적 접근

많은 학자들은 "무엇이 재난을 일으키는가?"라는 근본적인 질문에 답하려고 노력해 왔다. 과거에는 재난이 발생하면 이는 단순히 인간의 실수 또는 기계적 오류 등 개별적 요인에 기인한다고 보는 경향이 강했다. 하지만, 최근 재난관리학은 이러한 개별적 요인들은 단지 재난발생의 계기가 되었을 뿐, 실제 이유로는 결국 다양한 개별적 요소들의 결합체인 시스템의 문제라고 본다.

추후 제5.1절에서 다시 언급할 이러한 시스템적 접근이론은 재난발생 요인과 원리에 대한 현대적 시각에 대한 기본틀을 제공해준다. 그동안 많은 학자들은 이러한 시스템 이론과 관련하여 많은 재난발생 이론들을 발표해 왔다. 가장 대표적인 학자로는 터너와 페로 그리고 버클리 학파를 들 수 있다.

우선, 터너(Turner, 1997)는 「인위재난(Man-made Disasters)」이라는 책에서 재난발생의 사회적, 문화적 측면에 초점을 맞춘 '재난배양 이론'을 발표했다. 이와 관련하여 이후 재난예방의 가능성 여부에 대한 논쟁이 시작되었는데 대표적인 것이 페로(Perrow, 1979)의 '정상사고 이론'과 버클리(Buckley) 학파의 '고도신뢰 이론'이다. 그 외에도 재난발생 이론으로 리즌(Reason)의 '스위스치즈 이론'과 하인리히(Heinrich)의 '사고연쇄반응 이론' 등이 있다.

✍ 안전사고 관리에 대한 관점의 변화

① 기술의 시대와 기계적 문제: 산업혁명이 시작되면서 인간의 노동력을 기계가 대체하였지만 당시 기계는 아직 완전하지 않았을 뿐만 아니라 오작동 등으로 작업자가 다치거나 공공의 손해를 유발하기도 하였다.
이러한 시기에는 기계적인 문제가 안전사고의 원인으로 간주되었고 기계의 신뢰도를 높이는 방안이 안전사고를 예방하는 가장 중요한 수단으로 보게 되었다.

② 인간의 개별적 실수의 문제: 과학기술 발달에 따라 기계의 신뢰도가 높아지고 생산도 자동화되기 시작하면서 사람들의 역할은 이러한 자동화된 기계를 제어하거나 감독하는 역할로 바뀌게 되었다.
이제 사고의 원인으로 의사결정, 상황판단 등과 같은 개별적인 부주의가 부각되었다. 즉, 사람들을 실수하지 않게 함으로써 안전사고 발생을 막을 수 있다고 믿었다.

③ 사회－기술 상호작용 시스템: 기계적 신뢰도의 제고, 인간 부주의 예방노력에도 불구하고 안전사고를 완전히 막을 수는 없었다. 이때 일부 학자들이 주목하게 된 것은 현대사회의 사회－기술적 시스템(socio－technical system)이었다.
이는 단순히 기계적 시스템의 복잡성을 넘어 인간을 모두한 포함한 사회－기술적 요소들 간에 사람이 완전히 이해하거나 파악할 수 없는 복잡성과 연계성이 있어 사고를 완전히 막을 수 없다는 것이다.

④ 회복탄력성(resilience)의 관점: 복잡성과 연계성을 특징으로 하는 사회－기술적 시스템에 관심을 두면서 이제 위험성이 없는 완전한 상태는 불가능한 것이라는 인식이 대두된다.
이후 학자들은 안전을 위험성이 없는 상태라기보다는 안전사고 후에도 연쇄피해가 발생하지 않거나 신속하게 정상상태로 되돌릴 수 있는 회복탄력성에 관심을 가지고 되었다.

* 출처: Furuta K. (2015); 김용균, 손홍규 등 (2021)

2.2.1 사고배양 이론

터너(Turner, 1997)의 사고발생 이론은 "개인이나 조직의 의사결정은 최적화된 것이 아니고 불완전한 정보와 능력에 기반하여 이루어진다."는 사이몬(Simon, 1957)의

'제한된 합리성(Bounded Rationality)' 이론에 바탕을 두고 있다. 그에 의하면 재난은 '예측 실패(failure of foresight)'에 따른 결과인데, 이를 다음과 같이 6단계의 '정보실패의 연쇄모델(sequence model of intelligence failure)'로 정리하였다.

i) 초기 믿음과 규범의 단계(initial beliefs and norms)로서 기왕의 경고가 무시되고 준수되지 않는다. ii) 배양의 단계(incubation)로서 7가지 영향요인[11]에 따라 사고는 재난으로 점진적으로 배양된다. iii) 촉매사건 발생단계(triggering event)로서 재난이 점화되게 된다. iv) 실제 재난발생 단계(onset of disaster)로서 피해와 혼란이 야기된다. v) 구조와 구급의 단계(rescue and salvage)로 재난수습 활동이 일어난다. vi) 문화적 재조정 단계(full cultural readjustment)로 문제에 대한 새로운 정의가 내려지고 관련된 주의와 기대가 정립된다.

즉, 이 이론에 따르면 재난은 이미 사회 속에 내재되어 있으며, 점점 잠재적으로 누적되어 배양되면서 발생하므로 재난 그 자체보다도 오히려 재난을 야기하는 사회적, 문화적 상황에 대해 더 관심을 가져야 한다. 구체적으로 재난을 유발시키는 요인은 결국 조직 및 개인의 나태한 조직관리 등으로 인한 연쇄반응으로서, 숙명론적인 것이 아니라 막을 수 있는 가항력적인 것이라는 주장이다.

2.2.2 정상사고 이론

'정상사고 이론'은 사고의 불가피성을 설명하는 가장 대표적인 이론으로 사고는 예방할 수 있다는 '고도신뢰 이론'과 대비된다. 미국의 사회학자 찰스 페로(Charls Perrow)는 1979년 미국에서 발생한 쓰리마일섬 원전사고 원인을 조사하면서 우리 사

---

11) [배양의 단계(incubation)로서 7가지 영향요인]

i) 경직된 인식과 조직 환경에 대한 신뢰(Rigidities in perception and belief in organizational settings): 무조건 잘될 거라는 믿음, 효율성을 증진하지만 문제에 대해서는 무관심한 집단적 문화. ii) 미끼(decoys): 잘 구조화된 문제를 해결하는 조치가 그렇지 못한 문제에 대한 무관심을 인식하지 못하게 함. iii) 조직적 배타성(organizational exclusivity): 조직 내부의 사람들이 외부 사람들보다 더 잘 안다는 배타성으로 인해 외부 사람들의 지적을 무시하게 됨. iv) 정보의 난항(information difficulties): 이해 또는 발견되지 못한 사건과 같이 잘 구조화되지 못한 문제에서는 정보의 문제로 인해 재난발생의 소지가 높아짐. v) 위험을 증폭하는 외부인(strangers exacerbating the chance of risks): 일반적으로 대중이라 불리는 외부인은 훈련되어 있지 않고 균형이 잡혀 있지 않아 조직의 이익에 반하게 행동하며 위험을 불러일으키거나 연쇄행동을 야기함. vi) 부적절하거나 시대에 맞지 않는 규정(failure to comply with discredited or out-of-date regulations): 규범이 신뢰할 수 없거나 오래되어 변화된 기술, 사회, 문화적 상황에 맞지 않음. vii) 위험의 저평가(minimizing of emergent danger): 일반적으로 사람들은 당면한 위험을 과소평가하고 경고징후는 무시하는 경향이 있음.

회의 대상물은 구성하는 요소들이 매우 복잡하면서도(복잡성, interactive complexity) 밀접하게 연계되어 있는(연계성, tightly coupled) 복잡한 시스템(Complex System)인데, 이곳에서는 사소한 사고라도 발생하면 예기치 않은 연쇄효과를 일으켜 대형재난을 초래하게 된다고 주장하였다.

그런데, '실수할 수밖에 없는 우리 인간의 특성'을 고려할 때, 아무리 뛰어난 과학기술을 활용하여 안전장치를 강화한다 하더라도 일부 대형사고는 피할 수 없는 사고, 즉 '정상사고(Normal Accidents)'[12]라는 것이다. 따라서 사고를 막기 위한 조직관리의 효율성에 대해서는 비판적 시각을 가지고 있다.

이 밖에도 그는 위험을 작은 노력으로 감소시킬 수 있는 위험, 대처하기 위해 많은 노력이 필요한 위험, 어떤 편익도 능가하는 위험 등 3가지로 구분하였는데, 세 번째의 경우 그 기술조차도 포기해야 한다고 주장하였다. 대표적인 사례로 원자력 발전소와 같이 정상사고를 일으킬 수 있는 시설의 건설을 강력히 반대하였다.

2.2.3 고도신뢰 이론

고도신뢰 이론은 사고의 불가피성을 역설한 정상사고 이론과는 완전히 다른 가정에서 출발한다. 이른바 버클리(Berkely) 학파라고 불리는 캘리포니아대 버클리 캠퍼스(University of California at Berkeley) 출신의 학자들(Todd LaPorte, Gene Rochlin, and Karlene Roberts)은 '정상사고'가 발생할 수 있는 복합성과 연계성을 갖춘 시스템에서도 일부 조직은 안전관리에 있어서 차별적 성과를 보여주는 것에 주목하였다(Robert, 1993). 이들은 철저한 조직관리에 따라 사고는 충분히 예방할 수 있다고 주장하며, 조직관리의 효용성에 주목하였다. 이들이 주장하는 안전관리의 주요 영향요인은 3가지로 집단적 주의(collective mindfulness), 개념적 유연성(conceptual slacks), 조직적 학습(organization's ability to learn)이 그것이다.

그동안 정상사고 이론과 고도신뢰 이론은 서로 대비되면서 상호 충돌하는 것이라는 시각이 강했다. 하지만 최근에는 상호 보완적인 관계를 강조하는 추세가 강해지고 있다. 즉, 정상사고 이론에서 주장하는 매우 복잡하고 밀접하게 연계된 시스템의 필연적 사고를 방지하기 위해 고도신뢰 이론에서 강조하고 있는 다양한 기법들이 해결책으로 논의되고 있는 것이다.

---

12) 정상사고는 단일 요소(component)로 인해 발생하는 것이 아니라 시스템의 연쇄작용에 따른 결과라는 측면에서 '시스템 사고(system accidents)'라고도 한다.

2.2.4 스위스치즈 이론

발생하지 않을 것처럼 보이지만 결국 발생하여 우리를 불행에 빠뜨리는 재난발생의 원리를 설명하는 데 최근 많이 인용되는 것이 영국의 심리학자 제임스 리즌(James Reason, 1990)이 제안한 '스위스치즈 모델(Swiss Cheese Model)'이다. 스위스 치즈는 숙성과정에서 특수한 발효균으로 배출되는 기포에 의해 구멍이 숭숭 뚫려 있는 독특한 모양의 치즈이다. 이러한 스위스 치즈는 얇게 자르면 더욱 그 구멍이 돌출되어 보이는데, 그렇다고 웬만해서는 이들을 서로 겹친다고 해도 그 구멍들이 연결되어 뚫리지는 않는다.

하지만 어떤 우연한 경우에는 치즈 여러 개를 겹치는 순간 놀랍게도 한 구멍으로 긴 막대기를 충분히 통과시킬 수 있는 구멍이 이어지는 경우가 발생하게 되는데, 이렇듯 "재난은 재난이 일어날 수 있는 모든 조건들이 우연하게 한날한시에 겹치면서 발생한다."는 것이다. 다시 말하면, 얇게 잘린 치즈의 층(Layer)은 재난을 막는 각종 안전장치이고 구멍(Hole)은 재난을 야기하는 각종 결함요인인데, 구멍 없는 스위스 치즈가 없듯이 실제상황에서는 결함없는 완벽함은 존재할 수 없기 때문에, 재난을 줄이기 위해서는 결함요인(Hole)을 최소화하거나 안전장치(Layer)를 늘려야 한다는 것이다.

✍ 재난발생의 원리: 머피의 법칙

머피의 법칙은 1949년 미국의 공군기지에서 일하던 에드워드 머피 대위가 처음 사용한 말이다. 당시 어떤 실험에서 번번히 실패한 그는 그 원인이 사소한 곳에 있음을 알고 이러한 안 좋은 일에 미리 대비해야 한다는 주장했다. 하지만 머피의 법칙은 일반적으로 일이 잘 풀리지 않고 꼬이기만 할 때, 머피의 법칙(Murphy's Law)이라는 표현을 쓴다.

그간 발생하지 않았던 재난이 왜 발생하는 것일까? 바로 머피의 법칙이 작용한 것이다. 어떤 이유에선가 안 좋은 이유들이 한꺼번에 발생했을 때, 결국 대규모 사고인 재난이 발생하게 된 것이다. 우리는 심리적으로 우연히도 계속 유리한 일들만 발생하는 샐리의 법칙(Sally's Law)에 기대려고 한다. 하지만 재난예방은 머피의 법칙에 대한 대비로부터 시작된다.

2.2.5 사고연쇄반응 이론

사고원인에서부터 실제 재해발생에 이르기까지는 여러 단계로 구분할 수 있는데, 실제 사고 및 재해는 이러한 단계별 요인들이 연쇄적으로 겹쳐서 생긴다는 이론이다. 대표적으로 하인리히(Herbert Heinrich)가 주장한 도미노 이론과 프랭크 버드(Frank Bird)가 이를 수정하여 주장한 수정 도미노 이론이 있다.

(1) 하인리히 도미노 이론

사고원인에서 재해발생까지를 ① 유전적 또는 사회적 환경(Ancestry & Social Environment) → ② 개인적 결함(Personal Faults) → ③ 불안전 행동 또는 상태(Unsafe Act & Condition) → ④ 사고(Accident) → ⑤ 상해(Injury)의 5단계로 구분하고 이 중 한 가지 요소라도 제거되면 사고는 발생하지 않는다고 해서 일명 도미노 이론이라고 일컬어진다. 하인리히는 사고의 주요원인은 불안전한 행동 또는 상태이므로 사고예방의 중심목표는 이를 제거하는 데 중점을 맞춰야 한다고 역설하였다. 이러한 불안전한 행동 또는 상태를 구체적으로 살펴보면 안전장구 미착용, 부적절한 작업환경, 경험숙련의 미숙 등의 물적 또는 인적원인을 포함하고 있다.

도미노 이론을 좀 더 자세히 살펴보면 유전적 또는 사회적 환경을 받아 개인적 결함이 시작되고, 개인적 결함이 불안전한 행동 또는 상태를 유발하고 이러한 불안전한 행동 또는 상태가 결국 사고의 직접적인 원인이 되고 상해까지 이르게 된다. 이러한 설명에서 볼 수 있는 바와 같이 도미노 이론은 사고의 직접적인 원인으로 개인적 결함이라는 '개인적 요소'를 강조하고 있다.

✍ 하인리히의 법칙 → 1:29:300의 법칙

하인리히는 보험사의 손실통제 부서에서 근무하면서 산업재해 사례분석을 통해 중상자가 1명 나오면 그 이전에 같은 원인으로 경상자가 29명, 부상을 당할 뻔한 사람이 300명 있었음을 발견하고 1:29:300의 법칙을 주장하였다. 이는 각종 사고나 재난, 위기나 실패 등과 관련된 사례에 확장하여 해석할 수 있는데, 재해발생 비율과 관련하여 1번의 대형사고가 발생했을 경우, 그 이전에 같은 원인으로 29번의 경미한 사고가, 300번의 사고의 징후가 있었다는 법칙으로 적용할 수 있다.

즉, 대형사고는 우연히 또는 어느 순간에 갑작스럽게 발생하는 것이 아니라 그 이전에 반드시 경미한 사고 또는 징후들이 있었고 결국 대형사고는 항상 이러한 사소한 것을 방치할 때 발생하였다는 것이다. 예를 들어 1995년에 발생한 삼풍백화점 붕괴사고도 천장균열, 옥상손상 등의 여러 징후에도 불구하고 대책을 취하지 않아 결국 대형사고로 연결되었다는 것이다.

(2) 버드의 수정 도미노 이론

버드는 하인리히와는 달리 개인적 결함이 사고의 직접적인 원인인 불안전한 행동 또는 상태를 발생하는 것이 아니라 사업주의 통제관리의 부족에서 기인한 4M, 즉 Man(오조작 등), Machine(고장 등), Media(정보부족 등), Management(관리미흡 등)가 기본적인 원인이라고 주장하였다. 즉, 사고의 직접적인 원인으로 사업주의 통제관리의 부족이라는 '관리적 요소'를 강조한 것이다. 이를 하인리히의 도미노 이론에 대한 수정이론이라 하여, 버드의 수정 도미노 이론이라고 일컫는다.

✍ **버드의 법칙 → 1 : 10 : 30 : 600의 법칙**

버드는 하인리히의 1 : 29 : 300 법칙을 수정하여 물적 사고를 포함시켜 1건의 중상사고가 있기 전에 10건의 경상사고, 30건의 무상해 사고, 600건의 사전 징후적 아차사고가 있다는 1 : 10 : 30 : 600의 법칙을 주장하였다.

3. 현대사회와 재난환경

3.1 위험이 내재된 사회

현대 산업사회는 각종 위험의 화약고라고 할 수 있다. 독일의 사회학자 울리히 벡(Ulrich Beck)은 1986년 출간한 「위험사회」에서 성찰과 반성 없이 근대화를 이룬 현대 산업사회를 위험이 내재된 사회, 즉 위험사회로 규정하였다. 근대화와 산업화 과정에서 가져온 과학기술이 인간에게 물질적 풍요를 주었지만 새로운 형태의 위험을 가져왔다는 것이다. 즉, 근래에 발생한 대형사고가 바로 이러한 경제적 풍요가 동반한 위험이다.

그런데 이러한 위험은 경제가 발전할수록 심화[13]되고 후진국의 문제가 아니라 오히려 과학과 산업이 발달한 선진국이 더 심각하며, 예외적인 위험이 아닌 일상적 위험이라는 데 문제의 심각성이 더 있다고 보았다. 따라서 앞으로 과학과 기술의 위험을 감소시키는 등 국가정책의 우선과제는 사회적 안전장치 마련에 맞춰져야 한다는 것이다.

3.2 불확실한 미래재난

OECD(2012)는 향후 인류에게 닥칠 수 있는 재난에 영향을 주는 4가지 요인을 다음과 같이 분류하였다.

- 인구구조의 변화 : 인구증가로 인한 고령화는 생산인구의 감소와 소비인구의 증가를 가중시켜 식량부족 문제를 야기할 수 있으며, 면역기능 저하로 인해 전염병 확산 등의 문제를 야기할 수 있다.
- 지구환경의 변화 : 인구증가와 경제성장으로 인한 이산화탄소 배출량 증가가 지구온난화를 유발시켜 자연재난의 주기 및 강도를 변화시키고 수자원 부족에 따른 보건상태 악화, 전염병 확산, 생태계 파괴 등을 유발할 수 있다.
- 과학기술의 발전 : 기술변화의 급속한 속도와 광범위한 확산, 사회 제반분야 간 연결성은 어느 한 분야의 사고가 사회 또는 세계 전체로 파급될 수 있도록 한다. 금융전산 · 통신시설의 마비로 인한 사회붕괴 위기, 국가 간 활발한 왕래는 새로운 전염병의 확산 등을 야기하고 있다.
- 사회구조의 변화 : 그간 의사결정이 정부 중심이었다면 이제 그 권한을 NGO,

13) 울리히 벡의 "빈곤은 위계적이지만 스모그는 민주적이다."는 말이 이를 대변하고 있다.

민간, 기업 등과 공유하는 분권형 사회로 가속화되고 있는데, 이는 역으로 사회 구성원 간 이해충돌의 가능성을 야기하고 폭력, 테러, 전쟁 등 우리 스스로가 사고를 자초할 수 있다.

4. 요약 및 결론

이 장에서는 재난의 정의에서 시작하여 재난이 발생하는 원리, 재난위험의 평가 그리고 현대사회가 처한 재난환경 및 재난관리에 대한 접근방법 등을 살펴보았다. 재난은 단순하게는 해당 지역사회의 대응능력을 초과하는 대규모 사고라고 정의될 수 있으나 물리적 피해가 필요조건인지 등 정의하는 기준이 매우 다양할 뿐만 아니라, 위해, 위험, 재해 등 다양한 유사용어가 혼용되고 있어서 확실하게 구분하기 어려운 경우도 많다. 재난발생의 원리에 대한 최근의 연구동향은 개별적 요인보다 시스템 자체의 문제를 보는 시스템 이론이 근간을 이루고 있다.

이러한 맥락에서 하나 이상의 자연 또는 인적재난이 동시에 또는 연쇄적으로 발생하는 복합재난도 연쇄적인 대규모 피해를 야기할 수 있는 미래재난의 대표적 유형이다(국립재난안전연구원, 2013).

✍ 재난 이야기 : 재난발생 원인에 대한 역사적 인식변화

미국 연방재난관리청(FEMA)에서는 사람들이 가지는 재난에 대한 인식이 크게 4단계로 변화되어 오고 있다고 보고 있다. 이들 각각은 개별적인 재난인식에 대한 이론으로도 간주될 수 있으나 역사적으로 보면 재난 자체를 불가항력적인 성격의 신의 행동으로부터 시작하여, 과학기술의 발달에 힘입어 자연현상으로, 이후 재난에 사회적 의미를 부여하면서 자연과 사회의 상호작용 그리고 보다 근본적으로 사회적 차원의 구성으로의 소극적 방식에서 적극적 방식으로 인식의 변화를 거쳐 왔다. 하지만 엄밀히 말하면 이 4가지 방식은 단절과 생성의 단속적 변화를 거쳐 왔다기보다는 그 시대의 주류적 인식의 변화를 반영하였을 뿐 실제로는 각자의 논리를 가지고 공존하며 발전되어 온 측면도 있다.

① 신에 의한 불가항력적 행동(Acts of God)

아주 오래전 사람들은 재난을 신이 인간의 잘못된 행동에 대해 내리는 심판으로 생각하였다(White 외 다수, 2001). 따라서 재난이란 인간이 이해하기 힘든 것이며 피할 수도 없는, 그저 받아들여야 하는 불가항력적인 대상으로 인식되었다. 즉, 재난은 운명이었다. 이러한 인식에서 인간이 할 수 있는 재난관리에 대한 노력과 의지는 불가한 것이었다.

② 자연에 의한 중립적 행동(Acts of Nature)

다인스(Dynes, 1997)는 신의 행동이라는 재난에 대한 대중의 인식에 대전환이 일어난 계기는 1755년 포르투갈의 리스본 대지진이라고 주장한다. 포르투갈 리스본은 당시 신앙의 도시로 유명했는데, 당시 도시인구의 10%인 2.5만명이 사망 또는 실종하고 도시 전체가 폐허가 된다.

이를 계기로 볼테르 등 지식인들은 '신의 섭리'라는 인식에 의문을 품게 되고, 특히 당시 도시재건의 총책임자인 총리 폼발 후작(Marques de Pombal)도 이러한 인식이 도시재건에 방해가 된다고 보면서, 지진은 단지 자연현상이며 이를 대비해야 한다는 사회적 공감대가 형성된다. 이러한 새로운 인식은 과학기술을 통해 자연현상에 대응하고 통제해야 한다는 대전환을 주었다.

③ 자연과 사회의 상호작용(Intersection of society and nature)

돔브로스키(Dombrowsky, 1998)는 재난에 대해 '사회적 행위'의 의미를 부여한 최초의 학자로 카(Carr)를 지명한다. 1932년 카는 재난은 자연현상 자체가 아니라 자연현상에 대한 사회의 문화적 방어의 붕괴에 따른 것으로 결국 인재라고 주장하였다.

이후 휴트(Hewitt, 1983) 등은 자연현상 자체가 인명 또는 재산피해를 주는 것이 아니라 인간의 잘못된 개발행위 등이 상호작용한 결과라고 주장하였다. 이러한 인식을 계기로 토지이용 규제, 내진설계 적용 등 사람들의 잘못을 규제하는 정책들이 시행되게 되었다고 본다.

④ 사회적 차원의 구성물(Social Construction)

최근의 재난인식으로는 재난은 결국 사회적 차원에서 구성되는 것으로 재난관리를 위해서는 사회적 불평등과 같은 보다 구조적, 근본적 원인에 대해 탐구해야 한다는 주장이 대두되고 있다.

이러한 주장은 재난을 사회경제적 생태계를 기반으로 사회적 차원에서 발생하는 것으로 보는 주장으로, 대표적으로 토빈과 몬츠(Tobin & Montz, 1997)는 재난은 더 이상 시설공사의 방재기준을 따르게 하거나 위험지역 내에 개발규제를 하는 문제가 아니라 보다 중요한 것은 빈곤, 토지, 자본, 평등과 같은 것이라고 주장한다. 실제 재난으로 보다 많은 피해를 입는 부류는 재난약자라고 분류되는 장애인, 노약자, 빈곤층 등이라는 것도 같은 맥락이다.

연습문제

1. 재난의 정의는 매우 주관적이다. 어원적, 학문적, 법률적 등 다양한 시각에서 어떻게 정의하고 있는지 살펴보고 각 정의의 한계점은 무엇인지 설명하라.

2. 재난과 유사하게 사용되는 각종 용어와의 비교를 통해 앞에서 언급한 재난의 정의를 어떻게 더 구체화할 수 있는지 설명하라.

3. 재난발생의 가능성을 수학식으로 어떻게 정량화할 수 있는가?

4. '무엇이 재난을 일으키는가'라는 질문에 대해 다수 학자들은 시스템적 접근법으로 설명하고 있다. 대표적인 학자들의 이론을 열거하되, 특히 '정상사고 이론'과 '고도신뢰 이론'을 비교를 통해 재난의 발생 및 예방 방식에 대해 학파 간 어떻게 다른 시각을 가지는지 설명하라.

[참고자료]

강준만 (2015). 이론으로 보는 세상. **월간 인물과 사상**. 205.

김태윤 (2003). **국가재해재난관리체계의 새로운 틀의 모색**. 서울행정학회 발표논문: 이론파트.

김용균, 장효선, 최윤조, 손홍조 (2015). **최적 재난대응을 위한 재난유형 구분**. 한국방재학회논문집, 15(6), 1-10.

김용균, 손홍규, 안재현, 윤환철, 이태석, 정종제 (2021). **방재안전학** I. 비앤엠북스.

국립재난안전연구원 (2013). **복합적 미래예측방법론 분석을 통한 미래재난예측 기법 개발**. 국립재난안전연구원.

고려대 (2014). **한국어 대사전**. 고려대학교 출판사.

정지범 (2009). **국가 종합위기관리**. 법문사.

정지범 (2009). **광의와 협의의 위험, 위기, 재난관리의 범위**. 한국방재학회논문집, 9(4), 61-66.

Barton, A. H. (2005). Disaster and collective stress. *What is a disaster*, 125-152.

Burton, I. (1993). *The environment as hazard*. Guilford press.

Costine, K. (N/D). *The Four Fundamental Theories of Disasters*. American Military University.

Dombrowsky, W. R. (2005). Again and again: Is a disaster what we call a "disaster"?. In *What is a Disaster?* (pp. 31-42). Routledge.

Dynes, R. R. (1997). The Lisbon Earthquake in 1755: Contested meanings in the first modern disaster.

Guha-Sapir, D., Vos, F., Below, R., & Ponserre, S. (2016). *Annual disaster statistical review 2015: the numbers and trends*. Centre for Research on the Epidemiology of Disasters (CRED).

FEMA (2008). *Emergency Management: Definition, Vision, Mission and Principles*. Federal Emergency Management Agency.

FEMA (N/D). Session 21: command, control, coordination, and disaster declarations. In *Course title: comparative emergency management*. FEMA Emergency Management Institute.

FEMA (N/D). Session 5: four theories of disaster. In *Course title: theory, principles and fundamentals of hazards, disasters, and U.S. emergency management*. FEMA Emergency Management Institute.

Fritz C. E. (1961). Disasters. In R.K. Merton & R.A. Nisbet (Eds), *Contemporary social problems: Contemporary social problems: an introduction to the sociology of deviant behaviour and social disorganization* (pp. 651-94). Harcourt, Brace & World.

Furuta K. (2015). Resilience Engineering. In: Ahn J., Carson C., Jensen M., Juraku K.,

Nagasaki S., Tanaka S. (eds) *Reflections on the Fukushima Daiichi Nuclear Accident*, Springer.

Heinrich, H. W. (1931). *Industrial accident prevention: a scientific approach.* McGraw-Hill.

Heinrich, H. W. (1959). *Industrial accident prevention: a scientific approach* (4th ed.). McGraw-Hill.

IRDR (2014). *Peril classification and hazard glossary: data project report 1.* Integrated Research on Disaster Risk.

Jones, D.K.C. (1993). Envrionmental Hazards.

Miller, D. (1996). *City of the century; the epic of Chicago and the making of America.* New York: Simon & Schuster.

Mussig, A. (N/D). The financial crisis: caused by unpreventable or organized failures? *International Journal of Economic Sciences and Applied Research*, 2(1), 51-70.

NGA (1979). *Comprehensive emergency management: a governor's guide.* Washington, D.C.: National Governor's Association Center for Policy Research.

OECD (2012). *2012 Global Risk Report.* Organization for Economic Cooperation and Development.

Petak, W. (1985). Emergency Management: A Challenge for Public Administration. *Public Administration Review*, 45, 3-7.

Perrow, C. (1982). The President's commission and the normal accidents, In: D. L. Sills, C. P. Wolf and V. B. Shelarski (Eds). *Accident at Three Mile Island: the human dimensions.*

Perrow, C. (1984). *Normal accidents: living with high-risk technologies.* New York: Basic Books.

Perrow, C. (1994a). *Accidents in high-risk systems.* National Emergency Training Center.

Perrow, C. (1994b). The limits of safety: the enhancement of a theory of accidents. *Journal of contingencies and crisis management*, 2(4), 212-220.

Reason, J. (1990). The contribution of latent human failures to the breakdown of complex systems. *Phil. Trans. R. Soc. Lond. B*, 327(1241), 475-484.

Perry, R. W. (2007). What is a disaster?. In *Handbook of disaster research* (pp. 1-15). New York, NY: Springer.

Picou, J. S. and Marshall, B. K. (2005). Katrina as Paradigm Shift: Reflections on Disaster Research in the Twenty-First Century, in Brunsma, D. L., Overfelt, D., and Picou, J. S. (ed.) (2005) The Sociology of Katrina: Perspectives on a Modern Catastrophe. Rowman & Littlefield, 1-20.

Quarantelli, E. L. (Ed.). (2005). *What is a disaster?: a dozen perspectives on the question.* Routledge.

Quarantelli, E. L. (2000). *Disaster research.* University of Delaware.

Quarantelli, E. L., & Perry, R. W. (2005). A social science research agenda for the disasters of the 21st century: theoretical, methodological and empirical issues and their professional implementation. *What is a disaster,* 139, 325–396.

Roberts, K. H. (1993). *New challenges to understanding organizations.* New York: Macmillan.

SwissRe (2014). Natural Cats and Man–made Disasters in 2013.

Takara, K. (2018). Disaster Risk Management Seminar Presentation, DPRI (Disater Prevention Research Institute), Kyoto University.

Taleb, N. (2007). *The black swan: the impact of the highly improbable.* New York: Random House Trade Paperbooks.

Turner, B. A. (1971). *Exploring the industrial subculture.* London: Macmillan.

Turner, B. A. (1976). The organizational and interorganizational development of disasters. *Administrative science quarterly,* 378–397.

Turner, B. A. (1978). *Man–made disasters,* London: Wykeham.

Turner, B. A., & Pidgeon, N. F. (1997). *Man–made disasters.* Butterworth–Heinemann.

Turner, R. H., & Killian, L. M. (1957). *Collective behavior.* Englewood Cliffs, NJ: Prentice–Hall.

Beck, U. (1992). *Risk society:* Towards a new modernity, 17, Sage.

UNDP (1994). *1994 Human Development Report.* United Nations Development Programme.

CHAPTER 02 재난의 분류 및 위해의 종류

1. 개 설

지구상에는 다양한 유형의 재난이 존재해 왔다. 또한, 지금도 새로운 재난이 발생하면서 인류에게 새로운 위협을 가하고 있다. 재난관리자는 이러한 수많은 재난의 개별적인 특성을 파악하고 효과적으로 대응해 나가야 한다. 하지만 수많은 재난에 대해 일일이 개별적 특성을 파악하고 대응하는 것은 현실적으로 어렵다. 따라서 다양한 재난에 대해 효율적으로 대응하기 위해서는 각 재난의 공통 요소를 찾고 분류하는 작업이 필요하다.

이 장에서는 먼저 이러한 재난을 어떻게 분류할 수 있는지 그리고 유형별로 어떤 특성들이 있는지 살펴본다. 또한, 각 재난을 일으키는 직접적 또는 외부적 요인이라 할 수 있는 개별 재난위해(Hazard)에 대해서도 살펴보기로 한다.

2. 재난의 분류

재난의 정의가 학파, 학자, 기간 등에 의해 다양한 것처럼 그 분류 기준도 매우 다양하다. 현재까지 재난의 분류방법으로 자연재난 및 인적재난과 같이 발생 원인에 따른 분류방법이 가장 대표적이다. 하지만 최근 재난연구에 있어서 이러한 이분법적인 분류에 대해 많은 이견이 제기되고 있다. 그리고 발생 원인에 따른 분류방법 이외에도 재난의 진행속도에 의한 방법, 지속시간에 의한 방법, 예측 가능성에 의한 방법 등 다양한 분류방법이 제기되고 있다.

2.1 발생원인에 따른 분류

재난에 대한 분류방법 중 가장 전통적인 것은 발생원인에 따라 분류하는 것이다. 이는 길버트(Gilbert, 1998)의 접근방법 중 재난을 외부세력의 침입으로 보는 관점이다.

2.1.1 발생원인에 따른 분류체계

발생원인에 따른 분류방법은 결과적으로 직접적인 또는 외부적인 요인이라고 할 수 있는 위해(Hazard)에 따른 것이다. 대표적으로 태풍, 호우 등 자연현상에 의한 자연재난(natural disaster)과 붕괴, 폭발 등 인간행위에 의한 인위재난(man－made disaster)으로 구분한다. 이때 일부 학자들은 인위재난이 인류가 과학기술을 이용하여 편익을 얻는 과정에서 만들어진 산물이라는 점에 착안하여 인위재난을 기술재난(technological disaster)이라고 부르기도 한다.

산불과 같이 일부 재난은 발생원인이 낙뢰 등과 같은 자연적인 것과 실화와 같은 인위적인 것이 혼재되어 두 가지 재난유형에 모두 속하기도 한다. 또한, 최근에는 포괄적 안보개념을 적용하여 인위재난의 범주에 이러한 사고성 재난 외에도, 테러 등과 같은 반사회 또는 반제도적 성향에 따른 인간의 의도로 형성된 '계획적 재난(intentional disaster)'을 포함시키기도 한다(Coppola, 2011).

■ **현행 법률체계상 구분: 자연재난과 사회재난**

우리나라의 「재난 및 안전관리 기본법」에서도 발생원인에 따른 전통적인 분류체계에 따라 재난을 자연재난과 사회재난으로 구분하고 있다. 여기에서 사회재난이라는 새로운 재난종류가 등장하기 전까지 우리나라의 경우에도 2004년 3월 11일 이전까지는 재난을 자연재난과 인적재난으로 분류하였다.

이후 2004년 3월 11일 자연재난을 관장하는 「자연재해대책법」 일부와 인적재난을 관장하는 「재난관리법」이 「재난 및 안전관리 기본법」으로 통합되면서, 자연재난과 인적재난 이외에 에너지 · 통신 · 교통 · 금융 · 의료 · 수도 등 국가기반체계의 마비와 전염병 확산 등으로 인한 피해를 일컫는 '사회적 재난'이 추가되었다.

그리고 2013년 8월 16일 이후에는 인적재난과 사회적 재난을 통합하여 이를 사회재난으로 명명하고 있다. 즉, 이러한 사회재난의 범주에 화재, 붕괴, 폭발 등과 같은 전통적 인위재난 이외에도 에너지, 통신 등 국가기반체계의 마비 등 상대적으로 넓은 의미의 재난을 포함하고 있음을 알 수 있다.

〈재난 및 안전관리 기본법 제3조(정의)〉

"재난"이라 함은 국민의 생명·신체 및 재산과 국가에 피해를 주거나 줄 수 있는 것으로서 다음 각 목의 것을 말한다.

가. 자연재난: 태풍, 홍수, 호우, 강풍, 풍랑, 해일, 대설, 한파, 낙뢰, 가뭄, 폭염, 지진, 황사, 조류 대발생, 조수, 화산활동, 소행성·유성체 등 자연우주물체의 추락·충돌, 그 밖에 이에 준하는 자연현상으로 인하여 발생하는 재해

나. 사회재난

① 화재·붕괴·폭발·교통사고·화생방사고·환경오염사고 등으로 인하여 발생하는 대통령령으로 정하는 규모 이상의 피해

→ 이때 대통령령에서는 "국가 또는 지방자치단체 차원의 대처가 필요한 인명 또는 재산의 피해", "그 밖에 이 피해에 준하는 것으로서 행정안전부 장관이 재난관리를 위하여 필요하다고 인정하는 피해"로 규모의 기준에 대해 정하고 있다.

② 에너지·통신·교통·금융·의료·수도 등 국가핵심기반의 마비

③ 「감염병의 예방 및 관리에 관한 법률」에 따른 감염병 또는 「가축전염병예방법」에 따른 가축전염병의 확산으로 인한 피해

④ 「미세먼지 저감 및 관리에 관한 특별법」에 따른 미세먼지 등으로 인한 피해

〈국가위기관리지침 제108조(자연재난)〉

자연재난으로는 태풍, 강풍, 호우, 홍수, 해일, 대설, 조류 대발생 등으로 인한 기상재난과 지진, 화산, 해안(하안) 침식 등으로 인한 지질재난 등이 있다.

이를 세부적으로 분류하면, 자연재난은 i) 태풍, 강풍, 호우, 홍수, 해일, 대설, 조류 대발생 등으로 인한 기상재난, ii) 지진, 화산, 해안(하안) 침식 등으로 인한 지질재난, iii) 소행성·유성체 등 자연우주물체의 추락·충돌 등과 같은 우주재난으로 구분할 수 있다. 「자연재해대책법」에서는 풍수해를 따로 규정하며 풍수해를 태풍, 홍수, 호우, 강풍, 풍랑, 해일, 조수, 대설, 그 밖에 이에 준하는 자연현상으로 인하여 발생하는 재해로 규정하고 있다. 이때의 풍수해는 기상재난과 동일한 개념이라고 할 수 있다.

사회재난은 i) 화재·붕괴·폭발·교통사고·화생방사고·환경오염사고 등과 같은 사고성 재난, ii) 에너지·통신·교통·금융·의료·수도 등 국가핵심기반의 마비, iii) 전염병 및 감염병과 같은 질병성 재난 그리고 iv) 최근 신종재난으로 부각된 미세먼지 등 그 밖의 재난으로 구분할 수 있다.

■ **학자 · 기관별 다양한 구분**

그동안 많은 학자와 기관들은 이러한 전통적인 발생원인에 따른 재난분류 체계를 좀 더 세분하여 왔다. 예를 들어, 가장 대표적인 학자로 존스(Jones, 1993)는 표 2.1과 같이 재난을 자연재난, 준 자연재난, 인위재난으로 분류하고, 다시 자연재난을 지구물리학적 재난(지질, 지형, 기상학적 재난으로 구분)과 생물학적 재난으로 세분화하였다.

표 2.1 재난의 분류체계

자연재난				준 자연재난	인위재난
지구물리학적			생물학적		
지질학적	지형학적	기상학적			
지진, 화산폭발, 지진해일	낙석, 산사태 등	안개, 대설, 해일, 낙뢰, 토네이도, 폭풍, 가뭄, 이상기상	세균 질병, 독성 동식물	스모그, 지구 온난화, 사막화, 염류화, 논사태, 산성화, 홍수, 토양침식	공해, 폭동, 교통사고, 폭발, 전쟁 등

* 출처: Jones(1993)

아네쓰(Anesth, N/D)는 표 2.2와 같이 재난을 자연재난과 인위재난으로 구분하고 다시 자연재난은 태풍 등 기후성 재난과 지진 등 지진성 재난으로, 인위재난은 폭발 등 사고성 재난과 테러 등 계획적 재난으로 구분하였다.

표 2.2 재난의 분류체계

자연재난		인위재난	
기후성	지진성	사고성	계획성
태풍 등	지진, 화산폭발, 지진해일 등	교통사고, 산업사고, 폭발사고, 화재사고, 생물 · 화학 · 방사능 사고 등	테러, 폭동, 전쟁 등

* 출처: Jones(1993)

가장 대표적인 재난 DB 관리기관으로는 벨기에에 위치한 재난역학연구센터(Center for Research on the Epidemiology of Disasters; CRED)가 있다. 이는 1973년에 벨기에 대학의 부설연구소로 설립되고 이후 세계보건기구(WHO)의 공식 파트너로 전세계 재난 DB인 EM-DAT를 구축하였는데, 현재 UN 내 각종 국제기구에서도 이들의 자료를 각종 보고서 등에 활용하고 있다.

재난역학연구센터는 2007년 세계적 재보험사인 MunichRe, SwissRe, UNDP 등과 함께 표 2.3과 같이 재난분류 체계를 표준화하였는데, 재난을 자연재난과 인위재난으로 구분하고, 다시 자연재난은 지구물리학적,[1] 기상학적, 수문학적, 기후학적, 생물학적, 우주적 재난으로, 인위재난은 교통사고, 산업재해 및 기타재난으로 세분화하고 있다. 이러한 분류체계는 자연재난에 대해서는 상당히 정교한 반면에 인위재난은 포괄적 연구에 활용하기에는 한계를 보이고 있다(정지범, 서재호, 2009).

이외에 캐나다 재난 DB(Canadian Disaster Database)는 처음부터 대분류로 생물학적(전염병 등), 지질학적(지진 등), 수문 · 기상학적(홍수, 태풍 등), 갈등관계적(테러 등), 기술적 재난(산업재해, 교통사고 등) 등으로 구분하고 있는데, 인위재난으로 테러와 같은 갈등관계적 재난을 포함하고 있다는 측면에서 의의가 있다(정지범, 서재호, 2009). 이와 같은 맥락에서 리치몬드(Richmond University) 대학의 재난 DB는 재난을 자연재난, 갈등으로 유발된 재난(테러 등), 인간시스템의 실패로 인한 재난(산업재해, 교통사고 등)으로 구분하고 있다.

표 2.3 재난의 분류체계

구 분		종 류
자연재난	지구물리학적	지진, 지진해일, 화산폭발, 낙석, 마른 지반이동(지반침하, 눈사태, 산사태 등)
	기상학적	태풍 등
	수문학적	홍수, 폭풍해일, 젖은 지반이동(지반침하, 눈사태, 산사태 등)
	기후학적	폭염, 한파, 가뭄, 산불 등
	생물학적	감염병, 곤충해 등
사회재난	산업 사고	(산업현장에서의) 붕괴, 폭발, 화재, 가스 누출, 방사능 등
	교통 사고	철도, 도로, 선박, 항공 등
	기타 사고	(산업현장 외에서) 붕괴, 폭발, 화재 등

* 출처: 재난역학연구센터(1993)

2.1.2 발생원인에 따른 재난특성

자연재난과 인위재난은 세부종류에 따라 구분하기 어려운 부분도 있지만, 상호 비교되는 특징을 가진다(Gill & Ritchie, 2000). 먼저, 자연재난은 발생자체가 자연현상

1) 지질학적 재난과 동일한 의미라고 정의하고 있다.

에서 비롯된 것으로 사람이 예방 또는 통제하기 어려운 것으로 인식된다. 다만, 최근 과학기술의 발달로 인해 태풍, 호우 등 일부 자연재난은 기상예보를 통해 예측되고 있고 이러한 예측기술은 지속적으로 발달할 것으로 기대되고 있다.

이에 반해 인위재난은 화재, 폭발과 같이 인간의 실수, 오류 등에 의해 사고적으로 발생하거나, 테러, 전쟁 등과 같이 의도적으로 발생하는 것으로 다양한 유형에도 불구하고 사람의 노력으로 예방 또는 통제할 수 있는 것으로 인식된다. 다만, 최근 과학기술의 한계로 인해 이러한 인위재난발생은 정확하게 예측하기 어려운 것으로 인식된다.

둘째, 자연재난은 일반적으로 재난의 시작과 끝이 분명할 뿐만 아니라 피해양상도 물리적인 피해가 분명하게 나타나서 수량, 금액 등으로 정량화가 가능하다. 이에 반해, 화학물질 노출 등 환경재난과 같은 인적재난은 지속적으로 이어져 시작과 끝이 불분명하며, 그 피해 정도도 인간의 감각으로 분명하게 탐지하기 어려운 경우가 많다. 이에 따라 많은 경우에 보상금액을 명확하게 정하기 어렵다.

셋째, 자연재난의 경우에는 특정한 시간, 공간에 무차별적인 영향을 미친다. 이 과정에서 취약시설과 소득, 성별, 인종 등 개인의 사회적 위치에 따른 취약계층에 그 영향이 집중되기도 하지만 상대적으로 인적재난에 비해 특정한 시간, 공간에 무차별적인 특성을 가진다. 하지만 환경재난과 같은 인적재난의 경우에는 다음 세대, 인접 지역까지 영향이 확산되면서 시간과 공간의 한계를 초월하는 경우가 발생한다. 이러한 영향은 사회적인 약자들이 살고 있는 지역으로 상대적으로 집중되면서 '환경 불평등(environmental justice)'과 같은 문제가 제기되기도 한다.

넷째, 일반적으로 자연재난의 경우 넓은 지역에 산발적인 피해가 발생하며 지진, 화산 등 지질성 재난을 제외하고는 상대적으로 오랜 시간에 완만하게 진행된다. 하지만 인적재난의 경우에 좁은 지역에 사상자가 집중하게 되며 환경오염 등 환경재난을 제외하고는 상대적으로 짧은 시간에 급격하게 전개되는 양상을 띤다.

다섯째, 재난발생 원인에 대한 인식의 차이는 해당 사회가 각 재난에 대응하거나 영향을 받는 방식에 차이를 가진다. 즉, 자연재난의 경우에는 전통적으로 '자연 또는 신의 힘'에 의해 불가항력적으로 발생했다는 인식이 강하기 때문에 비록 대규모 피해가 발생하더라도 피해자를 도와야 한다는 사회적 합의가 쉽게 이루어진다. 이로 인해 기존 자원봉사 조직 등의 참여가 활발하게 이루어지며 피해복구, 구호 등의 과정에서 정부의 지원에 대한 사회적 당위성이 형성된다.

또한, 국가적으로 피해복구를 지원하는 정부의 지원제도와 재난보험과 같은 민간시장이 상보적으로 작동하게 된다. 이로 인해 대규모 피해가 발생하더라도 빠른 시간에 복구가 이루어지면서 피해를 입은 시설조차도 이전에 비하여 개선되는 효과가 나타나게 된다. 사회학자들은 이러한 현상의 공동체를 '치료적 공동체(therapeutic community)'라 지칭하고 있다(Picou and Marshall, 2005).

이에 반해, 인위재난의 경우에는 원인자 피해보상 원칙에 따라 재난의 책임자를 가리려는 문제가 부각되면서 복구작업이 지연될 뿐만 아니라 환경재난 등의 경우에는 피해조차 불분명하여 논란이 야기되기도 한다. 사회적으로 소송이 지속 발생하면서 구성원 간 분열 및 신뢰를 붕괴시키는 현상이 발생하게 되고 이로 인해 피해자들의 신체뿐만 아니라 정신적 건강에 문제가 생기게 된다. 정부에 대한 감독책임에 대한 문제가 제기되면서 정부에 대한 비판이 제기되기도 한다.

이러한 과정에서 시민단체와 같은 자생적 운동조직이 생기게 되지만 오히려 이러한 시민운동이 사회의 통합보다는 분열을 초래하기도 한다. 따라서 이러한 상태에 처한 공동체를 '부식된 공동체(corrosive community)'라 하며, 2014년 세월호 참사 이후 우리 사회가 겪은 국민적 분열이 그 대표적인 예이다(Picou and Marshall, 2005).

표 2.4 자연재난과 인위재난의 특징비교

	자연재난	인위재난
피해 발생	• 불가항력인 천재지변으로 예방 또는 통제 불가한 것으로 인식된다. • 일부재난은 일기예보 등으로 예측가능하다.	• 인간의 실수, 의도 등에 의한 것으로 예방 또는 통제 가능하다고 인식되고 된다. • 전반적으로 예측불가하다.
피해 양상	• 재난의 시작과 끝이 분명하고 피해양상도 물리적이다. • 수량, 금액 등 정량적으로 표현하기 용이하다.	• 환경재난과 같은 인적 재난은 지속적으로 이어져 시작과 끝이 불분명하다. • 피해정도를 인간의 감각으로는 분명하게 탐지하기가 어려운 경우가 많다. • 보상금액을 정량적으로 정하기도 어렵다.
피해 영향	• 특정한 시간, 공간에 영향을 미친다. • 취약시설과 소득, 성별, 인종 등 개인의 사회적 위치에 따른 취약계층에 그 영향이 집중되기도 하지만 상대적으로 비차별적인 특성을 가진다.	• 환경재난과 같은 인적재난은 다음 세대, 인접 지역까지 영향이 확산되면서 시간과 공간의 한계를 초월한다. • 취약계층이 살고 있는 지역으로 상대적으로 집중되면서 '환경 불평등(environmental justice)'과 같은 문제가 제기되기도 한다.
사회 변화	• 피해자를 도와야 한다는 사회적 합의가 쉽게 이루어진다. • 기존 자원봉사 조직 등의 참여가 활발하게 이루어지며 정부의 지원에 대한 사회적 당위성이 이루어진다. • 빠른 시간에 복구가 이루어지고 오히려 시설이 개선된다.	• 재난의 책임자를 가리려는 문제가 부각되면서 복구작업이 지연될 뿐만 아니라 환경재난 등의 경우에는 피해조차 불분명하기도 한다. • 원인자 피해보상 원칙에 따라 사회적으로 소송이 지속 발생하면서 구성원 간 분열 및 신뢰를 붕괴시키는 현상이 발생하게 된다.

	• 이러한 상태에 처한 공동체를 '치료적 공통체(therapeutic community)'라 한다.	• 정부에 대한 감독책임에 대한 문제가 제기되면서 정부에 대한 비판이 제기된다. • 시민단체와 같은 자생적 운동조직이 생기기도 하지만 오히려 이러한 시민운동이 사회의 통합보다는 분열을 초래하기도 한다. • 이러한 상태에 처한 공동체를 '부식된 공동체(corrosive community)'라 한다.
개인 심리	• 정신건강 문제가 상대적으로 적게 발생한다.	• 정신건강 문제가 상대적으로 많이 발생한다.

여섯째, 이러한 전체적인 맥락에서 인위재난을 경험한 사람들은 자연재난을 경험한 사람들에 비해 정신건강에 대한 문제가 많이 발생하는 등 사회문화적 또는 심리사회적 형태로 피해가 나타나는 경우가 많다.

하지만 최근에는 이러한 이분론적인 비교를 적용하기 어렵게 되는 사례가 빈번하게 발생하고 있다. 예를 들어 2005년 미국에서 발생한 허리케인 카트리나의 사례는 비록 자연재난이었으나 수습과정에서 나타난 뿌리깊은 인종갈등 문제, 기술적 오류에 의한 제방붕괴 등은 기나긴 소송, 공동체 갈등의 양상을 보이면서 '치료적 공동체'와 '부식된 공동체'의 두 가지 현상이 같이 나타나기도 하였다.

2.1.3 발생원인에 따른 구분의 한계

최근 자연재난과 인적재난의 이분법적인 분류에 대해 이견이 제기되고 있다. 이러한 주장은 사회학자들이 주축이 된 재난 중심의 연구학파에서 특히 강조되고 있는데, 재난은 유무형의 대규모 피해로 기능이 마비된 사회적 현상으로 발생의 원인에 따라 자연재난과 인위재난으로 구분하는 것은 잘못된 것이라는 주장이다.

사실, 자연재난과 인위재난의 엄격한 분류가 현실적으로 어렵다는 점도 간과할 수가 없다. 예를 들어, 자연재난이 인간행위의 영향을 받게 되는 경우인데, 최근 환경파괴로 인한 지구온난화로 태풍, 홍수 등의 빈도와 규모가 증가하고 있으며, 저지대나 단층대와 같은 지역의 개발사업으로 동일한 호우, 지진에 대해서 훨씬 많은 피해가 발생하고 있는 것이 대표적인 예이다(정지범, 2009).

이 밖에 2011년 일본에서 발생한 지진이 원자력 발전소의 방사능 누출을 일으킨 것과 같이 특정 유형의 재난이 다른 유형의 재난으로 전이되거나 여러 재난이 연쇄 또는 동시다발적으로 발생하게 되는 경우가 빈발하고 있는데, 이러한 복합재난(compound disaster)의 경우도 이분법적 분류를 어렵게 하는 요인이다.

2.2 발생원인 외 분류

일부 학자들은 발생원인에 따른 재난분류 방식의 한계성을 인식하고 좀 더 포괄적인 시도를 하고 있다. 이 중에서 대표적인 학자가 다인스(Dynes, 1970)이다. 그는 재난의 분류기준으로 발생빈도(frequency), 발생원인(cause), 진행속도(speed of onset), 지속시간(duration), 영향범위(scope of impact), 예측 가능성(predictability), 피해 잠재성(destructive potential), 제어 가능성(controllability), 사전 징후성(length of possible forewarning)의 9가지를 제시하였다.

그동안 이러한 다인스의 포괄적인 분류방식은 많은 학자들에 의해 부분적 또는 포괄적으로 활용되어 왔다. 예를 들어, 벤거(Wenger, 1978)는 이러한 9가지 분류기준을 재난의 속성과 사회적 역량에 따른 것으로 2원화하였는데, 앞의 5가지(발생빈도, 발생원인, 진행속도, 지속시간, 영향범위)는 재난의 속성에 따른 것으로, 뒤의 4가지(예측가능성, 피해잠재력, 제어가능성, 사전징후성)는 사회의 역량에 따른 것으로 보았다.

다인스의 분류기준을 재난관리의 대응단계에서의 활용에 접목시켜 재난의 종류를 분리하는 시도도 있었다. 예를 들어, 재난대응의 관점에서 보면 재난이 진행속도가 실제 활용에서 중요한데, 진행속도를 기준으로 보면 먼저, 태풍, 호우, 대설 등과 같이 기상예보에 따라 일정 기간 전에 피해를 예측할 수 있는 재난을 '완만진행형'으로 지칭할 수 있다. 이에 비해 지진 · 화산, 건물붕괴 등의 경우에는 대규모 피해가 순간적으로 발생하는 재난으로 상황발생 자체가 이미 대규모 피해로 나타나므로 '결과수습형'이라고 할 수 있다. 마지막으로 가축전염병, 인체감염병 등의 경우에는 발생 초기에는 저강도 수준이었으나 대응과정에서 심각한 상황으로 급변하면서 갑작스럽게 대규모 피해로 확산될 수 있는데, 이를 '순간증폭형'이라고 할 수 있다(김용균 등, 2005).

최근에는 발생원인에 따른 분류방식인 자연재난과 인위재난에 이러한 분류방식을 결합시키는 연구도 수행되었다. 정지범(2009)은 발생원인에 따른 자연재난과 인위재난의 특성을 다인스의 분류기준과 접목시켜 새로운 분류방법을 제안하였다.

그는 자연재난과 인위재난이 다인스의 분류기준에 따라 일관성 있게 정의되는 것을 제외하면 자연재난은 예측가능성을 기준으로 태풍 등 예측가능한 자연재난(predictable disaster)과 지진 등과 같이 예측불가능한 자연재난(unpredictable disaster)으로 구분할 수 있으며, 인적재난은 그간의 발생원인에 따른 세부분류 방식을 차용하여 인간의도의 개입여부에 따라 테러 등과 같은 고의적인 인적재난(intentional disaster)과 오류나 고장 등과 같은 비고의적 인적재난(unintentional disaster)으로 구분할 수 있다고 하였다.

3. 위해의 종류

재난을 일으키는 직접적인 또는 외부적인 요인이라고 할 수 있는 재난위해(Hazard)는 매우 다양하고 최근에도 각종 신종재난의 출현으로 그 가짓수가 늘어나고 있다. 일부 학자들은 재난이란 사회적 현상이기 때문에 재난의 유형을 구분하는 것은 의미없다고 주장한다. 하지만 재난의 유형을 구분하는 의미와는 무관하게 현업에서는 최소한 해당 재난을 일으키는 위해(hazard)의 특성에 대해서 이해하고 있어야 하며, 또한 일부 위해에 대해서는 다른 위해와 차별화된 관리방법이 있으므로 이에 대한 충분한 숙지가 필요하다.

여기서는 이러한 위해를 자연재난을 일으키는 위해와 인위재난을 일으키는 위해로 구분하여 설명한다. 하지만 일부 재난은 자연 또는 인적재난 모두의 유형으로 발생하기도 한다. 예를 들어, 산불과 같이 발생원인이 낙뢰 등과 같은 자연적인 것과 실화와 같은 인위적인 것이 혼재되어 이분법적으로 구분하기 어려운 경우도 있다. 이 경우에는 자연 및 인적재난 모두 발생가능한 재난의 위해로서 따로 구분하여 설명한다.

이렇게 다양한 재난을 발생시키는 위해를 이해하기 위해서는 기술적인 부분을 포함하여 매우 광범위한 지식이 필요하다. 따라서 이 장에서는 이러한 위해에 대해 개괄적인 부분만을 먼저 설명하고 세부적인 내용에 대해서는 「재난관리론 II(유형 · 국가별 재난관리체계)」에서 별도로 다루기로 한다.

3.1 자연재난을 일으키는 위해

「국가위기관리지침(2013)」에서는 자연재난을 일으키는 위해를 태풍, 홍수 등과 같은 기상재난의 위해(meteorological hazards)와 지진, 화산 등과 같은 지질재난의 위해(geological hazards)로 구분하고 있다. 여기에서도 이러한 분류체계에 따라 기상재난과 지질재난의 위해로 구분하여 설명한다. 또한, 최근 태양흑점 폭발 등에 의해 발생하는 우주전파 등에 의한 재난을 우주재난으로 구분하고 있는바 이를 우주재난의 위해로 추가로 서술한다.

우리나라에 주로 영향을 주는 자연재난을 살펴보면, 표 2.5에서 보여지는 바와 같이 최근 10년간 국비지원이 이루어진 자연재난만으로도 연평균 3,148억 원의 피해가 발생하고 있다. 이러한 자연재난을 일으키는 위해를 크기순으로 표시하면 호우

→ 태풍 → 대설 → 강풍 → 풍랑 등의 순서임을 알 수 있다.

표 2.5 최근 10년간 원인별 피해액 현황(2010~2019)

(단위: 백만 원)

	2010년	2011년	2012년	2013년	2014년	2015년	2016년	2017년	2018년	2019년	연평균
호우	188,864	516,581	37,639	156,257	141,283	1,255	37,831	103,522	53,810	1,651	123,869
태풍	180,238	213,749	975,991	1,670	5,257	13,873	226,085	0	70,629	212,778	190,027
대설	69,274	46,973	19,790	11,208	32,210	13,476	19,701	85	14,035	671	22,742
강풍	182	0	25,974	921	94	4,028	0	0	7	7	3,121
풍랑	7,351	292	0	44	0	345	8,752	617	2,823	474	2,069
합계	447,919	779,606	1,061,406	172,113	180,858	34,992	294,385	106,241	143,322	217,600	341,828

* 국비지원이 이루어진 재난에 대한 집계이며, 각 피해액은 2019년도 환산가격 기준임

* 출처: 행정안전부(2019)

3.1.1 기상재난을 일으키는 위해

기상재난을 일으키는 위해는 지상 대기상태의 변화와 관련된 것으로 태풍, 호우, 홍수, 대설, 강풍, 풍랑, 해일, 낙뢰, 가뭄, 황사 등이 있다.

(1) 태풍

태풍이란 우리나라가 인접한 북서태평양에서 발생하는 중심부근 최대풍속이 17m/s 이상의 열대저기압으로 저위도 지방의 따뜻한 공기가 바다로부터 수증기를 공급받아서 고위도로 이동하면서 강한 폭풍우를 동반하는 기상현상이다.

최근 10년간(2004~2013년) 연평균 23.4개의 태풍이 발생하였고, 이 중 2~3개가 주로 8월 → 7월 → 9월 → 10월의 순으로 우리나라에 영향을 미쳤다. 일반적으로 태풍은 강한 비바람을 동반하기 때문에 뒤에서 설명할 호우, 강풍 등의 피해를 동시에 수반하게 된다.

(2) 호우와 홍수

호우와 홍수는 흔히 혼동하는 개념이다. 일반적으로 호우는 많은 비가 내리는 원인측면의 기상현상이며, 홍수는 호우로 인해 침수가 발생하는 결과측면의 피해현상이다.

① 호우

일반적으로 비가 내리는 것을 강우라고 하는데, 이 중 많은 비가 내리는 것을 호우라고 한다. 호우는 우리나라 자연재난 피해의 가장 큰 원인 중 하나로 나

타나고 있다. 우리나라의 경우, 주로 여름철에 장마전선에 따라 나타나는 경우가 많고, 태풍 내습시 동반하여 나타나기도 한다. 호우로 인한 피해는 i) 시설물 등의 침수로 인한 피해와 ii) 산사태 등 사면붕괴로 인한 피해로 나타난다.

호우 중에서도 좁은 지역에 짧은 시간 동안 집중적으로 내리는 비를 집중호우라고 한다. 우리나라는 삼면이 바다로 둘러싸여 있고 높은 산이나 계곡 등으로 지형효과가 매우 커서 집중호우가 여름철에 빈번하며 현재까지 정확한 예측도 어려운 실정이다.

② 홍수

호우가 많은 비가 내리는 원인측면의 기상현상이라면 홍수는 이로 인해 침수가 발생하는 결과측면의 피해현상이다. 홍수는 일시적으로 많은 비가 내려 i) 사람들이 거주하는 하천 안쪽의 내수배제가 되지 않아 생기는 경우와 ii) 하천 자체가 범람해서 발생하는 경우에 발생한다. 하지만 하천 안쪽의 내수배제의 문제도 하천 수위가 높은 경우에 일어나는 경우가 대부분이므로 하천 수위는 홍수 발생을 결정하는 중요한 요인이다.

(3) 대설

대설이란 짧은 시간에 많은 양의 눈이 내리는 현상으로 일반적으로 i) 겨울에 발달한 저기압의 영향을 받거나 ii) 찬 대륙고기압의 공기가 서해로 이동하면서 해수와 대기의 온도차('해기차'라 불린다)로 눈구름이 만들어지면서 발생한다. 이런 이유로 12월에는 서해안에, 1~2월에는 동해안을 중심으로 대설이 발생하기 쉽다.

대설 피해의 가장 대표적인 유형은 쌓인 눈으로 시설물이 붕괴되는 것인데, 습설의 경우 잘 뭉쳐지고 쌓이는 데다 단위부피당 무게가 건설의 3배 이상이어서 같은 양의 눈이 쌓인 경우에도 특히 위험하다.

(4) 강풍

강한 바람은 시설물을 파손시키고 농작물 낙과를 유발하고 비산물을 발생시켜 그로 인한 2차적인 피해를 야기한다.

월별로 강풍특보 발표현황을 분석해 보면 4월→3월→12월 순인데, 봄철에는 건조한 대기와 큰 일교차가 원인으로 지목되는데, 대기가 건조하면 약간의 가열 차이만으로도 큰 바람이 발생할 수 있고 큰 일교차도 부등가열에 의해 큰 바람을 야기할 수 있기 때문이다. 또한, 겨울철에는 대륙과 해양의 온도 차이로 인해 주로 바람이 강하다.

(5) 풍랑과 너울

바다에 바람이 불면 수면에 교란이 일어나고, 자연은 이를 다시 원상태로 되돌리려는 복원을 시도하는데 이 과정에서 생기는 것이 파도(또는 파랑)이다. 만약 이 파도가 바람에 의해 어떤 지역에 직접 발생하였다면 이를 풍랑(wind wave)이라고 하며, 바람이 없이 멀리서 전해 온다면 이를 너울(swell)이라고 한다. 구체적으로 너울은 풍랑이 바람이 부는 지역 밖으로 전파되거나 풍랑의 속도가 풍속보다 빨라 파도가 바람보다 먼저 오는 경우에 발생한다.

최근 5년간(2008~2012년) 평균 풍랑특보를 살펴보면 12월→11월→1월 순으로 주로 겨울철에 발생하고 있으나 너울은 발생시기를 특정하기 어려우며, 서 · 남해안에 비해 섬 등의 장애물이 없는 동해안에 집중해서 발생하고 있다.

(6) 조수

모든 해수면은 정도의 차이는 있지만 매일 2차례 규칙적으로 '높아졌다(밀물→고조(高潮), 만조(滿潮))', '낮아졌다(썰물→저조(低潮), 간조(干潮))'를 되풀이하는 주기적인 높이변화를 일으킨다. 이렇게 태양, 지구, 달 간에 당기는 인력으로 해수면이 하루 단위로 규칙적인 높낮이 변화운동을 하는 것을 조석(潮汐, tide)이라고 한다.

조수에 의한 피해는 만조시 해수면의 상승으로 발생할 수 있는 침수피해이다. 해수면의 높이는 태양 · 지구 · 달 세 천체가 일직선상에 놓이게 되는 매달 음력 보름(15일경)과 그믐(1일)의 '사리'에 더 높아진다. 또한, 이때 밀물과 썰물 간의 조차도 커져 해수흐름도 강해진다. 따라서 사리 때는 침수, 월파 등의 위험이 있으므로 저지대 침수 등에 주의해야 한다. 특히, 여름철인 음력 7월 15일 전후인 '백중사리' 기간에 이러한 현상이 가장 크므로 이때 태풍 등으로 폭풍해일이 발생하게 되면 저지대 등에 많은 침수피해가 발생하게 된다.

(7) 폭풍해일과 기상해일

해저의 지각 변동이나 해상의 기상변화에 의하여 갑자기 바닷물이 크게 일어서 육지로 넘쳐 들어오는 현상을 해일이라고 한다. 이 중에서는 해저의 지각 변동에 의한 해일의 가장 대표적인 현상이 지진해일이며, 해상의 기상변화에 의한 것으로는 폭풍해일과 기상해일이 있다. 지진해일에 대해서는 지진과 연계해서 설명하도록 하고 여기서는 해상의 기상변화에 의한 폭풍해일과 기상해일을 설명한다.

① 폭풍해일

바람의 교란에 의한 파도, 즉 풍랑과 너울과 달리 태풍과 같은 저기압권에서 해수면 자체가 부풀어 오르게 되는데, 이를 폭풍해일이라고 한다. 예를 들어, 태풍의 중심기압이 대기압보다 1hPa 떨어질 때마다 1cm씩 해수면이 상승하므로 태풍의 중심기압이 960hPa일 경우에는 해수면 자체가 50cm 정도 상승하게 된다.

일반적으로 태풍은 강풍을 동반하고 풍랑이 같이 발생하게 되는데, 바람의 방향이 해안을 향하게 되면 해안 쪽으로 해수가 밀려들어 와 해수면이 더 상승하게 된다. 드물기는 하지만 강풍에 의해 발생한 너울의 이동속도가 태풍으로 부풀어 오른 해수면 이동속도와 유사하게 되는 경우에는 공명현상으로 폭풍해일이 더 가중되기도 한다.

또한, 폭풍해일이 발생한 시기가 사리 기간 중 바닷물이 고조가 되는 상황에서 풍랑, 너울과 같은 파도의 효과까지 겹친다면 최악의 해일피해가 발생하게 된다.

② 기상해일

기상해일은 바닷물을 누르던 공기의 압력에 갑작스러운 변동이 생겨 바닷물에 파동이 만들어지는 현상이다. 기상해일은 강한 저기압이 접근할 때 기압 점프로 대기압이 급하게 변하면서 해수면이 상승 또는 하강하게 되면서 시작된다. 이때 기압 점프의 이동속도가 해일의 전파속도가 같아지면 공명 현상이 발생하여 해일의 높이가 더 크게 증가하면서 피해를 일으킬 수 있는 기상해일이 만들어지는 것이다.

우리나라에서는 이러한 기상해일이 주로 봄철 3~5월에 서해안에서 발생한다. 이는 서해의 수심과 봄철 기압배치와 관련이 있다. 서해의 얕은 수심이 만들어 내는 파동의 전파속도가 봄철에 나타나는 기압배치로 생기는 저기압의 이동속도와 유사해서 공명현상으로 인해 물결의 높이가 증폭되면서 해안에 피해를 일으킬 수 있는 기상해일로 발전하게 되기 때문이다.

(8) 산사태(Land Slide)

산사태(山沙汰, landslide)는 호우, 지진, 화산, 절토, 풍화 등으로 산에서 암반 또는 토사가 갑자기 무너져 내리는 현상이다. 일반적으로 비탈면의 경사가 급하고 토층 바닥에 암반이 깔려 있는 곳에서 발생할 가능성이 높다. 산사태는 예측하기가 매우 어렵기는 하지만 발생하기 전에 일부에서 사전 징후들이 관찰되기도 한다.

경사면에서 갑자기 많은 양의 물이 솟을 때에는 땅속에 과포화된 지하수가 있다는 것을 의미한다. 또한, 평소 잘 나오던 샘물이나 지하수가 갑자기 멈출 때에도 산 위의 지하수가 통과하는 토양층에 이상이 발생한 것이다. 갑자기 산허리 일부에 균열이 가거나 내려앉을 때, 바람이 없는데도 나무가 흔들리거나 넘어질 때, 또는 산울림이나 땅울림이 들릴 때에도 산사태가 이미 시작된 것이므로 신속하게 대피하여야 한다.

(9) 낙뢰

낙뢰란 구름과 지면 사이에 전류가 흐르는 현상이다. 일반적으로 수직으로 커다랗게 발달한 적란운 속에는 많은 수분과 얼음 입자가 들어 있는데, 이들은 상호작용하여 축적된 전화량이 어떤 기준치를 넘어서게 되면 갑자기 전류가 흐르는 방전현상이 일어나게 된다.

이때 90% 이상의 대부분의 방전은 구름 내, 또는 구름 간에 이루어져 우리에게 피해를 주지는 않지만, 폭우로 인해 습도가 많아지면 구름과 지면 사이에 방전이 일어나게 되고 이것이 벼락이라고도 불리는 낙뢰이다. 이때 발생하는 매우 밝은 불빛을 '번개'라 하며, 방전 통로에서 발생하는 열로 인해 주변공기가 급속히 팽창하면서 발생하는 소리를 '천둥'이라고 한다.

낙뢰가 발생할 때 흐르는 전류는 일반적으로 천만 V(볼트), 수만 A(암페어) 이상으로 사망까지 이르는 감전, 화재 등 피해를 일으키는데, 뾰족한 곳에 모이는 전하의 성질상 산 정상 또는 전봇대 등에 낙뢰가 떨어지기 쉽고 계곡 바닥이나 넓은 평지는 상대적으로 안전하다. 낙뢰가 예상될 때는 가능한 바깥출입을 삼가는 것이 좋다. 지난 10년간(2006~2015년) 낙뢰 발생 횟수를 보면 연평균 14만여 회이며, 주로 8월→7월→6월 순으로 여름철에 발생한다.

(10) 폭염과 한파

일반적으로 폭염은 매우 심한 더위, 그리고 한파는 매우 심한 추위를 일컫는 말이다. 폭염과 한파는 서로 반대되는 기상현상이지만 그 특성과 대책은 비슷한 부분이 많다.

① 폭염

폭염(暴炎, heat wave)은 매우 심한 더위를 뜻하는 용어로서 기상학적으로는 일 최고기온이 33℃ 이상인 경우를 폭염으로 정의하고 있다. 일반적으로 폭염의 원인은 여름철 덥고 습한 북태평양 고기압의 영향이다. 최근 폭염은 장기간에 매우 강한 무더위를 발생시키는 등 이상현상이 나타나고 있는데 이는 지구온난화와 엘니뇨 현상 등이 더해져 북태평양 고기압을 확장시켜 발생하는 것으로 분석되고 있다.

폭염에 장기간 노출되면 노약자 등을 중심으로 열사병, 일사병, 열경련 등 온열질환자가 발생하여 사망에 이르기도 하며, 농작물 발육 부진의 문제, 철도 레일의 팽창으로 인한 열차운행 중단, 전력 과부하로 인한 정전 등의 피해가 발생할 수 있다. 특히, 열대야에는 불쾌지수가 높아져 숙면을 취하기 어렵고 이로 인해 무기력감에 시달리기 쉽다.

② 한파

한파(寒波, Cold Wave)는 매우 심한 추위를 일컫는 현상으로 학문적으로는 아침 최저기온이 −12℃ 이하인 경우로 정의된다. 일반적으로 우리나라의 겨울철은 주로 서고동저형의 기압배치가 형성되고 차가운 러시아 바이칼호 주변에서 형성되는 대륙고기압이 1주일 주기로 확장하면서 '삼한사온(三寒四溫)' 형태로 추위가 주기적으로 반복하여 발생한다.

하지만 최근 들어서는 오랜 기간 동안 유래 없이 강한 한파가 발생하고 있는데, 이는 북극진동(Artic Oscillation) 현상으로 설명되고 있다. 북극진동은 지구온난화 등의 영향으로 북극에 이상고온 현상이 생겨 북극 바로 아래에서 차가운 공기의 남하를 막아주는 고리 모양의 제트기류 강풍대가 약화되어 진동하면서 차가운 공기가 중위도까지 내려오는 이상현상이다.

한파는 동상, 저체온증, 독감 등과 같은 호흡기 감염증 등의 건강문제도 일으킬 수 있으며, 재산피해로는 수도관 · 계량기 동파, 농작물 냉해 · 수산물 동사 등이 가장 큰 부분을 차지한다.

(11) 가뭄

가뭄은 "어느 지역에서 일정기간 이상 평균 이하의 강수로 인해 물부족이 장기화되는 현상"으로 정의할 수 있다. 하지만 어느 정도 비가 내리지 않아야 하는가 하는 정량적 측면에서 보면 가뭄의 정의는 조금 더 복잡하다. 예를 들어, 연중 비가 내린다는 인도 아삼지방과 거의 비가 내리지 않는 사하라 사막에 대해 강수량에 기반을 둔 가뭄의 정의가 같을 수는 없다. 즉, 정량적 가뭄의 정의는 지역별로 다르고, 가뭄 자체가 강수량 부족이라는 기상현상과 물 수요 증가라는 인간활동 간의 상호작용으로 인한 결과이므로 단언적으로 정의하기 힘든 측면도 있다.

가뭄이 발생하면 농업, 생활, 공업용수 등 각종 용수부족으로 인해 일상생활뿐만 아니라 각종 산업활동에 지장을 초래하게 된다. 특히, 농작물 시들음 등으로 인한 농작물 피해가 전국적으로 확대되면 농작물 가격이 급등하여 경제문제가 발생하고, 세계적으로는 식량안보와 같은 국가위기를 초래할 수도 있다. 우리나라의 경우, 그동안 저수지 등 수리시설을 많이 확충하여 전반적으로 가뭄의 발생은 줄어들었으나 아직까지도 도서지방 등 일부지역에서는 매년 상습적으로 가뭄이 발생하고 서해안 간척지에서는 내부에 위치한 담수호의 염분농도가 상승하여 농작물 생육에 지장을 받는 사례가 빈번하게 발생하고 있다.

(12) 황사(미세먼지와의 비교 포함)

황사와 미세먼지를 혼동하는 사람들이 많다. 하지만 황사와 미세먼지는 발생원인, 영향범위 등에서 차이가 있다. 황사는 내몽골 공원, 황하강 중류의 건조지역에서 불어오는 흙먼지이다. 일반적으로 봄철에 이들 지역에 저기압이 통과하면 흙먼지가 강한 바람과 함께 공중으로 떠올라 바람을 타고 우리나라에 떨어지게 되는 것이다. 황사는 과거 역사기록에도 자주 언급되는, 즉 아주 오래전부터 발생해 온 자연현상이다.

그 자체로는 흙먼지이기 때문에 비교적 오염물질도 덜 함유되어 있고 알칼리성으로 토양의 산성화를 예방하는 긍정적 효과가 있다는 주장도 있다. 하지만 미세한 흙먼지는 농작물 등의 숨구멍을 막아 생육에 장애를 일으키고 항공기 엔진 · 반도체와 같은 정밀기계 손상, 호흡기 질환 등 건강문제를 일으킬 수 있으며, 특히 최근에는 중국의 산업화로 인해 발생한 많은 오염물질이 황사와 함께 이동하여 심각한 건강문제를 일으키고 있다.

이에 반해 미세먼지는 일반적으로 자동차 또는 공장에서 배출되는 매연이 주원인으로 인위적인 인간활동의 결과로 생성된다. 즉, 황사가 자연재난의 위해에 가까운 반면에 미세먼지는 인위재난의 위해에 가깝다. 미세먼지는 일반적으로 중금속 등 인체에 유해한 오염물질을 포함하고 있고 호흡기 질환, 심장 질환, 심하면 폐에 염증을 일으키거나 심근경색을 일으켜서 사망의 원인이 되기도 한다.

(13) 조류(녹조와 적조)

녹조와 적조는 둘 다 가정하수나 공장폐수에 많은 질소, 인 등의 영양염류가 대량 유입되어 부영양화되고, 이로 인해 식물성 플랑크톤인 조류가 크게 늘어나 물빛이 변하는 현상이다. 다만, 조류 종류 그리고 발생 위치가 다를 뿐이다.

① 녹조

녹조는 하천이나 호수에 조류 중에서 녹색을 띠는 녹조류와 남조류가 과도하게 증식하여 물빛이 녹색으로 변하는 현상이다. 일반적으로 여름에 유속이 느린 하천이나 정체되어 있는 호수와 같은 담수에서 녹조가 나타나지만, 예외적으로 팔당호의 경안천 등에서는 담수임에도 봄에 갈색을 띠는 규조류가 많아지면서 물빛이 황갈색으로 변하는 적조가 나타나기도 한다.

물의 표면에 녹조가 덮이면 햇빛이 차단되고 수중으로 산소가 공급되지 않아 물의 용존산소가 부족하게 되어 물고기가 폐사하게 된다. 특히, 마이크로시스티스(Microcystis) 등 일부 남조류의 경우에는 독성물질을 함유하여 이를 음용하거나 인근에 있을 경우에는 직접적으로 간세포나 신경계의 이상을 주는 등 동물에도 피해를 일으킬 수가 있다.

② 적조

적조는 바다에 조류 중에서 갈색을 띠는 규조류와 편모조류가 과도하게 증식하여 물빛이 붉게 변하는 현상이다. 특히, 장마 후 맑은 날에 적조가 발생하기 쉬운데 이는 육지에서 장마로 질소, 인 등의 영양염류가 대량으로 공급되고 맑은 날씨로 증식 조건이 강화되기 때문이다. 일반적으로 8~10월 중에 많이 발생한다.

녹조와 유사한 이유로 물의 용존산소가 부족하게 되어 물고기가 폐사되거나 아가미가 폐쇄되어 질식사될 수 있다. 특히, 우려스러운 것은 코클로디니움(Cochlodinium)과 같은 편모조류에 유독물질이 많아 직접적으로 어패류를 폐사시키고 이렇게 유독화된 어폐류를 인간이 먹게 되었을 때도 식중독 등의 피해를 일으킨다.

3.1.2 지질재난을 일으키는 위해

지질재난을 일으키는 위해(geological hazards)는 지반 또는 지각의 활동과 관련된 것으로 지진, 화산 등이 있다.

(1) 지진

지층에는 오랜 기간에 걸쳐 대륙의 이동, 해저의 확장 등으로 큰 힘이 작용하는데, 처음에는 지층이 단순히 휘어지는 정도였다가 점점 그 힘이 축적되면 결국 지층이 끊어지고, 이때 원래상태로 돌아가려는 반발로 땅이 흔들리고 갈라지는 지진이

발생한다.[2)]

지진으로 인한 피해는 크게 지진 자체에 의한 1차 피해와 이로 인한 부수적인 2차 피해로 나눌 수 있다. 지표가 흔들리거나 갈라지고 침하되면서 건물, 도로, 교량 등 각종 시설물이 붕괴되고 유실되며 이에 따른 인명피해가 발생할 수 있다. 이러한 1차 피해로 인해 2차 피해로 이어질 수가 있는데 화재가 발생하고 수도, 전기, 가스 등의 공급이 중단되며 이에 따른 각종 사회혼란이 일어날 수 있다.

우리나라는 판 내부에 위치하고 있어서 일반적으로 비교적 지진에 안전하다고 생각한다. 하지만 기상청(2012) 등에 따르면 역사기록상 한반도에도 서기 2~1904년까지 약 2,161회에 달하는 유감지진 기록이 있었다.

우리나라가 현대화된 장비를 가지고 지진관측을 수행한 것은 1978년 이후 지진 발생 통계(규모 2.0 이상)를 보면 아날로그 지진관측 시기인 1978~1998년에는 연평균 19.1회, 디지털 지진관측 시기인 1999~2019년에는 연평균 70.7회의 지진관측 기록을 보이고 있다(기상청, 2021).

특히, 과거 30여 년간 우리나라에는 총 10건에 걸쳐 실질적 피해를 줄 수 있는 규모 5.0 이상의 지진이 발생(내륙 6건, 해역 4건)하였으며, 이 중 최대 규모의 지진은 2016년 9월 12일에 발생한 규모 5.8의 경주지진이며, 최대 피해가 발생한 지진은 2017년 11월 15일에 발생한 규모 5.4의 포항지진이다.

(2) 지진해일

지진이 해저에서 발생하게 되면, 그 충격이 해수에 전달되고 해수는 파장이 긴 장파 형태의 해일을 발생시키게 되는데, 이를 지진해일이라고 한다.[3)] 많은 사람들에게 '쓰나미(Tsunami)'라는 일본식 명칭으로 더 알려져 있다. 그간 발생사례 및 분석결과에 따르면 우리나라의 경우 일본 서해안 해역에서 대형 지진이 발생하면 1~2시간 후에 동해안에 지진해일이 도달할 가능성이 있고 파고는 3~4m 정도일 것으로 보인다. 서해안과 남해안의 경우에는 얕은 수심과 많은 섬으로 인해 지진해일이 발생하거나 전파되기 어렵다.

대개 지진해일이 해안에 접근하면 상승된 수면으로 인해 처음에는 썰물처럼 물이 빠지는 것으로 시작하여 이후 수차례에 걸쳐 내습하기도 한다. 이때 첫 번째 파

---

2) 이외에도 지진은 화산폭발, 지반함몰 등으로도 발생하지만 상대적으로 발생빈도도 낮고 발생하더라도 규모가 작은 편이다.

3) 지진해일은 해저에서 발생하는 지진 외에도 화산폭발, 지반함몰 등의 지각변동에 의해서도 발생한다.

보다 이후 나타나는 파의 크기가 더 큰 경우도 있다. 또한, 파의 속도가 사람의 달리기 속도보다 훨씬 빠르기 때문에 해안가에서 지진발생으로 인한 진동을 느끼거나 지질해일 특보를 발표하면 고지대로 신속하게 이동해야 한다.

(3) 화산폭발

지하 깊은 곳에서 생성된 마그마가 지각의 틈을 통하여 지표 밖으로 분출하는 현상을 화산 분화라고 한다. 일반적으로 화산이 분화할 때에, 마그마 안에 녹아 있던 가스가 빠져나오면서 그 압력으로 주위의 암석을 파괴하며 폭발하는데, 바로 이것이 재난을 일으키는 화산폭발이다. 화산폭발은 화산 지진을 일으켜서 지진 재해를 일으킬 수도 있지만, 일반적인 피해는 화산폭발시 발생하는 가스, 용암, 암편 등 분출물로 인한 피해이다.

이러한 화산폭발에 대한 발생예측은 지진활동(seismicity), 가스분출(gas emissions), 지형변경(ground deformation), 온도관찰(thermal monitoring) 등 여러 시도를 하고 있지만 아직까지는 실질적으로 예측하기 어렵다는 평가다. 다만, 발생 후 화산재의 이동 등 재해영향에 대해서는 각종 시뮬레이션 기법 등이 개발되어 있다.

3.1.3 우주재난을 일으키는 위해

최근 재난을 일으키는 대상으로 우리가 살고 있는 지구를 넘어 우주에 대한 논의가 활발하다. 대표적으로는 태양흑점의 폭발 등에 의한 우주전파 재난, 우주물체의 충돌 · 추락, GPS 전파교란 등이 있다. 그중에서 우주물체의 경우는 소행성과 같은 자연 우주물체가 있는 반면에 인공위성과 같은 인공 우주물체도 있으며, GPS 전파교란의 경우도 태양흑점의 폭발과 같은 자연적인 원인도 있지만 북한의 의도적 교란과 같은 인적원인에 의한 것도 있다.

따라서 이 절에서는 이 중에서 자연재난이 주된 유형인 우주전파 재난에 대해서만 설명하고 이외에 우주물체의 충돌 · 추락, GPS 전파교란의 경우에는 자연 및 인공재난의 유형으로 함께 발생하는 재난에서 다루기로 한다.

(1) 우주전파 재난[4)]

태양 표면 주변에는 거대한 자기장이 형성되어 있는데, 이 중에서 빛과 열이 방출되지 못해 주변보다 온도가 낮아 어둡게 보이는 곳이 있는데, 이를 태양흑점이라

4) 미래창조과학부(현 과학기술정보통신부, 2016), '「우주전파 재난」 위기관리 표준매뉴얼'을 기반으로 정리하였다.

고 한다. 이러한 태양흑점은 약 11년을 주기로 그 수의 증가와 감소가 반복되는 경향이 있는데, 이러한 태양흑점 폭발시 누적되어 있는 X선, 고에너지입자, 코로나물질 등이 우주로 방출되어 일부는 지구에 도달하게 된다. 이렇게 지구에 도달한 방출물질은 지구의 자기장, 전리층 등을 교란하여 위성, 항공, 항법, 전력, 방송 등에 피해를 일으킬 수 있다.

구체적으로 살펴보면, 위성 태양전지판 훼손, 북극항로 항공기 방사능 노출, GPS 위치오차 증가, 전력망 변압기 소손, 단파통신 및 단파방송 장애 등이 있다. 실제, 스웨덴에 정전사태가 발생하여 50분간 5만 가구가 피해를 입었으며(2003년), 남아프리카공화국에서는 변압기 15기가 소손되고(2003년), 미국에서는 GPS 기반의 공항광역 감시체계가 30시간 동안 운영되지 않은 사례(2014년) 등이 있다.

3.2 사회재난을 일으키는 위해

「재난 및 안전관리 기본법」에 따르면 사회재난은 크게 i) 전통적으로 인위재난으로 인식되어온 사고성 재난, 즉 화재 · 붕괴 · 폭발 · 교통사고 · 화생방사고 · 환경오염사고 등으로 인하여 발생하는 국가 또는 지방자치단체 차원의 대처가 필요한 규모 이상의 피해, ii) 에너지 · 통신 · 교통 · 금융 · 의료 · 수도 등 국가핵심기반의 마비, iii) 「감염병의 예방 및 관리에 관한 법률」에 따른 인체감염병 또는 「가축전염병 예방법」에 따른 가축전염병의 확산으로 인한 피해, iv) 최근에 신종재난으로 추가된 미세먼지 등으로 인한 피해 등으로 구분하고 있다.

3.2.1 사고성 재난

사고성 재난은 전통적으로 인위재난으로 인식되어온 재난으로 화재 · 붕괴 · 폭발 · 교통사고 · 화생방사고 · 환경오염사고 등으로 인하여 발생하는 재난이다.

(1) 화재

화재는 "사람의 의도와 무관, 또는 고의에 의해 발생하는 연소현상으로 소화시설 등을 사용하여 소화할 필요가 있거나 또는 화학적인 폭발현상"을 말한다(소방방재청, 2013). 우리나라 연간 화재발생은 1950년대부터 1980년대 중반까지는 1만 건 내에서 완만한 증가추세를 보이다가 1987년 1만 건을 돌파한 후 1994년 2만 건, 1998년 3만 건, 2007년 4만 건을 돌파하고 최근에는 5만 건 내외로 급격한 증가추세를 보여왔다. 이러한 배경에는 산업의 급속한 성장에 따른 소방대상물의 급격한 증가,

성장논리에 가려진 안전의식, 에너지 사용 증가 등 생활환경 변화, 상대적으로 부족한 소방력 등을 들 수 있다(소방방재청, 2013).

최근 10년간(2006~2015) 화재는 연평균 39,373건이 발생하여 인명피해 2,016명(사망 343명, 부상 1,875명), 재산피해 3,112억 원을 기록하였다. 발화요인을 분석해 보면 부주의에 의한 발화가 47.6%로 대부분을 차지하며, 그 외에 전기적(23.2%) → 기계적(8.9%) 등의 순이다. 또한, 발생장소는 공장 · 상가 등 비주거지에서 35.9% 발생하며, 그 외에 주거지(25.0%) → 이동차량(12.6%) 등의 순이다.

(2) 방사능 누출

원자력 발전소 등에서 방사능 누출사고가 발생하는 경우는 주요 핵심부품 결함과 같은 내부요인과 화재, 폭발, 지진 등과 같은 외부요인에 의해 격납고 등의 시설물이 파손된 경우이다. 방사능이 누출되게 되면 우선 업무 종사자와 인근 지역주민이 방사선에 피폭되는 사고가 발생한다.

방사선이 인체장기에 작용하면 신체조직을 구성하는 분자들을 이온화시켜 세포 자체를 죽이거나 DNA를 변형시킨다. 이로 인해 신체장기의 기능이상이 발생하며 암 발생의 가능성이 높아진다. 또한, DNA 변형은 유전적 손상을 가진 생식세포를 만들어 내게 되고 이는 결국 기형을 지닌 자손을 태어나게 하는 불행의 대물림을 초래한다. 주변 농산물 · 음용수 등도 오염시켜 이를 섭취한 사람들에게 방사선 피폭과 같은 증상의 피해를 초래하기도 한다. 다만, 아직 우리나라의 원자력 발전소 등에서는 방사능이 누출되는 사고가 발생한 적은 없다.

(3) 유해화학물질 사고

유해화학물질은 그 단어 자체로는 우리에게 익숙할 수 있으나 명확한 정의는 결코 쉽지 않다. 이는 유해화학물질을 관장하는 기관과 법령이 다양한 데다 상호간에 서로 중복되거나 사각지대로 존재하기 때문이다. 세부적으로 보면 유해화학물질은 「화학물질관리법」에 따라 환경부가 관장하는 사고대비물질 · 유독물질, 「고압가스안전관리법」에 따라 산업통상자원부가 관장하는 독성가스, 「산업안전보건법」에 따라 고용노동부가 관장하는 유해 · 위험물질, 「위험물안전관리법」에 따라 소방청이 관장하는 위험물 등을 포괄하는 개념이다.

일반적으로 사고 유형은 크게 누출 → 화재 → 폭발 순으로 발생하며, 최근에는 서로 복합화되는 추세이다. 발생장소를 보면 저장용기에서 가장 많은 사고가 발생하며, 다음으로 운송차량 → 배관부분 순으로 발생하고 있다. 또한, 사고원인인 인적사고 중 대부분(67%)이 운전자의 부주의로 발생하고 있다. 최근 통계(2003~2015년)를 살펴보면 연평균 사망자 3.4명, 부상자 42.2명이 발생하고 있다.

(4) 제조업, 건설업 등 산업현장 사고(산업재해)

「산업안전보건법」에 따라 산업재해는 "노무를 제공하는 사람이 업무에 관계되는 건설물 · 설비 · 원재료 · 가스 · 증기 · 분진 등에 의하거나 작업 또는 그 밖의 업무로 인하여 사망 또는 부상하거나 질병에 걸리는 것"을 말한다(제2조).

제조공장, 건설현장 등과 같은 산업현장에서 발생하는 사고는 일반적으로 그 피해가 해당 사업장에 국한되므로 재난이라기보다는 일상적 사고로 분류된다. 우리나라는 급속한 산업화 과정에서 이윤추구를 목적으로 하는 산업현장에서 안전은 이윤에 비해 뒷전으로 생각되어 왔으며 이로 인해 산업재해가 빈발하면서 국민적 관심도가 증가하고 있다.

이러한 산업재해의 대표적인 사고 유형은 추락, 끼임 등이 50%가량으로 대부분을 차지하고 있다. 다만, 대규모 인명피해는 i) 기계장치 오작동 등에 따른 폭발사고, ii) 건설공사 현장 등 붕괴사고, iii) 폐쇄공간에서의 산소결핍에 의한 질식사고, iv) 화학적 인자에 노출된 중독사고[5] 등에서 발생한다.

우리나라의 경우, 2020년 기준으로 산업재해로 인해 연간 882명의 사망사고가 발생하였으며 이 중 절반 이상인 52%가 건설분야에서 발생하였다. 주목할 만한 것은 주간단위로 봤을 때, 근무자수 대비 사망자수를 나타내는 일일 사고발생 위험율의 경우 일요일이 건설업에는 64.9%, 제조업에서는 18.4%(2020년 기준) 등을 차지하며 가장 높게 나타난다. 이는 공휴일의 경우, 안전관리자 등의 부재에 따른 관리 · 감독이 취약할 수 있다는 데서 그 이유를 찾을 수가 있다.

(5) 정전

정전은 크게 전력공급이 전력수요보다 부족할 때와 전력설비 자체에 고장이 생길 때 발생한다고 할 수 있다. 전자의 경우에는 전력거래소에서 전력수요를 잘못 예측하거나 예기치 않게 전력수요 급증할 때, 또는 발전설비 고장 등으로 인해 운영예비력이 부족할 때 발생한다.

또한, 지진 · 태풍 · 호우 등 각종 재난으로 송전선로 등 전력설비 자체가 파손될 때에도 전력공급량이 충분하다고 해도 이를 가정이나 기업 등에 배전할 수가 없

---

5) 이는 산업현장 사업장 내에서의 사고를 한정하는 것으로 사업장 밖으로 유출되는 사고는 「유해화학물질 유출사고 위기관리 표준매뉴얼」 등에서 규정하고 있다.

어 정전이 발생한다. 배선시설의 파손에 의한 정전의 대표적인 사례로는 강풍에 의한 전선 접촉·전주 파손, 지반침하로 인한 지중선로 손상 등이 있다. 전력시설의 파손이 전력공급의 능력과 연계된다는 점을 고려할 때, 전력공급이 전력수요보다 부족하게 되면서 연쇄적인 정전이 발생하기도 한다.

일반적으로 정전하면 어떤 지역의 일부에 대한 전력공급이 수분 또는 수시간 끊기는 국지적 소규모 정전을 생각하기 쉽지만, 2003년 미국과 캐나다의 동부 전역이 3일간 정전된 것과 같은 광역적 대규모 정전도 발생하였다. 광역적 대규모 정전, 즉 대정전을 가리켜 '블랙아웃(black-out)'이라는 표현을 쓰기도 한다. 이러한 광역적 대규모 정전인 블랙아웃도 처음에는 일반적인 국지적 소규모 사고에서 시작된다.

(6) 해상 선박사고

해상 선박사고로 여객선, 유조선 등 해상에서 운항 또는 정박 중인 선박이 충돌, 접촉, 좌초, 침몰하거나 이러한 선박에 화재, 폭발 등이 발생하면서 일어난다. 피해의 유형으로는 해당 선박에 인명 및 재산상 직접 피해가 발생하거나 이로 인한 장애물로 인해 다른 선박의 안전운항에 지장을 초래하게 되는 간접피해가 있다. 간접피해가 심각해지면 선박의 입·출항, 선·하역 등 항만운영이 마비되고 국내외 해상에서의 여객 및 화물수송에 차질이 발생할 수도 있다.

최근 10년간(2010~2019년) 발생현황을 살펴보면 총 16건이 발생하여 사망 397명, 실종 77명, 부상 206명이 발생한 바 있다. 다만, 이러한 통계는 2014년 발생한 세월호 참사로 인해 발생한 사망 295명, 실종 9명, 부상 157명이 포함된 숫자이다. 통계에서 이를 제외하면 지난 10년간 사망 102명, 실종 68명, 부상 49명이 발생하였다.

(7) 해양오염 사고

일반적으로 유조선이 충돌·좌초·침몰되거나 해양시설 파손 등으로 기름이나 위험·유해물질(Hazardous and Noxious Substance; HNS)이 다량으로 유출되면 인근 양식장뿐만 아니라 자연 생태계에도 돌이킬 수 없는 피해를 야기한다. 따라서 이러한 기름 및 위험·위해물질이 유출되면 신속하게 방제작업을 실시하여야 한다.

기름은 크게 지속성과 비지속성 기름으로 구분된다. 지속성 기름은 원유, 중유(벙커 A/B/C유), 폐유, 윤활유 등으로 이 중에서 중유는 대형 선박에서 원료로 주로 사용된다. 이러한 지속성 기름은 자연적으로는 처리되지 않기 때문에 먼저 오일펜스를 사용하여 확산되는 것을 막은 후에 회수기, 흡착포 등을 사용하여 신속하게 회수하거나 처리제를 사용하여 화학적으로 분산해줘야 한다. 특히, 이러한 지속성 기름이 해안가까지 확산되어 갯바위, 백사장 등에 흡착된 경우에는 해양 생태계에 미치는 악영향이 장기간 지속된다. 따라서 가능한 해안가까지 확산되기 전에 회수 또는 처리하여야 한다.

이에 반해 소형 선박에서 원료로 주로 사용하는 휘발유, 경유 등 비지속성 기름의 경우는 그 지속시간이 12시간 이내로 짧아서 특별한 조치를 취하지 않고 방치하거나 선박 스크류를 이용하여 분산 또는 증발을 촉진시키는 방법을 사용한다. 하지만 비지속성 기름도 많은 양이 유출된 경우에는 주변 해양생태계에 악영향을 미치는 것은 당연하다.

또한, 위험 · 위해물질은 소량이 유출된 경우라고 해양생태계에 악영향을 주는 반면에 짧은 시간 내에 해양에 확산되어 버리기 때문에 회수 또는 처리하기가 쉽지 않다. 따라서 위험 · 위해물질의 경우에는 바다에 유출되지 않도록 더욱 주의를 기울여야 한다.

(8) 다중 인파사고

학자에 따라 다르긴 하지만 1 평방미터당 7명 이상을 넘어서면 그 속에 낀 사람들은 마치 파도에 휩쓸리듯 예측할 수 없는 방향으로 출렁이게 된다. 이때 사람들은 숨 쉴 수 있는 공간을 확보하기 위해 각자 안간힘을 쓰게 되는데, 이러는 과정에서 그 힘이 서로 맞닿는 사람들 간에 전달되며 물리적으로 증폭이 된다(이경희, 2022).

이런 상황에서 한두 사람이 균형을 잃고 쓰러지게 되면, 이때 넘어진 곳에 생긴 공백 때문에 지탱할 곳이 없어진 사람이 또다시 그 위에 엎어진다. 즉, 이후에는 도미노처럼 사람들이 쓰러지면서 대형 참사로 연결이 되게 된다고 한다. 이러한 현상이 시작되면, 더 이상 통제할 수가 없다(이경희, 2022).

이러한 현상은 지진이 발생한 상황과 유사하게 비교된다. 지진이 발생하면 주변이 통제가 불가능할 정도로 무질서해진다. 이는 또한 비정상적으로 요동치는 흐름, 즉 난류와 비슷한 현상이 생긴다. 이러한 이유로 특정 공간에 군중의 밀도가 높아질 때 일어나는 무질서한 군중의 흐름을 군중 지진 또는 군중 난류라고 부른다(이경희, 2022).

3.2.2 국가핵심기반의 마비

전통적으로 인위재난이라 하면 화재, 붕괴, 폭발 등과 같은 사고성 재난으로 인식되었다. 하지만, 「재난 및 안전관리기본법」에서는 이외에도 에너지 · 통신 · 교통 · 금융 · 의료 · 수도 등 국가기반시설의 마비로 인한 상황을 사회재난에 포함시키고 있다. 이러한 사회재난의 유형은 종사자 파업 · 태업, 사이버 공격 등에 대한 영향까지를 포함하고 있는 매우 포괄적인 정의이다. 최근 발생한 몇 가지 사례를 살펴보면 다음과 같다.

(1) 화물운송 분야

빈번하게 발생하는 상황으로 컨테이너 화물자동차 등 화물운송 분야 종사자들의 집단운송 거부에 따른 수 · 출입 외에 시멘트 등 특정산업 화물운송이 마비된바 있다. 집회 · 시위 참가자들이 공단 진출입로 봉쇄, 주요 운송도로 점거, 수출입 항만 봉쇄, 비회원 운송행위 방해 등으로 물류운송에 차질이 발생하게 되었다.

(2) 금융전산 분야

폭설, 홍수, 낙뢰 등 전통적 자연 · 사회재난 외에도 금융전산 업무 담당인원의 파업 · 태업 등으로 금융전산 시스템 사용이 중단된 바 있다. 이외에도 예기치 않은 금융전산 프로그램 결함, 전력/통신망 장애, 컴퓨터 해킹/바이러스 등으로 인해 금융전산 시스템 장애 등으로 금융업무가 중단되면서 국민의 금융자산 관련 피해가 발생하게 되었다.

(3) 정보통신 분야

가장 대표적으로 2016년 9월 12일 경주 지진, 2017년 11월 15일 포항지진 발생 이후 유 · 무선 전화에 과다한 트래픽이 발생하면서 수발신이 정지되었다. 또한, 2000년 2월 여의도 지하 공동구, 2018년 KT 아현지사 지하 통신구 화재로 인해 일대 유무선 통신회선에 장애가 발생하였다. 이외에 정보통신 장비의 오류 및 고장, 컴퓨터 해킹/바이러스 등으로 인해 방송통신 시스템에 장애가 발생한 바 있다.

3.2.3 질병성 재난

질병성 재난으로는 「감염병의 예방 및 관리에 관한 법률」에 따른 인체감염병 또는 「가축전염병 예방법」에 따른 가축전염병의 확산으로 인한 피해가 있다.

(1) 인체감염병

세균, 바이러스 등과 같은 병원성 미생물, 즉 병원체가 사람이나 동물 등의 체내에 들어와서 증식하는 것을 '감염'이라고 한다. 그리고 그 감염에 따라 발병하는 것을 '감염병'이라고 한다. 우리가 흔히 얘기하는 감기와 같은 '전염병'도 감염병의 일종으로 여러 사람 또는 동물에게 병을 옮길 수 있는 전염성 감염병이라고 할 수 있다.

1918년 전 세계를 휩쓸며 최소 5,000만 명을 사망[6]하게 한 스페인 독감 이후, 최근 들어 2002년 사스, 2009년 신종인플루엔자, 2015년 메르스 등과 같이 급격하게 신종 전염병이 창궐하거나 기존 전염병이 변이 또는 재발되고 있는데, 많은 학자들이 그 원인으로 지구온난화를 지목하고 있다. 이는 지구온난화로 기온이 상승할수록 병원균의 증식이 용이하고, 지구온난화로 인한 홍수지역의 열악한 생활환경이 감염병의 발생온상이 되고, 모기활동의 증가 등도 감염병 증가의 원인이 되기 때문이다. 또한, 항공교통 등으로 인한 활발한 국가 간 교류가 특정지역의 풍토병을 빠르게 전파시키는 원인이 되고 있다.

(2) 가축전염병

가축전염병은 질병의 전염속도, 예방관리의 특성, 국내 발생여부, 사회경제적 파급효과 등에 따라 크게 제1종 · 제2종 · 제3종의 가축전염병으로 나뉜다(「가축전염병 예방법」). 대표적인 가축전염병으로는 최근 꾸준히 발생하고 있는 구제역과 고병원성 조류인플루엔자(Avian Influenza; AI)가 제1종으로 분류되며, 제2종으로는 일명 광우병이라 불리는 소해면상뇌증 등이 있다.

가축전염병은 일단 발생하게 되면, 전염성이 매우 강해 국경을 초월하는 등 그 발생규모가 크고 사회경제적 파급효과도 크다. 또한, 대부분의 경우에는 가축 간에 감염되는 것이 보편적인 현상이지만, 고병원성 조류인플루엔자 사례에서처럼 일부 가축전염병은 사람과 동물 사이에 감염되는 '인수공통전염병'인 경우도 있어 최근 큰 문제로 대두되고 있다.[7] 실제 많은 인체감염병이 동물에서 유래된 것으로 관찰되기도 했다.

3.2.4 그 밖의 사회재난

우리나라는 급격한 산업화, 도시화가 이루어진 사회로서 앞서 언급한 인위적 요인에 의한 재난 외에도 과거에는 다양한 신종재난이 일상화되고 있다. 이러한 재난의 유형은 열거하는 것조차 어려울 정도로 우리가 상상하지 못했던 유형일 수 있다. 여기서는 최근 가장 관심이 집중이 되고 있는 미세먼지에 대해 살펴본다.

---

6) 이 숫자는 비슷한 시기에 발발한 제1차 세계대전(1914~1919년)의 사망자 1만여 명과 비교된다.
7) 전염병이 동물에서 인간으로 전염되는 현상을 '스필오버(spill over)'라고 한다.

(1) 미세먼지

미세먼지는 대기 중에 떠다니거나 흩날려오는 10㎛ 이하의 입자형태의 물질을 의미한다. 미세먼지를 정의할 때에는 입자의 크기만을 고려할 뿐 오염물질의 포함여부는 고려되지 않는다. 입자직경을 기준으로 미세먼지를 분류하는데, 세부분류로서 입자직경이 10㎛ 이하이면 미세먼지(PM10[8])라 하고 이 중에서도 2.5㎛ 이하이면 초미세먼지(PM2.5)라고 구분한다. 일반적으로 황사의 경우 입자크기가 10㎛ 이하로서 입자크기에 따라 PM10의 미세먼지에 포함된다고 할 수 있다.

황사가 자연현상에 의한 것임에 반해 미세먼지는 일반적으로 자동차 또는 공장에서 배출되는 매연이 주 원인으로 인위적인 인간활동의 결과로 생성된다. 세부적으로 살펴보면 자동차 또는 공장에서 배출되는 매연에서 직접 배출되기도 하고 황산화물(SOx), 질소산화물(NOx) 등이 대기 중에서 수증기 등과 화학반응하여 2차적으로 생성되기도 한다.

미세먼지는 일반적으로 입자가 미세하여 코점막을 통해 걸러지지 않고 흡입시 폐 또는 뇌까지 직접 침투할 수 있는 데다 중금속 등 인체에 유해한 오염물질을 포함하고 있어 호흡기 질환, 심장 질환, 심하면 폐에 염증을 일으키거나 심근경색을 일으켜서 사망의 원인이 되기도 한다. 이러한 이유로 세계보건기구(WHO) 산하 국제암연구소는 미세먼지를 인간에게 암을 일으키는 1군 발암물질로 분류한 바 있다.

일반적으로 미세먼지는 겨울과 봄철에 주로 발생하는데, 이때는 강한 북서풍이 형성되어 중국으로부터 고농도의 미세먼지가 유입되고, 대기 역전층이 형성되어 공기 중에 확산이 이루어지지 않으며, 강수량이 적어 세정효과가 미미하기 때문이다. 따라서 이러한 원인이 집중되는 11~3월에 미세먼지의 농도가 전반적으로 높으며, 특히 3월에 최고값을 기록하고 있다. 미세먼지의 중국 배출영향에 대해서는 우리와 중국 간 그리고 학자들 간에도 연구결과가 상이한데 장기적인 관점에서 25~60%가 중국에 의한 영향으로 추정하고 있다.

3.3 자연재난과 인적재난 형태를 함께 일으키는 위해

어떤 재난의 경우 발생 이후의 현상은 동일하지만 그 발생원인이 자연현상일 수도 있고 인적작용에 의한 것일 수도 있다. 따라서 이러한 재난 유형은 재난 그 자체

8) PM이란 Particulate Matter의 약자이다.

만으로는 자연재난이나 인적재난의 어느 하나로 특정지을 수가 없다.

(1) 산불

산불이란 "산림이나 산림에 잇닿은 지역의 나무, 낙엽 등이 인위적으로나 자연적으로 발생한 불에 타는 것"을 말한다(「산림보호법」). 따라서 산불은 발생원인에 따라 낙뢰, 화산 등에 의한 자연재난이 될 수도 있고 실화, 방화 등에 의한 인위재난이 될 수도 있다.

하지만 우리나라 산불은 최근 10년간(2017~2016) 발생통계를 보면 주로 입산자의 실화나 부산물 소각 등 인위적 요인이 대부분(99%)을 차지하고 있어서 주로 인위재난이라 할 수 있다. 낙뢰 등 자연요인에 의한 것은 1%에 불과하여, 미국 · 캐나다 등에서 10%가량이 자연적 요인에 의해 발생하고 있는 것과 비교된다.

1년 중 산불이 가장 많이 발생하는 시기는 봄철(2.15~5.15)과 가을철(11.1~12.15)이다. 산림청에서는 이 시기를 산불대책기간으로 지정하여 특별관리하고 있다. 특히, 매년 3~4월 건조기가 지속되면 농산물 소각, 입산자 실화 등으로 크고 작은 산불이 동시다발적으로 발생하여 한정된 인력, 장비 등으로 진화에 어려움을 겪게 된다.

(2) 자연 및 인공 우주물체 추락 · 충돌

추락 · 충돌 등으로 인해 지구에 위협이 되는 우주물체에는 소행성, 유성체 등과 같은 자연우주물체와 인공위성, 우주발사체 등과 같은 인공 우주물체가 있다. 따라서 전자의 경우에는 자연재난으로 후자의 경우에는 인적재난으로 분류될 수 있다.

먼저, 자연우주물체의 피해유형을 살펴본다. 지구근접 공간을 지나는 작은 천체인 소행성 중에서 일부는 지구와 충돌 가능성이 높다고 분류된다. 이러한 소행성을 '충돌위협 소행성(Potentially Hazardous Asteroid)'이라고 하는데, 1,940개의 소행성이 해당된다고 한다(NASA/JPL, 2018). 하지만 대부분은 실제 지상에 떨어지지는 않으며 극히 일부가 실제 지상에 떨어져 인명 및 재산 피해를 일으킨다. 소행성보다 작은 고체인 유성체의 경우도 같은 방식으로 우리에게 피해를 줄 수 있다.

이러한 소행성 · 유성체 등 자연 우주물체는 지구 대기권에 진입하여 공중에서 폭발하거나 지상 또는 해상에 충돌하면서 지반, 시설 등이 파괴되거나 붕괴되고 해안가가 침수 · 범람되는 등 직접적인 피해를 야기할 수 있다. 특히, 공중폭발한 자연우주물체는 강한 충격파를 발생시켜 광범위한 지역에 피해를 불러일으킨다. 이외에도 주요시설 파괴 등에 따라 위험물질 확산 등과 같은 2차 복합 또는 연계피해가 발생할 수 있다.

인공위성, 우주발사체 등 인공 우주물체도 수명완료, 충돌발생 등으로 인해 지구로 추락하게 될 수 있다. 일반적으로 지구 대기권 진입 후 상당 부분에 대해서는 연소되지만 잔존 잔해물은 지표에 직접 충돌할 수 있다. 이러한 잔해물의 지상 충돌에 따라 직접적으로 인명 및 재산 피해가 발생한다. 이외에도 주요시설 파괴 또는 자체 보유하고 있는 플로토늄 등 위험물질 확산 등으로 2차 피해도 발생할 수도 있다.

(3) GPS 전파혼신 재난

GPS 전파는 자연 또는 인위적인 원인에 의해 혼신될 수 있다. 이러한 이유로 GPS 전파혼신은 발생원인에 따라 자연 또는 인적재난이 될 수 있다. 먼저, 자연재난으로서는 태양흑점 폭발, 태양입자 유입, 지구자기장 교란 등 태양활동과 우주공간에서 지자기, 전리층 등 전자파 에너지의 변화로 발생하는 '우주전파 재난' 발생시 인공위성의 기능에 장애가 발생하고 인공위성에 기반한 GPS 전파에 혼신이 발생한 바 있다. 최근 과학기술의 발달에 따라 이러한 전파 혼신은 대부분 우주전파환경의 관측을 통해서 사전에 예측되고 있다.

인적재난으로도 GPS 전파혼신이 발생할 수 있는데, 가장 단순한 사례로는 GPS 인공위성의 전파송출 장비결함과 같이 의도하지 않는 전파혼신이 발생할 수 있다. 이러한 경우에는 인공위성의 전파송출 장비의 고장난 부위를 찾아서 수리하거나 다른 인공위성으로 대처한다. 하지만 이보다도 최근 문제가 되는 것은 누군가가 의도적으로 특정 지역을 대상으로 GPS 신호에 혼신을 발생하는 의도적인 행위가 새로운 재난유형으로 문제가 되고 있다. 이렇게 의도적으로 GPS 신호에 혼선을 일으키는 방법으로 '재밍(jamming)'이라는 기법이 주로 사용된다.

4. 요약 및 결론

재난에 대한 분류방법 중 가장 전통적인 것은 발생원인에 따라 분류하는 것이다. 비록 많은 학자들 간에 발생원인에 따른 분류방식의 부적절성에 대한 지적이 있어 왔지만, 우리나라의 「재난 및 안전관리 기본법」 등 아직 많은 정책현장에서는 이러한 분류방법에 대한 미련을 떨치지 못하고 있다. 이외에도 최근에는 발생원인에 따른 재난분류 방식의 한계를 인식하고 발생빈도, 진행속도, 지속시간 등을 기분으로 좀 더 포괄적인 시도를 하고 있다.

재난의 유형을 구분하는 의미와 무관하게 현업에서 재난업무를 하기 위해서는 최소한 해당 재난을 일으키는 위해의 특성과 관리방법에 대한 충분한 숙지가 필요하다. 이러한 재난위해는 주로 발생원인을 기준으로 자연재해를 일으키는 위해와 인적재난을 일으키는 위해로 구분된다. 다만, 일부 위해의 경우에는 자연재난과 인적재난의 형태로서 같이 나타나기도 한다.

✍ 재난 이야기: 과학자들에게 재난예측에 실패한 죄를 물어야 하는가?

아주 오래전 사람들은 재난을 신의 행위(Acts of god)라고 간주하여 인간이 예측하거나 대비하는 것은 불가능하다고 생각했다. 하지만 과학기술과 관측기계의 발달로 인해 이제 사람들은 재난을 충분히 예측하고 대비할 수 있는 대상으로 인식하고 있다. 즉, 요즘 사람들은 기상청이 예보하지 못한 눈, 비 등으로 피해가 발생하면 이를 그냥 받아들이지 못하고 기상청의 기상예보관들을 무능한 사람으로 매도한다. 그렇다면 이렇게 잘못된 예측으로 실제 피해가 발생했다면 재난예측에 실패한 사람들에게 그 죄를 물어야 할까? 이와 관련하여 논란이 된 사례를 소개한다.

2009년 4월 이탈리아 라킬라 지역에는 유난히 많은 소규모 지진이 발생하고 있었다. 주민들은 불안해하기 시작했고 일부는 두려움에 야외에서 텐트를 치고 잠을 자는 선택을 하기도 했다. 이러한 상황에서 이탈리아 정부는 시민보호부 차관과 6명의 지진학자로 구성된 재난예측방지위원회를 소집하고 위험분석을 하게 한다. 이들은 이러한 소규모 지진이 대규모 지진으로 연계될 과학적인 증거를 찾지 못했고 "대규모 지진은 일어나지 않을 것 같다. 다만, 완전히 가능성을 배제할 수는 없지만…"이라는 평가를 내린다. 특히, 시민보호부 차관은 이를 언론에 설명하는 과정에서 "과학자들은 대규모 지진의 위험은 없다고 판단하고 있다."라고 강한 어투로 발표한다.

그런데, 인간의 이러한 무모한 판단에 자연이 분노한 것일까? 이러한 과학자들의 예측을 비웃듯 자연은 규모 6.3의 강진으로 응답한다. 수많은 재산 및 인명피해가 발생했고, 특히 사망자만 308명에 이르는 이탈리아 역사상 잊을 수 없는 재난이 되었다.

시민사회는 재난예측에 실패한 재난예측방지위원회에 분노했고 급기야 7명의 위원을 고소하기에 이른다. 이탈리아 검찰도 이들을 대규모 지진이 날 것 같지 않다는 잘못된 정보로 대규모 인명 및 재산피해를 초래했다며 과실치사 혐의로 기소했고 2012년에는 실제 재판에서 7명 위원 모두가 각각 징역 6년형을 선고받았다. 물론 그 후 대법원 항소심에서 6명의 과학자는 무죄를 선고받고 시민보호부 차관은 형을 감경받았지만 이 사건은 재난학자들 사이에 "과학자들에게 재난예측에 실패한 책임을 묻는 것이 정당한가?"라는 논란의 화제가 되었다.

전 세계 과학계는 이탈리아 정부의 유죄판결을 비난했었고 특히, 이 사건 이후 과학계에서는 재난예측에 대한 자기의견을 밝히는 것을 극도로 꺼리는 풍토가 조성되었다. 이로 인해 오히려 과학계가 재난예측에 대한 역할을 못하게 되었고 그 피해는 고스란히 시민들이 보고 있다는 지적도 제기되었다.

연습문제

1. 재난은 다양한 기준에 따라 분류될 수 있다. 각 분류 방식의 기준과 더불어, 장점과 단점에 대해 설명하라.

2. 발생원인에 따른 분류방식이 현업에서 통용되고 있는 이유를 생각해보고, 이러한 분류방식의 장점과 단점에 대해 설명하라.

3. 현업에서 통용되고 있는 자연재난과 인위재난의 특징을 피해영향, 사회변화 등 다양한 시각에서 비교하라.

4. 재난관리자, 과학자들은 재난징후에 대해 각종 상황판단회의에 참석하여 재난발생 가능성 또는 심각성 등을 논의해 왔다. 하지만, 이들의 예측 또는 판단이 항상 맞는 것은 아닌데, 이 경우 발생한 손실에 대한 책임을 그들에게 물어야 하는가? 책임을 물었을 경우, 사회적으로 어떤 문제가 발생할 수 있는가?

[참고자료]

국가위기관리지침 (2013). 대통령훈령 제318호.

국가태풍센터 (2011). **태풍백서**. 기상청 국가태풍센터.

국민안전처 (2016). 「**대형 화산폭발 재난**」 위기관리 표준매뉴얼.

국민안전처 (2016). 「**지진 재난**」 위기관리 표준매뉴얼.

국민안전처 (2016). 「**풍수해 재난**」 위기관리 표준매뉴얼.

국민안전처 (2016). 2015 **국민안전처 통계연보**.

국민안전처 (2016). 2015**년 재해연보**.

국민안전처 (2017). 9.12 **지진백서**: 9.12 **지진과 그 후** 180**일간의 기록**.

국민안전처 (2017년 4월 28일). **특수재난분야 합동워크샵 자료집**.

기상청 (2014). **기상청과 친해지기**.

기상청 (2012). **한반도 역사지진 기록**(2**년**~1904**년**).

반기성 (2001). **전쟁과 기상**. 명진출판사.

산림청 (2016). 「**산불 재난**」 **위기관리 표준매뉴얼**.

미래창조과학부 (2016). 「**우주전파 재난**」 **위기관리 표준매뉴얼**.

소방방재청 (2013). 2013**년 화재통계연감**.

소방방재청 (2013). **재난상황관리정보 제**01**호**(**대설**). 소방방재청 재난상황실.

소방방재청 (2013). **재난상황관리정보 제**02**호**(**접경지역 재난대응체계**). 소방방재청 재난상황실.

소방방재청 (2014). **재난상황관리정보 제**03**호**(**황사와 미세먼지**). 소방방재청 재난상황실.

소방방재청 (2014). **재난상황관리정보 제**04**호**(**한파**). 소방방재청 재난상황실.

소방방재청 (2014). **재난상황관리정보 제**05**호**(**해파**). 소방방재청 재난상황실.

소방방재청 (2014). **재난상황관리정보 제**06**호**(**바람**). 소방방재청 재난상황실.

소방방재청 (2014). **재난상황관리정보 제**07**호**(**조석**). 소방방재청 재난상황실.

소방방재청 (2014). **재난상황관리정보 제**08**호**(**해일**). 소방방재청 재난상황실.

소방방재청 (2014). **재난상황관리정보 제**09**호**(**낙뢰**). 소방방재청 재난상황실.

소방방재청 (2014). **재난상황관리정보 제**10**호**(**호우**). 소방방재청 재난상황실.

소방방재청 (2014). **재난상황관리정보 제**11**호**(**태풍**). 소방방재청 재난상황실.

이경희 (2022). 오피니언 분수대 : 군중 난류. 중앙일보 2022년 11월 8일자.

원자력안전위원회 & 산업통상자원부 (2016). 「**원전안전분야**」 **위기관리 표준매뉴얼**.

환경부 (2016). 「**유해화학물질 유출사고**」 **위기관리 표준매뉴얼**.

National Drought Mitigation Center. (2017). *Drought Basics.* Retrieved from http://drought,unl.edu

Wilhite, D. A., & Glantz, M. H. (1985). Understanding: the drought phenomenon: the role of definitions. *Water international*, 10(3), 111−120.

CHAPTER

03 위험의 평가와 지각

1. 개 설

「제1장. 재난의 개념과 발생」에서 설명한 바와 같이 모든 위해가 재난이 되는 것은 아니지만 위해는 잠재적으로 재난이 될 수 있는 '위험(危險, risk)'을 안고 있다. 이렇게 재난을 일으킬 수 있는 위해의 잠재성을 나타내는 '위험(危險, risk)'은 어떤 혼란 또는 피해가 발생할 가능성을 나타내는 것으로 이를 인지한 개인은 불안을 느끼게 된다.

원칙적으로 재난에 대한 위험은 발생 가능성과 결과의 심각성에 좌우된다. 즉, 어떤 사고가 자주 발생할수록, 그리고 발생한 사고로 인한 피해가 클수록 더 위험하다. 이를 정량적으로는 표현하면 결국 위험은 재난을 야기하는 위해의 '발생확률과 예상피해의 곱'으로 정의된다.

이러한 위험을 정확하게 평가하는 것은 재난관리에서 매우 중요하다. 왜냐하면 위험의 평가는 모든 재난관리의 기초가 되기 때문이다. 예를 들어, 어떤 지역사회의 재난대응 계획을 수립할 때, 그 지역사회에 영향을 줄 수 있는 위해의 위험을 알아야만 각종 대비 자원의 비축 및 배분계획을 수립할 수 있다. 이뿐만 아니라 어떤 시설의 사업 부지를 선정할 경우에도 위험의 크기를 분석할 수 있어야만 비용-효과분석(cost-benefit analysis) 등을 통해 최적의 결정을 할 수 있다.

하지만 재난의 위험을 평가하는 것은 두 가지 점에서 매우 어렵다. 먼저, 많은 재난위해의 경우 발생빈도를 알 수 없을 뿐만 아니라 발생빈도가 너무 낮아서 그동안 그 영향을 분석할 수 있는 모델이 구축되지 않은 것들이 많으며, 일부 구축된 모델의 경우에도 정확도가 높지 않다. 또한 적지 않은 위해에 대해서는 그 발생 자체를 예측하기 어렵다. 예를 들어, 지진의 경우에는 아직 발생을 예보할 수 있는 기술수준이 갖춰지지 않았을 뿐만 아니라 워낙 다양한 요인에 따라 피해 규모가 결정되기 때문에 구축된 분석 모델의 정확도가 높지 않다.

또한, 똑같은 재난위해에 대해 사람들마다 지각하는 위험의 정도(Risk Perception)가 다를 수가 있다. 예를 들어 원자력 발전소에 대해 전문가들은 매우 안전한 시설이라고 주장하는 반면에 일부 사람들은 인류를 멸망시킬 수 있는 재앙이라고까지 주장한다. 이러한 위험지각의 차이로 인해 정부가 추진하는 원자력 발전소 등 대규모 시설사업은 번번히 과학적으로 입증되지 않은 사유로 인해 시민들의 저항을 맞게 되면서 좌초되기도 한다.

이 장에서는 이러한 재난위험에 대한 문제 인식에 기반하여 현재의 재난위험에 대한 이론적 접근방법들을 살펴본다. 우선 재난위험은 객관적인 것이기 때문에 유일무이한 정량화된 수치가 존재한다는 위험 객관주의와 재난위험은 실존하는 것이 아닌 사람들의 지각에 따라 다르게 구성된다는 위험 주관주의와 위험 구성주의로 나누어서 각 내용을 살펴보도록 한다. 그리고 이러한 시각차이가 정책형성에 미치는 영향을 살펴보고 '위험 커뮤니케이션'을 통한 서로 다른 의견을 조정하기 위한 갈등관리의 의의에 대해서도 살펴본다.

2. 위험에 대한 이론적 접근

그동안 위험에 대한 접근방식은 위험 객관주의(Risk Objectivism)에 기반한 과학기술적 접근, 위험 주관주의(risk subjectivism)에 기반한 인지심리적 접근, 위험 구성주의(risk constructivism)에 기반한 사회문화적 접근으로 변화해 왔으며, 위험 커뮤니케이션의 역할도 이러한 변화에 따라 발전하여 왔다(김영욱, 2008). 이를 세부적으로 살펴보면 다음과 같다.

2.1 위험 객관주의(Risk Objectivism)에 기반한 과학기술적 접근

전통적 재난관리학에서 논의해 온 것처럼 위험을 발생 가능성과 결과의 심각성으로 계산할 수 있다고 생각하는 시각이다. 위험은 모든 사람들에게 동일한 객관적 실체로 존재하는 것이기 때문에 위험 객관주의(Risk Objectivism)라고 하며, 학문분야에서는 과학기술적 관점을 설명하고 있다 (Drennan & McConnell, 2007)[1].

---

1) 이는 드레넌과 맥코넬(Drennan & McConnell, 2007)이 제시한 위기(crisis)에 대한 4가지 시각으

위험 객관주의에 따르면 '전문가'가 확률통계에 바탕을 두고 위험의 크기를 추정하고 경제적인 편익과 손실을 계산 · 비교하여 의사결정을 내리게 된다. 이 과정에서 '일반인'은 위험에 대한 지식이 제한적이므로 단순한 계몽의 대상이 될 뿐이고 커뮤니케이션도 '전문가'에서 '일반인'에게 단순하게 전달하는 일방적 방식일 수밖에 없으며, 사실상 위험 커뮤니케이션이 필요하지 않게 된다는 주장이다.

하지만 위험에 대한 판단은 전문가 사이에도 이견이 발생할 정도로 객관적으로 이루질 수 없으며 수용자의 시각에 따라 다르게 인식될 수밖에 없다는 비판에 직면하게 된다. 이에 따라 발전한 것이 인지심리적 관점이다.

2.2 위험 주관주의(risk subjectivism)에 기반한 인지심리적 관점

이에 반해 위험 주관주의(risk subjectivism)는 사람들은 각자의 인지적, 심리적 해석과정을 통해 위험을 각자가 다르게 인식한다는 시각이다. 위험은 객관적 판단이 아닌 주관적 인식이기 때문에 위험 주관주의(Risk Subjectivism)라고 하며, 학문분야에서는 학문분야에서 인지심리적 관점을 설명하고 있다(Drennan & McConnell, 2007).

위험 주관주의에 따르면 위험은 객관적 판단이 아닌 주관적 인식이며, 특히 일반인들은 의사결정 과정에서 편견에 사로잡힐 수 있고, 여러 심리적 변수에 따라 영향을 받는다는 것이다. 이를 통해 일반인의 위험인식에 대한 중요성이 부각되었고 재난관리 과정에서 일반인과 전문가의 소통, 일반인의 의사결정 과정에서 참여의 중요성이 논의되면서 위험 커뮤니케이션 분야의 발달이 시작되었다.

하지만 이러한 인지심리적 관점은 위험문제를 사회문화적 맥락에 대한 고려 없이 단순히 개인의 인식차원에 국한시키는 한계를 노출하였다. 이에 따라 사회문화적 접근에 대한 시도가 시작되었다.

2.3 위험 구성주의(risk constructivism)에 기반한 사회문화적 관점

마지막으로 일반적으로 개인이 느끼는 위험은 개인의 성향 외에도 사회의 문화에 따라 영향을 받게 된다는 주장이다. 즉, 위험은 사회적 구성물이라는 것이며, 이를 위험 구성주의(risk constructivism)라 하며 학문분야에서는 사회문화적 관점을 보여주고 있다(Drennan & McConnell, 2007).

로 여기서는 위기와 위험에 대한 시각이 동일하다고 보았다.

위험 구성주의에 따르면 각 개인이 느끼는 위험은 사회문화의 영향을 받아 편향되거나 과장 또는 축소될 수가 있다. 즉, 앞의 이론과 다른 점은 위험을 개인의 인식만으로 국한하지 않고 사회적 구성(social construction)이라고 보았다. 우선, 어떤 위험은 사회적으로 형성된 확산기제에 따라 물결효과를 일으키며 계속 확산되면서 부정적으로 낙인되기도 한다(이를 '사회이론'이라고 한다). 또한, 개인의 위험인식은 결코 독립적이지 않고 그들이 속한 사회의 문화에 따라 달라질 수 있다(이를 '문화이론'이라고 한다).

3. 위험 객관주의: 정량적 위험평가

일반적으로 이러한 특정 재난위해에 대한 위험(risk)은 해당 위해의 발생확률이 높을 때, 또는 위해로 인한 예상피해가 클 때 높다고 한다. 따라서 위험(risk)은 위해(hazard)의 발생확률을 고려한 예상되는 평균 피해라고 할 수 있으며, 정량적으로는 일반적으로 다음과 같이 이러한 두 요소의 곱으로 나타난다.

재난위험(disaster risk) = 위해의 발생확률(liklihood) × 위해의 예상피해(consequence)

하지만 어떤 지역 또는 시설에 대해서는 다양한 위해가 존재한다. 따라서 실무에서의 위험평가는 이렇게 다양한 위해에 대한 위험의 우선순위를 정하는데 목적을 두고 있다. 따라서 위험평가의 첫 번째 단계는 해당 지역 또는 시설에 미치는 다양한 위해를 식별하는 위해식별(hazard identification)이다. 예를 들어, 이러한 다양한 위해에는 태풍, 지진, 화재, 폭발 등이 있을 수 있다.

두 번째 단계는 이러한 각 위해에 대해서 위험의 크기를 산정하는 위험분석(risk analysis) 단계이다. 이러한 위험의 크기는 앞서 설명한 위해의 발생확률(liklihood) × 위해의 예상피해(consequence)로 계산된다. 먼저 위해별로 발생확률과 예상피해를 계산한 후에 교차표를 이용하여 각 위해에 대한 위험의 크기를 계산한다.

마지막으로 이러한 위해별 위험의 크기를 비교하여 위해별로 대응전략을 수립할 우선순위(hazard prioritization)를 결정한다. 이러한 우선순위에 기반하여 회피, 경감, 전가, 수용 등의 대응전략이 수립된다.

이때 각 위해의 발생확률과 예상피해는 계산된 수치로 나타낼 수도 있지만 실무에서는 이러한 수치를 정확히 계산하기 어렵기 때문에 각각 1, 2, 3 등과 같은 등급으로 표시한다. 그리고 각각의 등급에 기반하여 교차표를 활용하여 각 위해에 대한 위험등급을 계산한 이후에 각 위해별 위험등급을 비교하여 위해별 우선순위를 결정하게 된다.

예를 들어, 표 3.1과 같이 발생확률을 연간 발생빈도를 기준으로 하여 1~5등급으로 표시한 후에, 예상피해도 영향지역을 기준으로 1~5단계로 표시한다. 그리고 이러한 발생확률과 예상피해의 등급을 표 3.2에서와 같이 교차표에 표기하여 각 위해에 대한 최종적인 위험등급을 나타낸다. 마지막으로 이러한 위험등급을 확용하여 위해별로 우선순위를 세우고 대응전략을 마련하게 되는 것이다.

예를 들어, 3년에 1회 발생하는 위해는 발생확률이 3등급이며, 해당 위해가 발생할 때 65% 지역이 피해를 입으면 예상피해가 2등급이 되는 것이다. 이를 표 3.2의 교차표를 통해 찾으면 해당 위해에 대한 위험등급은 3등급이 되는 것이다. 최종적으로 위험등급 1, 2는 고위험, 3은 일반위험, 4, 5는 저위험으로 분류할 때 이러한 위해는 일반위험으로 분류되어 대응수준을 결정하고 관련대책을 수립하는 것이다.

표 3.1 위해별 발생확률과 예상피해 등급 예시

발생 확률		예상피해	
등급	기준	등급	기준
1	1년에 1회 발생	1	전체 지역 피해
2	2년에 1회 발생	2	65% 지역 피해
3	3년에 1회 발생	3	30% 지역 피해
4	5년에 1회 발생	4	10% 지역 피해
5	10년에 1회 발생	5	3% 지역 피해

표 3.2 교차표를 활용한 위해별 위험등급 예시

발생확률 / 피해규모	1등급	2등급	3등급	4등급	5등급
1등급	1등급	1등급	2등급	3등급	4등급
2등급	1등급	2등급	3등급	4등급	5등급
3등급	2등급	3등급	4등급	4등급	5등급
4등급	3등급	4등급	4등급	5등급	5등급
5등급	4등급	5등급	5등급	5등급	5등급

이러한 위험에 대한 정량적 표현은 각종 사고에 대한 잠재적 피해를 기반으로 책정하는 보험료를 계산하는데 직접적으로 사용되기도 한다. 그 과정을 구체적으로 살펴보면, 태풍에 대한 보험료를 계산하기 위해서는 먼저, '연평균 피해액(Average Annual Loss; AAL)'을 알아야 하는데, 이는 결국 해당연도에 발생가능한 모든 태풍에 대해 각각의 위험, 즉 발생확률과 예상피해의 곱한 값을 모두 합산하여 계산한다.

하지만 모든 계산에는 실제와 다른 오차가 있을 수 있으므로 일종의 Risk Factor를 고려하게 되는데, 이는 연평균 피해액 계산에서 나타난 다양한 불확실성 요인들을 반영하여 결정하게 되고, 이를 다시 앞에서 구한 연평균 피해액에 더하면 순수하게 태풍에 대한 위험만을 고려한 위험보험료가 계산된다.

이외에도 보험회사는 영업활동을 하기 위해서는 다양한 경비가 필요하므로 여기에, 보험회사가 향후 영업활동에 소요될 운영경비, 그리고 보험판매를 통해 얻으려는 목표수익 등을 반영하여 부가보험료를 계산한다. 마지막으로 이러한 위험보험료와 부가보험료를 더하게 되면 보험가입자에게 요구할 최종적인 영업보험료가 계산된다. 이를 수식으로 나타내면 다음과 같다.

- 연평균 피해액 = Σ개별위해의 위험
  = Σ개별위해의 발생확률(liklihood) × 예상피해(consequence)
- Risk Load: 연평균 피해액의 불확실성을 반영하여 결정
  ⇨ 위험보험료 = 연평균 피해액 + Risk Factor
- 부가보험료 = 운영경비 + 목표수익
  ⇨ 영업보험료 = 위험보험료 + 부가보험료

▪ 위험을 줄이는 방법

'위험은 위해의 발생확률과 위해의 예상피해의 곱'이라는 공식을 기준으로 어떤 지역의 특정 위해에 대한 위험을 줄이는 방법을 좀 더 생각해 보기로 한다. 위험을 줄이기 위해서는 해당 위해의 발생확률을 줄이거나 예상피해를 줄이는 방법이 있다. 하지만 모든 경우에 있어서 이러한 두 가지 요소를 모두 달성할 수 있는 것은 아니다.

예를 들어, 지진의 경우에 있어서는 발생 자체를 막을 수 있는 방법은 없다. 하지만 시설물이 지진을 충분히 견딜 수 있도록 내진설계를 하거나 보강하는 것을 통해 실제 지진이 발생할 때 그 피해를 최소화시킬 수는 있다. 이에 반해, 화재의 경우

에는 화재예방 캠페인 등을 통해 화재발생의 빈도를 줄이고, 각종 소방시설의 설치를 통해 실제 화재가 발생할 때 그 피해를 최소화시킬 수도 있다.

4. 위험 주관주의 및 구성주의: 개인의 위험지각 및 사회문화의 영향

1979년 3월 28일, 미국 펜실베니아주에 위치한 '쓰리마일섬 원자력 발전소'는 당시 상업운전을 시작한 지 갓 4개월이 지난 시점이었다. 이때 원자로의 자동밸브 이상으로 열 교환기 냉각수 공급이 차단되는 문제가 발생하는데, 적정한 조치가 이루어지지 않았다. 이로 인해 원자로 안의 온도가 5,000도까지 상승하고 핵 연료봉이 녹아내렸으며[2] 원자로 용기가 파괴되면서, 방사능 수치가 정상치의 1,000배까지 상승하게 된다. 하지만 원자력 발전소는 이러한 상황에 대비하여 원자로 용기 밖에 1m 두께의 격납용기가 있어서 상승된 방사능은 내부에 국한되었을 뿐, 외부로 누출된 방사능은 실제 Zero에 가까웠다(Wikipedia, 2015).

비록 예상하지 못한 사고이긴 했지만 '전문가' 입장에서는 핵 연료봉이 녹아내리는 초유의 사고에도 불구하고 외부로의 방사능 누출은 미미하여 한편으로는 원자력 발전소의 안전성을 입증하는 계기가 되었다고 할 수 있었다.

하지만 '일반인'들의 인식은 달랐다. 당시 펜실베이나 주정부에서 앞으로 일어날 일을 걱정하여 인근지역의 임산부와 어린이를 대피시키는데, 이에 자극받은 인근주민 10만여 명이 집단적으로 탈출하는 극도의 혼란상황이 발생하였다. 이뿐만 아니라 원자력 발전소에 대한 대중들의 공포와 불신이 증대되고 신규원전 건립반대 등 반핵 시민운동이 전개되었다. 그리고 결국 당시 지미 카터 대통령은 신규원전 건설추진을 철회하는 성명을 발표하게 되었다.[3] 즉, 전문가의 판단과는 달리 이 원자력 발전소 사고는 미국사회를 극도의 공황상태에 빠뜨리면서 미국의 원자력 정책을 완전히 '반핵'으로 바꿀 정도의 사회적 파장을 불러일으킨 것이다.

앞서 설명한 전통적인 위험 객관주의의 시각에서 살펴보면 1979년에 발생한 쓰리마일섬 원자력 발전소 사고는 사상자 등 중대한 물리적 피해가 없었으므로 관련된 원자력 발전소 사고의 위험은 결코 심각하다고 말할 수는 없다. 하지만 이는 '전

2) 이를 노심용융(meltdown)이라 부른다.
3) 129개의 승인된 원자력 발전소 건설계획 중 진행 중인 53개를 제외하고는 모두 취소되었을 뿐만 아니라 쓰리마일섬 원자력 발전소와 동일 방식의 원자로 7기의 작동이 중단되었다.

문가'들의 판단일 뿐 '일반인'들이 느끼는 위험에 대한 인식은 미국의 원자력 정책을 '반핵'으로 바꿀 만큼 그동안 미국사회에서 실제 발생한 어떤 재난보다 심각했다.[4)]

이렇게 전통적으로 전문가들 사이에 있어서 위험에 대한 정의는 발생의 가능성과 결과의 심각성을 의미하였지만, 일반인들은 이외에도 처한 상황에 따라 위험을 달리 인식할 때가 많다(Slovic, 1987). 이로 인해 실제 위험 상황에서 문제를 해결하기 위해서는 사회적으로 서로 다른 의견을 조정하기 위한 커뮤니케이션이 중요하다. 이러한 배경에서 '위험 커뮤니케이션'이 필요하게 된 것이다. 즉, 위험 커뮤니케이션을 통해 위험에 대한 문제를 공유하고 시민의 연대를 활성화하게 되는 것이다. 이러한 위험 커뮤니케이션은 전문가와 일반인 사이의 충분한 소통과 일반인의 의사결정 과정에서의 참여를 두 축으로 한다.

4.1 전통적 위험지각 이론

"위험은 실제로 존재하는 것일까? 아니면 머릿속에서 만들어지는 것일까?" 앞서 언급한 쓰리마일섬 원자력 발전소 사고의 사례에서 전문가와 일반인은 각기 위험에 대해 인식하는 정도가 달랐다. 즉, 일반인들이 인식하는 위험은 실제로 존재하는 객관적 사실이라기보다는 각자의 머릿속에서 만들어진 주관적 판단이었으며 사람들마다 인식하는 정도가 달랐다. 바로 이러한 관찰에서 비롯된 것이 '위험지각 이론(theory of risk perception)'이다. '위험지각(risk perception)'이란 이처럼 사람들이 어떤 위험의 특성 또는 정도에 대해 내리는 각기 다른 주관적 판단을 의미한다.

그렇다면 "사람마다 내리는 위험에 대한 특성 또는 정도는 어떻게 다른가?" 트버스키와 카네만(Tversky & Kahneman, 1974)은 일반인들은 전통적인 주장대로 합리성을 바탕으로 발생확률과 예상피해를 계산하여 위험의 정도를 객관적으로 판단하는 것이 아니라는 것을 발견하였다. 오히려 경험법칙(heuristics)에 따라 자신의 짐작과 직관 등을 바탕으로 판단하며, 자신이 포함되어 있는 집단의 사회적, 문화적 특성 등에 따라서도 영향을 받는다. 일반적으로 이 경험법칙(heuristics)은 편견(biases)을 수반하게 되며 다음과 같은 대표적 특성을 가진다(Bennett, 1999; Covello, 1983; Slovic, Fischhoff & Lichtenstein, 1980; Kahneman, Slovic & Tversky, 1982; McComas, 2006; Salmon, Park & Wrigley, 2003).

---

4) 정지범 등(2009)은 국내에서 유사한 현상으로 2008년에 있었던 '미국산 쇠고기 수입반대 촛불시위'를 들고 있다.

- 대표성(representativeness) 편견: 사람들은 이전의 유사한 경험 또는 사건을 바탕으로 새로운 사건의 특성을 판단한다.
- 가용성(availability) 편견: 사람들은 쉽게 기억나는 사건이 더 자주 발생할 것이라 판단한다.
- 조정성 및 시작점(adjustment and anchoring) 편견: 사람들은 알고 있는 지식에서 판단을 시작하여 점차 새로운 지식을 받아들이며 조정한다고 하지만 일반적으로는 처음 판단에서 크게 벗어나지는 못한다.
- 과신성(overconfidence) 편견: 사람들은 자신의 지식을 너무 과신하여 객관성을 잃는 경향이 있다.

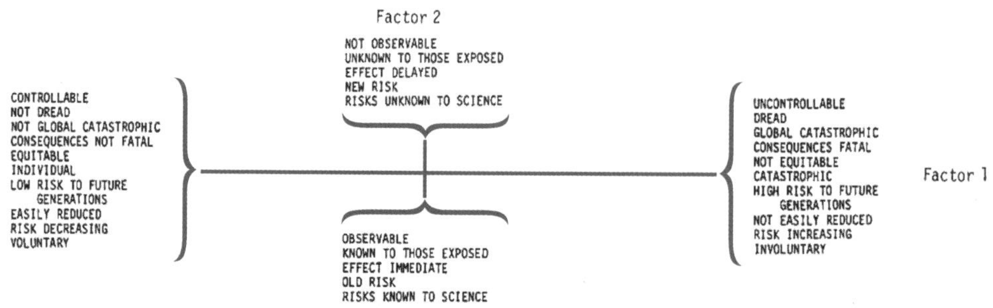

그림 3.1 재난특성별 2차원 요인들과의 관계

* 출처: Slovic(1987)

슬로빅(Slovic, 1987)은 위험지각에 대한 이론을 꽃피웠다고 평가받는다. 그는 불꽃놀이 등을 포함하여 81개의 광범위한 재난위해를 분석하여 통제 가능성, 위해성 정도, 후유증 정도, 관찰 가능성, 새로움 정도 등 18가지 위험 특성을 확인했다. 그런데, 확인된 18가지 위험 특성의 일부는 서로 간에 긴밀한 상관관계를 나타내고 있었다. 예를 들어, 일반적으로 자발성이 높은 위해는 통제성이 높은 위해로 판단되고, 부정적 영향이 늦게 나타나는 위해는 알려지지 않은 위험을 가진다고 인식된다.

그는 이러한 상관관계에 기반한 통계적 요인 분석(factor analysis)을 통해 그림 3.1과 같이 사람들이 위험에 대하여 느끼는 불안감의 정도가 크게 공포의 정도('얼마나 치명적인가?' → dread risk)와 지식의 정도('얼마나 알고 있나?' → unknown risk)의 2가지 요인에 의해 영향을 받는다고 주장하였다.

이때 공포의 정도는 통제 가능성(uncontrollable), 위해성 정도(dread), 재해의 범위(global catastrophic), 결과의 정도(consequences fatal), 피해의 균일성(not equitable), 영향의 기간(high risk to future generations), 감소 가능성(not easily reduced), 위험 증가성(risk increasing), 위험 자발성(involuntary) 등과 연결된다. 이에 반해 지식의 정도는 관찰 가능성(not observable), 인지 가능성(unknown to those exposed), 발현의 시점(effects delayed), 새로움 정도(new risk), 과학적 확인(risks unknown to science) 등과 연결된다.

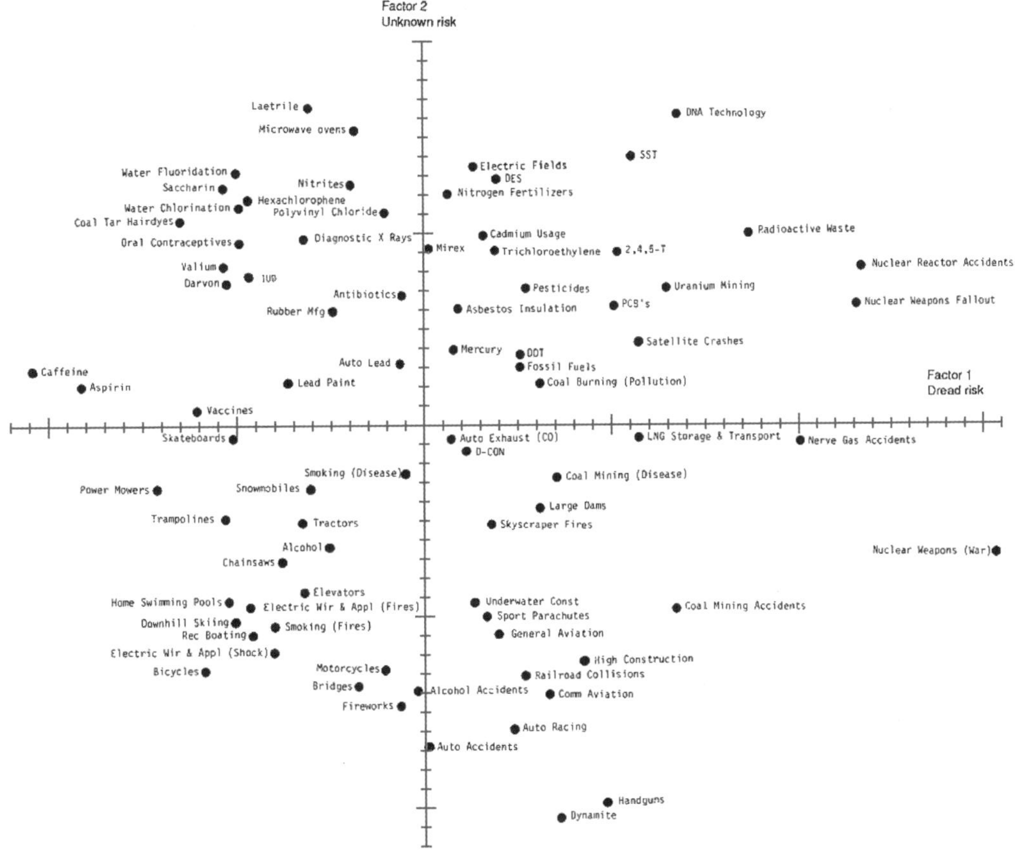

그림 3.2 2차원 요인에 대한 재난위해의 위치

* 출처: Slovic(1987)

그림 3.2에 나타나는 바와 같이 원자력 위험의 경우에 있어서는 공포의 정도, 즉 치명성 요인에 대한 수치가 높았으며, 화학적 사고는 지식의 정보, 즉 미지성에

대한 수치가 높았다. 다시 말해 일반인들이 원자력 발전에 대해 두려움을 느끼는 이유는 사고가 발생하면 대규모 피해가 발생할 수 있다는 인식으로 인해 높은 위험을 인지하고 있는 반면에, 화학적 사고는 사고 발생으로 인한 영향이 어떤 것인지에 대한 지식과 이해가 부족하여 생기는 불확실성으로 인해 높은 위험을 인지하고 있다는 것이다.

주목할 부분은 전문가들의 위험지각은 일반인들과는 달리 이러한 위험 특성 또는 위험 요인에 크게 영향을 받지 않는다는 것이다. 전문가들은 앞서 설명한 위험 객관주의에 기반한 위험평가의 결과, 즉 연평균 피해액 등과 같은 객관화된 수치와 일관된 위험지각 수준을 나타낸다. 같은 맥락에서 일반적으로 전문가들은 원자력 발전 또는 화학적 시설 등에 대해서도 비교적 안전하다고 생각한다는 것이다. 슬로빅 등은 이러한 두 집단 간의 위험지각의 차이를 줄이는 데에 정부정책에 있어서 교육, 홍보 등 위험 커뮤니케이션(risk communications)의 필요성을 강조하였다. 또한, 이는 문제해결을 위한 의사결정 과정에서의 일반인들의 참여의 중요성을 시사하고 있다.

4.2 위험지각에 대한 문화의 영향

전통적 '위험지각 이론'에 대한 설명에서도 언급하였지만, 사람들이 느끼는 위험에 대한 인식은 그들이 속한 사회의 문화에 따라 달라질 수 있다. 즉, 위험 인식은 개인적 차원에 국한된 것이 아닌 문화적 산물이다. 이는 앞에서 설명한 위험에 대한 3가지 관점 중에서 위험 구성주의를 대표하고 있다(Douglas, 1992).

4.2.1 인구통계학적 특성

위험지각에 대한 문화의 영향을 나타내는 가장 대표적인 경우는 인구통계학적 계층별로 나타나는 위험지각의 성향이다. 최근 원자력 발전소에 대한 위험지각을 다룬 연구를 보면 남자보다 여성이, 미혼자보다는 기혼자가, 그리고 자녀가 많을수록 위험지각이 증가하는 경향을 보인다(Bassett et al, 1996; 차용진, 1997). 이는 각 집단에서 지배하는 문화가 위험지각에 영향을 미치고 있기 때문이다.

이외에도 미국 등에서 흑인과 같은 소수인종은 백인과 같은 다수인종에 비해 같은 재난위해에 대해서도 더 위험하다고 느끼며, 소득수준의 차이에 따라 가난한 사람들이 부유한 사람보다 전반적으로 느끼는 위험도가 높았다. 즉 전반적으로 보았을 때, 사회적 약자일수록 또는 돌봐야 할 대상이 많을수록 더 높은 위험지각을 나타냈다. 다만, 연령에 있어서는 사회적 약자일 수 있는 고령층에서 재난위해에 대해 더 낮은 위험지각을 나타내고 있었다. 이는 고령층에서 그간 자신들이 살아오며 쌓아온 과거의 경험에 의존하면서 미래의 위험을 경시하는 경향이 나타나기 때문이다.

4.2.2 집단성-격자성 문화유형 모델

위험 구성주의를 대표하는 학자로 더글라스(Douglas, 1966)는 위험에 대한 이러한 문화영향을 네 가지의 유형으로 설명하는 '집단성－격자성(Group－Grid) 문화유형 모델'을 제안하였다. 여기서, 집단성(Group) 변수는 개인이 사회적 단위에 소속되어 통합된 정도, 즉 상호간 응집력을 나타낸다. 집단성 수준이 높은 유형은 집단주의적 특성을, 낮은 유형은 개인주의적 특성을 나타낸다. 즉, 집단성이 높으면 구성원들 간 상호 의존도가 높고 서로 간에 경쟁의식은 줄고 상호연대를 우선의 가치로 지향하게 되는 반면에, 집단성이 낮으면 집단 내에서의 사회적 연결이 개방적으로 되며 구성원들이 자기 자신의 이익을 우선시하기 때문에 서로 간에 경쟁적으로 된다.

격자성(Grid)은 개인의 역할이 사회적으로 위계, 친족, 인종, 성별, 나이 등 유형별 특권이나 의무에 의해 구분되는 정도를 나타내는 것으로 사회적 구속력을 나타낸다. 격자성 수준이 높은 유형은 위계, 권위와 문화에 종속되는 권위주의적 특성을 나타내는 반면에, 낮은 유형은 이들에게 자유로운 평등주의적 특성을 나타낸다. 즉, 격자성이 커지면 연장자를 존중해야 한다거나 상급자의 지시를 따라야 한다는 등 개인의 위치에 따른 내생적인 차이를 인정하는 경향이 커지지만, 격자성이 낮아지면 개인의 유형에 따른 사회생활은 평등해야 한다는 가치가 강하다.

첫째, 높은 집단성과 높은 격자성을 가진 집단은 위계주의자(hierarchists) 또는 관료형(bureaucrats)이라고 하는데, 조직을 신뢰하는 등 집단주의적 결속력이 강하고 집단규범과 같은 사회적 제한 또는 권위에 순응하는 특성을 보인다. 따라서 위험에 대해서도 집단적으로 해결할 수 있는 사회문제라고 보며, 규범을 적극적으로 반영하여 위험에 적극적으로 대처해 나가야 한다고 본다. 자연조차도 조심스럽게 다루면 지속관리가 가능한 통제가능한 영역으로 본다.

둘째, 높은 집단성과 낮은 격자성을 지닌 집단은 평등주의자(egalitarians)라고 하는데, 집단주의적 결속력은 강하지만 규범과 같은 사회적 제한을 인정하지 않는다. 위험과 관련해서도 조직의 노력은 자신들의 이익에만 편중되고, 외부 정보도 조작될 수 있다고 본다. 공공선을 보호하기 위한 불가피한 경우가 아니라면 위험은 회피되어야 한다는 입장을 취한다. 불가피한 위험에 대해서는 사회적 규범을 인정하지 않으면서 시민들의 평등한 참여를 통한 공동의 문제해결 노력만이 대안이라고 본다. 자연조차도 취약한 대상으로 보호하려고 노력해야 한다고 본다. 이런 점을 고려할 때 위험 커뮤니케이션의 접근방법과 가장 유사한 문화유형이다.

셋째, 낮은 집단성과 낮은 격자성을 지닌 집단은 개인주의자(individualists) 또는 기업가형(entreprenerurs)이라고 하는데, 집단보다는 개인을 중시하고 규범과 같은 사회적 제약도 중시하지 않는다. 위험을 하나의 기회로 파악하기 때문에 이득과 교환될 수 있다면 위험을 수용하고자 한다. 이들은 위험에 대해서도 개인의 책임을 강조하면서 사회적 제약도 인정하지 않는다. 자연에 대해서도 개인영역으로 간주하여 자연과 결부된 행동의 결과는 개인의 책임에 달려 있다고 본다.

넷째, 낮은 집단성과 높은 격자성의 특정을 가진 집단은 원자화된 운명주의자(atomized fatalists)라고 하는데, 집단주의적 결속력도 없을뿐더러 사회적으로 가해지는 제약에도 순응한다. 위험조차도 개인과 집단이 어쩔 수 없는 대상, 즉 운명적인 것으로 받아들이는 특성을 보인다. 위험은 통제불가능한 것이므로 위험한 삶은 불행, 안전은 삶은 행운이라 생각한다. 따라서 과학기술 등을 통한 위험문제 해결보다는 그저 받아들이는 경향을 가진다. 자연에 대해서도 변덕스러운 대상으로 행위에서 발생한 결과는 단지 우연에서 비롯된 것으로 간주한다.

이러한 문화유형에 따른 위험인식의 차이는 원전시설 입지선정 등을 둘러싼 환경갈등을 설명하는 데도 이용된다(이재열, 2009). 예를 들어, 지역의 경제인, 기업인들은 자유주의적 성향의 개인주의적 성향을 나타내고 원전시설의 유치를 이익을 창출할 수 있는 기회로 받아들이는 반면에 환경운동 단체들은 평등주의적 성향을 강하게 띄면서 원전위험을 거부하려 한다. 반면에 주민들은 운명론적 태도를 가진 원자화된 개인으로 외부 기관의 주도에 쉽게 좌우되는 경향이 크며, 지방자치단체 공무원들은 위계된 문화를 존중하며 규범을 통한 문제해결을 찾으려 한다는 것이다. 즉, 이러한 갈등은 상호 이익의 갈등이 아니라 서로 다른 문화의 충돌과 같은 양상이 된다는 것이다(이재열, 2009). 이와 관련하여 톰슨(1982)은 더글라스가 제시한 이러한 4가지 유형의 한 가운데에 중립적인 '자율적 개인'이라는 새로운 유형을 추가하여 위험이 발생했을 때, 분쟁의 매개자로서의 이들의 기능의 중요성을 강조하였다.

표 3.3 문화적 유형에 따른 위험추구의 특성

<table>
<tr><th colspan="2" rowspan="2"></th><th colspan="2">집단성(group)</th></tr>
<tr><th>낮 음</th><th>높 음</th></tr>
<tr><td rowspan="2">격자성
(grid)</td><td>낮음</td><td>〈 개인주의자 또는 기업가형 〉
• 집단적 결속력이 약하며, 조직보다는 개인의 삶을 중시함
• 집단규범과 같은 사회적 제약 또는 권위를 혐오함
• 위험은 기회이며 이득과 교환될 수 있으며, 해결방식으로 개인의 능력, 책임을 강조함</td><td>〈 평등주의자형 〉
• 조직에 대한 집단주의적 결속력은 강하지만 외부에 대해서는 배타적임
• 집단규범과 같은 사회적 제한 또는 권위를 인정하지 않음
• 가능한 위험을 회피하려고 하며, 해결방식은 집단규범보다는 시민들의 평등한 참여를 지양함
→ 위험 커뮤니케이션의 접근방식과 가장 유사한 문화유형</td></tr>
<tr><td>높음</td><td>〈 원자화된 운명론자 〉
• 집단적 결속력 또는 소속감이 결여됨
• 집단규범과 같은 사회적 제한 또는 권위에 순응함
• 위험을 피할 수 없는 운명이라 생각하여 받아들이고 문제해결에 대한 의지가 없음</td><td>〈 위계주의자 또는 관료형 〉
• 조직을 신뢰하는 집단적 결속력이 강함
• 집단규범과 같은 사회적 제한 또는 권위에 순응함
• 위험을 사회적으로 해결할 수 있는 문제라 보고 집단규범에 적극적으로 반영하여 해결하려 함</td></tr>
</table>

* 출처: Renn(1992), 이재열(2007) 재구성

4.2.3 문화적 사회유형에 따른 특성

심리학자인 리슨(Reason, 1997)은 어느 사회나 상이한 문화의 배경 속에서 위험에 대한 인식과 태도가 다르게 취해진다는 문화이론의 연장선에서 이를 보다 구체화하였다. 먼저, 위험에 대한 문화를 병리적(pathological), 관료적(bureaucratic), 생성적(generative) 문화와 같이 3가지 분류하면서 해당 사회의 문화가 위험의 대처에 미치는 영향을 원인의 규명태도, 메신저 대우, 실패의 결과, 신규 아이디어 등에 대해 세분화하였고 위험에 대한 인지가 전이되는 과정에서 문화의 전이도 이루어질 수 있다고 보았다. 그리고 그 방향성을 병리적(pathological), 관료적(bureaucratic), 생성적(generative) 문화의 순으로 제시하였다(이재열, 2007).

먼저, 가장 원시적인 병리적 문화(pathological culture)가 지배하는 사회에서는 위

험의 원인에 대해 알려고 하지도 않고, 오히려 위험을 알리는 메신저는 처벌받으며, 서로 책임지려고 하지도 않는다. 실패를 하면 처벌의 대상이 되기 때문에 새로운 시도는 사회적으로 저지되는 문화이다.

관료적 문화(bureaucratic culture)는 이러한 병리적 문화에 대한 단기적 해결책으로 제시되는데 관료적 문화가 자리잡은 사회에서는 위험의 원인을 찾으려는 노력은 있지만 일반적으로 찾지 못하고 위험을 알리는 메신저에 대해서는 경청하려 하지만 그에 따른 책임은 서로 분절된다. 이로 인해 새로운 시도는 문제를 야기할 수 있는 것으로 간주된다. 실패가 있을 경우 부분적 보완으로 이어질 뿐이다.

가장 궁극적인 사회는 생성적 문화(generative culture)가 자리를 잡는 사회인데 적극적으로 위험의 원인을 찾으려 하면서 위험을 알리는 메신저는 적극적으로 양성되고 보상을 받는다. 책임은 사회 전체적으로 공유되기 때문에 실패를 계기로 대대적 개혁이 이루어지며, 새로운 시도도 적극적으로 환영받는다.

이처럼 동일한 위험에 대한 평가와 해석은 특정 사회의 문화적 특성에 따라 다르게 나타난다. 하지만 이러한 문화적 특성도 고정되는 것이 아니라 위험을 해결하는 과정에서 변화하며 발전되어 갈 수 있다.

표 3.4 문화적 유형에 따른 위험사회의 특성

병리적 문화 (pathological culture)	관료적 문화 (bureaucratic culture)	생성적 문화 (generative culture)
위험원인에 대해 알려고 하지 않음	알려고 하지만 소극적이며, 찾지 못함	적극적으로 밝혀내려 함
위험을 알리는 메신저는 처벌을 받음	도착하면 경청하자는 수준임	적극적으로 양성하고 보상함
위험에 대한 책임은 서로 회피함	사회적으로 분절됨	사회적으로 공유됨
실패는 처벌받을 뿐 개선되지 않음	부분적 보완으로 이어짐	대대적 개혁으로 이어짐
새로운 아이디어는 적극적으로 저지됨	새로운 문제를 야기한다는 인식이 강함	적극적으로 환영받음

* 출처: Reason(1997), 이재열(2007) 재구성

4.3 위험의 사회적 증폭 이론

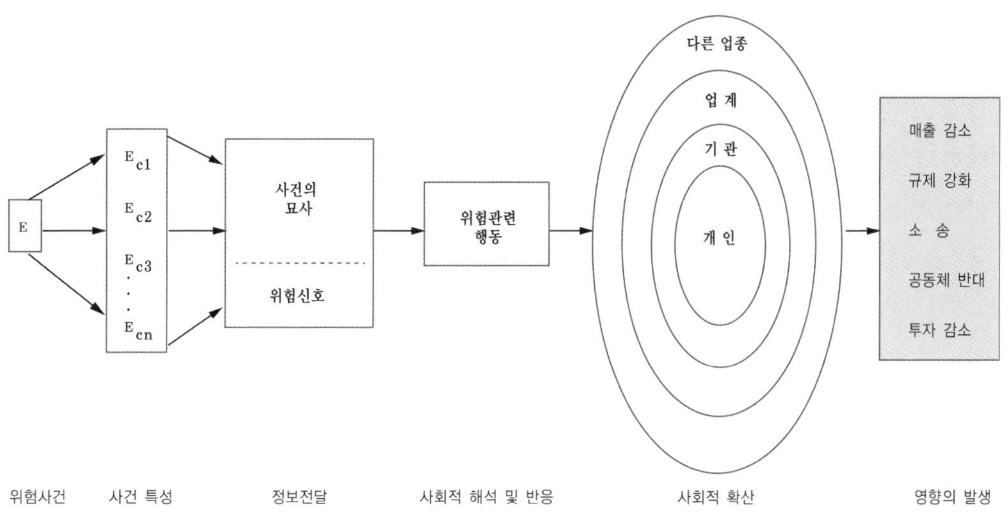

그림 3.3 위험의 사회적 증폭 현상

* 출처: Kasperson et al.(1988)

우리는 주변에서 실제 대수롭지 않게 생각한 위험이 대중들의 불안감을 자극하여 사회적 위기상황으로 발전하고, 반대로 매우 중요하다고 생각한 위험이 대중들의 관심을 받지 못해서 예기치 못한 재난상황으로 발전하는 것을 목격하기도 한다. 이는 앞서 설명한 바와 같이 개인들이 느끼는 위험에 대한 주관적 판단, 즉 위험지각(risk perception)과 연관된 문제이면서 한 단계 더 나아가 이러한 위험지각이 사회적 맥락에서 구성(Social construction)된 상황이다.

만약, 사람들 간의 소통이 없다면 어떤 위험사건은 해당 지역으로 한정될 것이고 결코 사회적 위기상황으로 발전할 수가 없다. 하지만 많은 경우에 있어서 방송, 신문 등과 같은 미디어를 거치면서 이 위험사건이 외부에 전달되는데, 그 과정에서 위험은 증폭 또는 감쇠되어 사회적 위기상황이 될 수도 또는 무관심의 대상이 될 수도 있다. 이때 이러한 위험의 증폭 또는 감쇠는 앞서 설명한 사회의 심리적, 제도적 그리고 문화적 요소들과 상호 작용하여 발생한다.

캐스퍼슨 등(Kasperson et al., 1988)은 이러한 사회현상을 연구하여 '위험의 사회확산 이론(Social Amplication of Risk Framework)'을 제안하였다. 위험의 사회확산 이론은 앞서 설명한 전통적 위험지각 이론을 사회문화적 영향 이론과 연계하고 위험 커뮤니케이션으로 해석한 것이라고 할 수 있다. 먼저, 위험의 사회확산을 설명하기 위해서는 3가지의 단계적 개념을 이해해야 한다.

첫째, 위험사건이 생기면 사람들은 일반적으로 이를 단순히 전달만 하는 것이 아니라 묘사하거나 해석한다. 이를 위험신호(risk signal)라고 하는데, 이때 사람들은 특정 위험에 대해서는 높은 것으로 다른 위험에 대해서는 낮은 것으로 묘사하고 해석한다. 이때 높은 위험으로 해석되는 사건으로서는 앞서 설명한 '전통적 위험지각 이론'에서 일반 사람들이 높은 정도의 위험을 느끼는 위해에 의해 발생한 것으로 일단 발생하면 치명적(dread)이지만 잘 알려지지 않은(unknown) 위험들이다. 대표적으로 원자력 위험 등을 들 수 있다. 따라서 위험을 관리해야 하는 정부의 입장에서는 이러한 높은 위험신호를 가진 위험에 대해서는 초기부터 적극적으로 국민들께서 설명하고 소통하는 노력을 기울여야 한다.

반면에 낮은 위험신호를 가진 위험에 대해서는 오히려 실제 위험보다 과소 평가되어 신문, 방송 등 미디어를 통해 전달되면서 사람들의 인식에서 잊혀지기도 한다. 자주 발생하는 교통사고, 화재가 대표적이며 여름철 태풍, 호우 등도 이러한 낮은 위험신호의 특성을 가진다. 이에 따라 이러한 사고가 사전에 예보되어 정부가 국민들에게 아무리 대비를 강조해도 공감을 얻지 못하는 경우가 빈번하게 발생한다. 이 경우에는 과거 피해사례 또는 피해예측 결과 등을 통해 국민의 주의를 환기시키고 필요한 경우 대피명령과 같은 강제적인 조치를 시행해야 한다.

둘째, 높은 위험신호를 가진 위험은 이후 전문가, 정치가 등을 포함해서 신문, 방송 등 언론기관, 정부기관, 사회단체 등을 통해 전파되면서 증폭 또는 축소되는 변형의 과정을 거치게 된다. 즉, 개인, 집단 등 다양한 주체들에게 전달되면서 서로 간의 상호작용을 통해 개별 또는 집단적으로 관련행동을 만들어 내게 되는 것이다. 이 과정이 위험의 사회적 증폭에서 가장 중요한 사회적 해석 및 반응의 단계이다.

이때 이러한 위험신호를 전파하면서 변형시키는 역할을 하는 개인, 기관, 단체 등을 '증폭기구(amplication station)'라 한다. 증폭기구에서 위험신호가 증폭 또는 감쇠될 지에 대해서는 이러한 증폭기구에 내재되어 있는 문화 또는 가치가 중요한 영향을 미친다. 즉, 환경단체 또는 진보언론의 경우에 있어서는 원자력 위험 등에 대해 전반적으로 위험신호를 증폭시켜 확산하는 역할을 할 것이며 기업협회 또는 보수언론의 경우에 있어서는 안정성과 경제성을 강조하며 위험신호를 감쇠하는 역할을 하게 될 것이다.

위험의 사회적 확산과정에서 신문, 방송 등 미디어의 역할은 자주 강조되는 분야이다. 미디어는 대중에게 해당 위험에 대해 전반적인 관심을 고조시킬 뿐만 아니라 특정한 방향으로 지속적으로 위험신호를 보내면서 특정한 여론이 형성되도록 유도하기도 한다. 최근에는 인터넷 등을 통한 주체할 수 없는 정보가 범람하면서 소위 '가짜 뉴스'라고 하는 허위조작 정보의 영향도 강화되고 있다. 이외에도 정부에 대한 전반적인 신뢰 및 비판의 정도도 이러한 위험의 사회적 해석 및 반응 단계에서 복합적으로 영향을 미친다.

마지막으로 이러한 사회적 해석 및 반응을 거쳐 나타난 개인, 단체 등의 관련행동은 연쇄적으로 점점 확대되어 새로운 관련행동, 즉 2차 충격을 만들고 이후 계속적으로 3차, 4차의 다른 충격으로 확산된다. 이러한 현상을 위험확산의 '물결효과(ripple effects)'라고 한다. 또한, 일부 위험에 대해서는 사회 확산 과정에서 종국적으로 그 자체에 대해 부정적 이미지를 고착시키는 결과가 초래되기도 하는데, 이를 위험의 '낙인화(stigmatization)'라고 한다(Goffman, 1963).

예를 들어, 미국에서 2001년 9 · 11 테러 발생 이후 항공기 사용기피로 인하여 항공산업이 심각하게 위축되는 예상치 않은 문제, 즉 해당 위험사건이 2차적 혹은 3차적으로 연속적으로 파급되는 '물결효과(ripple effect)'를 경험하였다. 또한, 1979년 쓰리마일섬 원자력 발전소 사고로 인해 당시 대중은 원자력 시설의 안전성을 강화하라는 요구가 아닌 원자력 포기라는 무조건적 반대를 나타내는 '낙인화' 현상이 발생하였다.

이러한 위험의 사회적 확산이론을 종합하여 보면 어떤 특정한 위험은 일반인에게 높은 위험지각을 불러일으키는데, 이러한 것들이 위험신호가 되어 증폭기구를 거치면서 개인, 집단 등의 관련행동을 일으키고 이후 해당 위험시설 등의 설치를 반대 또는 시장에서 퇴출시키는 물결효과를 나타내게 되는 것이다.

5. 위험 커뮤니케이션의 역할

위험 커뮤니케이션은 위험의 속성, 결과, 통제 등과 관련하여 이해 당사자들 사이에 이루어지는 정보의 교환과정으로 정의된다(Covello, 1992). 하지만 이를 보다 광의적으로 살펴보면 이때의 위험이라 함은 객관적인 사실뿐만 아니라 주관적인 인식까지도 아우르는 개념이므로 심리, 사회, 문화적 시각까지 반영된 것이라고 할 수 있다. 또한, 정보교환의 의미도 개인 간의 단순한 교환 차원을 넘어 의미의 공유, 관계의 형성, 사회적 참여 등을 통해 문제해결을 하는 역할까지의 사회적 차원으로 확대된다고 할 수 있다.

이에 따라 팔렌차(Palenchar, 2005)는 위험 커뮤니케이션을 "위험의 특성, 원인, 해결 등 광범위한 인식을 둘러싸고 개인과 조직들 사이에 이루어지는 지역사회 기반의 상호 호혜적인 소통의 과정을 의미한다"고 하였다. 즉, 위험 커뮤니케이션을 통해 위험에 대한 문제를 공유하고 시민의 연대를 활성화하게 되는 것이다. 이러한 위험 커뮤니케이션은 전문가와 일반인 사이의 충분한 소통과 일반인의 의사결정 과정에서의 참여를 두 축으로 한다.

최근 많은 나라에서는 이러한 위험 커뮤니케이션의 시행을 법제화하고 있는데, 가장 대표적인 것이 1984년 인도 보팔에서 발생한 화학공장 사고에 이어 제정된 SARA(The Superfund Amendments and Reauthorization Act of 1986) 법안이다. 당시, 미국 다국적 기업인 유니온 카바이드(Union Carbide) 사가 인도 보팔에서 운영하던 화학물질 제조공장에서 농약 제조원료인 맹독성 화학물질 40여 톤이 유출되었는데, 공장 근로자들은 어떻게 조치해야 하는지 몰랐고, 또한 인근 주민들에게도 2시간이 넘어서야 대피안내가 이루어지는 바람에 수천 명이 사망하고 수십만 명이 부상당하는 피해가 발생하였다. 이를 계기로 미국정부에서는 화학물질의 종류와 수량, 사고발생 시 예상피해와 비상계획 등에 대한 지역사회의 알권리를 규정한 SARA 법률을 제정하게 되었다.

6. 요약 및 결론

전통적 재난관리학에서 위험은 정량화할 수 있는 대상으로 모든 사람들에게 동일한 객관적 실체라고 보았다. 하지만 최근 쓰리마일섬 원전사고 등 일련의 경험을 통해 사람마다 인식하는 위험의 정도가 다르며, 이는 재난관리에 있어서 매우 중요한 의미를 갖는다는 주장이 대두되었다. 이러한 위험지각은 공포와 지식의 정도에 따라 특히 차이가 있을 수 있는데, 이로 인해 전문가와 일반인의 위험인식의 차이는 재난관리 실제 상황에서 상호불신 등 여러 문제를 야기하여 왔다.

특히, 사람들의 위험에 대한 인식과 확산은 개인적 요인뿐만 아니라 사회적, 문화적 요인에 따라서도 영향을 받는다. 최근의 재난관리에서는 이러한 위험인식의 차이를 인정하고 재난정책 수립과정 중에 일반인의 참여를 독려할 뿐만 아니라 재난관리 전반에서 다양한 위험 커뮤니케이션이 필요하다는 점을 확인하고 있다.

연습문제

1. 재난에 대한 위험을 평가하는 방식 중 객관주의, 주관주의, 구성주의가 어떻게 다른지 구분하여 설명하라.

2. 위험 객관주의 시각에서 보면 재난에 대한 위험은 어떻게 정량적으로 평가할 수 있는가? 그리고 해당 정량식에 기반하여 재난 경감을 하는 방식은 어떻게 설명할 수가 있는가?

3. "사람마다 느끼는 위험에 대한 특성 또는 정도는 어떻게 다른가?"라는 질문에 대해 '전통적 위험지각 이론'으로 설명하라.

4. 슬로빅에 따르면 사람들의 위험에 대한 느끼는 지각은 크게 공포와 지식의 정도에 따라 영향을 받는다고 한다. ① 공포와 지식의 정도가 위험에 대한 지각에 각각 어떻게 영향을 미치는지 설명하라. ② 또한, 공포와 지식의 정도가 각각 어떤 요소에 의해 영향을 받는지에 대해서도 설명하라.

5. 더글라스는 위험에 대한 문화의 영향을 '집단성-격자성 문화유형 모델'을 통해 설명하였다. 집단성과 격자성에 따른 위험추구의 4가지 유형을 설명하라.

6. 사람들이 느끼는 위험에 대한 주관적 판단이 사회적으로 어떻게 증폭 또는 감쇄되는지를 '위험의 사회적 증폭 이론'을 통해 설명하라. 그리고 이 과정에서 위험 커뮤니케이션이 중요한 논리적 배경을 설명하라.

[참고자료]

김영욱 (2014). **위험 커뮤니케이션**. 커뮤니케이션북스.

김영욱 (2008). **위험, 위기 그리고 커뮤니케이션: 현대 사회 위험, 위기, 갈등에 대한 해석과 대응**. 서울: 이화여자대학교 출판부.

정지범, 류현숙 (2009). **한국인의 사회위험 지각과 정책적 함의**. 한국행정연구원.

정지범, 채종헌 (2010). **위험의 정치화와 효과적 대응전략 마련**. 한국행정연구원.

조성은 (2012). **재난관리와 커뮤니케이션**. 재난안전 14호, 40-43, 한국정보화진흥원.

Bennett, P. (1999). Understanding responses to risk: some basic findings. In: Bennett P, Calman K. *Risk communication and public health*(pp. 3-19). Oxford: Oxford Medical Publications.

Covello, V. T. (1983). The perception of technological risks: A literature review. *Technological Forecasting and Social Change*, 23, 285-297.

Covello, V. T. (1992). Risk communication: An emerging area of health communication research. *Communication Yearbook*, 15(1), 359-373.

Covello, V. T., & Allen, F. W. (1988). *Seven cardinal rules of risk communication*. US Environmental Protection Agency.

Covello, V. T., & Merkhofer, M. W. (1994). *Risk assessment methods*. New York: Plenum Press.

Douglas, M. (1966). *Purity and danger: An analysis of concepts of pollution and taboo*. New York: Penguin.

Douglas, M. (1985). *Risk acceptability according to the social sciences*. New York: Russell Sage Foundation.

Douglas, M. (1992). *Risk and blame: Essays in cultural theory*. London: Rougledge.

Douglas, M., & Calves, M. (1990). The self as risk taker: A cultural theory of contagion in relation to AIDS. *Sociological Review*, 38(3), 445-464.

Douglas, M., & Wildavsky, A. (1982). *Risk and culture: An essay on the selection of technological and environmental dangers*. Berkeley: University of California Press.

Goffman, E. (1963). *Stigma*. Englewood Cliffs, NJ: Prentice Hall.

Kahneman, D., Slovic, P., & Tverksy, A.(Eds.) (1982). *Judgment under uncertainty: Heuristics and biases*. New York: Cambridge University Press.

Kasperson, J. X., & Kasperson, R. E.(Eds.) (2005). *The social contours of risk: Publics, risk communication & the social amplification of risk*. London: Earthscan.

Kasperson, J. X., Kasperson, R. E., Pidgeon, N., & Slovic, P. (2003). The social amplification of risk: Assessing fifteen years of research and theory. In N. Pidgeon, R. E. Kasperson & P. Slovic(Eds.). *The social amplification of risk*(pp. 13−46). Cambridge, UK: Cambridge University Press.

Kasperson, R. E., & Kasperson, J. X. (1996). The social amplification and attenuation of risk. *Annals of the American Academy of Political and Social Science*, 545, 95−105.

Kasperson, R. E., Jhaveri, N., & Kasperson, J. X. (2001). Stigma and the social amplification of risk: Toward a framework of analysis. In J. Flynn, P. Slovic, & H. Kunreuther(Eds.). *Risk, media, and stigma*(pp. 9−27). London: Earthscan.

Kasperson, R. E., Renn, O., Slovic, P., Brown, H. S., Emel, J., Goble, R., Kasperson, J. X., & Ratick, S. (1988). The social amplification of risk: A conceptual framework. *Risk Analysis*, 8, 177−187.

McComas, K. (2006). Defining moments in risk communication research: 1996−2005. *Journal of Health Communication*, 11, 75−91.

Palenchar, M. J. (2005). Risk communication. In R. L. Heath(Ed.). *Encyclopedia of public relations*(pp. 752−755). Thousand Oaks, CA: Sage.

Reason, J. (1997). *Managing the Risks of Organizational Accidents*, Ashgate Publising Limited.

Renn, O. (1992). "Risk Communcation: Toward a Rational Dialogue with the Public,", *Journal of Hazardous Materials* 29:74.

Salmon, C. T., Park, H. S., & Wrigley, B. J. (2003). Optimistic bias and perceptions of bioterrorism in Michigan corporate spokespersons. *Journal of Health Communication*, 8, 130−143.

Shapiro F, Maxfield L (2002). Eye movement desensitizaion and reprocessing (EMDR): information processing in the treatment of trauma. *Journal of clinical psychology*. 58(8), 933−26.

Slovic, P. (1987). Perception of risk. *Science*, 230, 280−285.

Slovic, P., Fischhoff, B., & Lichtenstein, S. (1980). Facts and fears: Understanding perceived risk. In R. Schwing and W. Albers, Jr.(Eds.). *Social risk assessment: How safe is safe enough*?(pp. 181−216). New York: Plenum.

Thompson, M. (2982). *A three dimentional model.* In M. Douglas.(Eds.). Essays in the *Sociology of Perception*, London: Routledge and Kegan Paul.

Tversky, A., & Kahneman, D. (1974). Judgment under uncertainty: Heuristics and biases, *Science*, 185, 1124−1131.

✍ 재난 이야기: 동물들이 재난을 예측할 수 있을까?

1975년 2월 중국 하이청에서 있었던 일이다. 그해 겨울에는 유난히 이상한 일들이 많이 일어났다. 한겨울에 엄청난 개구리 떼가 나와 대이동을 하고, 뱀들이 도로에 나와 얼어 죽었다. 또한, 마구간에서는 말들이 날뛰고, 들에서는 들쥐와 거위가 날뛰었다. 특히, 이러한 동물들의 이상행동은 2월 3일에 집중되었는데, 이를 이상하게 여긴 중국 지진국에서는 지진경보를 발동하고 실제로 시민들을 대피시켰다.

그런데, 다음 날이 2월 4일 실제로 규모 7.3의 강한 지진이 발생한 것이었다. 이 지진으로 중국 하이청에서는 비록 많은 건물들이 무너졌지만 지진 발생 이전 인명 대피로 인해 인명피해는 극소수에 달했다. 이러한 중국 하이청 지진은 동물들이 재난발생을 감지하는 매우 예민한 능력을 가지고 있으며, 이를 실제 적용한 대표적 사례로 자주 인용된다. 하지만 정말 동물들은 초감각 센서를 가지고 재난의 전조를 감지하고 예지할 수 있는 것일까?

동물들의 재난전조 감지능력에 대해서는 대형 재난 이후에는 단골메뉴로 꾸준히 제기되어 온 이슈이다. 2011년 3월 동일본 대지진 발생 이전에 해안가에 고래 156마리가 집단으로 폐사하는 사례가 있었다고 하며, 2008년 중국 쓰촨성 대지진에는 대규모 두꺼비 떼가 출몰하기도 하였다. 이외에도 1995년 1월 일본 고베 대지진에서는 개나 고양이가 자꾸 구멍을 파는 행위가 관측되고, 햄스터와 다람쥐가 난동을 부리고, 미꾸라지가 벽면에 충돌하여 집단으로 폐사하기도 하였다.

이외에도 2004년 12월, 인도양 지진해일에서는 영양 떼가 해변언덕으로 이동하고 스리랑카 국립공원의 표범, 코끼리, 원숭이들도 고지대로 이동하는 모습이 관측되었다. 2014년 2월 인도네시아 끌루드 화산에서는 사슴, 산양 등이 날뛰는 흥분행동이 관측되기도 하였다. 우리나라에서는 2011년 7월 우면산 산사태 직전에 개가 바닥에 뒹굴며 길길 날뛰는 이상행동을 보였다는 기록도 있다.

이와 관련하여 많은 학자들이 "동물들이 초감각 센서를 가지고 재난예지를 하고 있는가?"에 대해 실제 연구를 수행하여 왔다. 하지만 결론적으로 이와 관련한 연구의 결과는 해당 가설에 대해 아직 찬반이 대립되고 있으며 동물들이 보이는 이상행동에 대해 뚜렷한 검증이 어려운 상황이다.

먼저, 찬성하는 주장이다. 리키타케(Rikitake, 1978)는 동물들의 이상행동 목격시기와 지진파 도달시간과의 상관분석을 통해 시기의 유사성을 발견했으며, 화이트헤드와 울루소이(Whitehead & Ulusoy, 2013)도 2010년 뉴질랜드 크라이스트 처치 대지진시 동물 이상사례를 분석한 결과 애완동물 특이행동의 급증을 사례분석을 통해 밝혀냈다. 이외에도 요코이 등(Yokoi 등, 2003)은 1995년 일본 고베 대지진 발생 전후 연구소 실험실 쥐들이 지진 전날 평소와는 달리 급격한 활동량을 보였음을 확인하였으며, 반대로 리 등(Li 등, 2009)은 2008년 쓰촨성 대지진 발생 3일 전부터 실험실 쥐들의 활동량이 갑자기 줄어들었음을 확인하였다.

하지만 반대의 주장도 다수 제기되고 있다. 그랜트와 콜랜(Grant & Colan, 2013)은 사례연구를 통해 개구리나 두꺼비 떼의 움직임과 같은 이상현상은 지진전조 현상이 아닌 자연스러운 생물학적 움직임이었음을 주장했고 샬(Schaal, 1988)도 미국 샌프란시스코 지진사례 연구를 통해 동물의 이상행동과 지진발생 현상간에 통계적 유의성을 얻지 못했다.

즉, 동물의 이상행동과 재난발생 현상에 대해서는 아직까지 과학적 검증이 이루어지지 않은 상황이다. 이러한 이유는 다음과 같은 몇 가지 사유로 인해 과학적 검증이 실제 어렵기 때문이다. 먼저, 동물의 이상행동 목격담은 재난 사후에 조사 · 수집되기 때문에 목격하는 개인의 성향이나 편견을 배제하기 어려워 데이터의 신뢰성을 검증하기 어렵다. 또한, 재난은 발생빈도가 낮기 때문에 실험분석에 필요한 자료수집 자체가 어려우며 단일 재난사례로는 실험결과를 일반화하기 어렵다. 더욱이, 재난발생 메커니즘이 복잡하여 이를 단순화하여 실험실에서 구현하기 어려운 현실적 제한요건도 있다. 마지막으로 재난발생 요인 외에도 생물학적, 지질학적 등 외부 환경요인이 분석결과에 미치는 영향을 완전하게 통제하고 배제하기 어렵다.

"동물들이 재난을 예측할 수 있을까?"라는 질문에는 아직까지 선명한 답변을 하기 어렵다. 어쩌면 재난을 예측하지 못하는 인간의 불안함이 그간 미물이라 무시해온 동물에게 도움을 청하고 있는지도 모른다.

* 출처: 국립재난안전연구원 (2017). 동물들의 초감각 센서, 전조감지와 재난예지. 국민안전처

PART 02

재난관리의 실제와 학문

CHAPTER

04 재난관리의 이해

1. 개 설

지금까지 재난의 의의, 즉 "재난이란 무엇이고 왜 발생하는가?"에 대해 살펴보았다. 이제 이러한 "재난을 어떻게 관리해야 하는가?"라는 이 책의 근원적 담론에 대해 얘기를 해야 한다. 그간 많은 학자들이 이러한 물음에 대해 다양한 이론을 제기하며 답변하려고 해 왔다. 먼저 개념, 원칙 등 재난관리의 의의에 대해 알아본다.

2. 재난관리의 개념

2.1 소방, 경찰 등 초기대응과의 구분

많은 사람들이 재난관리자를 소방, 경찰 등과 같이 재난발생시 현장에서 직접 구조, 구급업무를 수행하는 사람들을 의미하는 초기대응자(First Responser)와 구분하지 못하는 경향이 있다.

미국 연방재난관리청(FEMA, 2008)에서는 재난관리를 "지역사회가 재난에 대한 취약성을 줄이고 재난에 효율적으로 대처하기 위한 기반을 조성 또는 마련하는 관리기능"이라고 정의하고 있다. 즉 재난관리의 핵심은 바로 전반적 관리기능에 있다.

비록 소방, 경찰 등이 재난발생시 초기대응의 업무를 담당하기는 하지만 재난관리자는 이보다 훨씬 넓은 영역으로 재난의 발전 이전부터 이후까지를 총체적으로 관리하는 사람들이다.

2.2 재난관리의 단계별 의미

페탁(Petak)은 1985년 미국 행정학회지(Public Administration Review)에 기고한 논

문에서 재난관리는 재난의 진행과정과 대응활동에 따라 시기적으로 재난발생 이전과 이후로 구분되고 다시 과정적으로 다음과 같이 재난발생 이전의 예방, 대비 그리고 재난발생 이후의 대응, 복구의 4가지 관리단계로 설명될 수 있다고 주장하였다. 그리고 재난관리란 이러한 4가지 관리단계에 관한 정책을 수립하고 실행하는 과정으로 정의하였다.

• 재난예방: 재난발생의 위험요인을 사전에 제거하거나 감소시킴으로써 재난발생 자체를 막거나 발생하더라도 그 영향을 최소화하기 위한 일련의 활동
• 재난대비: 재난발생시 효과적인 대응을 위하여 필요한 제반사항을 사전에 준비하는 일련의 활동
• 재난대응: 재난발생시 자원과 역량을 효율적으로 활용하여 피해를 최소화하기 위한 일련의 활동
• 재난복구: 재난발생후 재난으로 발생한 피해를 이전 상태로 회복시키거나 항구적인 개선을 위해 벌이는 일련의 활동

표 4.1 재난관리 단계 및 주요 활동사항

재난발생 단계	재난관리 단계	주요 활동사항
재난발생 이전	예방	방재시설물 설치, 재해영향의 평가, 토지이용의 규제 등
	대비	대응계획의 수립, 투입자원의 관리, 교육 및 훈련 등
재난발생 이후	대응	수색 및 구조, 비상지원의 실시, 후속피해의 방지 등
	복구	초기단계의 응급복구 지원, 지역사회 항구적 회복지원 등

특히, 페탁은 그간 재난관리가 행정영역에서 주목을 받지 못했을 뿐만 아니라 역사적으로 재난관리가 재난발생 이후에 작동되는 소방 또는 경찰활동의 일부로 치부되어 왔다고 지적하였다. 이러한 맥락에서 이제는 재난관리가 행정영역의 핵심기능으로 다루어져야 하며, 재난발생 이후의 대응, 복구와 같은 위기대응 관리(crisis-reactive management approach)로 제한해 왔던 시각에서 최근 재난특성을 고려하여 예방, 대비와 같은 보다 적극적인 관리방식에 관심을 가져야 한다고 주장하였다.

이를 위해서 재난관리자는 과학적 지식, 기술적 처방, 그리고 관련 비용과 편익에 대한 시각 외에 다양한 정책 및 기관 간 복잡성을 올바르게 이해하는 것이 보다 중요하다고 강조했다. 이를 위해 진정한 재난관리자는 결국 다양한 관리철학, 지역적 중요성 등으로 인해 발생하는 이해충돌을 관리하고 재난관리 관련 정책, 계획 등의 통합, 실행을 관장하는 기관의 지휘관이어야 한다는 점을 지적하였다.

이때 각각은 독립적인 과정이라기보다는 각 관리단계별로 서로 중복되거나 어떤 과정의 활동결과가 다음 과정의 활동상황에 영향을 미치는 상호보완적 또는 연속적으로 구성된다고 할 수 있다. 따라서 예를 들어, 재난복구를 할 때는 장래 재난에 대한 예방조치가 반드시 고려되어야 하며, 철저한 예방활동을 통해 향후 재난발생시 불가피한 복구수요를 대폭 절감시킬 수가 있다.

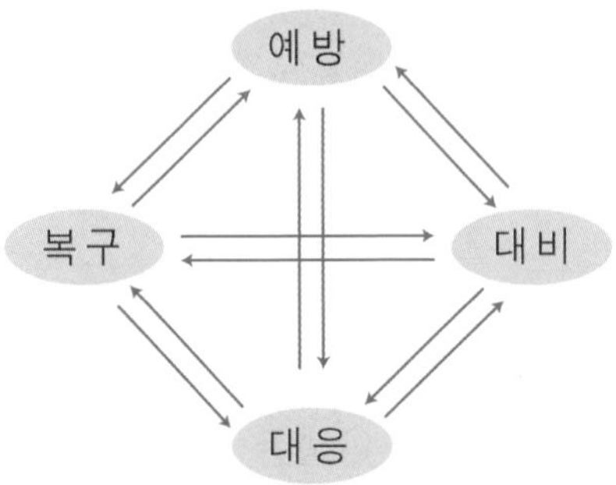

그림 4.1 재난관리 단계 간 관계

페탁이 제안한 재난관리 4단계 구분법은 우리나라의 「재난 및 안전관리 기본법」뿐만 아니라 대부분의 나라에서 공통적으로 받아들여져 재난관리 정책에 활용되고 있다. 하지만, 이렇게 보편적으로 통용되기는 하지만 일부 학자들은 다른 구분법을 제시하기도 한다. 예를 들어, 포써길 등(Forthergill et al., 1999)은 행위적으로 세분화하여 위험 인식(risk perception), 대비 행태(preparedness behavior), 경보 전달 및 반응(warning communication and response), 물리적 피해(physical impacts), 심리적 충격(psychological impacts), 비상 대응(emergency response), 피해복구(recovery), 피해 재건(reconstruction)의 8단계로 나누기도 한다. 여기서, 말하는 피해복구와 재건은 재난발생 후 시기별 구분으로 1년 내에 이루어지는 활동을 복구라고 하고 그 이후에 이루어지는 활동을 재건이라고 한다.

3. 재난관리 접근방식

재난관리는 아직까지 많은 논의가 이루어지고 있는 학문분야이다. 따라서 어떤 식으로 재난관리를 해야 할지에 대해서는 정확한 해법이 정해지지는 않았다. 여기서는 최근 이루어지고 있는 재난관리의 접근방식을 적용범위, 관리방식, 통솔방식 등에 따라 구분해 살펴본다.

3.1 적용범위에 따른 접근방식

일반적으로 재난관리는 적용범위에 따라 안보(security) 중심의 관리시각과 재난(disaster) 중심의 관리시각으로 구분된다.

(1) 안보 중심의 관리시각

안보중심의 관리시각은 탈냉전 이후 군사적 위협의 감소와 함께 등장한 접근으로 전통적인 군사적이고 대외적 안보의 개념에 자연 및 인위재난을 재난위해(hazard)라는 외부의 침략요인에 따른 국민의 보호라는 측면에서 접근하는 개념이다. 이러한 안보중심의 관리시각은 「제1장. 재난의 개념과 발생」의 제1.2.6절에서 설명한 바와 같이 재난관리에 대해 포괄적 안보의 개념을 적용한 것으로 국가의 적극적 개입을 강조하고 군대와 같은 강제조직의 역할도 중요시하고 있다.

미국 국토안보부(Department of Homeland Security)가 대표적인 예로서, 재난관리를 전담하던 연방재난관리청(Federal Emergency Management Agency)을 테러에 대응하는 조직과 통합하여 확대 개편하였다(정지범 & 서재호, 2009).

(2) 재난 중심의 관리시각

재난중심의 관리시각은 재난의 영역을 군사적 위기와 구분한다. 이러한 관리시각은 재난관리에 있어서 정부의 적극적 대처 외에도 민·관협력과 같은 민간영역의 참여를 강조하고 있다. 이외에도 재난관리는 군사적이고 대외적인 안보관리에 비해 훨씬 복잡한 성격의 것으로 정책, 활동 등에 있어서 유연성이 중요하므로 경직된 안보개념으로의 접근은 오히려 재난관리를 자생력을 저하시킬 수 있다는 주장도 있다.

미국 국토안보부 설립 이후, 꾸준히 제개되고 있는 재난관리 역량저하에 대한 비판이 이러한 시각에 기초하고 있다. 우리나라의 경우에는 「재난 및 안전관리 기본법」에 의해 재난이 전쟁과 같은 전통적 안보영역과 분명하게 구분되고 관리되고 있다.

3.2 관리방식에 따른 접근방식

일반적으로 재난에 대한 관리방식은 재난위해, 재난영향, 관리단계, 참여주체들 간의 관계에 대해 어떻게 접근하느냐에 따라 개별적 분산형과 통합적 포괄형 관리방식으로 구분된다.

(1) 개별적 분산형 관리방식

재난은 발생원인에 따라 자연재난 및 인위재난으로 분류되고 동일분류에서도 다양한 종류의 재난이 존재한다. 개별적 분산형 관리방식은 이렇게 다양한 유형의 재난별로 보이는 관리방식이 다르다는 전제에 기반을 두고 있다. 따라서 재난유형별로 각자 다른 주관기관이 재난관리를 총괄하게 되며, 참여하는 협조기관도 각 재난유형에 따라 다르다. 이러한 관계를 규정하고 있는 관련 매뉴얼의 경우도 재난유형별로 별도로 작성된다. 같은 맥락에서 재난영향별, 관리단계별, 참여주체별 등으로 독립적인 관리방식을 따르게 된다.

우리나라 재난관리의 경우에 있어서도 재난관리를 위한 관련매뉴얼이 각종 재난유형별로 작성되어 있는데, 바로 이러한 개별적 분산형 관리방식에 그 근간을 두고 있기 때문이다. 하지만 최근에는 이러한 개별적 분산형 관리방식이 관계기관 간 중복, 상충 등의 문제를 일으키며, 효과성, 효율성 등을 고려할 때 통합적 포괄적 관리방식으로의 전환이 필요하다는 논의가 있었다. 따라서 통합적 포괄형 관리방식으로 전환하기 위한 다양한 정책들이 개발되고 있으나, 아직까지는 분산형 관리방식에 더 가까운 관리형식이다.

(2) 통합적 포괄형 관리방식[1](Comprehensive Emergency Management)

통합적 포괄형 재난관리는 재난은 그 종류와 크기, 원인 등과 무관하게 이를 관리하는 과정에서 유사성이 크다는 데에 초점을 두고 있다. 예를 들어, 소규모 사고이든 대규모 재난이든, 또는 화산폭발이든 건물붕괴이든 교통통제의 기능은 거의 동일하다는 것이다. 따라서 재난의 유형, 크기 등에 상관없이 각 재난관리 주체가 맡은 기능에 따라 대응하게 된다. 같은 맥락에서 포괄적 재난관리의 개념을 확장하게 되

1) 앞서 설명한 바와 같이 미국의 연방재난관리청(FEMA)에서는 포괄적 재난관리(Comprehensive)와 통합적 재난관리(Integrated Emergency Managment)를 구분하여, 포괄적 재난관리를 보다 광의의 개념으로 두고 통합적 재난관리는 포괄적 재난관리를 구현하기 위해 참여주체적 측면(All Stakeholders)을 구체화시킨 관리전략이라고 표현하고 있으나, 이곳에서는 광의적으로 표현하여 통합형 또는 포괄형을 같은 개념으로 사용한다.

면 모든 재난위해(All Hazards), 모든 재난영향(All Impacts), 모든 관리단계(All Phases), 모든 참여주체(All Stakeholders)를 통합적으로 관리하는 것이다.

1979년 미국 전국주지사협회(National Governor's Association)에서는 '포괄적 재난관리(Comprehensive Emergency Management)'라는 보고서를 간행하게 되면서, 그동안 개별적으로 분산형으로 관리되어 온 미국 재난관리체계의 문제점을 지적하고 포괄적 재난관리라는 재난관리에 대한 새로운 패러다임을 제시하게 된다. 이는 같은 해에 발족한 미국 연방재난관리청(FEMA)의 기본 철학이며, 최근 가장 효율적이라고 인정되는 재난관리 방식이다. 미국의 국가대응계획인 NRF(National Response Framework)와 지방대응계획인 EOP(Emergency Operations Plan), 국가재난관리체계인 NIMS(National Incident Management System)와 그 하위의 사고지휘체계인 ICS(Incident Management System)가 이를 가장 잘 표현하고 있다고 할 수 있다.

3.3 통솔방법에 따른 접근방식

재난관리 과정에 참여하는 다양한 참여주체 간 통솔방식으로는 크게 지휘 · 통제형 통솔방식과 협력 · 조정형 통솔방식으로 구분할 수 있다.

(1) 지휘 · 통제형(Command and Control) 통솔방식

전통적인 재난대응 모델은 태풍, 지진 등 재난위해(Hazard)를 외부 침입자로 보고 이를 물리치기 위한 군사작전 개념을 기반으로 하였다. 많은 국가들의 재난대응 모델이 이렇게 민방위(Civil Defense)와 같은 군대영역에 기반을 두고 발달하여 왔으며, 재난대응도 이러한 군사적인 지휘 · 통제와 유사하다고 보았다. 모든 의사결정은 중앙집권적으로 이루어지며, 상명하복의 하향식(Top-Down) 의사결정이 이루어진다. 따라서 재난대응에 참여하는 개별 참여주체의 경험적 행동은 인정되지 않는다.

지휘(Command)와 통제(Control)는 서로 혼용해서 사용되기도 하지만 엄밀히 구분하자면 지휘(Command)란 동일 기관에서 상하 간에 수직적으로 작용하는 위계적 지시의 형태이며, 통제(Control)란 참여기관 간에 수평적으로 작용하는 전반적 지시의 형태이다. 예를 들어, 산불진화시 산림, 소방, 경찰, 군대 등이 참여하고 있을 경우에 각 기관 내에서는 '지휘(Command)'의 개념이 적용되지만 참여기관 전체에 대해서는 재난관리 주관기관에서 '통제(Control)'하게 된다.

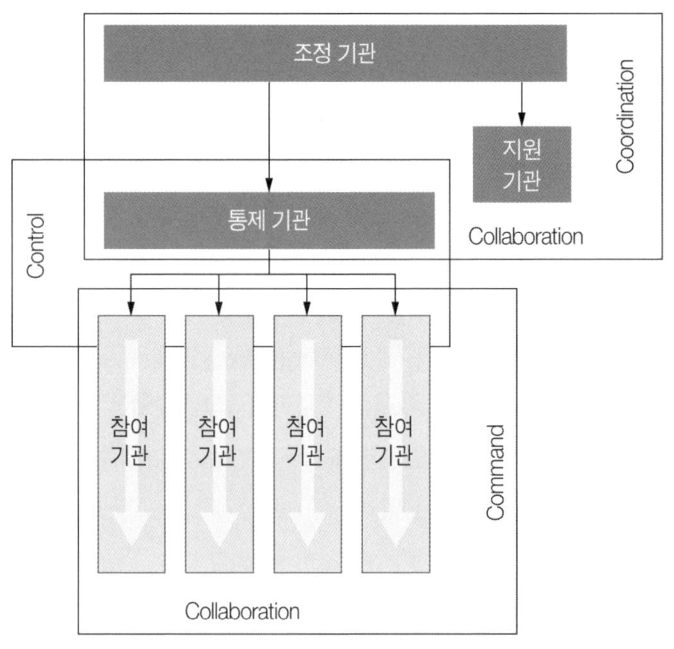

그림 4.2 지휘, 통제, 협력 및 조정의 관계

* 출처: EMV(2015). Fundamentals of Emergency Management. Emergency Management Victoria (내용수정)

중앙집권적 의사결정이라는 점을 고려할 때, 이해관계자의 책임과 역할이 명확하고 상호간에 이해도가 높으며, 불확실성이 적은 상황에서는 유효하지만 그렇지 않은 현대의 재난상황에서는 한계가 있다는 평가다. 하지만 지휘 · 통제방식이 모두 구시대의 유물이라는 편견은 바람직하지 않으며, 신속한 의사결정에 따라 일사불란한 행동이 요구되는 재난현장의 초기대응자인 소방, 경찰, 군대 등에 있어서는 아직도 매우 유효한 통솔방식이다.

(2) 협력 · 조정형(Collaboration and Coordination) 통솔방식

앞서 설명한 바와 같이 현대의 재난은 전통적 재난에 비해 정의하기 어려운 측면이 있다. 과거에는 상상조차 할 수 없던 규모의 대형재난이 발생하고, 신종재난이 출몰하며 다른 재난과 연계된 복합재난이 발생하는 등 그 규모와 양상의 다양성으로 불확실하다. 이제 이러한 재난은 정부만의 역량으로 대응하기 어려우며 개인, 기업, NGO 등 다양한 이해당사자의 참여와 개입이 이루어진다.

이렇게 다양한 이해관계자의 통솔은 법규적 절차에 따른 지시와 복종의 관계가 성립하지 않는 경우가 일반적이다. 따라서 현대 재난관리에 있어서는 단순한 지휘 ·

통제의 관계에 따른 통솔보다는 다양한 이해관계자가 각자의 임무와 역할에서 최적의 성과를 발휘할 수 있도록 협력 · 조정(Collaboration & Coordination)형 통솔이 필요하다. 즉, 재난대응에 있어서 협력적 거버넌스 구축이 필요한 것이다.

하지만 직접적인 재난현장에서의 초기대응자인 소방, 경찰, 군대 등에 대해서는 명령 · 통제계통에 따라 신속하게 구조, 구급 등의 임무를 수행해야 한다. 따라서 최근에서는 협력 · 조정형 관리방식에 지휘 · 통제개념을 포함하여 소위 4C라고 부르는 지휘, 통제, 협력 및 조정(Command, Control, Collaboration & Coordination)의 개념을 조화시킨 관리모델의 중요성을 강조하기도 한다.

하지만 이 경우에도 지휘 · 통제는 최소화하고 협력 · 조정은 극대화하는 재난관리 원칙에 변화는 없다. 미국의 경우에도 국가재난관리체계(National Incident Management System; NIMS)의 양대축이라고 할 수 있는 사고지휘체계(Incident Command System; ICS)는 지휘 · 통제형에 기반을, 다수기관지원체계(Multi-Agency Coordination System; MACS)는 협력 · 조정형에 기반을 두고 있다고 볼 수 있다.

4. 재난관리의 원칙

일반적으로 현대 재난관리의 원칙은 크게 "모든 재난위해에 공통적으로(All-Hazards Approach), 모든 재난관리 과정에 유기적으로(Comprehensive Approach), 모든 재난관리 주체의 협력을 기반으로(Integrated Approach)"라는 3가지 기본방향에서 시작한다. 미국 연방재난관리청 소속의 재난관리교육원(EMI)에서는 재난관리 분야의 다양한 학·관계 종사자들과 실무그룹을 구성하고 오랜 연구 끝에 다음의 재난관리의 8대 원칙을 발표하였다(FEMA, 2008).

4.1 포괄적 재난관리(Comprehensive Emergency Management)

여기서 설명하는 포괄적 재난관리는 재난관리에서 전통적으로 얘기하는 모든 재난관리 과정을 유기적으로 고려한다는 협의적 의미(All Phases)를 확대한 광의적 개념이다. 즉 재난관리자는 재난관리에 있어서 개별적이 아니라 모든 재난위해(All Hazards), 모든 재난영향(All Impacts), 모든 관리단계(All Phases), 모든 참여주체(All Stakeholders)를 고려한다는 의미이다.

세부적으로 살펴보면, 재난관리자는 모든 재난위해(All Hazards)에 대해 피해영향과 발생확률을 고려하여 철저하게 위험분석을 하고 우선순위를 세워야 한다. 이때 재난위해로 발생하는 물리적인 피해뿐만 아니라 간접적 영향까지 모든 재난영향(All Impacts)을 고려해야 한다. 특히, 예방, 대비, 대응, 복구 등 재난관리 각 단계가 개별적인 사안이 아닌 상호 연계된 유기적인 관계라는 것을 인식하고(All Phases), 재난관리 참여주체 간 민관협력을 기반으로 긴밀한 관계구축이 매우 필요하다(All Stakeholders).

4.2 선제적 재난관리(Progressive Emergency Management)

재난관리자는 미래에 발생할 재난을 예측하고 이에 대해 해당지역이 대응할 수 있고 또는 피해발생시 신속하게 회복할 수 있도록 선제적으로 예방 및 대비 대책을 마련하여야 한다. 최근 고조되는 위험상황을 고려할 때 재난관리자의 역할은 이제 단순한 기능인(technician)이라 할 수 없고 정책 자문가 또는 관리자의 역할로 변모되어야 하고 사고방식도 보다 선제적이고 전략적이어야 한다.

4.3 위험기반 재난관리(Risk-Driven Emergency Management)

재난관리자는 항상 한정된 자원의 제약 속에서 정책을 수립하고 실행해야 한다. 따라서 재난관리 업무는 주먹구구식의 관리가 되어서는 안 되고 재난별 위험도에 따라 한정된 자원으로 최대의 효과를 거둘 수 있도록 합리적으로 접근하여야 한다. 즉, 해당지역의 재난위해를 확인하고 그 위험과 영향을 분석한 다음, 정책의 우선순위와 자원의 활용계획을 수립하여야 한다.

4.4 통합적 재난관리(Integrated Emergency Management)

재난관리시 필요한 각급 정부기관과 지역사회 참여주체 간 통일성을 강조한 개념이다. 구체적으로는 수직적, 수평적 통합이 이루어져야 하는데, 수직적으로는 중앙 및 지방정부 등 각급 정부기관을, 수평적으로는 다른 부서, 기관 또는 민관 간 통합을 의미한다. 예를 들어, 각급 정부기관의 재난관리 정책은 지역사회의 정책을 지원하고 연계되어야 하며, 부서별 재난관리 정책이 기관의 종합적 재난관리 정책에 부합하여야 한다. 이러한 의미에서 통합적 재난관리는 포괄적 재난관리를 구현하기 위해 참여주체적 측면(All Stakeholders)을 구체화시킨 관리전략이라고 볼 수 있다.

4.5 협력적 재난관리(Collaborative Emergency Management)

재난관리자는 재난관리에 참여하는 각 개인 및 기관 간 신뢰, 합의, 소통할 수 있는 협력관계를 구축하여야 한다. 이를 통해 재난관리 참여주체 간 협력성을 향상시킬 수 있다. 재난현장에서의 업무성과는 참여하는 이러한 개인 및 기관 간 소통과 협력의 관계정도에 달려 있다. 이러한 이유로 해서, 협력적 재난관리는 뒤에서 언급할 조정형 재난관리가 효율적으로 이루어질 수 있는 기반이 된다.

4.6 조정형 재난관리(Coordinated Emergency Management)

재난관리자는 모든 이해당사자의 활동이 공통의 목표를 달성하기 위해 호흡을 맞추도록 해야 한다. 따라서 재난관리자는 항상 큰 그림(Big Picture)을 생각하며, 퍼즐 맞추기와 같이 모든 이해당사자가 어떻게 하면 빈틈없이 각자의 활동을 끼워 맞출지 전략적으로 생각해야 한다. 이를 위한 계획을 수립할 때에는 합의된 목표를 확인하고 성과를 위한 목적을 위해 각 이해당사자가 역할을 분담토록 해야 한다.

4.7 유연한 재난관리(Flexible Emergency Management)

최근 재난유형은 과거 상상하기 힘든 새롭고 복잡한 양상을 띤다. 따라서 재난관리자는 이러한 도적적인 재난상황에서 항상 창의적이고 혁신적으로 접근해야 한다. 따라서 유연성은 재난관리의 주요 덕목이며 재난관리의 성공여부는 이러한 유연성에 달려 있다고 해도 과언이 아니다. 재난관리자는 재난관리 이해당사자에게 항상 대안을 제시할 수 있어야 하며, 실행에 있어서도 유연성을 발휘해야 한다. 최근 재난관리에서 '명령과 지시'가 아닌 '협력과 조정'을 강조하는 이유도 바로 이러한 데에 있다.

4.8 전문적 재난관리(Professional Emergency Management)

그동안의 재난관리는 잘못된 인식이나 편견에 따른 주먹구구식의 접근방식을 가지는 경우가 많았다. 하지만 재난관리자는 끊임없는 교육, 훈련, 경험 등을 통해 과학적이고 지식이나 연구에 기반한 합리적인 접근방식을 지향해야 한다. 바로 이러한 것들이 재난관리 분야가 전문영역으로 자리매김해야 하는 이유이다. 물론 재난관리 분야에 있어서 전문성이라는 것은 단지 재난관리자의 개인적 특성이라기보다는 직업인으로서의 헌신이라고도 볼 수도 있다.

5. 요약 및 결론

이 장에서는 현대사회가 처한 재난환경 및 재난관리에 대한 접근방법 등을 살펴보았다. 재난관리와 관련하여 미국 연방재난관리청이 제시한 8가지 원칙은 현대 재난관리의 기준이 되고 있다. 하지만 여전히 재난관리에 대한 접근방식은 관리방식, 통솔방법 등에 따라 다양한 시각이 존재한다.

✍ 재난 이야기: 방관도 죄? 착한 사마리아인 법

"어느 날 어린아이가 차에 치였는데, 사고를 낸 차는 뺑소니를 친다. 비록 아이는 부상을 당했지만 치료를 하면 충분히 살 수 있었다. 그런데, 주위를 지나는 아무도 아이를 도와주지 않았고 그만 아이는 죽고 만다."

당연히 주변 사람들이 방관한 행위는 도덕적으로 비난받아야 한다. 그들은 인간이 최소한으로 지켜야 하는 도덕적 규범을 지키지 않았다. 하지만 이러한 사람들의 행위를 법적으로도 처벌할 수 있을까? 이들을 처벌하기 위해 제정된 법이 바로 '착한 사마리아인 법'이다.

먼저, 왜 이러한 법을 착한 사마리아인 법이라고 할까? 이는 성서에 나온 이야기에서 유래한다. 아주 오래전 성서시대에 유대인은 사마리아인을 몹시 멸시하였다. 그런데 어느 날 어떤 유대인이 강도에게서 부상을 당해 거리에 쓰러져 있는데, 유대인들은 모두 지나쳤으나 오히려 멸시를 받던 사마리아인이 그를 측은하게 여겨 구조하게 된다. 여기에서 유래되어 자기에게 특별한 부담이나 피해가 오지 않는 상황에서, 다른 사람의 생명이나 신체에 중대한 위험이 발생하고 있는데도 구조하지 않는 사람을 처벌하는 즉, 구조거부죄를 명시한 법을 '착한 사마리아인 법'이라고 한다.

착한 사마리아인 법은 아직까지 찬성과 반대의 쟁점사항인데, 반대하는 쪽은 행위를 하지 않은 사람을 도덕적인 이유 때문에 처벌하는 것이 타당하냐는 주장이다. 즉, 도덕까지 법 적용의 영역이 되어서는 안 된다는 주장이다. 이에 반해 찬성하는 쪽은 각박해지는 현실에 비추어 볼 때, 도덕에만 의존하는 것은 한계가 있다는 주장이다. 또한, 도와주다가 잘못되면 어떻게 하느냐는 주장도 있다. 실제 사례에서 선한 마음으로 다친 사람을 구조했다가 오히려 그 사람을 더 다치게 했다거나 사망케 했다고 고소당하는 사례가 있었다.

이러한 이유로 '착한 사마리아인 법'의 채택은 각 사회마다 다른 형식을 띤다. 모든 나라에서 채택하고 있는 것도 아니며, 채택하는 경우에도 곤경에 빠진 이를 도와주지 않으면 처벌하는 구조거부죄를 규정한 "적극적인 착한 사마리아인 법"을 채택하는 나라가 있는 반면에, 곤경에 처한 이를 도와주다가 발생한 구조자의 실수에 대해 책임을 지우지 않는 면책규정을 통해 구조행위를 유도하는 목적의 "소극적인 착한 사마리아인 법"을 채택하는 나라도 있다.

구체적으로 살펴보면 프랑스의 경우, 자기 또는 제3자의 위험을 초래하지 않고 위험에 처한 사람을 구조할 수 있음에도 불구하고 고의로 구조하지 않은 자에 대해 5년 이하의 징역이나 50만 프랑의 벌금에 처하도록 규정하고 있으며, 폴란드, 독일, 중국 등도 이러한 적극적인 착한 사마리아인 법을 적용하고 있다. 이에 반해 우리나라의 경우, 「응급의료에 관한 법률」 제5조의2에 "생명이 위급한 응급환자에게 응급처치를 제공해 발생한 재산상 손해와 사상에 대해 고의 또는 중과실이 없는 경우, 해당 행위자는 민사책임과 상해에 대한 형사책임을 지지 아니하고 사망에 대한 책임은 감면한다."는 민사책임 전부 및 형사책임 감면을 규정한 소극적인 사마리아인 법을 채택하고 있다.

연습문제

1. 재난관리자(Emergency Manager)의 역할이 초기 대응자(First Responder)와 어떻게 다르지 설명하라.

2. 재난의 예방, 대비, 대응 및 복구의 과정을 각각 정의하라.

3. 재난에 대한 관리방식의 접근방식 중 개별적 분산형 관리방식과 통합적 포괄형 관리방식의 차이에 대해 설명하라.

4. 재난 통솔방법에 따른 접근방식 중 지휘 · 통제형이 협력 · 조정형과 어떻게 차이가 나는지 설명하라.

5. 미국 연방재난관리청(FEMA)에서 발표한 재난관리의 8대 원칙의 의의를 설명하라.

[참고자료]

국가위기관리지침 (2013). 대통령훈령 제318호.

국가태풍센터 (2011). **태풍백서**. 기상청 국가태풍센터.

국민안전처 (2016). 「**대형 화산폭발 재난**」 위기관리 표준매뉴얼.

국민안전처 (2016). 「**지진 재난**」 위기관리 표준매뉴얼.

국민안전처 (2016). 「**풍수해 재난**」 위기관리 표준매뉴얼.

국민안전처 (2016). 2015 **국민안전처 통계연보**.

국민안전처 (2016). 2015**년 재해연보**.

국민안전처 (2017). 9.12 **지진백서**: 9.12 **지진과 그 후** 180**일간의 기록**.

국민안전처 (2017년 4월 28일). **특수재난분야 합동워크샵 자료집**.

기상청 (2014). **기상청과 친해지기**.

기상청 (2012). **한반도 역사지진 기록**(2년~1904년).

반기성 (2001). **전쟁과 기상**. 명진출판사.

산림청 (2016). 「**산불 재난**」 **위기관리 표준매뉴얼**.

미래창조과학부 (2016). 「**우주전파 재난**」 **위기관리 표준매뉴얼**.

소방방재청 (2013). 2013**년 화재통계연감**.

소방방재청 (2013). **재난상황관리정보 제**01**호**(**대설**). 소방방재청 재난상황실.

소방방재청 (2013). **재난상황관리정보 제**02**호**(**접경지역 재난대응체계**). 소방방재청 재난상황실.

소방방재청 (2014). **재난상황관리정보 제**03**호**(**황사와 미세먼지**). 소방방재청 재난상황실.

소방방재청 (2014). **재난상황관리정보 제**04**호**(**한파**). 소방방재청 재난상황실.

소방방재청 (2014). **재난상황관리정보 제**05**호**(**해파**). 소방방재청 재난상황실.

소방방재청 (2014). **재난상황관리정보 제**06**호**(**바람**). 소방방재청 재난상황실.

소방방재청 (2014). **재난상황관리정보 제**07**호**(**조석**). 소방방재청 재난상황실.

소방방재청 (2014). **재난상황관리정보 제**08**호**(**해일**). 소방방재청 재난상황실.

소방방재청 (2014). **재난상황관리정보 제**09**호**(**낙뢰**). 소방방재청 재난상황실.

소방방재청 (2014). **재난상황관리정보 제**10**호**(**호우**). 소방방재청 재난상황실.

소방방재청 (2014). **재난상황관리정보 제**11**호**(**태풍**). 소방방재청 재난상황실.

원자력안전위원회 & 산업통상자원부 (2016). 「**원전안전분야**」 **위기관리 표준매뉴얼**.

환경부 (2016). 「**유해화학물질 유출사고**」 **위기관리 표준매뉴얼**.

Fothergill, A., Maestas, E. G., & Darlington, J. D. (1999). Race, ethnicity and disasters in the United States: A review of the literature.

National Drought Mitigation Center. (2017). *Drought Basics.* Retrieved from http://drought, unl.edu

Wilhite, D. A., & Glantz, M. H. (1985). Understanding: the drought phenomenon: the role of definitions. *Water international*, 10(3), 111−120.

CHAPTER 05

학문으로서의 재난관리

1. 개 설

재난관리론 등으로 일컬어지는 재난관리학은 재난과 이를 관리하는 방법을 다루는 학문이다. 그런데, 이러한 재난관리학은 오랜 기간 학문으로서의 정체성 논란을 겪어 왔다. 즉, "재난관리학은 무엇인가?"라는 의문부터 "과연 학문으로 존재할 수 있는 영역인가?", 또는 "학문으로 존재한다면 독립적 영역이어야 하는가? 아니면 기존의 다른 분야의 일부로 종속되어야 하는가?"라는 학문으로서의 근원적 논란에 휩싸여 온 것이다. 이러한 정체성 위기의 배경에는 그동안의 재난관리학이 사회학, 지리학, 심리학, 기상학, 토목공학 등 여러 분야에서 세부 연구주제로 개별적으로 발전되어 왔기 때문이다.

따라서 아직까지도 많은 사람들은 재난관리학이라고 하면 재난관리와 연계해서 장님이 코끼리 만지기식으로 학문분야별로 국한된 이러한 지엽적인 부분만을 생각하는 경향이 있다. 예를 들어, 재난관리를 정의할 때, 태풍이나 지진에 대비해 시설물을 어떻게 튼튼하게 짓거나(토목공학) 어떻게 태풍이나 지진을 예측하느냐(기상학) 등을 생각하는 식이다. 하지만 이는 재난관리학의 성격을 매우 편협하게 생각하는 것이다. 이는 우리가 행정학을 생각할 때 매우 부분적인 건설행정이나 교통행정만을 생각하는 것과 같다.

미국 연방재난관리청(Federal Emergency Management Agency; FEMA, 2008)에서는 재난관리를 "지역사회가 재난에 대한 취약성을 줄이고 재난에 효율적으로 대처하기 위한 기반을 조성 또는 마련하는 관리기능"이라고 정의하고 있다. 즉, 첫 번째 질문인 재난관리학의 정의는 이렇게 세부기술을 넘어서는 전반적인 관리기능을 연구하는 학문이라고 할 수 있는 것이다. 그렇다면 재난관리학의 학문적 가치 및 영역과 같은 질문에 대해서는 어떤 대답이 가능할까? 예를 들어 단순한 관리기능이라 한다면 경영학이나 행정학과 다를 바가 없다는 주장이다.

이런 맥락에서 일부에서는 재난관리학을 위한 고유한 이론이나 원칙이 만들어질 수 없으므로 학문으로 존재하기 어렵다는 주장을 하기도 하였다. 이러한 논란에 대해서 행정학의 정체성 논란을 인용하고자 한다. 1978년에 미국 행정학회지인 Public Administration Review의 편집장을 역임한 루이스 고스롭(Louis Gawthrop)은 "미국 행정학회는 정치학, 경제학 등 모든 학문들을 혼합한 봉지와 같다. 따라서 모든 학문들을 환영한다"라고 천명한 바 있다. 또한, 행정학의 선구자인 우드로 윌슨(Woodrow Wilson, 1887)은 비슷한 비유로 "칼을 잘 가는 도둑이 있다면 나는 그의 의도가 아닌 칼을 가는 기술을 빌려올 수 있다"며 행정학의 다학제적 성격을 강조한 바 있다.

재난관리는 재난의 발생 전후에 그 사회가 원활한 기능을 수행할 수 있도록 다양한 측면에서 다수의 이해관계를 가지는 조직 간의 활동을 조정하고 관리하는 종합행정이다. 따라서 행정학과 같은 이유에서 학문으로서의 재난관리도 다학제적 특성을 기본으로 하는 종합학문이라고 할 수 있다. 이는 재난의 발생이 자연환경, 인공환경, 인간영향이라는 상호작용을 통한 결과라는 측면에서 바라봐도 이러한 각 요소를 연구하는 학문의 종합적인 결합체가 바로 재난관리학이 되는 것이다.

과거 행정학이 그랬듯 현재의 재난관리학은 사회학, 지리학 등 여러 분야에서 개별적으로 연구발전하여 왔고 현재는 이들을 아우르는 다학제적 전문영역으로의 재난관리학이 자리를 정립해 나가고 있다. 이 장에서는 이렇게 다학제적 재난관리학의 발전연혁과 현재의 전문영역으로 자리매김하고 있는 재난관리학의 과거와 현재 그리고 미래를 살펴본다.

2. 재난관리학 발전과정 및 접근방식

2.1 재난관리 연구학파별 발전과정

학문으로서 재난관리학의 시작은 제2차 세계대전 이후 미국의 전쟁연구에서 비롯되었다(Fritz, 1961; Phillips 등, 2012). 미국 국방부는 제2차 세계대전 당시 일본과 독일이 대규모 폭탄투하에도 불구하고 매우 빠르게 회복하는 것을 목격하였다. 그리고 이후 시작된 냉전시대에 "만약 미국이 적군으로부터 똑같은 공격을 받는다면 사람들은 어떻게 행동하고 사회는 어떻게 될까?"라는 의문을 가지게 된다. 이러한 의문에 대해 1950년대 후반, 미국 국방부는 시카고대의 국가여론연구센터(University of Chicago's National Opinion Research Center)와 오클라호마대(University of Oklahoma), 텍사스대(University of Texas)에 관련된 연구를 의뢰하게 된다.

하지만 연구과정에서 전쟁을 직접 모의하는 것이 현실적으로 어려워 연구자들은 전쟁과 유사한 성격을 가지는 재난에 대한 연구를 통해 전쟁의 개인과 사회에 대한 영향을 연구하게 된다. 바로 이것이 최초의 재난관리학 연구의 시작이다. 이렇게 전쟁연구에서 시작된 재난관리학은 접근방식에 따라 크게 재난, 위해, 위험, 위기의 4가지 연구학파로 분류된다(Phillips 등, 2011; Webb, 2017).[1)]

2.1.1 재난 중심의 연구학파(Disaster Tradition): 사회학자 주축

앞서 말한 전쟁연구에 참여한 대부분의 학자들은 사회학을 전공하던 사람들이었다. 따라서 초기 재난관리학은 사회학을 위주로 발전하게 되었는데, 특히, 1963년에는 당시 시카고대 연구팀에서 보조연구원이었던 헨리 쿼런텔리(Henry Quarantelli)를 비롯하여 사회학자 3인방이라고 할 수 있는 러셀 다인(Russell Dynes), 유진 하스(Eugene Haas)의 주도로 오하이오주립대학(Ohio State University)에 재난연구센터(Disaster Research Center; DRC)가 설립되면서 재난관리학은 보다 체계화되게 된다. 재난연구센터는 이후 이전하여 현재 델라웨어대학(University of Delaware)에 위치해 있다.

이들은 재난의 종류를 구분하지 않았고 재난발생시 대응과정에서 개인의 개별적 행동보다는 사회 전체적 양상에 보다 관심을 두고 연구하였다. 연구방법도 정량적인 접근법보다는 재난발생 직후 피해자, 종사자 등에 대한 인터뷰 기반의 정성적 접근법을 주로 사용하였다.

---

1) 재난, 위해, 위험, 위기 등의 용어구분은 제2장 제1.2절을 참조하라.

이러한 연구는 당시 주로 미 국방부를 통한 예산지원을 통해 전쟁연구와 연관하여 이루어졌으며, 헨리 쿼런텔리(1987, 1994)는 재난발생시 사람들은 일반적인 통념처럼 패닉에 빠지거나 약탈행위를 하고 정신이상을 경험하기보다는 오히려 이타적인 행동으로 사회가 빠르게 회복되는 것에 일조한다는 것을 밝혀냈다. 이렇게 이 학파의 연구결과는 현재의 재난대응을 대비하기 위한 계획수립에 큰 기여를 하였다.

2.1.2 위해 중심의 연구학파(Hazard Tradition): 지리학자 주축

재난은 자연적 요인(Natural Environment), 인공 구조물(Built Environment), 사람의 영향(Human Effects)이 상호간에 결합되면서 발생하게 된다. 위해 중심의 연구학파는 그동안 자연과 사람의 관계에 초점을 맞춰 연구를 수행해 온 지리학자 중심으로 발전하여 왔다.

이들의 연구는 GIS 등을 통한 지리정보를 활용하는 등 정량적인 접근법을 근간으로 한다. 1970년대 중반에는 재난예방 연구의 대부라고 일컬어지는 길버트 화이트의 주도로 콜로라도 대학(University of Colorado in Boulder)에 자연위해연구센터(Natural Hazards Research and Application Center)가 설립되어 이 분야의 주도적인 연구를 수행하고 있다.

이들은 일반적으로 재난종류에 따른 차별화된 연구를 수행하고 자연과 인간의 관계와 관련하여 사회적 취약성(Social Vulnerability)과 재난예방 사업에 대한 연구에 적극적이다. 특히, 길버트 화이트는 각종 홍수와 관련된 예방사업 연구에 탁월한 기여를 하였는데, 예방사업이 홍수 발생위험을 감소시키는 반면에 사람들에게 안전하다는 잘못된 인식을 주어서 향후 더 큰 위해가 발생하게 되면 오히려 더 많은 인명과 재산피해로 연결될 수 있다는 '잘못된 안전인식(A False Sense of Seruity)' 이론을 정립한 바 있다. 또한, 그의 홍수 예방을 위한 각종 연구는 현재 미국 홍수보험의 홍수터의 개발과 규제와 관련된 정책을 수립하는 데 절대적 기여를 하였다. 이렇게 이 학파의 연구결과는 현재의 재난예방을 위한 각종 정책수립에 매우 큰 기여를 하였다.

2.1.3 위험 중심의 연구학파(Risk Perspective): 심리학자 주축

원칙적으로 위험(Risk)은 '위해의 발생확률과 예상피해의 곱'으로서 피해를 일으킬 수 있는 위해의 잠재성을 의미하는 객관적 개념이다. 하지만 이러한 수학적 정의와는 별도로 똑같은 위험에 대해서도 사람마다 가지는 인식은 다르다. 예를 들어, 자동차 사고의 사망자가 수가 훨씬 많은데도 불구하고 사람들은 항공기 사고의 위험에 대해 상대적으로 더 민감하게 반응한다. 또한, 태풍으로 인해 피해가 예상되어 대피 권고가 내려진 상황에서 사람들의 행동은 그들이 과거에 겪은 경험 등에 따른 인식의 차이로 인해 각자 달라질 수 있다.

이렇게 동일한 위험에 대해서 개인마다 가지는 인식의 차이를 연구하는 위험 중심의 연구학파는 사회 심리학(Social Psychology)에 기반을 두고 발전하여 왔으며, 특히 그간의 사회학자들의 접근법과는 다르게 개인행위의 특성에 관심을 두고 있는 심리학자들이 주도적인 역할을 하였다.

이러한 위험인식에 대한 연구는 원래 1979년 발생한 쓰리마일섬(Three Mile Islands; TMI) 원자력 발전소 사고를 계기로 원전위험에 대한 인식연구를 진행하면서 발전하여 왔다.[2] 특히, 폴 슬로빅(Paul Slovic, 1987)은 이러한 위험인식에 대한 이론을 꽃피웠다고 평가받는다. 그에 따르면 사람들이 위험에 대하여 느끼는 인식은 크게 공포의 정도('얼마나 치명적인가?' → dread risk)와 지식의 정도('얼마나 알고 있나?' → unknown risk)의 2가지 요인에 의해 영향을 받는다.

이때 공포의 정도는 통제 가능성, 위해성 정도, 후유증 정도 등과 연결되고 지식의 정도는 관찰 가능성, 새로움 정도 등과 연결된다. 원자력 위험의 경우에 있어서 일반인들이 두려움을 느끼는 이유가 바로 이러한 치명성과 미지성에 있다는 주장이다. 같은 맥락에서 일반적으로 전문가들은 원자력을 비교적 안전하다고 생각한다는 것이다. 그는 이러한 두 집단 간의 위험인식의 차이를 줄이기 위해서는 정부정책에 있어서 교육, 홍보 등 위험 커뮤니케이션(risk communications)이 필요하다고 강조하였다. 더불어 같은 이유로 문제해결을 위한 의사결정 과정에서의 일반인들의 참여의 중요성도 강조하고 있다.

2.1.4 위기(Crisis) 중심의 연구학파: 유럽학파 주축

앞서 설명한 재난, 위해, 위험 중심의 연구학파가 미국을 중심으로 발달하여 온 반면에 스웨덴, 네덜란드, 프랑스 등의 유럽국가에서는 재난의 범주를 보다 넓게 확대한 개념인 위기(Crisis)에 대한 연구가 활발하게 진행되어 왔다. 이들이 말하는 위기의 대상은 재난뿐만 아니라 전쟁 또는 테러와 같은 군사적인 부분까지 포함한다.

그들의 관점은 매우 거시적이며, 위기라는 것은 보이지는 않지만 내재되어 성장하고 있으며(Creeping Threat), 서로 간에 연계되어 실제 발생 시 연쇄효과(Cascading Effects)를 나타내 결국 대규모 피해를 야기할 수 있다는 점을 강조하고 있다. 또한,

2) 세부사항은 「16장. 위험 인식과 커뮤니케이션」에서 설명한다.

과학기술과 관료주의에 대해 비판적인 시간을 가지면서 이들이 위기발생의 근본적 원인이 될 수 있다고 주장한다. 또한, 재난상황에 대한 해석에 있어서도 정치적인 요소의 영향에 대한 분석을 강조한다.

2.2 재난관리연구 접근방식 패러다임

앞에서 살펴본 바와 같이 재난관리연구는 각 학문분야를 중심으로 별도의 연구 전통을 가지고 발전하여 왔다. 이를 다시 살펴보면 결국 재난관리연구를 어떤 시각에서 바라볼 것인가로 요약할 수 있다. 이러한 맥락에서 길버트(Gilbert, 1998)는 현대의 재난연구의 접근방법과 관련하여 다음과 같이 3가지 패러다임이 있다고 주장하였다. 바다에서 폭풍을 만난 선박의 좌초한 원인규명을 예로 들어 살펴보자.

2.2.1 유사전쟁적 접근방식

선박이 좌초한 원인을 외부의 위협인 '태풍'이 강력했기 때문에 발생했다고 주장하는 접근방식이다. 이는 외부의 적과 싸우는 전쟁의 연구방법과 유사하다고 하여 '유사전쟁적 접근방식(disaster as patterns of war)'이라고 한다. 이러한 이론은 냉전시대인 1970년대에 미국 학자들을 중심으로 연구되었다.

우리나라를 비롯한 대부분의 나라에서 재난을 외부요인에 따라 분류하는 것처럼 아직까지 많은 재난행정은 기본적으로 이러한 접근방식을 따르고 있다. 최근 신종재난이 출현하고 각종 재난유형이 복잡 · 복합화되는 등으로 인해 이러한 외부위협이 획기적으로 급증하였다. 하지만 재난의 원인을 외부의 탓으로 돌려버림으로써 재난을 줄이기 위한 노력 등 내부요인을 무시했다는 지적을 받고 있다.

2.2.2 사회적 취약성 접근방식

선박이 좌초한 원인을 노후화된 선체, 대처가 미숙한 선원 등과 같이 내부요인에서 보는 접근방식이다. 근원적으로 재난은 외부요인과 내부요인의 관계에 따른 결과이지만 외부요인은 재난발생의 근원이 아니라 단순한 촉발자일 뿐이며 그 근원적 원인은 내부요인인 그 사회의 취약성에 있다는 것이다. 따라서 이를 '사회적 취약성 접근방식(disaster as social vulnerability)'이라고 부른다. 이는 앞서 말한 유사전쟁적 접근방식이 인류의 자율성을 무시했다는 지적에 대한 대안으로 1970년대 후반에서 1980년대 초반까지 유럽학자들을 중심으로 연구되었다.

최근 재난예방에 대한 지속적인 투자로 인해 홍수, 지진 등과 같은 고전적 재난은 많이 감소되었다. 하지만 최근 대두되고 있는 급속한 사회적 고령화, 다문화 가족의 증가 등으로 인한 재난취약계층의 대두는 새로운 사회적 취약성의 증가요인으로 지적되고 있다.

2.2.3 불확실성 접근방식

마지막으로 최근 심리학자들에 의해 주장되어 온 것으로 재난은 실제뿐만 아니라 가상의 위협에 대한 대중의 불확실한 이해와 밀접하게 연결되어 있다는 주장이다. 예를 들어 운항 중인 배가 폭풍을 만났지만, 실제적으로 이 폭풍은 강도가 크지 않아 질서 있게 탈출했다면 인명피해가 없었을 텐데 불확실한 정보전달 등 의사소통의 문제로 인해 극심한 공포가 무질서를 초래하여 서로 다투는 집단탈출이 발생하고 이로 인해 인명피해가 발생한 경우라고 볼 수 있다. 이를 '불확실성 접근방식(disaster as uncertainty)'이라 한다.

즉, 사회를 위협하는 위협 자체가 불확실하거나 사회 자체의 불확실성 등으로 인해 위협에 대한 인과관계가 불확실하게 되면 사회의 구성원들은 현재 사태를 파악하지 못하고 혼란스러운 상태에 처하게 된다는 것이다. 비록 이러한 혼란스러운 상태가 물리적 피해를 야기하지 않더라도 혼란으로 인하여 사회적으로 유무형의 영향과 비용을 부담하게 하는데, 이러한 물리적 피해와는 무관한 혼란상태도 재난이라 할 수 있다는 것이다.

대개 이러한 불확실성은 소통의 부재에서 발생하게 되는데 정보공급이 부족한 경우뿐만 아니라 과다하거나 무질서하게 이루어질 때도 발생하기도 한다. 앞에서 설명한 1979년 미국에서 발생한 쓰리마일섬 원전사고에서 일반 국민이 느낀 막연한 불안감과 이로 인한 대규모 대피사태, 반핵 운동 등이 대표적인 경우이다.

3. 다학제적 재난관리 학문분야

앞서 논의된 바와 같이 재난관리학에 다양한 학파가 존재한다는 것은 그만큼 재난관리학이 특정 학문분야에 국한된 것이 아닌 다학제적 종합학문이라는 특성을 가지기 때문이다. 현재, 재난관리학은 자연과학 분야뿐만 아니라 사회과학, 공학기술 분야까지 매우 넓은 학문분야에서 연구되고 있다.

3.1 자연과학

태풍, 지진 등과 같은 자연현상에 대한 재난위해(Hazard)의 생성원리를 규명하고 이를 예측하는 것은 재난관리에서 매우 중요하다. 재난관리에서 기상학, 지질학 등 자연과학은 이를 위한 학문으로 발달하여 왔다. 일반적으로 지상의 영역인 태풍, 홍수 등 기상재난에 대해서는 사전예측을 통해 미리 대비할 수 있는 수준으로 발달되었으나, 지하의 영역인 지진, 화산 등 지질재난에 대해서는 아직까지 사후 관측수준의 한계를 벗어나지 못하고 있는 실정이다. 또한, 최근에는 각종 악기상의 원인을 지구온난화가 초래한 기후변화라는 측면에서 연구하는 기후학의 중요성도 강조되고 있다.

이러한 자연재난뿐만 아니라 원자력 발전소 사고, 화학물질 유출 등 각종 인적재난에 대한 원인과 조치 등에 대해 연구하는 화학, 물리학, 생물학 등도 이러한 자연과학의 영역이다. 일반적으로 자연과학은 앞서 설명한 위해 중심의 연구학파와 관련되어 있다고 볼 수 있다.

3.2 사회과학

앞서 설명한 바와 같이 재난관리학의 발전에서 사회학, 지리학, 심리학 등 사회과학은 매우 큰 기여를 해 왔다. 이를 세부적으로 살펴보면 다음과 같다.

3.2.1 사회학

사회학은 “인간생활의 사회적인 조직이 지니는 질서와 변화를 구조적, 역사적 그리고 과학적으로 이해하려는 학문”이다(서울대, 2017). 이런 측면에서 대표적인 사회학자 중 한 명인 프리츠(Fritz, 1961)는 “재난상황을 해당 사회의 통합, 체력, 복원능력을 실험하는 실험실”이라고 표현하였다. 1950년 후반부터 전쟁연구를 기반으로 재난으로 인한 사회질서, 사회변화 등에 대한 활발한 연구를 수행하여 왔다. 일반적으로 개인보다는 집단이 재난을 맞은 상황에서 어떻게 행동하는지에 대한 연구를 집중적으로 수행해 왔다. 앞서 언급한 바와 같이 재난 중심의 연구학파를 중심으로 발전하여 왔다.

3.2.2 지리학

지리학은 지표상에서 일어나는 자연 및 인문 현상을 지역적 관점에서 연구하는 학문으로 자연과학과 사회과학의 양 측면이 공존하는 학문이다. 이렇게 현대 지리학이 크게 자연지리학(Physical Geography)과 문화지리학(Cultural Geography)으로 대변되는 것처럼 재난관리학 분야에서 지리학도 홍수터와 같은 자연환경에 대한 지도를 작성하는 위험분석에서부터 자연과 인간의 관계, 즉 사회적 취약성(Social Vulnerability)에 대한 연구 등을 수행해 왔다.

더 나아가 최근에는 위험한 지역에 거주하는 사람들이 정부의 예산지원 시책에도 불구하고 이주를 거부하는 이유로, 사람들에게는 경제적 이유와 상관없이 '지역에 대한 애착'과 '집단 공동체 의식'이 중요하다는 것을 밝혀냈다(Cutter, 2001). 앞서 언급한 바와 같이 위해 중심의 연구학파를 중심으로 발전하여 왔다.

3.2.3 심리학

심리학은 인간의 행동과 심리 과정을 연구하는 경험과학의 한 학문분야이다. 사회학이 인간의 집단적 행동에 관심을 가진다면 심리학은 인간의 개별적 행동에 관심을 가진다는 측면에서 구분된다. 따라서 심리학은 재난관리학에서 개인의 위험지각(Risk Perception) 등에 대한 연구학파를 중심으로 발달하여 왔으며 최근에는 외상 후 스트레스 증후군 등과 같은 재난심리 연구도 활발하게 수행하고 있다.

3.2.4 행정학

현대의 재난관리학에서 가장 중심적인 역할을 수행하고 있는 학문이 바로 사회현상 중 행정현상을 다루는 행정학이다. 이는 두 가지 측면에서 살펴볼 수 있는데, 첫 번째는 재난관리가 가지는 공공성이 행정학이 가지는 공공성과 연관된다는 학문목적의 유사성이고, 두 번째는 어느 학문분야에 국한되지 않는 재난관리가 가지는 다학제적 성격이라고 할 수 있다.

이런 이유로 현재 재난관리학이 가장 발달한 미국의 경우에서도 최근 들어서는 행정학 분야에서 재난관리학 연구가 가장 활발하다. 예를 들어, 미국 연방재난관리청(FEMA)에서 운영하는 재난관리분야 고등교육프로그램(Higher Education Program)에서 인정하고 있는 재난관리분야 박사과정 7개소 중 행정학과 중심으로 운영하는 곳이 3개소(Georgia State University, Oklahoma State University, University of North Texas)로 다수를 차지하고 있다.[3)]

3.2.5 기타

이외에 재난관리학은 인류학, 경제학 등에서도 다양하게 연구되고 있다. 예를 들어, 다양한 문화가 사람들이 재난에 대해 가지는 행동과 생각에 미치는 영향이 인류학 측면에서 연구되어 왔고, 재난의 경제적 효과 즉, 재난이 미치는 손실비용이나 또는 재난복구 과정에서 발생하는 경제발전 등에 대해 경제학 측면에서 연구되어 왔다. 이외에도 재난관리학의 다학제적 측면으로 인해 모든 학문분야가 재난관리학과 연관되어 있다고 할 수 있다.

3.3 공학기술

예측 또는 가정된 위해(Hazard)로 인한 피해를 예측하고 그 피해를 줄이기 위해 전통적으로 공학기술은 예방, 대비, 대응, 복구 등 재난관리 전 과정에서 그 대안을 제시하고 대책을 시행하는 데 기여하여 왔다. 특히 토목공학은 태풍, 지진 등 자연현상뿐만 아니라 폭발, 붕괴 등 다양한 한계상황 속에서 인류가 지속발전할 수 있도록 각종 사회기반시설을 구축하는 학문으로 발전하여 왔다.

예를 들어, 시설물, 구조물이 이러한 다양한 위해에 견딜 수 있도록 설계, 건설하는 기법을 연구하며, 기존 시설물, 구조물에 대한 위해에 따른 피해를 예측하며, 보강할 수 있는 기법을 연구한다. 이러한 학문들은 매우 구체적이며 실용적인 문제들을 대상으로 한다.

---

3) 이외에 사회학과(University of Delaware), 재난관리학과(North Dakota State University), 공업관리학과(George Washington University), 보건학과(Saint Louis University) 중심으로 각각 1개소씩 운영되고 있다.

4. 전문영역으로서의 재난관리학

4.1 독립적인 학문영역으로 자리매김한 재난관리학

1998년 미국 연방재난관리청(FEMA) 산하에 있는 재난관리교육원(Emergency Management Institute)은 당시 청장이었던 제임스 위트(James Witt)의 지원 아래 재난관리 교육에 관심을 가진 대학 관계자를 대상으로 재난관리 고등교육 컨퍼런스를 개최한다. 당시 재난관리학이 발생한 미국에서조차 대학에서 정규 재난관리학과를 운영하고 있는 곳은 북텍사스대(University of North Texas)가 유일하였다. 컨퍼런스의 개최는 이러한 문제점을 인식하고 국가차원에서 재난관리 고등교육을 강화하기 위한 정책시행의 시작이었다(Phillips 등, 2012).

현재, 미국연방재난관리청(FEMA)에서는 재난관리 고등교육 프로그램(Emergency Management Higher Education Program; Em Hi-Ed)이라는 명칭으로 매년 컨퍼런스를 개최하면서 재난관리 커리큘럼 개발과 공유를 지속적으로 추진하고 있다. 2018년 현재, 미국 전역에는 행정학, 사회학 등 세부전공으로 운영되는 곳을 포함하여 150개가 넘는 대학에서 재난관리 관련학과가 개설되어 운영되고 있다. 우리나라의 경우도 일부 대학에서 재난관리 관련학과를 개설하고 있으나 소방, 경찰 등 초동대응 인력양성을 중심으로 운영되거나 기존학과를 단순히 명칭만 변경해서 운영하는 등 아직까지 독립 학문영역으로 정착했다고 평가하기에는 부족한 점이 많다.

4.2 재난관리분야 공인자격 제도운영

전 세계적으로 가장 공신력을 인정받고 있는 재난관리분야 공인자격은 미국의 국제재난관리자협회(International Associaiton of Emergency Managers)에서 인증하고 있는 공인재난관리사(Certified Emergency Manager; CEM)이다. 1988년 당시 미국 연방재난관리청(FEMA)에서는 사회 전반적으로 재난관리가 전문영역으로 인정받지 못하고 있다는 문제를 확인하고 재난관리 종사자의 전문성 강화를 위해 당시 국가재난관리조정협의회(National Coordinating Council for Emergency Management; NCCEM)에 재난관리 종사자의 지위를 확인하기 위한 특별위원회를 구성하여 조사에 착수한 바 있다.

이때 특별위원회에서는 재난관리 종사자는 그 전문영역을 인정받지 못하고 있을 뿐만 아니라 대부분이 저임금을 받는 50대 이상의 퇴역군인들로 구성되어 있으며, 특히 과반수 이상은 고졸 이하의 학력을 소유하고 있다는 것을 확인하게 된다.

이에 대한 대안으로 재난관리 종사자의 전문성 기준을 정하고 자격증을 신설할 것을 제안하게 된다. 특히, 재난관리자의 지위신장을 위해 자격시험의 응시조건으로 대졸 이상의 학력을 제안하게 되는데, 당시 이는 매우 획기적인 조치였고 학력차별에 대한 반대여론에 부딪쳐 시행이 지연된다.

하지만 특별위원회의 꾸준한 설득을 통해 결국 1993년 최초의 공인재난관리사(Certified Emergency Manager; CEM) 자격시험이 시행되게 된다. 이후 학력기준과 관련하여 몇 번의 변경이 있었지만 지금까지도 학력기준은 재난관리분야 전문교육의 강화와 함께 지속적으로 운영되고 있다. 또한, 기존의 국가재난관리조정협의회의 명칭도 재난관리 분야의 전문영역 구축과 국제사회와의 공조를 위해 국제재난관리자협회(International Associaiton of Emergency Managers)로 변경하여 운영하고 있다.

현재, 이러한 재난관리사 자격은 크게 학력조건이 없는 초급재난관리사(Associate Emergency Manager; AEM)와 대졸학력이 필요한 공인재난관리사(Certified Emergency Manager; CEM)로 구분하여 시행하고 있으며 각 자격요건은 다음과 같다.

- 초급재난관리사(AEM): ① 최근 10년간 200시간 이상의 훈련시간(재난관리 분야 100시간, 일반관리 분야 100시간 이상 이수), ② 3명의 추천서, ③ 에세이 시험 통과, ④ 단답형 100문제 시험에서 75점 이상 획득
- 공인재난관리사(CEM): 초급재난관리사(AEM) 자격요건 외에 ① 3년 이상의 재난관리 분야 경력, ② 대졸 이상의 학력, ③ 재난관리 분야의 기여내역 증명(리더십 역할, 전문회의 참석, 학술저널 기고 등)

현재 우리나라에서도 각종 재난안전에 대한 자격제도가 운영 또는 도입되고 있으나 안타깝게도 아직까지 미국의 공인재난관리사에 준하는 정도로 공인되는 자격제도는 없다고 봐야 할 것 같다. 다만, 재난위험을 분석하고 재난 예방 · 대응 · 복구 등을 기획 · 관리하는 직무능력을 평가하는 자격으로 2019년 기준 방재기사 시행이 준비되고 있으며, 「재해경감을 위한 기업의 자율활동 지원에 관한 법률」에 따라 기업의 재해경감활동계획 수립 등을 위한 전문교육과정을 이수하고 소정의 시험에 합격한 사람에게 기업재난관리사 자격이 주어지고 있다. 이외에 민간 자격제도가 운영되고 있으나, 아직까지 활성화에 한계가 있는 실정이다.

5. 주요 재난관리 이론

앞서 우리는 재난관리학이 대상과 범위의 포괄성으로 인해 학문으로 정립되기까지 많은 정체적 논란을 겪었지만 결국 다학제적 특성을 가진 독립학문으로 자리매김하고 있다는 점을 언급하였다. 이번에는 이러한 독립학문으로서 재난관리학이 가진 기본적인 접근이론을 살펴본다.

재난은 자연적 요인(Natural Environment), 인공 구조물(Built Environment), 사람의 영향(Human Effects)이 상호간에 결합하며 발생하는 산물로서 재난관리학도 이러한 측면에서 접근하고 있다. 개인별 차이가 있을 수 있으나 여기에서는 최근 재난관리 연구의 기본틀이 되고 있는 시스템적 접근이론, 재난상황 군중심리 이론, 사회경제 생태계 이론 등 3가지 주요이론을 소개한다(Phillips 등, 2011).

5.1 시스템적 접근이론

과거에는 재난이 발생하면 이는 단순히 인간의 실수 또는 기계적 오류 등 개별적 요인에 기인한다고 보는 경향이 강했다. 하지만 최근 재난관리학은 이러한 개별적 요인들은 단지 재난발생의 계기가 되었을 뿐, 실제 이유로는 결국 다양한 개별적 요소들의 결합체인 시스템의 문제라고 본다. 이러한 시스템은 큰 시각으로 보면 결국 우리가 살고 있는 사회 자체가 될 수도 있다. 시스템 이론은 이렇게 복잡한 대상에 대해 개별적인 요소만을 보는 것에서 벗어나 요소들 간의 관계 등 전체적 시각으로 보는 이론이다.

따라서 향후 재난을 예방, 대비, 대응, 복구하는 정책도 단편적인 개별 요소가 아닌 전체적 시스템을 진단하고 개선해 나가야 한다는 것이다. 최근 재난관리 분야에서 활발하게 논의되고 있는 다양한 재난발생 이론들도 이러한 시스템 이론에 기반하고 있다. 이러한 시스템 이론은 네트워크 이론(Theory of Network)이나 복잡계 이론(Theory of Complex Systems) 등으로 확대되어 논의되고 있다.

5.2 신규범 발생이론

재난상황에서 사람들의 행동은 평상시와는 다른 양상을 띤다. 예를 들어 많은 경우에서 사람들은 자신이 재난을 당했는데도 불구하고 부상당한 상태로 다른 사람들을 구조하기도 하고 어떤 경우에는 수용하기 힘들 정도의 기부금품이 재난현장에 모이기도 한다. 갑작스럽게 범죄율이 떨어지는 경우도 발생한다. 또는, 이와는 반대로 매우 드물긴 하지만 약탈행위나 집단패닉이 일어나기도 한다. 재난상황에서는 효율적, 효과적 대응을 하거나 이를 대비하기 위해서는 바로 이러한 사람들의 집단적 행동을 알아야 한다. 이렇게 재난상황에서 사람들의 집단적 행동의 기저가 되는 군중심리를 설명하는 이론이 신 규범 발생 이론(Emergent Norm Theory)이다.

규범은 사회적으로 통용되는 행동기준이라고 할 수 있다. 따라서 평상시 사람들은 이러한 규범에 따라 행동한다. 하지만 재난상황이 되면 이러한 평상시 규범이 통하지 않는 상황이 되는데, 이때 사람들은 일부 소수의 행동을 보고 이를 새로운 규범으로 인식하게 되고 이에 따라 행동하게 된다는 것이다. 이러한 새로운 규범은 결국 사람들의 불만을 잠재우면서 집단행동으로 나타나는데 이는 결코 비이성적 행위가 아니라 이성적인 판단에 따라 새로운 규범을 따르게 되면서 나타나는 행동이라는 주장이다(Turner와 Killian, 1987).

5.3 사회정치 생태계 이론

재난은 누구에게나 발생할 수 있지만 역설적으로 그 영향은 결코 동일하지 않다. 예를 들어, 가난한 사람들은 일반적으로 지진이나 태풍에 위험한 지역에 사는 경향이 높으며, 그들이 살고 있는 주택도 내진이나 내풍설계가 되지 않을 가능성이 높다. 또한, 장애인 또는 노년층은 이러한 가난에 더 노출될 경향이 높다. 동일한 이유로 경제력이 부족한 학생들도 재난 대비용품을 구비하지 못한 경우가 많다.

이러한 경향은 개인에게만 나타나는 것이 아니다. 기업 역시 같은 재난에 대해 중소기업은 일반적으로 대기업에 비해 더 큰 피해를 입는 경우가 많다. 또한, 같은 규모의 지진에 대해서도 선진국에 비해 후진국은 훨씬 더 큰 피해를 입는다. 이를 설명하는 이론이 사회정치 생태계 이론(Sociopolitical Ecology Theory)이다. 즉, 재난에 대한 예방, 대비, 대응, 복구에 있어서 사회적으로 항상 비용이 발생하는 데 반해 자원은 한정되어 있으므로 이를 확보하기 위한 경쟁에서 항상 승자와 패자가 존재한다는 것이다. 따라서 재난관리자는 현대사회가 각 개인, 조직들 간에 서로 유기적으로 연계되어 있는 생태계적 환경이라는 것을 고려하여 이러한 자원이 어느 한쪽으로 제한되지 않도록 관리해 나가야 한다.

6. 요약 및 결론

이 장에서는 재난관리학의 발전과정 및 접근방식을 살펴보며 다학제적 학문영역으로의 재난관리학의 독자적인 자리매김 과정을 살펴보았다. 재난관리학의 이러한 발전과정은 여전히 진행 중인데, 최근에는 재난관리자의 전문성 강화를 위한 미국연방재난관리청의 재난관리 고등교육 프로그램, 공인재난관리사와 같은 공인자격제도 등을 통해 가시적인 성과가 나타나고 있다.

이를 통해 재난관리 분야에서도 그간의 비체계적인 접근방식에서 벗어나 고유의 접근이론이 재난연구의 기본틀로 구축되고 있다. 이 중에서 시스템적 접근이론, 신규 규범 발생이론, 사회경제 생태계 이론은 현대의 재난관리의 중심이론으로 자리매김하고 있다.

✍ 재난 이야기: 시스템 안전과 세월호 참사

우리 역사상 세월호 참사보다 사회, 정치, 경제적으로 더 큰 영향을 미친 재난은 없을 것이다. 세월호 참사 당시 사고원인을 시스템적 접근방식을 중심으로 해외석학의 시각으로 바라본 전규찬 영국 러프버러대 교수의 글을 소개한다.

우리나라 국민이면 어디에 살고 있든 이번 세월호 사고는 너무나 가슴 아픈 일입니다. 저는 영국에서 살고 있지만 특별히 십 대 자녀를 가진 부모로서 희생자 가족들의 슬픈 마음을 조금이나마 함께 하고 있습니다. 저는 영국에서 지난 11년 동안 시스템 안전(systems safety)이라는 주제로 여러 전공(심리학, 사회학, 공학, 디자인)의 동료 교수들과 같이 연구하고 학생들을 가르쳐 오면서 배우고 느낀 것들을 나누는 것이 혹시 조금이나마 도움이 될 수 있을까 하는 생각에 조심스럽게 몇 자 적어 봅니다.

영국은 철저한 안전관리(Health & Safety)로 명성 또는 악명 높은 나라입니다. 2012년 런던 올림픽 경기장 공사 기간 중 사고로 사망한 사람이 한 명도 없었다며 근대 올림픽 공사 역사상 첫 기록이라고 자랑스러워 하면서도, 한편으로는 데이비드 케머런 총리가 경제개발을 더디게 하고 경쟁력을 저하시키는 원인으로 안전(Health & safety) 관련 절차, 법규들이 원인이라며, 이런 것들을 다시 검토하겠다고까지 공약하였습니다. 제 연구는 주로 의료 시스템의 안전과 관련되지만, 안전사고에 관련한 최근 일반적인 연구와 몇몇 영국 사례들이 세월호 사고를 어떻게 바라볼지, 앞으로 어떻게 할지를 생각하는 데도 도움이 되었으면 해서 적어 봅니다.

■ 희생양 찾기(Blame culture)

어떤 사고가 발생했을 때 의례 우리는 누구의 잘못인지를 먼저 따지려고 합니다. 이번 사고에서도 선장의 잘못인지, 회사의 잘못인지, 해경의 잘못인지, 정부의 잘못인지를 집약적으로 파고들고, 따지고, 거기에 우리의 분노, 실망, 답답함을 표출하는 것은 어쩌면 우리의 일차적인 자연스러운 반응이겠죠. 저 역시도 그렇습니다. 하지만 누구의 잘못인지를 따지는 데만 급급하면 사고로부터 무엇을 배울 수 있는지를 놓치기가 쉽습니다. 특히 많은 경우에 사고의 원인은 개개인의 실수, 태만 뒤에 있는 훨씬 더 큰 사회 시스템 요소들(조직 문화, 회사의 전략, 경영 스타일, 업무 보상 체계, 정책, 법규, 사회 전체 시스템과 문화)과 관련되어 있는 경우가 많습니다. 개인적으로는 어쩌면 우리 모두가 그 사회 시스템의 문화를 구성하고 만들어 낸 일원으로서 그 시스템의 희생자들에 대한 책임이 있지 않나 하는 생각이 듭니다.

영국 의료 시스템의 문화도 오랫동안 희생양 찾기(blame culture)나 숨기기(hiding culture)였습니다. 사고가 발생했을 때 가능하면 동료들끼리 서로 숨기고 쉬쉬하거나, 그렇지 못할 경우는 희생양을 찾아서 모든 책임을 전가하는 것이었습니다. 그러다 보니 사고가 발생되는 순간에만 비난의 화살을 몇몇 개인/조직에게 퍼붓다가 시간이 지나고 나면 잊어버리고, 비슷한 사고들이 계속해서 발생되는 것을 알게 되었습니다. 희생양을 찾는 문화(blame culture)에서는 개선의 여지가 없다는 것을 알게 되고, 전체 시스템 관점에서 사고원인을 분석하고 개선할 수 있는 문화의 중요성을 강조하게 되었습니다.

이 분야의 석학인 호주의 시드니 데커(Sidney Dekker) 그리피스대 교수는 「Just culture」라는 책에서 "정직한 실수(honest mistake)"를 한 사람이 과도하게 처벌받게 된다면 안전 관련자들에게 더 주의하려는 마음보다는 조금이라도 잘못될 것에 대한 두려움과 어떠한 사고든 숨기고 싶은 마음을 갖게 하는 문화를 만들게 된다고 경고했습니다. 물론 사고와 직접 관련된 개인과 조직이 책임이 없다는 것은 아닙니다. 영국 의료시스템에서는 책임을 져야 할 개인들에게 "정당한 책임(fair blame)"을 묻고, 전체 시스템에서 대한 분석, 고찰과 개선 노력도 같이 균형 있게 진행하는 방향으로 전개되고 있습니다.

■ 배우는 조직(Learning organization)

시스템 개선을 위한 가장 중요한 것 중의 하나가 실패와 실수로부터 배울 수 있는 조직으로 만드는 것입니다. 하지만 희생양 찾기 문화가 전체 시스템적인 교훈을 배우는 것을 방해한다는 것을 깨닫고, 배우는 조직을 어떻게 만들 수 있는지에 대해서 고민하였습니다. 영국 의료 시스템의 안전을 개선하고자 2000년에 영국 정부가 발행한 보고서의 제목이 '기억력 있는 조직(Organization with a memory)'입니다. 이 보고서에서는 현업에 있는 분들이 모든 잘못된 경우(크고 작은 사고뿐만 아니라 사고 직전의 상황[near miss])들을 지속적으로 보고, 수집, 분석하여 학습할 수 있는 문화와 메커니즘의 필요성을 강조했습니다.

그리고 어떻게 매일매일하는 업무 속에 실패로부터 배우는 것을 정착시켜야 하는지에 대한 방법을 제안합니다. 그 이후로 영국 정부가 National Patient Safety Agency라는 조직을 만들고, 전국적으로 의료 사고 및 사고 직전의 상황(near miss)에 대해서도 의료진이 쉽게 reporting할 수 있는 시스템을 만들고 어떻게 전국, 지역, 조직 및 개인 차원에서 사고, 실수, 실패로부터 배우는 문화와 메커니즘을 만들어 가고 있습니다. 이러한 보고/학습 시스템을 통해 새롭게 발생되는 위험 요소에 대해 신속하게 파악, 응대할 수 있고, 장기적으로는 새로운 시스템을 정책 개발하는 곳에 활용되고 있습니다.

■ 안전 규정 무시하기(Non-compliance)

그러면서도 사람들이 계속 안전 규정들을 무시한다는 것을 알게 되면서, 근본적으로 왜 그러는지에 대해 최근 연구가 많이 진행되었습니다. 이 분야의 또 다른 세계적 석학인 덴마크의 에릭 호나겔(Erick Hollnagel) 교수는 많은 경우에 사람들이 안전 규정을 지키지 않는 이유는 시스템을 더 효율적으로 돌아가게 해주고, 심지어는 역설적으로 더 안전하게 만들게 하기 위해서라고 했습니다.

한 예로 노동쟁의의 한 방법으로 노동자들이 안전 규정을 정확히 지켜 전체 시스템의 효율성을 용납하기 힘들 정도로 안 좋게 하는 방법도 있습니다. 그러다가 가끔씩 안전 규정을 지키지 않는 똑같은 행위가 공교롭게도 사고로 이어진다고 합니다. 특별히 의료 시스템에서는 너무 많은 안전 규정들이 존재하여 무시하지 않고는 일을 할 수가 없다고 하기도 합니다. 이렇듯 안전 규정을 지키고, 지키지 않는 것이 그렇게 간단하게 생각할 일은 아닙니다. 우리 스스로가 하는 일들 중에서 안전 규정을 철저히 지키고 하는 일들이 얼마나 있는지 생각해 보면 이해가 되실 겁니다.

■ 큰 변화를 위한 첫걸음

안전이라는 것이 이렇듯 매우 복잡한 현상입니다. 단순하게 안전을 생각하면 사고가 발생했을 때 그냥 누구의 잘못인지를 따지는 데만 집중하게 되는데, 사실 안전사고는 매우 복잡한 요인들이 복잡한 상호작용을 거쳐 발생된 부산물입니다. 특별히 안전에 관련한 연구는 인간, 사회, 기술에 대한 이해가 같이 되어야 하기 때문에 공학, 디자인, 사회학, 심리학을 연구하시는 분들이 같이 모여서 반드시 융합적으로 연구해야 하는 분야입니다.

하지만 안전에 대하여 연구를 하거나, 현업에서 안전 관련 업무를 하는 것은 많은 어려움이 있습니다. 예를 들면 안전 관련 종사자들이 일을 잘하고 있다는 것은 사고가 나지 않는다는 것입니다. 특별히 단기적인 실적이 최우선되는 사회에서는 금전적인 실적을 내기보다 손실이 없게 유지한다는 일에 대해 사람들의 인정받기가 힘든 경우가 많이 있습니다. 사고가 발생하지 않으면 우리는 당연하게 여기거나, 뭐가 좋아졌는지 모르고 지나가는 경우가 많습니다.

이런 어려움, 복잡함이 있기에 안전이라는 문제는 비전, 인내, 헌신이 없이는 지속적으로 추구하기가 어렵습니다. 그렇기에 많은 경우에 사고 희생자의 가족과 친지들이 사명감을 가지고 안전 관련 캠페인을 지속적으로 추진하는 사례들이 있습니다.

이와 관련된 두 가지 예를 알려 드렸으면 합니다. 우선 첫째로는 영국에 있는 7년 된 자선 캠페인단체, Clinical Human Factors Group(CHFG)을 소개하고자 합니다. 2005년 비행기 기장이던 마틴 브롬리는 아내 일레인을 의료 사고로 잃게 되었습니다. 난이도가 높지 않은 일반적이고 간단한 수술이었는데 전신 마취 과정에서의 문제와 처리 과정의 미숙함으로 어처구니없게 일주일 만에 일레인은 생명을 잃게 됩니다.

그 당시 작성된 사고 조사 보고서를 본 브롬리는 그의 아내의 죽음은, 비록 경험 많은 의료진들이 있었지만, 그날 의료진들은 기본적인 절차를 지키지 않았고, 의료기구를 제대로 제때 사용하지 못했고, 상황에 대한 오판을 했고, 적절한 결정을 내리지도 못했으며, 예상치 못한 비상사태에 제대로 대응하지 못해 일어난 것임을 알게 됩니다.

결국은 많은 사고가 그렇듯이 이 사고도 단순한 기술적인 문제가 아니라, 한 개인의 실수가 아니라, 전체 시스템의 문제였습니다. 마틴은 남겨진 어린 두 아이를 키우기도 바빴지만, 항공기 기장으로서 그리고 인간공학 전문가로서 와이프를 앗아간 의료사고가 교훈이 되어서 의료 시스템이 개선되는 계기가 되기를 바랐습니다. 그런데 그런 비슷한 의료 사고들이 비일비재하다는 것을 알게 되면서, 의료 시스템에서 일하고 있는 사람들에게 인간과 전체 시스템에 대한 이해를 바탕으로 시스템 개선(Human Factors approach)을 해야 하는 중요성을 설득하려고 했습니다.

2년 동안 의료인들을 설득하다가, 2007년에 본인이 나서서 하지 않으면 아무런 변화가 없을 거라는 것을 깨닫고 자선 캠페인 단체를 만듭니다. 그로부터 7년이 지난 지금 이 단체는 관련 분야 전문가 그룹을 구성하여 대형 병원을 돌아다니며 정기적으로 오픈 세미나를 하고, 의료인들의 교육과정을 바꾸기 위한 캠페인을 하고, 교육 자료를 만들어 배포하고, 최근에는 영국 의료 기관장들로부터 Human Factors approach를 제대로 적용하겠다는 협약을 맺고, 이것을 책임지고 추진하는 수장을 임명하게 되었습니다. 변화라는 것은 많은 시간이 걸리는 과정인데 마틴이라는 분의 장기적인 인내, 비전, 헌신을 통해서 더 안전한 의료시스템으로 변화해 가고 있고, 지속적으로 어떻게 무엇을 실천해야 하는 것인지 대해 논의가 되고 있습니다. 참고로 일레인의 의료 사고에 연루된 담당자들은 현업으로 복귀하여 마틴과 함께 의료 안전 전도사로 역할을 하고 있다고 합니다.

또 하나의 예는 1989년에 영국 중부 세필드라는 도시에 있는 힐스버러 축구장 사고입니다. FA컵 준결승시에 발생된 압사로 96명(78명이 십 대와 이십 대)의 생명을 잃은 것으로 알려져 있는데, 그 이후 영국 축구장 안전 문화는 그 유가족들과 친구들이 중심이 되어 많은 변화를 일으켰습니다. 가족들과 친구들이 Hillsborough Family Support Group(HFSG), Hillsborough Justice Campaign(HJC)을 구성하여, 사고 후 경찰과 뉴스로부터 왜곡되어 묘사된 희생자들의 오명을 회복하는 것이 주 목적이었지만, 대중들이 사고를 기억하게 하고 안전을 향상시키는 데도 많은 기여를 했습니다. 25년이 지났지만, 지금도 4월 중순이 되면 프리미어리그 모든 경기 전에 1분간 힐스버러 희생자들을 위해 묵념을 하는 시간을 가집니다. 올 4월에 기성용 선수가 있는 선더랜드 축구장에서 경기를 관람할 기회가 우연히 있었는데 마침 힐스버러를 기억하는 1분 묵념 시간을 축구 경기 전에 가졌습니다. 사고 10년이 지난 후에야 매년 1분 묵념하는 요청이 받아들여진 것처럼 희생자의 가족이나 친구들이 비전을 가지고 헌신적으로 지속적으로 하나씩 변화시켜 오고 있습니다.

제한된 자원과 서로 상충되는 목적과 이해관계가 있는 사회에서 세계 어느 곳에도 완벽하게 안전한 사회를 만들 수 없다는 것은 우리가 인정해야 하는 현실입니다. 여러 제약에도 불구하고 한국 사회에서도 많은 분들이 안전을 위해서 희생을 무릅쓰고 열심히 역할을 하고 있으리라 믿습니다. 저는 변화의 물결을 바른 방향으로 잡아가는 것이 남은 우리의 역할이라고 생각합니다.

우리가 안전을 중시하는 문화로 바꿀 경우에는 어쩌면 우리에게 많은 불편함이 올 수 있습니다. 데이비드 캐머런 총리가 고민하는 것처럼 우리 사회의 단기적인 시장 경쟁력에 안 좋은 영향을 줄 수 있습니다. 그럼에도 불구하고 우리 사회 구성원들이 이런 불행한 사고들이 발생하는 것을 방지하는 것이 더 중요한 가치가 있다고 공감하고, 더 안전한 사회를 만드는 것으로부터 오는 또 다른 희생을 용납하는 사회가 될 때 진정한 변화의 시작이 될 수 있지 않을까 생각됩니다. 참고로 어쩌면 사고 발생이 줄어든다 하더라도, 우리는 뭐가 좋아졌는지 알기 힘들 수도 있습니다.

사회의 모든 변화가 그렇듯이 많은 시간과 인내를 필요로 할 것입니다. 뉴스 속의 아이들의 영정 사진을 보면서 미어지는 가슴이 한순간의 감정이 아니라 큰 사회변화의 계기가 될 수 있도록 많은 사람들에게 오랫동안 기억되기를 바라고, 지속적이고 구체적인 변화의 시작이 있기를 간절히 바라는 마음으로 적어 보았습니다.

* 출처: 전규찬 (2014년 5월 20일). 시스템 안전과 세월호 참사. 동아일보. http://www.donga.com/news/Opinion/article/all/20150506/63337966/1

연습문제

1. 재난관리 분야의 연구학파를 분류하고 연구분야 및 발전과정에 대해 설명하라.

2. 재난에 대한 연구 패러다임인 유사전쟁적 접근방식, 사회적 취약성 접근방식, 불확실성 접근방식의 의의를 각각 설명하라.

3. 재난관리 이론 중 시스템적 접근이론, 신규범 발생이론, 사회정치 생태계 이론을 각각 설명하고 재난관리 방식에서 이러한 이론들이 어떻게 접목될 수 있는지 설명하라.

[참고자료]

전규찬 (2014년 5월 20일). **시스템 안전과 세월호 참사.** 동아일보. http://www.donga.com/news/Opinion/article/all/20150506/63337966/1

Cutter, S. L. (2001). The changing nature of risks and hazards. *American Hazardscapes. The regionalization of Hazards and Disasters.*

FEMA (2008). *Emergency Management: Definition, Vision, Mission and Principles.* Federal Emergency Management Agency.

Fritz C. E. (1961). Disasters. In R.K. Merton & R.A. Nisbet (Eds), *Contemporary social problems: Contemporary social problems: an introduction to the sociology of deviant behaviour and social disorganization* (pp. 651-94). Harcourt, Brace & World.

Gilbert, C. (1998). Studying disaster: changes in the main conceptual tools. *In What is a Disaster?*, 11-18.

Heinrich, H. W. (1931). *Industrial accident prevention: a scientific approach.* McGraw-Hill.

Phillips, B. D., Neal, D. M., & Webb, G. (2011). *Introduction to emergency management.* CRC Press.

Perrow, C. (1982). The President's commission and the normal accidents, In: D. L. Sills, C. P. Wolf and V. B. Shelarski (Eds). *Accident at Three Mile Island: the human dimensions.*

Perrow, C. (1984). *Normal accidents: living with high-risk technologies.* New York: Basic Books.

Perrow, C. (1994a). *Accidents in high-risk systems.* National Emergency Training Center.

Perrow, C. (1994b). The limits of safety: the enhancement of a theory of accidents. *Journal of contingencies* and crisis management, 2(4), 212-220.

Reason, J. (1990). The contribution of latent human failures to the breakdown of complex systems. *Phil. Trans. R. Soc. Lond. B*, 327(1241), 475-484.

Quarantelli, E. L. (1987). Disaster studies: An analysis of the social historical factors affecting the development of research in the area. *International Journal of Mass Emergencies and Disasters*, 5(3), 235-310.

Quarantelli, E. L. (1994). Disaster Studies: The Consequences of the Historical Use of a Sociological Approach in the Development of Research. *International journal of mass emergencies and disasters*, 12(1), 25-49.

Turner, B. A. (1971). *Exploring the industrial subculture.* London: Macmillan.

Turner, B. A. (1976). The organizational and interorganizational development of disasters. *Administrative science quarterly*, 378–397.

Turner, B. A. (1978). *Man–made disasters*, London: Wykeham.

Turner, B. A., & Pidgeon, N. F. (1997). *Man–made disasters*. Butterworth–Heinemann.

Turner, R. H., & Killian, L. M. (1957). *Collective behavior*. Englewood Cliffs, NJ: Prentice–Hall.

White, G. F., Kates, R. W., & Burton, I. (2001). Knowing better and losing even more: the use of knowledge in hazards management. *Global Environmental Change Part B: Environmental Hazards*, 3(3), 81–92.

Wilson, W. (1887). The study of administration. *Political science quarterly*, 2(2), 197–222.

PART 03

재난관리의 행정

CHAPTER 06

재난행정 및 정책변화의 역사

1. 개 설

과거에 발생했던 재난이 똑같이 발생하는 것만큼 더 끔찍한 것은 없을 것이다. 하지만 과거를 기억하지 못하는 이들에게 과거는 반복된다고 한다. 실제 우리의 역사 속에서도 유사한 재난이 되풀이되었고 그 후 '소 잃고 외양간 고치기 식'으로 대처하는 비슷한 실수를 반복해 왔다. 즉, 우리는 과거에 발생한 재난과 이를 대처하는 과정에 대한 학습을 통해 향후 발생할 재난에 대한 효과적인 대처 방법을 알아낼 수 있을 것이다.

일반적으로 대형재난이 발생하면 정부는 관련 조직과 정책을 바꾸게 된다. 즉, 재난관리 조직과 정책은 해당 시기에 어떤 대형재난이 있었느냐와 매우 관련이 깊다(Runbin, 2012). 하지만 우리나라 재난관리의 역사는 이외에도 정권교체에 따른 조직개편의 영향도 많이 받고 있다. 따라서 이 장에서는 우리나라 재난관리 행정의 역사를 「재난관리 60년사(소방방재청, 2009)」를 토대로 하여, 정치적 변화, 재난의 발생 등 다양한 기준을 적용하여 살펴보고자 한다.

2. 재난행정 및 정책변화에 대한 이론적 접근

2.1 점진적 정책변화

모든 행정영역에서 정책변화는 점진적으로 이루어지기도 하고 예상하지 못한 방향으로 급격하게 발생하기도 한다. 그러나 린드블럼(Lindblom, 1995)이 주장한 것처럼 기본적으로 대부분의 신규 정책은 선행 정책으로부터 점진적으로 발전해 왔다. 이러한 정책변화에 대한 점증주의(incrementalism) 이론에 따르면 정책결정자는 인지력의 한계로 인해 모든 정책 대안을 한꺼번에 고려하고 그중에서 최선의 대안을 선택할 수는 없다. 따라서 그들은 기존의 정책은 최선은 아닐지라도 적어도 차선의 대안이라고 인식하며, 이를 기반으로 하여 조금 더 나은 정책으로 개선시켜 나간다. 즉, 새로운 정책도 기존의 차선의 대안에서 한 단계 발전한 것일 뿐으로 점진적 변화에 불과하다는 것이다.

2.2 급격한 정책변화

그렇다면 이러한 점진적인 정책변화와는 달리 어떤 상황에서 급격한 정책변화가 발생하는가? 이러한 급격한 정책변화를 설명할 수 있는 이론으로는 단속평형이론(Punctuated Equilibrium Model), 옹호연합모형(Advocacy Coalition Framework), 다중흐름모형(Multiple Streams Approach)이 주로 인용된다.

2.2.1 단속평형모델

단속평형모델(Punctuated Equilibrium Model)은 봄가트너와 존스(Baumgartner & Jones, 1993)가 주장한 이론으로서 정책변화는 일반적으로 안정된 상태에서 오랫동안 지속되다가 어떤 극단적 사건(extreme events)이 일어나고 문제제기가 이루어지면서 정책변화가 촉발된다는 것이다.

이 이론에 따르면 모든 정책에는 이로 인해 기득권을 얻고 있어서 유지하려는 세력이 있고 기존 정책을 반대하며 다른 대안을 주장하는 세력이 있다. 평상시에는 기득권을 유지하려는 세력이 우위를 차지하면서 기존 정책은 오랫동안 안정을 유지하며 지속된다. 하지만 어떤 사건을 계기로 인해 이러한 세력 간 변화가 생기며 다른 정책을 주장하는 세력이 권력을 얻게 되면서, 정책변화가 일어나게 되는 것이다.

그리고 이렇게 변화된 정책도 권력을 얻은 세력이 기득권을 가지면서 다시 오랜 기간 안정된 상태를 다시 유지하게 된다는 것이다. 즉, 정책변화는 이해집단 간 정치권력의 균형에 있어서 정책독점의 붕괴결과로서 안정(statis)과 중단(punctuation)을 번갈아 겪으면서 일어난다는 것이다.

2.2.2 옹호연합이론

옹호연합이론(Advocacy Coalition Framework)은 사바티어와 젱킨스-스미스(Sabatier & Jenkins-Smith, 1993)가 주장한 이론으로 어떤 정책 하위체제 내에서 신념을 공유하는 행위자들 간에 서로 뭉친 이해관계 세력, 즉 옹호연합의 형성을 두고 벌어지는 정치활동상 경쟁과 협력의 과정을 정책변화와 연계하고 있다.

옹호연합의 매개가 되는 신념체계에는 규범적 핵심, 정책적 핵심, 도구적 측면과 같은 계층적 구조로 구성되는데, 결국 정책변화는 이러한 신념체계의 수정을 통한 옹호연합의 경쟁과 협력의 과정의 변화를 의미하는 것이다. 신념체계의 수정을 위해서는 정책 하위체계 내 행위자들이 제어할 수 없는 사회구조 변화, 극단적인 사건 등과 같은 외부 요인과 제어할 수 있는 내부적인 요인들의 영향을 받는다. 하지만 이러한 요인들은 정책변화를 일으키기 위한 필요조건일 뿐이지 충분조건일 수는 없다. 정책변화가 일어나기 위해서는 이를 뒷받침할 수 있는 정치 환경이 뒷받침되어야 한다.

2.2.3 다중흐름이론

마지막으로 다중흐름이론(Multiple Streams Approach)은 킹던(Kingdon, 1984)이 주장한 이론으로 정책변화가 이루어지는 조건 또는 시기를 설명하는 데 초점을 맞추고 있다. 그에 따르면 정책은 3가지 흐름, 즉 문제흐름(problem stream), 정책흐름(policy stream), 정치흐름(politics stream)이 일치할 때 비로소 정책변화를 위한 기회의 창(windows of opportunity)이 열리면서 어떤 정책이 채택될 수 있다는 것이다.

문제흐름은 지표의 변화, 극단적 사건 등과 같은 특정한 계기를 통해 사회적 아젠다로 유발될 수 있으며, 정책 흐름은 정책결정가의 활동, 이익집단의 개입 등을 통해 정책대안이 만들어지며 형성된다. 그리고 정치흐름은 선거 등을 통한 정치권력의 교체, 국민여론의 형성 등에 의해 나타나게 된다. 이러한 흐름들은 대체적으로는 상호 독립해서 진전되지만 상호 영향을 미치며 진행되기도 한다.

2.3 사회적 충격사건

앞서 살펴본 정책변동의 이론을 살펴보면 공통적으로 급격한 정책변화가 이루어지기 위한 필요조건으로 대형재난과 같은 극단적 사건의 영향을 언급하고 있다. 즉, 재난관리와 관련된 정책의 도입은 대형재난이 발생한 이후에 근원적인 대책을 마련하라는 사회적 요구에 따른 기존 정책에 대한 급격한 변화의 결과이다.

이때 급격한 정책 변화를 일으키는 대형재난은 '사회적 충격사건(focusing event)'으로 명명되는데, 이는 원래 킹던(Kingdon, 1984)이 정책수립의 과정을 설명하기 위해

저술한 저서, '아젠다, 대안 그리고 공공정책(Adendas, Alternatives and Public Policies)'에서 주장한 '다중흐름모델(Multiple Streams Approach)'을 최초로 언급되었다.

이때 '사회적 충격사건'이 발생하게 되면 문제흐름에서의 이슈를 전면으로 부각시키는 역할을 하게 될 뿐만 아니라, 정치적으로 호의적 분위기가 형성되면서 준비된 정책 대안이 채택될 수 있는 정책변화를 위한 기회의 창(windows of opportunity)이 열리게 된다는 것이다.

■ **잠재적 사회적 충격사건의 조건**

킹던이 주장한 '사회적 충격사건'은 당시에는 개념적으로만 존재해온 모호한 용어에 불과하였다. 이후 이를 구체적인 이론으로 체계화시킨 사람은 버클랜드(Birkland, 1997)이다. 그는 사회적 충격사건에 '잠재적(potential)'이라는 표현을 덧붙여 '잠재적 사회적 충격사건(potential focusing event)'이라는 용어를 사용하였는데, 이는 어떤 사건이 사회적 충격을 일으킬 영향이 있는지 없는지는 선험적으로 알 수는 없다는 부분을 강조하기 위한 것이다. 그는 사회적 충격을 야기할 수 있는 사건의 특성을 분석하고 이러한 사회적 충격이 정책적 변화를 일으키는 과정을 체계화하고, 잠재적 사회적 충격사건의 조건으로 네 가지를 강조하고 있다.

첫째, 잠재적 사회적 충격사건은 점진적인 것이 아닌 갑작스럽게 발생하는 것이어야 한다. 갑작스럽게 일어난 사건은 급격하게 사람들의 관심을 빨아들이면서 사회적 아젠다를 형성하게 된다. 둘째, 흔한 것이 아닌 드물게 발생하는 것이어야 한다. 자주 발생하는 자동차 사고와 같은 사건이 대중의 관심을 끌기 위해서는 상당기간 사건의 축적이 필요하다. 하지만 드물게 발생하는 비행기 사고 등과 같은 경우에는 한 번의 사건으로도 사회적 관심을 일으킬 수 있다. 일반적으로 드물게 발생하는 사고의 경우에는 예측하기 어려울 뿐만 아니라 갑작스럽게 발생하며 사회적 공포를 불러일으킨다.

세 번째로 많은 사람 또는 재산에 피해를 일으키거나 암시할 수 있는 사건이어야 한다. 이러한 사건은 태풍 피해와 같이 특정한 지리적 위치에 집중되거나 해양 기름 유출과 같이 특정 이익 공동체에 집중될 수도 있다. 이러한 대규모 피해로 인해 해당 재난에 대한 사회적 문제의식이 높아지게 된다. 마지막으로 정책결정자뿐만 아니라 일반 대중에게도 동시에 널리 알려지는 사건이어야 한다. 일반 대중에게까지 알려진 사건의 경우에는 어떤 이해집단이 정책결정자에 영향을 미쳐서 정책변화를 방해하려는 시도가 효과를 발휘하기 어렵게 되기 때문이다.

이러한 맥락에서 버클랜드는 그의 명저인 '재난의 교훈: 대규모 사건 이후 정책 변동(Lessons of Disaster: Policy Chanage After Catastrophic Events)' 등에서 재난이나 사고가 대표적인 사회적 충격사건이라는 점을 강조하면서 관련한 지속적인 연구의 필요성을 주장하였다.

3. 재난관리행정의 세대구분

3.1 고대 및 근대의 재난관리와 철학적 영향

비록 우리나라가 BC 2333년경에 설립된 단군 조선에 그 기원을 둔 유구한 역사를 가지고 있는 나라라고는 하지만 당시에는 합리적 사상에 기반하여 재난관리를 했다기보다는 재난을 하늘의 뜻으로 받아들이고 오히려 이에 적응하려는 소극적 행태의 재난관리 행정을 보였다. 재난에 대한 구체적 기록이 있는 삼국시대부터 살펴보면 재난을 하늘의 뜻을 담은 계시나 징조로 해석하기 일쑤였고 그 파장은 하늘의 아들이라 불리던 국왕과 연계하여 그 책임을 물어 교체되거나 살해되기도 하였다(소방방재청, 2004).

따라서 재난에 대비하고 사후 대책을 마련한다는 것은 부질없는 일에 지나지 않았으며, 오로지 국왕의 실책, 쓸모없는 관리 등을 막는 것이 주요 대책이라고 보았다. 이렇게 국왕과 재난을 연계하여 해석하는 재난관리에 대한 철학은 그 이후에도 재난관리는 국가책임이라는 사상으로 이어졌다.

비록, 향도와 향약이라는 자율적인 민간참여의 재난관리를 통해 전 국민이 하나가 되어 대형재난에 대처하는 모습도 있었지만 이렇게 우리나라 재난관리는 강력한 왕도 정치의 구현 아래 국가가 재난관리를 책임지는 형태에서 비롯되었다고 볼 수 있다. 이는 1948년 8월 15일 대한민국정부 수립 이후 근대적 의미의 재난관리가 시작된 이후에도 그 사상적 기반이 되어 왔는데, 우리나라는 현재에도 미국, 유럽 등 서구에 비해 국가중심의 재난관리가 이루어지고 있다.

3.2 현대 재난관리행정의 세대구분

일반적으로 우리나라 재난관리 역사는 현대적 의미의 재난관리가 시작되었다고 할 수 있는 1948년 8월 15일 정부 수립 이후부터 논하는 것이 일반적이다. 따라서 이 장에서는 대한민국정부 수립 이후 현대적 의미의 재난관리 발전과정을 행정 조직과 정책의 변천을 중심으로 살펴보고자 한다.

1948년 8월 15일 대한민국정부 수립 이후 근대적 의미의 우리나라 재난관리 행정조직의 변천을 보면 재난관리 행정에 대한 다양한 시각 차이에 기인한다고 볼 수 있다. 즉, i) 재난관리가 지방행정의 일환인지, 아니면 건설행정의 일환인지, ii) 재난관리를 위한 전담기관이 바람직한지, 아니면 지방행정과 통합운영이 바람직한지에 따라 그 소관부처를 달리하여 왔다.

예를 들어, i) 제1세대는 1948년 8월 15일 대한민국정부 수립부터 1991년 4월 22일까지라고 할 수 있다. 이 시기에는 재난관리를 건설행정의 시각으로 바라보게 된다. 그 후, ii) 제2세대는 1991년 4월 22일부터 2004년 5월 31일까지로 이 시기에는 재난관리를 지방행정의 시각으로 바라보게 된다. 그 이후에는 iii) 제3세대로서 2004년 6월 1일 행정자치부(현 행정안전부) 외청으로 차관급의 재난관리 전담부처로 소방방재청인 설립된 이후, 비록 여러 차례 조직개편의 대상이 되긴 했지만, 전문행정의 일환으로 2014년 11월 19일에는 장관급의 기관인 국민안전처가 설치되는 등 재난안전 전담기관의 필요성에 대한 논의가 지속적으로 이루어져 왔다. 하지만 이러한 국민안전처도 결국 설립된 지 28개월여만인 2017년 7월 26일에 행정안전부로 통합되는 등 아직까지 3세대의 재난안전 행정조직의 모습은 확고하지 못하다. 이러한 세대별 행정조직의 변천과 더불어 재난관리 정책도 꾸준히 발전되어 왔다.

4. 제1세대 재난관리행정: 건설행정(1948.11.4.~1991.4.22.)

4.1 내무부 건설국(1948.11.4.~1961.10.1.)

1948년 8월 15일 대한민국정부 수립 이후, 재난관리업무는 내무부 건설국에서 담당하였다. 이 시기의 재난관리는 비록 지방행정을 관장하는 내무부에서 담당하긴 했지만, 실제 내무부 소속의 건설부서에서 이를 담당함으로써 건설행정의 일환으로 시행되었다고 할 수 있다. 재난관리가 건설행정의 일환으로 추진되었던 이유는 재난관리의 중심이 태풍 등 자연재난발생 후 원활한 복구사업 추진을 위한 것이었기 때문이었다.

이 당시에는 재난관리에 관한 관계법령이 전혀 없는 상태에서 재해발생 후 사안별로 국무회의의 의결을 거쳐 범부처적으로 지원하거나 선례에 준하여 각 부처에서 개별적으로 지원하는 등 제도적으로도 매우 혼란스러운 시기였다.

4.2 국토건설청(1961.10.2.~1962.6.28.)

1961년 5.16 군사정변으로 정부조직이 개편되면서 국민경제 부흥이라는 목적으로 1961년 7월 22일 경제기획원이 신설되고 경제기획원장 산하에 국토건설청이 신설되었다. 하지만 아직 전반적인 재해대책 업무는 내무부의 토목국(건설국이 1955년 2월 17일자로 토목국으로 개편)에서 담당하고 있었으며, 1961년 10월 2일 「정부조직법」의 개정으로 내무부 토목국이 국토건설청으로 흡수되면서 국토건설청 수자원국이 재해대책업무를 관장하게 되었다.

이 당시 1961년 12월 30일에 「하천법」이 제정 · 공포되고 1962년 「제1차 경제개발 5개년 계획」의 착수와 더불어 다목적댐 건설, 농업기반 개발사업, 하천개수사업 등 대규모 치수사업의 계획 · 조사 · 시공 등이 본격적으로 진행되었다.

4.3 건설부(1962.6.29.~1991.4.22.)

1962년 6월 18일에는 국토건설청을 건설부로 확대 개편되고 1963년 7월 10일에는 건설부 수자원국에 방재과가 신설되면서, 정부부처에 재난관리를 전담하는 최초의 부서가 운영되게 되었다. 1974년 7월 4일에는 한강홍수통제소가 개소되었으며, 이후 낙동강, 금강, 섬진강, 영산강에 차례로 홍수통제소를 신설하였다.

한편, 1975년 인도 지나반도가 공산화되는 사태를 겪으면서, 우리 정부는 북한의 남침위험에 대비하여 국민총력 전 태세를 확립하여야 한다는 이유로 민방위제도를 실시하기로 결정하였다. 이후 1975년 7월 23일 정부조직법을 개정하고 같은 해 7월 25일 「민방위기본법」을 제정하여 같은 해 8월 26일 내무부에 민방위본부를 설치하였다.

비록 민방위는 북한의 남침이라는 국가안보에 초점을 맞춘 개념이었지만 "재난으로부터 국민의 생명과 재산"을 보호하는 임무도 주요 기능 중의 하나였다. 하지만 신설된 민방위본부 산하에는 민방위국과 소방국만 있을 뿐 내무부에서 재난관리 업무를 추진할 수 있는 실질적 조직은 없었다. 다만, 민방위대를 통해 내무부가 민관협력에 따른 재난관리 행정업무의 주도권을 가지게 되면서 이 시기부터 재난관리 업무는 내무부와 건설부로 2원화되어 운영되기 시작했다고 볼 수 있다.

이후 건설부의 재난관리 조직은 재해발생 규모와 그 부침을 같이하게 되었다. 먼저, 1977년에 방재기본계획의 수립 및 조사연구를 전담하는 방재계획관이 신설되고 1984년 한강 대홍수, 1987년 태풍 '셀마(Thelma)' 및 중부지방 대홍수 이후 1987년 12월 15일에는 방재과가 방재계획과와 방재시설과로 확대되었다가 이후 2년간 재해가 소강상태를 보이자 1990년 3월 26일에는 이를 다시 방재과로 통합 · 축소하게 된다.

하지만 이 와중에 1990년에는 9월 9~12일에 중부지역에 대규모 호우가 발생하고 한강하류의 일산제방이 붕괴되면서 257명이 사망 · 실종하는 대규모 피해가 발생하게 된다. 이를 계기로 재해대책 업무가 건설부에서 내무부로 이관되는데, 이는 건설부 위주의 재난관리 정책이 지방조직 및 시민사회와의 협력관례를 이끌어내는 데 한계를 나타냄에 따라 이루어진 조치였다. 즉, 지방조직, 시민사회뿐만 아니라 중앙조직까지 협력 및 조정기능을 갖춘 내무부를 통해 중앙재해대책본부의 기능을 보강하여 재난에 대한 종합관리의 기능을 강화하고 재해예방과 응급복구의 효율적인 수행을 하기 위한 조치였다.

이 기간에는 재난관리와 관련된 많은 정책들이 도입되었는데, 1962년 3월 20일에는 재해발생시 이재민 보호를 위해 당시 보건사회부 소관으로 「재해구호법」이 제정되었고, 1962년 6월 16일에는 「풍수해대책위원회」 규정이 공포되어 범부처적인 재해대책 추진의 발판이 만들어졌다. 실제 1963년 6월 22일에는 건설부에서 처음으로 풍수해대책위원회를 개최하여 당시 제4호 태풍 '셜리(Shirley)'에 대한 인명피해 107명, 재산피해 23억 원의 복구계획을 심의하였다.

1967년 2월 28일에는 우리 재난관리 역사상 최초의 재난관리 법률이라고 할 수 있는 「풍수해대책법」이 제정되는데, 그 주요 내용은 국토건설종합계획과의 조정하에 방재기본계획을 수립하도록 하고, 재해발생시 재해응급대책을 총괄 · 조정하고 필요한 조치를 하기 위해 국무총리소속하에 중앙재해대책본부를 두도록 하는 것이다. 이에 따라, 1968년 2월 28일에는 범정부적인 「방재기본계획」이 수립되어 향후 방재정책의 기본틀이 마련된다.

1970년대에는 제3, 4, 5, 6차 경제사회발전 5개년 계획의 일환으로 다목적댐을 건설하고, 하천의 개 · 보수사업을 시행하면서 재해발생을 근원적으로 막기 위한 예방적 차원의 치수사업도 꾸준히 시행하였다.

5. 제2세대 재난관리행정: 지방행정(1991.4.23.~2004.5.31.)

5.1 내무부(1991.3.23.~1998.2.27.)

1990년 9월 9~12일 중부지방에 내린 호우로 발생한 한강하류 일산제방 붕괴가 결정적 계기가 되어 1991년 4월 23일 재난관리업무가 건설부에서 내무부로 이관되면서 우리의 재난관리행정은 과거 건설행정 중심에서 지방행정 중심으로 획기적인 변화를 하게 된다. 당시 건설부에서 방재업무를 담당하던 수자원국의 방재과와 방재계획관을 폐지하고 건설부의 정원 19명(3급1, 5급2, 7급7, 7급5, 기능직4)을 내무부 민방위본부로 편입시키면서 민방위국에 방재과와 방재계획관을 편제하였다. 하지만 이때 건설부에는 여전히 하천관리과를 신설하고 홍수통제 등의 기능을 잔류시키는데 이로 인해 재난관리분야의 치수와 방재가 서로 분리되는 계기가 된다. 이후 1994년 12월 23일에는 방재계획관을 방재국으로 확대 · 개편하고 산하에 방재계획과, 방재대책과 및 재해복구과를 신설함으로써 최초로 방재업무를 담당하는 국단위 조직이 탄생하였다.

또한, 1990년대의 재난관리 역사 중 중요한 부분은 인적재난에 대한 범정부적 재난관리조직의 신설이라고 할 수 있다. 그간 국가 재난관리는 주로 자연재해대책에 국한되었고 인적재난에 대한 중앙조직은 소관 부처별로 계단위의 조직에서 담당하여 왔다. 하지만 1994년 성수대교 붕괴, 1995년 대구 지하철 공사장 폭발 및 삼풍백화점 붕괴 등 각종 대형 인적재난 사고가 빈발하게 됨에 따라 더 이상 이를 방치할 수 없다는 국민적 공감대에 따라 1995년 7월 18일 인적재난에 관한 「재난관리법」을 제정하고 10월 19일 정부조직법을 개정하여 관련조직을 보강하였다.

그 주요 내용을 살펴보면 국무총리실에 국가 재난관리업무를 총괄 · 조정하는 안전관리심의관실 설치, 내무부 민방위본부를 민방위재난통제본부로 개편한 후 재난관리국 신설, 통상산업부에는 가스안전관리 업무를 수행하기 위해 가스안전심의관실 설치, 건설교통부에는 건축물, 교량 등 시설물의 안전관리를 위하여 '건설안전심의관실'을 설치하는 것 등이다. 또한, 시 · 도에는 민방위국을 민방위재난관리국으로 확대개편하였고 '재난관리과'를 신설하였으며, 시 · 군 · 구에는 민방위과를 '민방위재난관리과'로 확대개편하고 '재난관리계'와 '안전지도계'를 신설하였으며, 모든 시 · 도에 효율적이고 기동성 있는 안전점검을 위하여 '안전점검기동반'을 설치하였다. 또한, 이때 자연재해 · 재난의 예방, 방재정책의 연구 및 방재기술의 개발을 위해

‘국립방재연구소’를 신설하였고 긴급구조업무를 체계적으로 수행하기 위하여 중앙소방학교에 두었던 중앙119구조대를 별도의 소속기관으로 개편하였다.

정책측면에서는 1995년 1월 5일에는 기존의 「하천법」의 적용 또는 준용을 받지 아니하는 비법정 하천인 소하천의 체계적인 정비를 위한 제도적 장치마련을 위해 「소하천법」이 제정되었으며, 1995년 1월 17일 일본 고베에서 규모 7.2의 지진으로 대규모 피해가 발생하자 그해 1월 27일 범정부적 「제1차 지진방재종합대책」을 마련하고 지진방재대책을 법제화하기 위해 그해 12월 6일 기존의 「풍수해대책법」을 폐지하고 「자연재해대책법」을 제정되었다.

또한, 1995년 7월 18일 제정된 인적재난에 관한 「재난관리법」에서는 인적재난관리에 대한 총괄기구로 중앙엔 국무총리가 위원장이 되는 중앙안전대책위원회를, 대형재난에 대해서는 주무부처에 중앙사고대책본부를 설치하도록 하는 등 인적재난의 예방과 수습에 필요한 재난관리체제의 구축과 재난발생시 긴급구조구난 체계의 확립을 위한 법적근거를 마련하였다.

5.2 행정자치부(1998.2.28.~2004.5.31.)

1997년 말 불어닥친 경제난으로 인하여 IMF체제에 돌입하였고 이후 집권한 김대중 정부는 정부조직의 구조조정에 착수하여 1998년 2월 28일 총무처와 내무부를 행정자치부로 통합되고 내무부에서 관장하던 국가 재난관리 기능은 행정자치부로 흡수 통합되었다. 이 과정에서 재난관리부서가 축소 · 조정되었고 더욱이 1998년 이후 대형재난이 발생하지 않자 재난분야의 관심이 더욱 소홀해지는 현상이 발생하였다.

행정자치부로 출범한 1998년 2월 민방위국과 재난관리국을 통합하면서 재난관리국의 재난총괄과를 폐지하고 민방위재난관리국에 두었으며, 다음 해인 1999년 5월에는 민방위재난관리국과 방재국이 민방위방재국으로 통합하면서 방재국을 없애는 대신 민방위방재국안의 방재관으로 대체하고 기존 민방위재난관리국의 안전지도과를 폐지하여 1995년 인적재난에 대한 국가 재난관리업무를 수행하기 위해 신설되었던 국단위 조직이 4년이라는 짧은 기간에 결국 1개 과단위 조직으로 축소 · 개편되게 되었다.

이후 1999년 7월 31일~8월 2일 기간에 경기 및 강원 북부 등 일부 지역에서 국지성 집중호우가 발생하여 막대한 인명과 재산피해가 발생하자 당시 김대중 대통령의 지시에 따라 대통령비서실 직속으로 수해방지대책기획단을 설치, 그간의 수해대책을 분석 · 평가하고 각계의 의견을 수렴하여 향후 10년간에 걸쳐 추진할 종합대책을 마련하였다. 그 후속조치로 2000년 6월 7일에는 자연재해업무의 추진체계를 개편하기 위하여 민방위방재국장 밑에 두던 방재관을 민방위재난통제본부장 직속으로 이동시켜 민방위방재국장의 분장사무 중 자연재해업무를 분리하여 관장하였으며, 이에 따라 민방위방재국의 명칭을 민방위재난관리국으로 변경하였다.

이후 2002년 8월 30일~9월 1일의 기간에는 태풍 '루사(Rusa)'가 발생하여 인명피해 246명, 재산피해 5조 1,479억 등 막대한 피해가 초래되었다. 이뿐만 아니라 2003년 2월 18일에 발생한 대구 지하철 방화 사고는 사망 192명, 부상 148명의 엄청난 인명피해를 초래하여 국가 재난관리의 총체적인 부실문제가 제기되었다. 이로 인하여 당시 노무현 대통령은 참여정부가 집권하고 난 후 첫 번째로 열린 2003년 3월 4일 국무회의에서 국가 재난관리 전담기구 신설을 주문하게 되었다.

하지만 국가 재난관리 전담기구의 신설은 이해당사자 간 충돌로 인해 많은 한계성을 드러냈다. 재난관리 전담기구 설치와 관련하여 소방관계자들은 적극적으로 환영하였으나 방재분야 관계자들은 "방재업무는 부처 총괄 · 조정기능을 수행하고 자치단체에 대한 지휘 · 감독, 지원기능을 수행하는 관계로 차관급 기관으로는 효율적인 재난관리가 곤란하다"며 '청' 단위 기관신설에 대해 부정적 입장을 내놓았으며, 여기에 민방위분야 관계자들도 민방위는 국가안보적 성격이 강한 업무로서 국방부와 비상기획위원회와의 관계를 고려할 때, '부' 단위에서 처리하는 것이 바람직하다는 의견을 제기하였다. 여기에, 전담기관의 명칭, 청장직위에 대한 소방공무원 포함여부 등 행정자치부 내에 일반직과 소방직 간의 갈등이 정치권의 갈등과 연계됨에 따라 그 갈등 관계는 악화일로의 상황에 치닫게 되었다.

이 과정에서 2004년 3월 11일 과거 「재난관리법」을 완전 대체하고 「자연재해대책법」의 일부 내용을 포함하는 한편, 재난의 범위에 에너지, 통신 등 국가기반체계의 마비 등으로 인한 피해를 포함[1)]하는 등을 주요 내용으로 「재난 및 안전관리기본법」을 제정 · 공포하게 되었다. 이와 함께 기존 자연재난과 인적재난으로 분리 · 운영되던 분야별 최고의사결정기구 및 비상대책기구의 통합도 이루어졌는데, 기존 자연재난 분야의 중앙재해대책위원회 및 중앙재해대책본부와 인적재난 분야의 중앙안

---

1) 2003년 5월에 발생한 화물연대 파업사태를 계기로 범국가 차원의 사회적 재난에 대한 관리체계 구축의 필요성이 제기됨에 따라 정부는 재난의 범주에 이러한 사회적 재난을 포함시켰다.

전대책위원회 및 중앙사고대책본부를 각각 국무총리가 위원장인 중앙안전관리위원회와 행정자치부장관이 본부장인 중앙재난안전대책본부로 일원화되고 주무부처에는 중앙사고수습본부를 두며, 소방방재청장이 단장인 중앙긴급구조통제단을 설치할 수 있도록 하였다.

6. 제3세대 재난관리행정: 전문행정(2004.6.1~현재)

6.1 소방방재청과 행정자치부(2004.6.1.~2008.2.28.)

많은 한계와 갈등에도 불구하고 2004년 6월 1일 행정자치부 내의 기존 민방위재난통제본부를 소방방재청으로 승격시키는 정도의 매우 제한적인 조직개편이 이루어졌다.

기존 행정자치부 민방위재난통제본부 시절과 비교해 볼 때, 공통부서를 담당하는 인원을 제외하고는 거의 증원이 이루어지지 않았다. 또한, 각종 법령제출권이 각부 장관에 있음을 감안하여 각종 제도기능은 행정자치부에 존치시키고 일반 집행적 기능만을 소방방재청에 이관하는 수준의 불안전한 재난관리전담기관으로 탄생하였다. 특히 전력, 통신 등 사회적 재난의 총괄 · 조정 기능과 관련하여 행정안전부가 그 업무를 맡게 됨에 따라 국가의 재난관리체계는 이원화될 수밖에 없었다.

이 기간 동안 많은 갈등과 좌절이 경쟁과 기회의 싹을 틔우면서 재난관리행정의 많은 발전도 이루어졌다. 특히, 이 기간 법률의 제 · 개정이 많이 이루어졌는데, 전부개정 또는 제정된 법률만을 중심으로 살펴보면 다음과 같다.

- 기존 「자연재해대책법」의 재해 대비 · 대응 관련 조항의 많은 부분이 새로 제정된 「재난 및 안전관리기본법」에 흡수 · 통합됨에 따라 재해유형별로 근원적인 재해예방 · 체계적 복구 그 밖의 대책에 관한 제도적 장치를 강화하기 위해 「자연재해대책법」 전부개정(2005년 1월 27일)
- 자연재해로 인하여 생활터전을 잃은 국민의 생존권을 보장하기 위하여 시행되고 있는 기존 피해지원제도가 국가재정운영의 부담가중, 지원 규모 및 대상의 지속적인 확대요구 등 문제점을 야기함에 따라, 이를 보완 · 대체하기 위한 풍수해보험제도 도입을 위해 「풍수해보험법」 제정(2006년 3월 3일)
- 1962년 3월 20일에 제정되어 보건복지부에서 관장하던 「재해구호법」 등 재해

구호에 관한 업무가 소방방재청으로 이관됨에 따라 주요 내용을 재정리하고 의연금품 모집을 위한 허가절차 규정, 의연금품의 공평하고 적절한 배분을 위하여 배분위원회 구성 · 운영 등 이재민 구호와 생활안정에 필요한 사항을 정하기 위해 「재해구호법」 전부개정(2007년 1월 26일)

- 민간기업이 자연재난으로부터 안정적인 기업활동을 유지할 수 있도록 우리 실정에 맞는 기업 재난관리제도를 도입하기 위한 「재해경감을 위한 기업의 자율활동지원에 관한 법률」 제정(2007년 7월 19일)
- 급경사지에 대한 안전점검, 붕괴위험지역의 지정 · 관리, 붕괴위험지역 정비 중기계획 등의 수립 · 시행, 급경사지에 관한 정보체제의 구축 등에 관한 사항을 정하여 급경사지 붕괴 등의 위험으로부터 국민의 생명과 재산을 보호하기 위해 「급경사지 재해예방에 관한 법률」 제정(2007년 7월 27일)
- 지구온난화 등에 따라 태풍 · 집중호우 등이 빈발하고 급격한 도시화 · 산업화로 인하여 그 피해규모가 대형화되고 있어 재해의 근원적 예방과 항구적 복구 등을 위하여 재해위험지구의 개선에 필요한 재해방지대책 등에 관한 사항을 규정하기 위해 「재해위험 개선사업 및 이주대책에 관한 특별법」 제정(2007년 8월 3일)
- 지진과 지진해일의 관측 · 예방 및 대비, 내진대책, 지진에 관한 대응 및 지진재해경감을 위한 연구 · 기술개발 등에 관한 사항을 규정하여 지진 등의 위험으로부터 국민의 생명과 재산을 보호하려는 목적으로 「지진재해대책법」 제정(2008년 3월 28일)
- 전국에 산재해 있는 저수지 · 댐이 용도별로 관리주체가 분산되어 정부의 총괄 · 조정역할 기능과 표준화된 안전기준 등 제도적 장치가 미비하여 체계적인 안전관리를 도모하고 재해예방에 효율적으로 대처하기 위해 「저수지 · 댐 안전관리 및 재해예방에 관한 법률」 제정(2008년 6월 5일)

이 시기에 또 하나 주목해야 할 사항은 국가안전보장회의(National Security Council; NSC)가 국가 재난관리에서 맡은 부분적 컨트롤타워로서의 역할인데, 국가안전보장회의 내에 설치된 위기관리센터가 안보 분야뿐 아니라 재난 분야를 포괄하는 총괄 조정 기능을 수행했다는 것이다(정지범, 2012). 위기관리센터는 첨단화된 전자적 시스템을 구비하고 관련기관의 상황정보 네트워크와 연결하여 위기상황에 대해 실시간으로 대응할 수 있도록 노력하였다.

이를 통해 수집 · 종합한 징후와 상황에 대해서는 관련기관과 공동으로 평가하고 필요한 경우 해당경보(관심, 주의, 경계, 심각)를 발령할 수 있는 권한을 가지게 되었다. 관계부처와 협조하여 자연 및 인적재난을 포함하여 국가차원에서 관리해야 할 위기유형 33개를 선정하고 유형별로 표준화된 조치가 가능토록 하였으며 이를 유형별 매뉴얼에 반영하였다.

또한, 「재난 및 안전관리기본법」 제정에 따라 많은 제도적 변화가 이루어졌는데, 1977년부터 수립되어 온 자연재난분야의 '방재기본계획'과 1996년부터 수립되어 온 인적재난분야의 '국가재난관리계획'이 5년 주기의 '국가안전관리기본계획'로 통합되어 중앙부처의 집행계획, 시 · 도 및 시 · 군 · 구의 '안전관리계획', 재난관리책임기관의 '세부집행계획'으로 수립하여 추진되었다. 2005~2009를 목표연도로 하는 제1차 '국가안전관리기본계획'이 2004년 11월 24일 '중앙안전관리위원회'에서 심의 · 의결되었다.[2)]

6.2 소방방재청과 행정안전부(2008.2.29.~2013.3.22.)

2008년 2월 25일 출범한 이명박 정부는 효율성과 통합성을 강조하는 '대부처주의'를 표방하고 '통합적 재난 · 안전관리체계 구축'을 국정과제[3)]로 확정하면서 재난관리체계의 통합을 추진하였다. 이 시기에 주목할 만한 것은 행정안전부의 재난관리 권한강화라고 볼 수 있는데, 종전까지는 행정안전부에서 사회적 재난에 국한하여 총괄 · 조정기능을 갖던 것에서 벗어나 차관급의 비상기획위원회가 수행하던 비상대비 업무 기능을 흡수하여 국장국의 안전정책관실을 실장급의 재난안전실로 확대개편하였다. 이뿐만 아니라 행정안전부는 승강기안전에 관한 업무를 당시 지식경제부에서 이관받고 각종 안전문화 기능도 강화하였으며 재난관리 총괄기능으로서 중앙안전관리위원회의 간사 역할을 이전 소방방재청장에서 행정안전부 장관이 수행하게 되었다.

이를 통해 행정안전부는 재난 및 안전, 민방위, 비상대비업무 분야의 정부 업무 전반에 대한 총괄 및 통합지원 기능을 전담하게 된다. 이는 군사적 성격의 민방위, 비상대비 기능을 재난 · 안전 기능과 통합하려는 시도로서 미국의 국토안보부 설립

2) 제1차 국가안전관리기본계획은 '국민이 편안하고 안전한 사회 구현(Safe Korea)'을 기조로 ① 종합적 예방대책 수립, ② 통합적 대비대책 구축, ③ 신속한 대응대책 강화, ④ 항구적 복구대책 강구 등 4개 기본방향 및 주요정책 등으로 구성되었다(제1차 국가안전관리기본계획, 2004).

3) 일반적으로 새로운 정부는 대통령인수위원회 운영을 통해 국정목표-국정전략-국정과제를 발표하게 된다.

등과 같이 위기관리분야의 통합조직을 만드는 전 세계적 흐름과 일치한다고 볼 수 있다. 하지만 이를 통해 2004년 6월 1일 국가재난관리전담기관으로 출범한 소방방재청의 역할은 상대적으로 축소되었다(정지범, 2012).

이외에도 이명박 정부는 출범하자마자 국가안전보장회의의 사무처를 폐지하고 과거 그 소속의 위기관리센터에서 수행하던 각종 위기상황에 대한 매뉴얼 관리, 경보 발령 등 기능을 행정안전부로 이관하게 된다. 이를 통해 노무현정부에서 부분적 재난관리 컨트롤타워 역할을 하던 국가안전보장회의 사무처 내의 위기관리센터의 재난관리 기능이 없어지면서 이는 2014년 4월 16일 300여 명의 생명을 앗아간 세월호 참사 시 청와대의 재난관리 컨트롤타워 기능부재에 대한 논란을 야기하게 되었다.

이 기간 동안 국가재난안전관리의 기본계획으로 목표연도 2010~2014년의 제2차 '국가안전관리기본계획'이 2009년 12월 15일 '중앙안전관리위원회'에서 심의 · 의결[4]되었다.

6.3 소방방재청과 안전행정부(2013.3.23.~2014.11.18.)

박근혜 정부는 5대 국정목표의 4번째로 "안전과 통합의 사회"를 세우고 국정전략으로 "재난 · 재해 예방 및 체계적 관리"[5]를 세웠을 정도로 안전을 강조하였다. 그간 그 어떤 정부도 안전을 국정목표에 넣은 적이 없는 것을 고려할 때, 당시 재난안전 분야에서는 획기적인 조치로 평가되었다. 이를 위해 기존 행정안전부의 명칭을 안전행정부로 변경하였으며, 국민안전대책뿐만 아니라 범부처적인 안전정책실무회의를 정기적으로 개최할 정도로 국민안전의 중요성을 강조하였다.

하지만 안전행정부는 그 출범취지에 비해 여러 가지 한계성을 나타내었다. 먼저, 재난안전업무의 강화를 내세우면서도 해당업무를 전문성이 부족한 기존인력들이 그대로 담당하면서 전문성부족의 문제가 발생하였다. 사실 2004년 소방방재청이 당시 행정자치부에서 분리되면서 재난안전 인력은 이미 소방방재청으로 거의 대부분 이체된 상태였다.

이뿐만 아니라 역설적으로 안전행정부의 기능강화는 이명박 정부와 마찬가지로

---

4) 제2차 국가안전관리기본계획은 'OECD 수준의 안전 선진국 실현'을 비전으로 ① 선진 안전문화 정착, ② 안전한 국민생활환경 보장, ③ 재해로부터 기업안전 확보, ④ 안정적 국가기반체계 유지, ⑤ 효율적인 재난관리체계 운영 등 5대 목표 및 9대 추진전략 등으로 구성되었다(제2차 국가안전관리기본계획, 2009).

5) 해당 국정전략에 따라 다수의 재난 · 재해에 관련된 국정과제도 발표되었다.

국가재난관리전담기관으로 출범한 소방방재청의 기능약화를 초래하게 되었고 범정부적으로 볼 때 소방방재청의 전문인력은 활용되지 못한 채로 비효율적으로 운영되었다. 이러한 안전행정부의 운영상 문제점은 2014년 4월 16일 304명의 사망 · 실종자를 낸 세월호 사고 이후 재난안전관리 컨트롤타워로서 역량에 비판을 받게 되었고 결국 2014년 11월 19일 출범한 국민안전처에 재난안전 총괄기능을 이양하고 지방자치행정 중심의 행정자치부로 다시 환원하게 되는 계기가 되었다.

6.4 국민안전처(2014.11.19.~2017.7.25.)

우리나라 재난관리 발전과정 중 가장 획기적인 변화이면서 재난관리전담기관으로서의 완성된 형태는 2014년 11월 19일에 단행된 정부조직법 개정에 따른 국민안전처의 출범이다. 2014년 4월 16일 인천에서 출발해 제주로 가던 여객선 세월호가 진도 앞바다에서 침몰되는 사고가 발생하였는데, 승객 476명 중 무려 304명이 사망 · 실종하는 사고가 발생하였다. 대검찰청 수사결과(2014)에 따르면 사고의 직접적인 원인은 "선사의 무리한 증축과 과적으로 복원성이 악화된 상태에서 조타미숙으로 배가 변침됐고, 제대로 고박되지 않은 화물이 한쪽으로 쏠리면서 복원성을 잃고 침몰한 것"이었는데, 당시 한국사회는 직접적 원인 외에 국가재난안전관리시스템의 근본적 문제점을 살펴보게 된다.

예를 들어, 불법과적 등 이미 안전에 많은 문제가 예견되었는데도 불구하고 감독을 책임지는 누구도 이를 바로잡지 못했고, 최후까지 승객의 안전을 책임져야 하는 선장 등 승무원은 수백명의 승객을 버리고 도망을 치는 무책임한 행동을 취했다. 당시 박근혜 대통령은 사회적으로 형성된 국민적 공감대에 따라 국가재난안전관리시스템에 대한 전면적 개선책 마련을 지시하게 되었고 같은 해 5월 19일 대국민 담화에서 "국가안전처를 만들어 각 부처에 분산된 안전관련 조직을 통합하고 지휘체계를 일원화하여 육상과 해상에서 일어나는 모든 유형의 재난에 대해 현장중심으로 대응할 수 있는 체계를 만들겠다"고 발표하게 된다.

이에 따라 정부는 안전행정부의 안전관리 기능, 소방방재청의 재난관리 기능, 그리고 해양경찰청 기능 중 수사 · 정보를 제외한 구조 · 구난 · 경비기능을 포함하는 장관급의 (가칭)국가안전처 창설을 골자로 정부조직법 개정을 추진하게 된다. 하지만 이 개정안을 놓고 국회 내에서 여야 간 의견이 대립되게 되는데, 주요 내용을 살펴보면 야당에서는 정부조직 중 '처' 단위 조직은 독자성과 행정력을 충분히 갖추지 못하므로 '부' 단위의 (가칭)국민안전부를 신설하여야 하고 그 외청으로 소방직의 국가직화를 전제로 소방청과 기존 해양경찰청을 두는 것으로 그 의견을 달리하게 된다(새정치민주연합, 2014). 특히, 정부는 해경에 대해 수사·정보기능을 경찰청에 이관하겠다는 방침이었지만 야당에서는 이의 존치를 주장하였으며, 국가 재난관리 컨트롤타워에 대해서도 정부는 신설될 국가안전처가 그 역할을 맡도록 하겠다는 방침이었지만 야당에서는 과거 노무현정부 때를 인용하면서 국가안전보장회의(NSC)의 재난관리분야 컨트롤타워로서의 역할확대를 주장하였다.

이후 국회에서는 여야 간의 합의로 기존 소방방재청과 해양경찰청을 해체하고 안전행정부의 재난안전기능을 통합하여 국무총리 직속으로 처장이 장관인 국민안전처를 신설하되, 그 소속으로 차관급[6]의 중앙소방본부와 해양경비안전본부를 두는 것을 합의하게 되고 2014년 11월 19일 정부조직법이 개정·공포되게 된다. 이때 야당의 의견을 받아들여 개정된 정부조직법에 부대의견으로 중앙소방본부와 해양경비안전본부는 장관의 지휘하에 인사와 예산의 독자성을 갖도록 규정하였다. 또한, 개정된 정부조직법과는 별도로 대통령비서실에는 재난안전비서관을 신설하여 재난안전 분야에 대한 대통령 보좌기능도 강화하였다.

2014년 11월 19일에 공식적으로 출범한 국민안전처는 1차관, 2본부, 4실, 19국(관), 76과(담당관), 12개 소속기관과 총 10,039명(본부 1,031명, 소속 9,008명)으로 구성되었다. 주요 기능과 조직을 살펴보면 안전행정부의 안전관리 기능과 소방방재청의 재난관리 기능은 각각 '안전정책실'과 '재난관리실'로 개편되었고, 항공·에너지·화학 등 분야별 특수재난에 대응하기 위해 '특수재난실'이 신설되었다.

특히, 대통령이 대국민 담화에서 신설을 약속한 특수기동대는 전국 어디서나 육상은 30분, 해상은 1시간 이내에 재난현장에 도착할 수 있도록 육상은 '중앙119구조본부'에 수도권, 영남, 충청·강원, 호남 등 4개의 119특수구조대를 두고, 해상은 '중앙해양특수구조단' 외에 동해, 남해 등 2개 해양특수구조대를 추가로 두도록 하였다.[7]

당초 정부조직 개편과정에서 논의되었던 해경 사건의 수사와 정보에 대한 기능 일체를 경찰청으로 이관하는 대신에 해상에서 발생하는 사건에 한해서는 해양경비

6) 이에 따라 중앙소방본부장은 소방총감이, 해양경비안전본부장은 치안총감이 맡도록 하였다.

7) 육상의 경우, 기존 소방방재청의 '중앙119구조본부'의 119수도권지대를 119특수구조대로 확대·개편하였으며 나머지 영남, 충청·강원, 호남의 특수구조대는 단계적으로 신설되었다. 해상의 경우, 기존 남해해양특수구조단을 '중앙해양특수구조단'으로 확대·개편하고 이후 동해와 서해에 특수구조대를 추가로 신설하였다.

안전본부에 존치토록 하였으며, 해양수산부의 항만 해상교통관제센터(VTS)도 국민안전처로 이관하여 분리운영되던 항만과 연안의 VTS 기능을 일원화하였다.

하지만, 국민안전처는 세월호 참사 이후 정치적으로 급조되다 보니 여러 가지 한계점을 드러냈다. 일반행정, 소방행정, 해양경찰의 3개 독립조직이 하나의 조직으로 융합되는데 한계를 나타내 '따로국밥'이라는 지적을 받기도 했으며, 재난안전에 대한 다른 부처 및 지자체를 총괄 · 조정하기에는 법 · 제도적 권한을 갖추지 못해 인사 · 조직권을 가지고 다른 부처 및 지자체에 영향력을 행사할 수 있었던 안전행정부로 회귀는 희망하는 볼멘소리가 나오기도 했다(정진수, 2022).

6.5 행정안전부(2017.7.26.~현재)

2017년 5월 문재인 정부가 출범한 후 재난관리 조직은 또 한 번의 변화를 경험하게 된다. 문재인 정부 출범 이후 이루어진 2017년 7월 26일 정부조직법 개정에서 역사상 최초의 장관급의 재난관리 전담부처인 국민안전처는 2년 8개월 만에 다시 폐지되고 행정안전부의 차관급 재난안전관리본부로 축소된다. 정부조직법 개정안에서 밝힌 개편사유는 "국가 재난에 대한 대응 역량을 강화하고 안전에 대한 국가와 지방자치단체 간 유기적 연계가 가능"토록 하기 위한 목적이라고 밝히고 있으나 재난관리 전담부처의 운영이라는 역사적 맥락 속에서는 아쉬운 조치였다.

국민안전처는 세월호 참사 직후 해양경찰청의 해체와 함께 창설된 조직이었다. 최초의 재난안전을 전담하는 장관급 기구라는 의미가 있었지만 치밀한 준비 없이 출범하는 바람에 제대로 된 기능과 역할을 수행할 만한 토대가 마련되지 못했다. 재난안전의 총괄조정 부처의 위상에 걸맞는 법률적 권한과 조직, 재정적 뒷받침 등이 이루어지지 못했고 지방자치단체와의 연계를 위한 제도적 장치도 구비되지 못했다. 이에 반해 국민과 언론이 거는 기대는 높았다.

이 개편에서 기존 국민안전처에 중앙소방본부와 해양경비안전본부로 운영되고 있던 소방과 해경조직은 행정안전부 외청의 소방청과 해양수산부 외청 해양경찰청으로 독립하게 된다. 소방청은 소방역사상 최초의 독립부처로서의 승격을 의미한다. 다만, 해양경찰청의 독립은 세월호 참사 이후 해체된 후 복원이었으며, 특히, 해양산업에 대한 진흥업무를 하는 해양수산부로의 복귀가 해양안전을 위한 규제업무를 담당하는 해양경찰청의 성격과 상충될 수 있어서 소속부처를 행정안전부로 변경해야 한다는 의견도 첨예하게 제기되었다.

7. 요약 및 결론

이 장에서는 1948년 8월 15일 대한민국정부 수립 이후 재난관리행정의 변천과정을 살펴보았다. 우리나라 재난관리행정의 변천은 크게 대형재난발생 후 후속조치로 조직개편을 추구하거나 정권교체에 따른 조직개편으로 나뉜다. 이때마다 재난관리 행정을 바라보는 시각의 차이가 발생하게 되는데, 크게 재난관리가 i) 지방행정의 일환인지, 건설행정의 일환인지 그리고 ii) 재난관리를 위한 전담기관이 바람직한지 지방행정과 통합운영이 바람직한지에 따른 것이었다. 이에 따라, 우리나라 재난관리 행정의 역사는 크게 3세대, 즉 건설행정의 일환으로 추진된 재난관리 1세대, 지방행정의 일환으로 추진된 재난관리 2세대 그리고 재난관리 전담조직의 운영을 시도한 제3세대로 구분된다.

✍ 재난 이야기: 세월호 참사 이후 대통령 담화

우리의 재난관리 역사상 가장 큰 조직 및 정책변화는 세월호 참사(2014년 4월 16일) 이후 이루어진 대통령 대국민 담화의 후속조치로 이루어졌다. 당시 박근혜 정부는 세월호 참사가 발생하지 1달여가 지난 2014년 5월 29일 국민안전처 신설 등을 담은 대국민 담화를 발표하게 된다. 그 전문은 다음과 같다.

[박근혜 대통령 대국민 담화 전문]

존경하는 국민 여러분, 세월호 침몰사고가 발생한 지 오늘로 34일째가 되었습니다. 온 국민이 소중한 가족을 잃은 유가족들의 아픔과 비통함을 함께하고 있습니다. 국민의 생명과 안전을 책임져야 하는 대통령으로서 국민 여러분께서 겪으신 고통에 진심으로 사과드립니다.

국민 여러분, 지난 한 달여 동안 국민 여러분이 같이 아파하고 같이 분노하신 이유를 잘 알고 있습니다. 살릴 수도 있었던 학생들을 살리지 못했고 초동대응 미숙으로 많은 혼란이 있었고 불법과적 등으로 이미 안전에 많은 문제가 예견되었는데도 바로 잡지 못한 것에 안타까워하고 분노하신 것이라 생각합니다.

채 피지도 못한 많은 학생들과 마지막 가족여행이 되어버린 혼자 남은 아이, 그밖에 눈물로 이어지는 희생자들의 안타까움을 생각하며 저도 번민으로 잠을 이루지 못한 나날이었습니다. 그들을 지켜주지 못하고 그 가족들의 여행길을 지켜주지 못해 대통령으로서 비애감이 듭니다.

이번 사고에 제대로 대처하지 못한 최종 책임은 대통령인 저에게 있습니다.

그 고귀한 희생이 헛되지 않도록 대한민국이 다시 태어나는 계기로 반드시 만들겠습니다. 이번 세월호 사고에서 해경은 본연의 임무를 다하지 못했습니다.

사고 직후에 즉각적이고 적극적으로 인명구조활동을 펼쳤다면 희생을 크게 줄일 수도 있었을 것입니다.

해경의 구조업무가 사실상 실패한 것입니다. 그 원인은 해경이 출범한 이래 구조구난 업무는 사실상 등한시하고 수사와 외형적인 성장에 집중해 온 구조적인 문제가 지속되어 왔기 때문입니다. 해경의 몸집은 계속 커졌지만 해양안전에 대한 인력과 예산은 제대로 확보하지 않았고 인명구조훈련도 매우 부족했습니다. 저는 이런 구조적인 문제를 그냥 놔두고는 앞으로도 또 다른 대형사고를 막을 수 없다고 판단했습니다.

그래서 고심 끝에 해경을 해체하기로 결론을 내렸습니다. 앞으로 수사정보기 등은 경찰청으로 넘기고 해양 구조구난과 해경 경비업무는 그 분야는 신설하는 국가안전처로 넘겨서 해양안전의 전문성과 책임을 대폭 강화하겠습니다.

국민 안전을 최종 책임져야 할 안전행정부도 제역할을 다하지 못했습니다. 안전행정부의 핵심기능인 안전과 인사조직 기능을 안행부에서 분리해서 안전업무는 국가안전처로 넘겨 통합하고 인사조직 기능도 신설되는 총리 소속의 행정혁신처로 이관하겠습니다. 그래서 안행부는 행정자치업무에만 전념토록 하겠습니다.

해경을 지휘감독하는 해수부도 책임에서 자유롭지 못합니다. 해수부의 해양교통관제센터는 국가안전처로 넘겨 통합하고 해수부는 해양산업 육성과 수산업 보호 및 진흥에 전념토록 해서 각자 맡은 분야의 전문성을 최대한 살려내는 책임행정을 펼쳐나가도록 하겠습니다.

이런 내용을 담은 정부조직법 개정안을 조만간 국회에 제출하겠습니다.

국민 여러분, 그동안 정부는 우리 사회의 비정상적인 관행과 제도를 바꿔서 정상화하기 위한 개혁작업을 진행해 왔습니다. 이 개혁작업을 서둘러 진행해서 이런 잘못된 관행들을 미리 끊어버리지 못하고 국민 여러분께 큰 아픔을 드리게 된 것이 가슴에 크나큰 회한으로 남습니다. 이번 사고는 오랫동안 쌓여온 우리 사회 전반에 퍼져 있는 끼리끼리문화와 민관유착이라는 비정상의 관행이 얼마나 큰 재앙을 불러올 수 있는지를 보여주고 있습니다.

평소에 선박심사와 안전운항지침 등 안전 관련 규정들이 원칙대로 지켜지고 감독이 이루어졌다면 이번 참사는 발생하지 않았을 것입니다. 해운사들의 이익단체인 해운조합에게 선박의 안전관리 권한이 주어지고 퇴직 관료들이 그 해운조합에 관행처럼 자리를 차지해 왔습니다. 선박 안전을 관리, 감독해야 할 정부와 감독대상인 해운사들 간에 이런 유착관계가 있는 한 선박 안전관리가 제대로 될 수 없었던 것은 자명한 일입니다. 20년이 다 된 노후선박을 구입해서 무리하게 선박구조를 변경하고 적재중량을 허위로 게재한 채 기준치를 훨씬 넘는 화물을 실었는데 감독을 책임지는 누구도 잘못된 부분을 바로잡지 않았습니다.

이러한 민관유착은 비단 해운분야뿐만이 아니라 우리 사회 전반에 수십 년간 쌓이고 지속되어온 고질적인 병폐입니다. 지금 정부가 추진하고 있는 비정상의 정상화 개혁을 반드시 이루어내서 국민의 생명을 담보로 끼리끼리 서로 봐주고 눈감아주는 민관유착의 고리를 반드시 끊어내겠습니다. 그래서 지금 문제가 되고 있는 관피아 문제를 해결하겠습니다.

우선 안전감독업무, 이권이 개입할 소지가 많은 인허가 규제업무 그리고 조달업무와 직결되는 공직유관단체 기관장과 감사직에는 공무원을 임명하지 않을 것입니다. 다른 기관에 대한 취업도 더욱 엄격하게 제한할 것입니다.

현재 퇴직공직자 취업제한규정이 있지만 최근 3년간 심사대상자 중 7%만이 제한을 받을 정도로 규정의 적용이 미약한 실정입니다. 이번 사고와 관련이 있는 해운조합이나 한국선급은 취업제한 심사대상에 들어 있지도 않았습니다. 앞으로 이와 같이 취업제한대상이 아니었던 조합이나 협회를 비롯해서 퇴직공직자의 취업제한 대상기관 수를 지금보다 3배 이상 대폭 확대하겠습니다.

또한 취업제한기간을 지금의 퇴직 후 2년에서 3년으로 늘리고 관피아의 관행을 막기 위해 공무원 재임 때 하던 업무와의 관련성 판단기준도 고위 공무원의 경우 소속 부서가 아니라 소속기관의 업무로 확대해서 규정의 실효성을 대폭 높일 것입니다. 고위 공무원에 대해서는 퇴직 이후 10년간 취업기간 및 직급 등을 공개하는 취업이력공시제도를 도입할 것입니다.

이런 내용을 담은 공직자윤리법의 개정안을 정부입법으로 바로 국회에 제출하겠습니다.

그리고 전현직 관료들의 유착고리를 끊는 것이 중요한데 지금 정부가 제출한 일명 김영란법으로 불리는 부정청탁 금지법안이 국회에 제출되어 있습니다.

국회에 조속한 통과를 부탁드립니다.

지금 우리 공직사회는 폐쇄적인 조직문화와 무사안일이라는 문제를 안고 있습니다. 창의성에 기반한 21세기 경쟁에서 살아남으려면 우리 공직사회를 근본적으로 바꾸기 위한 개혁이 필요합니다. 저는 관피아의 폐해를 끊고 공직사회를 근본적으로 개혁하기 위해 공무원이 되는 임용부터 퇴직에 이르기까지 개방성과 전문성을 갖춘 공직사회로 혁신하려고 합니다. 이를 위해 민간 전문가들이 공직에 보다 많이 진입할 수 있도록 채용방식을 획기적으로 바꾸겠습니다.

민간 전문가 진입이 보다 용이하도록 5급 공채와 민간경력자 채용을 5:5의 수준으로 맞춰가고 궁극적으로는 과거 고시와 같이 한꺼번에 획일적으로 선발하는 방식이 아니라 직무능력과 전문성에 따라 필요한 직무별로 필요한 시기에 전문가를 뽑는 체제를 만들어가겠습니다. 현재 과장급 이상의 직위에 민간전문가가 들어올 수 있도록 개방형 충원제도의 시행하고 있지만 결국 공무원들만 다시 뽑아서 무늬만 공모제도라는 비판을 받고 있습니다. 이런 잘못된 관행은 현재 부처별로 선발위원회를 두고 공모제도를 시행하고 있기 때문입니다. 앞으로는 중앙에 별도의 중앙선발시험위원회를 설치해서 공정하게 민간전문가를 선발해서 부처로 보낼 것입니다.

이와 함께 공직사회의 문제점으로 계속 지적을 받아온 순환보직제를 개선해서 업무의 연속성과 전문성을 유지할 수 있도록 하겠습니다. 전문성을 가지고 국가와 국민을 위해 헌신하는 공무원들은 더욱 자긍심을 갖고 일할 수 있도록 인센티브와 함께 보다 나은 여건을 만들어갈 것입니다.

국민 여러분, 이번 사고의 직접적인 원인은 선장과 일부 승무원들의 직무유기와 업체의 무리한 증축과 과적 등 비정상적인 사익 추구였습니다. 이번에 사고를 일으킨 청해진해운은 지난 1997년에 부도가 난 세모그룹의 한 계열사를 인수해서 해운업계에 진출한 회사입니다. 17년 전 3000억 원에 가까운 부도를 낸 기업이 회생절차를 악용해서 2000억 원에 이르는 부채를 탕감받고 헐값에 원래 주인에게 되팔아서 탐욕적인 이익만 추구하다가 이번 참사를 내고 말았습니다.

이런 일을 더 이상 용납해서는 안 됩니다. 앞으로 기업이 국민의 생명과 재산에 큰 피해를 입히면서 탐욕적으로 사익을 추구해서 취득한 이익은 모두 환수해서 피해자들을 위한 배상재원으로 활용하도록 하고 그런 기업은 문을 닫게 만들겠습니다. 이를 위해 범죄자 본인의 재산뿐 아니라 가족이나 제3자 앞으로 숨겨놓은 재산까지 찾아내서 환수할 수 있도록 하는 입법을 신속하게 추진할 것입니다.

이번 사고와 관련해서는 국가가 먼저 피해자들에게 신속하게 보상을 하고 사고책임자에게 구상권을 행동하는 특별법안을 정부 입법으로 즉각 국회에 제출하도록 하겠습니다. 그래서 이번에 크나큰 희생을 당한 분들이 부도덕한 기업과 범죄자들로부터 피해를 보상받느라 또 한 번 고통을 받는 일이 없도록 할 것입니다. 만약 그렇게 구상권을 행사하지 못한다면 죄지은 사람이나 기업의 잘못을 국민의 혈세로 막아야 하는 기막힌 일이 생기게 될 것입니다.

이번에 청해진해운이 문제가 되면서 많은 국민들이 청해진해운의 성장과정에서 각종 특혜와 민관유착이 있었던 것을 의심하고 있습니다. 이를 비호하는 세력이 있었다면 그것 역시 명백히 밝혀내서 그러한 민관유착으로 또다시 국민의 생명과 안전이 위협받지 않도록 우리 사회 전반의 부패를 척결해 나갈 것입니다. 이를 위해 필요하다면 특검을 해서 모든 진상을 낱낱이 밝혀내고 엄정하게 처벌할 것입니다.

그리고 여야와 민간이 참여하는 진상조사위원회를 포함한 특별법을 만들 것도 제안합니다. 거기서 세월호 관련 모든 문제들을 여야가 함께 논의해 주기를 바랍니다.

이번 참사에서 수백명을 버리고 도망친 선장과 승무원의 무책임한 행동은 사실상 살인행위입니다. 선진국 중에서는 대규모 인명피해를 야기하는 중범죄를 저지른 사람에 대해서는 수백년의 형을 선고하는 국가들이 있습니다. 우리도 앞으로 심각한 인명피해 사고를 야기하거나 먹을거리 갖고 장난쳐서 많은 사람들에게 피해를 준 사람들에게는 그런 엄중한 형벌이 부과될 수 있도록 형법 개정안을 제출하겠습니다.

이렇게 해서 앞으로 대한민국에서 부당하게 이득을 취하는 일이 결코 이득이 되지 않고 대형참사 책임자가 솜방망이 처벌을 받지 않도록 만들겠습니다.

국민 여러분, 이번 참사로 우리는 고귀한 생명을 너무나 많이 잃었습니다. 그 희생이 헛되지 않도록 대한민국의 개혁과 대변혁을 반드시 만들어가는 것이 남은 우리들의 의무라고 생각합니다. 이런 상황에서도 우리가 개혁을 이뤄내지 못한다면 대한민국은 영원히 개혁을 이뤄내지 못하는 나라가 될 것입니다.

그동안 국민의 안전과 재난을 관리하는 기능이 여러 기관에 분산되어 있어서 신속하고 일사불란한 대응을 하지 못했습니다. 컨트롤타워의 문제도 발생했습니다. 이런 문제를 해결하기 위해 국가안전처를 만들어 각 부처에 분산된 안전 관련 조직을 통합하고 지휘체계를 일원화해서 육상과 해상에서 일어나는 모든 유형의 재난에 현장중심으로 대응할 수 있는 체제를 만들겠습니다.

육상의 재난은 현장의 소방본부와 지방자치단체, 재난 소관부처가 신속하고 효율적으로 대응할 수 있는 시스템을 만들 것이며 해상의 재난은 해양안전본부를 두어 서해, 남해, 동해, 제주 4개 지역본부를 중심으로 현장의 구조구난 기능을 대폭 강화할 것입니다.

각 부처에서 주관하고 있는 항공, 에너지, 화학, 통신 인프라 등의 재난에 대해서도 특수재난본부를 두어서 적극 대응할 것입니다. 특히 첨단장비와 고도의 기술로 무장한 특수기동구조대를 만들어서 전국 어느 곳, 어떤 재난이든 즉각 투입할 수 있도록 하고 군이나 경찰특공대처럼 끊임없는 반복훈련을 통해 골든타임의 위기대응능력을 획기적으로 높이겠습니다.

국가안전처의 이러한 기능을 실질적으로 보장하기 위해 안전 관련 예산 사전협의권과 재해 예방에 관한 특별교부세 배분 권한을 부여할 것입니다.

안전처를 재난안전 전문가 중심의 새로운 조직을 만들기 위해 선발을 공채로 하고 순환보직을 엄격히 제한해서 국민과 전문가들이 함께 공직사회를 변화시키는 시범부처로 발전시켜나갈 생각입니다.

전국의 뜻있는 전문가와 국민 여러분께서 적극 참여해 주시기를 부탁드립니다. 앞으로 국가안전처가 신설되면 국민 여러분과 재난안전 전문가들의 제안을 광범위하게 수렴해서 안전혁신 마스터플랜을 만들어나갈 것입니다.

그리고 11년째 진전이 없는 국가재난안전 통신망 구축사업도 조속히 결론을 내서 재난대응조직이 모두 하나의 통신망 안에서 일사불란하게 대응하고 견고한 공조체제를 갖추도록 하겠습니다.

존경하는 국민 여러분, 그동안 많은 고민과 관계자들의 의견을 듣고 수렴해서 오늘 국민안전을 위한 대책과 국가개조 전반에 대해 말씀드리기까지 번민과 고뇌의 연속된 날들이었습니다. 이번 세월호 침몰사고는 우리 역사에 지우기 힘든 아픈 상처로 기록될 것입니다. 하지만 이번 사고를 계기로 진정한 안전 대한민국을 만든다면 새로운 역사로 기록될 수도 있을 것입니다.

그 막중한 책임이 우리 국민 모두에게 주어져 있다고 생각합니다. 우리는 국가적으로 어려운 일이 있을 때마다 하나로 단합해서 위기를 극복한 저력과 경험을 가지고 있습니다. 이제 좌절에서 벗어나 앞으로 나아가야 합니다. 대한민국을 바로세우고 새롭게 만들어야 합니다.

저는 과거와 현재의 잘못된 것들과 비정상을 바로잡고 새로운 대한민국을 만들기 위해 저의 모든 명운을 걸 것입니다. 여러분께 약속드린 경제혁신 3개년 계획과 비정상의 정상화, 공직사회 개혁과 부패척결을 강력히 추진할 것입니다. 우리 앞에 놓인 문제들이 쉽게 해결되지는 않을 것입니다. 그러나 중단하지 않겠습니다. 국민 여러분과 함께 힘을 모아 오늘보다 나은 내일을 만들고 아이들에게 자랑스러운 대한민국을 반드시 만들어 가겠습니다.

이번 세월호 사고에서 한 명의 생명이라도 구하기 위해 생업을 제쳐놓고 달려오신 어업인들과 민간 잠수사들, 각계의 자발적인 기부와 현장을 찾아주신 수많은 자원봉사자들이 계셨습니다. 어린 동생에게 구명조끼를 입혀 탈출시키고 실종된 고 권혁규

군, 구명조끼를 친구에게 벗어주고 또 다른 친구를 구하기 위해 물속으로 뛰어들어 사망한 고 정차웅 군, 세월호의 침몰 사실을 가장 먼저 119에 신고하고도 정작 본인은 돌아오지 못한 고 최덕하 군 그리고 제자들을 위해 최후의 순간까지 최선을 다한 고 남윤철, 최혜정 선생님. 마지막까지 승객들의 탈출을 돕다 생을 마감한 고 박지영, 김기웅, 정현선 님과 양대홍 사무장님, 민간잠수사 고 이광욱 님의 모습에서 대한민국의 희망을 봅니다.

저는 이런 분들이야말로 우리 시대의 진정한 영웅이라고 생각합니다. 앞으로 희생자들의 넋을 기리고 안전의 중요성을 되새기기 위해 추모비를 건립하고 4월 16일을 국가안전의 날로 제정할 것을 제안합니다. 다시 한번 이번 사고로 희생된 분들의 명복을 빌며 유가족 여러분께 깊은 위로의 말씀을 드립니다. 감사합니다.

연습문제

1. 정책변화에 대한 이론은 정책변화가 점진적으로 이루어진다는 관점과 급격하게 이루어진다는 관점으로 각각 구분되어 설명된다. 각 관점에 대한 대표적인 이론을 설명하라.

2. '사회적 충격사건 이론'을 이용하여 재난 이후에 어떻게 정책변화가 이루어지는지 설명하라.

3. 우리나라 재난관리 조직의 변천과정을 건설행정, 지방행정, 전문행정의 관점변화를 통해 각각 설명하라.

[참고자료]

김봉수 (2017년 7월 24일). **국민안전은 쭉 계속되어야 한다.** 아시아경제. http://asiae.co.kr/article/1017072411120044114

정진수 (2022년 11월 18일). **참사와 '안전처'의 기억.** 세계일보. http://segye.com/newsView/20221117515977

새정치민주연합 (2014년 7월 4일). 제45차 최고위원회 모두발언. 새정치민주연합.

소방방재청 (2005). **5000년 재난관리 역사로 보는 소방방재청의** Vision. 소방방재청.

소방방재청 (2009). **재난관리 60년사.** 소방방재청.

청와대 (2014년 5월 19일). 박근혜 대통령 대국민 담화문.

Baumgartner Frank, R., and Bryan D. Jones. (1993). *Agendas and Instability in American Politics*, University of Chicago Press.

Baumgartner, Frank R. and Bryan D. Jones. (2002). *Policy Dynamics*, University of Chicago Press.

Baumgartner, Frank R. and Bryan D. Jones. (2010). *Agendas and Instability in American Politics*, University of Chicago Press.

Baumgartner, Frank R., Bryan D. Jones, and Peter B. Mortensen. (2014). "Punctuated Equilibrium Theory: Explaining Stability and Change in Public Policymaking." *Theories of the Policy Process*: 59–103.

Birkland, Thomas A. (1997). *After Disaster: Agenda Setting, Public Policy, and Focusing Events*. Georgetown University Press.

Kingdon, John W. (1995). *Agendas, Alternatives, and Public Policies*. 2nd ed. Harper Collins College Publishers.

Kreps, G. A. (1990). The federal emergency management system in the United States: Past and present. *International journal of mass emergencies and disasters*, 8(3), 275–300.

Lindblom, Charles E. (1959). "The Science of Muddling through". *Public Administration Review*: 79–88.

Rubin, C. B. (2012). *Emergency management: The American experience 1900–2010*. Routledge.

Sabatier, Paul A. and Hank Jenkins–Smith. (1993). "*Policy Change and Learning: An Advocacy Coalition Framework.*" Boulder: Westview.

Tierney, K. J. (2007). Recent developments in US homeland security policies and their implications for the management of extreme events. In *Handbook of disaster research* (pp. 405-412). Springer New York.

CHAPTER 07

재난관리 법령체계

1. 분류 체계

재난관리 분야는 정부 내의 어느 한 부처, 또는 민간의 어느 한 영역의 문제가 아닌 사회전반에 걸친 수많은 이해당사자가 참여하는 종합행정의 영역이다. 따라서 이를 반영하는 관련 법체계도 특정 법이 재난관리 전체분야를 망라한다고 할 수 없으며 다양한 법이 관련된다.

재난관리와 관련하여 최상위 규정체계는 헌법으로 제34조 제6항의 "국가는 재해를 예방하고 그 위험으로부터 국민을 보호하기 위하여 노력하여야 한다"는 규정에 근간을 두고 있다. 이외에 국민의 안전권을 헌법에 포함시키려는 논의도 계속되고 있다.

이러한 헌법상 규정 외에 재난관리 관련 법률은 '총괄과 조정'이라는 중요성을 가진 재난관리의 특성상 상위와 하위의 개념을 의미하는 기본법과 개별법의 체계로 나누어진다.

2. 기본법 체계

2004년 이전까지만 해도 재난관리 분야의 기본법은 자연재난을 관장하는 「자연재해대책법」과 인적재난을 관장하는 「재난관리법」으로 양분화되어 있었다. 이에 정부는 "다원화되어 있는 각종 재난관련 법령의 주요 내용을 통합함으로써 국가 및 지방단체의 재난에 대한 대응관리체계를 확립하고, 각 부처에 분산되어 있는 안전관리 업무에 대한 총괄조정 기능을 보강"[1]하는 조치를 단행하게 되는데 이 결과로 나온 것이 바로 현행 「재난 및 안전관리 기본법」이다.

1) 2004년 3월 11일 제정된 「재난 및 안전관리 기본법」 제정이유에서 발췌.

따라서 2004년 3월 11일 제정된 현행 「재난 및 안전관리 기본법」은 모든 재난을 포괄하는 최초의 재난관리 기본법이라고 할 수 있다. 일반적으로 기본법은 법 적용에 있어서 관련 개별법의 상위개념으로 「재난 및 안전관리 기본법」에서도 제8조에서 다음과 같이 '다른 법률과의 관계'를 명시하고 있는 조항을 두고 있다.

- 재난 및 안전관리에 관하여 다른 법률을 제정하거나 개정하는 경우에는 이 법의 목적과 기본이념에 맞도록 하여야 한다.
- 재난 및 안전관리에 관하여 「자연재해대책법」 등 다른 법률에 특별한 규정이 있는 경우를 제외하고는 이 법에서 정하는 바에 따른다.

다만, 현행 개별법이 「재난 및 안전관리 기본법」이라는 기본법이 만들어지고 난 이후에 그 목적과 기본이념에 따라 제정된 것이 아니라 오히려 기본법 제정이 대부분의 개별법 이후에 이루어져 아직 재난관리 분야의 기본법으로는 한계가 있다는 비판도 있다.

3. 개별법 체계

개별법은 크게 3가지 i) 재난 또는 사고 유형, ii) 적용 대상(시설 또는 분야 등), iii) 관리 기능에 따라 구분할 수 있다. 일반적으로 기본법이 예방, 대비, 대응, 복구라는 재난관리 전 과정을 망라하고 있다면 개별법은 개별적 차이는 있으나 주로 안전관리 등 예방분야에 초점을 맞추고 있다.

3.1 재난 또는 사고 유형에 따른 분류

재난 또는 사고 유형을 기준으로 보면 일단 자연재난에 대해서는 전반적으로 통합법의 형태로 존재한다. 자연재난에 전반에 대한 「자연재해대책법」이 자연재난에 대한 통합법이다. 다만, 현재의 「자연재해대책법」은 호우, 강풍, 대설 등 기상재난 위주로 운용되고 있어, 지진, 화산과 같은 지질재난에 대한 「지진·화산재해대책법」이 이를 보완하고 있다.

반면에 인적재난에 대해서는 개별법의 형태로 구성되어 있다. 예를 들어, 인체 감염병에 대한 「감염병의 예방 및 관리에 관한 법률」, 가축전염병에 대한 「가축전염병 예방법」, 교통안전에 대한 「교통안전법」, 방사능 사고에 대한 「원자력시설 등의 방호 및 방사능 방재 대책법」 등이 있다.

3.2 적용 대상(시설 또는 분야 등)에 따른 분류

적용 대상(시설 또는 분야)을 기준으로 보면 급경사지 관리에 대한 「급경사지 재해예방에 관한 법률」, 각종 하천관리에 대한 「하천법」과 「소하천정비법」, 그 밖에 「도로법」, 「도로교통법」, 「시설물의 안전 및 유지관리에 관한 특별법」, 「건설기술 진흥법」, 「건설산업기본법」, 「산업안전보건법」, 「석유 및 석유대체연료 사업법」 등 다양한 법률이 있다.

3.3 관리 기능에 따른 분류

관리 기능을 기준으로 보면 화재진압에 대한 「소방기본법」, 위급상황에서의 구조 · 구급에 대한 「119구조 · 구급에 관한 법률」, 수상에서의 수색 · 구조에 대한 「수상에서의 수색 · 구조 등에 관한 법률」, 이재민보호와 생활안정에 관한 「재해구호법」 등이 있다.

재난관리 4단계인 예방, 대비, 대응, 복구로 구분하여 생각해 볼 수도 있지만, 현행법은 「감염병 예방 및 관리에 관한 법률」과 같이 재난 · 사고 유형 또는 적용 대상에 따른 분류에 이러한 4개 단계를 복합적으로 나타내는 형태를 주로 취하고 있고 단계별로 구분하여 입법화하는 경우는 드물다.

4. 현행 체계의 한계와 과제

사실 우리나라의 경우 재난관리 관련 기본법과 개별법 체계에서 기본법에서 개별법이 분명하게 파생되었거나 분야별로 일정한 형식을 가지고 구분되어 있다고 보기는 힘들다. 따라서 기본법－개별법 또는 개별법－개별법 간 상호 연계 및 구분이 불명확, 또는 불완전하다.

이는 원칙적으로 기본법이 먼저 제정된 이후에 이에 맞춰 개별법이 제정된 것이 아니라 오히려 많은 개별법이 먼저 제정된 이후에 2004년에 기본법인 「재난 및 안전관리 기본법」이 뒤늦게 제정된 데서 비롯된 측면이 있다. 따라서 많은 개별법에서 다루는 재난관리체계가 서로 통일성 및 체계성을 갖추고 있지 못하는 한계가 존재한다.

또한, 개별법이 재난관리만을 위해 제정된 것이 아니라 산업진흥, 기준정립 등 다른 입법사유를 가지고 제정되어 재난관리 측면에서의 위상의 불확실성, 역할의 불완전성 등을 가지고 있기도 하다. 이러한 개별법상 한계들은 산업화, 도시화 등으로 인해 재난환경이 더 복잡화, 고도화되면서 가중되고 있다. 따라서 이러한 개별법상 흠결은 기본법의 체계화를 통해 보다 더 보완되어야 하며, 이런 이유로 「재난 및 안전관리 기본법」의 중요성도 더 부각되고 있다.

표 7.1 재난관리 관련 법률 분류체계

대분류	중분류	소분류
헌 법		• [제34조 제6항] "국가는 재해를 예방하고 그 위험으로부터 국민을 보호하기 위하여 노력하여야 한다."
기본법		• 재난 및 안전관리 기본법
개별법	재난 또는 사고 유형	< 자연재난 > • [풍수해] 자연재해대책법 • [지진 · 화산] 지진 · 화산재해대책법 등
		< 사회재난 > • [화재] 소방기본법 • [화학물질] 화학물질관리법 • [교통사고] 교통안전법 • [해상사고] 수상레저안전법 • [산업안전] 산업안전보건법 • [인체감염병] 감염병의 예방 및 관리에 관한 법률 • [가축전염병] 가축전염병 예방법 • [방사능] 원자력시설 등의 방호 및 방사능 방재 대책법 • [미세먼지] 미세먼지 저감 및 관리에 관한 특별법 • [해외재난] 해외긴급구호에 관란 법률 등
	적용 대상 (시설 또는 분야 등)	• [급경사지] 급경사지 재해예방에 관한 법률 • [저수지 · 댐] 저수지 · 댐의 안전관리 및 재해예방에 관한 법률 • [하천] 하천법, 소하천정비법 • [도로] 도로법, 도로교통법 • [각종 시설물] 시설물 안전관리에 관한 특별법 • [건설 공사장] 건설기술 진흥법, 건설산업기본법 등
	관리 기능	• [소방관리] 소방기본법 • [육상 구조 · 구급] 119구조 · 구급에 관한 법률 • [수상 수색 · 구조] 수상에서의 수색 · 구조 등에 관한 법률 등 • [이재민 구호] 재해구호법 • [안전교육] 국민안전교육진흥 기본법 • [응급의료] 응급의료에 관한 법률 등

5. 요약 및 결론

이 장에서는 현행 재난관리 법령체계에 대해 살펴보았다. 재난관리 분야는 어느 한 분야의 배타적 영역이 아닌 다양한 이해당사자가 참여하는 종합행정의 영역이다. 따라서 재난관리 법령체계도 이러한 재난관리 특성을 반영하여 재난관리 전반을 총괄하는 기본법과 개별 영역에 대한 개별법으로 구성된다. 이때 개별법은 재난 또는 사고 유형, 적용 대상, 관리 기능 등에 따라 분류된다.

연 습 문 제

1. 재난관리 분야의 법령은 크게 기본법과 개별법으로 나누어진다. 이러한 이분적 구분이 발생한 의의를 설명하고, 현행 법령을 통해 각각 그 내용을 설명하라.

2. 재난과 정치는 매우 밀접하다. 따라서 정치가에게 재난에 대한 대처는 그들의 명운을 좌우하기도 한다. 재난과 정치의 관계를 설명할 수 있는 사례를 통해 그 이유를 설명하라.

[참고자료]

국회 (2004년 3월 11일). 「재난 및 안전관리 기본법」 제정안.

✍ 재난 이야기: 재난과 정치

일반적으로 재난과 정치를 연관시켜 생각하는 경우는 드물다. 하지만 재난으로 인해 정치적인 지형이 바뀐 경우를 우리는 주변에게 쉽게 찾아볼 수 있다. 당시 사회에 축적된 사람들의 불만이 재난을 계기로 해서 정치적 행동으로 표출된 몇 가지 사례를 소개한다.

■ 허리케인과 미국 대통령 선거

금세기 미국역사에서 가장 많은 피해를 일으킨 허리케인으로는 2005년 발생하여 1,800여 명이 사망하고 1,080억 달러가량의 재산피해가 발생한 허리케인 카트리나(Katrina)와 2012년 발생하여 233명이 사망하고 714억 달러가량의 재산피해가 발생한 허리케인 샌디(Sandy)가 있다. 당시, 미국 대통령은 각각 부시와 오바마였는데, 허리케인이 이들의 정치적 운명을 결정했다는 주장은 매우 설득력을 얻고 있다.

허리케인 카트리나가 미국을 강타할 당시 대통령 부시는 재난은 지방정부의 소관이라며 매우 소극적으로 대응하게 된다. 특히 허리케인 강타가 있은 지 4일이나 지난 뒤에 방문해서도 대통령 전용기에서 창문을 통해 재난지역을 내다보는 모습이 언론에 보도되면서 강한 비판을 받게 된다.

이에 반해 허리케인 샌디가 미국을 강타하자 당시 공화당 후보 미트 롬니(Mitt Romny)와 다투며 재선을 위해 대통령 선거유세 중이던 오바마는 모든 선거활동을 중단하고 연방정부가 적극적으로 개입하면서 피해지역을 찾아 주민을 끌어안는 모습 등을 언론에 부각시키게 된다.

이로 인한 두 현직 대통령의 정치적 결과는 매우 다르게 나타난다. 허리케인 카트리나 이후 부시 대통령과 집권 공화당의 지지율은 곤두박질치면서 이후 민주당 오바마 대통령에게 정권을 내주어야 하는 결과를 낳은 반면, 허리케인 샌디는 오히려 당시 공화당 후보와 각축을 벌이던 대통령 오바마가 확실한 재선의 발판을 마련하게 되는 계기가 된다.

이렇게 허리케인으로 인해 미국의 대통령 선거결과에 큰 변화가 초래된 것에서 "카트리나 모멘트(Katrina Moment)" 또는 "샌디 모멘트(Sandy Moment)"라는 정치용어가 만들어졌다.

■ 동일본 대지진과 일본의 정권교체

대통령 선거에서의 재난의 영향은 가까운 일본에서도 목격된다. 2011년 3월 11일 규모 9.0이라는 일본 역사상 최고 수준의 지진이 발생하기 전까지 일본은 잦은 재난에도 이를 잘 극복해 온 재난관리 선진국이라는 대내외적 평가와 함께 국민들의 자부심도 높았다. 하지만 28,000여 명이 사망·실종하고 원자력 발전소에서 방사능까지 유출된 전대미문의 재난상황에서 당시 민주당 간 나오토 총리가 이끈 일본정부는 리더십의 한계를 보여주게 된다.

재난 초기 오랜 기간 기본적인 구호물자가 도착하지 못해 이재민 대피소에서 사망자가 속출하는 상황에서 정부에서는 매뉴얼에 명시된 규정이 없다는 이유로 각국에서 지원된 구호물자와 구조인력의 수용을 주저하게 된다. 또한, 재난현장에서 의료인력 부족으로 어려움을 겪고 있는데 외국인의 의료행위는 불법이라며 다른 나라 의사의 지원조차 거부한다. 특히, 이러한 정부의 조치들은 재난현장에서 뉴스거리를 찾는 매스컴에 의해 자극적인 영상과 함께 방영되는데, 이후 정부의 관료주의에 대한 국민들의 높은 원성과 강한 질타가 이어지게 된다.

이뿐만 아니라 원자력 발전소에 피해가 발생한 상황에서 운영회사인 동경원전은 사고를 축소 및 은폐하였으며, 이로 인해 정부는 기본적인 사고내용조차 파악하지 못하는 상황이 발생한다. 이후 방사능이 누출된 상황에서도 상호간의 정보소통이 원활하지 않아 방사능 누출을 막을 수 있는 적절한 조치가 조기에 이루어지지 못했다. 이러한 모습들이 매스컴을 통해 적나라하게 방영되면서, 국민들의 눈에 정부 내에 뿌리 깊은 관료주의의 맹점들이 적나라하게 보였을 뿐 사태를 총체적으로 아우르는 리더십은 보이지 않았던 것이다.

이렇게 민주당 간 나오토 정부가 재난상황에서 보여준 리더십의 한계는 그 다음해인 2012년에 있었던 총선에서 결국 당시 아베 신조가 이끌던 자민당에 참패하게 되는 결정적 역할을 하게 된다. 즉, 2012년 민주당에서 자민당으로의 정권교체의 결정적 계기가 되었던 것도 당시 일본사회를 강타한 재난상황에서의 정부의 관리능력이었던 것이다.

■ 감염병 코로나19와 정권교체, 지지율 변화

미국의 도널드 트럼프 대통령과 인도의 나렌드라 모디 총리는 코로나19의 영향으로 인해 정치적인 타격을 받게 되었다. 두 사람의 공통점은 모두 성공한 '경제 대통령' 또는 '경제 총리'의 이미지로 코로나19 이전에는 국민들로부터 높은 지지율을 확보하였다. 하지만 경제와 방역이라는 선택지에서 경제에 더 편향됨에 따라 코로나19가 급속도로 확산되게 되었고 트럼프 대통령은 2020년 대선에서 민주당의 조 바이든에게 패배하였으며, 모디 총리도 지지율이 급감하고 2021년 지방선거에서 참패하였다.

코로나19 사태시 중국에서도 확진자가 빠르게 증가하고 있었지만 시진핑 주석이 현장에 모습을 드러내지 않자 그의 리더십이 비판받으며 민심이 들끓게 되는 사태가 발생하였다. 반면에 2020년 당시 코로나19가 확산되고 있던 상황에서 당시 문재인 정부에서는 강력한 방역정책을 실시하게 되고 실제 확산차단이라는 효과를 거두면서 연이어 치러졌던 총선에서 집권여당이 압승을 거두는 결과를 거두었다.

그러나 한편으로는 코로나19의 확산상황에서는 사회적으로 이슈화된 각종 정치현안이 관심대상에서 사라지고 대통령의 지지율이 코로나19 확산상황에서 증가하는 등의 현상이 관찰되면서 코로나19가 정치적으로 이용된다는 지적도 있었다. 국가적 재난에서 정부에 대한 지지율이 올라가는 것은 정책에 대한 평가가 아니라 전례없는 위기의 상황에서 국민들이 힘을 모아줘야 한다고 생각하기 때문이라는 의견도 있다. 비슷한 맥락에서 재난발생 이후에는 재난대응을 위한 국가적 역할이 강조되기 때문에 '큰 정부론'이 대두되기도 한다.

■ 기상변화에 따른 대기근과 시민혁명*

이외에도 기상변화로 인한 대기근이 정치적 혁명의 결정적 이유였다는 주장들이 있다. 먼저, 민중혁명의 대명사로 불리는 1789년 프랑스 대혁명 시절은 기후학적으로 소빙기 시기였다. 이로 인해 한여름에도 한낮 기온이 영상 7도 안팎에 머물 정도였는데, 결국 식물작황이 좋지 않게 되면서 식량 생산량이 급격하게 줄어들어 굶어 죽는 사람이 속출하였고 결국 시민혁명으로 이어졌다.

비슷한 주장이 1912년 중국의 신해혁명 그리고 1917년 러시아 공산혁명에도 제기된다. 이 당시에는 엘니뇨 현상으로 극심한 가뭄이 발생한 것으로 추측되는데, 결국 이로 인해 사람들의 생활이 더 이상 견딜 수 없는 지경에까지 이르면서 결국 공산주의 민중혁명으로 이어졌다는 주장이다.

2010년 말에 소위 '아랍의 봄'이라 불리는 북아프리카와 중동 일대의 독재정권들이 줄줄이 무너지는 계기가 된 '쟈스민혁명'에 대해서도 엘니뇨 때문에 러시아 남부 및 우크라이나의 폭염과 가뭄으로 식량 생산량이 급감하면서 발생한 곡물가격의 급상승으로 인해 그동안 축적된 사람들의 독재정권에 대한 불만이 폭발하면서 발생하게 된 결과라는 주장이 있다.

* 출처: 서의동 (2011). 일본 시스템 뒤흔든 대지진(1): 관료주의, 매뉴얼 집착이 신속대응 막아. 경향신문 2011년 3월 23일자; 박성규 (2021). 방역 실패 · 경제 낙제 · 지지율 추락 … '인도 트럼프'의 굴욕. 서울경제 2021년 6월 25일자; 이현우 (2017). [기후와 혁명] 중동 쟈스민혁명도 '엘니뇨'가 일으킨 나비효과?. 아시아경제 2017년 8월 25일자

CHAPTER

08 재난관리 정부조직 및 기구

1. 개 설

예방, 대비, 대응, 복구 등 재난관리 행위주체는 크게 3개 부문에서 이루어진다고 볼 수 있다. 먼저, 재난으로부터 국민을 보호하는 것이 헌법상 책무인 정부부문이 있으며, 둘째, 실제 재난현상의 피해자이면서도 스스로 재난에 대처해야 하는 주민, 기업 등 민간부문, 마지막으로 정부와 민간 사이의 공백을 메우는 역할의 비정부(또는 비영리) 기구를 들 수 있다. 이러한 재난관리 3대 행위주체간의 세부적 역할분담에 대해서는 「제17장. 민관협력」에서 살펴보기로 하고 이 장에서는 이 중 정부의 재난관리 조직 및 기구를 살펴본다.

우리나라 「헌법」 제34조 제6항은 "국가는 재해를 예방하고 그 위험으로부터 국민을 보호하기 위하여 노력하여야 한다."고 되어 있고 「재난 및 안전관리 기본법」 제2조에서 "재난을 예방하고 재난이 발생한 경우 그 피해를 최소화하는 것이 국가와 지방자치단체의 기본적 의무이다."라고 규정하고 있다. 즉, 현행 헌법 및 법률 체계 안에서 재난관리는 국가의 존재 이유이며 정부(국가 및 지방)의 의무인 것이다.

그런데, 앞서 살펴본 바와 같이 재난관리 업무는 어떤 특정 부처, 또는 부서에 국한된 업무가 아니다. 예방, 대비, 대응, 복구 등 재난관리 모든 단계별로 대부분의 부처 및 부서는 그 정도의 차이는 있지만 직간접적으로 관여하게 된다. 예를 들어, 항공기 추락으로 발생한 재난사고에서 국토교통부는 재난관리 주관기관으로 사고수습 책임을 지고 행정안전부는 이를 총괄지원하는 업무를 맡는다.

하지만 이외에도 부상자의 이송 · 치료에는 보건복지부, 누출된 기름으로 인한 하천오염에는 환경부 등 다양한 부처의 담당업무와 연관되고 이에 따라 관할지역의 지방자치단체도 이에 대응되는 많은 부서가 직간접적으로 연관되게 된다. 이뿐만 아니라 긴급구조를 담당하는 소방 · 해경 등 현장종사자, 자발적으로 참여한 자원봉사자 등 다양한 이해관계자가 개입한다. 따라서 성공적인 재난관리의 핵심은 이러한 다양한 이해관계자가 갈등을 최소화하고 협력을 극대화하는 조직설계에 있다.

이러한 맥락에서 현재 우리 정부의 재난관리조직 및 기구를 크게 「정부조직법」에 근거한 상설 재난관리조직과 「재난 및 안전관리 기본법」에 근거한 비상설 재난관리기구로 구분하여 어떻게 관계 기관 및 단체 또는 부서 간 갈등을 최소화하고 협력을 극대화하는 방향으로 조직설계가 되었는지 살펴보도록 한다.

2. 재난관리 정부조직 및 기구운영에 대한 이론적 접근

재난관리에 관련된 정부조직 및 기구에는 중앙 및 지방정부를 비롯하여 다양한 이해관계를 가지는 기관 및 단체가 있을 뿐만 아니라 필요에 따라 이들의 참여와 협력을 전제로 결합된 기구들이 있다. 원칙적으로 중앙 및 지방정부 등 각급 정부조직은 상호간에 보충성의 원칙에 따라 구분된 권한과 책임에 기반하여 협력적 관계를 구축하여야 한다. 또한, 여러 이해관계를 가진 다양한 조직의 참여와 협력을 전제로 결합된 기구는 협력적 거버넌스를 구축하고 이를 통해 재난관리 분야의 어려운 문제에 대한 공동의 해결을 모색해야 한다.

하지만 우리나라의 경우 아직까지 성숙하지 못한 지방자치로 인해 중앙 및 지방정부 등 각급 정부조직간 권한과 책임은 명확하지 않으며, 다양한 조직이 결합된 기구에서는 아직 협력적 거버넌스가 뿌리내리고 못하고 있다. 따라서 이 절에서 언급하는 이론적 접근은 우리나라의 재난관리 분야에 있어서 현재의 정부조직 및 기구 설립의 이론적 접근이라기보다는 오히려 가야 하는 방향을 제시하는 목적으로 기술되었다.

2.1 보충성의 원칙(Subsidiarity Principle)

보충성의 원칙의 기본 개념은 개인이나 최소 단위조직이 할 수 있는 것은 하도록 하면서, 할 수 없는 것은 좀 더 상위단위가 보완해 나간다는 사고에 기반을 두고 있다. 사상적 기원으로는 고대 그리스 시대에서 찾고 있으나 1992년 유럽연합(European Union)의 창설에 관한 마스트리히트 조약(Treaty of Maastricht)에 포함되면서 현실세계에서 실제 활용되기 시작하였다. 당시, 국가를 초월하는 유럽연합의 탄생에 대해 덴마크 등 일부 국가들은 주권침해를 우려하게 되었는데, 보충성의 원칙은 이를 불식시키고 규합하는 원리로 작용하게 되었다. 현대사회에서는 지방자치를 위한 논리적 기반으로 확장되어 작용되고 있다.

보충성의 원칙을 좀 더 살펴보면 크게 3가지 수단으로 활용되고 있는데, i) 상위권력이 하위권력 활동에 개입하는 것을 억제하는 수단, ii) 상위권력이 하위권력의 부족한 부분을 보충하는 상호협력적 수단, iii) 하위권력이 스스로 책임을 달성하기 위한 자율책임의 개혁수단이 그것이다.

이러한 보충성의 원칙은 지방자치뿐만 아니라 재난관리에 있어서 각급 정부 간 책임과 권한의 배분에 있어서도 기본원칙이 되고 있다. 미국의 재난관리는 이러한 보충성의 원칙이 다른 어느 나라보다도 비교적 명확하게 반영되어 운영되고 있다. 미국에서는 재난발생시 지방정부가 자체의 대응역량을 넘어선다고 판단하면 주정부에 비상사태 선포를 건의하면서 개입을 요청하고, 주정부는 이러한 요청의 적절성을 검토하여 주 차원의 비상사태를 선포하고 개입하게 된다. 또한, 해당 재난의 규모가 주정부의 대응역량조차 넘어선다고 판단하면 연방정부에 연방차원의 비상사태 또는 주요 재난 선포와 함께 대응 및 복구를 위한 재정지원뿐만 아니라 연방자원의 투입을 요청하게 된다.

우리나라에도 이러한 기본원칙을 적용할 수 있다. 즉, 모든 재난은 발생하는 지역의 시 · 군 · 구에서 책임과 권한을 가지고 관리해야 한다. 다만, 시 · 군 · 구가 관리하기 어려운 재난은 시 · 도가, 시 · 도가 관리하기 어려운 재난은 국가가 관리해야 한다. 재난관리 정부조직 및 구성에 있어서도 이러한 보충성 원칙을 반영하기 위해 기초 및 광역자치단체, 중앙정부 내에 지역 및 중앙 안전관리위원회, 지역 및 중앙 재난안전대책본부 등과 같이 유사한 기능을 가진 조직이 수직적으로 작동하도록 설계되어 있다.

2.2 협력적 거버넌스 이론

과거에는 상상조차 하지 못했던 신종 재난의 출현뿐만 아니라 기존 재난조차도 대형화, 복잡화되면서 재난관리 분야에서 해결해야 하는 문제는 전통적인 방법으로는 접근이 어려운 경우가 많아졌다. 또한, 재난관리 과정에서 정책수단으로 해결하기 어려운 이러한 난해한 문제(wicked problems)를 해결하기 위해 다양한 이해당사자가 문제해결의 과정에 참여하면서 창조적인 해법을 만들어 내기도 하지만 상호 갈등을 일으키는 장애가 발생하기도 한다. 따라서 이해당사자 간 협력을 이끌어내어 단점을 최소화하고 장점을 극대화하는 방향으로 협력적 거버넌스(collaborative governance)에 대한 논의가 활동하게 이루어지고 있다.

거버넌스(governance)란 정부부문이 주체가 되어 공동체 문제를 해결하고 민간부분, 시민사회는 단지 계층제적 통제와 지배의 대상이 되는 전통적인 거버먼트(government)에 대치되며 등장한 용어이다. 즉, 거버넌스는 기존 업무처리 방식만으로는 해결하기 어려운 공동체 문제에 대해서 개별 조직의 경계를 초월하여 정부부분뿐만 아니라 민간부분, 시민사회 등 다양한 사회구성원이 신뢰 및 협의를 통한 협력을 통해 자율적으로 문제를 해결하는 방식(이명석, 2017)을 말한다.

이러한 거버넌스의 본질인 다양한 사회구성원의 참여를 통하여 공공정책을 결정 및 관리하는 협력적 과정과 구조를 설명하기 위한 다양한 '협력적 거버넌스[1] 이론(collaborative governance theory)'이 많은 학자들에 의해 연구되어 왔다(Emerson et.al., 2012). 이들 이론에 따르면 협력적 거버넌스의 중요성은 그동안의 전통적 정책수단으로 해결하기 어려운 난해한 문제(wicked problems)의 증가 및 그로 인한 행정수요의 급증, 또한 이에 부응하지 못한 정부와 시장의 실패 그리고 사회 구성원들 간에 지식, 정보, 권력의 공유가 용이해지는 사회구조의 변화 등으로 설명될 수 있다.

협력적 거버넌스는 문제해결을 위한 효과성 · 효율성 · 전문성 등이 증대되는 등 혁신적 문제해결 역량을 제고하고 문제해결 과정에서 절차적 정당성, 배분의 형평성 등이 확보되는 장점이 있는 반면에(Page et al., 2015), 성과관리 및 갈등관리가 어렵고 참여주체의 책임성을 확보하기 어려워서 신속한 의사결정이 어렵고 효율성이 결여되기 쉽다는 한계점이 내재되어 있다.

2.2.1 거버넌스 네트워크의 유형

프로반과 케니스(Provan & Kenis, 2008)는 네트워크 거버넌스의 운영 및 조정방식

1) 거버넌스는 협력적 거버넌스(collaborative governance)와 네트워크 거버넌스(network governance) 이론으로 표현되며 발전되어 왔다. 비록 표현방식에 차이는 있지만 협력적 거버넌스와 네트워크 거버넌스 모두가 협력을 통한 공공문제 해결을 강조하는 차원에서는 같은 연구의 목적을 가지고 있다. 다만, 네트워크 거버넌스가 다양한 참여주체가 특정 네트워크상에서 어떻게 조정을 달성하는지에 초점을 두면서 네트워크의 범위에 자발적 또는 수평적 네트워크 이외에도 권력과 통제를 기반으로 하는 전통적 수직적 네트워크 형태도 함께 분석을 하고 있는 반면에, 협력적 거버넌스는 이해당사자들의 진솔한 대화 혹은 숙의를 통한 참여가 네트워크상에서 어떻게 문제해결에 영향을 미치는지에 보다 초점을 맞추며, 주로 자발적 또는 수평적 네트워크를 주된 대상으로 하고 있다(배귀희, 임승후, 2010).

에 따라 네트워크 거버넌스 구조를 참여자에 의한 네트워크, 주도조직에 의한 네트워크, 운영조직에 의한 네트워크의 3가지로 구분하고 있다. 첫째, 참여자에 의한 네트워크(participant-governed networks)는 별도의 독립된 거버넌스 운영체가 존재하지 않고 참여자들에 의해 운영 및 조정되는 네트워크이다. 거버넌스의 성공여부는 전적으로 참여자들의 적극적인 참여에 달려 있으며, 참여자들 간의 권한은 동등하다. 일반적으로 참여자들 간의 신뢰수준이 높고, 참여자가 소수이면서 목표에 대한 높은 합의를 바탕으로 비교적 복잡성이 낮은 과제의 해결에 적합하다.

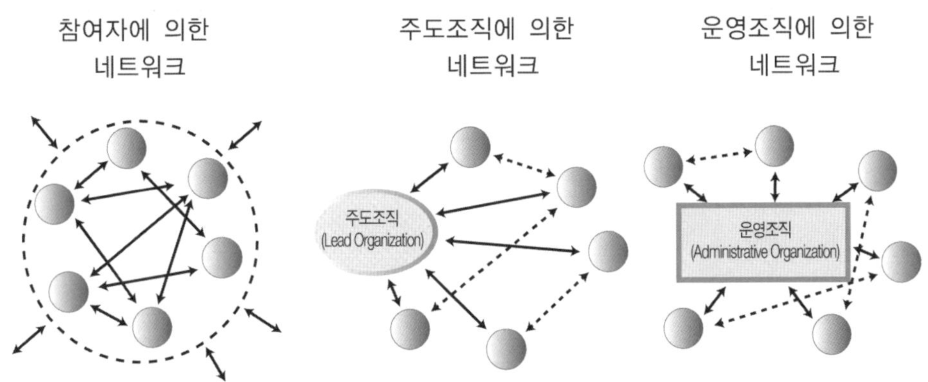

그림 8.1 네트워크 거버넌스 유형별 개념도

* 출처: Provan & Kenis(2005), 김금세(2009) 재구성

둘째, 주도조직에 의한 네트워크(lead organization-governed networks)는 네트워크에 참여하는 참여자 중 일부가 주도조직이 되어 네트워크를 운영 및 조정하는 유형이다. 앞서 설명한 참여자에 의한 네트워크가 비효율적인 상황에서 주도 행위자로 인해 좀 더 집권화된 거버넌스가 선호될 때 형성된다. 이러한 네트워크는 정부가 주도하는 거버넌스 구조에 자주 등장한다. 다만, 주도 행위자 위주로 권한이 부여되면서 권한의 불균형이 발생하기 쉽다. 일반적으로 참여자들 간의 신뢰수준이 낮고, 참여자가 낮거나 중간 수준이면서 목표에 대한 중간 수준의 합의를 바탕으로 중간 정도의 복잡성을 가진 과제의 해결에 적합합니다.

셋째, 운영조직에 의한 네트워크(administrative organization-governed networks)는

네트워크의 운영과 조정을 위해 별개의 독립된 운영조직을 네트워크 밖에 설립하여 네트워크를 운영 및 조정하는 유형이다. 네트워크 참여자들 간 상호작용은 여전히 이루어지지만 운영조직에 의해 권한은 집권화되게 된다. 전문화된 운영조직에 의해 거버넌스 조정의 복잡성을 완화시킬 수 있기 때문에 복잡한 과제의 해결에 자주 사용되며, 운영조직은 정부조직이 될 수도 있다. 일반적으로 참여자들 간의 신뢰수준은 중간정도이고, 참여자가 중간 또는 많은 경우에 적당하며, 목표에 대한 합의가 중간 또는 높은 수준이며, 복잡한 과제의 해결에 적합하다.

표 8.1 네트워크 거버넌스 유형별 정합조건

거버넌스 유형	신뢰수준	참여자 수	목표 합의	과제 복잡성
참여자에 의한 네트워크	높음	적음	높음	낮음
주도조직에 의한 네트워크	낮음	중간	중간	중감
운영조직에 의한 네트워크	중간	많음	높음	높음

* 출처: Provan & Kenis (2008), 김근세 (2009) 재구성

3. 「정부조직법」에 근거한 상설 재난관리조직

종합행정적 성격의 재난관리 업무특성으로 인해, 「정부조직법」에 근거해 상설되어 있는 정부의 재난관리조직은 평상시 및 재난시 작동을 위해 설치되어 있는 것으로 크게 중앙정부와 지방정부조직 그리고 각각 총괄조정과 개별집행 조직으로 구분할 수 있다. 또한, 이외에 재난현장에서의 긴급구조 등의 업무를 담당하는 초기대응(First Responder) 담당조직으로 소방과 해경 조직이 있다.

재난관리에서는 이러한 총괄조정 및 개별집행 조직 그리고 초기대응 조직 간의 효율적 업무분담과 상호협력을 이끌어내는 것이 매우 중요하다. 미국 델라웨어 대학의 실베스(Richard T. Sylves) 교수는 재난관리 성공의 핵심은 부처 및 부서 간, 중앙과 지방 간에 발생하는 수평적, 수직적 단절을 극복하는 것이라고 주장한 바 있다.

3.1 중앙정부

먼저 중앙정부를 살펴보면 총괄조정 조직으로 행정안전부가 있는데, 「정부조직법」은 행정안전부장관이 관계중앙행정기관, 즉 각 부처의 재난관리 업무를 총괄 · 조

정하도록 하고 있다. 이때 총괄조정이라는 것은 재난안전 분야에 대한 모든 업무를 다 한다는 것이 아니라 관련기관이 협력해서 재난관리를 하는 데 있어서 구심점, 또는 조정자의 역할을 한다는 것이다.

따라서 각 부처는 담당분야의 재난관리 업무에 대한 개별집행 조직을 갖추게 되는데, 개별부서에서 안전업무를 전담하거나 고유업무에서 안전기능을 겸하기도 한다. 예를 들어, 국토교통부의 건설안전과는 업무내용 자체가 건설안전 업무를 전담하지만 환경부의 수질관리과는 수질관리의 전반적인 업무를 담당하면서 수질오염 관련사고 발생시 수습업무를 담당하게 된다.

이 밖에 대통령실에는 대통령의 재난관리 분야 국정수행을 보좌하기 위해 비서관급으로 대통령비서실 국정상황실과 국가안보실 위기관리센터가 업무를 수행하고 있다. 국무조정실에도 국무총리를 보좌하기 위해 국장급의 안전환경정책관이 재난관리 업무를 담당하고 있다.

3.2 지방정부

광역자치단체에는 그림 8.2의 전남도청 사례에서 볼 수 있는 바와 같이 총괄조정 조직으로 안전총괄과 등으로 구성된 도민안전실(또는 시민안전실)이 있으며, 개별집행조직으로는 재난유형 등에 따라 도로교통과, 보건의료과 등이 있다. 또한, 기초자치단체에는 그림 8.3의 여수시청 사례에서 볼 수 있는 바와 같이 총괄조정 조직으로 안전총괄과가 있으며, 개별집행조직으로는 건설방재과, 사회복지과 등이 있다. 하지만 부서명칭, 업무분장 등은 지방자치단체별로 표준화되지 않고 지역특성에 맞춰 운영하고 있다.

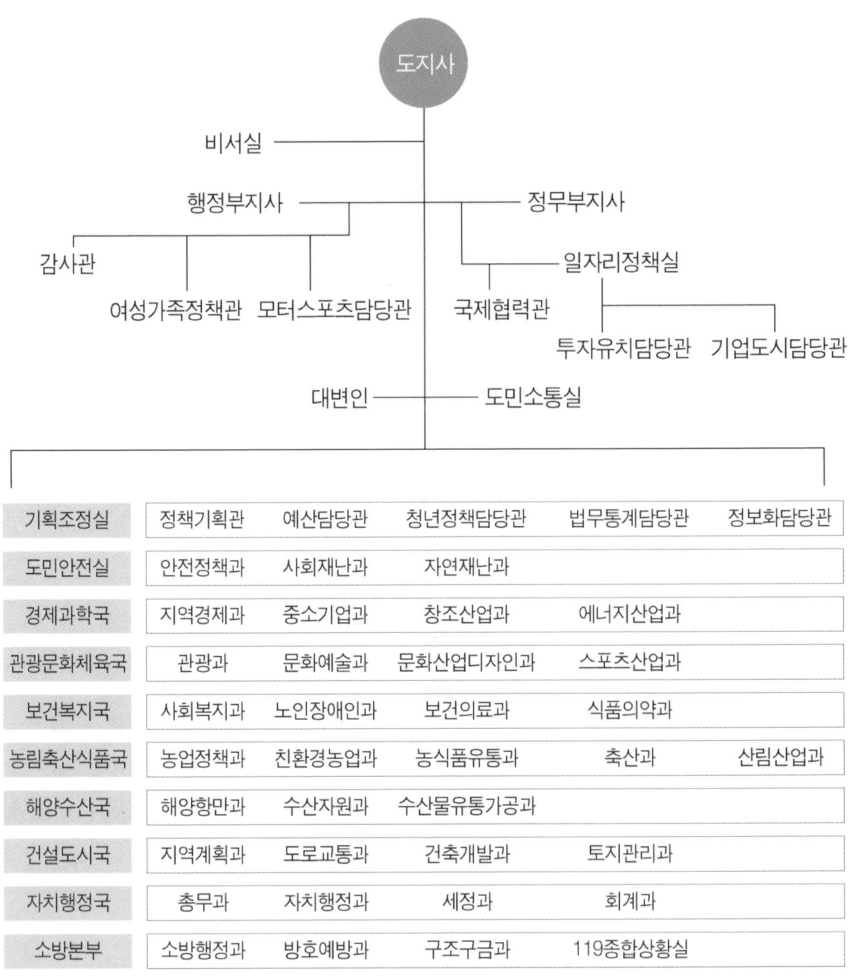
도지사
비서실
행정부지사
정무부지사
감사관
여성가족정책관
모터스포츠담당관
국제협력관
일자리정책실
투자유치담당관
기업도시담당관
대변인
도민소통실
기획조정실
정책기획관 예산담당관 청년정책담당관 법무통계담당관 정보화담당관
도민안전실
안전정책과 사회재난과 자연재난과
경제과학국
지역경제과 중소기업과 창조산업과 에너지산업과
관광문화체육국
관광과 문화예술과 문화산업디자인과 스포츠산업과
보건복지국
사회복지과 노인장애인과 보건의료과 식품의약과
농림축산식품국
농업정책과 친환경농업과 농식품유통과 축산과 산림산업과
해양수산국
해양항만과 수산자원과 수산물유통가공과
건설도시국
지역계획과 도로교통과 건축개발과 토지관리과
자치행정국
총무과 자치행정과 세정과 회계과
소방본부
소방행정과 방호예방과 구조구급과 119종합상황실

그림 8.2 전남도청 조직도

* 출처: 전남도청 홈페이지(2017)

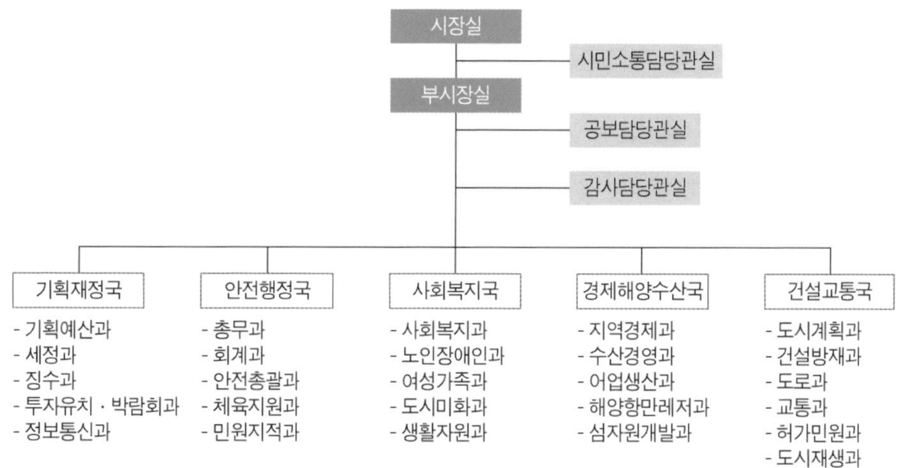

그림 8.3 여수시청 조직도

* 출처: 여수시청 홈페이지(2017)

✍ 재난현장 초기대응조직(First Responder)으로의 소방과 해경조직

재난발생시 현장 초기대응 조직으로 육상재난에 대한 소방조직과 해양재난에 대한 해경조직이 있다.

- **소방조직**: 육상재난에 대한 현장대응조직으로 국가조직과 지방조직이 혼재되어 있는 형태이다.
  - 소방청: 국가직 공무원으로 구성된 국가기관인 소방청(행정안전부 외청)은 육상 재난현장에서의 수색, 구조 등 긴급구조 정책 및 활동을 총괄한다.
    - 중앙119구조본부, 권역별 119특수구조대 · 119화학구조센터: 중앙119구조본부는 긴급구조 업무를 수행하는 특공대 형태의 국가기관으로 그 소속으로 권역별로 4개의 119특수구조대(수도권, 영남, 호남, 충청/강원)를 두고 있다. 또한, 119특수구조대는 그 소속으로 총 6개의 119화학구조센터(시흥, 구미, 울산, 익산, 여수, 서산)를 관할하고 있다.
    - 시 · 도 소방본부: 현재 소방업무는 지방사무로 되어 있어서 광역지방자치단체인 17개 시 · 도별로 소방본부가 있고 그 소속으로 소방서가 있다. 또한, 소방서는 그 소속으로 안전센터를 두고 있다. 다만, 현재 시 · 도 소방본부장은 지방직인 다른 직원들과 다르게 예외적으로 국가직 공무원이 임명되도록 하고 있는 특수한 형태다.

■ 해경조직: 해상재난에 대한 현장대응조직으로 국가조직이다.

- 해양경찰청: 국가직 공무원으로 구성된 국가기관인 해양경찰청(해양수산부 외청)은 해상 재난현장에서의 수색, 구조 등 긴급구조 정책 및 활동을 총괄한다.
  - 중앙해양특수구조단 및 권역별 해양특수구조대: 육상에서의 중앙119구조본부와 대응되는 중앙해양특수구조단은 긴급구조 업무를 수행하는 특공대 형태의 국가기관으로 직접 남해 · 제주해양경찰청 관할지역의 긴급구조 활동을 수행할 뿐만 아니라, 그 소속으로 추가적으로 2개의 해양특수구조대(서해 - 서해 · 중부해양경찰청 관할지역, 동해 - 동해해양경찰청 관할지역)를 두고 있다.
- 지방해양경찰청: 현재 해경업무는 국가사무로 되어 있어서 소방과 달리 5개의 지방해양경찰청(동해, 서해, 남해, 중부, 제주)은 특별지방행정기관인 국가기관이며, 그 소속으로 해양경찰서를 두고 있다. 또한, 해양경찰서는 소속으로 파출서를 두고 있다.

이외에 경찰 및 군대에서도 필요한 경우, 재난현장 지원업무를 담당한다.

4. 「재난 및 안전관리 기본법」에 근거한 비상설 재난관리기구

정부는 재난상황 등 필요시 앞서 살펴본 상설의 재난관리조직과 별도로 「재난 및 안전관리 기본법」에 근거하여 비상설 재난관리기구를 구성하여 운영하게 된다. 이러한 비상설 재난관리기구는 다양한 부처 또는 부서의 업무와 관련되는 재난관리 행정의 특성으로 인해 다양한 부처 또는 부서가 그 구성원으로 참여하는 범정부적 기구의 형식을 가진다.

이러한 범정부적 기구는 크게 재난안전관리 관련 주요 정책에 대한 심의기구인 중앙 및 지역 안전관리위원회와 재난상황에서의 비상 수습기구인 중앙 및 지역 재난안전대책본부로 구분하여 살펴볼 수 있다.

4.1 재난안전정책 심의기구로서의 안전관리위원회와 관련조직

4.1.1 중앙안전관리위원회

중앙정부에는 아래와 같은 중앙단위의 재난안전관리 주요정책 등을 심의하기 위하여 국무총리 소속으로 중앙안전관리위원회를 두고 있다. 그리고 그 내부조직을 살펴보면 그 소속으로 안전정책조정위원회와 중앙재난방송협의회를 두고 있다. 일반적으로 심의대상은 재난안전 분야로 한정되지만, 이 중에서 국가안전보장과 관련된 경우에는 국가안전보장회의와 협의해야 한다.

- 재난 및 안전관리에 관한 중요 정책에 관한 사항
- 국가안전관리기본계획에 관한 사항
- 재난 및 안전관리 사업 관련 중기사업계획서, 투자우선순위 의견 및 예산요구서에 관한 사항
- 중앙행정기관의 장이 수립 · 시행하는 계획, 점검 · 검사, 교육 · 훈련, 평가, 안전기준 등 재난 및 안전관리업무의 조정에 관한 사항
- 안전기준관리에 관한 사항
- 재난사태의 선포에 관한 사항
- 특별재난지역의 선포에 관한 사항
- 재난이나 그 밖의 각종 사고가 발생하거나 발생할 우려가 있는 경우, 이를 수습하기 위한 관계기관 간 협력에 관한 중요사항
- 재난안전의무보험의 관리 · 운용 등에 관한 사항
- 중앙행정기관의 장이 시행하는 주요 재난 및 사고의 예방사업 추진에 관한 사항
- 재난안전산업 진흥을 위한 기본계획에 관한 사항
- 그 밖에 위원장이 회의에 부치는 사항

국무총리를 위원장으로 위원은 중앙행정기관 또는 관계기관 및 단체의 장이 된다. 행정안전부장관이 간사이다. 위원의 요청이 있거나 위원장이 필요하다고 인정하는 경우 소집하며, 재적위원 과반수의 출석으로 개의하고 출석위원 과반수의 찬성으로 의결하게 된다.

(1) 안전정책조정위원회

중앙안전관리위원회에 상정될 안건을 사전에 검토하고 그 밖에 아래와 같은 사무를 수행하기 위해 중앙안전관리위원회에 안전정책조정위원회를 둔다. 그 내부조직을 살펴보면 그 소속으로 실무위원회와 중앙안전관리민관협의회를 두고 있다.

〈중앙안전관리위원회에 상정할 안건의 사전조정〉

- 중앙행정기관의 장이 수립 · 시행하는 계획, 점검 · 검사, 교육 · 훈련, 평가, 안전기준 등 재난 및 안전관리업무의 조정에 관한 사항
- 안전기준관리에 관한 사항
- 재난이나 그 밖의 각종 사고가 발생하거나 발생할 우려가 있는 경우, 이를 수습하기 위한 관계기관 간 협력에 관한 중요사항
- 재난안전의무보험의 관리 · 운용 등에 관한 사항
- 중앙행정기관의 장이 시행하는 주요 재난 및 사고의 예방사업 추진에 관한 사항

〈자체심의〉

- 국가안전관리기본계획의 집행계획
- 국가기반시설의 지정에 관한 사항
- 재난 및 안전관리기술 종합계획

그 밖에 중앙안전관리위원회가 위임한 사항을 처리한다.

행정안전부장관을 위원장으로 위원은 중앙행정기관의 차관 또는 차관급 공무원과 재난안전관리에 관한 지식과 경험이 풍부한 사람 중에서 위원장이 임명하거나 위촉하는 사람이 된다. 행정안전부 재난안전관리본부장이 간사이다. 위원의 요청이 있거나 위원장이 필요하다고 인정하는 경우 소집하며, 재적위원 과반수의 출석으로 개의하고 출석위원 과반수의 찬성으로 의결하게 된다.

① 실무위원회

안전정책조정위원회의 업무를 효율적으로 수행하기 위해 안전정책조정위원회에 실무위원회를 둘 수 있으며 다음 각 호의 사항을 심의하게 된다.

- 재난안전관리를 위하여 관계 중앙행정기관장이 수립하는 대책에 관하여 협의·조정이 필요한 사항
- 재난발생시 관계 중앙행정기관장이 수행하는 재난의 수습에 관하여 협의·조정이 필요한 사항
- 그 밖에 실무위원회의 위원장이 회의에 부치는 사항

위원장은 행정안전부 재난안전관리본부장이며, 관계 중앙행정기관의 고위공무원단에 속하는 공무원 또는 3급 상당 이상에 해당하는 공무원 중에서 해당 중앙행정기관장이 추천하는 공무원, 재난안전관리에 관한 지식과 경험이 풍부한 사람 등으로 50인 내외로 구성한다.

위원 5명 이상의 요청이 있거나 위원장이 필요하다고 인정하는 경우 소집하며, 재적위원 과반수의 출석으로 개의하고 출석위원 과반수의 찬성으로 의결하게 된다. 이때 회의마다 모든 위원이 참석하지 않고 위원장과 위원장이 지정하는 25명 내외의 위원이 참석하게 된다.

② 중앙안전관리민관협력위원회

재난안전관리에 관한 민관협력 관계를 원활히 하기 위해 안전정책조정위원회에 중앙안전관리민관협력위원회를 설치할 수 있으며 다음 각 호의 사무를 수행한다. 재난발생시 신속한 재난대응 활동참여 등 위원회의 기능을 지원하기 위하여 위원회에 재난긴급대응단을 운영할 수 있다.

- 재난안전관리 민관협력활동에 관한 협의
- 재난안전관리 민관협력활동사업의 효율적 운영방안의 협의
- 평상시 재난안전관리 위험요소 및 취약시설의 모니터링 · 제보
- 재난발생시 인적 · 물적 자원 동원, 인명구조 · 피해복구 활동 참여, 피해주민 지원서비스 제공 등에 관한 협의

위원장은 민관 공동위원장으로 구성되는데, 이 중 행정안전부 재난안전관리본부장이 정부를 대표하며, 민간위원 중 위원회의 의결을 거쳐 행정안전부장관이 지명하는 자가 민간을 대표하게 된다. 위원은 당연직으로 행정안전부 안전정책실장 · 재난관리실장 · 재난협력실장이 있으며, 민간위원으로는 재난안전관리 활동에 적극적으로 참여하고 전국 규모의 회원을 보유하고 있는 협회 등의 민간단체 대표, 재난안전관리 분야 유관기관, 단체 · 협회 또는 기업 등에 소속된 재난안전관리 전문가, 재난안전관리 분야에 학식과 경험이 풍부한 사람 등으로 구성된다.

중앙재난안전대책본부 운영이 필요한 대규모 재난발생으로 민관협력 대응이 필요한 경우, 재적위원 1/4 이상이 회의소집을 요청한 경우, 공동위원장 중 어느 한 사람이 회의소집이 필요하다고 인정하는 경우에 소집되며, 재적위원 과반수의 출석으로 개의하고 출석위원 과반수의 찬성으로 의결하게 된다.

(2) 중앙재난방송협의회

다음 사항에 대한 심의 등 재난에 관한 예보, 경보, 통지나 응급조치 및 재난관리를 위한 재난방송이 원활히 수행될 수 있도록 중앙안전관리위원회에 중앙재난방송위원회를 설치할 수 있다.

- 재난에 관한 예보 · 경보 · 통지나 응급조치 및 재난관리를 위한 재난방송 내용의 효율적 전파방안
- 재난방송과 관련하여 중앙행정기관, 특별시 · 광역시 · 특별자치시 · 도 · 특별자치도 및 방송사업자 간의 역할분담 및 협력체제 구축에 관한 사항
- 언론에 공개할 재난 관련 정보의 결정에 관한 사항
- 재난방송 관련 법령과 제도의 개선사항
- 그 밖에 방송통신위원회위원장과 과학기술정보통신부 장관이 요청하거나 중앙재난방송협의회 위원장이 필요하다고 인정하는 사항

위원장은 위원 중 과학기술정보통신부 장관이 지명하는 자가 되는데, 위원은 당연직으로 과학기술정보통신부, 행정안전부, 국무조정실, 방송통신위원회, 및 기상청의 고위공무원단에 속하는 일반직 공무원 또는 이에 상당하는 공무원이며 민간위원은 지상파텔레비전방송사업자, 종합편성 또는 보도전문편성을 행하는 방송채널사용사업자에서 재난방송을 총괄하는 자, 대학 · 산업대학 · 전문대학 · 기술대학에서 재난 또는 방송 전공 교수, 재난 또는 방송 관련 연구기관 · 단체 또는 산업분야의 경력이 5년 이상인 사람 중에서 과학기술정보통신부 장관이 방송통신위원장과 협의하여 위촉하게 된다. 이외에 위원 중 호선에 따라 부위원장을 두며, 간사로는 과학기술정보통신부 재난방송 담당 공무원 중에서 장관이 지명한다.

위원의 요청이 있거나 위원장이 필요하다고 인정하는 경우 소집하며, 재적위원 과반수의 출석으로 개의하고 출석위원 과반수의 찬성으로 의결하게 된다.

4.1.2 지역안전관리위원회

지방자치단체에는 중앙안전관리위원회와 대응되는 조직으로 아래와 같이 지역별 재난안전관리 주요정책 등을 심의하기 위하여 시 · 도지사, 시 · 군 · 구청장 소속으로 각각 시 · 도, 시 · 군 · 구 안전관리위원회를 두고 있다(통칭하여 '지역안전관리위원회'라 한다). 지역안전관리위원회도 중앙안전관리위원회와 유사하게 그 소속으로 안전정책실무조정위원회와 지역재난방송협의회를 두고 있다.

- 해당 지역에 대한 재난 및 안전관리에 관한 사항
- 시 · 도 또는 시 · 군 · 구 안전관리계획에 관한 사항
- 해당 지역을 관할하는 재난관리책임기관(중앙행정기관과 상급 지방자치단체는 제외)이 수행하는 재난안전관리의 추진에 관한 사항
- 재난이나 그 밖의 각종 사고가 발생하거나 발생할 우려가 있는 경우, 이를 수습하기 위한 관계기관 간 협력에 관한 중요사항
- 다른 법령이나 조례에 따라 해당 위원회의 권한에 속하는 사항
- 그 밖에 위원장이 회의에 부치는 사항

그 구성과 운영은 해당 지방자치단체별로 조례로 정하고 있는데, 일반적으로 위원장은 지방자치단체장(시 · 도지사, 시 · 군 · 구청장)이 되며, 위원은 해당 지방자치단체의 주요보직 공무원, 지역 내의 재난관리책임기관을 포함한 관계 기관 · 단체장 등이 된다.

위원의 요청이 있거나 위원장이 필요하다고 인정하는 경우 소집하며, 재적위원 과반수의 출석으로 개의하고 출석위원 과반수의 찬성으로 의결하게 된다.

(1) 안전정책실무조정위원회

지역안전관리위원회에도 지역안전관리위원회에 부칠 의안을 검토하고, 재난안전관리에 관한 관계기관 간의 협의 · 조정 등을 위하여 그 소속으로 안전정책실무조정위원회를 둘 수 있다. 일반적으로 위원장은 해당 지방자치단체의 부단체장이 되며, 위원은 지역안전관리위원회 위원이 소속하는 기관 · 단체의 직원 중에서 당해 기관 · 단체의 장이 지명하는 자 등이 된다.

① 실무위원회

일반적으로 안전정책실무조정위원회와 별도의 실무위원회는 두지 않는다. 다만, 안전정책실무조정위원회를 실무위원회라고 명명하기도 한다.

② 지역안전관리민관협력위원회

지역 단위에도 재난안전관리에 관한 지역 차원의 민관 협력관계를 원활히 하기 위하여 시 · 도 또는 시 · 군 · 구 안전관리민관협력위원회를 구성 · 운영할 수 있다. 일반적으로 위원장은 민관 공동위원장으로 해당 지방자치단체의 부단체장과 민간위원 중에 호선된 자가 되며, 위원은 재난안전관리 활동에 적극적으로 참여하는 민간단체 대표 등으로 구성된다.

(2) 지역재난방송협의회

지역 차원에서 재난에 대한 예보 · 경보 · 통지나 응급조치 및 재난방송이 원활히 수행될 수 있도록 지역안전관리위원회에 시 · 도 또는 시 · 군 · 구 재난방송협의회(통칭하여 '지역재난방송협의회'라 한다)를 둘 수 있다. 일반적으로 위원장은 해당 지방자치단체의 부단체장이 되며, 위원은 해당 지방자치단체의 주요보직 공무원 및 중앙재난방송협의회 위원의 자격요건을 갖춘 민간위원 등이 된다.

✍ 중앙정부의 지역위원회 등에 대한 지원과 지도

행정안전부장관은 시 · 도 안전관리위원회의 운영과 지방자치단체의 재난안전관리 업무에 대하여 필요한 지원과 지도를 할 수 있다. 또한 시 · 도지사도 관할 구역의 시 · 군 · 구 안전관리위원회의 운영과 시 · 군 · 구 재난안전관리 업무에 대하여 필요한 지원과 지도를 할 수 있다.

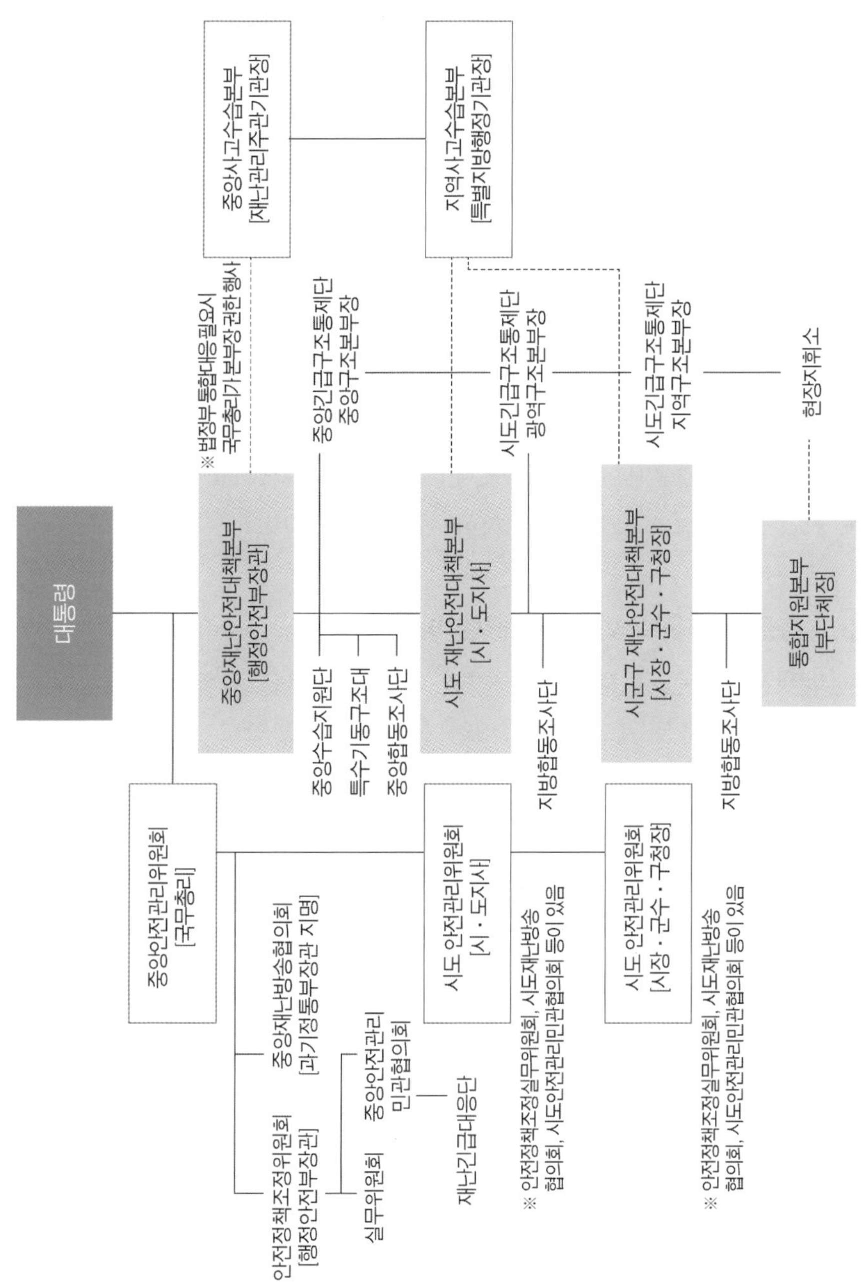

그림 8.4 국가 재난관리기구도 총괄

4.2 재난발생시 수습기구로서의 재난안전대책본부와 관련조직

일반적으로 사람들은 재난이 발생하면 사상자를 수색 · 구조하거나 응급의료 조치를 취하는 등의 활동만을 생각하는 경향이 크다. 하지만 이렇게 TV 등 매스컴에 보여지는 조치들이 효과적이고 효율적으로 작동하기 위해서는 여러 기관 · 단체들과 연계되는 종합적인 행정기능이 통합되어야 한다. 따라서 재난수습의 과정에서는 여러 기관들이 함께 참여하여 활동할 수밖에 없게 되고, 각종 다양성을 가지는 참여기관에 대한 효율적인 협력체계와 지휘체계가 필요하게 된다. 이로 인해 재난수습에 있어서 다양한 기관들이 참여하는 비상기구의 운영은 매우 중요하다.

이러한 비상기구는 크게 나눠보면 i) 재난수습을 위해 다양한 기관 간 총괄조정을 위한 재난안전대책본부와 관련조직, ii) 재난현장에서의 효율적인 긴급구조 지휘를 위한 긴급구조통제조직과 관련조직이 있다.

4.2.1 총괄조정기구: 재난안전대책본부

재난발생시 수습을 위해 다양한 기관 간 총괄조정을 위한 재난안전대책본부로는 중앙정부에서는 모든 재난수습에 대한 총괄 · 조정을 맡고 있는 행정안전부 중심의 중앙재난안전대책본부가 있으며, 지방자치단체에는 이와 매칭되는 지역재난안전대책본부, 즉 시 · 도 또는 시 · 군 · 구 재난안전대책본부가 있다.

이와는 별도로 중앙정부에서는 재난유형별 소관부처, 즉 재난관리주관기관 중심으로 사고수습을 위해 운영되는 중앙사고수습본부가 있다. 비록 중앙사고수습본부가 주관부처 중심으로 재난수습을 위해 운영되는 조직이기는 하지만 중앙재난안전대책본부가 가동되지 않은 상황에서는 재난대응을 위한 관계 기관 · 단체 등에 대해 직접 총괄 · 조정 기능을 수행하기도 한다.

이러한 맥락에서 그림 8.5에서와 같이 재난의 심각성, 파급력 등을 기준으로 그 정도에 따라 분류하면 시 · 군 · 구 재난안전대책본부 → 시 · 도 재난안전대책본부 → 중앙사고수습본부 → 중앙재난안전대책본부의 순으로 각급 재난안전대책본부가 운영된다고 볼 수 있다. 즉, 재난의 심각성, 파급력 등의 정도가 낮으면 하위 재난안전대책본부가, 그 정도가 높을 때는 상위 재난안전대책본부가 가동되는 것이다.

원칙적으로 상위 재난안전대책본부가 가동되는 상황에서 하위 재난안전대책본부는 상위 재난안전대책본부를 지원하기 위해 함께 가동되어야 하지만, 현실적으로는 재난의 성격, 정치적 이유 등 다양한 사유로 상위 재난안전대책본부만 가동되는 경우도 발생한다. 또한, 재난안전대책본부는 일반적으로 재난이 발생한 이후에 설치되지만 재난발생 우려가 있는 경우에 사전대비를 하기 위해 재난발생 여부와 무관하게 설치할 수 있다.

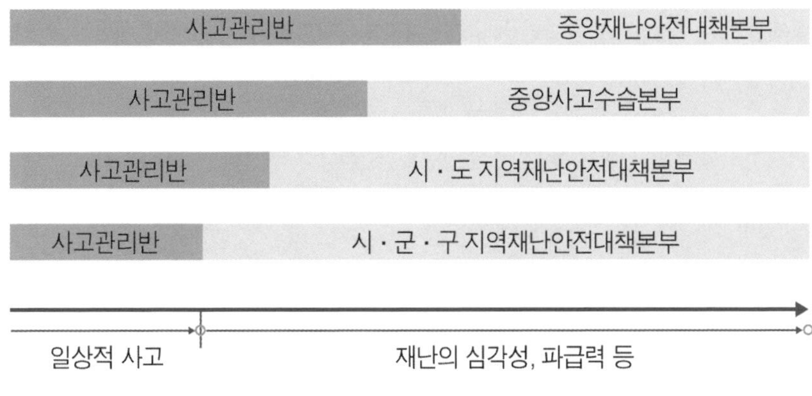

그림 8.5 각급 재난안전대책본부 간 관계

(1) 중앙재난안전대책본부

대규모 재난에 대한 대응 · 복구, 즉 재난수습 등에 관한 사항을 총괄 · 조정하고 필요한 조치를 하기 위하여 행정안전부에 중앙재난안전대책본부를 설치한다.

〈대규모 재난의 범위(재난 및 안전관리 기본법 시행령 제13조)〉

- 재난 중 인명 또는 재산의 피해 정도가 매우 크거나 재난의 영향이 사회적 · 경제적으로 광범위하여 주무부처의 장 또는 지역재난안전대책본부장의 건의를 받아 중앙재난안전대책본부장이 인정하는 재난
- 상기 재난에 준하는 것으로서 중앙재난안전대책본부장이 재난관리를 위하여 중앙재난안전대책본부의 설치가 필요하다고 판단하는 재난

① 구성 및 운영

일반적으로 행정안전부장관이 본부장이 되는 등 주요보직은 다음과 같이 구성되며, 그 외에 실무반이 있다.

직 위	구 성
본부장	행정안전부장관
차장	행정안전부 재난안전관리본부장
총괄조정관	행정안전부 소속의 해당 재난업무를 총괄하는 고위공무원단 일반직 공무원(실장급)
통제관	행정안전부 소속의 해당 재난업무를 담당하는 고위공무원단 일반직 공무원(국장급)
담당관	행정안전부 소속 공무원 중 해당 재난업무를 담당하는 부서의 과장급 공무원
대변인	행정안전부 소속 공무원 중에서 행정안전부장관이 지명(고위공무원단 일반직공무원, 소방감 이상의 소방공무원, 치안감 이상의 경찰공무원)
부대변인	재난관리주관기관[2] 소속 공무원 중 소속 기관장의 추천을 받아 행정안전부장관이 지명

다만, 해외재난과 방사능재난의 경우 다음과 같은 예외사항이 적용된다.

- 해외재난: 본부장은 외교부장관이 되며, 차장 등 기구구성도 외교부 공무원 위주로 이에 상응하게 구성된다.
- 방사능재난: 중앙방사능방재대책본부가 중앙재난안전대책본부를 대체하고 기구구성도 이에 준하게 된다(본부장: 원자력안전위원회위원장).

앞에서 언급한 대규모 재난의 범위를 넘어서는 경우로서 i) 국무총리가 범정부적 차원의 통합 대응이 필요하다고 인정하는 경우, ii) 행정안전부장관이 국무총리에게 건의하거나 중앙사고수습본부장의 요청을 받아 행정안전부장관이 국무총리에게 건의하는 경우에는 국무총리가 본부장이 되는 등 중앙재난안전대책본부가 확대 · 개편된다. 이때에는 기존 본부장(행정안전부장관, 외교부장관, 원자력안전위원회위원장)이 차장이 되는 등 기구 구성원이 한 단계 격상되어 운영된다.

또한, 국무총리가 필요하다고 인정하는 경우에는 지명하는 중앙행정기관의 장이 기존 본부장과 공동으로 차장이 된다. 예를 들어, 코로나19 발병 상황에서 국무총리는 중앙재난안전대책본부장으로서 감염병 대응상황을 총괄 · 조정하였고, 보건복지부장관은 감염병에 대한 재난관리주관기관장으로서 중앙재난안전대책본부 1차장의 역할을 하며 방역업무를 총괄하였다. 또한, 행정안전부장관은 중앙재난안전대책본부 2차장을 역할을 하면서 중앙－지방을 잇는 가교 역할뿐

2)「재난 및 안전관리 기본법 시행령」 별표 1의3에 따른 재난 및 사고 유형별 재난관리주관기관.

만 아니라 재난관리전담기관으로 쌓인 지식과 경험을 바탕으로 다양한 방역업무의 공백을 메우고 지원하는 역할을 수행하였다.

② 권한 및 기능

본부장은 해당 재난의 수습에 필요한 범위에서 중앙사고수습본부장 및 지역재난안전대책본부장을 지휘할 수 있으며, 재난을 효율적으로 수습하기 위하여 관계 재난관리책임기관장에게 행정 및 재정상의 조치, 소속 직원의 파견, 그 밖에 필요한 지원을 요청할 수 있다. 또한, 관계 재난관리책임기관장에게 재난상황대응계획서[3]를 요청하고 내용검토 후 필요한 조치나 의견을 제시할 수 있다.

재난의 수습과 관련하여 그 기능을 구체적으로 기술하면 다음과 같다.

- 상황판단회의: 본부장은 재난이 발생하거나 발생할 우려가 있는 경우, 행정안전부 및 관련 중앙행정기관 고위공무원단 공무원 등으로 상황판단회의를 구성하여 운영할 수 있다.
- 중앙재난안전대책본부 회의: 본부장은 필요한 경우 중앙재난안전대책본부 회의를 소집할 수 있는데, 주로 재난복구계획의 심의 · 확정, 재난예방대책, 재난응급대책, 국고 지원 · 예비비사용 등에 대한 협의를 담당한다. 이때 위원은 관계 중앙행정기관에 속하는 고위공무원단 일반직 공무원(장관급 장교, 소방감, 치안감 이상 등) 중에 소속기관의 장의 추천을 받아 본부장이 임명한다.
- 중앙수습지원단: 본부장은 국내 또는 해외에서 발생한 대규모재난의 수습을 지원하기 위하여 관계 중앙행정기관 및 관계 기관 · 단체의 재난관리에 관한 전문가 등으로 중앙수습지원단을 구성하여 현지에 파견할 수 있다. 재난 유형별로 관계 재난관리책임기관의 전문가 및 민간 전문가로 구성하나 해외재난의 경우에는 따로 수습지원단을 구성하지 아니하고 「119구조 · 구급에 관한 법률」에 따른 국제구조대로 갈음할 수 있다. 또한, 필요한 경우에는 소속 직원을 재난현장에 미리 파견하여 신속한 재난상황의 파악, 현장 지도 · 관리 등을 수행하도록 할 수도 있다.

3) i) 재난발생의 장소 · 일시 · 규모 및 원인, ii) 재난대응조치에 관한 사항, iii) 재난의 예상 진행상황, iv) 재난의 진행단계별 조치계획, v) 그 밖에 중앙재난안전대책본부장이 정하는 사항 등으로 구성된다.

• 특수기동구조대: 본부장은 구조 · 구급 · 수색 등의 활동을 신속하게 지원하기 위하여 행정안전부 · 소방청 또는 해양경찰청 소속의 전문 인력으로 구성된 특수기동구조대를 편성하여 재난현장에 파견할 수 있다.

• 중앙재난피해합동조사단: 본부장은 재난발생 후 그 피해를 조사하기 위해 행정안전부 공무원을 단장으로 관계 중앙행정기관 등 재난관리책임기관 공무원, 민간전문가 등으로 구성된 중앙재난피해합동조사단을 편성하여 운영할 수 있다. 피해조사 중 작성된 복구계획은 중앙재난안전대책본부 회의의 심의를 거쳐 재난피해 복구계획을 확정하고 시행하게 된다. 이와 유사하게 지방자치단체에도 관할 지역의 피해조사를 위하여 지역재난피해합동조사단을 편성하여 운영할 수 있다.

③ 운영기준 등

원칙적으로 중앙재난안전대책본부의 운영 필요성 및 비상단계는 자연재난과 사회재난 모두 상황판단회의를 열어서 결정한다. 하지만, 자연재난의 경우에는 관련 규정 등에 아래 박스 안의 예시와 같이 기상특보 등에 따른 정량적 기준이 제시되어 있는 경우가 다수이다. 반면에 사회재난의 경우에는 구체적 기준없이 재난의 심각성, 파급력 등과 같은 정성적 기준을 고려하여 결정한다.

〈자연재난에 대한 중앙재난안전대책본부 운영기준(예시)〉

■ 호우, 태풍, 대설 등 풍수해

• 비상1단계
  - 4개 이상의 시 · 도에 호우주의보 또는 대설주의보가 발표된 경우
  - 3개 이상의 시 · 도에 호우경보 또는 대설경보가 발표된 경우
  - 태풍 예비특보가 발표된 경우

• 비상2단계
  - 4개 이상의 시 · 도에 호우경보 또는 대설경보가 발표된 경우
  - 태풍주의보 또는 태풍경보가 발표된 경우
  - 호우 · 대설 · 태풍으로 인하여 국지적으로 극심한 피해가 발생할 가능성이 있거나 발생한 경우

• 비상3단계
  - 4개 이상의 시 · 도에 호우경보나 대설경보가 발표되고 해당 시 · 도에 3일 이상 호우 또는 대설 전망이 있는 경우

– 태풍경보가 발표되고 대규모 피해가 발생할 우려가 있는 경우
– 호우 · 대설 · 태풍으로 인하여 전국적으로 대규모 피해가 발생할 가능성이 있거나 발생한 경우

■ 지 진

• 비상1단계
  – 우리나라 내륙에서 규모 4.0–4.9의 지진이 발생한 경우
  – 국내외에서 발생한 지진으로 우리나라에서 최대 진도 V 이상이 발생한 경우
  – 지진해일주의보가 발표된 경우
  – 화산재주의보가 발표된 경우
• 비상2단계
  – 우리나라 내륙에서 규모 5.0 이상의 지진이 발생한 경우
  – 국내외에서 발생한 지진으로 우리나라에서 최대 진도 VI 이상이 발생한 경우
  – 지진해일주의보가 발표되고 인명피해가 발생할 가능성이 있거나 발생한 경우 또는 지진해일경보가 발표된 경우
  – 화산재경보가 발표되고 화산분출물로 인한 대규모 재난발생 가능성이 높은 경우
• 비상3단계
  – 우리나라 내륙에서 규모 5.0 이상의 지진이 발생하여 대규모 피해가 발생하였거나 발생할 가능성이 있는 경우
  – 국내외에서 발생한 지진으로 우리나라에서 최대 진도 VI 이상이 발생하여 대규모 피해가 발생할 가능성이 있거나 발생한 경우
  – 지진해일경보가 발표되고 대규모 피해가 발생할 가능성이 있거나 발생한 경우
  – 화산재경보가 발표되고, 화산분출물로 인한 대규모 재난발생 가능성이 확실한 경우

* 출처: 행정안전부 (2021). 중앙재난안전대책본부 구성 및 운영 등에 관한 규정; 행정안전부 / 행정안전부 (2021). 여름철 · 겨울철 자연재난 행동요령.

(2) 지역재난안전대책본부

중앙정부의 중앙재난안전대책본부에 대응되는 조직으로 관할구역에서 재난의 수습 등에 관한 사항을 총괄 · 조정하고 필요한 조치를 하기 위하여 시 · 도지사는 시 · 도 재난안전대책본부를 시장 · 군수 · 구청장은 시 · 군 · 구 재난안전대책본부(통칭하여 '지역재난안전대책본부'라 한다)를 설치한다. 본부장은 각각 시 · 도지사 또는 시장 · 군수 · 구청장이 되며, 그 밖의 직위는 조례로써 정하고 있다. 주의할 사항은 어떤 재난에 대해 중앙재난안전대책본부가 구성 · 운영되면 반드시 관할 시 · 도지사

또는 시장 · 군수 · 구청장은 지역재난안전대책본부를 설치하여야 한다.

중앙재난안전대책본부와 마찬가지로 관할구역의 재난관리책임기관장에게 행정 및 재정상의 조치, 소속 직원의 파견, 재난상황대응계획서 작성, 그 밖에 필요한 지원 등을 요청할 수 있다. 또한, 관할 지역의 피해조사를 위하여 지역재난피해합동조사단을 운영할 수도 있으며, 피해조사 중 작성된 자체 복구계획의 심의 · 확정 등을 위하여 지역재난안전대책본부 회의를 소집하여 운영할 수도 있다.

특히, 재난수습의 1차적 책임을 지는 시 · 군 · 구 재난안전대책본부장은 재난현장의 총괄 · 조정 및 지원을 위하여 부단체장을 단장으로 재난현장 통합지원본부를 설치 · 운영할 수 있다. 이 경우 통합지원본부장은 긴급구조에 대해서는 시 · 군 · 구 긴급구조통제단장의 현장지휘에 협력하여야 한다.

✍ 비상기구에서 파견인원의 기관 이기주의의 문제

재난관리와 관련한 비상기구는 다양한 기관에서 파견나온 인원으로 구성되어 있다. 이는 재난관리가 다양한 기관의 협력과 협조를 필요로 하며, 재난관리와 관련된 비상기구는 관련기관의 총괄 · 조정이 가장 중요한 역할이기 때문이다. 하지만 실제 재난상황에서는 파견나온 인원들이 비상기구에 융합하지 못하고 오히려 원소속 기관의 입장만을 대변한다는 지적이 제기되어 왔다.

미국의 합동참모본부는 육해공군 등 다양한 기관들의 파견 장교들로 구성되어 있는데, 기관의 이기주의는 고질적 문제로 지목되어 왔다. 1982년 합동참모의장이었던 조지 브라운 대장(Gen. George S. Brown)은 퇴임하면서 "군사작전이 진행될 당시에 내부하는 여비서 한 명밖에 없었다. 각 군에서 파견 나온 합동참모본부의 각 군의 로비리스트 또는 정보원들일 뿐이었다"고 기관의 이기주의를 지적하였다.

전 세계에서 오랜 기간 전쟁을 수행해온 미국의 합동참모본부의 사례는 다양한 기관에서 파견나온 인원으로 구성된 비상기구의 효과적 운영이 얼마나 어려운지를 잘 대변해주고 있다.

* 출처: 나무위키 (2021). Retrieved from https://namu.wiki/합동참모본부

4.2.2 주관 수습기구: 사고수습본부

(1) 중앙사고수습본부

재난이나 그 밖의 각종 사고에 대하여 그 유형별로 예방 · 대비 · 대응 및 복구 등의 업무를 주관하여 수행해야 하는 관계 중앙행정기관이 정해져 있다. 예를 들어, 교육부는 학교시설에서 발생하는 재난 및 사고, 산업통상자원부는 가수 수급 및 누출 사고에 관련해서는 재난관리 업무를 주관하여 수행하여야 한다. 이렇게 각종 재

난 및 사고의 유형에 대한 소관 중앙행정기관을 재난관리주관기관이라고 한다.

재난관리주관기관장은 재난이 발생하거나 발생할 우려가 있는 경우에는 재난상황을 효율적으로 관리하고 재난을 수습하기 위한 중앙사고수습본부를 신속하게 설치 · 운영하여야 한다(법 15조의2). 본부장은 해당 재난관리주관기관장 즉, 해당 부처 장관이 되며, 그 밖의 직위는 개별 규정으로 정하고 있다. 해당 재난수습에 필요한 범위에서 지역재난안전대책본부를 지휘할 수도 있으며, 관계 재난관리책임기관장에게 행정 및 재정상의 조치, 소속 직원의 파견, 재난상황대응계획서 작성, 그 밖에 필요한 지원 등을 요청할 수 있다.

✍ 재난관리책임기관과 재난관리주관기관

- 재난관리책임기관: 재난관리업무를 수행하는 기관으로 i) 중앙행정기관 및 지방자치단체, ii) 지방행정기관, 공공기관 · 단체 및 재난관리의 대상이 되는 중요시설의 관리기관 등
  - 행정안전부, 국토교통부 등 중앙행정기관
  - 서울특별시, 경기도 등 지방자치단체
  - 지방국토관리청, 지방해양수산청 등 특별지방행정기관
  - 한국철도공사, 한국가스공사 등
  - 한국원자력연구원, 국립수산과학원 등
  - 농업협동조합중앙회, 수산업협동조합중앙회 등
  - 댐 등의 설치자, 발전용원자로 운영자, 재난방송사업자 등
  - 한국서부발전주식회사, 대구도시철도공사 등
  - 유료도로 관리자, 공항철도주식회사
- 재난관리주관기관: 재난이나 그 밖의 각종 사고에 대하여 그 유형별로 예방 · 대비 · 대응 및 복구 등의 업무를 주관하여 수행하도록 정한 다음의 관계 중앙행정기관

재난관리주관기관	재난 및 사고의 유형
교육부	학교 및 학교시설에서 발생한 사고
과학기술정보통신부	• 우주전파 재난 • 정보통신 사고 • 위성항법장치(GPS) 전파혼신 • 자연우주물체의 추락 · 충돌
외교부	해외에서 발생한 재난
법무부	법무시설에서 발생한 사고

재난관리주관기관	재난 및 사고의 유형
국방부	국방시설에서 발생한 사고
행정자치부	• 정부중요시설 사고 • 공동구(共同溝) 재난(국토교통부가 관장하는 공동구는 제외한다) • 삭제 〈2015.6.30.〉 • 화재 · 위험물 사고, 내륙에서 발생한 유도선 등의 수난 사고 • 다중 밀집시설 대형화재 • 풍수해(조수는 제외한다) · 지진 · 화산 · 낙뢰 · 가뭄으로 인한 재난 및 사고로서 다른 재난관리주관기관에 속하지 아니하는 재난 및 사고 • 해양에서 발생한 유도선 등의 수난 사고
문화체육관광부	경기장 및 공연장에서 발생한 사고
농림축산식품부	• 가축 질병 • 저수지 사고
산업통상자원부	• 가스 수급 및 누출 사고 • 원유수급 사고 • 원자력안전 사고(파업에 따른 가동중단으로 한정한다) • 전력 사고 • 전력생산용 댐의 사고
보건복지부	• 감염병 재난 • 보건의료 사고
환경부	• 수질분야 대규모 환경오염 사고 • 식용수(지방 상수도를 포함한다) 사고 • 유해화학물질 유출 사고 • 조류(藻類) 대발생(녹조에 한정한다) • 황사
고용노동부	사업장에서 발생한 대규모 인적 사고
국토교통부	• 국토교통부가 관장하는 공동구 재난 • 고속철도 사고 • 국토교통부가 관장하는 댐 사고 • 도로터널 사고 • 식용수(광역상수도에 한정한다) 사고 • 육상화물운송 사고 • 지하철 사고 • 항공기 사고 • 항공운송 마비 및 항행안전시설 장애 • 다중밀집건축물 붕괴 대형사고로서 다른 재난관리주관기관에 속하지 아니하는 재난 및 사고

재난관리주관기관	재난 및 사고의 유형
해양수산부	• 조류 대발생(적조에 한정한다) • 조수(潮水) • 해양 분야 환경오염 사고 • 해양 선박 사고
금융위원회	금융 전산 및 시설 사고
원자력안전위원회	• 원자력안전 사고(파업에 따른 가동중단은 제외한다) • 인접국가 방사능 누출 사고
문화재청	문화재 시설 사고
산림청	• 산불 • 산사태

비고: 재난관리주관기관이 지정되지 아니한 재난 및 사고에 대해서는 행정안전부장관이 「정부조직법」에 따른 관장 사무를 기준으로 재난관리주관기관을 정한다.

(2) 지역사고수습본부

중앙사고수습본부장인 재난관리주관기관장은 필요한 경우, 특별지방행정기관 등을 활용하여 지역사고수습본부를 구성 · 운영할 수 있다.

✍ 중앙재난안전대책본부와 중앙사고수습본부와의 관계

재난이 발생하면 해당재난과 관련된 주무부처, 즉 재난관리주관기관에서 전문성을 바탕으로 중앙사고수습본부를 구성하여 우선적으로 대응을 하지만 그 규모가 크거나 심각해지면 행정안전부를 중심으로 중앙재난안전대책본부를 구성해서 재난을 총괄조정하게 된다.

하지만 재난발생 초기에도 이미 재난의 규모가 크거나 심각하다고 판단되면 중앙사고수습본부 구성여부와 무관하게 중앙재난안전대책본부를 구성하여 운영하기도 한다.

일반적으로 각 부처에서는 개별 규정에서 어떤 재난에 대해 중앙재난안전대책본부가 구성 · 운영되면 반드시 소관 재난관리주관기관장은 중앙사고수습본부를 설치하도록 규정하고 있다. 중앙재난안전대책본부가 설치 · 운영될 때에는 중앙수습본부장은 중앙재난안전대책본부장의 총괄 · 조정을 받아 수습활동을 수행하여야 하며, 필요시 중앙재난안전대책본부에 중앙수습지원단의 구성 · 운영을 요청할 수도 있다.

〈 전문기관과 상급기관 중 누가 더 재난관리에 효과적인가? 〉

코로나19 상황에서 중앙재난안전대책본부, 중앙사고수습본부, 중앙방역대책본부 등으로 이어지는 체계에 대한 논란이 있었다. 당시, 일반적으로 행정안전부 장관이 맡던 중앙재난안전대책본부장을 사상 처음으로 국무총리가 맡아 그 위상을 강화시켰다. 이는 정부의 강력한 대응의지를 보여준 것이었지만 일각에서는 현장을 잘 아는 전문가 집단인 질병관리청 위에 보건복지부 장관에 이어 국무총리까지 앉게 되어 '옥상옥'으로 되어 보고, 결제, 허가를 받아야 하는 단계만 더 늘어서 비효율적이라는 지적이 있었다.

즉, 국가적인 재난상황에서는 보다 직급이 높은, 소위 힘이 있는 기관이 컨트롤타워가 되어야만 여러 관계기관들은 잘 조정하고 신속하게 움직일 수 있다는 의견이 있었다. 국가적인 재난상황에서 어떤 조직운영이 더 효율적일까?

* 출처: 서민준 (2020). 코로나19 대응체계 '옥상옥' 될까 두렵다. 한국경제 2020년 2월 26일자

4.2.3 긴급구조통제기구: 긴급구조통제단과 구조본부

재난현장에서 이루어지는 긴급구조 활동에도 다수의 기관 · 단체들이 참여하게 되는데, 이 과정에서도 긴급구조에 관한 사항에 대한 총괄 · 조정 그리고 다양한 기관 · 단체들 간의 역할 분담과 지휘 · 통제를 위한 현장 비상기구의 설치가 필요하다.

육상재난에 대해서는 중앙정부 차원에서는 소방청 중심으로 중앙긴급구조통제단, 지역에서는 시 · 도 또는 시 · 군 · 구 긴급구조통제단이 운영된다. 반면에 해상에서는 중앙정부 차원에서는 해양경찰청 중심으로 중앙구조본부가 운영되며, 지역에서는 지방해양경찰청 또는 해양경찰서 중심으로 광역 또는 지역구조본부가 운영된다. 아울러, 해양오염 사고에 대해서는 중앙방제본부, 광역방제본부, 지역방제본부가 각각 그 역할을 대신한다.

(1) 육상재난에 대한 긴급구조통제단

육상재난에 대해서는 중앙정부 차원에서는 소방청 중심으로 중앙긴급구조통제단, 지역에서는 시 · 도 또는 시 · 군 · 구 긴급구조통제단이 운영된다.

① 중앙긴급구조통제단

육상에서의 긴급구조에 관한 사항의 총괄 · 조정, 긴급구조기관 및 긴급구조 지원기관이 하는 긴급구조활동의 역할 분담과 지휘 · 통제를 위하여 소방청에

중앙긴급구조통제단을 설치한다. 단장은 소방청장이 되며, 총괄지휘부 · 대응계획부 · 자원지원부 · 긴급복구부 · 현장지휘대 등으로 구성된다.

긴급구조지원기관 간의 공조체제를 유지하기 위해 관계 기관 · 단체장에게 소속직원 파견요청, 긴급구조지원지원기관의 지원요청 현장출동 등 지원요청 등이 가능하다.

② 지역긴급구조통제단

관할 지역에는 각각 소방본부장 및 소방서장이 단장이 되는 시 · 도 긴급구조통제단과 시 · 군 · 구 긴급구조통제단이 설치된다. 이러한 지역긴급구조통제단의 기능, 구성 및 운영에 대해서는 앞서 언급한 중앙긴급구조통제단의 규정을 준용한다.

재난현장에서는 원칙적으로 시 · 군 · 구 긴급구조통제단장이 긴급구조활동을 지휘한다. 즉, 중앙 또는 시 · 도 긴급구조통제단이 가동된 경우에도 특별한 사유가 없는 한 시 · 군 · 구 긴급구조통제단이 긴급구조활동을 지휘한다. 이 경우, 치안활동과 관련된 사항은 관할 경찰관서의 장과 협의하여야 한다. 상급 긴급구조통제본부장은 하급 긴급구조통제본부장이 긴급구조를 수색 · 구조를 지휘하는 경우 업무 지원 및 임무 조정을 실시한다.

다만, 필요하다고 인정하면 시 · 도 긴급구조통제단장이 직접 현장지휘를 할 수 있으며, 중앙긴급구조통제단장도 중앙재난안전대책본부 가동이 필요한 정도의 대규모 재난이 발생하거나 그 밖에 필요하다고 인정하면 직접 현장지휘가 가능하다.

✍ 긴급구조기관과 긴급구조지원기관

- 긴급구조기관: 긴급구조를 주관하는 기관을 말하며 (육상) 소방청 · 지방소방본부 · 소방서, (해상) 해양경찰청 · 지방해양경찰청 · 해양경찰서
- 긴급구조지원기관: 긴급구조를 지원하는 기관을 말하며 긴급구조에 필요한 인력 · 시설 및 장비, 운영체계 등 긴급구조능력을 보유한 기관이나 단체로서 관계 중앙행정기관, 탐색구조대로 지정된 군부대, 대한적십자사, 전국재해구호협회, 종합병원 등

중앙 및 지역 긴급구조통제단의 가동기준은 「긴급구조 대응활동 및 현장지휘에 관한 규칙」에 따라 소방 대응기준인 소방대응 1, 2, 3단계와 연계되는데,

이는 아래의 표 8.2와 같다.

표 8.2 소방관서 화재진압 및 구조구급 대응단계

대응단계	대응 1단계	대응 2단계	대응 3단계
재난규모	1개 시 · 군 · 구에서 재난이 발생한 상황에서 119안전센터 단위의 대응이 어려운 상황	2개 이상의 시 · 군 · 구에 걸쳐 재난이 발생하였거나 1개 시 · 군 · 구에서 재난이 발생하였으나 해당 지역의 시 · 군 · 구 긴급구조통제단의 대응능력을 초과한 상황	2개 이상의 시 · 도에 걸쳐 재난이 발생하였거나 1개 시 · 군 · 구 또는 시 · 도에서 재난이 발생하였으나 해당 지역의 시 · 도 긴급구조통제단의 대응능력을 초과한 상황
출동규모 (지휘관)	관할 소방서 전 소방력 출동 → 관할 소방서 긴급구조지휘대(장)이 현장지휘	2개 소방서 이상 소방력 출동 → 관할 소방서 긴급구조지휘대(장) 또는 소방서장이 현장지휘	2개 시 · 도 본부 이상 소방력 출동 → 관할 소방서장 또는 소방본부장이 현장지휘
화재규모	인명피해 우려 화재 등 (공장, 상가 등)	대형피해 우려 화재 등 (다중이용시설, 고층건축물 등)	대형화재로 중앙 및 인접 시도 소방력이 필요한 화재 등
긴급구조 통제단 운영	시 · 군 · 구 긴급구조통제단이 필요에 따라 부분 또는 전면적으로 운영될 수 있음	시 · 군 · 구 긴급구조통제단을 전면 운영하되, 시 · 도 긴급구조통제단은 필요에 따라 부분 또는 전면적으로 운영될 수 있음	시 · 도 긴급구조통제단을 전면 운영하되, 중앙긴급구조통제단은 필요에 따라 부분 또는 전면적으로 운영될 수 있음

* 서울 · 경기는 다른 지역에 비해 소방력의 규모가 크기 때문에, 소방력 배치 및 지역적 특성에 맞게 대응단계를 자체적으로 규정 · 운영하고 있다. i) 서울특별시: 대응 1단계→1개 소방서 전 소방력 대응, 대응 2단계→2~5개 소방서 전 소방력 대응, 대응 3단계→6개 이상의 소방서 전 소방력 대응, ii) 경기도: 대응 1단계→4개 이하 소방서 전 소방력 대응, 대응 2단계→5~9개 소방서 전 소방력 대응, 대응 3단계→10개 이상의 소방서 전 소방력 대응

여러 기관이 참여하는 긴급구조 현장에서 현장지휘를 효과적으로 하기 위해서 현장지휘소를 설치 · 운영할 수 있는데, 긴급구조지원기관에서는 현장지휘소에 소속의 재난업무 실무책임자를 파견하여 상호협조가 되도록 하고 있다. 또한, 지역긴급구조통제단장의 현장지휘권은 절대적이라고 할 수 없다. 예를 들어, 긴급구조 활동이 끝나거나 지역재난안전대책본부장이 필요하다고 판단하는 경우에는 양쪽이 상호 협의하여 지역재난안전대책본부장이 수행할 수 있다.

둘 이상의 지방자치단체의 관할 구역에 걸친 재난이나 하나의 지방자치단체 관할구역에서 여러 긴급구조기관 및 긴급구조지원기관이 공동으로 대응하는 재난의

경우 등에는 그 지휘권 문제가 복잡하게 되는데, 이를 위해 소방청장이 정하는 표준현장지휘체계에 따라 현장지휘하도록 하고 있다. 이때 표준현장지휘체계란 「긴급구조대응활동 및 현장지휘에 관한 규칙」 제9조 제2항에 따르면 긴급구조기관 및 긴급구조지원기관이 체계적인 현장대응과 상호협조체제를 유지하기 위하여 공통으로 사용하는 표준지휘조직구조, 표준용어 및 재난현장 표준작전절차를 말한다.

(2) 해상재난에 대한 구조본부, 방제대책본부

해양에서 발생한 재난의 긴급구조활동에 관하여는 앞서 설명한 중앙긴급구조통제단장, 시 · 도 긴급구조통제단장, 시 · 군 · 구 긴급구조통제단장의 권한과 역할을 「수상에서의 수색 · 구조 등에 관한 법률」에 따른 중앙구조본부장(해양경찰청장), 광역구조본부장(지방해양경찰청장), 지역구조본부장(해양경찰서장)이 수행하는 것으로 본다. 소방분야와 달리 해상재난에서는 대응기준으로 1, 2, 3단계 등이 따로 운영되지 않으며, 각급 구조본부 운영 자체가 소방 대응단계와 같은 개념으로 1:1로 매칭되어 운영되고 있다.

이밖에 해양오염 사고에 대해서는 기름 또는 위험 · 유해물질의 유출량에 따라 이러한 권한과 역할을 「방제대책본부 운영규칙(해양경찰청)」에 따른 중앙방제대책본부장(해양경찰청장), 광역방제대책본부장(지방해양경찰청장), 지역방제대책본부장(해양경찰서장)이 수행하는 것으로 본다. 각급 구조본부의 운영과 같이 방제대책본부의 경우에도 대응기준으로 1, 2, 3단계 등이 따로 운영되지 않으며, 각급 방제대책본부 운영 자체가 소방 대응단계와 같은 개념으로 1:1로 매칭되어 운영되고 있다.

표 8.3 방제대책본부 가동기준

구 분	본부장	기 준
중앙방제대책본부	해양경찰청장	• 지속성 기름 500kl 이상이 유출되거나 유출될 우려가 있는 경우 • 국가적 또는 국제적 차원의 대응이 요구되는 경우
광역방제대책본부	지방해양경찰청장	• 지속성 기름 50kl(비지속성 기름 또는 위험 · 유해물질은 300kl) 이상이 유출되거나 유출될 우려가 있는 경우 • 다른 해양경찰성 관할해역에 영향을 미치거나 지방해양경찰청 차원의 대응 요구
지역방제대책본부	해양경찰서장	• 지속성 기름 10kl(비지속성 기름 또는 위험 · 유해물질은 100kl) 이상이 유출되거나 유출될 우려가 있는 경우 • 해양경찰서 차원의 대응이 요구

* 출처: 해양경찰청 「방제대책본부 운영규칙(해양경찰청 훈령)」

5. 요약 및 결론

이 장에서는 현행 재난관리 정부조직 및 기구를 살펴보았다. 재난관리 정부조직 및 기구는 크게 「정부조직법」에 따른 상설조직과 「재난 및 안전관리 기본법」에 따른 비상설 기구로 나뉜다. 상설조직으로는 중앙정부와 지방정부의 조직, 총괄조정과 개별집행 조직으로 구분할 수 있다. 이외에 초기대응 담당조직으로 소방 및 해경조직이 있다.

비상설 기구는 다양한 부처 또는 부서의 업무와 관련되는 재난관리 행정의 특성으로 다양한 부처 또는 부서가 구성원으로 참여하는 범정부적 기구의 형식을 띤다. 이러한 범정부적 기구는 크게 재난안전관리의 주요 정책에 대한 심의기구인 중앙 및 지역 안전관리위원회와 재난상황에서의 비상 대책기구인 중앙 및 지역 재난안전대책본부로 구분된다.

✍ 재난 이야기: 국가별 재난관리 조직체계

한 나라의 정치 · 행정체제가 그 나라 고유의 사회 · 경제 · 사회 · 문화적 배경을 바탕으로 각기 독자적 특성을 가지고 발달하여 왔듯 한 나라의 재난관리조직도 이러한 상이한 정치 · 행정체제의 틀 안에서 국가별로 처한 재난환경에 따라 고유한 형태로 형성되어 왔다고 볼 수 있다.

하지만, 이러한 다양성 속에서도 상호간 공통점을 찾아볼 수 있는데, 여기서는 대표적으로 미국, 일본, 영국, 중국, 독일, 호주, 스위스의 7개국의 국가별 재난관리조직 특성을 상호 비교 · 분석해가며 시사점을 찾아본다. 해당 내용은 「재난관리론 II. 파트 II 국가별 재난관리체계」에서 요약 · 정리한 내용이다.

〈 총괄조정 조직 및 기구: 국가별 사례요약 〉

■ 일본: 내각부 소속 방재담당 특명대신

재난관리 총괄조정 기구가 정부수반인 내각 총리대신을 보좌하는 내각부 내에 있다. 내각부에 장관급의 방재특명 담당대신을 두고 산하에 방재담당 정책총괄관(실장급)과 심의관(국장급) 2명이 있으며 참사관(과장급)이 부서장인 8개의 개별부서가 있다.

8개의 개별부서는 업무총괄담당, 재해긴급사태처리담당, 지방 · 훈련담당, 조사 · 기획담당, 방재계획담당, 보급개발 · 제휴담당, 지방훈련담당이며, 비록 장관급인 내각부 방재담당 특병대신이 총괄하고 있으나 2015년 기준으로 총 92명이 근무하는 매우 소규모 조직이다.

지방자치단체에서 감당하기 어려운 대규모 재난이 발생하게 되면 각 재난관리주관기관의 담당대신을 본부장으로 하는 비상대책본부가 설립되는데, 대규모 자연재난에 대해서는 내각부의 방재담당 특명대신이 본부장이 된다. 또한, 이러한 대규모 재난 이상의 재난, 소위 이상 · 격심 재난이 발생하면 내각 총리대신이 본부장이 되는 긴급재해대책본부가 총리대신 관저에 설치된다.

■ 미국: 국토안보부 산하 연방재난관리청

미국의 경우, 1979년 카터 행정부가 분산된 각종 재난관리 조직을 통합하여 창설한 연방재난관리청(Federal Emergency Management Agency; FEMA)이 재난관리에 대한 총괄조정업무를 수행하고 있다. 한때 내각회의에도 청장이 직접 참여할 수 있는 막강한 권한을 가진 독립조직으로 운영되다가 2001년 9 · 11 테러 이후 2003년 22개 연방기관과 100여 개의 관련조직이 통 · 폐합되어 만들어진 국토안보부(Department of Homeland Security; DHS)의 외청으로 운영되고 있다.

대규모 재난발생시 국토안보부의 국가상황실(National Operations Center; NOC), 연방재난관리청의 국가대응조정센터(National Response Coordination Center; NRCC),

연방재난관청 권역별 지역사무실의 권역대응센터(Regional Response Coordination Center; RRCC)를 확대 가동하여 대처하게 된다.

■ 영국: 내각부 소속 국가재난관리처

과거에는 연방 내무부가 재난관리 총괄조정 기구의 역할을 수행하였으나, 2001년부터는 내각부에 국가재난관리처(Civil Congingencies Secretariat; CCS)를 신설하여 재난관리 총괄을 위한 전담조직으로의 책무를 수행하고 있다.

처장은 차관급이며, 역량실(Capabilities), 감시 및 대응실(Horizon Scanning & Response), 지역대응역량실(Local Response Capability), 자연재난실(Natural Hazards Team), 비상계획교육원(Emergency Planning College)의 5개 부서로 구성되어 있다.

국가차원에서 대처해야 할 대규모 재난이 발생하면 국가재난관리위원회(Civil Contingencies Committee)가 내각부에 가동하게 되는데, 회의장소를 일컫는 위기상황시 비상회의 공간(Cabinet Office Briefing Room)을 일컫는 코브라(COBR)라는 별칭으로 통용된다. 원칙적으로 위원장은 총리이다.

■ 중국: 응급관리부(应急管理部)

중국은 지속적으로 재난관리 조직을 보강하여 왔다. 2018년에는 그동안 민정부의 재난안전 업무, 국무원 판공청 응급관리, 공안부의 소방관리, 지진국을 통합하여 재난관리에 특화된 전담부처로서 장관급의 「응급관리부(应急管理部)」를 창설하였다.

중국에서는 재난을 1급(특별재난), 2급(중대재난), 3급(대형재난), 4급(일반재난)의 4개 등급으로 구분한다. 이 중에서 재난관리 주관기관의 건의에 따라 국무원이 선포하는 1급(특별재난)에 대해서는 범정부적 대응을 위하여 「국가돌발사건 응급지휘부(国家突发事件 应急指挥机构)」라는 비상기구를 반영하게 된다.

■ 독일: 내무부 산하 연방국민보호 · 재난지원청(BBK)과 연방기술지원단(THW)

연방정부의 내무부에는 4개의 차관을 두고 있는데, 이 중 제4차관이 재난관리 업무를 관장한다. 구체적으로는 제4차관 내 4개의 실 중에서 제3실인 위기관리 및 국민보호실이 재난관리 업무를 관장한다.

내무부에는 2004년에 외청으로 설립된 연방국민보호 · 재난지원청(BBK)이 실질적으로 재난관리를 총괄조정하는 전담조직이다. 청장 아래 위기관리(Krisenmanagement), 위험관리 및 국제협력(Risikomanagement, Internationale Angelegenheiten), 과학기술(Wissenschaft und Technik), 국민보호훈련 및 교육(Bundeskademie für Bevölkerungsschutz und Zivile Verteidigung), 일반사무(Zentrale Dienste)의 5개의 국이 있다.

또한, 내무부 소속기관으로 연방기술지원단(THW)을 두고 재난발생시 수색 · 구조, 응급복구 등 경찰 · 소방 활동을 포함한 다양한 재난대응 업무를 지원하고 있다. 국내외 재난에 대한 기술적, 인도적 지원도 제공한다. 전체 인원 중 상근 공무원은 2%에 불과하고 나머지 98%는 민간 자원봉사자로 구성되어 있다.

비상기구로서 연방정부 차원에서 부처간에 재난대처를 위한 정책의 조정·협력을 위한 「부처 간 조정그룹(Inter-Ministerial Coordination Group)」을 가동하여 운영하기도 하고 대규모 재난에 대해서는 내무부-환경부, 내무부-보건부 등 부처 간 공동 대응을 위한 「공동위기관리단」을 운영하기도 한다.

■ 호주: 내부무 산하 국가재난관리청

연방정부에서 재난관리는 내무부(Department of Home Affairs)에서 관장하고 있다. 내무부의 주요업무는 재난관리뿐만 아니라 테러안보, 이민정책, 국경관리 등을 포함하고 있는데, 미국의 국토안보부와 유사한 형태라고 볼 수 있다.

이 중에서 재난관리 업무는 2022년에 기존의 Emergency Management Australia와 National Recovery and Resilience Agency를 합병하여 신설된 국가재난관리청(National Emergency Management Agency; NEMA)에서 관장하고 있다. 국가재난관리청에는 국가상황실(National Situation Room; NSR)을 두어 재난발생시 실시간 상황관리, 지원업무 조정 등을 실시하고 있다.

재난상황에서 총리는 필요에 따라 각 부처장관으로 구성된 내각을 소집하여 향후 대책을 논의하여 시행한다. 또한, 주정부와의 협력이 추가적으로 필요하면 각 주지사 등으로 구성된 최고위 협의기구인 국가 내각(national cabinet)을 소집하기도 한다.

이외에 재난상황에서 실무적 차원의 비상기구를 운영하는데, 위기 및 복구위원회(Australian Government Crisis and Recovery Committee; AGCRC)와 국가조정체계(National Coordination Mechanism; NCM)가 대표적이다. 두 기구 모두 국가재난관리청 내에서 담당국장(deputy coordinator)이 주재하게 된다. 위기 및 복구위원회가 연방정부 내 관련부처 실국장급 공무원을 위원으로 하는 데 반해, 국가조정체계는 이외에 주정부 관련기관의 실국장급 공무원까지 포함하고 있다.

■ 스위스: 연방국방·시민보호·체육부 산하 연방시민보호청

연방정부에서 재난관리 업무를 관장하는 기관은 '연방 국방·시민보호·체육부(Federal Department of Defense, Civil Protection and Sport; DDPS)'이다. 하지만, 연방 국방·시민보호·체육부는 재난관리에 전문화된 기관이라기보다는 다음과 같이 국방, 정보, 지형, 민방위, 체육 등 총 7개의 매우 광범위한 기능을 가진 복합기능기관이다(DDPS, 2023).

이 중에서 연방시민보호청(Federal Office for Civil Protection; FOCP)이 재난 등 각종 위험으로부터 시민보호의 기능을 담당하고 있다. 연방시민보호청은 2022년 기준 총 324명이 근무하고 있다. 주요 기능으로는 전략운영실, 정책관리실, 자원관리실, 국

가비상상황실(National Emergency Operations Center; NEOC), 민방위교육원, Spiez 화생방 연구실이 있다.

연방시민보호청 내에는 평상시 다른 연방기관뿐만 아니라 주(canton) 및 국제기관 등과 정보를 공유하면서 관련된 조치를 취하는 최일선 상황관리 기관으로 국가 비상상황실이 있다. 만약, 국가적 중요성을 가진 재난이 임박하거나 발생하면 비상기구로서 연방 민방위 위기관리위원회가 가동된다. 이때 국가비상상황실이 사무국의 역할을 맡으면서, 시민보호와 관련된 사고정보를 접수받아 상황평가를 거쳐 연방 민방위 위기관리위원회의 가동 필요성에 대한 실무적 판단을 하게 된다.

연방 민방위 위기관리위원회는 크게 관계기관 실국장 회의체, 관계기관 전문가로 구성된 전략계획반, 국가비상상황실이 담당하는 운영지원반으로 구성된다. 주된 기능으로는 위기상황에 대한 평가 및 정보공유, 관련 연방 · 주 등 정부기관 · 사회기반시설 운영기관 등과의 협력, 관련 국가자원의 지원조정 등을 담당하고 있다.

■ **프랑스:** 내무부 소속의 시민방어안전총국

중앙정부에서 재난관리 업무를 관장하는 기관은 내무부이다. 내무부에는 총 4개의 총국이 있는데, 이 중에서 시민방어안전총국에서 재난관리 업무를 총괄하고 있다. 시민방어안전총국은 1실 4국 등으로 구성되어 있으며, 이 중에서 위기재난대응국 내에 있는 부처 간 통합관리센터는 중앙위기관리센터의 역할을 하면서 재난대응에 대한 업무를 주관하고 있다.

〈 총괄조정 조직 및 기구: 카테고리별 분류 〉

연방국가별로 정부내 재난관리 총괄기구는 크게 3가지의 모습을 보이고 있다. ① 총리실 등 정부수반 사무실의 소속기구의 형태(영국, 일본), ② 독자적인 전문화된 중앙행정기관의 형태(미국, 중국), ③ 내무부 등 다른 중앙행정기구의 일부 기능의 형태(독일, 스위스 등)가 그것이다. 그렇다면, 어떤 요인들이 정부 내 재난관리기구의 형태에 영향을 주는 것일까?

한 나라의 정치 · 행정체제가 정치 · 경제 · 사회 · 문화적 환경에 따라 고유하게 발전해 왔듯 정부 내 재난관리기구의 형태에 대한 영향 요소를 몇 가지로 재단하기는 어렵다. 하지만, 몇 가지 공통된 특성이 있는데, ① 발생하는 재난의 규모 및 빈도, ② 국토의 면적 및 인구 등과 같은 물리적 크기, ③ 재난에 대한 사회적 경각심 및 재난관리 필요성 인식, ④ 대응 또는 복구와 같은 재난관리 단계 중 중점분야 등이 그것이다.

■ **총리실 등 정부수반 사무실의 소속기구의 형태:** 일본과 영국

일본의 경우, 정부수반인 내각총리 대신을 보좌하는 사무실인 내각부 내에 재난관리 업무를 담당하는 장관급의 방재담당 특명대신이 8개 부서를 아우르며, 중앙정부의

재난관리 업무를 담당한다. 그리고 재난상황에서는 그 심각성에 따라 비상재해대책본부 또는 긴급재해대책본부와 같은 범정부 재난대처기구를 가동하여 국가적 재난상황에 대처하게 된다. 특히, 최고단계의 범정부 비상대처기구인 긴급재해대책본부는 본부장을 정부수반인 내각총리대신이 맡아 운영하고 있다.

영국의 경우도 과거에는 내무부가 그 역할을 담당했으나 2001년부터는 통합적 재난관리체계 구축을 위해 내각부에 5개 부서를 기능으로 두는 국가재난관리처(Civil Contingencies Secretariat; CCS)를 신설하여 연방정부의 재난관리업무를 담당한다. 또한, 재난상황에서는 최고단계의 범정부 비상대처기구인 국가재난관리위원회(Civil Contingencies Committee; COBR)를 총리가 위원장이 되어 가동하게 된다.

최고 권력자인 정부수반의 사무실에 재난관리기구를 두고 있는 일본과 영국, 두 나라는 공교롭게도 각각 세계적으로 가장 심각한 자연 및 인위재난을 겪고 있는 나라라는 점은 주목할 만하다. 일본은 태풍, 지진, 화산 등 자연재난의 발생이 가장 심각한 나라 중 하나이며, 영국은 산업혁명의 발생지로 이후 시간이 지나며 관련 시설 등이 낙후되며 인위재난의 발생이 빈번해지고 있는 대표적인 인위재난 다발 국가이다.

이를 앞서 설명한 정부내 재난관리기구의 형태에 영향을 주는 요소와 연계시켜 보면, 재난의 규모 및 빈도가 클수록 이렇게 재난관리기구가 정부수반의 사무실에 소속기구로 설치되는 경향이 높다고 볼 수 있다. 이는 정부수반 사무실의 재난관리 소속기구는 정부수반이 직접 총괄하는 형태로서 재난관리에 대한 가장 강력하고 체계적인 정치체계라는 것과 연계시켜 생각해볼 수 있다.

다만, 미국 및 중국과 같은 경우에는 재난의 규모 및 빈도가 상대적으로 큰데도 불구하고 정부수반의 직접적 통솔체계가 아닌 독자적인 전문화된 중앙행정기관을 두고 관리하고 있다는 점은 또다른 시사점이 있다. 이는 정부수반의 직접적 통솔체계로서 재난관리 직속기구 운영방식에 하나의 맹점이 있기 때문이다.

만약, 정부수반이 신경을 써야 할 재난의 총체적 수량이 적정수준 이상을 넘어지는 수준이 되면 정부수반의 사무실이 재난대처에 매몰될 수도 있다. 이는 국노의 면적 및 인구당 재난의 규모 및 빈도가 비슷하더라도 국토의 면적 및 인구 등이 커지게 되면 결국 신경써야 할 재난의 총량적 정도가 높아져, 정부수반의 직접적 통솔체계로는 한계가 있게 되는 것이다.

■ 독자적인 전문화된 중앙행정기관의 형태: 미국과 중국

미국은 재난뿐만 아니라 테러 등 포괄적 안보를 다루는 중앙행정기관으로 국토안보부(Department of Homeland Security; DHS)가 존재하며, 국토안보부 내 외청으로 있는 연방재난관리청(Federal Emergency Mangement Agency; FEMA)이 연방정부 내 중앙행정기관으로 국가재난관리를 총괄하고 있다. 중국도 최근 재난관리 전담기구로 신설된 응급관리부(应急管理部)가 중앙행정기관으로 재난관리를 총괄하고 있다.

공교롭게도 미국과 중국은 세계적으로 가장 넓은 국토의 면적과 가장 많은 인구를 자랑하는 대표적인 물리적 대국 대열에 있는 나라들이다. 이뿐만 아니라 두 나라에는 자연 및 인위재난의 규모 및 빈도도 다른 나라에 비해 상대적으로 많은 편이다. 이러한 두 나라는 재난관리기구가 독자적인 전문화된 중앙행정기관으로 존재하는 대표적인 국가라는 배경에는 다음과 같은 유추가 가능하다.

일본이나 영국과 비교할 때, 이들 두 나라는 결코 재난의 규모와 빈도가 낮은 국가들이라고 할 수는 없다. 그렇다면 왜 앞선 일본과 영국의 사례처럼 정부수반 사무실의 소속기구의 형태로 재난관리기구가 존재하지 않는 것일까? 이들 국가의 물리적 크기, 즉 면적과 인구를 고려할 때, 정부수반의 사무실의 직속기구로서 재난관리조직을 두고 직접 총괄하기에는 다루어야 할 절대적인 재난범위가 지나치게 광범위하다고 할 수 있다. 따라서 수많은 국정사안을 처리해야 하는 정부수반의 입장에서는 재난관리를 직속 사무실 소속기구를 통해 관장하기에는 한계가 있을 수밖에 없다. 따라서 정부수반으로부터 위임을 받은 독자적인 전문화된 중앙행정기관이 이를 대리하게 되는 것이 효과적이라 할 수 있다.

■ **내무부 등 다른 중앙행정기구의 일부 기능의 형태:** 독일, 스위스 등

마지막으로 살펴볼 수 있는 것이 독일, 호주, 스위스 등과 같이 내무부 등 다른 중앙행정기구의 일부 기능으로 정부 내 재난관리기구가 존재하는 형태이다. 일반적으로 정부서무 및 지방행정 업무를 다루는 부처에 민방위 업무와 같은 국민보호 기능과 연계하여 부처의 주요 부서 또는 독립된 외청 형태로 존재한다.

이때 재난관리 기능을 어떤 정부조직의 하부로 둘 것이냐는 재난관리에 대한 정부의 철학이 영향을 미친다. 재난이 발생이 발생하면 정부는 재난에 대응하고 피해를 복구해야 하는데, 재난대응에 중점을 두는 정부는 민방위, 안보 · 치안 등과 같은 기능과 결합하는 데 반해, 재난 복구에 중점을 두는 정부는 건설행정, 국토계획 등과 같은 기능과 결합을 하는 경향이 있다.

이러한 형태는 대규모 재난이 발생하지 않거나 발생하더라도 빈도가 적은 국가, 즉 재난의 위험성에 대한 인식이 상대적으로 낮은 국가에서 일반적으로 보여지는 정부조직 형태이다. 세계적으로 앞서 살펴본 국가를 제외하고 대다수의 국가에서 취하고 있는 재난관리 정부조직 형태이며, 앞서 언급한 영국, 미국, 중국 등의 경우에도 형행체계로 개편하기 이전까지는 이런 모습을 유지했었다.

다시 말하면 재난관리 정부조직의 세계적인 추세는 재난에 대한 사회적 경각심 그리고 재난관리에 대한 사회적 인식이 제고되면서 다른 중앙행정기구의 일부 기능으로 조치하던 조직체계가 독립화된 형식(정부수반 사무실의 전문화된 소속기구 또는 독자적인 전문화된 중앙행정기관)으로 발전하고 있다.

표 8.4 국가별 재난관리조직의 형태와 영향 요인

	① 재난의 규모 및 빈도	② 국토의 면적 및 인구	③ 사회적 경각심 및 필요성
① 정부수반 사무실 직속	大	小	大
② 독립적 중앙행정기관	大	大	大
③ 다른 중앙행정기구의 일부	小	–	小

〈 대통령, 총리 등 정부수반 보좌기관 〉

재난관리 조직이 정부수반 사무실에 직속기구로 있는 경우를 제외하고 독립적인 중앙행정기관 또는 다른 중앙행정기관의 일부 기능으로 있는 경우에는 정부수반 사무실에 정부수반을 보좌하는 기능이 별도로 필요로 한다. 만약 이러한 보좌기능에 문제가 발생하면 정부수반은 재난관리에 어려움을 겪게 되고 재난의 특성상 심각한 정무적 리스크를 가지게 된다. 이러한 정부수반 사무실 내에서 정부수반을 보좌하는 형태도 국가별로 서로 다를 수 있다.

미국의 사례를 대표적으로 살펴보면 대통령에 대한 전반적인 보좌기능을 가지는 대통령비서실장(Chief of Staff)과는 별도로 외교 및 안보분야에 대해 대통령을 보좌하는 국가안보보좌관(National Security Advisor)이 재난분야에 대해서도 대통령을 보좌한다. 국가안보보좌관은 대통령이 의장인 국가안전보장회의(National Security Council)를 관장하고 있다(HSPI, 2009).

특히, 재난 및 테러는 국토안보보장회의(Homeland Secuirty Council)을 통해 협의되는데, 이는 국가안전보장회의의 소속 협의기구로 이를 관장하는 국토안보보좌관(Homeland Security Advisor)은 국가안보副보좌관(Deputy National Security Advisor)의 지위를 가진다. 백악관 지하벙커에는 안보 및 재난에 대해 포괄적으로 상황을 관리를 위한 상황실(situation room)이 위치해 있는데, 130여 명의 국가안전보장회의 인원들이 근무하고 있다(HSPI, 2009).

*출처: 재난관리론 II (유형 · 국가별 재난관리체계)

연습문제

1. 행정학 분야의 대표적인 이론인 '보충성의 원칙'과 '협력적 거버넌스 이론'이 재난관리 조직체계를 설명하는데 어떻게 적용되는가?

2. 「정부조직법」에 근거한 상설 재난관리 조직은 중앙정부 및 지방자치단체에서 어떻게 구성되어 있는가?

3. 「재난 및 안전관리 기본법」에 근거한 비상설 재난관리기구 중 안전관리위원회와 재난대책본부는 각각 어떻게 구성되고 작동하는가? 그 차이점을 설명하라.

4. 재난발생시 가동되는 중앙재난안전대책본부, 중앙사고수습본부, 중앙긴급구조통제단은 각각 어떻게 구성되고 기능하는가? 그 차이와 관계를 설명하라.

PART 04

재난관리의 단계

CHAPTER 09

재난예방

1. 개 설

재난이 발생하면 무고한 생명과 재산의 손실이 발생한다. 고귀한 생명의 손실은 돌이킬 수 없으며 재산상 피해도 때론 그 복구에 천문학적 비용이 든다. 즉, 재난은 발생 후 수습하는 것보다 발생 자체를 막는 것이 가장 중요하다. 지진, 태풍 등과 같이 발생자체를 막을 수 없는 위해(hazard)에 대해서는 그 영향을 최소화하는 것이 필요하다. 홍수 피해를 막기 위해 하천의 제방을 높이고 건물을 튼튼하게 지어 지진에 대해 피해가 적게 발생하도록 할 수 있다. 재난예방이란 이렇게 재난발생 이전에 재난발생의 위험요인을 제거하거나 감소시켜서 재난발생 자체를 막거나 발생하더라도 그 영향을 최소화하기 위한 일련의 활동을 의미한다.

재난예방은 일반적으로 제4장. 「재난관리의 이해」에서 설명된 페탁(Petak, 1985)의 재난관리의 4단계(예방, 대비, 대응, 복구) 중 '초석(cornerstone)'이자 '정수(cream of the crop)'라고 불린다. 즉, 재난예방이 잘 이루어지면 그 후속단계인 재난의 대비, 대응, 복구도 순조로운 과정을 거치기 때문이다. 하지만 일반적으로 재난예방 사업은 고비용과 장기간이 소요되는 비효율적 또는 이상적인 것으로 치부되기도 한다. 이런 연유로 재난발생 직후 하나같이 부르짖던 예방투자의 필요성이 단시간에 메아리가 되어 사라지기도 한다.

일부에서는 재난예방사업은 부자나라에서만 할 수 있는 값비싼 사치품으로 인식되기도 하고, 댐과 같은 방재시설물의 설치는 환경파괴 행위로 지탄받기도 한다. 하지만 2004년 수만 명이 희생된 남아시아 지진해일 재난은 간단한 예경보 시스템과 주민의 안전의식만 있었더라도 그 피해를 획기적으로 줄일 수 있었다. 또한, 최근 실시된 미국 연방재난관리청이 주관한 연구에 따르면 예방투자 1달러는 복구비용 6달러를 절약할 수 있다고 한다(NIBS, 2017). 이 장에서는 이러한 재난예방의 개념과 방법에 대해 살펴보도록 한다.

2. 재난예방의 개념

전통적인 관점에서 보면 재난예방이란 결국 아래 식에서 표현된 바와 '위해(hazard)의 발생확률을 고려하여 예상되는 평균피해, 즉 위해의 발생확률과 위해의 예상피해의 곱'인 '재난위험'을 낮추는 것을 의미한다.

재난위험(disaster risk) = 위해의 발생확률(liklihood) × 위해의 예상피해(consequence)

하지만 최근에는 각종 금융기법의 발달에 힘입어 재난위험 자체를 낮추는 것 외에 재난위험을 분산하는 것까지 재난예방의 개념으로 간주되고 있다.

2.1 재난위험 낮추기(Risk Reduction)

앞선 식에서 표현된 바와 같이 재난위험을 낮추기 위해서는 위해의 발생확률을 낮추거나 위해의 예상피해를 줄여야 한다.

2.1.1 위해의 발생확률 낮추기

구체적으로 살펴보면 먼저, 위해의 발생확률을 낮추는 방법이 있을 수 있다. 예를 들어, 화재예방 캠페인 등을 통해 화재발생의 빈도를 줄이는 것이다. 또한, 원자력발전소 안전장치 보강을 통해 방사능 누출사고 발생의 가능성도 낮출 수 있다.

하지만 모든 위해의 발생확률을 낮출 수 있는 것은 아니다. 지진과 같은 자연현상의 경우에는 발생자체를 인간이 통제할 수가 없다. 일반적으로 사회재난의 경우에 있어서는 인간의 노력으로 발생자체를 조절할 수 있지만 자연재난의 경우 그 발생자체를 막을 수는 없다는 것이 공통된 인식이다.

2.1.2 위해의 예상피해 낮추기

앞서 설명한 바와 같이 지진과 같은 자연현상과 같은 경우, 일반적으로 발생자체를 인간이 제어할 수 없는 경우가 있다. 그렇다면 어떻게 해야 할까? 바로 발생위해에 대한 예상피해를 낮추어야 한다. 예를 들어, 시설물에 대해 내진설계 또는 내진보강을 하면 실제 지진이 발생하였을 때 피해를 줄일 수 있고, 각종 소방시설의 설치를 통해서도 실제 화재가 발생할 때 그 피해를 최소화할 수도 있다.

2.2 재난위험 분산하기(Risk Spreading)

앞의 두 방법은 재난위험 자체를 낮추는 전통적 재난예방의 개념이다. 최근에는 이외에 보험과 같이 재난위험을 다른 사람 또는 지역에 분산(spreading)하는 방법이 있다. 이는 광범위한 지역에 분포된 다수의 사람들에게서 보험료를 걷어 실제 피해 발생시 이를 재원으로 보험금을 지급받아 그 피해를 한 사람 또는 지역이 부담하는 것을 방지하는 장치이다. 이런 사유로 이를 재난위험의 전가 또는 공유(risk transfer or sharing)라고도 부른다.

이에 대해서는 「제21장. 재난보험」편에서 자세히 설명하기로 한다. 재난위험의 분산이 재난위험 자체를 낮추는 것이 아니라서 재난예방의 수단으로 보아야 하는지에 대해서는 아직 학자들 간에 의견이 상충되고 있다. 하지만 재난피해를 입을 수 있는 개인과 지역의 입장에서 보면 재난위험을 분산하는 방법도 재난발생시 입을 수 있는 피해를 줄일 수 있는 방법이므로 재난예방의 개념으로 보는 것이 타당하다고 해야 할 것이다.

✍ 재난위험 관리의 근원적 방법

보험학자들은 일반적으로 위험을 관리하는 방법으로 그림 9.1과 같이 위해의 발생빈도와 예상피해를 기준으로 위험을 발생확률의 고저와 예상피해의 고저로 각각 구분하여 4가지로 구분하고 이에 대한 일반적인 관리방법으로 회피, 보유, 전가 및 통제의 4가지 방법이 있다고 설명한다.

- 유형 I (발생확률 大, 예상피해 大): 발생 가능성이 높을 뿐만 아니라 예상되는 피해조차 막대하여 조직이나 개인의 사활이 걸린 중대한 위험은 가급적 회피하는 것이 좋다. 위험관리 중 이러한 위험회피(Risk Avoidance)는 손실의 가능성을 원천적으로 회피하는 가장 간단한 방법이다. 예를 들어, 교통체계가 낙후된 지역에서 버스 사고위험을 피하기 위해 아예 버스를 타지 않는 식이다.
- 유형 II (발생확률 小, 예상피해 大): 발생 가능성은 낮지만 일단 발생하면 감당할 수 없는 이러한 예상 밖의 위험은 직접 보유하는 것보다는 다른 사람에게 위험을 전가하는 것이 바람직하다. 위험관리 중 이렇게 잠재적 손실비용을 제3자에게 이전하는 위험전가(Risk Transfer) 방식의 가장 대표적인 예가 보험회사에 보험료를 납입하고 위험을 전가하는 '보험'이다. 일반적으로 발생확률이 낮기 때문에 위험전가 비용(보험에서는 보험료)도 합리적인 가격에서 조정된다.
- 유형 III (발생확률 大, 예상피해 小): 발생 가능성은 높으나 발생해도 피해가 적은 예측하기 쉬운 일상적 위험은 사전예방 활동 등을 통해 적극적으로 통제하는 것이 바

람직하다. 위험관리 중 이러한 위험통제(Risk Control) 방식은 손실의 발생횟수나 발생규모를 줄이려는 기법, 도구, 또는 전략을 포괄적으로 의미한다.

- 유형 IV (발생확률 小, 예상피해 小): 발생 가능성도 낮지만 발생해도 감당할 수 있는 이러한 예측하기 힘든 번잡한 장애와 같은 위험은 사전에 대비할 필요조차 없는 것으로 일상에서 그때그때 적절히 대응하는 것이 바람직하다. 위험관리 중 이러한 위험보유(Risk Retention) 방법은 이렇게 위험으로 인한 장래의 손실을 스스로 부담하는 방식이다.

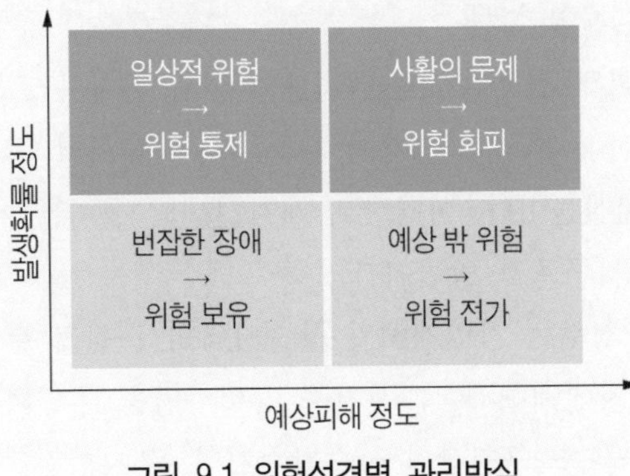

그림 9.1 위험성격별 관리방식

3. 재난예방의 방법

앞 절에서 재난예방의 개념을 재난위험을 낮추는 것과 재난위험을 분산하는 것으로 나누어서 살펴보았다. 이 절에서는 각각의 개념을 실현하는 방법을 살펴본다.

3.1 재난위험을 낮추는 방법

앞서 설명한 전통적인 개념인 재난위험을 낮추는 재난예방의 개념을 방법론적으로 다시 살펴본다면, 크게 구조적 방법(structural measures)과 비구조적인 방법(nonstructural measures)으로 구분된다. 이 두 방법을 구분하는 기준은 일반적으로 공학적 방법을 사용해 외부환경에 물리적 변화를 주었는지 여부이다.

3.1.1 구조적 방법

구조적 방법은 공학적 방법을 사용해 외부환경에 물리적 변화를 주어 재난위험을 낮추는 기법으로 크게 방재시설물을 신규 설치하거나 기존 시설물을 보수 · 보강하는 방법으로 나뉜다. 일반적으로 구조적 방법은 단기간에 직접적 효과를 낼 수 있으나 많은 예산투자를 필요로 하게 된다. 또한, 하천에 설치된 콘크리트 호안이 다양한 생물종이 살기 어려운 환경을 만드는 것처럼 자연환경의 파괴를 가져올 수도 있다. 이외에도 최근 기후변화 등의 영향으로 극한기상의 발생이 늘어남에 따라 당시 설계기준에 의해 적법하게 설치 또는 보수 · 보강된 방재시설물조차도 이후에 용량 부족으로 인해 추가적인 증설이 필요한 경우도 반복적으로 발생하고 있다.

(1) 신규 방재시설물의 설치

홍수방지 등을 위해 전통적으로 설치해 온 댐, 바닷가 풍랑 피해를 막기 위한 방파제, 도시화로 인한 불투수층 증가에 따른 우수저류시설[1] 등은 재난예방을 위한 가장 대표적인 방재시설물이다. 이러한 방재시설물의 설치는 가장 직접적이며 효과가 명확한 재난예방의 구조적 방법이다.

특히, 최근 우리 정부는 자연재해가 상습지역의 근원적 문제해결을 위해 「자연재해대책법」에 따라 자연재해위험개선지구 정비사업을 추진하고 있다. 자연재해위험개선지구는 시장 · 군수 · 구청장이 상습침수지역 등 지형적 여건 등으로 재해발생 우려가 있는 지역을 지정 · 고시하고 50%에 이르는 국비보조를 받아 직권 또는 보조의 방법으로 정비해가는 사업이다.

(2) 기존 시설물의 보수 또는 보강

최근 시설물의 경우 지진, 바람, 폭설 등에 대해 정부가 정한 방재기준에 따라 설계되어야 설치허가를 받을 수 있다. 하지만 이러한 방재기준이 도입되기 이전 시설물의 경우 재난환경에 대해 취약할 수밖에 없다. 이렇게 내진, 내풍, 내설 등 방재기준을 만족하도록 기존 시설물의 보수 · 보강하는 것도 재난예방의 구조적 방법으로 매우 중요하다.

---

1) 최근 한국은 국지성 집중호우가 심화되는 반면에 도시화로 인한 불투수 면적증가에 따른 우수의 단기 유출량 증대로 저지대가 침수되는 사례가 빈발하였다. 도심지 침수피해를 방지하기 위해서는 기존 하수도, 하천시설 등의 용량증설이 필요하나 막대한 예산과 기간이 소요되기 때문에 우수침투 또는 저류시설의 설치를 통해 비교적 적은 예산으로 도심지 피해를 예방하는 사업이다. 특히, 첨두홍수량의 일시저류를 통해 도심지 피해를 방지하는 우수저류시설 설치사업이 매우 활발하게 이루어지고 있다.

✍ 재난예방의 역설: 제방의 부작용과 잘못된 안전인식

2010년 중반 미국에서는 "미식축구 선수들에게 의무화되어 있는 헬멧이 과연 선수들 안전에 기여하고 있는가?"에 대한 찬반논쟁이 일었다. 미식축구는 선수들 간의 치열한 몸싸움이 수반되는 운동으로 모든 운동선수는 헬멧을 착용하고 경기에 참여하게 되어있다. 하지만 이러한 안전수단에도 불구하고 매년 많은 선수들이 뇌손상을 입게 되자 보다 안전한 헬멧을 개발하기 위한 많은 연구가 시행되었다. 하지만 이러한 움직임과 별도로 "안전하려면 오히려 헬멧을 없애야 한다"는 주장이 제기되면서 큰 반향을 불러일으키게 되었다.

특히, 이 역설적 주장을 한 사람이 당대 최고의 선수로 평가받던 스틸러스(Steelers)의 리시버(Receiver) 하인즈 워드(Heins Ward)의 주장이어서 더 설득력을 얻었는데, 그의 주장은 헬멧착용이 오히려 선수들에게 잘못된 안전의식을 줘서 헬멧끼리 부딪치는 몸싸움을 부추겨 왔으며, 따라서 아무리 안전한 헬멧을 개발하더라도 뇌손상을 완전히 막을 수는 없다는 것이다. 오히려 헬멧착용을 금지시키면 선수들은 머리끼리 부딪치는 것이 아니라 다른 운동경기처럼 어깨 등을 사용하게 되어 뇌손상의 위험을 원천적으로 막을 수 있다는 것이다.

재난예방 사업에서도 비슷한 역설적 주장이 있다. 구조적 대책이 재해위험을 단지 저감시킨 것임에도 불구하고 완전히 해소되었다고 믿어 오히려 더 큰 피해가 발생하기도 한다는 것이다. 예를 들어, 하천변 홍수위험을 저감시키고자 제방을 쌓았는데, 사람들은 하천변이 완전히 안전하게 되었다고 믿어 오히려 인근에 더 많은 주거지를 만들게 된다는 것이다.

하지만 만약 제방의 설계기준을 넘어서는 예상치 못한 호우가 발생하여 하천이 범람하게 되면 오히려 제방을 쌓기 전보다 더 많은 인명 및 재산피해가 발생할 수 있다는 것이다. 즉, 이는 제방을 쌓지 않았으면 발생하지 않을 피해를 오히려 제방을 쌓아 발생하게 만든 재난예방 사업의 역설적인 현상을 지칭하는 학술용어로 비유적으로는 '제방의 부작용(levee effect)' 또는 광범위하게는 '잘못된 안전인식(a false sense of security)'이라 부르고 있다.

3.1.2 비구조적 방법

비구조적 방법은 공학적 방법을 사용하지 않고 사람의 행동에 변화를 주거나 자연에 순응하는 방법을 통해 재난위험을 낮추는 방법이다. 각종 방재정책을 통해 사회의 재해 취약성을 개선하고 재난에 관련된 정보와 교육[2])을 통해 국민들의 안전의식

2) 교육은 재난의 대비활동이 되기도 한다. 일단적으로 재난대응시 행동절차를 가르치는 교육은 재난의 대비활동이며 재난위험을 경감하는 방법을 가르치는 교육은 재난예방 활동이라고 할 수 있다.

을 제고하거나 재난취약지역의 개발을 제한하는 자연보호적 방법 등이 대표적이다. 이는 일반적으로 예산이 필요없거나 필요하더라도 구조적인 방법에 비해 매우 경제적이며 친환경적이다. 하지만 그 효과가 간접적인 데다 장기적이어서 실효성에 대한 논란이 생기기도 한다. 이외에도 기후변화 등의 영향으로 극한기상의 발생빈도가 증가하고 있는 실정으로 구조적 대책은 방재시설물의 증설을 필요로 하는바, 경제성 등을 고려할 때 그 한계를 드러내고 있다. 이러한 점을 고려할 때, 비구조적 대책의 중요성은 최근의 기상여건을 고려할 때, 지속적으로 강조되고 있는 실정이다.

(1) 종합적 예방계획의 수립

예방사업을 시행할 수 있는 종합계획이 수립되어 있다면 예방사업을 체계적으로 추진할 수 있을 뿐만 아니라 예기치 않은 재난발생으로 복구사업이 필요할 경우, 피해원인을 근원적으로 해소하는 개선복구가 이루어질 수 있다. 이를 위해 우리 정부가 가장 대표적으로 추진하고 있는 것이 '자연재해저감 종합계획'이다. 과거 사후복구적 정책에서 사전예방적 개념의 계획적인 재난관리 정책으로의 전환을 위해 도입된 제도이다.

기초자치단체인 시 · 군과 광역자치단체인 시 · 도마다 수립[3]하게 되어 있으며 관할구역 내 풍수해에 노출되어 있거나 잠재해 있는 위험요소를 도출하고 이를 예방 · 저감하기 위해 현실적인 구조적 · 비구조적 대책을 제시하고 투자우선순위를 결정하는 지방자치단체 재난예방의 최상위 종합계획이다. 그밖에 도시기본계획 등 각종 도시계획에서도 방재관련 내용을 검토하여 반영하고 있으나 방재부문과 토지이용 등의 연계성이 미흡하는 등 관련내용이 미흡하다는 지적이다.

(2) 토지이용의 규제

우리 사회는 급속한 도시화 과정에서 이용가능한 토지가 부족하게 되었고 재해취약요소를 고려하지 않는 토지이용의 효율성만을 지나치게 강조하여 왔다. 이 결과로 재해취약지역에 들어선 시설물에 피해가 빈번하게 발생하고 있으며, 자연습지의 파손, 콘크리트 포장 등 무분별한 개발은 빗물의 투수면적을 감소시켜 도시홍수가 빈번하게 발생하고 있다.

이에 따라 우리 정부는 토지이용 또는 건설공사 인허가시 해당 부지의 재해취약성, 다른 지역에 대한 재해영향성 등의 요인을 사전에 분석하여 토지이용을 규제

3) 광역시 또는 특별시의 경우, 기초자치단체인 구는 자연재해저감 종합계획을 수립할 필요가 없고 대신 그 광역자친단체인 광역시 또는 특별시에서 일괄하여 수립하고 있다.

하는 조치를 취하고 있다.

(3) 재해영향의 평가

앞서 설명한 토지이용의 규제가 주로 해당 부지의 재해취약성 등의 요인을 사전에 분석하여 이용자체를 규제하는데 중요성을 두고 있다면, 해당 사업의 추진을 전제로 하고 이로 인한 해당 부지 또는 다른 지역에 대한 재해영향을 평가하여 그 사업실시의 방향 또는 내용을 개선하기 위한 목적으로 재해영향평가를 실시한다. 재해영향평가는 「자연재해대책법」에 따라 실시되는 것으로 세분화하면 크게 행정계획에 대한 '재해영향성검토'와 개발계획에 대한 '재해영향평가'로 구분된다. 이는 아직 자연재해에 대한 영향평가로 국한되어 있다.

'재해영향성검토'는 행정계획으로 인한 자연재해 유발요인을 예측 · 분석하고 이에 대한 대책을 마련하는 것이다. 행정계획은 향후 사업추진에 대한 기본적인 내용을 다루고 있기 때문에, 재해영향성검토는 정성적 분석을 위주로 이루어지며 향후 개발계획으로 이루어지는데 필요한 방향성을 제시해주는 데 목적을 두고 있다.

이에 반해 '재해영향평가'는 개발사업으로 인한 자연재해 유발요인을 조사하여 예측 · 평가하고 이에 대한 대책을 마련하는 것이다. 개발계획은 이미 사업내용에 대한 정량적 설계를 포함하고 있기 때문에, 재해영향평가는 정성적 분석뿐만 아니라 정량적 분석이 이루어지며 개발계획이 미비점이 발견될 경우에는 구체적인 저감대책 등도 제시하고 있다. 이때 소규모 개발사업에 대해서는 각종 실험 · 예측 항목 중 일부를 축소하고 공학적 검토 등을 단순화한 '소규모 재해영향평가'를 실시하게 된다.

행위자가 중앙행정기관인 경우에는 행정안전부장관이, 시 · 도 및 그 시 · 도를 관할구역으로 하는 특별지방행정기관의 장인 경우에는 시 · 도지사가, 시 · 군 · 구 및 그 시 · 군 · 구를 관할구역으로 하는 특별지방행정기관의 장인 경우에는 시장 · 군수 · 구청장이 그 협의권자가 된다. 행정계획과 개발사업에 대한 실시방법을 요약하면 다음과 같다.

표 9.1 재해영향평가 등 협의 종류 및 대상

협의 종류		협의 대상	적용 대상
행정계획	재해영향성검토	47조 계획 (37개 법령)	규모에 무관
개발사업	재해영향평가	59종 사업 (47개 법령)	면적 5만m^2 이상 또는 길이 10km 이상
	소규모 재해영향평가		면적 5천~5만m^2 또는 길이 2~10km

(4) 방재기준의 설정

정부는 지진, 바람, 호우, 대설 등 각 위해에 대해 발생확률 등을 고려하여 지역별로 발생강도(일명, '방재기준')를 나타내는 재해위험지도[4])를 작성해 놓고 있다. 그리고 시설물을 신규로 설치하거나 보강할 경우에 이러한 방재기준을 만족하도록 설계 및 시공되도록 함으로써 해당 시설물이 적정수준의 재난에 대비될 수 있도록 하고 있다. 내진설계기준, 내풍설계기준 등으로 불리는 이러한 방재기준의 합리적 설정 및 이행은 재난관리 선진국과 후진국을 가르는 중요한 잣대가 되고 있다.

(5) 안전의식의 계몽

일반적으로 재난관리에 있어서 교육·훈련이라 함은 실제 재난발생시 신속하고 효과적인 대응을 위해 재난발생 이전에 실시하는 재난대비 활동으로 인식된다. 하지만 이외에도 우리는 재난의 위험성 그리고 그 예방법 등에 대한 안전의식이 높은 시민사회는 재난예방을 위한 각종 활동들이 자발적으로 이루어지는 것을 목격할 수 있다. 이러한 시민사회의 안전의식의 계몽을 위한 교육·훈련 등의 재난예방을 위한 비구조적 방법은 매우 중요한 요소이다. 우리 정부는 「국민 안전교육 진흥 기본법」을 제정하여 국민의 생애주기에 따라 종합적이고 체계적인 안전교육·훈련이 이루어지도록 하고 있다.

4) 이외에도 지방자치단체장은 하천범람 등 자연재해를 경감하고 신속한 주민대피 등의 조치를 취하기 위하여 재해지도를 작성해야 한다. 「자연재해대책법」에서 말하는 재해지도는 태풍, 호우, 해일 등으로 인한 침수흔적을 조사하여 표시한 침수흔적도, 예상 강우·태풍·호우·해일 등에 의한 침수범위를 예측하여 표시한 침수예상도(홍수범람위험도, 해안침수예상도), 앞의 두 지도 등을 바탕으로 재해발생시 대피요령, 대피소 및 대피경로 등의 정보를 표시한 재해정보지도(피난활용형, 방재정보형, 방재교육형) 등이다.

3.2 재난위험을 분산하는 방법

앞서 설명한 구조적 및 비구조적 방법은 재난위험을 저감하는 방법이었다. 하지만 재난위험 자체를 저감할 수 없거나 비경제적인 상황이 있을 수도 있다. 이를 위해 최근 재난관리 분야에서 주목을 받고 있는 것이 보험과 같은 위험을 분산(risk transfer, sharing or spread)하는 방법이다.

그동안 재난은 그 불확실성 등으로 보험으로의 개발자체가 어려워 재난보험 상품자체가 성립하기 어렵다는 지적도 있었다. 하지만 최근에는 컴퓨터 계산능력 등에 기반을 둔 피해예측기법의 발달, 고도화된 금융수단 등을 활용한 보험위험 인수능력의 증대 등으로 재해보험상품의 개발 및 운용이 매우 활발해지고 있다. 특히, 한국의 경우는 화재보험 등과 같은 민간보험상품 외에도 국가가 보험료를 보조하거나 거대손실을 담보하는 풍수해보험, 농작물보험 등과 같은 다양한 정책보험상품이 운영되고 있다. 세부내용에 대해서는 「제21장. 재난보험」편에서 설명한다.

4. 요약 및 결론

재난의 예방이 잘 이루어지려면 그 후속단계인 재난의 대비, 대응, 복구도 순조로운 과정을 거치게 된다. 이렇게 재난관리 4단계 중 초석이자 정수라고 불리는 재난의 예방은 재난위험을 낮추는 전통적인 개념뿐만 아니라 보험과 같이 재난위험을 분산하는 현대적 개념까지를 포함한다. 특히, 재난위험을 낮추는 전통적인 방법에는 방재시설물을 신규로 설치하거나 기존 시설물을 보수 · 보강하는 구조적 방법에서부터 예방계획의 수립, 토지이용의 규제, 재해영향의 평가, 방재기준의 설정, 안전의식의 계몽과 같은 비구조적 방법이 두루 사용된다.

연습문제

1. 재난예방의 방식 중 구조적, 비구조적 방법을 각각 정의하고 구체적 사례를 기술하라.

2. 위험을 관리하는 방식으로는 통제, 회비, 전가, 보유가 있다. 위험성격별로 이러한 방식이 어떻게 적용되는지 구분하라.

3. 재난예방 사업의 부작용을 설명할 때, '잘못된 안전인식(A False Sence of Security) 이론'이 언급된다. 사례를 통해 그 의미를 설명하라.

[참고자료]

NIBS (2017). *Natural hazard mitigation saves: 2017 interim report*. National Institute of Building Science Multi–Hazard Mitigation Council.

✍ 재난 이야기: 명의 편작의 일화로 본 재난예방의 모순

중국 춘추전국시대 위나라에 전설적인 명의 편작(扁鵲)이 있었다. 어느 날 임금이 편작에게 물었다. “그대의 형제들은 모두 의술에 정통하다 들었는데, 누구의 의술이 가장 뛰어난가?”

편작은 임금에게 솔직하게 답한다.

“맏형이 가장 뛰어나고 그 다음은 둘째 형이며, 제가 가장 부족합니다.”

그러자 임금은 의아해하면서 다시 물었다.

“그런데, 어째서 편작 자네의 명성이 가장 높은 것인가?”

편작이 임금에게 다시 대답했다.

“맏형은 사람들의 표정과 음색으로 이미 고통을 느끼기도 전에 그들에게 닥쳐올 병을 알고 미리 치료를 합니다. 따라서 사람들은 맏형이 자신의 병을 치료해 주었다는 사실조차 모르게 됩니다. 이런 연유로 맏형은 명의로 세상에 이름을 내지 못했습니다. 또 둘째 형은 병이 나타나는 초기에 치료를 합니다. 아직 병이 깊지 않은 단계에서 치료하므로 사람들은 그대로 두었으면 목숨을 앗아갈 큰 병이 되었을지도 모른다는 사실을 알지 못합니다. 이런 연유로 둘째 형도 세상에 이름을 떨치지 못했습니다. 이에 비해 저는 병세가 아주 위중해진 다음에야 비로소 병을 치료합니다. 맥을 짚어보고 침을 놓고 독한 약을 쓰고 피를 뽑아내며 큰 수술을 하는 것을 다들 지켜보게 됩니다. 그래서 환자들은 제가 자신들의 큰 병을 고쳐주었다고 생각합니다. 이런 연유로 사람들은 저의 의술이 가장 뛰어난 것으로 잘못 알게 되는 것입니다.”

이 일화는 사실 편작의 겸손함을 보여주는 것이기는 하지만 한편으로 재난관리 정책에 있어서 재난예방이 가지는 어려움을 나타내기도 한다. 편작의 말대로 병을 예측하거나 사전에 치료하는 두 형이 더 뛰어난 명의였음에도 불구하고 사람들이 그 가치를 인정하지 못한 것처럼, 사람들은 재난현장에서 사람들을 수색, 구조 또는 구급하는 현장종사자에 대해 고마움을 느끼지만 재난예방을 위한 투자에 대해서는 인색하게 된다.

재난관리에 있어서 투자는 결코 낭비가 아니다. 그리고 비용 없는 투자는 존재하지 않는다. 이런 취지에서 일찍이 다산 정약용도 목민심서에서 "재난을 미리 짐작하고 이를 예방하는 것이 재난을 당한 뒤 은혜를 베푸는 것보다 훨씬 낫다"라고 하였다.

CHAPTER 10

재난대비

1. 개 설

재난에 대한 예방조치가 아무리 잘 되어 있다고 할지라도 이는 재난에 대한 위험을 줄이는 것일 뿐 완전히 배제할 수는 없다. 이런 이유로 인해 재난발생시 적절한 대응을 위한 사전 준비조치로 정의될 수 있는 대비활동은 꼭 필요하다. 막상 재난이 닥치면 효과적인 대응을 위한 계획을 세우고 관련 자재 · 장비, 인력을 확보하는 등의 조치를 취할 시간상의 여유는 없다. 재난에 대한 대비가 잘 되었는지 아닌지는 대응 및 복구활동의 성공과도 연결된다. 일반적으로 재난에 대한 대비가 잘 되어 있으면 즉각적인 대응 및 복구활동에 착수할 수 있다.

따라서 우리는 재난발생 전에 미리 실제 재난이 발생하면 어떻게 하는 것이 가장 효과적일지 관련 대응계획을 수립하고 관련 법규, 협약 등을 정비하여야 하며, 대응계획이 적절한지 연습을 하고 교육 · 훈련을 하며, 필요한 장비 및 자재 등을 비축하고 관련상황별 비상근무태세를 유지하여야 한다. 따라서 이 장에서는 이러한 재난대비 활동을 대응계획의 수립 및 점검, 투입자원의 확보 및 관리, 대응절차의 훈련 및 교육, 비상근무태세의 유지의 4가지로 나누어 살펴보기로 한다.

2. 대응계획의 수립 및 점검

재난에 대한 대응계획의 수립은 재난관리에 있어서 매우 중요하다. 중앙정부뿐만 아니라 지방자치단체 그리고 각종 재난관련 기관에서는 재난이 발생한 경우, 소위 6하 원칙이라고 일컬어지는 바와 같이 누가(who), 언제(when), 어디서(where), 무엇을(what), 왜(why), 어떻게(how) 해야 하는지를 미리 알고 있어야 한다. 실제 재난이 발생하면 극도의 혼란한 상황이 발생하고 급박하게 상황이 전개되기 때문에 그런 상황에서 대응계획을 수립하는 것은 매우 어렵다. 바로 이러한 이유로 재난발생 전에 미리 수립되어 있어야 하는 것이 재난에 대한 대응계획이다. 또한, 대응계획을 미리 수립하다 보면 어떤 재난관리 기능을 더 보완해야 하는지, 어떤 투입자원을 확충해야 하는지 등과 같은 각종 문제점 도출이 가능해 사전에 이를 보완할 수 있는 부가적인 이점도 얻게 된다.

우리나라의 경우, 「재난 및 안전관리 기본법」상의 재난대응을 위한 계획수립은 재난관리책임기관이 수립하게 되어 있는 각종 매뉴얼을 의미한다. 따라서 여기에서는 먼저 매뉴얼의 종류에 대해 살펴보고 여기에 수록된 내용 등에 대해서도 살펴보기로 한다.

2.1 매뉴얼의 종류

매뉴얼은 크게 재난유형에 따른 위기관리매뉴얼과 재난관리 기능별로 작성하는 재난대응활동계획으로 구분할 수 있다. 우리나라의 「재난 및 안전관리 기본법」은 재난관리책임기관이 이 두 가지 매뉴얼을 모두 작성하게 되어 있다.

이외에 세부적으로는 각 재난관리 주체별로 별도로 수립하게 되는 다양한 유형의 매뉴얼이 있다. 예를 들어, 「재난 및 안전관리 기본법」에서는 긴급구조기관의 장으로 하여금 재난발생시 신속하고 효율적으로 긴급구조를 수행할 수 있도록 긴급구조대응계획을 수립하도록 하고 있다. 이때 긴급구조대응계획은 기본계획 외에 앞서 설명한 바와 같이 각각 재난유형별과 관리기능별과 구분하여 수립하게 되어 있다.

2.1.1 재난유형에 따른 위기관리 매뉴얼

「재난 및 안전관리 기본법」 및 「국가위기관리지침」에 따르면 재난관리책임기관은 재난을 효율적으로 관리하기 위해 각각 재난유형에 따라 위기관리 매뉴얼을 작성·운영하여야 한다. 이러한 위기관리 매뉴얼은 그 위상에 따라 위기관리 표준매뉴얼, 위기대응 실무매뉴얼, 현장조치 행동매뉴얼로 구분된다.

(1) 위기관리 표준매뉴얼

국가적 차원에서 관리가 필요한 재난에 대하여 재난관리 체계와 관계기관의 임무와 역할을 규정한 문서로서 부처·기관별 위기대응 실무매뉴얼의 작성기준이 된다. 이는 재난유형에 대한 예방·대비·대응·복구 활동의 방향, 범정부 차원의 종합관리체계, 부처 · 기관별 책임과 역할, 협조관계 등에 관한 사항으로 구성되며, 재난관리주관기관의 장이 작성하며, 제 · 개정시에 행정안전부와 협의 · 조정하여 이를 확정받아야 한다. 2017년 기준, 우리나라에는 표 10.1에서 보여지는 바와 같이 총 33종(자연재난 6종: 순번 1~6, 사회재난 27종: 순번 7~33)의 위기관리 표준매뉴얼이 존재한다.

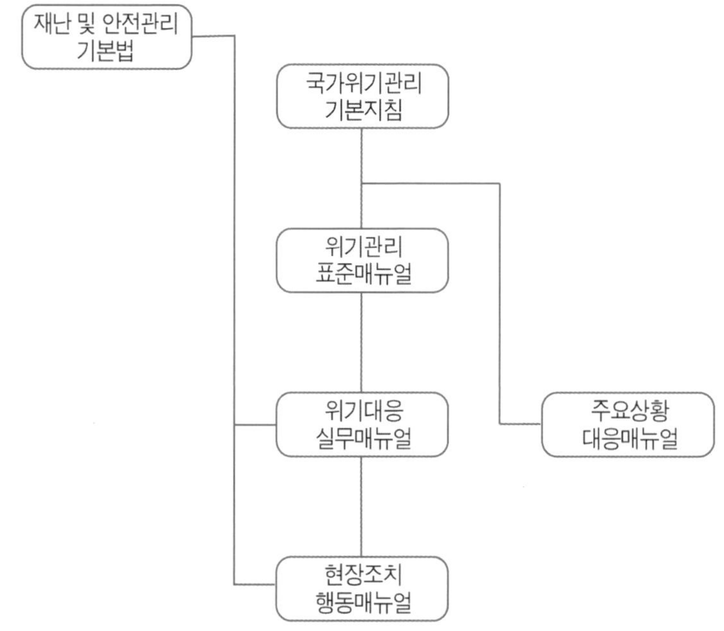

그림 10.1 위기관리 매뉴얼과 관련 법령체계

(2) 위기대응 실무매뉴얼

위기관리 표준매뉴얼에서 규정하는 기능과 역할에 따라 실제 재난대응에 필요한 조치사항 및 절차를 규정한 문서이다. 재난상황을 상정하고 이에 따른 상황인지 및 보고 · 전파, 상황분석 · 판단 · 평가, 조치사항 등 위기대응을 위한 절차 · 기준 · 요령과 각종 양식, 보도자료 또는 담화문 예문 등에 대한 내용으로 구성된다.

위기관리 표준매뉴얼을 작성한 재난관리주관기관과 그 밖에 재난관리유관기관(일반적으로 중앙행정기관이나 수자원공사 등 일부 공공기관 해당)의 장이 작성 · 운용하며, 재난관리주관기관의 장은 소관분야 위기대응 실무매뉴얼을 조정 · 승인하고 지도 · 관리해야 한다. 재난관리주관기관의 장은 소관분야 위기대응 실무매뉴얼이 새로이 작성되거나 변경된 때에는 행정안전부 장관에게 통보하여야 한다. 재난관리 주관 및 유관기관의 장은 필요시 소관분야의 위기와 관련되는 민간 기관 · 단체에 대하여 위기대응 실무매뉴얼에 상응하는 자체 위기대응계획을 수립하도록 지도한다.

국가차원의 위기로 취급해야 할 사안은 아니나 범정부적 대응이 필요한 사안에 대해서는 상황별로 관련기관이 재난관리 표준매뉴얼이 없어도 재난대응 실무매뉴얼에 준하는 주요상황 대응매뉴얼을 작성하게 된다. 또한, 실무적으로 필요한 경우에는 예외적으로 현장조치 행동매뉴얼에 준하는 형태로도 작성하고 있다. 2017년 기준, 우리나라에는 표 10.1에서 보여지는 바와 같이 총 329종의 위기대응 실무매뉴얼(이에 준하는 주요상황 대응매뉴얼 포함)이 존재한다.

〈주요상황 대응매뉴얼〉

국가차원의 위기로 취급해야 할 사안은 아니나 범정부적 대응이 필요한 사안에 대해 대응방향과 절차, 관련 부처의 조치사항 등을 수록한 문서로 상황대응체계, 상황전파 · 협조 · 대응활동 · 사후관리 등의 세부 활동내용, 관련기관의 임무와 역할 등에 관한 사항이 기술되어 있다.

(3) 현장조치 행동매뉴얼

위기발생시 위기현장에서 임무를 직접 수행하는 기관의 행동조치 절차를 구체적으로 수록한 문서로서, 위기발생시 현장에서 임무를 수행하는 기관의 구체적인 임무와 행동절차 · 안전수칙 · 장비 보유현황 및 관련기관 연락처 등에 관한 사항이 기술되어 있다.

이는 위기대응 실무매뉴얼을 작성한 기관의 장이 지정한 기관(일반적으로 광역 및 기초 지방자치단체, 지방청 등 특별지방행정기관, 공사 · 공단 등 공공기관 등이 해당)의 장이 작성 · 운용하며 재난관리주관기관의 장은 이를 조정 · 승인하고 지도 · 관리를 하여야 한다. 재난관리주관기관의 장은 현장조치 행동매뉴얼이 새로이 작성되거나 변경된 때에는 행정안전부 장관에게 통보하여야 한다. 위기대응 실무매뉴얼 외에도 위에서 언급한 주요상황 대응매뉴얼에 대해서도 현장조치 행동매뉴얼을 작성하게 된다. 2017년 기준, 우리나라에는 표 10.1에서 보여지는 바와 같이 총 6,844개의 현장조치 행동매뉴얼(이에 준하는 주요상황 대응매뉴얼 포함)이 존재한다.

표 10.1 위기관리 매뉴얼 종류별 현황(7,206종)

	재난유형	재난관리 주관기관	매뉴얼 종류별 개수(개)			
			표준	실무	행동	합계
			33	329	6,844	7,206
1	풍수해	행안부	1	45	542	588
2	지 진	행안부	1	18	643	662
3	대형 화산폭발	행안부	1	15	245	261
4	적 조	해수부	1	5	62	68
5	가 뭄	행안부/국토부/환경부/농식품부	1	3	213	217
6	조 수	환경부	1	9	284	294
7	산 불	산림청	1	12	252	265
8	유해화학물질유출사고	환경부	1	8	244	253
9	대규모수질오염	환경부	1	5	109	115
10	대규모해양오염	해수부	1	8	26	35
11	공동구 재난	행안부/국토부	1	3	60	64
12	댐 붕괴	국토부/산업부	1	16	656	673
13	지하철대형사고	국토부	1	8	196	205
14	고속철도대형사고	국토부	1	11	242	254
15	다중밀집시설대형화재	소방청	1	9	–	10
16	인접국가방사능누출	원안위	1	24	88	113
17	해양선박사고	해수부	1	5	295	301
18	사업장대규모인적사고	고용부	1	11	17	29
19	다중밀집건축물붕괴 대형사고	국토부	1	5	53	59
20	교정시설재난및사고	법무부	1	9	203	213
21	가축질병	농림부	1	10	256	267
22	감염병	복지부	1	6	18	25
23	정보통신	과기정통부	1	4	52	57
24	금융전산	금융위	1	14	30	45
25	원전안전	원안위/산업부	1	1	421	423
26	전력	산업부	1	5	1	7
27	원유수급	산업부	1	7	243	251
28	보건의료	복지부	1	9	232	242
29	식용수	환경부/국토부	1	7	53	61
30	육상화물운송	국토부	1	6	–	7
31	GPS전파혼신	과기정통부	1	7	–	8
32	우주전파재난	과기정통부	1	13	28	42

	재난유형	재난관리 주관기관	매뉴얼 종류별 개수(개)			
			표준	실무	행동	합계
			33	329	6,844	7,206
33	해상유도선 수난사고	해경청	1	–	–	1
①	*정부중요시설	행안부	–	–	4	4
②	*저수지붕괴	농림식품부	–	1	278	279
③	*가스	산업부	–	1	14	15
④	*황사	환경부	–	2	9	11
⑤	*도로터널	국토부	–	1	80	81
⑥	*항공기사고	국토부	–	1	33	34
⑦	*항공운송마비	국토부	–	1	2	3
⑧	*항행안전시설장애	국토부	–	1	5	6
⑨	*위험물사고	소방청	–	1	18	19
⑩	*내수면유도선사고	행안부	–	1	57	58
⑪	*접경지 사고	국토부/복지부/환경부/산림청	–	1	7	8
⑫	*문화재	문화재청	–	–	573	573

* 현장조치 대응매뉴얼(12종): 표준매뉴얼 없이 실무매뉴얼 또는 행동매뉴얼로 운용

* 출처: 행정안전부(2017)

2.1.2 재난관리 기능별 재난대응활동계획

앞서 언급한 바와 같이 우리나라의 위기관리 매뉴얼은 재난유형에 따라 작성하게 되어 있다. 이는 태풍, 지진 등 특정재난에 대해 누가 어떤 조치를 취해야 하는지 등에 대해 구체적으로 명시되어 있어서 매우 편리한 체계이다. 하지만 각종 재난이 복합적으로 나타나는 복합재난과 신종플루와 같은 신종재난이 급증하는 현재 상황을 고려할 때, 이러한 다양한 재난을 모두 망라하는 위기관리 매뉴얼을 만들기 위해서는 매뉴얼 수량이 기하급수적으로 증가할 수밖에 없는 실정이다. 앞서 살펴본 바와 같이, 2017년 기준, 우리 정부에서 관리하는 위기관리 매뉴얼(표 10.1 참조)은 이미 재난관리자가 모두 숙지할 수 있는 분량을 넘어서고 있는 것이다.

비슷한 상황을 경험한 미국 등에서는 위기관리 매뉴얼에 위해 간 포괄 접근법(All－Hazards Approach) 개념을 접목하고 있다. 이는 1979년 미국 연방재난관리청(FEMA) 발족의 이론적 토대가 된 포괄적 재난관리(Comprehensive Emergency Management; CEM) 개념의 일부로서 재난의 유형, 규모 등과 상관없이 모든 재난에 공통된 재난관리 방식으로 접근해야 한다는 이론이다. 구체적으로 말하면 재난유형이 다를지라도 교통

지원 대책 등 대다수의 기능은 공통적으로 적용되고 있는바, 재난유형별로 위기관리 매뉴얼을 만들 것이 아니라 재난관리 기능별로 위기관리매뉴얼을 만들어야 한다는 것이다. 이때 방사능재난과 같은 일반적인 재난관리 기능이 다룰 수 없는 재난에 대해서는 추가되는 상황을 부득이하게 재난유형별 특별부록 등으로 보완한다.

우리 정부도 이러한 추세에 따라 최근 재난관리책임기관의 재난관리가 효율적으로 이루어질 수 있도록 기능별 재난대응활동계획을 작성하여 활용토록 하고 있다. 현행 「재난 및 안전관리 기본법」에서 규정한 기능별 재난대응활동계획에서 다루는 재난관리 기능은 다음과 같이 13개로 구분된다.

i) 재난상황관리 기능, ii) 긴급 생활안정지원 기능, iii) 긴급 통신지원 기능, iv) 시설피해의 응급복구 기능, v) 에너지 공급 피해시설복구 기능, vi) 재난관리자원 지원 기능, vii) 교통대책 기능, viii) 의료 및 방역서비스 지원 기능, ix) 재난현장 환경정비 기능, x) 자원봉사 지원 및 관리 기능, xi) 사회질서 유지 기능, xii) 재난지역 수색 · 구조 · 구급지원 기능, xiii) 재난 수습홍보 기능

이러한 13가지 기능은 많은 재난유형에서 공통적으로 나타나는 것을 기술한 것으로 실제 재난대응 과정에서는 이외에도 추가적인 기능이 필요할 수 있다. 따라서 이들은 각 지역, 기관별 특성 등에 따라 별도로 적용하여 기능별 재난대응활동계획을 작성할 수 있다.

하지만 아직 우리나라의 위기관리 매뉴얼 체계는 재난유형별 위기관리 매뉴얼을 근간으로 하고 이에 대해 보완하는 형태로 재난관리 기능별 재난대응활동계획을 규정하고 있을 뿐이다. 이에 따라 아직까지 너무 많은 분량의 중복된 위기관리 매뉴얼에 대한 실효성 논란이 벌어지고 있다.

2.2 매뉴얼의 내용

우리나라의 위기관리 매뉴얼은 일반적으로 행정안전부의 표준서식에 따라 작성된다. 따라서 그 형식과 내용은 거의 대동소이하다고 할 수 있는데, 위기관리 표준매뉴얼의 작성서식을 기준으로 살펴보면 다음과 같다.

2.2.1 일반사항

목적, 관련 법규, 용어 정의 등으로 구성된다.

2.2.2 위기 유형 및 경보

위기 유형, 전개 양상, 위기경보 등으로 구성된다. 여기서 위기경보란 위기징후를 식별하거나 위기발생이 예상되는 경우, 그 위험 또는 위협 수준에 부합되는 조치를 할 수 있도록 미리 정보를 제공하고 경고하는 것으로 관심, 주의, 경계, 심각 등의 4단계로 구성되며, 위기경보별 판단기준 및 주요활동은 표 10.2와 같다.

위기경보는 재난관리주관기관이 위기평가회의를 운영하여 상황의 심각성 · 시급성 · 확대 가능성 · 전개 속도 · 지속 시간 · 파급 효과 · 국내외 여론 · 정부 대응능력 등을 고려하여 경보수준을 평가하여 발령하게 된다. 다만, 범정부 차원의 평가와 조치가 요구되는 심각 경보의 발령과 해제시에는 사전에 행정안전부와 협의하여야 하며, 위기경보를 발령할 때에는 관련사항을 청와대의 국가안보실과 관련기관에 전파하여야 한다.

표 10.2 위기경보 종류별 판단기준 및 주요활동

종 류	판단기준	주요활동
관심 (Blue)	위기징후와 관련된 현상이 나타나고 있으나 그 활동수준이 낮아서 국가위기로 발전할 가능성이 적은 상태	징후 감시활동을 하고, 비상연락망 등 관련기관 간 협조체계를 점검함
주의 (Yellow)	위기징후의 활동이 비교적 활발하여 국가위기로 발전할 수 있는 일정수준의 경향이 나타나는 상태	관련 정보수집 및 정보공유 활동을 강화하여 관련기관과의 협조체계를 가동함
경계 (Orange)	위기징후의 활동이 활발하여 국가위기로 발전할 가능성이 농후한 상태	재난관리주관기관은 조치계획을 점검하고 관련기관과 함께 인적 · 물적 자원의 동원을 준비함
심각 (Red)	위기징후의 활동이 매우 활발하여 국가위기의 발생이 확실시되는 상태	재난관리주관기관은 관련기관과 함께 관련 역량을 최대한 투입하여 위기발생에 즉각적으로 대응할 수 있는 태세를 유지함

* 출처: 행정안전부(2017)

2.2.3 위기관리 기본방향

목표, 방침, 종합체계도 · 위기관리기구 등을 기술한 위기관리체계 등으로 구성된다.

2.2.4 위기관리 활동

예방, 대비, 대응, 복구 등 위기관리 4가지 단계별 활동사항에 대한 중점, 세부 활동사항, 기관별 임무 및 역할 등으로 구성된다.

2.2.5 중앙사고수습본부 즉시가동 준비사항 및 본부장 역할

재난발생시 즉시 조치해야 하는 사항을 중심으로 중앙사고수습본부의 즉시 가동을 위한 준비사항과 본부장의 역할 등으로 구성된다.

2.2.6 부록

그간 주요 사고사례, 관련통계, 언론 홍보 위기관리 커뮤니케이션 매뉴얼, 위기대응 실무매뉴얼 작성기관, 재난대비 국민행동요령, 유관기관 등 비상연락망 등으로 구성된다.

✍ 경직된 매뉴얼 문화의 문제점: 세세한 일본 매뉴얼 문화의 양면

재난은 자주 발생하지 않기 때문에 실전 경험을 쌓기 어렵다. 이를 보완하는 수단이 그간의 경험을 축적한 보고인 매뉴얼이다. 매뉴얼이 잘 기술되어 있으면 경험이 없는 사람도 매뉴얼에 따라 움직이기만 하면 안정적인 대처가 가능하다. 하지만 문제는 '경우의 수'를 모두 담은 완벽한 매뉴얼은 존재하기 어렵다는 것이다. 매뉴얼에 있는 '경우'가 발생하면 기민하게 대응할 수 있지만 그렇지 않은 '경우'에 있어서는 무기력해진다.

특히 코로나19 등과 같은 블랙스완이 터졌을 때 매뉴얼만 의존하다 보면 행정 편의주의와 관료주의로 변질될 위험성이 상존한다. 따라서 많은 재난관리 학자들은 체계적 매뉴얼의 중요성을 강조하는 한편, 재난의 다양함을 강조하며 주체적 판단과 기민한 대처 능력을 기를 것을 강조한다. 아래에서는 매뉴얼 강국으로 칭찬받는 일본이 2011년 3월 동일본 대지진 대처과정에서 오히려 매뉴얼로 인해 어려움을 겪은 일화를 소개한다.

▪ 매뉴얼 함정에 빠진 일본

2011년 3월 동일본 대지진으로 발생한 지진해일로 한꺼번에 많은 사람들이 삶의

터전을 잃고 이재민이 되자 일본 곳곳에서는 그동안 비축한 구호물품이 부족하게 되었고 많은 사람들이 기본적인 의식주를 해결하지 못하는 상황이 벌어졌다. 그런데, 믿기 어려운 것은 당시 이미 세계 각국으로부터 구호물자가 속속 도착해 곳곳에 쌓여 있었다는 것이다. 그렇다면 왜 곳곳에 산적한 구호물품이 이재민에게 전달되지 못했을까? 이는 일본정부의 관료들이 "구호물자 처리방침이 매뉴얼에 없다"는 이유로 주민들에게 일부러 물품을 전달하지 않았기 때문이다.

지진해일이 휩쓴 지역에서는 많은 사람이 죽고 다치면서 아비귀환의 상태가 되었다. 많은 사람들은 의료진에게 도움을 요청했지만 현지에서는 의료진이 부족하여 치료받지 못하고 죽는 사람들이 속출하였다. 하지만 당시 일본에는 외국에서 달려온 수많은 의료진이 발만 동동 구르며 기다리고 진료허가만을 기다리고 있었던 상황이었다. 그렇다면 왜 외국에서 달려온 수많은 의료진은 죽어가는 사람들을 그냥 쳐다만 볼 수밖에 없었을까? 이는 일본 정부가 "그들이 일본에서 환자를 치료하도록 허락하는 의료면허에 대한 규정이 매뉴얼에 없다"는 이유로 주민을 치료하지 못하게 했기 때문이다.

지진해일로 후쿠시만 원전이 폭발하고 냉각수 공급이 중단되자 기술자들은 그간 시도되지 않은 새로 해법이 필요했다. 추가 폭발 위험이 높아지면서 그동안 시도되지 않았던 바닷물을 끌어다가 원자로를 냉각시키자는 방안이 제시되었다. 하지만 일본 정부는 관련 지침이 없다는 이유로 고민하다가 확실한 결정을 내리지 못하고 그 사이 추가 폭발이 발생해 피해가 커졌다. 그리고 결국 방사능이 유출되어 수많은 피해자가 발생한 이후에서야 마지못해 바닷물을 끌어다가 원자로를 냉각시키며 사고수습이 시작되었다.

* 출처: 박형준 (2020년 2월 15일). 규정에 안 나와서 모르겠다 … 매뉴얼 함정에 빠진 일본. 동아일보. http://v.daum.net/v/20200214030215229

3. 투입자원의 확보 및 관리

일반적으로 재난이 발생하면 인력, 장비, 자재 등 자원의 수요가 급증하게 되지만 재난상황에서는 도로와 같은 수송로의 파손, 공장 생산설비의 가동중단, 인명손실 및 해당가구의 피해로 인한 인력수요 등으로 재난에 대한 대응 및 복구를 위한 자원은 크게 부족하게 된다. 따라서 재난발생시 투입할 자원을 평상시 다양하게 확보하고 유사시 신속하게 투입할 수 있도록 관리하는 것은 매우 중요하다.

필요한 자원은 최대한 내부에서 확보하되, 내부확보에 한계가 있는 자원은 사전에 관련기관 및 단체, 지방자치단체 등과 협력관계를 구축하여 유사시에 동원 또는 응원할 수 있도록 해야 한다.「재난 및 안전관리 기본법」은 표 10.3과 같이 재난발생시 응급조치에 사용할 장비와 인력을 별도로 지정 · 관리할 수 있도록 하고 재난이 발생하거나 발생할 우려가 있어 필요한 경우, 중앙재난안전대책본부 또는 시장 · 군수 · 구청장(시 · 군 · 구 재난안전대책본부가 구성된 경우에는 해당 본부장)이 이를 동원 · 요청할 수 있도록 하고 있다.

이 밖에「민방위기본법」에 따라 민방위대를 동원하고, 응급조치를 위하여 재난관리책임기관의 장에 대한 관계직원의 출동 또는 재난관리자원 및 응급조치를 위해 지정된 장비 · 인력의 동원 등 필요한 조치를 요청할 수 있으며, 동원 가능한 장비와 인력 등이 부족한 경우에는 국방부를 통해 군부대에 요청할 수 있다. 또한, 시장 · 군수 · 구청장은 응급조치를 위하여 필요하면 다른 시 · 군 · 구나 관할 구역에 있는 군부대 및 관계 행정기관의 장, 그 밖의 민간기관 · 단체의 장에게 인력 · 장비 · 자재 등 필요한 응원을 요청할 수 있다. 이때 동원 또는 응원요청을 받은 개인, 기관 및 단체는 특별한 사유가 없으면 요청에 따라야 한다.

표 10.3 응급조치에 사용할 장비 및 인력의 지정 대상 및 관리 기준

분야별		장비 및 인력의 지정 대상 및 관리 기준
에너지	전기	예비전력 1,000MW 이상 유지할 수 있는 발전소 가동
	석유	• 30일분의 석유 사용량을 30일 이내에 생산할 수 있는 생산능력 유지 • 연간 내수량의 일평균 사용량 55일분 석유 비축량 유지
	가스	최소 운영재고 19.6만톤 이상의 안전재고 유지 및 중단 없는 공급을 위한 공급능력 유지
정보통신		「방송통신발전 기본법」 제35조에 따른 방송통신재난관리기본계획 상의 복구 우선순위 중 제2순위 이상의 대상에 대한 통신기능 유지
교통수송	철도	1일 열차 운행률 30퍼센트 이상 유지
	항공	• 항공사: 1일 항공기 운항률 50퍼센트 이상 유지 • 공항 운영: 항공기 운항이 다소 지연되는 경우가 있더라도 중단되지 않는 공항 운영 유지
	항만	컨테이너 야드(CY) 장치율 85퍼센트 미만으로 운영 유지
	화물	컨테이너 야드(CY) 장치율 85퍼센트 미만으로 운영 유지
	도로	고속도로 및 우회도로 모두 교통 두절로 인터체인지(IC) 간 접근 불가능 지속 상태를 24시간 미만으로 유지
	기타	1일 지하철 운행률 40퍼센트 이상 유지
금융		금융전산시스템 마비 상태를 12시간 미만으로 유지
보건의료	의료서비스	응급의료기능 100퍼센트 유지
	혈액	1일 공급능력의 100퍼센트 이상 유지
원자력		주제어실 근무주기를 24시간 미만으로 유지
환경	소각	주 4일 이상(1일 8시간 이상) 쓰레기 반입 및 소각
	매립	주 4일 이상(1일 8시간 이상) 쓰레기 반입 및 매립시설 운영 [침출수 처리업무는 매일 8시간 이상 운영]
식용수		정수장(광역): 1일 식용수 공급량의 70퍼센트 이상 공급능력 유지 정수장(지방): 1일 식용수 공급량의 30퍼센트 이상 공급능력 유지
기타 분야		그 밖에 재난발생에 대비하여 응급조치에 일시 사용할 장비 및 인력의 지정 대상 및 관리 기준 등은 재난발생 유형, 특성, 빈도, 기능 및 용도 등을 고려하여 재난관리책임기관별로 기준을 정하여 유지

이렇게 확보된 자원에 대해서는 유지상태를 지속적으로 점검·관리해야 한다. 특히, 동원 또는 응원을 위한 자원에 대해서는 직접 관리하고 있지 않기 때문에 실제 재난시 활용할 수 있는지, 정상 기능을 발휘할 수 있도록 정비되어 있는지 등에 대해 이를 동원 또는 응원할 기관에서는 파악하고 있어야 하는데, 이를 위해 현행 「재난 및 안전관리 기본법」에서는 행정안전부 장관에게 재난관리책임기관의 장이 비축·관리하는 재난관리자원의 체계적 관리 및 활용을 위한 재난관리자원공동활용시스템을 구축·운영토록 하고 있다.

최근 재난관리에 있어서 IT 기술 등을 활용한 첨단장비가 큰 역할을 하고 있다. 하지만 이러한 첨단장비의 정확성 및 편리성에도 불구하고 일부에서 이러한 첨단장비의 지나친 의존으로 인한 문제에 대한 지적도 제기되고 있는데, 이는 재난현장에서 해당 첨단장비가 고장난 경우, 해당 재난관리활동 전체에 미치는 큰 파급피해 때문이다. 따라서 재난관리에 있어서 첨단기술을 사용할 경우, 해당 첨단기술이 고장나는 등의 예기치 못한 상황에 대한 충분한 고려가 있어야 한다.

4. 대응절차의 훈련 및 교육

아무리 잘 짜여진 대응계획과 투입자원이 준비되어 있더라도 해당 재난관리 기능을 실제 이행할 개인 또는 기관·단체에서 이를 숙지하고 있지 못하다면 이러한 노고는 무용지물이 되게 된다. 따라서 실제 재난발생에 대비한 훈련 및 교육은 재난대비 활동에서 매우 중요하다.

4.1 재난대비훈련

4.1.1 의의

재난대비훈련은 실제 재난이 발생하기 전에 위기관리 매뉴얼 등에 명시된 조치사항을 관계 개인, 기관 및 단체가 습득할 수 있도록 한다. 하지만 이외에도 다른 부수적인 이점이 있는데 재난대비훈련을 통해 현재 위기관리 매뉴얼의 내용상 개선사항을 발견하여 수정·보완할 수 있고, 또한 관계 개인, 기관 및 단체가 직접 만나 재난발생 이전에도 서로 유대감을 갖게 함으로써 재난발생시 효과적으로 협력할 수 있도록 하게 된다.

우리나라에서는 「재난 및 안전관리 기본법」에서는 재난대비훈련에 대해 법적 의무를 명시하고 있는데, 행정안전부장관, 중앙행정기관의 장, 시 · 도지사, 시장 · 군수 · 구청장 및 긴급구조기관의 장과 같이 실제 재난발생시 해당 재난유형 및 재난현장의 재난관리 컨트롤타워 역할을 해야 하는 기관을 훈련주관기관으로 규정하고 이들로 하여금 정기적 또는 수시로 재난관리책임기관, 긴급구조지원기관 등 관계기관과 합동으로 재난대비훈련을 실시하고 그밖에 이러한 합동 재난대비훈련에 참여하는 기관은 자체 훈련을 수시로 실시할 수 있도록 하고 있다.

4.1.2 종류

재난대비훈련은 토의를 중심으로 하는 토론기반 훈련과 실제상황과 유사한 환경에서 진행되는 실행기반 훈련으로 분류된다(소방방재청, 2013). 일반적으로 토론기반 훈련은 재난상황을 가정하되 긴박하지 않는 상황에서 세미나, 워크샵 등의 운영을 통해 내용설명, 문제개선 또는 상황점검 등의 목적으로 행해지며, 실제기반 훈련은 재난상황과 같은 가정된 긴박한 시간흐름 속에서 훈련참가자의 수행역량을 검증 또는 평가하기 위해 실시된다.

이외에도 재난대비훈련을 구분하는 방법은 다양한데, 실제상황처럼 현장에서 펼쳐지는 실제훈련(drill)과 사무실 등에서 상황을 가정하여 메시지를 통해 이루어지는 도상훈련(table－top exercise)으로 구분하기도 하고, 특정 재난관리 기능만을 훈련하는 부문훈련(functional exercise)과 전체 재난관리 기능을 연계하는 종합훈련(full－scale exercise)으로도 구분하고 있다.

표 10.4 재난대비훈련의 유형

<table>
<tr><th colspan="2">훈련 유형</th><th>훈련 내용</th></tr>
<tr><td rowspan="4">토론기반 훈련</td><td>세미나
(설명회)</td><td>• 재난대비훈련의 가장 기초단계
• 주로 강의식으로 발표자가 훈련대상 대응계획과 매뉴얼 등을 설명하고 참석자들은 설명내용에 대한 의견 및 새로운 아이디어를 제시함.
• 세미나(설명회)만을 별도로 실시하거나 다른 훈련의 사전활동으로 실시할 수 있음
– 훈련 전 실시하는 관계기관 간 회의도 설명회의 한 종류로 볼 수 있으며,
– 개정된 법규나 수정된 대응계획과 매뉴얼 등을 설명하기 위한 회의도 세미나에 포함됨</td></tr>
<tr><td>워크숍</td><td>• 주로 회의식으로 진행하며, 한 명이 워크숍 계획과 목적 등을 설명하면 다른 여러 명이 거기에 대한 의견 등을 제시하여 최종적으로 합의된 결과물을 도출함
• 워크숍만을 별도로 실시하거나 다른 훈련의 사전활동으로 실시할 수 있음
• 특정 목표의 달성 또는 결과물(훈련목적, SOP, 정책, 계획 등)을 생산하기 위한 회의</td></tr>
<tr><td>재난안전대책본부 또는 사고수습본부 운영 훈련</td><td>• 재난상황에서의 임무와 역할을 발표·토의하여 기능을 명확하게 이해하고 문제점을 개선
– 기 작성된 재난단계별 표준행동절차에 대한 비판적 토론을 통하여 문제점을 발굴·보완하는 데 중점을 둠
• 재난대응 협력체계와 역할 분담 확인</td></tr>
<tr><td>기관장 주재 자체점검회의 (초기대응 훈련 등)</td><td>• 재난관리책임기관이 초기대응 역량을 강화하기 위하여 기관장 및 주요 간부가 훈련에 참여
– 기관장 주재하에 소관분야에서 발생 가능한 재난사태 및 대처 방안에 대해 논의하는 훈련임
• 초기대응 방안 토의를 통해 문제점을 발굴하고 개선사항은 기관별 안전관리계획 등에 반영</td></tr>
</table>

<table>
<tr><th colspan="2">훈련 유형</th><th>훈련 내용</th></tr>
<tr><td rowspan="2">실행기반 훈련</td><td>기능훈련</td><td>• 기능 또는 여러 기능들의 조합을 검증하기 위한 훈련으로
– 재난안전대책본부 같은 유관기관 조정센터의 근무요원에 훈련의 초점을 맞춤
– 현실적이고 긴장감 있는 실시간(real-time) 환경에서 수행되며 인력과 장비는 실제로 이동하지 않고 가상적으로만 이동</td></tr>
<tr><td>실제훈련
(종합훈련)</td><td>• 기능훈련과 현장의 대응활동 및 자원의 실제 이동을 결합한 종합훈련
– 대응계획상의 기능 대부분을 포함하여 실시되며
– 인력과 장비가 실제로 배치, 실제 재난상황과 유사하게 긴장감 있고 시간에 제약을 받는 환경에서 훈련 실시</td></tr>
</table>

* 출처: 행정안전부(2017)

4.1.3 과정

재난대비훈련은 세부적으로는 훈련의 기획, 설계, 수행, 평가, 개선의 5단계로 구분되며, 포괄적으로는 훈련의 준비(기획 및 설계), 실시, 평가(평가 및 개선)의 3단계로 구분하기도 한다. 이때 각 관계는 독립적인 것이 아니라 이전 단계의 결과가 다음 단계의 입력자료로 사용되는 등 상호 순환적이다.

4.2 재난안전 교육

재난안전에 대한 교육은 크게 재난안전분야 종사자 전문교육과 대국민 안전교육으로 분류할 수 있다.

4.2.1 재난안전분야 종사자 전문교육

「재난 및 안전관리 기본법」에 따르면 재난관리책임기관에서 재난안전관리에 종사하는 모든 관리자와 실무자는 행정안전부 장관이 실시하거나 이를 대행하는 교육기관에서 전문교육을 받아야 한다. 이러한 전문교육은 관리자 전문교육과 실무자 전문교육으로 구분되며 대상자는 해당업무를 맡은 후 1년 이내에 신규교육을 받아야 하며, 신규교육을 받은 후 매 2년마다 정기적인 보수교육을 받아야 한다.

4.2.2 대국민 안전교육

「재난 및 안전관리 기본법」에 따르면 중앙행정기관 및 지방자치단체의 장은 안전문화의 정착을 위해 일반 국민뿐만 아니라 학교 · 사회복지시설 · 다중이용시설 등 안전에 취약한 시설의 종사자 등에 대하여 안전교육을 실시할 수 있다.

이때 일반 국민을 대상으로는 재난의 예보 및 경보시 안전행동요령과 사례 등에 대하여 신문 · 방송 · 인터넷포털 등 대중매체를 통한 안전교육을 실시해야 하며, 학교 · 사회복지시설 · 다중이용시설 등 안전에 취약한 시설의 종사자 등에 대해서는 안전관리헌장, 해당시설별 재난대응요령, 사례 등에 대하여 이론 및 현장위주의 안전교육을 실시하여야 한다.

또한, 안전교육의 활성화를 위해 행정안전부 장관은 안전교육 표준교재를 개발 · 보급하고, 안전교육 프로그램 및 전문강사에 대한 데이터베이스를 구축하여 필요한 개인, 기관 및 단체에게 제공하여야 한다.

5. 비상근무태세의 유지

위기징후 또는 상황, 위기경보의 수준에 따라 해당 위기와 관련되는 인원 및 부서에 대한 비상근무태세를 유지하여 필요한 조치를 취해야 한다. 이를 위하여 행정안전부에서는 중앙재난안전상황실을 상시 운영하고 있으며, 시 · 도 및 시 · 군 · 구에도 해당 재난안전상황실을 상시 운영하고 있다. 이뿐만 아니라 일반 중앙행정기관에도 해당 재난안전상황실을 운영하거나 최소한 재난상황을 관리하는 체계를 갖추도록 하고 있다. 이러한 재난안전상황실은 다른 기관의 재난안전상황실과 유기적인 협조체제를 유지하고 재난관리정보를 공유하여야 한다. 재난안전상황실은 평상시에는 재난발생에 대비한 준비태세를 항상 갖추고 있어야 한다. 그리고 재난상황의 접수와 함께 이를 관계기관에 전파하고 필요시 비상단계로 전환하여 재난안전대책본부 또는 사고수습본부 등을 가동하여 재난상황에 대비하게 된다.

6. 요약 및 결론

재난에 대한 예방조치가 아무리 잘 되어 있다고 할지라도 이는 재난에 대한 위험을 줄이는 것일 뿐 발생 자체를 완전히 배제할 수는 없다. 이런 이유로 인해 재난 발생시 적절한 대응을 위한 사전 준비조치로서의 재난대비 활동은 매우 중요하다.

이 장에서는 이러한 재난대비 활동을 대응계획의 수립 및 점검, 투입자원의 확보 및 관리, 대응절차의 훈련 및 교육, 비상근무태세의 유지의 4가지로 나누어 살펴보았다.

연습문제

1. 우리나라 재난관리 매뉴얼은 그 위상에 따라 위기관리 표준매뉴얼, 위기대응 실무매뉴얼, 현장조치 행동매뉴얼 그리고 주요상황 대응매뉴얼로 구분된다. 각 매뉴얼을 비교하여 설명하라.

2. 재난대응 매뉴얼은 크게 재난유형에 따른 체계와 관리기능별로 작성하는 체계로 구분된다. 우리나라는 전자를 따르고 있으며, 후자를 준용하는 대표적인 나라는 미국이다. 두 나라의 재난대응 매뉴얼 체계가 어떻게 다른지 구분하여 설명하라.

3. 재난대비 훈련의 유형을 토론기반과 실행기반 훈련으로 나누어 설명하라.

[참고자료]

소방방재청 (2013). 재난대비훈련지침.

안전행정부 (2014). 국가위기관리지침.

Coppola, D. P. (2011). *Introduction to international disaster management.* Butterworth-Heinemann.

✍ 재난 이야기: 생명을 살릴 시간은? 골든아워(Golden Hour)/골든타임(Golden Time)

모든 재난현장은 항상 분초를 다투는 긴박한 상황이다. 너무 당연한 얘기이지만 이는 시간이 지체될수록 희생자가 늘어나기 때문이다. 그렇다면 사고나 사건에서 인명을 구조하기 위한 최대시간은 정해져 있는 것인가? 골든아워(Golden Hour)는 사고나 사건에서 인명을 구조하기 위한 초반의 매우 중요한 시간을 광범위하게 지칭하는 용어이다. 이 시간이 지나면 어떤 치료에도 생존율은 급격하게 떨어지기 때문에 생명을 살리기 위해서는 이 시간 안에 적절한 처치가 반드시 이루어져야 한다. 최근에는 골든아워라는 용어 대신에, 보다 친숙한 골든타임(Golden Time)이라는 용어를 자주 사용하고 있다. 하지만 원칙적으로 골든타임은 방송에서 황금 시간대를 뜻하는 말로 시청률이 높아서 광고비가 가장 비싼 방송 시간대를 지칭하는 용어이다(한경경제 용어사전, 2018).

이러한 골든아워의 개념은 군의관으로 전역한 이후 메릴랜드 대학병원 외상센터장으로 활동한 아담스 콜리(R. Adams Cowley)가 각종 전쟁 및 재난현장에서의 경험을 바탕으로 정립한 것으로 알려져 있다. 그는 "생사를 가르는 골든아워라는 것이 있다. 만약 당신이 심각하게 다쳤다면, 당신이 살기 위해서는 최대 1시간의 기회를 가진다. 비록 당신이 바로 죽지 않고 3일 또는 2주를 버틸 수도 있으나 골든아워가 지난 후에는 이미 당신의 몸 안에는 치료될 수 없는 어떤 변화가 일어나 버린 상태이다."라는 말로 골든아워를 표현하였다. 하지만 여기서 언급한 1시간이 골든아워의 정의인가에 대해서는 많은 학자마다 다른 시각을 가진다. 따라서 여기서 말한 1시간은 상징적 의미를 가지는 것으로 보는 것이 타당하다.

현재 골든아워는 이러한 의료현장 외에도 많은 상황에서 다양하게 표현되는데, 몇 가지 경우를 소개하면 다음과 같다.

- 심정지 후 4분: 심장이 멈춘 후 4분이 지나면 산소공급이 중단되어 뇌세포가 죽기 시작하기 때문에 이후에 사람이 깨어나더라도 시력이나 언어 상실 등 2차 손상이 생기거나 뇌사 상태에 빠질 수 있다. 따라서 심정지가 일어난 경우 가능한 빨리 심폐소생술(CPR)을 하는 것이 중요한데, 통계에 따르면 1분 이내에 심폐소생술이 실시되면 생존율이 97%인 데 반해 2분이 지나면 90%, 3분이 지나면 75% 그리고 4분이 지나면 50%밖에 생존하지 못한다고 한다.
- 화재발생 후 8분: 미국 국가화재안전협회(NFPA)에 따르면 화재가 발생하고 8분이 경과하면 화재는 급격하게 확대된 연소로 최전성기에 접어들게 되고 실제적으로 진화하는 것은 불가능해진다. 따라서 소방차는 이 시간 이내에 현장에 도착하여 화재진압에 착수하여야 한다. 우리나라의 경우에도 이를 근거로 하여 한국형 골든타임으로 7분을 설정하여 운영하고 있다.
- 항공기 사고 후 90초: 항공업계에는 운영의 90초 룰이라는 것이 있는데, 이는 항공기에 비상상황이 발생하면 90초 이내에 승객들을 기내에서 탈출시켜야 한다는

것이다. 그렇지 않으면 인명피해를 막을 수가 없다.

- 익수자의 해수온도에 따른 생존시간: 바다에서 선박사고 등으로 인해 사람이 물에 빠지게 되는 경우 비록 숨을 쉴 수 있는 상황이라 할지라도 바닷물 온도에 따른 저체온증에 의해 사망에 이르게 된다. 따라서 익수 사고가 발생하면 가능한 빨리 구조활동이 이루어져야 한다. 국제항공해상 수색구조 매뉴얼에는 사람이 해양에서 생존할 수 있는 시간을 수온에 따라 구분하고 있다. 이는 체온보호를 위한 특수한 보호복을 착용하지 않은 경우에 해당한다.

표 10.5 익수자의 해수온도에 따른 생존시간

해수온도(℃)	5	10	15	20
생존시간(시간)	9	15	25	41

* 출처: 국제 항공 및 해상 수색구조 매뉴얼(IAMSAR Manual: IMO, 2019)

- 재난발생 후 72시간: 재난이 발생하여 전기, 수도 등 각종 사회기간 시설이 파괴된 경우 외부의 시설복구 및 구조인력이 오기까지 72시간이 소요된다. 따라서 재난대비를 위한 각종 생존 키트는 일반적으로 72시간 동안 버티도록 제작되고 있다.

CHAPTER 11

재난대응

1. 개 설

대응은 일반적으로 예방, 대비, 대응, 복구활동 중에 가장 어려운 과정으로 인식된다. 이는 실제 재난현장에서의 대응활동은 매우 제한된 시간 동안, 제한된 정보를 가지고, 다수의 기관들이 함께 대처해야 하기 때문이다. 이러한 대응활동이 효과적으로 이루어지기 위해서는 재난발생시 관계기관들이 조건반사적으로 각자가 해야 할 임무와 역할을 수행해야 하는데, 이를 위해서는 앞서 학습한 바와 대응계획이 체계적으로 수립되고 이에 익숙해져 있으며, 재난시 관련자원이 잘 확보될 수 있도록 하고, 만약을 위한 비상근무태세 등이 잘 갖추어져야 한다. 즉, 재난에 대한 대비가 잘 되어 있다면, 이는 체계적 대응으로 이어져서 결과적으로 해당 재난으로 인한 피해와 영향을 최소화된다.

하지만 아무리 재난대비가 잘 되어 있다고 하더라도 실제 재난이 발생하게 되면 사전 대비단계에서 예상하지 못한 일들이 벌어지게 된다. 따라서 재난대응은 결코 경직되거나 형식적이어서는 안 되며, 유연하고 신속한 의사결정체제하에서 이루어져야 한다. 이 경우, 다양한 이해관계를 가지는 다수의 참여기관 간 협조와 협력이 필요하게 되지만 실제 재난현장에서는 이는 결코 쉬운 일은 아니다. 이런 이유로 인해 대응과정에서 각종 기관들이 합동으로 참여하여 꾸려지는 각종 비상기구의 역할은 매우 중요하다.

또한, 재난상황에서 강력한 통제를 위해 해당 비상기구가 대피명령, 물자동원 등의 강력한 조치를 취할 수 있는 재난사태선포 등의 법적 권한을 사전에 확보하는 것도 필요하다. 이 장에서는 이러한 대응활동에 대해 다양한 시각에서 살펴보도록 한다.

2. 재난징후 예고시간의 차이에 따른 대응방식

재난에 대한 대응활동은 크게 재난의 발생 이전과 발생 이후로 구분하여 생각해볼 수 있다. 예를 들어, 재난발생이 예상되면 재난발생 이전에 경보발령, 비상대피, 가용자원의 전진배치, 비상 예방조치 등의 대응활동을 하게 되며, 재난발생 이후에는 인명구조를 위한 수색구조, 응급처치, 구호활동 등을 고려할 수 있다.

하지만 재난은 그 종류에 따라 재난발생 전에 그 재난징후를 보여주는 예고시간의 차이가 있다. 일반적으로 지진 등은 예고없이 발생하여 재난의 발생 이전에 조치를 취할 수 있는 시간이 거의 없지만 태풍 등은 적어도 몇 시간 전에는 상륙지점이나 그 발생강도 등을 예측할 수가 있고 이에 따라 사전준비를 할 수 있는 제한된 시간이 주어진다. 따라서 재난유형에 따라 그 대응활동도 달라지게 된다.

재난징후 예고시간이 충분한 재난에 대해서는 재난대응에 대한 역할은 사전 긴급조치를 취하는 데 두게 된다. 하지만 그 반대의 경우에는 사상자를 수색·구조하고 긴급복구하는 데 보다 더 비중을 두는 재난대응이 이루어지게 된다.

3. 다양한 참여기관의 종합적인 활동영역인 재난대응

일반적으로 사람들은 재난대응으로 사상자를 수색·구조하거나 응급의료 조치를 취하는 등의 활동만을 생각하는 경향이 크다. 하지만 재난대응은 이렇게 TV 등 매스컴에 등장하는 것보다 훨씬 더 많은 종합적인 행정기능이 개입되게 된다. 따라서 재난의 대응과정에서는 여러 기관들이 참여하여 활동할 수밖에 없게 되고, 각종 다양성을 가지는 참여기관에 대한 효율적인 협력체계와 지휘체계가 필요하게 된다.

3.1 재난대응 조직의 4대 타입

다인스(1970)는 재난대응에 참여하는 조직을 그 구조와 임무를 기준으로 해서 4개의 조직유형으로 구분하고 있다. 여기서 가로축은 조직의 업무가 “평상업무이냐, 신규업무이냐”이며, 세로축은 조직의 구조가 “기존구조이냐 신설구조이냐”를 나타내고 있다.

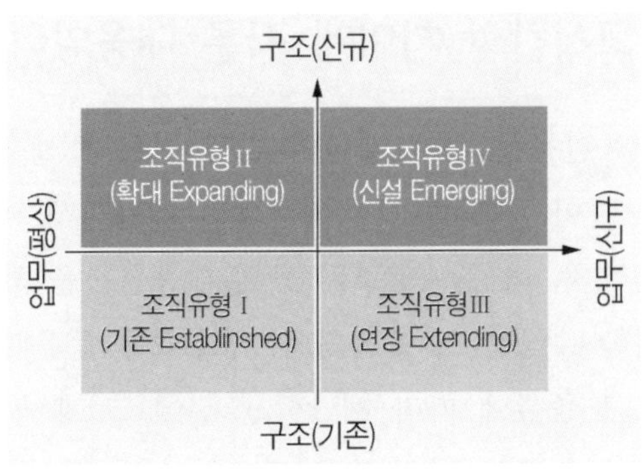

그림 11.1 다인스의 재난대응 조직의 4대 타입

* 출처: 다인스(1970)

일단 조직유형 Ⅰ(평상업무/기존구조)의 경우에는 소방서나 경찰서와 같이 재난상황에서도 조직의 업무나 구조의 변화없이 본연의 업무를 처리하는 기존조직(Established Organization)의 유형이다. 조직유형 Ⅱ(평상업무/신규구조)의 경우에는 적십자사와 같은 자원봉사 조직의 경우를 예로 들 수 있는데, 이재민 구호라는 본연의 업무를 처리하되 재난상황으로 급격하게 늘어난 업무부담을 해소하기 위해 자원봉사자를 기반으로 조직의 구조를 확대하여 운영하는 확대조직(Expanding Organization)의 유형이다.

이외에 조직의 구조는 그대로인데 조직의 업무를 추가하는 연장조직(Extending Organization)인 조직유형 Ⅲ(신규업무/기존구조)이 있다. 이는 건설업무 조직이 대표적인데 평상시에는 건설업무를 담당하다가 재난상황에서는 잔해물 처리와 같은 업무까지 영역을 확대하게 된다. 마지막으로 조직유형 Ⅳ(신규업무/신규구조)는 재난대응을 위해 완전히 새롭게 신설된 조직이다. 예를 들어, 홍수로 인한 지역주민의 수색구조를 위해 재난발생 후 자생적으로 새롭게 조직된 민간수색대와 같은 것이 대표적인 경우라 할 수 있다.

3.2 재난대응을 위한 비상기구의 운영

이렇게 재난대응 조직은 양적인 면의 확대뿐만 아니라 그 다양성으로 인해 그 총괄조정의 과정이 매우 어렵다. 따라서 재난대응의 성패는 이러한 수많은 다양한 조직이 서로 협력하여 소기의 성과를 달성하도록 하는 데에 달려 있다. 이로 인해 재난대응에 있어서는 다양한 기관들이 참여하는 비상기구의 구성 · 운영이 필수적이다.

이미 8장에서 학습한 것처럼 현행 「재난 및 안전관리 기본법」에 따르면 중앙정부 차원에서는 범정부적 비상기구로서 크게 ⅰ) 다양한 기관 간 재난수습 전반을 총괄조정하기 위해 각급 재난안전대책본부, ⅱ) 재난현장 다양한 기관 간 효율적인 긴급구조 수행을 위한 긴급구조통제조직이 가동 · 운영된다.

중앙정부 차원에서는 일련의 재난안전대책본부로서 행정안전부 중심으로 재난수습을 위한 총괄 · 조정 기구의 역할을 수행하기 위해 각 관계부처 및 기관이 참여하는 중앙재난안전대책본부가 운영이 되며 재난관리주관기관, 즉 주관부처 중심으로 주관 수습기구인 중앙사고수습본부가 운영된다. 또한, 긴급구조와 관련한 활동의 총괄조정을 위하여 육상에서는 중앙긴급구조통제단이, 해상에서는 일반사고에 대한 중앙구조본부, 오염사고에 대한 중앙방제대책본부가 구성 · 운영된다.

그리고 이와 매칭될 수 있도록 사고가 발생한 지역 차원에서의 비상기구로서는 재난안전대책본부 형식으로는 소관 지방자치단체 중심으로 지역재난안전대책본부(시 · 도 또는 시 · 군 · 구 재난안전대책본부)가 운영되며, 재난관리주관기관인 주관부처의 특별지방행정관은 지역사고수습본부를 운영한다. 또한, 긴급구조통제조직으로는 지방 소방본부 및 소방서 중심으로 지역긴급구조통제단(시 · 도 또는 시 · 군 · 구 긴급구조통제단), 지방해양경찰청 및 해양경찰서 중심으로 광역 · 지역구조본부, 광역 · 지역방제대책본부 등이 구성 · 운영된다.

4. 재난사태 선포와 긴급조치

4.1 의의 및 절차

앞서 살펴본 바와 같이 해당 지역사회의 대응능력을 초과하는 재난이 발생하게 되면 촌각을 다투는 긴급조치가 필요하게 되고, 이를 위해 대부분의 나라에서는 재난사태라는 제도를 마련해 놓고 있다. 미국 등과 같이 지방자치제도가 정착된 대부분의 나라에서는 재난이 발생하면 일단 지방정부가 지방차원의 재난사태를 선포하여 해당 재난을 수습하게 되고, 그 대응능력에 한계가 있다고 판단되면 중앙정부에 국가차원의 지원을 요청하게 된다.

이에 반해 우리나라도 현행 「재난 및 안전관리 기본법」상 재난사태에 대한 제도를 마련해 놓고 있는데, 엄밀하게 말하면 국가차원의 재난사태에 대해서만 언급하고 있다. 구체적으로 살펴보면 같은 법 제36조에서 행정안전부 장관은 i) 극심한 인명 또는 재산의 피해가 발생하거나 발생할 것으로 예상되어 시 · 도지사가 중앙재난안전대책본부장에게 재난사태의 선포를 건의하거나, ii) 중앙재난대책본부장이 재난사태의 선포가 필요가 필요하다고 인정하는 재난이 발생하거나 발생할 것으로 우려되는 경우에, 그 영향이나 피해를 줄이기 위한 긴급한 조치가 필요하다고 인정하면 선포할 수 있도록 하고 있다.

다만, 재난사태는 그 선포 전에 중앙안전관리위원회의 심의를 거쳐 선포되어야 하는데, 만약 재난상황이 긴급하여 심의를 거칠 시간적 여유가 없는 경우에는 우선 재난사태를 선포하고 이후 지체 없이 중앙안전관리위원회의 승인을 받을 수도 있다. 하지만 이 경우에 중앙안전관리위원회의 승인을 받지 못하면 선포된 재난사태는 그 즉시 해제되어야 한다. 또한, 재난사태로 인한 조치들이 국민의 기본권 침해의 소지도 있는 만큼 재난이 추가적으로 발생할 우려가 없어진 경우에도 즉시 해제하여야 한다.

4.2 재난사태 선포기준

재난사태의 선포기준에 대해서는 적지 않은 논란이 있다. 과거 자연재난의 경우에 대해서는 선포기준이 정량적으로 표현되어 있었지만 현재는 재난유형에 무관하게 자연 및 사회재난 모두에 대해 정량적 기준이 없이 상황판단회의를 통해 선포여부를 결정한다.

4.3 재난사태의 긴급조치

재난사태가 선포되면 행정안전부 장관과 지방자치단체장은 재난으로 인한 영향이나 피해를 줄이기 위한 다양한 긴급조치를 내릴 수 있는데, i) 재난경보의 발령, 인력 · 장비 및 물자의 동원, 위험구역의 설정, 대피명령, 응급지원 등 「재난 및 안전관리 기본법」에 따른 응급조치, ii) 초중고 등 각급학교에 대한 휴업명령 및 휴원 · 휴교처분의 요청, iii) 해당 지역에 소재하는 행정기관 소속 공무원의 비상소집, iv) 해당 지역에 대한 여행 등 이동 자제 권고, v) 「비상대비자원 관리법」에 따라 전쟁 · 사변 등에 대비한 비축물자의 사용 등이 있다.

하지만 해당 지역에 대한 여행 등 이동 자제 권고와 「비상대비자원 관리법」에 따라 전쟁 · 사변 등에 대비한 비축물자의 사용을 제외하고 이러한 조치들에 대해서는 재난사태가 발령되지 않아도 관계법령에 따라 필요시 취해질 수 있는 긴급조치라는 점으로 인해 재난사태의 실효성 여부에 대한 논란이 있다. 또한, 해당 지역에 대한 여행 등 이동 자제 권고의 경우에 있어서도 법적 강제성이 뒷받침되지 않아 실효성에 대한 우려도 제기되고 있다.

이러한 지적을 방증하는 것이 과거 우리나라의 재난사태 선포사례인데, 아래와 같이 그간 단 4건의 재난사태가 선포되었을 뿐이다(소방방재청, 2013). 이러한 지적을 고려할 때 우리나라의 재난사태 선포는 행정 행위적 속성보다는 정치 행위적 속성이 더 강하다고 할 수 있다(국민안전처, 2017).

다만, 일부에서는 재난사태의 선포로 인해 행정안전부 장관과 지방자치단체장이 '그 밖의 재난예방에 필요한 조치(「재난 및 안전관리 기본법」 제36조제3항제4호)'와 같이 포괄적인 비상권한을 위임받아 보다 적극적인 응급조치 등을 할 수 있도록 한 것이라는 해석도 있다. 또한, 관할 시 · 군 · 구청장 및 긴급구조통제단장으로 한정하던 대피명령, 위험구역의 설정, 강제대피조치, 통행제한 등과 같은 응급조치의 시행권한을 시 · 도지사와 행정안전부 장관, 즉 상급행정기관이 개입할 수 있도록 법적 근거를 제공하고 있다는 주장도 있다.

표 11.1 재난사태 선포사례

사 유	선포지역
강원도 양양산불(2005.4)	강원 고성군 · 양양군
'허베이 스피리트' 유조선 유류유출 사고(2007.12)	충남 보령시 · 태안군 · 서산시 · 서천군 · 홍성군 · 당진군
강원도 동해안 산불(2019.4)	강원 강릉시 · 속초시 · 동해시 · 고성군 · 인제군
울진 · 삼척 산불 등(2022.3)	강원도 · 경북도

이에 반해 미국의 경우 정부차원의 재난사태(a state of emergency) 선포가 빈번하게 이루어지고 있는데 이는 재난사태 선포가 재난관리 과정에서 매우 중요한 의미를 가지기 때문이다. 먼저, 재난발생시 주정부가 재난사태를 선포해야지만 주정부 차원의 재난대응계획(emergency response plan)이 가동될 수 있는 요건이 되며, 또한 주정부가 재난사태를 선포해야지만 연방정부에 이러한 재난대응계획을 시행에 소요되는 재난지원을 요청할 수 있다.

또한, 미국의 경우 국민의 기본권 제한을 엄격하게 제한하고 있어서 재난사태 선포 없이는 재난대응계획에 명시된 주민에 대한 대피명령 등의 긴급조치가 이루어질 수 없다. 재난사태의 선포로 인한 미국의 긴급조치는 이외에도 기름값 인상제한, 주류 판매금지, 토지의 강제수용 등 헌법적 기본권을 제한하는 조치까지도 가능하다. 즉, 미국의 재난사태 선포는 곧 주지사 등에게 비상권한(emergency power)을 주는 매우 중요한 의미를 가진다.

우리나라의 경우에도 재난사태에 대한 선포권한을 지방자치단체장에게 부여하는 방안이 검토되어 왔지만 앞서 언급한 바와 같이 재난사태가 선포되어도 지방자치단체가 추가적으로 얻는 행·재정적 지원이 없다는 점, 재난사태 선포 없이도 대피명령 등 응급조치가 가능하여 제도적인 실효성이 미흡하다는 점, 또한 지방자치단체장이 지역여론에 밀려 정치적으로 남발할 수 있다는 우려 등으로 인해 도입되지 않고 있는 실정이다. 하지만 재난사태 선포의 정치행위적 특성도 고려할 필요가 있는바 단계적으로 선포권한을 지방자치단체장에게도 부여하여야 한다는 의견도 꾸준히 제기되고 있다(국민안전처, 2017).

〈 행정명령 〉

우리나라의 경우에는 재난사태와 별도로 재난상황에서 불가피한 비상조치의 수단으로서 행정명령이 사용되기도 한다. 행정명령은 중앙행정기관, 지방자치단체 등 행정기관이 행정목적을 위하여 직권으로 내리는 모든 명령형태를 일컫는 행정용어이다.

일반적으로 행정명령은 그 발령근거에 대해서는 개별 관계법령에 명시되어 있지만 발령내용에 대해서는 매우 포괄적이다. 예를 들어, 행정기관에서는 필요한 행·재정적 조치를 취할 수 있다는 식으로 표현되어 있는데, 이러한 이유로 발령권자는 발령내용에 대해 다소 임의적으로 판단하여 실시하기도 한다.

따라서 발령내용의 적절성에 대해서는 재판에 회부되는 경우가 빈번하게 발생하며, 행정명령의 내용이 과한 규제였다는 판결이 나오게 되면 발령권자는 이로 인한 피해보상 등 법적 책임을 져야 하는 경우가 발생한다.

따라서 재난사태와 같이 행정명령도 최소한의 범위에서 선포 또는 실행되어야 한다. 또한, 행정명령의 임의성에 대한 우려로 인해 재난사태 선포시 허용되는 응급조치 등 구체적 허용범위를 사전에 관계법령에 규정하여 활용하는 편이 향후 규제내용의 적절성에 대한 논쟁을 줄일 수 있다는 지적도 제기되고 있다.

5. 재난현장에서의 응급조치

앞서 설명한 바와 같이 재난사태가 선포되면 중앙재난안전대책본부장과 지역재난안전대책본부장은 재난으로 인한 영향이나 피해를 줄이기 위한 대피명령 등 각종 긴급조치를 내릴 수 있다. 하지만 다급한 경우에는 재난현장의 응급조치가 개별적으로도 내려질 수 있는데, 이를 앞 장의 재난사태선포시의 긴급조치와 연계해서 설명하면 다음과 같다.

5.1 재난 예 · 경보

중앙 및 지역 재난안전대책본부장, 중앙사고수습본부장은 자연재난 및 사회재난, 그 밖에 인명 또는 재산의 피해정도가 매우 크고 그 영향이 광범위할 것으로 예상되어 필요하다고 인정하는 재난일 경우 사람의 생명 · 신체 및 재산에 관한 예보 또는 경보를 발령할 수 있다. 이때 각종 재난관리책임기관의 장은 이러한 예 · 경보가 신속하게 발령될 수 있도록 재난과 관련된 위험정보를 취득하면 즉시 위의 발령권자들에게 통보하여야 한다. 또한, 중앙재난안전대책본부장이 아닌 자가 위의 재난의 예보 · 경보를 발령하는 경우에는 그 내용을 중앙재난안전상황실 등에 즉시 통보해야 한다.

〈발령권자〉

- 전국 단위 또는 중앙정부 차원의 예보 · 경보 발령이 필요한 경우: 중앙재난안전대책본부장 또는 중앙사고수습본부장(재난관리주관기관이 되는 재난 및 사고에 한정)
- 지역 단위의 예보 · 경보 발령이 필요한 경우: 지역재난안전대책본부장(시 · 도 또는 시 · 군 · 구재난안전대책본부장)

중앙 및 지역재난안전대책본부장은 재난에 관한 예보 · 경보 · 통지나 응급조치를 실시하기 위하여 필요한 경우, i) 전기통신시설의 소유자 또는 관리자에 대한 전기통신시설의 우선 사용, ii) 주요 전기통신사업자에 대한 필요한 정보의 문자나 음성 송신 또는 인터넷 홈페이지 게시, iii) 방송사업자에 대한 필요한 정보의 신속한 방송, iv) 주요 신문사업자 및 인터넷신문사업자에 대한 필요한 정보의 게시 등의 요청을 할 수 있다.

전기통신사업자나 방송사업자, 휴대전화 또는 내비게이션 제조업자는 재난의 예보 · 경보 발령사항이 사용자의 휴대전화 등의 수신기 화면에 반드시 표시될 수 있도록 소프트웨어나 기계적 장치를 갖추어야 한다.

또한, 시장 · 군수 · 구청장은 위험구역 등 재난으로 인하여 피해가 예상되는 지역에 대하여 그 피해를 예방하기 위하여 시 · 군 · 구 재난 예보 · 경보체계 구축 종합계획을 5년 단위로 수립하여야 하며, 시 · 도지사는 이를 기초로 시 · 도 재난 예보 · 경보체계 구축 종합계획을 수립하여야 한다. 이 계획들에는 재난 예보 · 경보체계의 구축에 관한 기본방침, 대상지역의 선정, 종합적인 재난 예보 · 경보체계의 구축과 운영에 관한 사항 등을 포함하고 있어야 한다.

5.2 인적 · 물적 자원의 동원명령 등

중앙재난안전대책본부장 및 시장 · 군수 · 구청장은 재난이 발생하거나 발생할 우려가 있다고 인정하면, i) 민방위대의 동원, ii) 재난관리책임기관 관계직원의 출동 또는 재난관리 자원 및 응급조치에 사용하기 위해 지정된 장비 · 인력의 동원 등 필요한 조치의 요청, iii) 동원 가능한 장비와 인력 등이 부족한 경우에는 군부대 지원 요청 등을 할 수 있다.

〈재난상황에서의 정보통신기술의 활용〉

■ 재난 예경보 시스템

- 재난문자방송서비스(Cell Broadcasting Service; CBS): 재난발생 상황에서 이동전화 기지국의 위치정보를 활용하여 전화번호를 모르더라도 해당지역에 위치한 핸드폰 소지자에게 재난정보, 행동요령 등을 실시간으로 전파하는 서비스이다. 행정안전부가 운영하고 있으며 지방자치단체, 공공행정기관 등에도 사용권한이 부여되어 있어서 필요한 기관 어디에서도 송출시스템에 메시지를 입력하고 행정안전부의 승인을 거치면 해당정보를 실시간으로 전파할 수 있다.
- 재난경보데이터방송(Digital Multimedia Broadcasting; DMB): CBS와 유사한 원리로 DMB 기지국의 위치정보를 활용하여 재난발생 상황에서 해당지역에 위치한 DMB 수신기 소지자에게 재난정보, 행동요령 등을 실시간으로 전파하는 서비스이다. 행정안전부가 운영하고 있으나 지방자치단체, 공공행정기관 등에도 사용권한이 부여되어 있어서 필요한 기관 어디에서도 송출시스템에 메시지를 입력하고 행정안전부의 승인을 거치면 해당정보를 실시간으로 전파할 수 있다.
- 재난온라인방송시스템(Disaster Information Transfer System; DITS): 재난상황 등을 KBS, MBC, SBS 등 방송사의 자막방송으로 실시간 송출하기 위한 서비스이다. 행

정안전부가 운영하는 송출시스템에 메시지를 입력하면 방송사에 경고음과 함께 전달되어 실시간으로 자막을 내보낼 수 있게 되어 있다.

- 민방위경보시스템: 민방위사태 발생시 라디오, TV, 사이렌 등을 이용하여 민방위경보를 발령 · 전파하는 시스템으로 중앙경보통제소 2개소 외에 시 · 도 및 시 · 군 · 구별로 사이렌을 조작하는 통제소가 있다. 2017년 기준, 읍 · 면 단위 이상의 지역에 대해 총 2,123개의 사이렌이 설치되어 있다.
- 자동음성통보시스템: 재난발생 등의 상황에서 마을앰프, 유선전화, 팩스, 핸드폰 등을 이용하여 재난정보, 행동요령 등을 미리 입력 또는 작성한 음성 또는 문자로 전파하는 시스템이다. 재난문자의 수신대상은 수신동의를 한 마을이장, 부녀회장 등 지역 지도계층과 취약 · 고립지역 거주자, 농 · 축 · 수산시설물 관리자 등이다. 최근에는 핸드폰 등을 활용하여 마을앰프 등을 가동하고 있으며, 지방자치단체 재난안전상황실에서 운영하고 마을앰프 등은 지역주민이 직접 작동할 수 있도록 하고 있다.
- 자동우량경보시스템: 산간계곡의 상류지역 강우상황을 관측하여 일정기준 이상에 도달하게 되면 하류지역에 자동으로 경보를 발령하고 대피방송을 하는 시스템이다. 시 · 군 · 구의 재난관리 담당부서 등에서 운영하고 있다.
- 재해문자전광판 시스템: 산곡계곡 등 재난우려가 높은 지역 등에 설치하여 국민들에게 재난정보, 행동요령 등 재난정보를 알리고 홍보하는 시스템이다. 일반적으로 지방자치단체 재난안전상황실에서 운영하고 있다.

■ 통합재난관리 시스템

2017년 기준, 총 27개 시스템으로 구성되어 있으며, 주요 기능을 소개하면 다음과 같다.

- 상황전파시스템: 재난발생시 재난관리담당자 간 상황을 전파하고 정보를 공유하는 시스템으로 상황전파메신저, SMS 등을 통해 중앙행정기관, 지방자치단체, 재난유관기관까지 연결되어 있다. 월평균 45만 건의 상황전파메시지가 전파되고 있다.
- 재난영상정보 통합연계시스템: 기관별로 운영하는 각종 CCTV 정보를 수집 및 연계하여 시 · 도 및 중앙재난안전상황실에 표출하도록 지원하는 시스템이다.
- 재난현장영상전송시스템: 기존 위성기반 SNG(Satellite News Gathering)뿐만 아니라 소방차량에 탑재된 카메라의 영상을 중앙재난안전상황실을 포함한 각급 상황실로 실시간 재난영상을 전송하기 위한 시스템이다.
- 피해예측 및 재해대응시스템: 지진 또는 화산발생시 실시간으로 그 피해규모를 예측하고 대응하기 위한 지진대응시스템, 지진해일대응시스템, 화산대응시스템 등 다수의 재해대응시스템이 있다.
- 모바일 재난관리 포털: 재난현장에서 담당자가 개인폰을 이용하여 현장점검 및 상황보고 등을 포함하여 피해조사 보고, 매뉴얼 조회, 구호물자 관리 등 모바일을

활용한 현장중심의 재난업무 수행지원 포털이다.

• 재난정보관리시스템: 풍수해업무지원, 재해구호물자정보관리, 특정관리대상시설 관리, 재난관리자원공동활동 등 각종 재난정보관리시스템이 있다.

5.3 대피명령

시장 · 군수 · 구청장과 지역긴급구조통제단장(긴급구조에 관한 권한을 행사하는 경우에만 해당)은 재난이 발생하거나 발생할 우려가 있는 경우에 사람의 생명 또는 시체에 대한 위해를 방지하기 위하여 필요하면 해당 지역 주민이나 그 지역 안에 있는 사람에게 대피하거나 선박 · 자동차 등을 대피시킬 것을 명할 수 있다.

이를 위반한 사람에게는 200만 원 이하의 과태료를 부과하며, 필요하다고 인정하면 관할 경찰관서의 장에게 필요한 인력 및 장비의 지원을 요청하여 그 지역 안의 주민이나 그 안에 있는 사람을 강제로 대피시킬 수 있다.

하지만 실제 재난현장에서는 대피명령이라는 용어가 사용되더라도 따르지 않았을 경우, 강제적 조치나 과태료가 부과되는 강제적 조치보다는 선택적 대피권고인 경우가 일반적이다. 특히, 법조항에도 불구하고 대피명령을 위반하는 사람에게 과태료를 부과하는 사례는 동서양에 무관하게 매우 드물다.

5.4 위험구역의 설정

시장 · 군수 · 구청장과 지역긴급구조통제단장(긴급구조에 관한 권한을 행사하는 경우에만 해당)은 재난이 발생하거나 발생할 우려가 있는 경우에 사람의 생명 또는 시체에 대한 위해의 방지나 질서의 유지를 위하여 필요하면 위험구역을 설정하고, 응급조치에 종사하지 아니하는 사람에게 i) 위험구역에 출입하는 행위나 그 밖의 행위의 금지 또는 제한, ii) 위험구역에서의 퇴거 또는 대피를 명할 수 있다. 또한, 관계 중앙행정기관의 장은 시장 · 군수 · 구청장과 지역긴급구조통제단장에게 이러한 위험구역의 설정을 요청할 수 있다.

이 경우, 위험구역에 출입하는 행위나 그 밖의 행위의 금지 또는 제한명령을 위반한 사람에게는 1년 이하의 징역 또는 500만 원 이하의 벌금에 처한다. 아울러 위험구역에서의 퇴거 또는 대피명령을 위반한 사람에게도 200만 원 이하의 과태료를 부과하며, 필요하다고 인정하면 관할 경찰관서의 장에게 필요한 인력 및 장비의 지원을 요청하여 그 지역 안의 주민이나 그 안에 있는 사람을 강제로 퇴거 또는 대피시킬 수 있다.

5.5 통행제한 등

시장 · 군수 · 구청장과 지역긴급구조통제단장(긴급구조에 관한 권한을 행사하는 경우에만 해당)은 응급조치에 필요한 물자를 긴급히 수송하거나 진화 · 구조 등을 하기 위하여 필요하면 경찰관서의 장에게 도로의 구간을 지정하여 해당 긴급수송 등을 하는 차량 외의 차량의 통행을 금지하거나 제한하도록 요청할 수 있다.

5.6 인적 · 물적 자원의 지원요청 등

시장 · 군수 · 구청장은 응급조치를 하기 위하여 필요하면 다른 시 · 군 · 구나 관할 구역에 있는 군부대 및 관계 행정기관의 장, 그 밖의 민간기관 · 단체의 장에게 인력 · 장비 · 자재 등 필요한 지원을 요청할 수 있다. 이때 행정안전부 장관 또는 시 · 도지사는 원활한 응원을 위하여 재난관리책임기관의 장에게 직접 지원을 요청할 수 있다.

5.7 응급부담

시장 · 군수 · 구청장과 지역긴급구조통제단장(긴급구조에 관한 권한을 행사하는 경우에만 해당)은 그 관할 구역에서 재난이 발생하거나 발생할 우려가 있어 응급조치를 하여야 할 급박한 사정이 있으면, 해당 재난현장에 있는 사람이나 인근에 거주하는 사람에게 응급조치에 종사하게 하거나 다른 사람의 토지 · 건축물 · 인공구조물, 그 밖의 소유물을 일시 사용할 수 있으며, 장애물을 변경하거나 제거할 수 있다.

이 경우, 토지 · 건축물 · 인공구조물, 그 밖의 소유물이 일시 사용 또는 장애물의 변경이나 제거를 거부 또는 방해하는 사람에게는 200만 원 이하의 벌금에 처한다.

〈시 · 도지사가 실시하는 응급조치〉

위의 응급조치들은 대부분 시장 · 군수 · 구청장과 지역긴급구조통제단장(긴급구조에 관한 권한을 행사하는 경우에만 해당)이 실시하게 되어 있다. 하지만 다음과 같은 경우에는 시 · 도지사도 해당 응급조치를 실시할 수 있다.

- 관할 구역에서 재난이 발생하거나 발생할 우려가 있는 경우로서 인명 또는 재산의 피해정도가 매우 크고 그 영향이 광범위하거나 광범위할 것으로 예상되어 시 · 도지사가 응급조치가 필요하다고 인정하는 경우
- 둘 이상의 시 · 군 · 구에 걸쳐 재난이 발생하거나 발생할 우려가 있는 경우

6. 재난응급의료 체계

재난현장에서는 불가피하게 다수의 사상자가 발생하게 되고, 이들에 대한 구조 · 구급과정에서는 일상적 의료수준을 넘어서는 응급의료가 필요하게 된다. 현장에서의 응급처치와 같은 구급은 일선 소방관서에 소속된 구급대원에서 수행되므로 중앙정부 차원의 주관기관은 소방청이지만 응급의료에 대한 전반적인 정책업무를 중앙정부 차원에서 주관하는 행정기관은 보건복지부이다.

재난현장에서는 긴급구조통제단의 편제 내에 관할 보건소장을 소장으로 하는 현장응급의료소가 운영된다. 현장응급의료소에는 관할 보건소에서 파견된 신속대응반과 각급 응급의료기관에서 파견된 재난의료지원팀(DMAT)이 업무를 지원한다. 아울러 중앙, 권역, 지역별로 각급 응급의료기관이 지정되어 현장에서의 피해 규모와 정도에 따른 신속한 응급의료 업무를 담당토록 하고 있다.

6.1 현장응급의료소

재난현장에서 다수의 사상자가 발생하게 되면, 긴급구조통제단이 설치되어 긴급구조 활동을 하게 된다. 이때 긴급구조통제단에는 현장지휘소가 설치되어 긴급구조 활동을 총괄하게 되는데, 이때 다수의 사상자에 대한 처리를 위하여 괄할 보건소에서 현장응급의료소를 긴급구조통제단의 편제하에 설치하여 응급의료를 담당하게 된다. 이때 소장은 원칙적으로 지역 보건소장이 맡는다. 현장응급의료소에는 크게 사상자에 대한 분류반, 응급처치반, 이송반으로 나뉘어 운영된다.

다만, 사고 초기 현장응급의료소가 가동될 수 없는 상황에서는 일선 소방관서의

공중보건의 및 구급대원 등으로 구성된 임시응급의료소가 그 역할을 대신한다.

표 11.2 현장응급의료소 조직

기구	업무
분류반	사상자에 대한 중증도 분류 담당 지연 · 긴급 · 응급 · 비응급 4단계로 분류
응급처치반	응급처치 담당. 우선순위를 정하여 긴급 · 응급환자에 대한 응급처치를 실시
이송반	중증도 분류에 따라 이송할 병원을 지정하여 이송 긴급→응급→비응급→지연환자 순으로 이송 긴급 · 응급환자는 소방구급차, 비응급 · 지연환자는 민간구급차 활용을 원칙으로 함

〈 중증도 분류체계 〉

응급환자에 대한 중증도 분류는 Triage라는 일반적으로 영어표현으로 더 잘 알려져 있다. 응급 처치의 필요성과 이용이 가능한 재원에 따라서 환자를 분류하는 과정으로서 일상적인 응급 처치가 불가능한 환경, 즉 대량환자의 발생과 같은 상황에서 시행되는 중요한 선별과정이다.

중증도는 긴급, 응급, 비응급, 지연환자의 4단계로 분류되고 각각 적(Red), 황(Yellow), 녹(Green), 흑(Black)으로 표현된다. 여기서 긴급환자(Red)는 수 분내에 응급처치를 요하는 대량출혈, 혼수상태 등 중증 환자이며, 응급환자(Organge)는 수 시간 내 응급처치를 요하는 척추골절, 중증화상 등 중증 환자이다. 비응급환자(Green)는 수 시간 후에 치료하여도 생명에 지장이 없는 타박상, 열상 등의 환자이다. 마지막으로 지연환자(Black)는 사망하였거나 생존의 가능성이 없는 환자이다.

이렇게 거동 및 평가의 단계를 거쳐 분류된 환자에 대해서는 이송을 실시하게 되는데, 이송의 우선 순서는 긴급→응급→비응급→지연환자의 순서가 된다. 즉, 긴급, 응급 등 중증환자는 특수구급차로 근거리 지역응급의료센터 이상으로 이송하고 비응급 경증환자는 일반구급차 등으로 원거리 지역응급의료센터 이하로 이송하는 것을 원칙으로 한다. 다만, 구조시간 지연, 이송자원 확보 등 현장상황에 따라 유동적으로 이송순위를 변경할 수 있다.

지연환자는 현장에서 또는 병원에서 사망판정이 이루어지는데, 현장에서는 임시영안소를 설치하여 안치하게 된다. 임시영안소는 현장응급의료소장이 관리 운영하는데 원칙적으로 현장응급의료소와 거리가 떨어진 곳에 설치하게 되는데 사방이 막혀 있는 천막이나 건물 안이 좋다. 또한, 임시영안소로 사망자가 이동하는 과정에서 사망자의 노출이 최소화되어야 하며 재난대응인력 외 출입이 금지되어야 한다. 또한 사망자 수 만큼 시체낭을 확보해야 한다.

표 11.3 중증도 분류

분 류	분류색	중증도
긴급환자	적(Red)	수분 내의 응급처치를 요하는 중증 환자(대량출혈, 혼수상태 등)
응급환자	황(Yellow)	수 시간 내의 응급처치를 요하는 중증 환자(척추골절, 중증화상 등)
비응급환자	녹(Green)	수 시간 후에 치료하여도 생명에 관계없는 환자(타박상, 열상 등)
지연환자	흑(Black)	사망하였거나 생존의 가능성이 없는 환자

중증도 분류는 2단계에 따라서 분류가 되는데, 1단계는 변경된 MASS 방법으로 2단계는 START 방법으로 분류한다. 일반적으로 다수 사상자가 발생하게 되면 구조된 환자 집결지에서 변경된 MASS 방법으로 1단계 중증도 분류를 실시하고 이후 임시 의료소가 설치되면 START 방식으로 2단계 중증도 분류를 실시한다. 하지만, 현장 상황에 따라서 MASS 및 START 분류방법은 적절하게 변경하여 시행 가능하다.

MASS 분류체계는 Move(거동)→Assess(평가)→Sort(분류)→Send(이송)를 나타내는 약자로서 보행이 가능한 환자는 비응급으로 분류하고 의식은 있으나 걷지 못하는 환자는 응급으로 분류한다. 또한, 남아 있는 사람들 중에서 간단한 명령조차 따르지 못하는 환자는 긴급환자로 분류해서 신속하게 응급처치를 하여야 한다.

그림 11.2 1단계 MASS 분류체계

START(Simple Triage And Rapid Transport)에 따르면 거동여부를 따져서 거동이 가능한 환자는 비응급으로 분류하고 거동이 어려운 환자는 R(호흡수, Respiratory), P(맥박수, Pulse), M(의식수준, Mental Status)으로 평가하게 된다.

거동할 수 없는 환자 중에서 먼저 호흡수 측정을 하게 되는데 호흡수가 일정 수준에 미달할 경우에 우선 기도 확보를 시도하고, 이때 호흡이 있다면 긴급으로, 호흡이 없다면 지연으로 분류한다. 다음 단계로 호흡수가 일정 수준 이상인 환자에 대해 맥박수를 측정하게 되는데 일정 수준 이하면 긴급으로 분류하고, 맥박수가 일정 수준 이상이더라도 의식 수준을 살펴서 분명하지 않으면 응급으로 분류하게 된다. 즉, 거동이 어려운 환자 중에서 R, P, M을 살펴서 한가지라도 이상이 있으면 긴급환자로, 모두 이상이 없으면 응급으로 분류한다.

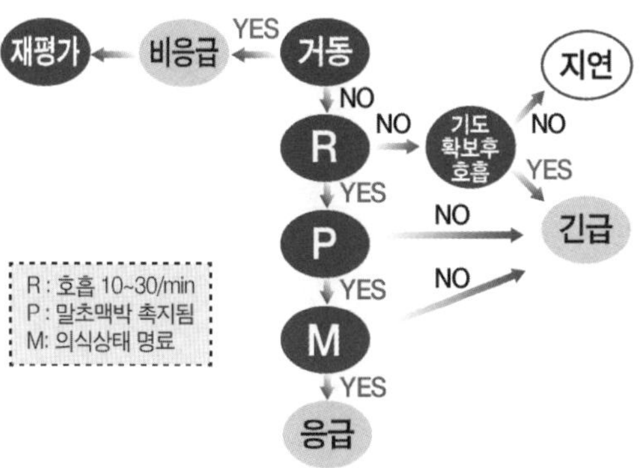

그림 11.3 2단계 START 분류체계

6.2 신속대응반과 재난의료지원팀(DMAT)

국립중앙의료원(National Medical Center; NMC)은 중앙응급의료센터의 역할을 하면서 24시간 상시 가동되는 중앙재난응급의료상황실[1])을 운영하고 있다. 국립의료원 중앙재난응급의료상황실은 전국에 있는 병원의 응급실의 가용 병상 및 장비 현황을 관리하며 구조 · 구급 상황에서 소방 등 초기대응자와 관련 현황정보를 공유하며 응급환자를 신속하게 이송될 수 있도록 조치한다. 중앙재난응급의료상황실은 재난현장에서 다수의 사상자가 발생하거나 발생이 예상되어 일상적 의료수준을 넘어서는 응급의료 지원이 필요하게 되면, 소방청의 요청에 따라 전국 시 · 군 · 구 보건소의 신속대응반과 응급의료기관의 재난의료지원팀(Disaster Medical Assistance Team; DMAT)의 가동을 지시 또는 요청하여 재난현장에서 응급의료 임무를 수행토록 한다.

1) 재난응급의료상황실이란 「응급의료에 관한 법률」 제25조에 따라 재난 등의 발생시 응급의료에 관한 업무의 조정과 지원을 위하여 중앙응급의료센터 내에 설치·운영하는 상황실을 말한다.

(1) 관할보건소의 신속대응반

먼저, 전국 시 · 군 · 구 보건소의 신속대응반은 의료인 2~3명을 포함한 5명 내외로 구성되어 있는데, 재난발생시 지자체의 판단 또는 소방청의 요청을 받아 국립중앙의료원 중앙재난응급의료상황실의 지시 또는 요청에 따라 현장에 출동한다. 관할 보건소장은 출동 요청을 받으면 즉시 출동할 수 있도록 평시에 신속대응반을 구성하여 활동할 수 있도록 해야 한다. 재난현장에 도착하면 현장응급의료소를 설치하고 재난현장지휘소와 연락체계를 유지하고 응급처치 등의 활동을 실시한다. 현장응급의료소와 재난현장지휘소는 지역긴급구조통제단이 설치되면 그 내부조직으로 편제되게 된다.

(2) 재난의료지원팀(DMAT)

재난의료지원팀(DMAT)은 중앙, 권역, 지역단위로 운영되며, 의료인력과 행정인력의 혼합으로 구성된다.[2] 중앙 재난의료지원팀(DMAT)은 중앙응급의료센터에서 운영하는 재난의료지원팀(DMAT)을 말하며 2021년 기준 2개 팀을 운영하고 있다. 이러한 중앙 재난의료지원팀(DMAT)의 출동결정은 보건복지부를 통해 직접 이루어진다. 대규모 재난상황에서 제한적으로 운영되며 보건복지부의 출동 요청이 있을 경우 3시간 이내 출동을 목표로 운영된다.

이에 반해 권역 재난의료지원팀(DMAT)은 재난거점병원에서 운영하는 재난의료지원팀(DMAT)을 말하며 병원별로 3개 팀으로 구성된다. 그리고 지역 재난의료지원팀(DMAT)은 지역응급의료센터 등에서 운영하는 지역단위의 재난의료지원팀을 말하며, 시 · 도별로 평균 4개 팀을 편성하고 있다. 권역 및 지역 재난의료지원팀(DMAT)은 소방청 또는 지자체의 요청을 받아 국립중앙의료원의 재난응급의료상황실에서 출동지시 또는 요청을 하게 된다. 의료기관에서는 의료기관에서 재난의료지원팀(DMAT)을 운영하기 위해서는 많은 예산을 필요로 하는데, 정부에서는 소정의 인건비, 장비비, 운영비를 지원하고 출동시마다 출동수당을 지급하고 있다.

재난의료지원팀 중에서 가장 빈번하게 운영되는 것은 재난거점병원에 설치된 권역 재난의료지원팀이다. 따라서 일반적으로 재난의료지원팀이라 하면 권역 재난

---

2) 권역 재난의료지원팀(DMAT)은 의사 1~2명, 간호사 또는 응급의료사 2명, 행정보조인력 1명 등 총 4~5명으로 구성된다. 이 밖에 지역 재난의료지원팀(DMAT)은 의료인 5~6명과 보조요원 2~3명 등 총 7~9명으로 구성된다.

의료지원팀을 말한다. 재난거점병원에서는 월 단위의 당직 명단을 운영하고 중앙응급의료상황실 등의 출동요청이 있을 경우 10분 이내 출동을 목표로 하고 있다. 하지만 권역 재난의료지원팀(DMAT)이 원거리에 위치하는 등 필요한 경우에는 국립중앙의료원 재난응급의료상황실에서는 지역 재난의료지원팀(DMAT)에 먼저 출동요청을 하기도 한다. 재난의료지원팀은 출동 이후 재난상황에서는 시 · 군 · 구 보건소의 신속대응반이 설치한 현장응급의료소의 조정에 따라 활동하게 된다.

신속대응반은 재난사고가 발생한 관할지역의 보건소에 출동요청을 하게 되지만 재난의료지원팀(DMAT)은 행정구역과 무관하게 거리가 가장 가까운 곳에 출동요청을 하게 된다. 관할 보건소의 신속대응반이 현장에 도착하지 않은 경우에는 재난의료지원팀(DMAT, 권역 또는 지역 포함)장이 보건소장을 대신하여 지휘권을 행사한다.

신속대응반이 현장에 일단 도착하면 관할 보건소장이 출동하지 않더라도 관할 보건소 직원이 보건소장을 대신하여 지휘권을 행사한다. 두 조직 모두 가동하지 않은 경우에는 소방관서의 공중보건의 등이 그 역할을 대신할 수 있다. 중앙 재난의료지원팀(DMAT)이 가동되는 경우에는 그 팀장이 관할 보건소장에 우선하여 최우선적인 지휘권을 행사하게 된다.

6.3 응급의료기관

「응급의료에 관한 법률」 따라 응급의료기관은 중앙응급의료센터, 권역응급의료센터, 지역응급의료센터, 전문응급의료센터, 지역응급의료기관을 말한다. 여기서, 중앙응급의료센터는 국립중앙의료원에서 수행하고 있는데, 권역응급의료센터 간의 업무조정 및 지원에 대한 업무뿐만 아니라 우리나라 응급의료 관련한 전반적 업무조정 및 지원 등의 업무를 담당한다.

권역응급의료센터는 주로 재난거점병원[3]에서 담당하는데 일반적으로 중증응급환자 중심의 진료를 담당하는 최상급 응급실이라 할 수 있다.[4] 이뿐만 아니라 진료 외에도 권역내 응급의료에 대한 교육 및 훈련 등 각종 지원업무도 담당한다. 중앙 및 권역응급의료센터는 보건복지부 장관이 지정한다.

---

3) 재난거점병원이란 재난 등의 발생시 현장에 재난의료지원팀(DMAT) 파견이 가능하고 다수의 환자수용이 가능하므로 예비병상·전문인력·재난의료지원물품 등이 준비된 의료기관으로 보건복지부 장관이 지정한다.

4) 2021년 기준 지정기준 등에 대한 이유로 인해 재난거점병원 중에서 서울의료원과 부산대병원은 권역응급의료센터에서 제외되어 있다.

지역응급의료센터와 지역응급의료기관은 지역 내 응급환자의 진료를 담당하기 위해 각각 시 · 도지사와 시 · 군 · 구청장이 지정하는 응급의료기관이다. 또한, 보건복지부 장관은 중앙 · 권역 · 지역응급의료센터 중에서 소아환자, 화상환자 및 독극물 중독환자 등에 대한 응급의료를 위하여 분야별로 전문응급의료센터를 지정할 수 있다.

이외에도 교통사고, 추락사고 등에 의한 다발성 골절, 출혈 등을 동반한 중증외상환자의 경우 병원도착 즉시 응급수술이 가능해야 하지만 그간 중증외상환자에 대한 치료시설이 부족하였다. 따라서 위 응급의료기관 중에 권역 및 지역외상센터를 각각 보건복지부 장관과 시 · 도지사가 지정하여 중앙 및 지방정부 차원에서 운영에 필요한 행정적, 재정적 지원을 실시하고 있다.

표 11.4 재난거점병원 지정현황

순번	시도	시군구	기관명
1	서울(6)	종로구	서울대학교병원
2		성북구	고려대학교의과대학부속안암병원
3		구로구	고려대학교의과대학부속구로병원
4		양천구	이화여자대학교의과대학부속목동병원
5		성동구	한양대학교병원
6		중랑구	서울의료원
7	부산(2)	서구	부산대학교병원
8		서구	동아대학교병원
9	대구(2)	중구	경북대학교병원
10		남구	영남대학교병원
11	인천(2)	남동구	길병원
12		중구	인하대학교의과대학부속병원
13	광주(2)	동구	전남대학교병원
14		동구	조선대학교병원
15	대전(2)	중구	충남대학교병원
16		서구	건양대학교병원
17	울산(1)	동구	울산대학교병원

18	경기(8)	성남시	분당서울대학교병원
19		수원시	아주대학교병원
20		의정부시	가톨릭대학교의정부성모병원
21		고양시	명지병원
22		부천시	순천향대학교부속부천병원
23		안양시	한림대학교성심병원
24		군포시	원광대학교의과대학산본병원
25		성남시	분당차병원
26	강원(3)	원주시	연세대학교원주세브란스기독병원
27		강릉시	강릉아산병원
28		춘천시	한림대학부속춘천성심병원
29	충북(1)	청주시	충북대학교병원
30	충남(1)	천안시	단국대학교의과대학부속병원
31	전북(1)	전주시	전북대학교병원
32	전남(2)	목포시	목포한국병원
33		순천시	성가롤로병원
34	경북(3)	안동시	의료법인안동병원
35		구미시	구미차병원
36		포항시	포항성모병원
37	경남(3)	창원시	삼성창원병원
38		진주시	경상대학교병원
39		양산시	양산부산대학교병원
40	제주(1)	제주시	제주한라병원

* 출처: 보건복지부(2021)

7. 요약 및 결론

아무리 재난대비가 잘 되어 있다고 하더라도 실제 재난이 발생하게 되면 사전 대비단계에서 예상하지 못한 일들이 벌어지게 된다. 이러한 경우에 다양한 이해관계를 가지는 다수의 참여기관 간 협조와 협력이 필요하게 되는데, 하지만 실제 재난현장에서는 이는 결코 쉬운 일은 아니다. 이런 이유로 인해 대응과정에서 각종 기관들이 합동으로 참여하여 꾸려지는 각종 비상기구의 역할은 매우 중요하다. 또한, 재난상황에서 강력한 통제를 위해 해당 비상기구가 대피명령, 물자동원 등의 강력한 조치를 취할 수 있는 재난사태선포 등의 법적 권한을 사전에 확보하는 것도 필요하다. 이 장에서는 이러한 대응활동에 대해 다양한 시각에서 살펴보았다.

✍ 재난 이야기: 재난상황에 대한 편견과 진실

사람들이 재난상황을 생각할 때 떠오르는 전형적인 모습들이 있다. 주위에는 건물 잔해들이 널려 있고 사람들은 울부짖으며 이성을 상실한 상태이다. 또한, 살아보고자 하는 사람들로 인해 구조현장은 아비규환이 되고 급기야 주인 없는 상점을 약탈하는 극도의 무질서한 상황이 된다. 하지만 과연 실제 재난상황에서 이런 모습들이 사람들이 보이는 진짜 모습일까? 최근 재난상황에서의 사람들의 행동에 대한 많은 연구결과는 오히려 이러한 것이 편견이라고 주장한다. 그간의 연구결과를 토대로 그동안 우리가 재난상황에 대해 가져온 편견과 이에 대한 최신의 연구결과를 정리한다.

■ 살아남기 위한 비이성적 패닉이 지배적일 것이라는 편견

재난상황에서 사람들은 심리적 충격을 받게 되고 이로 인해 비이성적 패닉현상이 나타나게 될 것이라고 생각한다. 예를 들어 사람들은 혼자 살아남기 위해서라면 사회적 규범 또는 유대 관계 등을 무시하는 행동을 하게 된다. 다른 사람을 짓밟고 탈출하는 사람들, 가족을 남겨두고 혼자만 탈출하는 경우 등이 대표적이다. 이런 편견으로 인해 많은 재난관리자들은 대피권고 등의 재난경보는 마지막 순간까지 기다렸다 최후에 내려져야 한다고 주장하기도 한다.

하지만 최근의 연구결과에 의하면 사람들은 오히려 재난상황에서 매우 이성적이며 오히려 다른 사람의 대피를 도우려는 이타적 행위가 지배적이라고 한다. 특히, 남성들은 여성의 대피를 우선적으로 돕고, 또한 대피할 때도 함께 왔던 가족, 친구 등을 찾아서 같이 대피하는 모습이 일반적이라는 것이다(Qurantelli, 1954; Johnson, 1987).

■ 심리적 충격으로 인한 무기력함이 지배적일 것이라는 편견

재난을 당한 사람들은 매우 큰 심리적 충격을 받게 되는데, 이로 인해 특별한 외상이 없는데도 불구하고 아무것도 할 수 없는 무기력한 상태가 된다는 생각이다. 즉, 사람들은 무기력한 상태가 되어 그저 멍한 모습으로 누군가 자기를 구조해 주기만을 기다리게 된다는 주장이다.

하지만 일반적으로 재난을 당한 사람들은 오히려 다른 사람의 구조를 돕는 등 매우 적극적인 모습을 보인다고 한다. 실제 재난상황에서 소방관이나 경찰관보다 더 많이 사람들을 구하는 사람들이 바로 재난현장에서 같은 재난을 당한 사람들이라고 한다. 특히, 이들은 구조가 되고 난 후에도 재난현장을 떠나지 않고 같이 구조활동에 동참하는 모습까지 보여주기도 한다.

■ 남의 물건을 약탈하거나 바가지 상술과 같은 반사회적 행위가 난무할 것이라는 편견

최근 재난상황에서 많은 언론에서는 재난상황의 취약한 치안상황에 대해 많은 보도를 해 왔다. 재난으로 인해 영업을 중단한 상점을 약탈하고 혼란에 빠진 사람들의 금품을 갈취하는 범법행위에 대해 집중적으로 보도한다. 또한, 물건공급이 제

한적인 점을 이용하여 물건값을 터무니없이 올리는 악덕상술에 대해서도 다룬다. 이런 이유로 인해 재난상황에서는 부족한 치안공백을 해결하기 위해 군대를 동원하여 강력한 통제에 들어가야 한다는 주장이 있다.

하지만 실제 연구결과에 따르면 재난상황에서의 범죄율은 오히려 매우 낮아지게 되고, 자신이 살아 남았다는 데에 감사하면서 상인들이 각종 물품을 기부하는 등의 치유적인 사회 분위기가 조성된다고 한다. 즉, 언론에서 나오는 방송보도는 평상시에도 일어나는 많은 사건 등을 극단적으로 보여주는 왜곡된 보도라는 것이다.

■ 소방관 등 많은 초기대응자가 현장에서 이탈 또는 소집에 불응할 것이라는 편견

재난이 발생하면 근무 중인 소방관, 경찰관뿐만 아니라 근무를 마치고 휴식 중인 초기대응자들까지도 긴급소집된다. 하지만 재난현장에 일차적으로 투입되는 이들에게도 재난상황에서 돌봐야 할 가족들이 있다. 따라서 실제 대규모 재난상황에서 오히려 소방관, 경찰관과 같은 초기대응자가 자기 가족의 생사확인 등을 위해 현장에서 이탈하거나 소집에 불응하여 구조활동 등을 큰 지장을 초래하게 될 것이라는 주장이다.

하지만 미국의 9 · 11 테러에서 많은 소방관이 구조 중 희생된 것처럼 그간의 사례에서 보면 이러한 염려는 기우에 불과한 것으로 나타나고 있다. 오히려, 많은 초기대응자들의 자신의 안전을 돌보지 않는 구조활동으로 인해 그 자신들이 희생자가 되는 경우가 빈번하게 발생하고 있다.

■ 실종자 수색, 이재민 구호 등을 위한 인력, 자재 및 장비가 부족할 것이라는 편견

예상하지 못한 재난이 발생한 상황에서는 인력, 자재, 장비 등 모든 것이 부족하다. 특히, 갑작스러운 재난상황에서는 현장에 모든 것이 부족하다. 이런 이유로 인해 재난상황 초기에 언론은 이런 점을 집중적으로 조명하며 방송하게 되고 국민적 관심이 쏠리게 된다. 이후 국민들은 남을 돕겠다는 마음으로 직접 자원봉사를 하겠다며 찾아오기도 하고 각종 자재, 장비 등이 집결하기도 한다.

하지만 오히려 많은 재난관리자는 이런 방식의 관심이 오히려 재난수습 과정에 방해가 될 수 있다는 점을 지적한다. 예를 들어, 무작정 찾아온 자원봉사자로 인해 숙식문제가 발생하고 특별한 전문기술이 없는 상태에서 특별한 도움이 되지 못하기도 한다. 또한, 전국 각지에서 보내온 구호물자는 오히려 그 자체가 부담이 되기도 한다. 의류의 경우 계절이나 치수가 맞지 않기도 하고 음식과 상할 수 있는 물품이 과잉 제공되기도 한다. 따라서 재난관리자는 현물보다는 '현금'을 통한 지원이 가장 현명한 방법이라고 주장한다. 재난수습을 위한 자재나 장비의 경우도 향후 사용대가를 지불해야 하는 것으로 조율되지 않은 지원은 오히려 재난수습에 방해가 될 수도 있다.

* 출처: Phillips, Neal & Webb (2012). Introduction to Emergency Management. CRC Press

연습문제

1. 재난사태 선포의 의의와 재난사태 선포시 조치사항에 대해 설명하라.

2. 재난이 예상되거나 발생할 경우에 취해지는 응급조치의 종류 및 내용에 대해 설명하라.

3. 재난현장에서의 응급의료체계를 현장응급의료소, 관할보건소 신속대응반, 의료기관 재난의료지원팀(DMAT)의 기능 및 관계를 통해 설명하라.

[참고자료]

국민안전처 (2016). 여름철 자연재난 대비 행동요령.

국민안전처 (2016). 겨울철 자연재난 대비 행동요령.

Dynes, R. R. (1970). *Organized behavior in disaster. Lexington, MA: Heath Lexington Books.*

CHAPTER 12

재난복구

1. 개 설

철저한 재난예방과 대비를 통해 지역사회는 재난에 대해 보다 강해지고, 이런 토대에서 재난발생시 이루어진 효율적 대응은 재난에 의한 피해를 최소화할 수 있게 된다. 하지만 재난에 대한 예방, 대비, 대응이 아무리 잘 이루어졌다고 하더라도 해당 지역사회가 완전히 재난의 영향으로부터 벗어날 수는 없다. 주거 또는 사무용 건물뿐만 아니라 도로, 철도 등 사회기간시설에 피해가 발생할 수도 있고 무형의 사회 · 경제적 체계가 마비되거나 사망 · 실종 · 부상 등과 같은 인명 피해도 발생할 수 있다.

이렇게 피해를 입은 대상을 재난 이전의 정상적인 상태로 회복시키는 일련의 활동을 복구라고 한다. 하지만 재난복구의 개념을 보다 광범위하게 해석하면 단순히 재난 이전의 상태로 회복시키는 것 이상으로 개선하는 것도 포함하게 된다. 예를 들어 재난으로 파손된 시설의 기능을 항구적으로 개선하여 재난발생 자체를 방지하는 예방사업까지도 재난복구의 개념에 포함될 수 있는 것이다. 따라서 재난복구에는 해당 재난의 영향뿐만 아니라 미래에 예상되는 재난까지도 고려하여야 한다.

재난복구 활동에서 가장 어려운 것은 일반적으로 재난발생을 항구적으로 막아보려는 개선복구 계획의 수립시간이 거의 없다는 것이다. 예외적으로 재난피해 지역 또는 시설에 대해 이미 자연재해저감 종합계획 등과 같은 예방계획이 수립되어 있다면 이를 반영하여 빠른 시간 내에 효과적인 개선복구 계획을 수립할 수 있다. 하지만 많은 경우에서 이러한 예방계획이 수립되어 있지 않은 것이 현실이다.

더욱이, 재난이 발생하면 일반적으로 매스컴이나 정치인들은 재난의 참상에 초점을 맞추면서 재난복구가 너무 더디게 이루어지고 있다며 비판의 목소리를 키우게 되고 결국 재난복구의 책임이 있는 관계 행정기관은 제대로 된 기능개선을 위한 개선복구를 하기보다는 서둘러 기존에 있던 상태로의 원상복구만을 실시하게 된다. 이 장에서는 먼저 재난복구사업의 종류를 시작으로 정부의 재난복구지원을 받기 위한 재난지역의 지정 · 선포 조건 그리고 이 경우 이루어지는 정부의 재난복구지원 내용, 이 밖에 국민성금 모금활동에 의한 복구지원까지도 살펴본다.

2. 재난복구사업의 종류

재난복구사업을 구분하는 방법은 다양하다. 하지만 여기에서는 일단 실시시기를 중심으로 재난대응 과정에서 시작되는 응급복구와 재난발생 이후에 이루어지는 항구복구로 구분하였다. 그리고 항구복구는 피해 이전의 상태로 원상복구하는 기능복원복구과 피해원인을 근원적으로 개선복구하는 기능개선복구로 다시 구분하였다.

2.1 응급복구

응급복구는 일반적으로 재난대응 과정에서부터 시작된다. 예를 들어, 하천제방이 유실되고 도로가 각종 잔해더미로 두절되었을 때, 추가적인 피해발생을 방지하고 최소한의 생활을 영위하기 위해서 유실된 하천제방에 모래주머니를 쌓고 도로 위의 잔해더미를 치우는 임시조치를 하게 된다. 이렇게 재난발생 동안 또는 직후에 연계되는 추가피해를 막거나 피해주민이 항구복구 이전에 최소한의 생활을 영위할 수 있도록 임시로 시행하는 복구활동을 응급복구라고 한다.

2.2 항구복구

이에 비해 항구복구는 재난발생 이후에 일정시간 여유를 가지고 재난피해 발생 이전의 원상태로 복구하거나 향후 피해발생의 원인을 근원적으로 해소하기 위해 피해시설의 기능을 개선하는 것을 말한다. 전자를 기능복원복구(또는 원상복구)라고 하고 후자를 기능개선복구(또는 개선복구)라고 한다.

2.2.1 기능복원복구

어떤 시설에 피해가 발생하면 사람들은 그 시설이 원래의 기능을 하도록 신속하게 원상태로 복구하려고 한다. 이렇게 재난피해 시설이 재난발생 이전의 본래기능을 유지할 수 있도록 현지여건에 맞추어 원래의 상태로 복원하는 원상복구 사업을 기능복원복구라고 한다.

2.2.2 기능개선복구

일반적으로 재난피해가 발생했다면 그 원인이 있을 것이고 그 원인을 해소하지 않으면 차후 유사한 피해가 반복적으로 발생할 수 있다. 따라서 피해복구를 하는 데 있어서는 단순히 원래 상태로 복원하는 것보다는 피해원인을 근본적으로 해소하는 것이 필요하다. 이렇게 피해발생의 원인을 근본적으로 해소하거나 피해시설의 기능을 개선하기 위한 복구를 기능개선복구라고 한다.

정부에서도 다음 절에서 설명할 복구사업의 재정지원시 원칙적으로 기능복원복구를 위해 소요되는 비용을 기준으로 지원하게 되지만, 다음과 같은 경우에는 예외적으로 기능개선복구에 드는 비용을 기준으로 지원할 수 있도록 하고 있다(자연재난 구호 및 복구 비용 부담기준 등에 관한 규정 제10조).

- 피해가 발생한 일정지역의 하천 · 도로 · 수리시설 등을 총괄하여 복구계획을 수립할 필요가 있는 시설 등
- 대규모 산사태지역 또는 절개지 등 기능복원사업을 하여도 근원적으로 피해 발생의 원인이 해소되지 아니하거나 안전에 문제가 있는 시설 등
- 경제적 파급효과가 크고 주민편익증진을 동시에 도모할 수 있는 시설 등
- 하천의 홍수 부담을 줄이기 위하여 유수지(遊水池) 설치 등 홍수 저류대책(貯溜對策)이 필요한 시설 등
- 「자연재해대책법」 제16조에 따른 자연재해저감 종합계획에 반영되어 있는 시설 등
- 그 밖에 중앙재난안전대책본부장이 기능개선복구 사업이 필요하다고 인정하여 중앙재난안전대책본부회의에서 결정된 시설 등

최근에는 이러한 기능개선복구에서 한 단계 더 나아가 지구 단위 종합복구까지도 추진하고 있는데, 이는 그간 주변시설과의 유기적 연계성을 고려하지 않은 시설 단위 복구방식[1]을 보완하기 위해 도입하게 된 제도이다. 지구 단위 종합복구를 하게 되면 시설 단위가 아닌 지구 단위의 일괄복구가 이루어지므로 시설 간의 유기적 기

---

1) 예를 들어, 상습침수지역에 배수펌프장의 용량을 증설했는데도 불구하고 유입관로의 정비가 되지 않아 배수펌프장이 그 역할을 하지 못하거나 대용량의 배수펌프장 설치로 인해 하천제방에 월류가 일어나는 문제 등이다.

능을 고려한 효과적인 종합복구가 이루어질 수 있다. 현행 「자연재해대책법」 제46조의3에서는 중앙재난안전대책본부장이 해당 지방자치단체의 의견을 들은 후 다음과 같이 필요한 지역에 대해 지구 단위 종합복구계획을 수립할 수 있도록 하고 있다.

- 도로 · 하천 등의 시설물에 복합적으로 피해가 발생하여 시설물별 복구보다는 일괄 복구가 필요한 지역
- 산사태 또는 토석류로 인하여 하천 유로변경 등이 발생한 지역으로서 근원적 복구가 필요한 지역
- 복구사업을 위하여 국가 차원의 신속하고 전문적인 인력 · 기술력 등의 지원이 필요하다고 인정되는 지역
- 피해 재발 방지를 위하여 기능복원보다는 피해지역 전체를 조망한 예방 · 정비가 필요하다고 인정되는 지역 등

또한, 이러한 지구단위종합복구계획에 따라 시행되는 재해복구사업 중 근원적인 자연재해 원인의 해소가 필요하거나 국가차원의 전문성과 기술력 등의 자원이 필요한 경우에는 중앙정부 즉, 관계 중앙행정기관(특히 이 중에서 대규모 사업인 경우에는 행정안전부)가 직접 시행할 수 있도록 하고 있다.

3. 재난지역의 지정 · 선포

3.1 재난복구 비용부담의 원칙

재난으로 피해가 발생하게 되었을 경우, 피해보상은 피해를 유발한 원인자에게 있다. 하지만 자연재난의 경우 천재라고 일컬어지는 것처럼 원인자가 '하늘'에 있기 때문에 피해보상을 청구할 대상이 마땅치 않다. 따라서 자연재난 피해자의 경우 일반적으로 정부에 피해지원을 요구하는 것을 당연시하는 경향이 있으며, 정부도 일반적으로 일정수준 이상의 피해가 발생한 지역에 대해서 재난지역으로 지정 또는 선포하고 복구비용의 일부를 국고에서 지원하게 된다. 이때 일정수준 이상의 피해가 발생하면 우선 일반재난지역으로 지정하여 국고지원이 이루어지고 대규모 피해로 인해 지방비 부담액이 많아지면 특별재난지역으로 선포되어 그 이상의 국고 추가지원이 이루어진다.

반면에 사회재난은 일반적으로 사고의 성격이 강하고 원인자가 존재하므로 원칙적으로는 민법에 따른 손해배상이 이루어져야 하는 것이 바람직하다. 하지만 실제 현실에서는 원인자가 불분명하거나 책임소재가 명확하지 않아 손해배상까지는 복잡한 소송 등의 절차를 거쳐야 하는 경우가 다반사이다. 또한, 원인자가 확인되었다고 할지라도 해당 재난으로 인해 그 원인자가 파산하여 피해자 구제가 어렵게 되기도 한다. 이때 정부는 해당 재난의 규모나 사회적 영향 등을 고려하여 피해복구를 위해 특별조치가 필요하다고 판단되면 특별재난지역을 선포하게 되고 피해주민에 대한 국고 등의 복구지원을 할 수 있다. 다만, 이러한 긴급 피해복구지원이라 할지라도 나중에 원인자에게 국가가 구상권을 행사하여 대신 지원한 금액을 회수할 수 있다. 이때 구상권의 법적 정의는 타인을 위하여 재산상의 이익을 부여한 자가 그 타인에 대해서 가지는 반환 청구권을 말한다.

이외에도 정부는 재난종류에 관계없이 재난피해에 대한 복구사업을 위해 지방비 부담액이 많은 지방자치단체에 대해서 당시 피해상황 등을 고려하여 지방비 부담액의 일부를 재난안전분야 특별교부세[2]로 보전해주고 있다. 다음 절에서는 이러한 자연재난과 사회재난의 복구지원이 이루어지기 위한 재난지역의 지정 또는 선포 요건을 알아본다.

✍ 재난원인 책임자의 배상책임 사례

■ 문제제기

A는 최근 B사의 오토바이를 구입하여 고속주행이 가능하도록 당국의 허가를 받지 않고 불법으로 개조하여 사용해 왔다. 그러던 어느 날 지하주차장에 있던 오토바이에서 갑작스럽게 불꽃이 튀면서 발화된 후 화재는 해당 건물로 급속도로 확산되었다.

이 건물주 C는 평소 임대수입을 높이기 위해 당국의 허가없이 발코니 등을 불법으로 개조하여 사용해 왔고 세입자 D는 비상용 계단에 상품 등을 무단으로 적재하는 바람에 그 재산 및 인명피해를 가중시켰다.

---

2) 특별교부세는 지방자치단체 간 재정력 균형을 위해 각 지방자치단체에 교부하는 지방교부세 가운데 일부를 일정한 조건을 붙이거나 용도를 제한해 교부하는 재원으로서 전체 특별교부세의 50%가 재난안전분야 특별교부세로 배정되어 있다. 이러한 재난안전분야 특별교부세는 이러한 항구복구사업을 위한 지원 이외에도 재난피해에 대한 응급복구사업, 시급한 재난안전분야 사업 등에 대해서도 지원할 수 있다.

3) 민법 제765조(배상액의 감경청구) ① … 배상의무자는 그 손해가 고의 또는 중대한 과실에 의한

과연 누가 원인자로서 배상해야 하는가?

우리 민법 제750조는 "고의 또는 과실로 인한 위법행위로 타인에게 손해를 가한 자는 그 손해를 배상할 책임이 있다"고 규정하고 있다. 그렇다면 여기에서 과연 누가 고의 또는 과실로 인한 위법행위를 저질렀는지를 밝혀내는 것이 바로 누가 배상을 해야 하는지를 가리는 기준이 되게 된다. 여기에서는 위의 사례에 대한 다양한 가정을 통해 그 배상의 책임을 지는 자를 살펴보기로 한다.

■ 사례분석

• 원인자로서 오토바이 소유주 A

오토바이 소유주 A가 고의, 즉 방화를 하거나 중대한 과실로 실화를 한 경우, A는 피해액 전부에 대해 배상책임이 있다(민법 제750조). 하지만 여기서 말하는 중대한 과실의 범위에 대해서는 많은 논란이 있는데, 그간 판례를 보면 "통상인에게 요구되는 정도 상당의 주의를 하지 않더라도 약간의 주의를 한다면 손쉽게 위법·위해한 결과를 예견할 수 있는 경우임에도 만연히 이를 간과함과 같은 거의 고의에 가까운 현저한 주의를 결여한 상태"라고 밝히고 있다. 비록 A가 불법개조를 했다고 할지라도 그 정도가 중대한 과실의 범위에 들어가지 않는다면, 비록 배상책임 전부를 모면할 수는 없을지라도 그 배상책임의 일부를 감경받을 수 있다(민법 제765조).[3]

• 원인자로서 오토바이 제조업자 B

하지만 만약 A가 B사의 오토바이 제조 당시 자체 결함으로 인해 발화가 된 경우임을 밝혀낸다면 제조업자 B에게 그 책임이 있다(제조물책임법 제3조).[4] 참고로 제조물책임법은 그 소멸시효를 규정하고 있는데, 공급일로부터 10년 이내의 오토바이에 대해서만 제조업자 B에게 그 배상책임을 물을 수 있다(동법 제7조).[5]

• 공동 원인자로서 건물주 C 및 세입자 D

건물의 불법개조 및 비상계단의 무단 적재로 인해 화재의 확산과 그 피해가 가중된 것이라면 건물주 C 및 세입자 D에게도 그 배상책임이 있다. 비록 C와 D가 직접적인 화재의 원인을 제공하지는 않았지만, 이들의 불법적인 행위로 인해 그 피해를 가중시킨 것이 사실이기 때문이다(민법 제760조).[6]

■ 기타

이외에도 다양한 사항들이 고려될 수 있다. 만약, 건물주의 불법개조에 시공자가 가담했다면 시공자도 공동책임을 져야 할 것이다. 또한, 건축물 인허가 또는 소방점검 과정 등에서 담당관청 공무원의 고의 또는 과실로 인한 부적절한 행위가 이루어졌다면 화재와의 인과관계의 존재여부에 따라 해당 지방자치단체도 그 책임에서 자유로울 수 없다.

✍ 재난원인 제공자의 책임경감 사례

「민법」 제765조에 따르면 "배상의무자는 그 손해가 고의 또는 중대한 과실에 의한 것이 아니고 그 배상으로 인하여 배상자의 생계에 중대한 영향을 미치게 될 경우에는 법원에 그 배상액의 경감을 청구할 수 있다"라고 규정하고 있다. 이에 따라 법원 이러한 배상액의 경감청구가 있는 때에는 채권자 및 채무자의 경제상태와 손해의 원인 등을 참작하여 배상액을 경감할 수 있다.

이러한 「민법」상 규정의 실화(失火)에 대한 특례인 「실화책임에 관한 법률」에 따르면 법원은 실화가 중대한 과실로 인한 것이 아닌 경우에는 배상액을 다음의 6가지 사정을 고려하여 경감할 수 있도록 되어 있다. 이를 다시 분류하면 피해의 원인과 정도, 피해 확대를 방지하기 위한 실화자의 노력, 배상 의무자 및 피해자의 경제상태로 크게 살펴볼 수 있다.

〈 실화 관련 손해 배상액 경감시 고려사정 〉

▵ 피해의 원인과 정도 관련사항

ⅰ) 화재의 원인과 규모

ⅱ) 피해의 대상과 정도

ⅲ) 연소 및 피해 확대의 원인

ⅳ) 피해 확대를 방지하기 위한 실화자의 노력

ⅴ) 배상 의무자 및 피해자의 경제상태

ⅵ) 그 밖에 손해 배상액을 결정할 때 고려할 사정

표 12.1. 손해 배상액 경감 사례

소송 개요	책임 제한
[화재피해] 피고 공장에서 화재가 발생하여 불길이 원고의 공장으로 확대되어 건물 및 동산 등 피해 발생 (서울고법 2017.7.16. 선고)	중대한 과실로 보기 어려워 피고의 배상책임을 손해의 50%로 제한

것이 아니고 그 배상으로 인하여 배상자의 생계에 중대한 영향을 미치게 될 경우에는 법원에 그 배상액의 경감을 청구할 수 있다. ② 법원은 전항의 청구가 있는 때에는 채권자 및 채무자의 경제상태와 손해의 원인 등을 참작하여 배상액을 경감할 수 있다.

4) 제조물 책임법 제3조(제조물 책임) ① 제조업자는 제조물의 결함으로 생명 · 신체 또는 재산에 손해를 입은 자에게 그 손해를 배상하여야 한다.

5) 제조물 책임법 제7조(소멸시효 등) … ② 이 법에 따른 손해배상의 청구권은 제조업자가 손해를 발생시킨 제조물을 공급한 날부터 10년 이내에 행사하여야 한다.

6) 민법 제760조(공동 불법행위자의 책임) ① 수인이 공동의 불법행위로 타인에게 손해를 가한 때에는 연대하여 그 손해를 배상할 책임이 있다.

[침수피해] 집중호우로 가로등 안정기가 침수되어 누전이 발생하였는데 길가던 행인들이 감전사되거나 감전에 따른 기절로 익사하는 피해 발생 (서울지법 2002.7.23. 선고)	당시 집중호우를 기상이변으로 보기 어려워 피고의 책임을 85%로 제한
[침수피해] 하천의 제방공사가 보상협의가 이루어지지 않아 지연된 상황에서 호우로 하천이 범람하여 인근 농작물 등 피해 발생 (전주지법 2011.3.8. 선고)	단기간 집중호우가 내린 점 등을 고려하여 피고의 책임을 30%로 제한

✍ 진상규명을 위한 원인조사

대규모 재난이 발생하면, 일반적으로 경찰이나 검찰의 수사만으로는 국민들의 관계자 책임규명에 대한 요구를 충족시키지 못하는 경우가 발생한다. 이를 위해, 국회에서는 특별위원회를 구성하여 국정조사를 실시하기도 한다. 삼풍백화점 붕괴사고, 세월호 참사, 10.29 핼러윈 참사 등이 대표적인 사례이다. 국정조사는 사법적 수사에서 다루지 못한 관계자의 정치적, 정무적 책임규명뿐만 아니라 재발방지대책 등 근본적 대책까지 다룰 수 있다는 장점이 있다. 하지만, 국회에서 정파 간의 정쟁으로 악용되고 실익없이 끝나는 경우도 있다.

다음으로 특별검사를 임명하기도 하고, 세월호 참사시 「4.16 세월호 참사 진상규명 및 안전사회 건설 등을 위한 특별법」, 「사회적 참사의 진상규명 및 안전사회 건설 등을 위한 특별법」 등에 따른 독립적 조사기구를 운영하기도 한다. 두 경우 모두, 정치적으로 독립적인 수사 및 조사가 이루어질 수 있다는 장점이 주장되지만 하지만 이 경우에도 그간 결과에 대한 국민들의 평가는 엇걸려 왔다.

독립적 조사기구 등에 대한 요구는 우리나라만의 이슈는 아니다. 영국의 경우에도 1989년 4월 15일 셰필드 웬즈데이 힐스버러 축구장에서 97명이 압사 사고로 숨지는 사고가 발생했는데, 당시 수사에서 사고원인을 술에 취한 극성팬들의 잘못으로 몰아갔다. 이후 재판에서도 경찰의 일부 판단 미흡이 있긴 하지만 팬들의 횡포에 따른 단순 사고사라는 결론이 내려졌다.

하지만 23년이 지난 2010년 2월에 노동당 정부 때, '힐스버러 독립조사위원회'가 꾸려졌고, 2012년 9월에 발간된 보고서에서 경찰이 사고의 책임을 팬들에게 돌리려고 거짓과 증거 조작, 회유 등 은폐와 공작을 자행했으며 사고사가 아니라 경찰과 구단 등 관계 기관과 단체의 직무유기로 인한 과실치사라고 규정했다. 그리고 축구장 안전 대책도 제시했다. 이후 2016년 관련 재판에서도 참사 원인이 경찰에 있다고 판결했다.

✍ 재난 피해자에 대한 국가의 손해 배보상 제도

재난 피해자가 입게 되는 손해에 대해 국가 또는 지방자치단체는 보상 또는 배상을 할 수 있다. 먼저 보상과 배상의 차이는 손해 발생원인의 적법성에 있다. 손해 발생원인이 적법한 경우에 손해를 보상(補償)하게 되고 위법한 경우에는 배상(賠償)을 하게 된다. 예를 들어, 재난 수습과정에서 소방관, 경찰관 등이 적법한 직무집행 과정에서 국민에게 피해가 발생한 경우, 국가 또는 지방자치단체는 그 피해를 "보상"해 주어야 한다. 하지만, 그 행위에 있어서 고의 또는 과실로 인한 잘못이 있는 경우에 국가 또는 지방자치단체는 그 피해를 "배상"해 주어야 한다.

일반적인 손해배상에 대한 근거조항인 「민법」 제750조 외에 「국가배상법」에서는 국가 또는 지방자치단체는 공무원 또는 공무를 위탁받은 사인(이하 "공무원"이라 한다)이 직무를 집행하면서 고의 또는 과실로 법령을 위반하여 타인에게 손해를 입힌 경우에 그 손해를 배상하여야 하며, 이때 공무원에게 고의 또는 중대한 과실이 있으면 국가 또는 지방자치단체는 공무원에게 구상권을 행사할 수도 있도록 하고 있다.

즉, 앞선 법규에 따라 공무원에게 불법 행위가 있어야 한다. 다만, 이때의 불법 행위는 꼭 법원에서 판결을 받은 것을 의미하는 것은 아니고 불법 행위라고 인정되는 것도 손해배상의 이유가 될 수 있다.

이때 피해자는 법원에 손해배상 청구의 소송을 제기하여 법원의 판결에 의하여 청구권을 확정받는다. 하지만, 법무부에 설치된 배상심의회에 신청하여 심의를 통해 배상금을 받기도 한다. 국가를 상대로 한 손해배상 청구의 소송에서 국가 대표는 법무부 장관이 되며, 소송 대리인은 정부법무공단이 수행한다.

통상의 소송형태는 여러 명의 원고가 함께 제기하는데, 이때 피고가 여러 명일 수 있다. 법원에서 소송 결과를 판결할 때, 각각의 원고에 대한 배상액에 대해서는 명확하게 판결하지만 피고에 대해서는 각각의 분담비율을 명시하지 않고 한꺼번에 연대하여 배상토록 판결한다. 따라서 피고들 간의 분담비율에 대한 후속 소송진행이 피고들 간에 진행되기도 한다.

이외에도 개별 재난에 대해 특별법을 제정하여 배보상하는 경우도 있는데, 세월호 참사 피해자에 대한 「4.16 세월호 참사 피해구제 및 지원 등에 관한 특별법」이 가장 대표적이다. 이에 따라 당시 사망한 학생 1인당 평균 4.7억 원의 배보상금(국민성금 2.5억 별도)이 지급된 바 있다.

✍ 재난 피해에 대한 사법적, 도의적, 정치적 책임

재난이 발생하면 관련자에 대한 진상을 규명하고 책임을 묻는 조치가 이루어진다. 이때 책임은 크게 사법적, 도의적, 정치적 책임으로 나누어진다. 사법적 책임은 현행 법규에 규정된 업무를 이행하지 않았을 때, 수사와 재판을 거쳐 이루어지는 책임이다. 하지만, 이는 재난종사자 중 실무진에게 향하는 칼날이 되며 꼬리 자르기라는 비판을 받게 된다.

다음은 도덕적, 정치적 책임이다. 총리, 장관, 청장 등 고위공직자들에게 경질 등의 방식으로 지휘에 대한 포괄적 책임을 묻는다. 하지만, 이러한 정치적 책임은 정쟁의 도구로 활용된다고 비판을 받기도 한다. 또한, 고위공직자가 아니더라도 재난종사자가 도덕적 책임을 지고 사의를 표명하기도 한다. 하지만, 이러한 도덕적, 정치적 책임은 강요할 수 없는 누군가의 선택에 의한 것이다.

✍ 업무상 과실치사상에 대한 공동정범 법리

업무상 과실치사상에 대한 공동정범이란 2인 이상의 사람이 범죄를 공모하지 않았더라고 공동의 과실로 범죄 결과를 일으켰다고 인정하는 경우, 범행 참여의 정도를 불문하고 전원을 공범으로 인정하는 것을 말한다. 즉, 범죄의 발생을 여러 과실범의 총합의 결과로서 해석하는 것이다.

공동정범은 「형법」 제30조에 의한 것으로 "2인 이상의 사람이 공동하여 범한 때에는 각자를 그 죄의 정범(正犯)으로 처벌한다"는 조항에 근거를 두고 있다. 과거에는 이러한 성립요건으로 인해 과거에는 고의범만이 공동정범이 될 수 있다고 여겼다. 하지만, 1962년 과실범에 대해서도 공동정범을 인정한 후 최근에는 과실범의 공동정범을 인정하고 있다.

공동정점은 재난발생 원리 중 시스템적 시각을 반영한 것이다. 업무상 과실치사상죄는 원칙적으로 피의자의 과실이 피해자의 사망 · 상해와 인과관계가 인정돼야 처벌할 수 있다. 하지만, 재난발생의 원리상 어느 한 피의자의 과실만으로 재난이 발생했다고 단정하기 어렵다. 이때 과실범의 공동정범이 인정되면 각 피의자의 과실이 합쳐져 재난의 원인이 됐다고 판단할 수 있게 돼 유죄 가능성이 커진다. 즉, 공동정범 법리 적용을 통해 처벌의 사각지대를 좁히고 책임자에 대한 가벌성을 확보할 수 있게 된다.

이러한 과실범의 공동정범이란 삼풍백화점 붕괴사고(대법원 96도1231판결), 성수대교 붕괴사고(대법원 97도1740판결) 등에서 업무상과실치사상에 대해 공동정범의 법리를 적용하였다.

예를 들어, 대법원은 성수대교 붕괴사고 관련해 교량의 안전을 위해서는 건설업자의 시공에서부터 감독 공무원의 감독, 이후 관계 공무원의 철저한 유지 · 관리가 이뤄져야 하는데, 각 단계에서의 과실만으론 붕괴 책임을 인정하지 못하더라도 그것들이 합쳐져 붕괴의 원인이 됐다고 본 것이다.

삼풍백화점 붕괴 사고에서도 붕괴의 원인이 한 가지에 국한된 것이 아니라 건축계획부처 완공 후 유지 · 관리에서 발생한 과실이 복합적으로 작용해 벌어진 것이라며 관련자들을 업무상 과실치사상 공동정범으로 인정했다.

다만, 과실범의 공동정범 법리는 재난발생의 책임을 지나치게 확대할 수 있다는 점에서 세밀한 법리 적용이 요구된다. 즉, 과실이 극히 미미한 사람에게까지 공동정범을 인정하면 사소한 과실만으로 결과에 책임을 지게 돼 지나치다는 판단이다. 따라서 공동정범 관련 기준은 엄격하게 적용할 필요가 있다는 것이 통설이다.

예를 들어, 2014년 4월 16일 발생한 세월호 참사에서 해운회사 대표 및 임직원에 대한 판결에서 세월호의 선장 및 선원들 사이에 공동정범 관계는 성립하지 않는다고 보았다. 그 이유로 이와 같은 상황에서 과실범의 공동정범을 인정하게 되l면 일부 단계에만 관여한 사람들이 전체적인 결과에 대해서도 책임을 져야 하기 때문이다. 이러한 경우에는 각각의 책임을 따로 물어야 한다는 것이다.

* 출처: 임순현, 오보람 (2022). 이태원 참사에 '과실범 공동정범' 적용 … 과실 모여 참사. 연합뉴스 2022년 12월 9일자

3.2 자연재난에 대한 재난지역의 지정 · 선포: 일반 또는 특별재난지역

앞서 살펴본 바와 같이 자연재난의 경우, 일반적으로 원인자가 '하늘'에 있다는 인식으로 인해 피해 당사자는 정부에 복구비용의 지원을 요구하게 된다. 이럴 경우 일차적으로 지방자치단체는 호우주의보 등 기상특보 발효여부 등을 고려하여 사유재산 등에 피해복구를 지원하고 있다. 하지만 대규모 재난이 발생하게 되면 이러한 사유재산에 대한 복구지원뿐만 아니라 지방자치단체가 관리하는 공공시설에 대한 복구비용까지 부담해야 하는 지방자치단체의 입장에서는 감당하기 어려운 재정상황에 처하게 된다. 이 경우 중앙정부에서는 지방자치단체에게 원활한 피해복구를 위해 국고를 지원하게 된다.

일부에서는 모든 재난 또는 사고에 대해 중앙정부에서 지방자치단체에 국고를 지원해야 한다고 요구하기도 하는데, 이는 권리와 의무를 기반으로 하는 지방자치제도의 취지에 어긋난다. 따라서 미국, 일본 등 다른 나라에서도 일정 수준이상의 피해가 발생했을 경우에만 재난지역의 지정 · 선포를 통해 국고지원을 하는 것이 일반적이다. 이때 지방자치단체별로 재정여건이 다르기 때문에, 우리 정부에서는 해당 지방자치단체가 감당하기 힘든 피해규모를 그 지방자치단체의 최근 3년간 평균 재정

력지수[7])를 기준으로 판단하고 있다. 또한, 이러한 평균 재정력지수를 고려한 재난피해 규모에 따라 재난지역을 다시 일반재난지역과 특별재난지역으로 구분하여 국고지원비율에 차등을 두고 있다.

3.2.1 일반재난지역(행정현장에서는 우심지역이라 명명됨)

자연재난에 한해 적용되는 제도로서 국고의 지원이 이루어지기 위해서는 최근 3년간 평균 재정력지수를 기준으로 한 특별자치시 · 특별자치도 · 시 · 군 · 구(자치구를 말함)의 동일 재난기간에 발생한 농수산물 · 동산 및 공장 · 상가의 피해액을 제외한 재난 피해액이 다음과 같은 기준금액 이상에 해당해야 한다.[8])

표 12.2 일반재난지역의 국고지원기준

최근 3년간의 평균 재정력지수	국고지원 기준피해액
0.1 미만	18억 이상
0.1 이상 ~ 0.2 미만	24억 이상
0.2 이상 ~ 0.4 미만	30억 이상
0.4 이상 ~ 0.6 미만	36억 이상
0.6 이상	42억 이상

7) 재정력지수 계산방법

• 시 · 군의 경우: $\dfrac{\text{「지방교부세법」에 의한 기준재정수입액}}{\text{「지방교부세법」에 의한 기준재정수요액}}$

• 자치구의 경우: $\dfrac{\text{자치구의 재원조정에 관한 조례에 의하여 자치구별 조정교부금 산정상의 기준재정수입액}}{\text{자치구의 재원조정에 관한 조례에 의하여 자치구별 조정교부금 산정상의 기준재정수요액}}$

여기서, 기준재정수요액은 해당 지방자치단체별로 공무원수, 인구수(국민기초생활수급권자, 노령인구수, 아동수, 등록장애인수, 사업체종사자수 등), 경지 · 산지 · 어장 · 갯벌 · 도로면적, 자동차대수, 행정구역면적 등에 대해 해당 단위비용을 곱하여 산정되며, 기준재정수요액은 기준세율로 산정한 해당 지방자치단체의 보통세 수입액이다.

8) 다만, 동일 재난기간으로 인해 위의 기준에 따라 국고를 지원하는 시 · 군 · 구가 있을 때에는 비록 그 피해액이 이 기준에 미달하는 지방자치단체가 있더라도 i) 이재민 구호 및 사유시설 피해복구비인 재난지원금으로 지원해야 할 금액이 3천만원 이상인 경우, 이를 지원할 수 있는데, 다만 국고 : 지방비의 부담률이 일반재난지역의 경우에는 통상적으로 70:30이지만 이 경우에는 50:50으로 국고 지원비율이 줄어들며, ii) 또한, 일반재난지역이 되는 지방자치단체를 포함하여 2개 지방자치단체에 걸쳐 도로 · 하천 등의 동일 공공시설의 피해가 발생한 경우에는 중앙재난안전대책본부장이 필요하다고 인정할 경우에 국고를 지원할 수 있다.

지방자치단체에서 부담하는 지방비에 대해서도 광역자치단체인 시 · 도와 기초자치단체인 시 · 군 · 구가 부담하는 비율이 최근 3년간 평균 재정력지수에 따라 달라지는데, 이는 다음과 같다. 다만, 지방비 부담이 극히 열악한 시 · 군 · 구에 대해서는 이 기준에도 불구하고 시 · 도가 시 · 군 · 구 부담분의 전부 또는 일부를 추가 부담할 수 있다.

• 최근 3년간 평균 재정력지수가 0.3 미만인 경우:	시 · 도 50%	시 · 군 · 구 50%
• 〃 0.3~0.9:	〃 40%	〃 60%
• 〃 0.9 이상:	〃 30%	〃 70%

아울러 일반재난지역에 거주하는 피해를 입은 주민에 대해서는 지방세 납세 유예 및 감면, 상하수도 요금 감면, 측량 수수료 감면 등 18개 항목에 대한 지원이 이루어진다.

3.2.2 특별재난지역

(1) 도입취지 및 선포절차

특별재난지역 선포제도는 1995년 7월 19일 삼풍백화점 붕괴사고가 계기가 되어 사회재난에서 먼저 도입되었다. 당시에는 현행 사회재난으로 불리는 인적재난의 관리를 위한 「재난관리법」과 자연재난의 관리를 위한 「자연재해대책법」이 분리되어 있었기 때문에 이후에도 사회재난에 대해서만 특별재난지역 제도가 존치되었다(사회재난에 대한 특별재난지역 선포는 3.3절에서 별도 설명). 하지만 2002년 8월 4~11일 대규모 피해가 발생한 경남 김해 · 함안 · 합천지역 집중호우를 계기로 일반재난지역과는 다른 특별한 제도가 필요하다는 인식 아래 당시 「자연재해대책법」을 개정(2002년 9월 5일)하여 자연재난에 대해서도 특별재난지역[9] 선포제도를 도입하게 되었다. 첫 선포사례는 그해 8월 30일~9월 1일에 우리나라에 영향을 미친 역대 최대규모의 태풍 루사의 피해지역이었다. 다만, 이때는 그 직전에 집중호우 피해를 입은 경남 김해 · 함안 · 합천지역 집중호우 피해도 포함하여 선포되었다.[10]

특별재난지역은 대통령의 선포를 통해 그 효력이 발생되는데, 중앙재난안전대

9) 당시에는 '재해극심지역'으로 명명되었다.

10) 일부에서 특별재난지역 선포를 재난사태 선포와 혼동하기도 한다. 하지만 다음 표와 같이 특별재난지역이 효과적인 재난복구를 위한 특별한 조치를 위한 것인데 반해, 재난사태는 효과적인 재난대응을 위한 긴급한 조치를 위한 것이라는 점에서 상호간에 그 목적을 달리하고 있다.

책본부장이 일정요건을 갖춘 대규모 재난이 발생하여 국가의 안녕 및 사회질서의 유지에 중대한 영향을 미치거나 피해를 효과적으로 수습하기 위하여 특별한 조치가 필요하다고 인정하거나, 또는 지역재난안전대책본부장의 요청을 받아 그 타당성이 인정되는 경우에 중앙안전관리위원회의 심의를 거쳐 해당지역을 특별재난지역으로 선포할 것을 대통령께 건의하고 대통령이 이를 받아들여 선포하게 된다.

다른 나라에도 우리나라의 특별재난지역과 비슷한 제도 있다. 미국의 경우, 재난피해가 큰 지역에 「주요 재난(Major Disaster)」을 선포하고, 일본의 경우에는 「격심재해(激甚災害)」로 지정한다. 우리나라와 동일하게 주요 재난 또는 격심재해로 선포 또는 지정되면 지방자치단체의 재정부담을 완화하기 위해 복구비 등에 대한 상당수준의 국비지원이 이루어진다.

자연재난에 대한 특별재난지역 선포의 취지는 국고의 추가지원에 있다. 만약, 어떤 지방자치단체에 자연재난으로 인해 일반재난지역 선포기준을 훨씬 초과하는 피해가 발생했다면 해당 지방자치단체는 비록 중앙정부에서 국고지원을 해준다고 하더라도 부담해야 하는 지방비 규모가 감당하기 힘들 수준으로 클 수가 있다. 이를 위하여 우리 정부에서는 일반재난지역보다 피해규모가 훨씬 큰 지역에 대해서는 특

표 12.3 재난사태와 특별재난지역의 비교

	재난사태	특별재난지역
근거법령	「재난 및 안전관리 기본법」	「재난 및 안전관리 기본법」
목적 및 선포시기	대규모 재난이 발생중이거나 예상되어 긴급한 조치가 필요한 때(→재난대응 단계)	대규모 재난이 발생하여 사회에 중대한 영향을 미쳤거나 효과적인 피해수습을 위하여 특별한 조치가 필요한 때(→재난복구 단계)
선포권자	행정안전부 장관	대통령
선포절차	지역재난안전대책본부장(시·도지사) 건의 또는 중앙재난안전대책본부장 필요성 인정 → 중앙안전관리위원회 심의 → 행정안전부 장관 선포 ※ 긴급한 경우 행정안전부 장관이 선 선포한 후 중앙안전관리위원회가 후 심의 가능	지역재난안전대책본부장 건의 또는 중앙재난안전대책본부장 필요성 인정 → 중앙안전관리위원회 심의하여 대통령께 건의 → 대통령 선포
해제절차	추가적인 재난발생 우려가 해소된 경우에는 선포된 재난사태 즉시해제	별도해제 없음
발생효력	재난경보 발령, 위험구역 설정 등 긴급조치 가능 ※ 단, 현행 법령상 재난사태 선포 없이도 가능한 조치로 실효성 지적논란	사회재난 복구사업의 국고지원 효력발생 또는 자연재난 복구지원시 국고의 추가지원

별재난지역으로 선포하여 국고를 추가지원하고 있는 것이다.

(2) 주요 제도적 변화

자연재난에 대한 특별재난지역은 표 12.6에서 보이는 바와 같이 2002년 9월에 태풍 루사에 대해 최초 도입된 이래 4차례 주요 제도적 변화를 겪어 왔다. 2005년까지는 사유재난에 대한 복구지원 혜택을 확대하는 특별재난지역과 대규모 피해지역에 대한 국고추가지원 제도가 별도로 운영되었다.

이후 2006년부터는 사유재난에 대한 복구지원 확대혜택을 폐지하고 기존 국고추가지원 제도를 특별재난지역의 혜택으로 전환하는 것을 골자로 두 제도가 통합되었다. 이는 피해를 입은 국민들의 고통은 동일한데 재난지역별로 복구지원혜택이 달라 위화감을 조성한다는 지적에 따른 조치였다. 이뿐만 아니라 특별재난지역 선포기준 산정시 시 · 군 · 구 재정규모를 고려토록 변경하고 국고 추가지원율 산정시에도 예방노력, 각종 정책요소 등을 추가토록 했다. 이후, 2012년부터 특별재난지역 선포기준 산정시 시 · 군 · 구의 재정력을 나타내는 재정력지수를 고려토록 제도를 변경했다. 2021년 말 기준, 자연재난에 대한 특별재난지역은 총 36회 선포되었다.

(3) 선포기준 및 지원혜택

자연재난의 경우에는 이러한 특별재난지역의 선포기준 및 지원혜택이 구체적으로 명확하게 명시되어 있다.

■ 선포기준

「재난 및 안전관리 기본법」에 따르면 지역별 피해금액이 기준금액을 넘으면 선포할 수 있게 되는데, 이때 지역은 크게, 특별자치시 · 특별자치도 · 시 · 군 · 구와 읍 · 면 · 동 단위로 구분한다.

즉, i) 특별자치시 · 특별자치도 · 시 · 군 · 구에 일반재난지역의 국고지원 기준피해액의 2.5배를 초과하는 피해가 발생하거나, ii) 국고지원이 되는 일반재난지역에 해당하는 지역의 관할 읍 · 면 · 동에 국고지원 기준피해액의 1/4을 초과하는 피해(=특별자치시 · 특별자치도 · 시 · 군 · 구의 특별재난지역 선포기준의 1/10)가 발생하게 되면 특별재난지역으로 선포되어 국고를 추가지원 받을 수 있다.

2023년 기준, 선포기준액은 지방재정력 지수에 따라, 특별자치시 · 특별자치도 · 시 · 군 · 구는 50~110억이며, 읍 · 면 · 동은 그 1/10인 5~11억이다.

■ 지원혜택

특별재난지역으로 선포된 지방자치단체에게는 피해복구를 위해 부담해야 하는 비용이 일반재난지역으로 지정된 지방자치단체보다 국고에서 추가적으로 지원되고, 그 피해주민에게도 일반재난지역의 피해주민보다 건강보험료 · 전기료 · 통신요금 · 도시가스요금 감면 등이 추가지원 된다.

먼저, 피해를 입은 지방자치단체에 추가적으로 지원되는 국고 추가지원금 혜택을 구체적으로 살펴보면, “국고 추가지원금 = (지방비 총부담액 - 특별재난지역 선포기준액) × 국고 추가지원율”로서 구체적으로 살펴보면 표 12.4와 같다.

표 12.4 특별재난지역의 국고 추가지원액

판단기준	재정력 지수	국고 추가지원액
시 · 군 · 구의 최근 3년 평균 재정력지수	0.1 미만	(특별자치시 · 특별자치도 · 시 · 군 · 구의 지방비 총부담액 – 18 × 2.5억 원) × 국고 추가지원율
		(읍 · 면 · 동의 지방비 총부담액 – 1.8 × 2.5억 원) × 국고 추가지원율
	0.1 이상 0.2 미만	(특별자치시 · 특별자치도 · 시 · 군 · 구의 지방비 총부담액 – 24 × 2.5억 원) × 국고 추가지원율
		(읍 · 면 · 동의 지방비 총부담액 – 2.4 × 2.5억 원) × 국고 추가지원율
	0.2 이상 0.4 미만	(특별자치시 · 특별자치도 · 시 · 군 · 구의 지방비 총부담액 – 30 × 2.5억 원) × 국고 추가지원율
		(읍 · 면 · 동의 지방비 총부담액 – 3.0 × 2.5억 원) × 국고 추가지원율
	0.4 이상 0.6 미만	(특별자치시 · 특별자치도 · 시 · 군 · 구의 지방비 총부담액 – 36 × 2.5억 원) × 국고 추가지원율
		(읍 · 면 · 동의 지방비 총부담액 – 3.6 × 2.5억 원) × 국고 추가지원율
	0.6 이상	(특별자치시 · 특별자치도 · 시 · 군 · 구의 지방비 총부담액 – 42 × 2.5억 원) × 국고 추가지원율
		(읍 · 면 · 동의 지방비 총부담액 – 4.2 × 2.5억 원) × 국고 추가지원율

이때 국고 추가지원율은 다음과 같이 최근 3년간 평균 재정력지수와 재해예방노력지수, 이외에 행정안전부 장관이 정하는 각종 평가 · 점검결과에 따른 가감률에 따라 좌우되며, 대략 50~80% 수준에서 결정된다.

국고 추가지원율 = 재정력지수에 의한 추가지원율 × 0.9
+ 재해예방노력지수에 의한 추가지원율 × 0.1
+ 그 밖의 각종 평가 · 점검결과에 따라 행정안전부 장관이 정하는 가감률

또한, 해당 지역이 특별재난지역으로 선포되었지만 지방비 부담총액이 특별재난지역 선포기준인 일반재난지역 선포기준 피해액의 2.5배를 넘지 못해 국고 추가지원이라는 특별재난지역 선포로 인한 실익이 없는 경우에는 재난지원금의 국고비율을 높여 국고 80%, 지방비 20%로 한다.

둘째, 피해를 입은 특별재난지역에 거주하는 주민들에 대해서는 피해여부에 따라 일반재난지역에 지원되는 18개 항목의 간접지원 외에도 건강보험료 · 전기료 · 통신요금 · 도시사스요금 감면 등 12개 항목의 간접지원(총 30개 항목의 간접지원)이 추가적으로 이루어진다. 이를 구체적으로 살펴보면 표 12.5와 같다.

여기서, 주목해야 할 부분은 주택 · 농어업 등 사유시설 피해를 입은 주민이 받는 재난지원금은 특별재난지역 선포여부와 관계없이 동일하다는 점이다. 이는 개인의 입장에서는 특별재난지역 선포지역에 거주하든, 일반재난지역 지정지역에 거주하든 입게 되는 피해로 인한 손해에는 차이가 없다는 점을 감안한 조치라고 볼 수 있다. 그런 측면에서 간접지원 항목의 추가에 대한 명분이 합리적이지 않다는 지적도 있다.

표 12.5 일반 및 특별재난지역의 간접지원 항목 비교

	일반재난지역 지원항목(18종)	특별재난지역 추가 지원항목(12종)
중앙정부	• 국세 납부 유예(국세청, 9개월) • 상속세 재해손실 공제(국세청) • 보훈대상 재해위로금 지원(보훈처) • 병역의무 이행기일 연기(병무청) • 재해복구자금 융자(농식품부, 해수부, 국토부, 중기부 등소관기관)	• 병력동원 및 예비군 훈련 면제(병무청) • 무선국의 전파사용료 감면(과기부 전파관리소, 6개월) • 우체국 예금수수료, 구호물품 발송요금 등 면제(우정사업본부)
지방자치단체	• 지방세 징수 유예(12개월) • 상하수도 요금 감면 • 국 · 공유재산 사용료 · 대부료 감면 • 본인서명사실확인서 발급수수료 면제 • 과태료 징수 유예(12개월) • 자동차 검사기간 연장 · 유예	–
공공기관	• 지적측량 수수료 감면(국토정보공사) • 이재민 등 공공임대 주거 지원(토지주택공사, 6개월+연장가능) • 국민연금 납부 예외(국민연금공단, 12개월) • 경영회생농지* 매입 지원 및 농가 임대료 감면(농어촌공사) * 농가의 토지를 매입하여 해당 농가에 장기 임대 • 가족돌봄, 가족상담 등 생활도움서비스 및 심리정서 지원(건강가정진흥원)	• 국민건강보험료 감면(건강보험공단) • 국민건강보험료 연체금 징수 예외(건강보험공단, 6개월) • 고용 · 산재보험료 납부 유예(근로복지공단) • TV 수신료 면제(KBS) • 전기요금 감면(한국전력공사, 1개월) • 도시가스요금 감면(가스공사, 1개월) • 지역난방요금 감면(지역난방공사, 1개월) • 농지보전부담금 면제(농어촌공사)
민간	• 농기계 수리(민간생산기업) • 가전제품 수리(민간생산기업)	• 통신요금 감면(KT 등 민간통신사, 1개월)

* 출처: 행정안전부(2021)

표 12.6 자연재난에 대한 특별재난지역 선포기준 및 지원사항 변천과정

구 분	선포 기준	지원 내용

2002년 ~

◎ 특별재난지역과 국고추가지원 제도를 별도운영
- 특별재난지역: 사유시설에 대한 복구지원 확대
- 국고추가지원: 지방비 부담분 일부 국고 전환

[선포 기준]

【특별재난지역 제도】
- 선포단위: 전국, 시 · 도, 시 · 군 · 구, 읍 · 면 · 동으로 구분
- 선포기준: 선포단위별 일정 피해액 또는 이재민수 이상

행정단위	선포기준	
	피해액	이재민수
전국	3.0조 원 이상 (사유재산 6,000억 원 이상 포함)	50천 명 이상
시 · 도	1.5조 원 이상 (사유재산 3,000억 원 이상 포함)	30천 명 이상
시 · 군 · 구	3,000억 원 이상 (사유재산 600억 원 이상 포함)	8천 명 이상
읍 · 면 · 동	600억 원 이상 (사유재산 120억 원 이상 포함)	1.6천 명 이상

[지원 내용]

■ 사유재산 복구지원 확대
- 특별위로금 추가지원
  - 주택전파 500만 원/동
  - 주택반파 290만 원/동
  - 침수주택 200만 원/세대
  - 소상공인 200만 원/업체당
  - 농작물 · 농림수산시설 피해자
    i) 80% 이상 피해 농어가 500만 원
    ii) 50~80% 피해 농어가 300만 원
- 재난지원금 확대
  - 자부담금을 정부지원으로 전환*

구분		지원	융자	자부담
주택	일반재난	30	60	10
	특별재난	40	60	–
농어업 시설	일반재난	35	55	10
	특별재난	45	55	–

* 기준단가에서 비율산정

[선포 기준]

【국고추가지원 제도】
- 지정단위: 시 · 군 · 구
- 지정기준: 시 · 군 · 구별 행정단위(도시화)와 인구수를 고려하여 설정한 일정 피해액 이상 지역

행정단위와 인구수	선포기준**
특별시의 구	70억
광역시의 구 또는 인구 30만 이상 시 · 군	37.5억
인구 30만 미만 시 · 군	25억

** 국고지원 기준피해액의 2.5배

[지원 내용]

■ 지방비 부담액 50~80%* 국고 추가 지원

* 재정력지수에 따라서만 차등적용

<table>
<tr><th>구 분</th><th>선포 기준</th><th>지원 내용</th></tr>
<tr><td rowspan="2">2006년
~</td><td colspan="2">◎ 특별재난지역와 국고추가지원 제도를 통합운영 → 사유시설에 대한 복구 지원 확대제도 폐지
– 선포기준 산정시 시 · 군 · 구 재정규모 고려
– 국고 추가지원율 산정시 예방노력, 각종 정책요소 추가</td></tr>
<tr><td>• 선포단위: 단일화(시 · 군 · 구)
• 선포기준: 재정규모*별로 일정 피해액 이상
<table><tr><th>재정규모</th><th>선포기준**</th></tr><tr><td>100억 미만</td><td>35억</td></tr><tr><td>100억 이상 ~ 350억 미만</td><td>50억</td></tr><tr><td>350억 이상 ~ 600억 미만</td><td>65억</td></tr><tr><td>600억 이상 ~ 850억 미만</td><td>80억</td></tr><tr><td>850억 이상</td><td>95억</td></tr></table>* 최근 3년간 보통세, 조정교부금 및 재정보전금 합산 평균
** 국고지원 기준피해액의 2.5배</td><td>■ 지방비 부담액 50~80%* 국고 추가 지원
* 재정력지수 외에 예방노력지수(2006년부터), 각종 평가 · 점검결과 등에 따른 가감률(2007년부터)에 따라서도 차등적용</td></tr>
<tr><td rowspan="2">2012년
~</td><td colspan="2">◎ 선포기준 산정시 고려요소를 시 · 군 · 구 재정규모에서 재정력지수로 전환</td></tr>
<tr><td>• 선포단위: 단일화(시 · 군 · 구)
• 선포기준: 재정력지수별로 일정 피해액 이상
<table><tr><th>재정력지수</th><th>선포기준</th></tr><tr><td>0.1 미만</td><td>45억</td></tr><tr><td>0.1 이상 ~ 0.2 미만</td><td>60억</td></tr><tr><td>0.2 이상 ~ 0.4 미만</td><td>75억</td></tr><tr><td>0.4 이상 ~ 0.6 미만</td><td>90억</td></tr><tr><td>0.6 이상</td><td>105억</td></tr></table>** 국고지원 기준피해액의 2.5배</td><td>■ 위와 동일</td></tr>
<tr><td rowspan="2">2018년
~</td><td colspan="2">◎ 선포단위로 시 · 군 · 구 외에 읍 · 면 · 동을 추가함</td></tr>
<tr><td>• 선포단위 추가: 시 · 군 · 구 + 읍 · 면 · 동
• 선포기준
– 시 · 군 · 구: 국고지원 기준피해액의 2.5배 (위와 동일)
– 읍 · 면 · 동: 국고지원 기준피해액의 1/4(=시 · 군 · 구의 특별재난지역 선포기준의 1/10)을 초과하는 피해</td><td>■ 위와 동일</td></tr>
</table>

표 12.7 자연재난에 대한 특별재난지역 선포사례(2002~2021년, 총 36건)

연번	재해명	연도	기간	선포지역	인명피해 (명)	재산피해 (억원)	복구비 (억원)	선포 일자
1	제15호 태풍 루사*	2002	8.30~9.1	16개 시도 203개 시군 (전국 일원)	246	5조 1,479	7조 1,452	9.16
2	제14호 태풍 매미	2003	9.12~13	14개 시도 156개 시군구 (전국 일원)	131	4조 2,225	6조 3,922	9.22
3	대설피해	2004	3.4~5	10개 시도 82개 시군구 (전국 일원)	–	6,734	8,827	3.10
4	대설피해	2005	12.3~24	9개 시도 57개 시군구 (전국 일원)	14	5,206	7,213	12.29
5	제3호 태풍 에위니아	2006	7.9~29	7개 시도 39개 시군	62	1조 8,344	3조 5,125	7.18 8.10
6	10.22~24 호우 · 강풍 · 풍랑	2006	10.22~24	강원 6개 시군	1	699	1,033	11.15
7	8.4~15 집중호우	2007	8.4~15	강원 양구(1)	–	322	893	9.11
8	제11호 태풍 나리	2007	9.13~16	전남, 제주 5개 시군	16	1,592	3,636	9.20 10.8
9	7.23~26 호우	2008	7.23~26	경북 봉화	8	464	1,156	8. 1
10	7.11~16 호우	2009	7.11~16	경기, 강원, 충북, 경남, 전남, 전북 8개 시군	12	2,302	6,793	7.31
11	12.4~6 강풍 · 풍랑	2009	12.4~6	충남 서천	–	70	43	12.24
12	7월 호우	2010	7.16~18, 7.23~24	충남, 경남 3개 시군	4	318	1,032	8.11
13	8.13~18 호우	2010	8.13~18	전남, 전북 7개 시군	1	851	2,316	9.3
14	제7호 태풍 곤파스	2010	9.1~3	경기, 충남, 전남 7개 시군	6	1,674	1,793	9.16
15	12.29~1.4 대설	2010	12.29~1.4	전남 영암(1)	–	383	167	1.24
16	2.11~14 대설	2011	2.11~14	강원 강릉·삼척, 경북 울진(3)	–	360	236	3.3
17	7.7~14 호우	2011	7.7~14	경남, 경북, 전북 5개 시군	10	1,354	3,204	8.2
18	7.26~29 호우	2011	7.26~29	서울, 경기, 강원 12개 시군구	52	3,768	8,106	8.8 8.19
19	제9호 태풍 무이파 및 호우	2011	8.6~10	전남, 전북, 경남 13개 시군	1	2,183	4,617	8.19 9.2
20	제14 · 15호 태풍 덴빈 · 볼라벤	2012	8.25~30	전남 5개 시군	5	6,366	10,113	9.3
				전남 4개 시군				9.4
				광주, 전북, 제주 13개 시군구				9.5
				충남, 충북, 전남, 전북 8개 시군				9.13
21	제16호 태풍 산바	2012	9.16~17	경북, 경남, 전남 15개 시군	2	3,657	9,175	9.26
22	7.11~15, 7.18 호우	2013	7.11~15, 7.18	경기, 강원 5개 시군	1	940	2,426	7.27
23	7.22~23 호우	2013	7.22~23	경기 이천 · 여주(2)	3	625	1,321	8.9

24	8.25 호우	2014	8.25	부산, 경남 5개 시군구	2	1,131	4,449	9.5
25	9.12 지진	2016	9.12	경북 경주시	–	110	145	9.22
26	제18호 태풍 차바	2016	10.3~6	울산 2개 구군 부산, 경북, 경남 5개 시구, 제주	9	2,150	5,049	10.10 10.17
27	7월 호우	2017	7.14~16	충북, 충남 3개 시군	6	872	2,876	7.27
28	11.15 지진	2017	11.15	경북 포항시	1	850	1,800	11.20
29	6.26~7.4 태풍, 호우	2018	6.26~7.4	전남 보성군	1	64	370	7.18
30	제19호 태풍 솔릭, 8.26~9.1 호우	2018	8.23~24, 8.26~9.1	전남, 경기, 경남 3개 군	2	507	1,338	9.17
31	제25호 태풍 콩레이	2018	10.4~7	전남, 경북, 경남 5개 시군	2	549	2,360	10.24
32	제13호 태풍 링링	2019	9.6~7	인천, 전남 2개 시군	3	334	1,590	9.20
33	제18호 태풍 미탁	2019	10.1~4	강원, 경북 3개 시군 강원, 전남, 경북 6개 시군	14	1,677	9,388	10.10 10.17
34	7.28~8.11 호우	2020	7.28~8.11	경기, 강원, 충북, 충남 7개 시군 전남, 전북, 경남 11개 시군 그 외 20개 시군구	36	10,371	34,277	8.7 8.13 8.24
35	제9호 태풍 마이삭, 제10호 태풍 하이선	2020	9.1~3, 9.7	강원, 경북 5개 시군 강원, 경북 14개 시군	2	2,214	6,063	9.15 9.23
36	7.5~8 호우	2021	7.5~8	전남 4개 군	4	355	1,804	7.22

* 당시 2002년 8월 4~11일에 발생한 경남 김해 · 함안 · 합천지역 집중호우로 인한 피해도 포함하여 발령함.

3.3 사회재난에 대한 특별재난지역 선포

사회재난에 대해서 국가 및 지방자치단체로부터 응급대책 및 재난구호와 복구에 필요한 각종 행정적·재정적·금융상·의료상의 특별지원이 이루어지기 위해서는 특별재난지역이 선포되어야 한다. 사회재난에 대한 특별재난지역 선포제도가 도입된 1995년 7월 19일 삼풍백화점 붕괴사고 이후 2023년까지 총 14회 선포되었다. 즉 7년 늦게 도입된 자연재난의 특별재난지역이 2021년 기준, 36회 선포되었다는 것을 감안할 때, 사회재난에 대해서는 매우 예외적인 경우에만 특별재난지역이 선포되었음을 알 수 있다. 이는 일반적으로 사회재난의 경우, 원인자가 분명하고 피해대상이 제한적인 사고의 성격이 강하기 때문이다.

자연재난의 경우에는 특별재난지역 선포기준과 지원사항이 구체화되어 있는 반면에, 사회재난의 경우에는 선포기준뿐만 아니라 지원사항도 구체적으로 명시된 것이 없어서 재난발생 후 중앙안전관리위원회 심의를 통해 그 선포여부를 심의하고 지원사항에 대해서는 중앙재난안전대책본부회의를 거쳐 확정·시행하고 있다. 예를 들어, 사회적 관심 등 사회적 요인이 선포여부에 영향을 미치기도 하였고 2014년 발생한 세월호 사고의 경우 재난안전대책본부의 심의가 22차례 열릴 정도로 예산소요마다 사후심의를 통해 결정해 나가는 경우가 많았다.

구체적으로 살펴보면 「재난 및 안전관리 기본법 시행령」 제69조에 따르면 사회재난에 대한 특별재난지역은 해당 지방자치단체의 행정능력이나 재정능력으로는 해당 재난의 수습이 곤란하여 국가적 차원의 지원이 필요하다고 인정되는 재난으로 정의하고 있다. 즉, 사회재난의 경우에는 이러한 정성적 선포기준에 따라서 정무적 판단 또는 결단이 필요하게 된다. 다만, 지원기준에 대해서는 원칙적으로 생활안정지원 자금(국비 70%, 지방비 30%)과 피해수습지원 자금(국가관리시설은 국비 100%, 지방관리시설은 국비 50%와 지방비 50%)을 지원할 수 있게 되어 있으나 이외에도 중앙재난안전대책본부 회의를 통해 장례비, 병원 치료비 및 그 밖의 수습비용 등을 추가로 지원할 수 있다.

표 12.8 사회재난 주요 지원항목 및 지원기준(2022)

구 분		지원항목
생활 안정 지원	구호금	사망 · 실종한 유가족, 부상자
	생계비	주소득자 사망 · 실종 · 부상으로 소득 상실 등
	주거비	주택 피해자, 거주 불가능자 등
	구호비	재난으로 인한 거주지 생활 곤란한 자
	교육비	상기 지원금 중 하나 이상을 지원받는 가구의 고등학생
피해 수습 지원	공공시설 복구비	공공시설 복구에 소요되는 비용
	수색 · 구조비	수색 · 구조 활동에 소요되는 비용
	오염물 · 잔해물 처리 및 방제 비용	오염물 · 잔해물이 발생하여 오염방지 등 처리를 위한 비용
	정부 합동분향소 설치 · 운영	국가 차원의 조문과 분향이 필요한 경우
	추모사업 지원	희생자 등에 대한 국가 차원의 추모사업이 필요한 경우
	주택 철거 지원	대규모 주택 철거를 위해 국가 차원의 지원이 필요한 경우
	감정평가 · 손해액 산정 지원	비용 기준 미비 등으로 감정평가 및 손해액 산정을 위하여 필요한 경우

표 12.9 사회재난에 대한 특별재난지역 선포사례(1995~2023년, 총 14건)

연번	발생일	재난명	피해상황	선포일
1	1995.6.29	삼풍백화점 붕괴사고	인명피해: 사망 502, 부상 937 재산피해: 건물 2동	1995.7.19
2	2000.4.7~13	강원 고성 산불 (동해안 산불)	인명피해: 사망 2, 부상 17 재산피해: 277억 원 • 산림 23,448ha • 주택 321동 등	2000.4.17
3	2003.2.18	대구지하철 화재참사	인명피해: 사망 192, 부상 148 재산피해: 615억 원 • 지하철 중앙로 역사 570억 • 인근상가(166동) 45억	2003.2.19
4	2005.4.4~6	강원 양양 산불	인명피해: 없음 재산피해: 230억 원 • 산림 973ha • 이재민 165세대 420명 • 주택 163동, 축사 30동, 비닐하우스 19동, 문화재 17개소, 공장 2개소, 공원 1개소, 군사시설 39개소 등	2005.4.7
5	2007.12.7	충남 태안 허베이 스피리트 유조선 유류유출 사고	인명피해: 없음 재산피해 • 어장 29,454ha • 해안오염 70.1km 등	충남 태안 등 6개 시·군 (2007.12.11) 전남 신안 등 3개 군 (2008.1.18)
6	2012.9.27	경북 구미 ㈜휴브글로벌 불산 누출사고	인명피해: 사망 5, 검진 · 치료 12,243 재산피해: 농작물 212ha(농가 412호), 가축 3,944두, 차량 1,962대 등	2012.10.8
7	2014.4.16	여객선 세월호 침몰사고	인명피해: 사망 295, 실종 9 재산피해: 여객선 1척(6,825톤) 등	2014.4.21
8	2019.4.4~6	강원 동해안 산불	인명피해: 사망 2, 부상 1 재산피해: 1,181억 • 사유시설 300억 • 공공시설 981억 • 산림피해 2,832ha 등	2019.4.6
9	2020.1.20~	코로나19	인명피해: 확진자 6,753명(대구, 경산, 청도, 봉화)	2020.3.15
10	2022.3.4.~12	강원 · 경북 동해안 산불	인명피해: 없음 재산피해: 2,261억 • 사유시설 313억 • 공공시설 1,948억 • 산림피해 20,523ha 등	경북 울진 · 강원 삼척 (2023.3.6)
11				강원 강릉 · 동해 (2023.3.8)
12	2023.10.29	10.29. 이태원 참사	인명피해: 사망 159, 부상 340	서울 용산(2023.10.30)

13	2023.4.2~4	2023년 4월 산불	인명피해: 사명 1, 부상 1 재산피해: 684억 • 사유시설 310억 • 공공시설 374억 • 이재민 339세대 667명 • 산림 3,723ha	충남 홍성 등 10개 시 · 군 · 구(2023.4.5)
14	2023.4.11			강원 강릉(2023.4.12)

* 출처: 국민안전처 주요통계(2016) 등

✍ 피해조사 및 복구계획의 수립절차

일반적으로 재난으로 인해 피해가 발생하게 되면 그 피해조사를 해야 하고, 이를 복구하기 위한 복구계획을 수립해야 한다. 여기서 설명할 내용은 자연재난의 피해조사 및 복구계획 수립방법 및 절차이지만 사회재난의 경우에도 특별재난지역 선포로 인해 국고지원 등이 이루어지면 이를 준용하게 된다.

먼저, 재난으로 인해 피해가 발생하게 되면 시장 · 군수 · 구청장은 지체 없이 피해조사를 해서 상급기관에 보고를 하여야 한다. 사유시설의 경우 해당 시설물 소유자 등의 신고를 관할 읍 · 면 · 동사무소를 통해 받고, 공공시설에 대해서는 관할 읍 · 면 · 동사무소 등으로부터 직접 신고를 받아 국가재난관리정보시스템(National Disaster Management System; NDMS)에 그 내역을 입력하는 방식 등으로 초동 피해신고를 한다.

이때 사유재산에 대한 피해지원, 즉 재난지원금을 받으려는 피해를 입은 국민은 재난종료 후 10일 이내에 피해신고를 하여야 하고 장기간 여행 등 부득이한 사유로 이 기간 내에 피해신고를 하지 못하는 경우에도 해당 사유가 종료된 날로부터 10일 이내에 피해신고를 해야 한다. 이렇게 사유재산에 대해 피해신고를 받은 시장 · 군수 · 구청장은 지체 없이 피해사실을 확인하고 재난지원금을 지원하여야 한다. 시 · 군 · 구에서는 자체 피해조사반을 꾸려 정밀조사에 들어가게 되는데, 해당 피해신고 기간 내에 NDMS를 통해 확정 피해보고를 마쳐야 한다.

이때 피해금액이 국고지원 기준인 일반 또는 특별재난지역이 될 것으로 예상되면 중앙재난안전대책본부의 중앙 합동피해조사가 이루어지게 되는데, 신속한 피해조사와 복구계획을 수립하기 위해 시 · 도와 중앙재난안전대책본부에 각각 합동조사단이 편성 · 운영하여 시설별 피해규모에 따라 각각 업무를 분담하게 된다. 합동조사단에는 기술자문 등을 위하여 필요한 경우, 민간전문가를 참여시키기도 한다.

일반적으로 시 · 도의 지방합동조사단은 개소당 피해금액 5,000만 원 이하인 소규모 피해시설과 사유시설에 대해 피해조사를 실시하게 되며, 중앙합동조사단은 개소당 피해금액 5,000만 원 이상인 대규모 피해시설에 대한 조사를 수행하게 된다. 재난지원금에 대한 신속한 지급을 위해 사유시설에 대한 피해조사는 시 · 군 · 구 피해조사로 갈음하고 시 · 도 지방합동조사는 생략할 수도 있다. 조사기간은 피해규모 등을 고려하여 중앙재난안전대책본부장이 정하게 되지만 일반적으로 7일 이내에 마치는 것을 목표로 추진된다.

이후, 중앙 합동피해조사를 마치면 해당 재난에 대한 복구계획안이 작성되고 관계부처 협의 등의 절차를 거친 후에 중앙재난안전대책본부 회의의 심의를 통해 최종 복구계획이 확정된다. 이 과정에서 다음에서 설명될 특별재난지역 선포요건을 만족하게 되면 대통령에게 선포를 건의하게 되는데, 예외적으로 피해금액이 시·군·구별 선포기준을 훨씬 초과하는 것으로 예상되면 중앙합동조사 이전에도 최종 피해금액이 확정되지 않은 상태에서 예비조사를 거쳐 특별재난지역이 선포되기도 한다. 재난으로 인한 복구계획 내 복구지원비의 재원은 재해대책예비비이기 때문에 관련 예산은 국무회의를 거쳐 대통령 재가를 통해 확정된다.

이러한 피해조사 및 복구계획 수립절차를 요약하면 그림 12.1과 같다.

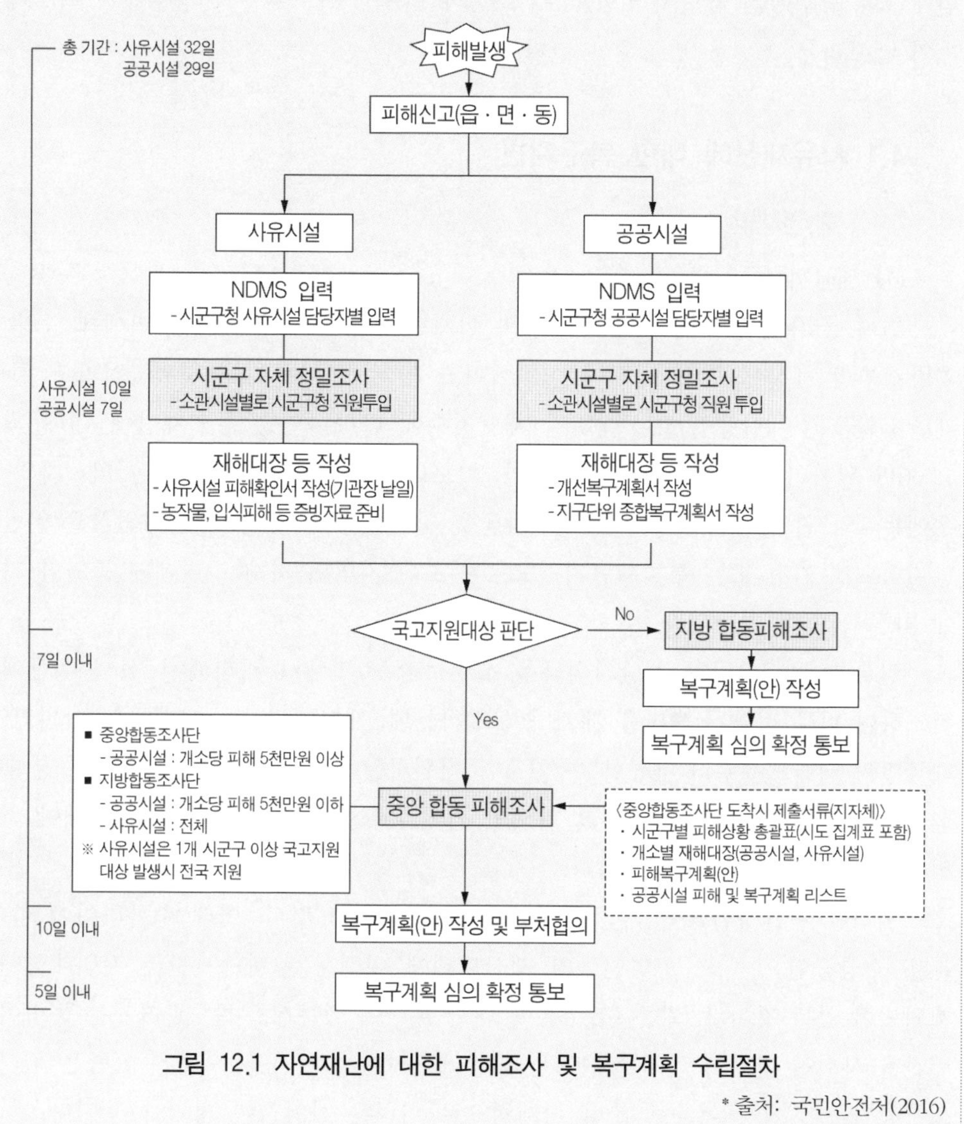

그림 12.1 자연재난에 대한 피해조사 및 복구계획 수립절차

* 출처: 국민안전처(2016)

4. 재해복구지원의 종류

재난이 발생하게 되면 개인도 예상치 못한 복구비용을 감당하기가 힘들 뿐만 아니라 지방자치단체와 같은 시설관리기관도 같은 상황에 처하게 된다. 따라서 사유 및 공공시설 복구사업 모두에 대해 금융지원을 하게 되는데, 재난에 대한 복구지원은 이렇게 사유재산에 대한 복구지원과 공공시설에 대한 복구지원으로 구분된다. 재난에 대한 국고의 복구지원이 이루어지기 위해서는 앞에서 설명하는 바와 같이 자연재난의 경우에는 재난지역(일반 또는 특별재난지역), 사회재난의 경우에는 특별재난지역 선포라는 조건을 만족해야 한다.

4.1 사유재산에 대한 복구지원

4.1.1 자연재난

(1) 재난지원금

먼저, 사유재산에 대한 재난복구 및 이재민 구호를 위해 피해 주민에게 중앙 및 지방정부의 예산에 의한 지원이 이루어지고 있는데, 이를 재난지원금이라고 한다. 재난지원금은 재난등급별로 매겨진 재난지수에 따라 1인당 동일재난에 대해 최대 5,000만 원까지 지원받을 수 있다. 만약, 이보다 더 큰 재난등급을 받은 피해자의 경우에는 1억 원의 범위에서 추가로 융자금을 지원받을 수 있다. 재난지원금은 일반재난지역으로 지정 또는 특별재난지역으로 선포된 지역의 피해 주민에게 동일한 기준에 따른 금액이 지급된다.

일부에서는 이러한 재난지원금을 실손보상 측면에서 바라봐서 실제 피해액과 비교하여 너무 적다는 불만을 제기하기도 하는데, 재난지원금은 보상금이 아니라 피해국민이 재난으로부터 자립할 수 있도록 지원하는 최소한의 구호금 측면이 강하다. 실제 자연재난에 대해 국가는 그 피해의 원인자가 아니기 때문에 보상을 해야 하는 의무가 있는 것은 아니기도 하다.

이러한 재난지원금의 대상과 금액을 보면 다음과 같다. 이때 주목하여야 할 부분은 소상공인 등 상·공업인들의 재산피해에 대해서는 재난지원금 지원대상에서 제외되어 있는 것이다. 최근 이 부분에 대한 논란이 있는데, 이는 과거에는 농림어업인만을 사회적 약자로 봐서 재난지원금 수혜대상으로 했지만, 오히려 요즘은 도시의 소상공인들 중에서 이들보다 더 경제적으로 어려운 사람들이 많기 때문이다.

하지만 아직까지 소상공인에 대한 직접적 재난지원금은 없으며, 정부에서 관련 재해보험제도 도입을 준비하고 있다. 다만, 소상공인에 대해서는 재난지원금이 지원되지는 않더라도 얼마 전부터는 구호비 차원에서 시 · 도 재해구호기금에서 피해 소상공인의 상가 또는 공장에 대해 100만 원의 구호비를 지급하고 있다. 아울러, 풍수해보험, 농작물재해보험 등과 같이 정부에서 보험료를 지원받는 정책보험에 가입되어 있는 시설에 대해서는 재난지원금이 지원되지 않는다.

■ 이재민 구호지원

- 사망 · 실종자에 대해 2,000만 원이 지원되고 부상자는 이의 1/2을 지원
- 주택피해자에 대해서는 주택전파 · 유실 60일, 반파 30일, 침수 7일의 구호비(1인당 1일 8천 원)를 지급[11)]
- 총소유량의 50% 이상 피해를 입은 농 · 어가 등은 양곡 5가마니 상당의 생계지원비 및 고등학생 학자금 6개월분에 대한 추가지원

■ 파손주택 복구지원

- 주택전파 · 유실 1,560만 원, 반파 780만 원, 소파(지진피해에 한정) 90만원, 침수 200만 원
- 세입자에 대해 주택이 유실 · 전파 또는 세입자의 방이 파손되어 이사를 하지 않으면 안 될 경우에는 세대당 600만 원의 범위에서 집의 보증금 또는 6개월간 임대료 지원

■ 농업 · 어업 · 임업 · 염생산업 피해시설 복구지원

- 해당 산업으로 인한 수입액이 당해 가구 총수입액의 50% 이상을 차지하는 주생계수단인 피해자에 대해서는 시설종류 및 피해규모에 따라 복구비 지원

앞서 언급한 바와 같이 재난지원금의 재원은 국고 및 지방비가 되는데 그 부담률은 국고 70%, 지방비 30%를 원칙으로 한다. 다만, 해당 시 · 군 · 구가 국고지원 기준인 재난지역은 아니지만 동일재난에 대해 다른 시 · 군 · 구 중 하나 이상이 재난지역인 경우에는 재난지원금으로 지원해야 할 금액이 3천만 원 이상인 경우에 한해 국고지원이 이루어지는데, 이때는 국고지원 비율을 낮춰 국고 50%, 지방비 50%로 한다. 재난지역이 아닌 지역에 대해 재난지원금만을 지원해주는 조치는 피해주민 간 형평성을 고려한 조치로 이해된다.

또한, 앞서 언급한 바와 같이 해당 지역이 특별재난지역으로 선포되었지만 지방

11) 최초 7일간에 대해서는 시 · 도 재해구호기금에서 지원하고 나머지는 재난지원금으로 지원한다.

비 부담총액이 특별재난지역 선포기준인 일반재난지역 선포기준 피해액의 2.5배를 넘지 못해 국고추가지원이라는 특별재난지역 선포로 인한 실익이 없는 경우에는 재난지원금의 국고비율을 높여 국고 80%, 지방비 20%로 한다.

표 12.10 재난지원금에 대한 국비:지방비 분담비율

대 상		분담비율
일반 · 특별재난지역		국고 70%, 지방비 30%
특별재난지역 중 선포실익이 없는 경우		국고 80%, 지방비 30%
일반 · 특별재난지역 외 피해지역		
	재난지원금 총액 3,000만원 이상	국고 50%, 지방비 50%
	재난지원금 총액 3,000만원 이하	국고 - , 지방비 100%

재난지원금은 그 금액만큼 지급시기도 중요한데, 피해를 입은 시민에게 빨리 지급해야 그 상실감을 덜고 조금이라도 빨리 자립할 수 있도록 도와줄 수 있다. 하지만 재해대책예비비를 확정하기 위해서는 국무회의 심의 등 복잡한 절차를 거쳐야 하는 한계가 있는바 시 · 도의 재해구호기금을 활용하여 선지급하고 후에 국비에서 보전하도록 하고 있다. 또한, 같은 목적으로 행정안전부는 매년 200~300억 원 수준의 재난지원금을 위한 일반예산을 편성하여 신속한 재난지원금 지급의 재원으로 활용하고 있다.

(2) 이재민 직접구호

재해를 입은 이재민과 재해가 예상되어 일시대피한 일시대피자에 대해서도 임시주거시설 제공, 급식 · 식품 · 의류 · 침구 등 생활용품 제공, 의료서비스 제공, 감염병 예방 및 방역활동, 위생지도, 장사지원 등을 하게 된다. 이러한 구호기간은 피해정도 및 생활정도 등을 고려하여 최대 6개월까지 지원하게 된다.

이재민 및 일시대피자에게는 응급 및 취사구호세트가 지급되는데, 이를 위해 과거 피해액, 연평균 강우량, 인구밀도 등을 고려하여 산정한 시 · 군 · 구별 재해구호물자 비축기준에 따라 시 · 도 재해구호기금[12] 등을 활용하여 전국재해구호협회를 통해 구호세트를 제작 · 비축하도록 되어 있다. 이외에 특별재난지역으로 선포된 지역의 이재민 중 재난지원금 수령액이 30만 원 이상인 경우에는 「의료급여법」에 따

12) 재해구호기금이란 시 · 도가 긴급한 이재민 구호에 드는 비용을 충당하기 위해서 최근 3년 동안의 보통세 수입 결산액의 일정 부분을 적립한 것이다. 이는 재난 피해시설의 응급복구 및 응급조치 등 일반적인 재난관리를 위해 시 · 도 또는 시 · 군 · 구가 각각 적립하는 재난관리기금과는 구별된다.

른 의료급여 1종 수급권자로서 6개월 동안 외래 · 입원급여가 무료이다.

(3) 의연금 지원

이 밖에 국민성금을 모은 의연금 지원이 있는데, 이 장의 「5. 국민성금 모금활동」 편을 참고하면 된다.

(4) 간접 지원

이밖에 피해주민의 생활안정을 위해 각종 공과금을 경감 · 면제하거나 납부유예하는 등의 간접지원제도가 있다. 예를 들어 일반재난지역의 경우, 국민연금 납부예외, 국세 납세유예, 지방세 감면 · 면제 또는 납기유예, 농림어업, 소상공인, 주택 등에 대한 정책자금 융자, 상하수도요금 감면, 측량수수료 감면, 보훈위로금 지원, 농

표 12.11 재해구호기금 및 재난관리기금의 비교

	재해구호기금	재난관리기금
근거법령	「재해구호법」 제14조	「재난 및 안전관리 기본법」 제67조
목적	이재민 구호에 드는 비용충당	재난관리에 드는 비용충당
운용기관	시 · 도	시 · 도 및 시 · 군 · 구
적립기준	• 최근 3년 동안의 보통세 수입 결산액 연평균액의 0.50% 이상(특별시의 경우에는 0.25% 이상)의 금액을 매년 적립 • 다만, 누적 집행잔액이 최근 3년 동안의 보통세의 수입 결산액의 3.00%을 초과하는 경우에는 상기 최저 적립액 이하로도 적립가능	• 최근 3년 동안의 보통세 수입 결산액 연평균액의 1.00% 이상의 금액을 매년 적립 • 이 중 최근 3년 동안의 보통세 수입 결산액의 0.15%는 매년 의무 예치하되, 누적 집행잔액이 10.00%를 초과하면 매년 0.05%만 의무 예치가능 – 다만, 피해액이 국고지원 대상 기준액의 5배를 초과한 경우에는 의무 예치금 일부 사용가능
사용용도	• 이재민에 대한 응급구호 및 장기구호 (장기구호는 최초 7일간만 해당) • 재해구호물자의 조달 및 운송 • 재해구호물자 보관창고의 설치 · 운영 • 재해구호에 참여하는 자원봉사자 등 관계인에 대한 교육 및 급식 • 재해구호 전문인력의 양성지원 • 재난지원금 지급액의 사전집행 (향후 국비에서 보전) • 자연재난으로 인한 소상공인 지원 • 폭염피해 예방을 위한 「무더위 쉼터」 냉방비용 지원 등	• 사전점검 결과 시급히 보수 · 정비를 요하는 사업 • 재난 피해시설의 응급복구 및 응급조치 • 대피 또는 퇴거명령을 이행하는 주민에 대한 이주지원 및 임차비용 융자 • 특정관리대상시설(지방관리시설)의 안전진단 및 보수 · 보강사업 • 재난예방을 위하여 필요한 연구용역 사업 • 재난원인분석 및 침수흔적조사 등의 사업 • 자동우량경보시설 등 재난 예경보시설의 설치 및 관리 • 긴급구조에 필요한 장비구입 • 설해대비 자재구입, 상습가뭄지역의 용수확보 대책사업 등

기계 수리지원 등의 혜택이 이루어진다.

이외에 특별재난지역으로 선포된 지역에 대해서는 건강보험료 경감, 전기요금 감면, 통신요금 감면, 도시가스요금 감면, 지역난방요금 감면, 병역의 이행기일 연기, 예비금 동원훈련 면제 등이 추가로 지원된다. 단, 이러한 지원내용은 관련기관의 내부규정 등에 의한 것으로 피해상황 및 관계기관의 사정에 따라 조정 지원될 수 있다.

✍ 농어업재해에 대한 특별지원 등

어떤 시·군·구가 재난지역 지정 또는 선포요건보다 낮은 피해가 발생하였다고 하더라도 피해를 당한 개인의 입장에서는 피해복구에 동일한 어려움을 겪게 된다. 우리 정부에서는 「재난 및 안전관리 기본법」에 따른 재난지원금과는 별도로 「농어업재해대책법」에 따라 농어업재해에 한해 별도의 피해지원제도를 운영하고 있다.

예를 들어, 수해, 풍해, 설해뿐만 아니라 유해야생동물 피해 등까지 포함하여 시·군·구별로 상대적으로 적은 피해가 발생하여도 국고 등의 지원이 이루어지게 된다. 이외에도 각 지방자치단체에서는 이 기준 이하인 경우에도 자체예산을 가지고 피해가구를 지원할 수 있다. 이때 각 개인별로 지원받게 되는 지원액은 재난지원금과 동일하게 「재난구호 및 재난복구비용 부담기준 등에 관한 규정」 등에 따른 기준액에 따르게 된다. 이를 정리하면 표 12.12와 같다.

표 12.12 지방자치단체 피해규모별 정부의 피해지원제도 비교

「재난 및 안전관리 기본법」	「농어업재해대책법」	兩法 단서조항
최근 3년간 시·군·구 재정력지수별 일정 규모 이상의 피해발생시 국고지원(최소 18억 원 이상)	시·군·구별로 일정규모 이상 피해발생시 국고지원 〈농업재해〉 한해·수해·냉해·동해 등 50헥타르 이상 서리·우박·대설(大雪) 피해면적이 30헥타르 이상 유해야생동물 피해면적이 10헥타르 이상 시설 피해액 3억 원 이상 〈어업피해〉 태풍·해일·적조 등 양식물 또는 시설 피해액 3억 원 이상	그 외의 소규모 재난에 대해서는 지방자치단체에서 자체지원
시·군·구 대규모 피해	시·군·구 중규모 피해	시·군·구 소규모 피해
피해액 및 지원액 산정기준: 「재난구호 및 재난복구비용 부담기준 등에 관한 규정」		

4.1.2 사회재난

자연재난에 대한 사유재산의 복구지원이 매우 오랜 기간 운영되면서 발전되어 온 것에 반해 사회재난은 일반적으로 재난발생시마다 중앙재난안전대책본부의 심의를 통해 특별재난지역으로 선포된 피해지역에 대한 피해규모가 결정되었다. 따라서 그 지원기준은 일정하지 않고 그 당시 사회적 관심 등에 따라 가변적이었으며, 2014년 발생한 세월호 사고의 경우 재난안전대책본부의 심의가 22차례나 열릴 정도로 예산소요마다 사후심의를 통해 결정해 나가는 경우가 많았다. 이는 지원기준의 불확실 또는 지원시기의 지연 등의 문제를 야기하였다.

이에 따라, 정부는 지난 2015년 11월 30일 사회재난에 대해서도 사회재난 구호 및 복구비용 부담기준을 제정하게 된다. 구체적으로 살펴보면 이재민 구호지원, 파손주택 피해지원 등의 경우 자연재난의 지원기준과 동일 또는 유사하나 농업 · 어업 · 임업 · 염생산업 피해시설 등에 대해 피해지원에 대해서는 규정하지 않고 있어서 피해민에 대한 최소 생계구호수단으로의 성격이 강하다. 따라서 실제 재난상황에서는 여전히 중앙재난안전대책본부의 심의를 통해 그 외의 필요한 지원소요를 결정해야 한다.

✍ 긴급복지지원제도

비록 특별재난지역이 선포되지 않은 소규모 재난, 또 심지어는 일반 사고로 인해 생계가 곤란한 주민에 대해서는 신속하게 자활할 수 있도록 정부차원의 대책마련이 필요하다. 이를 위해 우리 정부에서는 「긴급복지지원법」에 따라 화재 등으로 인하여 거주하는 주택 또는 건물에서 생활하기 곤란하게 된 경우 등에 있어서 이들이 이러한 어려운 상황에서 벗어나 조속하게 자활할 수 있도록 신속하게 복지지원을 하는 긴급복지지원제도를 마련해 놓고 있다.

긴급복지지원제도는 일상적인 사고일지라도 본인 또는 본인과 생계 및 주거를 같이 하고 있는 가구구성원이 어떤 사유로 인하여 생계유지 등이 어렵게 되어 '위기상황'에 처하게 될 경우, 이들을 신속하게 지원함으로써 이들이 위기상황에서 벗어나 건강하고 인간다운 생활을 하게 함을 목적으로 도입된 제도이다(「긴급복지지원법」 제1조). 긴급복지지원제도가 적용되는 위기상황은 다음과 같은데, 이 중 화재 등으로 인하여 주택 또는 건물에서 생활하기 곤란하게 된 경우가 일반적으로 재난 또는 사고에 적용되는 사유가 된다.

〈긴급복지지원제도가 적용되는 위기상황이 되는 사유(「긴급복지지원법」 제2조)〉

- 주소득자가 사망, 가출, 행방불명, 구금시설에 수용되는 등의 사유로 소득을 상실한 경우
- 중한 질병 또는 부상을 당한 경우
- 가구구성원으로부터 방임 또는 유기되거나 학대 등을 당한 경우
- 가정폭력을 당하여 가구구성원과 함께 원만한 가정생활을 하기 곤란하거나 가구구성원으로부터 성폭력을 당한 경우
- 화재 등으로 인하여 주택 또는 건물에서 생활하기 곤란하게 된 경우 등

■ 종류 및 내용

긴급복지지원은 크게 금전 또는 현물 등의 직접지원과 관련 민간기관·단체를 통한 연계지원으로 나뉜다. 이때 직접지원의 재원은 국비와 지방비가 각각 80%와 20%가 된다.

- 금전 또는 현물 등의 직접지원
  - 생계지원: 식료품비, 의복비 등 생계유지를 위한 지원으로 가구구성원 수에 따라 지원기준이 달라지게 된다. 지원기간은 1개월을 원칙으로 하되, 필요할 경우 최장 6개월까지 연장할 수 있다.
  - 의료지원: 각종 검사 및 치료 등의 의료서비스 지원으로 300만 원의 범위 내에서 지원된다. 지원횟수는 1회 지원을 원칙으로 하여 최장 2회까지 지원할 수 있다.
  - 주거지원: 임시 주거지 또는 주거비를 지원하며, 거주지역의 종류 및 가구구성원 수에 따라 지원기준이 달라진다. 지원기간은 1개월을 원칙으로 하되, 최장 12개월까지 연장할 수 있다.
  - 사회복지시설 이용지원: 「사회복지사업법」에 따른 사회복지시설을 이용하는데 드는 비용을 지원하는 것으로 가구구성원 수에 따라 지원기준이 달라진다. 지원기간은 1개월을 원칙으로 최장 6개월까지 연장할 수 있다.
  - 교육지원: 초·중·고등학생의 수업료 등 필요한 교육비용을 지원하는 것으로 지원횟수는 1회 지원을 원칙으로 하되 최장 2회까지 지원할 수 있다.
  - 기타지원: 그 밖에 연료비, 해산비, 장제비, 전기요금 등이며, 지원횟수는 1회 지원이며, 다만 연료비의 경우 시·군·구청장이 위원장인 긴급지원심의위원회의 심의를 거쳐 최장 6개월까지 연장할 수 있다.
- 민간기관·단체 연계지원

  정부의 지원 후에도 위기상황이 지속되어 계속지원이 필요한 경우에는 대한적십자사, 사회복지공동모금회 등의 사회복지기관·단체와 연계하여 지원이 연속될 수 있도록 하고 있다.

■ 자격 및 절차

긴급복지지원은 긍휼이 필요한 사람들에게 위기상황시 긴급지원을 하는 것으로 부유한 사람은 그 지원대상에서 제외한다. 이를 판단하는 기준으로는 크게 소득 및 재산으로 구분하는데, 예를 들어 i) 소득은 「국민기초생활 보장법」상의 최저생계비의 150% 이하(단, 생계지원의 경우, 최저생계비 120% 이하), ii) 재산은 총합계가 매년 지역별 고시금액 이하여야 하며, 금융재산도 300만 원 이하(단, 주거지원은 500만 원 이하)여야 한다.

다만, 이러한 적정성 여부 판단기준은 절대적이라고 할 수 없으며, 긴급지원심의위원회는 이와 함께 긴급지원대상자의 개별상황 등을 고려하여 별도로 지원의 적정성 여부를 결정할 수 있다. 긴급복지지원이 이렇게 긍휼이 필요한 사람들에게 지원된다는 점에서 우리 법에서는 긴급복지지원대상자에게 지급되는 금전 또는 현물은 압류할 수 없으며, 긴급지원대상자도 생계유지 등의 목적 외의 다른 용도로 사용하기 위하여 양도하거나 담보로 제공할 수 없다.

또한, 긴급복지지원제도가 여타의 일반 행정제도와 구별되는 것은 선지원 후처리의 원칙으로 운영된다는 것이다. 즉, 위기상황에 처한 사람 등으로부터 지원요청이 있는 경우, 담당공무원이 현장확인을 통해 필요성이 인정되면 우선 지원을 실시하고 나중에 소득, 재산 등을 조사하여 그 지원의 적정성을 심사하고 지원연장, 지원중단, 비용반환 등을 사후 처리하게 된다. 이러한 원칙은 긴급복지지원제도가 그만큼 시급성을 다투는 제도이기 때문으로 이해하여야 한다.

✍ 범죄피해자 구조금 제도

범죄피해자 구조금제도란 「범죄피해자 보호법」에 따라 생명 또는 신체를 해하는 범죄로 인하여 사망한 범죄 피해자의 유족(유족 구조금), 범죄로 인해 장해 혹은 중상해를 입은 피해자(장해 · 중상해 구조금)에게 국가가 구조금을 지급하는 제도이다.

범죄 피해자가 피해의 전부 또는 일부를 배상받지 못하는 경우, 자기 또는 타인의 형사사건의 수사 또는 재판에서 고소 · 고발 등 수사단서를 제공하거나 진술, 증언 또는 자료제출을 하다가 구조 피해자가 된 경우에 지원받을 수 있다. 주소지, 거주지 또는 범죄 발생지를 관할하는 지방검찰청에 신청하여 범죄피해구조심의회의 심의를 통해 지급여부가 결정된다.

이러한 범죄피해자 구조금은 재난으로 인한 직 · 간접적 피해자에게 지급되기도 한다. 예를 들어, 건설사의 잘못된 시공으로 건물이 붕괴되어 피해를 입은 사람에 대해 국가는 우선 범죄피해자 구조금을 지급하고 나중에 건설사에 변제한 금액의 상환을 청구하는 구상권을 행사할 수 있다.

사회재난에 대해 국가 또는 지방자치단체가 원인자 피해보상의 원칙을 내세워 피해지원을 전혀 하지 않는 것도 국민의 정서에 문제가 되기도 하지만 반대로 과도한 지원도 비난을 받고 있다.

〈화재 이재민에 대한 임시주거시설로 호텔지원〉

2020년 10월 8일 울산시에 위치한 한 주상복합건물에서 화재가 발생한다. 다행히 특별한 인명피해 없이 화재는 진압되었지만 당시 건물의 상당부분이 화재로 소실되면서 이재민이 200여 명 남짓 발생하게 된다. 이에 울산시에서는 코로나19가 국가적으로 환산되고 있는 상황에서 인근 호텔을 임시주거시설로 지정하여 이재민 175명에게 숙식을 제공하게 된다.

하지만 이후 당시 국민들로부터 "개개인과 건설사와 보험사가 해야 할 일인에 왜 호텔에다 구호 물품까지 세금을 써야 하는지 모르겠다", "자연재해로 피해를 보면 대피소에 텐트를 쳐주면서 형평성에 맞지 않는다" 등의 항의가 빗발치게 되고 울산시는 코로나19로 인한 특수한 상황임을 설명하면서 지원비용은 관련지침에서 정한 구호비 이상을 넘지 않는다라고 해명하는 상황이 발생하였다.

* 출처: 허광무 (2020). "화재 이재민 딱하지만 세금으로 지원 말라" 국민청원 잇달아. 연합뉴스 2020년 10월 11일자

4.2 공공시설에 대한 복구지원

공공시설에 대한 복구지원은 크게 관리주체에 따라 국가관리시설과 지방관리시설로 구분될 수 있다. 먼저 국도, 철도, 국가하천 등 국가관리시설인데 이는 복구비의 100%를 국고에서 지원한다. 대상시설의 관리자가 국가라는 측면에서 살펴보면 당연한 처사다. 둘째, 지방도, 군도, 지방하천 등 지방관리시설은 국고에서 50%를 지원하고 나머지 50%는 지방비로 지원한다. 원칙적으로 이러한 지방관리시설은 지방자치단체에서 100%를 부담하여야 하지만 재난에 대한 피해지원이라는 측면에서 국고에서 50%를 지원하는 것이다. 다만, 지방자치단체에서 관리하는 소규모 시설, 특별시 · 광역시 구역 안 도로 · 시도는 지방비에서 100% 부담하여야 한다. 이러한 것들은 지방자치단체에서 그 복구를 책임져야 한다는 의미이다.

참고로 지방관리시설 중에서 보험 또는 공제에 가입되어 있는 시설은 그 보험금 또는 공제금으로 복구할 수 있으므로 복구비에 대한 지원이 없다. 하지만 국가관리시설에 대해서는 회계상 보험금 또는 공제금은 세외수입으로 회계처리되어 이를

복구비에 사용할 수 없으므로 복구비를 국비에서 100% 지원하게 된다.

이 밖에 쓰레기 처리비용은 100% 국고에서 부담하며, 폭설시 제설을 위해 든 자재대 및 장비대의 경우도 국고에서 50%를, 특별재난지역으로 선포된 경우의 응급복구에 든 자재대 및 장비대에 대해서도 국고에서 50%, 가뭄대책으로 수원 확보 및 공급을 위한 사업에 드는 비용에 대해서도 국고에서 50%를 지원한다.

표 12.13 공공시설에 대한 대한 국비 : 지방비 분담비율

대 상		분담비율
국가관리시설(국가가 직접 관리하지 않는 국가지정문화재 포함)		국고 100%
지방관리시설		국고 50%, 지방비 50%
	단, 지방관리 소규모 시설, 특별시 · 광역시 구역안 도로 및 시도	국고 －, 지방비 100%
기타 시설		
	국가가 직접 관리하지 않는 국가지정문화재	국고 70%, 지방비 30%
	한국농어촌공사 수리시설	국고 70%, 지방비 30%
	수산물 유통 · 제조 시설 및 공동창고	국고 50%, 융 자 50%
	사립학교(공제에 들어있지 않는 부속시설에 해당)	국고 －, 지방비 50% (자부담 50%)
기타 분야		
	쓰레기 처리비용	국고 100%
	폭설시 제설비용, 특별재난지역 응급복구비, 가뭄대책비	국고 50%, 지방비 50%

〈 재난복구 예산의 재원 〉

정부는 매 회계연도마다 세입 등 수입을 엄밀하게 추계하고, 이에 맞는 세출 예산을 세워 지출 계획에 따라 엄격하게 집행하는 것을 원칙으로 하고 있다. 따라서 예상하지 못한 재난이 발생하면, 재정당국은 많은 복구예산을 한꺼번에 확보해야 하는 난감한 상황에 처하게 된다. 특히, 재난으로 삶의 터전을 잃은 피해 주민들의 상황은 사회 곳곳에서 신속하게 복구지원이 이루어져야 한다는 강력한 요구를 만들어내고 재난복구 예산확보는 속도전의 양상으로 흐르게 된다.

하지만, 재난복구 예산은 예측 불가라는 재난의 특성상 다른 분야의 예산수립 방식과는 양상 자체가 완전히 다르다. 회계연도마다 미리 예산을 배정해 놓는다 하더라도 재난규모의 가변성이 워낙 커서 예산이 지나치게 남거나 부족한 경우가 비일비재해질 것이다. 이러한 특성을 고려할 때, 재난복구 예산은 재난규모에 따른 비상자금의 단계적 활용과 같은 형태의 재원확보가 이루어진다.

먼저, 통상수준의 재난에 대해서는 부처별로 사전에 배정된 재해대책비 등 기정예산을 사용하게 된다. 이후, 이러한 기정예산을 초과하는 재난복구 소요가 발생하면 사전에 국회심의를 거쳐서 확보된 재해대책 목적예비비를 국무회의 심의와 대통령 재가를 거쳐 사용하게 된다. 마지막으로 재난의 규모가 워낙 커서 이러한 재해대책 목적예비비도 초과하는 재난복구 소요가 발생하면 정부는 국고채무부담행위를 하거나 추가경정예산의 확보를 추진하게 된다. 각 재원에 대해서는 아래에서 세부적으로 설명한다.

■ 부처별 기정예산(재해대책비 등)

재난복구와 관계된 정부부처는 통상수준의 재난발생에 대비하여 부처별로 해당 회계연도마다 재해대책비를 예산항목으로 미리 얼마간의 예산을 배정해놓고 있다. 2023년 기준으로 농식품부에 2,500억, 행정안전부에 1,500억 원, 해양수산부에 112억, 산림청에 200억 등이 책정되어 있다. 기정예산은 이렇게 관계부처에 배정되어 있는 재해대책비 외에도 필요한 경우에는 다른 사업예산을 이 · 전용하여 사용하기도 한다.

■ 재해대책 목적예비비

예비비는 국회에서 매 회계연도에 총액을 결정하고 그 한도내에서 정부가 자율적으로 집행하도록 허용하고 있는 예산으로 일반예비비와 목적예비비로 구분된다. 이 중에서 목적예비비로 재해대책에 대해서 일정금액의 예산이 사전에 책정되어 있으며, 2023년 기준으로 기획재정부의 「예산총칙」에 따르면 책정된 예산은 3.8조원이다. 앞서 언급한 부처별 기정예산을 초과하는 재해복구 수요 발생시에는 국무회의 심의화 대통령 재가를 거쳐 목적예비비를 집행할 수 있다.

「국가재정법」에 제51조에 따르면 예비비 사용이 필요한 때에는 원칙적으로 소관부처에서 필요한 금액을 명확히 산정하여 신청하여야 하나 재해복구 사업의 경우에는 예외적으로 피해조사를 통해 명확한 필요금액이 산정되기 이전이라도 지방자치단체 등이 피해보고한 내용만을 기초로 하여 필요한 금액을 대략 추정하여, 즉 예비비를 개산(槪算)하여 기획재정부 장관에게 신청할 수 있다. 이러한 규정은 재해대책 목적예비비 취지인 신속한 피해복구 지원을 위한 추가적인 조치이다.

■ 국고채무부담행위

어떤 경우에는 재난규모가 예상보다 훨씬 커서 재해대책 목적예비비조차 부족할 수도 있다. 이 경우에 정부는 재난복구에 장시간이 걸리는 사업에 대해서는 어쩔 수 없이 나중에 사업대금을 지불할 것을 약속, 즉 채무를 부담하고 재난복구사업을 추진하여야 한다. 일반적으로 대규모 공공시설의 복구, 위험지역 주민의 집단이주 지원 등과 같이 재원확보에서 공사준공까지 2~3년 이상 소요되는 사업에 대해 주로 적용된다.

하지만, 재정의 건전성을 고려할 때, 이러한 국고채무부담금도 적정수준으로 제한할 필요가 있으므로 정부는 매 회계연도마다 재해복구를 위한 국고채무부담행위 한도액을 국회 본회의 의결을 거쳐 정해 놓고 있으며, 2023년 기준으로 기획재정부의 「예산총칙」에 따르면 책정된 예산은 1.5조원이다. 국고채무부담행위는 한도액의 범위에서 국무회의 심의와 대통령 재가를 통해(재해대책 목적예비비 사용절차에 준함) 신속하게 시행된다. 최근 사례를 찾아보면 정부는 '00년 수해복구 2,600억 원, '02 태풍 루사 복구 3,500억원, '11년 구제역 · 수해복구 6,827억 등 주로 대규모 피해가 발생한 경우에 주로 국고채무부담행위를 한 바 있다.

■ 추가경정예산

자주 있는 경우는 아니지만, 재해대책 목적예비비가 부족한 경우 등에 국회에서 본회의 의결을 거쳐 추가경정예산을 수립하기도 한다. 이 경우에는 신속한 재난복구 예산확보 취지와는 다르게 국회에서 상임위 심사 및 본회의 의결을 거쳐야 하는 등 예산배정까지 상대적으로 장시간이 필요하다. 이렇게 상대적으로 장시간이 걸리는데도 불구하고 추가경정예산을 편성하는 원칙적 이유는 재해대책 목적예비비뿐만 아니라 재해복구 국고채무부담행위 한도액을 초과하게 된 경우이다. 하지만, 정부의 강력한 복구지원에 대한 의지전달 등의 대국민 메시지가 필요한 경우 등 정치적 목적으로 활용되기도 한다.

최근 사례를 보면 '02년 태풍 루사 피해복구 3조 6,050억, '03년 태풍 매미 피해복구 1조 7,000억, '15년 메르스 방역지원 2조 6,024억, '20년 코로나19 방역지원 40조원 등의 추가경정예산이 활용되었다.

5. 국민성금 모금활동

재해를 수습하는 과정에서 국가적으로 대규모의 예산이 필요하게 되는데, 이재민 구호 등을 위한 비용의 상당액은 국민들이 내는 성금으로 충당하게 된다. 이는 거의 모든 나라에서 공통적인데, 심지어는 세계 최대 경제부국인 미국조차도 2001년 9/11테러, 2005년 허리케인 카트리나 피해시 수조 원의 복구비용을 이러한 국민들의 모금활동으로 충당하였다.

국민성금에 대한 법률용어인 기부금은 「기부금품의 모집 및 사용에 관한 법률」에 따라 모금 및 배분하게 되지만, 자연재난에 대해서는 「재해구호법」을 우선 적용하도록 되어 있으며, 그 용어조차도 의연금으로 구분하여 부른다. 가장 큰 차이점은 자연재난에 대해서 국민들이 낸 의연금은 그 자연재난에 의한 피해자들에게만 지원되는 것이 아니라 다른 자연재난과 관련하여 그동안 모금한 의연금과 통합하여 관리되면서 「의연금품 관리 · 운영 규정」에서 규정된 다음과 같은 지원기준에 따라 당해 모금금액과 구분없이 동일하게 지급된다는 사실이다. 지급한 후 남은 잔액에 대해서는 차후 발생할 수 있는 자연재난 피해자를 위해 적립된다.

- 세대주 · 세대원 중 사망 · 실종자 및 부상자
  - 사망 · 실종: 최대 2,000만 원
  - 부상: 최대 1,000만 원

- 주택피해자
  - 주택전파 · 유실 최대 500만 원, 반파 최대 250만 원, 소파(지진피해에 한정) 최대 100만원, 침수 최대 100만 원
- 주생계수단인 농업 · 어업 · 임업 · 염생산업 피해자: 최대 100만 원

이러한 자연재난에 대한 의연금은 국고지원대상이 되는 재난지역의 재난피해에 대해서만 지원되며, 이는 의연금 지원액의 최대액을 의미하는 것으로 정확한 지원금액은 「전국재해구호협회」의 이사회가 역할을 하고 있는 의연금배분위원회의 심의 · 의결을 거쳐 확정된다. 다만, 의연금과는 달리 생필품 등 의연물품에 대해서는 기부금품과 같이 모집자가 모집목적에 따라 개별적으로 배분할 수 있다. 또한, 지방자치단체에서도 자발적으로 기탁하는 것은 접수받아 해당 지역에 지원할 수 있다.

자연재난에 대한 의연금과는 달리, 사회재난에 대한 기부금은 해당 재난에 대해

서만 쓰이게 된다. 기부금을 배분하기 위한 별도의 통합적 배분위원회도 없으며, 기부금을 모금한 모집자가 모집목적에 따라 사용할 수 있도록 하고 있다. 따라서 사회재난으로 인한 피해자가 받는 국민성금은 해당 재난이 얼마나 사회적으로 이슈화되고 얼마나 많이 모금을 했느냐에 따라 결정되게 된다. 기부물품의 경우에는 기부금과 같은 규정이 적용된다. 자연재난과 사회재난에 대한 국민성금인 의연금과 기부금의 차이를 다시 구분하면 표 12.14와 같다.

표 12.14 자연재난과 사회재난에 대한 국민성금 모금 및 배분방식 비교[13]

재난유형	자연재난	사회재난
명 칭	의연금	기부금
근거법령	「재해구호법」	「기부금품의 모집 및 사용에 관한 법률」
주관부처	행정안전부	행정안전부
모집허가 또는 등록권자	행정안전부 장관이 허가	• 행정안전부 장관에게 등록(모집금액 10억 원 이상) • 시 · 도지사에게 등록(모집금액 10억 원 미만)
배분위원회	「전국재해구호협회」의 이사회	없음
배분기준	• 세대주 · 세대원 중 사망 · 실종자 및 부상자 – 사망 · 실종: 세대주 1,000만 원, 세대원 500만 원(최대) – 부상: 세대주 500만 원, 세대원 250만 원(최대) • 주택피해자 – 주택전파 · 유실 500만 원, 반파 250만 원, 침수 100만 원(최대) • 주생계수단인 농업 · 어업 · 임업 · 염생산업 피해자: 100만 원(최대)	모집자가 모집목적에 따라 개별적으로 배분
	모든 자연재난에 대해 의연금 통합관리 및 동일 배분기준 적용	당해 사회재난에 한해 전액배분

13) 「재해구호법」 및 「기부금품의 모집 및 사용에 관한 법률」에 의한 국민성금 외에도 "사랑의 열매" 배지로 잘 알려져 있는 사회복지공동모금회가 사회복지사업이나 그 밖의 사회복지활동 지원에 필요한 재원을 조성하기 위해 「사회복지공동모금회법」에 의해 매년 기부금을 모금하고 있는데, 이를 재난 피해자에게 지원하기도 한다.

6. 요약 및 결론

재난에 대한 예방과 대비를 통해 해당 지역사회는 보다 강해지고, 이러한 토대에서 재난발생시 대응이 효율적으로 이루어지면 재난에 의한 피해를 줄일 수 있을 것이다. 하지만 재난에 대한 예방, 대비, 대응이 아무리 잘 이루어졌다고 하더라도 해당 지역사회가 완전히 그 영향으로부터 벗어날 수는 없다. 이 장에서는 재난복구사업의 종류, 정부의 재난복구지원을 받기 위한 재난지역의 지정 · 선포 요건, 정부의 재난복구지원 내용, 이밖에 국민성금 모금활동에 의한 복구지원 등에 대해 살펴보았다.

연습문제

1. 재난복구 사업의 종류를 설명하라.

2. 재난복구의 비용은 누가 부담해야 하는가? 현행 법령상 제도와 연계하여 자연재난과 사회재난으로 구분하여 설명하라.

3. 특별재난지역 선포 제도의 의의를 설명하고 현행 법령상 제도와 연계하여 자연재난과 사회재난으로 구분하여 설명하라.

4. 특별재난지역과 재난사태 선포 제도를 비교 · 설명하라.

5. 재난관리기금과 재해구호기금 제도를 비교 · 설명하라.

6. 자연재난과 사회재난에 대한 국민성금 모금 및 배분 방식을 비교 · 설명하라.

[참고자료]

국민안전처 (2016). 자연재난조사 및 복구계획수립 지침.

✍ 재난 이야기: 경제성에 근거한 이주정책(복구사업)에 대한 실패분석

재난으로 인해 피해를 입은 지역 중에서는 상습 피해지역이어서 예방사업을 병행해야 하지만 거주하는 사람이나 운영되는 시설이 적어서 경제성이 많이 떨어지거나 기술적인 문제로 예방사업 추진이 어려운 경우가 있다. 이때 정부에서는 해당 지역주민의 재산을 적정한 시세로 매입한 후에 해당 주민과 시설을 이주시키는 정책을 추진하기도 한다. 이렇게 되면 정부는 예방사업에 대한 예산을 절감할 수 있을 뿐만 아니라 해당 지역도 녹지 등으로 변화시켜 자연 친화적 환경을 만들 수 있다. 하지만 이렇게 합리적으로 타당하게 보이는 이주정책 사업은 실제 시행과정에서는 지역주민 간 찬성과 반대의 갈등으로 사업추진이 어려운 경우가 빈번하다.

미국 오클라호마 피처시(Picher, OKlahoma)의 사례를 통해 이와 관련한 갈등원인을 알아보자. 미국 오클라호마 피처시에는 납과 아연을 채굴한 후 80년 동안 방치된 광산이 있었는데, 이로 인해 인근지역의 오염문제가 아주 심각하였다. 정부에서는 26년여간 오염문제를 해결하기 위해 노력하였으나 개선의 여지가 없자 결국 해당 지역주민을 이주시키기로 결정한다. 당시 정부에서는 이미 오염문제가 심각한 지역인 데다 지역주민의 재산에 대해 충분한 보상을 고려하고 있었기 때문에 시행과정에 큰 문제가 없을 것으로 생각하였다. 하지만 실제 이주정책을 추진하자 지역사회는 찬성파(Steering Committee)와 반대파(Speak Out)로 양분되며 심각한 갈등을 겪게 되고 실제 사업추진도 어렵게 되었다.

이에 대해 쉬리버(Shriver)와 케네디(Kennedy, 2005)는 인터뷰 등의 다양한 분석과정을 통해 이주정책이 어떻게 지역사회의 갈등을 일으키는지를 분석하고 그 이유를 다음과 같이 3가지로 정리하였다. 또한, 일부에서는 이런 이유를 들어 이주정책의 무용론을 주장하고 있으며, 실제 우리나라에서도 이주정책이 성공한 사례는 찾아보기가 어렵다.

■ 미래위험에 대한 예측결과가 모호하다(Ambiguity of Harm)

향후 발생할 수 있는 재난위험에 대한 인식은 사람들마다 다르다. 이는 재난위험을 객관적으로 완전하게 예측하는 것이 사실상 어렵기 때문이다. 피처시의 사례에서도 환경오염이 야기시키는 영향에 대해 찬성파에서는 심각성을 주장하였고 반대파에서는 찬성파가 오히려 오염문제를 지나치게 확대하고 있다고 주장하였다.

■ 경제적 상관관계가 상이하다(Economic Concerns)

같은 지역사회 안에서도 이주정책으로 인한 경제적 득실은 사람마다 다를 수 있다. 특히, 신구세대가 갈등이 빈번하게 되는데, 노년층은 보상금을 받더라도 이를 활용한 특별한 투자처를 찾기 힘든 데다 현재 위치에서 본인의 여생을 보내고 싶어 하는 반면에 청년층에서는 오염문제로 거래하기 힘든 재산에 대한 보상금으로 새로운 사업기회를 창출할 수 있는 기회라고 생각한다.

■ 지역사회에 대한 애착정도가 상이하다(Attachment to Community)

경제적 득실과 상관없이 나오는 문제로 지역사회에 대한 애착정도에 대한 사람들 간의 상이성이 있다. 어떤 사람들은 지역사회에 대한 향수와 같은 애착이 강해서 무조건적으로 해당지역에 머무르려고 한다. 하지만 반대로 지역사회의 위험을 인지하고 벗어나고 싶어 하는 사람들도 있다. 일반적으로 이러한 지역사회에 대한 애착정도는 거주기간에 비례한다.

* 출처: Thomas Shriver and Dennis Kennedy (2005). "Contested Environmental Hazards and Community Conflict over Relocation." Rural Sociology 70(4): 491-513

PART 05

재난과 사람, 사회

CHAPTER 13

재난심리

1. 개 설

전통적으로 재난피해에 대한 정부지원은 물질보상 위주로 이루어졌다. 재난피해가 발생하면 우선 재난피해자에 대한 의식주 위주의 구호활동을 실시하고 이후, 피해시설에 대한 신속한 복구활동 등을 통해서 재난피해자가 조기에 일상생활에 복귀할 수 있도록 지원하는 방식이었다. 이러한 전통적인 재난피해 지원활동은 그동안 재난지원의 중요한 양 축인 민간부문의 협력활동에서도 유사한 방식으로 이루어졌다.

하지만 최근 연구사례에서 보면 재난피해자뿐만 아니라 구조 · 구호 · 복구 등에 참여한 현장종사자, 자원봉사자 등 재난경험자들 일부에서 재난 이후에도 재난의 경험이 떠오르고 공포와 슬픔에 빠져 일상생활이 불가능한 상태에 이르는 등 심각한 정신적 후유증이 사회문제화되고 있다. 특히, 이러한 재난경험자들의 정신적 후유증은 최근 우리 사회가 개인주의, 핵가족화 등의 사회현상 속에서 급격하게 연대의식이 희박해지는 정신적 취약성이 증대됨에 따라 그 발생빈도와 정도가 증가하고 있다.

이러한 정신적 후유증은 당사자뿐만 아니라 장기적으로 가족, 사회 등에까지 악영향을 줄 수 있어서 이를 방치할 경우, 사회적 병리현상으로 발전하고 결국 사회비용의 증가를 초래할 수도 있다. 즉, 오히려 이는 재난으로 인한 물질적 피해보다 더 심각한 문제가 될 수 있다.

이 장에서는 먼저 재난단계별 개인 또는 집단의 심리현상을 살펴보고, 재난에 대한 심리적 충격을 치유 또는 치료하는 방법으로 재난심리회복지원 활동과 외상후 스트레스 장애의 치료에 대해 살펴보기로 한다.

✍ 재난상황에서 느끼는 불안함과 두려움의 두 가지 얼굴

코로나19와 같이 재난이 장기화되면서 '코로나 블루', '코로나 레드', '코로나 블랙'과 같은 신조어가 만들어졌다. 각각 코로나19로 인해 우울감, 분노심 및 절망감을 나타내는 용어이다. 코로나19로 만들어진 불안감과 두려움이 점차 사람들을 우울하게 만들고 급기야는 이러한 원인을 남의 탓으로 돌리며 분노하게 되고 이후에는 모든 상황을 체념하며 낙담하게 되는 '절망'으로 바뀌게 된 것이다. 이러는 과정에서 자살률의 급증과 같은 사회적 문제가 발생하였다.

하지만 재난상황에서 발생하는 불안감과 두려움이 항상 이러한 부정적 측면만 있는 것은 아니다. 불안감과 두려움은 사람들에게 위험신호로 작용하여 마스크를 철저하게 쓰는 등 방역수칙을 지키도록 하는 안전의식을 증대시켰다. 즉, 재난상황에서의 불안감과 두려움은 부정적 영향 외에도 현재의 재난상황을 극복할 수 있도록 시민의식을 긍정적 방향으로 변화시키기도 한다. 따라서 재난관리자는 이러한 불안감과 두려움의 심리를 어떻게 긍정적 방향으로 활용해야 하는지 항상 고민해야 한다.

2. 재난단계별 심리변화[1)]

여기서는 재난발생 이전, 진행, 이후에 재난발생에 관계되는 사람들이 보이는 행동의 특징을 살펴보기로 한다.

2.1 재난발생 이전의 심리

일반적으로 재난발생 이전에 사람들은 각종 위험신호를 접하게 된다. 하지만 왜 사람들은 이러한 위험신호를 무시하고 결국 재난을 자초하는 것일까? 1995년 6월 29일 발생한 삼풍백화점 붕괴사고(인명피해: 사망 501명/실종 6명/부상 937명, 재산피해: 2,700억)의 발생과정을 살펴보자.

지상 5층, 지하 4층 그리고 옥상의 부대시설로 이루어진 삼풍백화점은 붕괴사고가 일어나기 수개월 전부터 천장균열 등 붕괴조짐이 있었다. 특히, 사고당일 오전에는 5층에서 심각한 붕괴조짐이 나타났으나 경영진은 긴급회의에서 영업을 계속하면서 보수를 하기로 결정했다. 이때 1천여 명 이상의 고객들과 종업원들이 건물 내에 있었으며, 결국 당일 오후 5시 52분경 5층이 무너지기 시작하면서 건물은 먼지 기둥

1) 이 내용은 "재난과 심리(박성우, 국가민방위재난안전연구원, 2015) 강의"를 기반으로 작성되었다.

을 일으키며 20여 초 만에 완전히 붕괴되었다.

재난발생 이전에 사람들이 보이는 대표적인 심리 중 하나는 재난에 대한 여러 가지 예고나 경고 등 각종 위험신호에 대한 과소평가이다. 일반적으로 사람들은 위험이 있는 곳에서는 살 수가 없으므로 자기가 있는 곳에 위험신호가 있더라도 그 속에서 조금이라도 막연함, 애매함 또는 모순성이 있으면 이를 빌미로 무의식적으로 이를 정상신호로 해석하려는 경향이 있다.

특히, 이러한 과정에서는 만장일치를 의식하여 대안적인 행동을 억누르는 "집단사고(group think)"라는 심리기제가 개입하게 된다. 즉, 삼풍백화점 붕괴사고시 경영진들은 전날부터 계속해서 건물의 사고위험에 대한 보고를 받았고 사고 당일 긴급회의까지 열었지만 강력하게 긴급대피를 주장하는 사람들은 없었다.

또한, 사람들은 어떤 위험상황에서 처음에는 망설임이 아주 없지는 않지만 일단 이를 감수하기로 결심하면 위험을 잊고 이를 돌파하려고 한다. 이를 "일편적 지향행동(unequivocal behavior orientation; UBO)"이라고 하는데 특히, 자기와 같이 행동하는 사람들이 많게 되면 위험의식이 더욱 희석되게 된다.

만약, 위험신호가 점점 강해져서 긴급대피 등의 조치를 취해야 하는 상황에서도 사람들은 의사결정시 위험신호만으로 판단하는 것이 아니라 행동으로 인해 입게 될 금전상의 손익 등 다양한 영향을 받게 된다. 삼풍백화점 붕괴사고시에도 영업시간이어서 긴급대피 때에 이익상실의 위험이 발생할 것을 우려해 적절한 조치를 취하는 것을 주저한 것이다.

결국 이러한 일련의 심리는 우리 사회에 만연한 '안전불감증'이라고도 통칭할 수 있는데, 이러한 안전불감증은 결코 몰라서 발생한 것이 아니라는 것이다. 실제사례에 의하면 집중호우가 발생하여 인명피해가 발생하는 상황에서 상대적으로 비가 많이 온 지역보다 오히려 적게 온 지역에서 인명피해가 많이 발생하고, 행락객보다 원주민에게 피해가 많이 발생한다는 것이다. 이는 바로 "설마 이 정도의 비로?" 또는 "이제까지는 괜찮았는데" 하는 사람들의 방심으로 비롯된 것이다.

2.2 재난대응단계의 심리[2)]

재난피해자에게 공통적으로 나타나는 3단계 심리현상 중에서 재난충격을 막 경험한 충격반응단계, 재난충격이 막 지나간 반동반응단계가 재난대응단계의 심리를 나타내며, 마지막으로 회상반응단계가 재난발생 이후의 심리를 나타낸다.

2.2.1 충격반응단계(shock reaction)

재난충격을 막 경험하는 순간에는 재난생존자 중 단지 10~20%만이 이성적으로 행동할 수 있었다고 한다. 70%에 달하는 대부분의 사람들은 너무나 갑작스러운 상황으로 어쩔 줄 모르고 멍하니 서 있거나 소리도 지르지 못한다고 한다. 바로 이것이 충격반응단계에서 가장 흔한 반응이다. 2004년 12월 26일 발생한 남아시아 지진해일에서 방송에 잡힌 재난피해자를 보면 해일이 밀려오는데도 그냥 멍하니 서 있다가 파도에 휩쓸려 희생되는 장면들을 볼 수 있는데 바로 이러한 이유에서이다.

흔히 생각하는 정신을 잃고 심한 공포나 불안에 사로잡히거나 분노에 사로잡혀 소리를 질러대는 경우는 나머지 10~20%에 불과하다. 따라서 충격반응단계에서는 도와야 할 사람도 충격을 받고 있는 단계이므로 누군가를 돕는다는 것이 현실적으로 불가능하다.

또한, 충격반응단계에서 사람들의 행동양상에서 특이사항을 발견할 수 있는데 이는 행동심리학을 다루는 시험결과로 나타난다. 어느 영화상영 극장에서 화재발생을 가상하여 화재경보기를 울리고 행동을 관찰하였는데 여러 개의 출입구가 있었음에도 불구하고 사람들은 자신이 들어 왔던 출입구만을 고집하거나(귀소본능) 사람들이 몰리는 출입구만으로 가려고 한다(집단전염 또는 동조현상)는 것이다. 실제 화재사고 등에서 희생자의 시신이 유독 특정한 출입구에서 한꺼번에 발견되는 것이 이러한 것을 설명한다.

2.2.2 반동반응단계(recoil reaction)

재난충격이 지나간 직후 일단 재난생존자들은 살았다는 것을 깨닫고 앞서 받은 충격에 대한 반동을 하게 되는데, 킥킥 웃는 사람도 있고 흐느끼기도 하며, 신경질을

---

2) 이외에도 Frederick CJ는 재난경험자가 5단계의 반응을 보인다고 주장한다. ① 초기충격(initial reaction)단계: 재난충격에 먼저 불안과 공포를 느낀다. ② 영웅(heroic)단계: 주위의 사람을 구하기 위해 혼신의 힘을 다한다. ③ 신혼(honeymoon)단계: 자신이 생존했고 주변 기관에서 자신을 도와주고 있다는 사실에 기쁨과 감사를 느낀다. ④ 환멸(disillusionment)단계: 주변 기관 등이 적절하게 처리하지 못하다고 원망하고 좌절을 느낀다. ⑤ 재조직(reorganizaion)단계: 상황을 보다 현실적으로 보게 되고 당면문제의 해결에서 자신이 맡아야 할 책임을 수용한다.

부리거나 상당한 적대감을 나타내는 등 다양한 반응을 보이기도 한다.

하지만 이러한 사람들의 정서적 반응 외에도 여러 가지 극단적인 반응들도 보인다. 남을 돕기 위해서 자신의 위험을 무릅쓰는 의인이 있기도 하며, 자신만이라도 살아 남으려고 안간힘을 쓰기도 한다. 1912년 타이타닉호 침몰 당시 다른 사람을 구하기 위해 구조활동을 벌이다가 희생된 사람이 있었던 반면에, 구명보트에 올라탄 사람들이 구명보트가 반밖에 차지도 않았는데 기어오르는 사람들을 밀어버리기도 했다고 한다.

또한, 어떤 사람들은 위험이 지난 것을 깨닫게 되면 돌연 물건에 대한 욕심을 채우려는 사람도 나온다. 2003년 태풍 '루사' 때 경북 영덕에서 어느 노인이 무사히 대피를 하다가 항상 보던 TV를 가지러 집에 다시 들어가 희생을 당한 것이나 재난 후에 물질적 결핍이 장기화되는 것을 우려해 발생하는 약탈도 유사한 사례이다.

이렇게 사람들이 행동에 갈피를 잡지 못하는 이유에 대해서 재난상황에서 정상적인 커뮤니케이션이 되지 않아 상황을 제대로 인지하지 못하고 자신에게만 재난이 닥친 것으로 착각하는 데서 온다는 설명이 있다. 또한, 재난상황에서 사람들로부터 오는 상충되는 기대 속에 자신이 어떤 역할을 해야 하는지 갈등하게 되는 '역할갈등'에서 그 원인을 찾기도 한다.

2.3. 재난발생 이후의 심리 → 회상반응단계(recall reaction)

재난위험이 지나간 이후 일정한 시간이 지나면 재난생존자는 살아남았다는 안도감을 느껴야 하지만 여전히 많은 재난생존자는 대체로 불안하고 안절부절 못하는 것이 특징이다. 자신이 경험한 재난에 대한 무서운 생각이 자꾸 떠오르고 재난에 집착하여 자신이 겪은 재난을 자꾸 이야기하려고 한다. 지진해일 생존자가 물소리에 소스라치게 놀라거나 붕괴사고 생존자가 밤중에 천장이 울리는 소리에 공포심을 느끼는 등의 학습에 따른 '조건반응(conditional response)'이 나타나기도 한다.[3)]

이러한 현상은 재난생존자뿐만 아니라 구조, 구호, 복구 등에 참여한 현장종사자와 자원봉사자, 그 밖에 재난을 직접 목격한 사람들 등에게도 나타난다.[4)] 이러한

3) 구체적으로 살펴보면 i) 두통, 심장박동 증가, 위장장애, 식욕저하, 수면장애, 어지러움, 피로감, 긴장, 면연력 저하 등과 같은 신체반응, ii) 우울, 상실감, 심리적 충격, 두려움, 감정이 무뎌지고 멍해짐, 기억장애, 화, 분노, 무기력증, 집중력 저하, 판단력 저하 등과 같은 심리반응, iii) 혼자 있고 싶어 함, 대응관계 갈등, 예민해짐, 소외감, 학업능력 저하, 업무능력 저하 등과 같은 행동반등 등이 나타난다.

재난경험자들이 겪는 증상은 과거력 등의 요인들에 따라 사람마다 그 양상이나 강도가 다르다. 어떤 사람들은 시간이 지나면서 자연스레 이런 증상이 사라지기도 하지만 일부 사람들에게는 '외상후 스트레스 장애(Post-Traumatic Stress Disorder; PTSD)'와 같은 정신질환으로 발전하기도 한다. 정부에서 추진하고 있는 재난경험자와의 초기신뢰 형성을 바탕으로 한 '재난심리회복지원'을 위한 일련의 심리상담 활동은 재난경험자가 외상후 스트레스 증후군과 같은 정신질환으로 악화되는 것을 막고 조기에 재난경험자에 대해 심리적 안정과 사회적응을 지원할 수 있다.

다음 절에서는 우선 재난심리회복지원을 위한 상담활동을 먼저 살펴보고 이후 최근 사회문제화되고 있는 외상후 스트레스 장애 등과 같은 정신질환의 치료방법에 대하여 살펴본다.

3. 재난심리회복지원을 위한 상담활동

3.1 의의와 범위

재난경험자와의 초기신뢰 형성을 바탕으로 심리상담 활동을 통해 재난경험자에 대한 심리적 지원과 사회적응을 지원하는 일련의 활동이다. 다시 말해 외상후 스트레스 장애 등과 같은 정신질환으로 악화되는 것을 사전에 예방하기 위한 현장 중심의 심리상담 활동이며 정신보건의학적 치료분야는 범주에서 벗어난다. 구체적으로는 그림 13.1과 같이 심리적 충격완화를 위한 심리상담부터 고위험군에 대한 정신보건의학적 진료 연계까지가 그 범위이고, 이를 넘어서는 정신보건의학적 치료는 기존의 정신보건의료 체계에 따라 지원하게 된다.[5)]

4) 재난생존자, 재난피해자 등과 비교하여 이를 재난경험자라 지칭한다.

5) 현재 정부매뉴얼에 따르면 "3회 이상의 재난심리회복지원 상담에도 호전되지 않을 경우에는 본인 및 가족의 동의 후 정신보건의료기관 등에서 치유받을 수 있도록 연계하라"고 되어 있다.

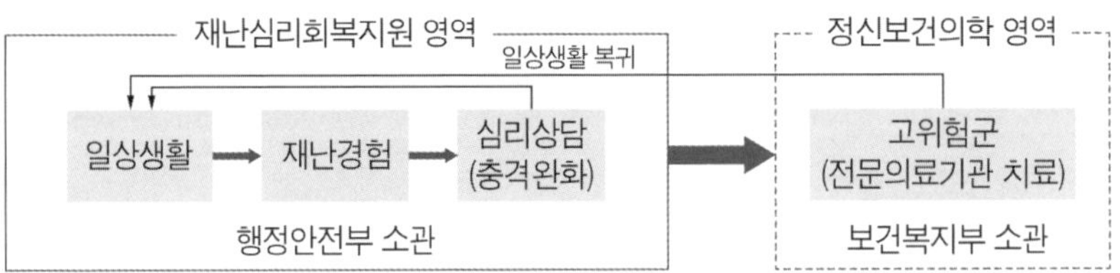

그림 13.1 재난심리회복지원과 정신건강의학 영역간의 관계

* 출처: 재난심리회복지원 실무매뉴얼(행정안전부, 2018)

3.2 추진 체계

현행 「재난 및 안전관리 기본법」에 따르면 국가와 지방자치단체는 재난으로 피해를 입은 사람에 대하여 심리적 안정과 사회적응을 위한 재난심리지원 상담활동을 지원할 수 있도록 되어 있다.

3.2.1 조직

(1) 중앙단위: 중앙재난심리회복지원단

재난발생 이전에는 행정안전부의 담당부서에서 재난심리회복 상담활동 지원에 관한 업무를 총괄하다 대규모 재난이 발생하면 행정안전부에서 비상기구로 "중앙심리회복지원단"을 구성 · 운영하게 된다. 단장은 행정안전부 장관이 지명하는 사람이 되지만, 행정안전부 등 재난심리회복 관련업무를 수행하는 중앙행정기관 공무원뿐만 아니라 공공기관 임직원, 민간전문가 등 다양한 인원이 단원으로 참여한다. 특히, 참여하는 중앙행정기관에는 재난심리회복지원 업무를 담당하는 행정안전부, 정신보건의학 사업을 담당하는 보건복지부, 학생정신건강을 담당하는 교육부, 청소년상담복지를 담당하는 여성가족부 등이 포함된다.

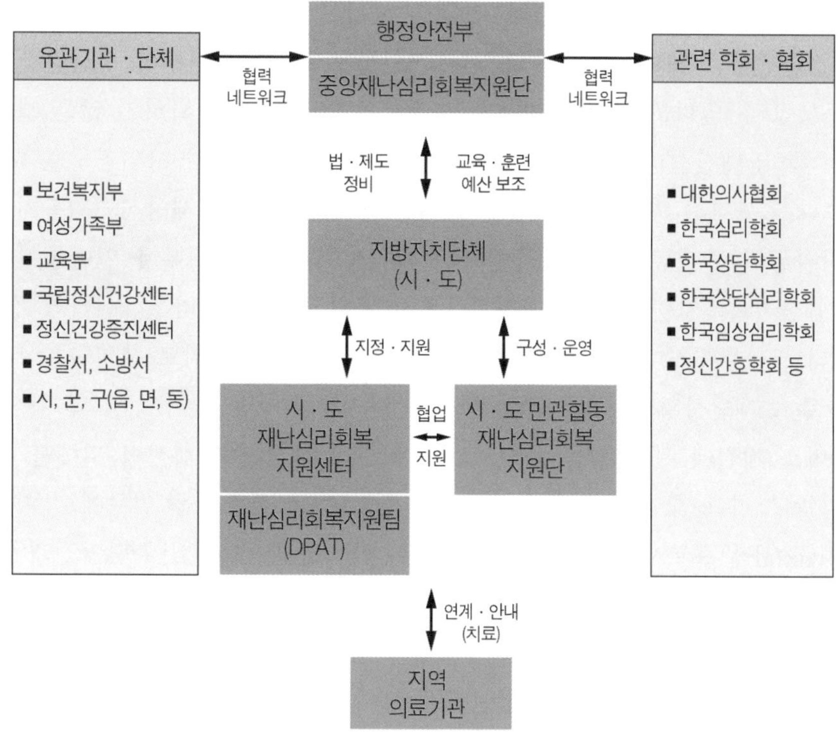

그림 13.2 재난심리회복지원 분야의 협업체계

* 출처: 재난심리회복지원 실무매뉴얼(행정안전부, 2018)

(2) 지방단위: 시 · 도 재난심리회복지원센터

시 · 도마다 재난심리회복 상담활동을 위하여 담당부서 외에 전문적으로 "시 · 도 재난심리회복지원센터"를 지정하여 업무를 수행하게 하고 예산도 지원하고 있다. 과거에는 시 · 도마다 처한 상황에 따라 병원, 학계 등 다양한 기관이 운영주체가 되었으나 2016년부터는 법정 재해구호지원기관인 대한적십자사가 재난발생 초기 구호활동과 연계한 유기적인 재난심리회복지원활동을 추진하기 위해 시 · 도별로 재난심리회복지원센터를 위탁하여 운영하고 있다. 이외에도 유기적인 민관협력 강화를 위하여 민간전문가가 참여하는 "시 · 도 민관합동 재난심리회복지원단"을 설치 · 운영한다.

이외에도 소방 · 경찰 등 대응인력에 대한 재난심리회복지원은 각 기관별로 자체 프로그램을 운영하고 있으며, 교육부 등에서도 소관 대상별로도 개별적인 프로그램을 운영하기도 한다.

(3) 트라우마센터와 정신건강복지센터

행정안전부의 재난심리회복 업무는 개념상으로 보건복지부의 정신건강복지 업무와 구분될 수 있다고 하지만 일선 행정에서는 그 구분이 명확하지 않은 경우가 발생한다. 특히, 재난심리회복 업무에 비해 정신건강복지 업무가 고위험군을 대상으로 하는 보다 고도화된 영역이라는 점을 고려할 때, 현장에서는 재난심리회복지원을 위한 상담활동의 상당부분을 정신건강복지 기관이 담당하는 경우가 일반적이다.

재난심리회복지원을 위한 정신건강복지 기관은 크게 트라우마센터와 정식건강복지센터로 나누어진다. 먼저, 보건복지부가 국가 및 권역단위로 운영하는 트라우마센터가 주요 재난상황에서 담당하는 역할을 살펴본다. 「정신건강증진 및 정신질환자복지서비스 지원에 관한 법률」 제15조의2에 따라 재난으로 정신적 피해를 입은 사람과 가족 그리고 재난 상황에서 구조, 복구 치료 등 현장대응 업무에 참여한 사람(이하 '재난경험자')으로서 정신적 피해를 입은 사람 등에 대한 심리적 안정과 사회 적응을 지원하기 위하여 국가 및 권역 트라우마센터가 보건복지부 산하로 지정되어 운영되고 있다.

국가 트라우마센터로는 국립정신건강센터가 지정 · 운영되고 있는데, 수도권 트라우마센터의 역할을 수행하면서 다른 권역별 트라우마센터를 총괄하는 기능을 수행한다. 그 외에 추가로 영남 · 충청 · 호남 · 강원권에 있는 정신건강을 다루는 국립지역병원(국립나주 · 춘천 · 부곡 · 공주병원)이 권역 트라우마센터로 지정 · 운영되어 재난경험자에 대한 재난심리 지원을 실시하고 있다. 이외에도 세월호 참사 및 포항지진에 대한 재난경험자를 고려하여 안산정신건강 트라우마센터와 포항지진 트라우마센터가 각각 설립 준비중이다. 트라우마센터에서는 재난발생 즉시 재난현장으로 출동하여 직접 재난심리 지원을 할 수 있는 마음안심버스도 운영하고 있다.

하지만, 이러한 국가 및 권역 트라우마센터가 지역 단위에서 직접 활동하기는 현실적으로 쉽지 않다. 국가 및 권역 트라우마센터는 광역 및 기초자치단체에서 직영 또는 위탁 운영하는 광역 및 기초 정신건강복지센터와 연계하여 재난경험자에 대한 재난심리 지원을 실시하고 있다. 즉, 일선 행정의 관점에서 살펴보면 보건복지부의 정신건강복지 업무는 주요 재난상황에서는 결국 재난심리 지원업무까지 실시하고 있다고 봐야 할 것이다.

이러한 정신건강복지센터는 외상후 스트레스 증후군을 포함한 조현병, 우울증 등 정신질환자 관리, 자살예방사업 등 정신건강 돌봄 및 증진사업 추진을 위해 정신건강의학적 측면에서 보건복지부 소관으로 각 시 · 도 및 시 · 군 · 구에 설치되어 운영되고 있는 조직으로 앞서 설명한 행정안전부 소관의 재난심리회복지원센터와의 차이를 살펴보면 표 13.1과 같다.

표 13.1 재난심리회복지원센터와 정신건강복지센터의 비교

	재난심리회복지원센터	정신건강복지센터
소관부처	행정안전부	보건복지부
설립목적	재난발생 초기 심리적 충격완화에 중점을 두고 재난경험자의 심리적 안정과 사회적응 지원	정신질환자의 관리 및 치료지원, 자살예방사업 등 정신건강돌봄 및 증진사업 추진
조직규모	시 · 도별 설치 – 대한적십자사에서 광역단위 위탁운영 *대전 · 세종 · 충남 및 광주 · 전남 통합 운영	시 · 도, 시 · 군 · 구별 설치 – 광역 정신건강복지센터: 국공립병원 등에 별도 센터 설치 – 기초 정신건강복지센터: 지역보건소內 설치 · 운영
운영방식	센터별 전문직 소장외 1~2명의 관리직원만 상주 – 재난발생시 교수, 의사, 심리상담사 등 지역사회 인력풀 활용하여 활동	센터별 10~20명의 전문인력(전문의 등) 상주 – 재난발생시 정신보건사업의 일환으로 전문인력이 재난심리 상담 실시
활동방식	재난현장 또는 생활터전을 찾아가는 서비스 *상담결과 고위험군은 의료기관 치료 연계 지원	치료소 내방자 치료 또는 전화상담 위주

* 출처: 국민안전처(2016)

3.2.2 예산

정부는 재난심리회복지원 활동을 위해 소요비용의 50%를 국고에서 지원하는 것을 원칙으로 하고 있다. 하지만 책정된 예산은 2016년 기준으로 3.6억 원에 불과하여 실제적으로는 시 · 도 재난심리회복지원센터 운영에 드는 경상비용에 불과하다. 일반적으로 대규모 재난발생으로 상담수요가 폭증한 경우에는 시 · 도에 적립된 재해구호기금 및 재난관리기금을 재원으로 상담활동을 지원하게 된다.

3.3 상담활동 방법

재난심리회복지원 활동은 "재난경험자의 심리변화가 재난이라는 비정상적 상황에서 보여지는 정상인들의 정상적인 행동"임을 인식하는 것에서 출발해야 한다. 즉, 활동가는 '치료자'가 아니라 재난경험자 스스로가 역량을 회복하고 강화하는 데 단지 도움을 주는 '촉진자'라는 것을 인지해야 한다. 이러한 관점에서 미국 연방재난관리청(FEMA)의 재난심리회복지원 상담원리를 기반으로 정리하면 다음과 같다.

- 촉진자로서의 역할(Strengths Based): 활동가는 재난경험자가 다른 사람이나 조직에 의해서가 아닌 스스로 자기능력을 회복할 수 있도록 '치료자'가 아닌 '촉진자'의 역할을 한다.
- 익명성 보장(Anonymous): 활동가는 환자를 진료하거나 진단하는 사람이 아니다. 따라서 재난경험자에 대해서는 익명성을 보장해야 하며, 기록지를 남기는 것도 삼가야 한다.
- 방문상담 원칙(Outreach Oriented): 활동가는 심리적으로 위축되고 소극적인 재난경험자의 상태를 고려하여 기다리기보다는 적극적으로 찾아다니며 활동해야 한다.
- 일상생활 속 상담장소: 활동가는 가정, 직장 등 지역사회 일상현장에서 상담하는 것이 바람직하다. 병원과 같은 치료적 장소는 재난경험자에 대한 사회적 낙인을 찍을 수 있으므로 특히 삼가야 한다.
- 보조재로의 역할(Designed to Strengthen Existing Community Support Systems): 활동가는 상담활동이 해당 지역사회 내 운영되고 있는 기존의 다른 지원제도를 대체하는 것이 아닌 단지 보조하는 것임을 명심해야 한다.

4. 외상후 스트레스 장애 등 정신보건의학적 치료[6)]

4.1 정의

재난상황에서 사람들은 충격적이고 두려운 사건을 당하거나 목격하게 되는데, 이를 '정신적 외상(trauma)'이라 한다. 이러한 정신적 외상은 일반적으로 갑작스럽게 일어날 뿐만 아니라 경험하는 사람들에게 일반적 대응능력을 압도하는 극심한 스트레스를 주는데, 이를 '외상후 스트레스(post-traumatic stress)'라 한다. 이러한 외상후 스트레스는 일반적으로 시간이 지나면서 점차 사라지게 되지만 그러한 정신적 외상이 지나갔음에도 불구하고 계속해서 그 당시의 충격적인 기억이 떠오르는 등 심리적으로 악영향을 주는 것을 '외상후 스트레스 장애', 즉 PTSD(Post-Traumatic Stress Disorder)라고 한다.

4.2 증상

일반적으로 PTSD는 아래와 같은 3가지 증상이 상호작용하는 것이 특징이다. 이런 증상은 외상적 사건이 발생한 1개월 후, 심지어는 1년 이상 지난 후에도 발생할 수 있다.

(1) 재경험 증상: 사건에 대해 기억이 자꾸 떠오르고 꿈에 나타나는 등 외상적 사건을 일상생활 속에서 지속적으로 재경험한다.

- 사건에 대한 반복적이고 집요하게 떠오르는 고통스러운 회상
- 사건에 대한 반복적이고 괴로운 꿈
- 마치 외상성 사건이 재발하고 있는 것 같은 행동이나 느낌
- 외상성 사건과 유사하거나 상징적인 내적 또는 외적 단서에 노출되었을 때 심각한 심리적 고통 또는 생리적 재반응

(2) 회피와 마비 증상: 외상적 사건을 떠오르게 하는 활동, 장소, 사람들을 피하려고 하고, 사랑의 감정을 느끼지 못하거나 활동에 대한 흥미를 상실하는 등 일상생활에서 반응에 대한 마비가 나타난다.

- 외상과 관련되는 생각, 느낌, 대화를 회피

6) 이 편은 보건복지부에서 관장하는 국민건강정보포털 의학정보(2016)를 기반으로 하여 작성하였다.

• 외상이 회상되는 행동, 장소, 사람들을 회피

• 외상의 주요한 부분을 회상할 수 없음

• 중요한 활동에 흥미나 참여가 매우 저하됨

• 다른 사람들로부터의 소외감

• 정서의 범위가 제한됨(예: 사랑의 감정을 느낄 수 없다).

• 미래가 단축된 느낌(예: 직업, 결혼, 자녀, 정상적 삶을 기대하지 않는다)

(3) 지나친 각성 현상: 외상 사건과 같은 위험에 처한 것처럼 항상 경계하며 잠을 자기가 어렵고 집중하기도 어렵다.

• 잠들기 어려움 또는 잠을 계속 자기 어려움

• 자극에 과민한 상태 또는 분노의 폭발

• 집중의 어려움

• 지나친 경계

• 악화된 놀람 반응

이외에도 해리현상[7]이나 공황발작[8]을 경험할 수 있고 환청 등의 지각이상을 경험할 수도 있다. 공격적 성향, 충동조절의 어려움, 우울증 등이 나타날 수 있으며, 집중력 감소 및 기억력 저하 등의 인지기능 문제가 나타날 수도 있다. 괴로운 기억을 둔화시키기 위해 알코올이나 다른 약물을 남용하기도 한다.

4.3 원인

'정신적 외상'을 불러일으킬 수 있는 충격적인 사건이 PTSD의 직접적인 원인이기는 하지만 충격적인 사건을 경험한 모든 사람이 PTSD를 경험하는 것은 아니다.

---

7) 어떤 충격을 받았을 때 그 사람의 성격 일부가 떨어져 나와 독자적으로 행동하게 되는 현상이다. 예를 들어, 자신이 강도나 강간을 당하는 상황에서도 자신이 당하는 것이 아니라 남에게 일어난 일처럼 행동하는 현상이다. 일시적으로 자신을 보호하기 위한 방어적 심리로 이해되며 다중인격, 빙의현상 등의 현상을 설명하는 데도 활용된다.

8) 어떠한 원인에 의해 예기치 못한 발작이 반복적으로 일어나는 등 자신이 조절할 수 없는 정도의 혼란에 빠지게 되고 이로 인해 일상생활을 정상적으로 영위하는 데 어려움이 발생한다.

일반적으로 외상사건을 경험한 여자의 20%, 남자의 8%가 PTSD를 경험하여 여성이 남성에 비해 경험하는 비율이 2.5배 정도 높다고 한다. 보건복지부에서 실시한 '정신질환상태 역학조사결과(2011)'에 따르면 우리나라의 경우, PTSD에 대한 1년 유병률은 0.6%(평생 유병률 1.6%)에 불과하다. 특히, 성별로는 남성이 0.2%(평생 유병률 0.7%), 여성이 1.1%(평생 유병률 2.4%)로 일반적으로 여성이 남성에 비해 1년 유병률이 5.5배 정도 높았다.

이러한 PTSD의 발병원인을 살펴보면 심리학적, 생물학적 요인 등이 발병에 영향을 미치는 것으로 알려져 있는데, 외상 사건 요인, 외상 이전 요인, 외상 이후 요인 3개지로 그 원인을 정리해 볼 수 있다.

- 외상 사건 요인: 외상 사건 자체의 양태와 강도
- 외상 이전 요인: PTSD, 우울증 등 질병에 대한 과거력, 유사 외상사건의 과거력 등
- 외상 이후 요인: 사회적 지지망, 경제적 지원, 추가 외상사건 등

4.4 분류

PTSD에도 종류가 있다. 먼저, PTSD와 유사한 반응을 보이지만 외상사고 후 4주 이내에만 시작되고 4주까지만 지속되는 것으로 '급성 스트레스 장애(Acute Stress Disorder; ASD)'가 있다. 이러한 '급성 스트레스 장애'가 치료되지 않으면, 즉 증상의 지속기간이 4주 이상이 되면 '외상후 스트레스 장애'로 진단될 수 있는데, 이 경우에도 증상기간이 3개월 이하이면 '급성', 3개월 이상이면 '만성'으로 분류되며, 6개월 이후 증상이 나타나는 것을 '지연성 외상후 스트레스 장애'로 분류할 수 있다.

4.5 치료

의학적 치료는 크게 정신치료와 약물치료로 나눌 수 있다.

4.5.1 정신치료

일명 상담치료라고도 불리는 정신치료 중에서 가장 효과적인 방법이라고 일컬어지는 방법은 "사건에 대한 해석이 변하면 그 사건에 대한 정서적인 반응과 생리적 반응도 변화할 수 있다"는 이론에 기초한 인지행동치료이다. 그 외에 다양한 방법이 있으나 이 또한 인지행동치료와 많은 부분이 연관되어 있다. 인지행동치료의 가장 대표적인 방법은 인지치료와 노출치료이다.

(1) 인지치료

"결과가 있으면 원인이 있다"는 전제하에 상담을 통해 외상사고와 관련된 어떤 생각이 자신을 불안하고 혼란스럽게 만드는지 알아낸다. 그리고 이러한 생각을 더 정확하고 더 편안한 생각으로 대치시키고 겪고 있는 불안, 혼란 등의 감정에도 어떻게 대처하는지 익히게 된다.

예를 들어, 2014년 세월호 사고의 생존자와의 상담을 통해 그들이 겪고 있는 불안과 혼란 등이 '자신들이 노력했으면 친구들을 구할 수 있지 않았을까?' 하는 자책에서 비롯되었다는 것을 알게 되었다. 이때 인지치료는 사고가 본인의 잘못에 의해 비롯된 것도 아니고, 불가항력적인 일에 대한 불필요한 죄책감이라는 것을 이해하게 해줌으로써 불안, 혼란 등의 감정에 대처하게 하였다.

(2) 노출치료

우리 속담에 "자라 보고 놀란 가슴 솥뚜껑 보고 놀란다"는 말이 있는 것처럼, 사람들은 과거 외상사고를 떠오르게 하는 생각, 느낌, 상황에 대해 두려워하도록 학습되어 있다. 노출치료는 이러한 학습된 공포를 역으로 되돌려 외상사고에 대해 편안한 감정을 느끼도록 하는 것이다. 처음에는 외상사고에 대해 이야기하는 것 자체가 힘들고 꺼려질 수 있으나 치료자와 지속적, 반복적으로 이야기하고 감정을 떠올리다 보면 외상사고에 대한 기억에 압도당하는 고통이 줄어들게 된다.

이러한 인지행동치료 이외에도 인지행동치료와 유사성을 가지는 방법으로 안구운동 민감소실 및 재처리 요법(Eye Movement Desensitization and Reprocessing; EMDR), 바이오피드백 방식, 단기 정신역동 정신치료 등 다양한 방법들이 있다.

4.5.2 약물치료

전통적으로 PTSD는 '비통상적 사건에 대한 정상적인 반응'이라고 하여 외상사건의 의미를 파악하는 정신치료로만 접근해 왔으나 최근에는 뇌생리학적 기능이상의 문제로 바라보는 시각이 등장하고 약물치료의 방법이 등장하였다. 아직까지 PTSD의 모든 증상을 치료하는 약물은 개발되지 않았으나 '선택적 세로토닌 재흡수 차단제(Selective Serotonin Reuptake Inhibitor; SSRI)' 계통의 우울증 치료제 등이 불안, 공포, 충동 등 PTSD 증상조절에 많이 사용되고 있다.

✍ 재난 이후 자살자는 사망자로 인정되어야 하는가?

재난 현장에 있었던 사람 중에서 정신적 트라우마를 겪고 나서 극단적 선택을 하는 경우가 종종 발생한다. 「재난 및 안전관리 기본법」을 비롯한 관계법령에 따르면 사망자 인정 여부에 따라 재난지원금 등 피해자에 대한 각종 지원내역에 차이가 발생한다. 따라서 재난 이후 자살자에 대해 사망자 인정여부는 논란이 되어 왔다.

최근 정책 사례에 의하면 정신적 트라우마가 자살과 직접적 인과관계가 있다고 인정되게 되면 정신의학 전문가 등의 의견을 물어 사망자로 인정하고 있다. 예를 들어, 세월호 참사 당시 학생들과 함께 있다가 구조된 후 제자들을 잃은 현실을 자책하다 극단적 선택을 했던 당시 단원고등학교 교감 선생님, 이태원 참사 당시 현장에서 친구 2명이 사망한 이후 부상 치료를 받다 본인도 극단적 선택을 했던 고등학교 학생 등이 재난 이후 사망자로 인정되었다.

하지만, 재난 이후 정신적 트라우마로 사망한 사람들에 대해 사망자로 인정하여 각종 재정적 지원 대책을 추진하는 것보다 더 중요한 것은 이러한 안타까움 희생을 방지하는 것이다. 이를 위해 정부에서는 PTSD 등을 치료 및 예방하기 위한 심리상담 등을 선제적이고 적극적으로 실시하는 것이 더욱 필요하다.

5. 요약 및 결론

최근 우리 사회는 개인주의, 핵가족화 등의 사회현상 속에서 급격하게 연대의식이 희박해지는 등 정신적 취약성이 증대되고 있다. 이러한 상황에서 재난피해자뿐만 아니라, 구조 · 구호 · 복구 등에 참여한 재난경험자들의 정신적 후유증은 결코 간과될 수 없는 재난관리 영역이 되었다.

이 장에서는 먼저 재난단계별 개인 또는 집단의 심리현상을 살펴보고, 재난에 대한 심리적 충격을 치유 또는 치료하는 방법으로 재난심리회복지원 활동과 외상후 스트레스 장애의 치료에 대해 살펴보았다. 특히, 많은 사람들이 혼동하는 재난심리회복 지원의 영역과 정보보건의학 치료의 영역의 차이를 설명하면서 재난상황에서 재난심리회복 지원을 위한 상담활동의 의의를 되짚어 보았다.

연습문제

1. 재난발생시 관계되는 사람들이 느끼는 심리를 재난발생 이전, 진행, 이후로 나누어 설명하라.

2. 재난심리회복 지원을 위한 상담활동이 정신보건의학적 치료와 다른 점과 상호간의 관계를 설명하라.

3. 외상후 스트레스 장애(PTSD)와 그 치료 방법에 대해 설명하라.

[참고자료]

국민안전처 (2016). **재난심리회복지원 실무매뉴얼**. 국민안전처 재난구호과.

박성우 (2015). **재난과 심리**. 국가민방위재난안전연구원 강의자료.

보건복지부 (2016). **외상후 스트레스 장애**. 국가건강정보포털 의학정보, http://terms.naver.com/

서울대학교병원 (2016). **외상후 스트레스 장애**. http://terms.naver.com/

소방방재청 (2009). **방재학 정체성 확립을 위한 기초연구**. 소방방재청.

FEMA (2016). *Crisis Counseling Assistance and Training Program FACT Sheet*. Federal Emergency Management Agency.

Shapiro, F. & Maxfield, L. (2002). Eye movement desensitizaion and reprocessing (EMDR): Information processing in the treatment of trauma. *Journal of clinical psychology*, 58(8), 933-26.

✍ 재난 이야기: 재난경험자가 겪은 트라우마의 고통

재난현장에 있었던 부상자, 유가족 등 재난피해자뿐만 아니라 구조 · 구호 · 복구 등에 참여한 현장종사자, 자원봉사자 등 재난경험자 일부는 재난 이후에 재난의 경험이 떠오르고 공포와 슬픔에 빠져 일상생활이 불가능한 상태에 이르게 된다.

2022년 10월 29일, 핼러윈 행사에 참여하기 위해 이태원에 방문했던 꽃다운 생명 159명이 사망한 이태원 참사 이후 재난피해자와 재난경험자가 겪은 트라우마 고통을 다룬 신문기사를 소개한다.

지난해(2022년) 10월 29일 발생한 이태원 참사의 희생자 수는 159명(행정안전부 발표)이다. 159번째 희생자는 그날의 이태원이 아닌, 43일 뒤 서울 마포구에서 스스로 생을 마감한 고등학생 이재현(참사 당시 16세) 군이다. 생존자 이군을 마지막 희생자로 만든 건 몸이 아닌 마음의 상처, 트라우마였다. 이군은 그날 속마음을 털어놓던 절친 그리고 여자친구와 이태원에 갔다. 살아남은 건 이군뿐이었다. 이군의 어머니 송해진(47) 씨는 지난 6일 중앙일보와 인터뷰에서 "둘이 떠나고 나선 주변 다른 친구나 가족에게 마음을 터놓을 수 없었던 것 같다"고 말했다.

"반에서 가장 인기 많은 아이"라는 말을 듣던 이군은 참사 후 완전히 딴 사람이 됐다. 송씨는 "거대한 벽이 생긴 듯했다. 어떤 말도 귀에 닿지 않는 것 같았고, 눈을 마주치는 느낌도 없었다"고 했다. 학교에서 웃고 떠든 날도 집에 오면 "너무 외롭고 죽고 싶다"는 말을 꺼냈다. 등굣길, 사람이 가득 찬 버스에 탈 수 없어 오르막을 힘겹게 걸어 올랐다. 가쁜 숨을 내쉬며 교실에 앉으면 이태원에서 본 끔찍한 광경이 끝없이 떠올랐다고 한다.

이군은 사력을 다해 트라우마에 맞섰다. 송씨가 보여준 휴대전화 속에는 노력의 흔적들이 고스란히 남아 있었다. "친하게 지내줘서 너무 고마워. 너희 부모님이랑 ○○이 부모님께서 너희 몫까지 꼭 열심히 살아 달라고 부탁하셨어. 진짜 열심히 살게. 이 형 끝까지 보고 있어라." 이군이 지난해 11월 17일, 참사로 먼저 떠난 친구에게 보낸 메시지다. 헬스장에 등록해 운동을 시작하고 밥도 열심히 챙겨 먹었다. 송씨는 "아이가 '힘들어서 일부러 게임도 하고 밥도 잘 먹으려 한다'는 말을 했다"고 회상했다.

그러나 괜찮은 것처럼 보였던 그 순간에도 트라우마는 이군을 집어 삼키고 있었다. 혼자 살아남았다는 미안함과 죄책감 그리고 고립감은 아무리 마음을 굳게 먹어도 떨쳐지지 않았다. 그리움도 마찬가지였다. 그는 종종 먼저 간 친구에게 "아침에 꿈에서 ○○이 나왔는데 오늘 밤에는 네가 나올 거라고 믿을게", "보고싶다" 등의 메시지를 보냈고, 함께 찍은 사진을 꺼내봤다.

참사를 향한 부정적인 시선은 이군을 '2차 트라우마'에 빠뜨렸다. 소셜미디어(SNS) 등에 쏟아진 생존자와 희생자들을 비난하는 글들. 송씨는 "친구들을 '노는데 환장해 질서도 안 지킨 무분별한 애들'이라고 비난하거나 심지어 '마약을 했다'고 단정하는 댓글까지 보면, 사회와 주변 상황이 절대 자신에게 호의적이지 않다는 걸 알 수밖에 없는 나이였다. 그런 분위기가 고립감과 죄책감을 부추겨 누구에게도 손을 내밀기 힘들게 만든 것 같다"고 말했다.

이군은 참사를 다룬 한 유튜브 영상에 자신이 피해자임을 밝히고 1537자에 달하는 긴 댓글을 남겼다. 왜 이태원에 갔고 어떻게 인파에 휩쓸렸는지, 어떻게 살아남았는지 해명했다. "죽고 싶었어요, 지금도 죽고 싶고 그 둘한테 너무 미안하고 모든 게 제 잘못 같고 세상이 저를 버린 것 같았어요"라고도 적었다. 그리고 얼마 뒤 친구에게 "최대한 안 아프게 빨리 갈 테니깐 걱정하지 말고 기다려"라는 메시지를 보냈고, 끝내 세상을 떠났다.

참사와 관련된 많은 사람들이 이군과 같이 트라우마를 안은 채 하루하루를 살아내고 있다. 중앙일보는 이태원 참사 1년을 앞두고 생존자와 유가족, 소방관과 경찰관, 인근 상인 등 15명을 심층 인터뷰했다. 모두가 트라우마로 인한 크고 작은 고통을 겪었고 일부는 지금도 고통이 전혀 줄어들지 않았다고 했다. 정도의 차이만 있을 뿐, 예외는 없었다. 이 중 13명은 국립정신건강센터의 '재난정신건강평가'에 응했는데, 3명은 자살위험이 있는 '고위험군', 9명은 '관심군'이었다. '정상군'으로 분류된 단 한 명(생존자 김모 씨) 역시 "출퇴근 길 지하철 2호선을 탈 때마다 압사 사고가 나진 않을까 불안하다"고 했다.

이들을 가장 괴롭힌 건 공포와 불안감이다. 매일 하던 사소한 일도 어려워졌다. 참사로 친구를 잃은 생존자 전모(32) 씨는 한동안 해가 진 뒤에는 골목이 무서워 가까운 편의점도 못 갔다. 술을 안 마시면 불안을 견디지 못해 내내 취한 상태로 3개월 정도를 흘려보냈다. 구급차가 지나갈 때도, 사소한 소음에도 과도하게 놀랐다. 그는 "한때는 위로하는 사람들을 다 공격하고 싶은 생각까지 들 정도였다. 무서웠고 불안했다. 전보단 나아졌지만 여전히 마음이 불편하고 위축된 느낌"이라고 말했다. 생존자인 20대 A씨도 "사람이 많거나 폐쇄된 공간에 가면 숨을 잘 못 쉰다. 많이 돌아가더라도 지하철 대신 버스를 탔다"고 말했다.

또 이들 대부분이 죄책감에 시달렸다. 희생자 고 이해린(당시 25세) 씨 어머니 김이순(52) 씨는 "늘 딸에게 미안하다"며 "내가 잘못했든 안 했든 자식 먼저 잃었으면 잘못한 거다. 지켜주지 못한 내 잘못이다"라고 말했다. 고 김연희(당시 23세) 씨 아버지 김상민(56) 씨 역시 "살아있는 것 자체가 죄스럽다. 다가오는 딸 생일을 어떻게 맞아야 할지 막막하다"고 했고, 생존자 전씨는 "사고 후 2주간 숙소를 잡고 매일 참사 현장에 갔다. 친구를 혼자 두고 온 것 같았다. 괜히 살아 나왔단 생각도 했다"며 눈물을 보였다.

소방관과 경찰관들도 일상이나 업무에 어려움을 겪을 정도로 죄책감에 짓눌려 있다. 최모(34) 소방관은 "핼러윈 분장을 한 분에게 심폐소생술을 하던 순간이 떠오른다. 더 빨리 가서 2~3명이라도 더 살렸다면 그 유족과 지인은 슬픔이 덜했지 않겠나. 여전히 죄송하고 괴롭다"고 했다. 유모(32) 소방관은 "아직도 '살려주세요, 꺼내주세요'

하던 목소리들이 들리는 것 같다. 더 빨리 움직여서 더 살렸어야 했다"고 말했고, 이태원파출소에서 근무한 김모 경장은 "그게 최선이었을까 하는 생각에 괴롭다"고 말했다. 경찰청이 이성만 더불어민주당 의원실에 제출한 자료에 따르면, 참사 당일 현장에 출동한 경찰관 1371명 중 327명(24%)이 긴급심리지원을 신청해 총 340회의 상담이 이뤄졌다.

PTSD(외상후 스트레스 장애)가 심해지면 음식을 먹거나 잠을 자는 것조차 고통이다. 참사 희생자인 고 박가영(당시 21세) 씨 어머니 최선미(49) 씨는 "지금도 2~3일 정도 못 자다 하루 자고, 음식을 먹어도 맛을 못 느낀다. 자식 잃은 엄마들 중엔 아예 짠맛을 못 느끼는 사람도 있다. 설렁탕 먹는데 소금을 넣고 또 넣더라"고 말했다. 참사 현장에서 신발가게를 운영한 남인석(82) 씨는 "애들이 억울하게 죽은 걸 보고 한동안 잠을 못잤다"며 "요새도 새벽 2시고 3시고 깬다. 깊은 잠을 잘 수 없다"고 했다.

마음의 병은 질병으로 이어지기도 한다. 최선미 씨 입안 4~5곳에 난 염증은 8개월 동안 없어지지 않고 있다. 스스로 '숨만 쉬어도 살이 찌는 체질'이라고 소개했지만, 참사 후 체중이 25kg 줄었다. 그는 "머리나 이가 빠진 유족도 많다"고 말했다. 생계를 포기하거나 직장·가게를 옮긴 이들도 6명에 달했다. 제조업체에서 일했던 김상민씨는 1년 가까이 휴직 중이고, 최씨도 사회복지사 일을 그만뒀다. 사람 만나는 게 두려웠다던 생존자 전씨는 헬스 트레이너 일을 관뒀고, 아예 다른 일을 찾고 있다.

비교적 빨리 마음을 다잡았다고 한 생존자들도 이군과 같이 부정적 시선이나 악성 댓글로 인한 '2차 트라우마' 앞에선 다시 무너졌다. 인터뷰에 응한 15명 중 상인 두 명을 제외한 모두가 주위 비난과 댓글 때문에 상처받고 분노했다고 답했다. 생존자 A씨는 "앞에선 괜찮아졌냐 묻고 걱정하던 회사 사람들이 뒤에선 이태원에 간 걸 좀 안 좋게 본단 얘기를 전해 들었다. 참사 얘기를 아예 안하는 게 좋겠다고 조언한 분도 있었다. 충격이 컸다"고 말했다. 전씨는 한 방송 인터뷰에 응했다가 '친구 죽었는데 맨 정신으로 인터뷰하는 사이코패스'라거나 '여자 만나러 간 것 아니냐. 같이 죽었어야지 왜 살았냐'는 댓글을 보고 "멘탈이 흔들렸다"고 했다.

비난과 외면은 유가족의 상처도 덧나게 했다. '희생자에 대한 막말'과 '고립감'이 가장 힘들었다는 게 유족들의 공통된 말이다. "정쟁거리가 아니라 사람의 삶과 죽음에 대한 일인데 그걸 조롱하니까 더 상처가 커졌다"(김상민 씨)는 것이다. 이군 어머니 송씨는 "모든 사람이 다른 세상에 살고, 나만 지구 밖에 있는 것 같다. 큰 재난에 대해 조금 더 공감하고 추모하는 사회 분위기였다면 우리 아이도 손을 내밀었을지 모른다"며 "정부도 없던 일처럼 무시하지 말고 상처를 어루만질 수 있도록 제 역할을 해줬으면 좋겠다"고 말했다.

* 출처: 윤정민, 하준호, 이영근, 및 이찬규 (2023). 생존자도 유족도 소방관도 1년 전 그날 트라우마에 고통. 중앙일보 2023년 10월 23일자

CHAPTER

14 재난대피

1. 개 설

재난대피는 위험한 상황에 처하거나 처할 것으로 예측되는 주민을 최단 시간 내에 안전한 장소에 머물도록 하는데 목적을 두고 있다. 이러한 재난대피는 단순하게 보이지만 실제 재난관리 과정에서 가장 중요한 요소 중 하나이다. 아무리 재난대비가 잘 이루어져 있더라도 실제 재난상황에서 재난대피가 원활하게 시행되지 않으면 많은 인명피해가 발생하게 된다. 반대로 아무리 재난대비가 허술하게 이루어져 있더라도 재난대피가 원활하게 시행되면 적어도 인명피해만큼은 최소화할 수 있다.

재난대피와 연계되어 있는 사람들의 심리, 사회적인 구조 등을 이해하는 것은 매우 복잡하다. 하지만 이러한 복잡한 메커니즘을 이해하지 않고서는 실효성 있는 재난대피 계획을 수립할 수도 이행할 수도 없다. 따라서 이 장에서는 재난대피의 종류에서 시작하여 대피결정 메커니즘, 취약계층 고려사항 등을 전반적으로 살펴보기로 한다.

2. 재난대피의 실행순서

일반적으로 재난대피는 대피계획 가동 → 대피장소 이동 → 재난영향 발생 → 대피자 구호 → 대피자 귀가의 5단계로 구성된다고 일컬어진다. 즉, 재난이 예측되면 미리 준비해둔 대피계획을 가동하여 위험지역에 있는 사람들을 대피장소로 이동시킨다. 이후 재난영향 속에서 대피한 사람들을 구호하고 재난영향이 사라지면 귀가시킨다.

하지만 태풍, 호우 등과 같이 사전에 예고된 재난의 경우에는 이러한 절차가 순차적으로 이루어질 수 있지만, 유해화학물질 유출과 같은 경우에는 대피계획 가동부터 재난영향 발생이 동시에 발생하게 된다. 따라서 주민대피 계획을 수립할 경우에는 다양한 변수들을 고려하여야 한다.

주민대피 계획은 다양한 상황을 고려하여 재난영향 발생시점을 제로 아워(Zero Hour)라는 기준시점으로 지정하여 상황별로 관련계획을 수립하게 된다. 특히, 재난대피 계획에는 위험지역에서의 이동뿐만 아니라 대피자에 대한 구호 · 복귀, 대피취약계층에 대한 대책 등에 대한 전방위적 고려사항이 모두 포함되어야 한다.

3. 재난대피의 종류 및 방식

3.1 외부 이동형 및 실내 보호형 대피

일반적으로 주민대피라 하면 위험한 곳에서 안전한 곳으로 주민들을 이동시키는 '외부 이동형 대피(evacuation)'만을 생각하기 쉽다. 하지만 화학공장의 폭발 등으로 유해물질이 누출되거나 갑작스러운 토네이도의 출현 등으로 대피경로를 포함하여 이미 해당지역이 위험한 상황에서는 주민을 이동시키는 것보다는 오히려 가장 가까운 실내에 머무르게 하는 것이 더 효과적이다.

이러한 취지로 미국 재난관리청(FEMA, 2016)에서는 주민대피를 크게 위험한 곳에서 상대적으로 원거리에 위치한 안전한 곳으로 이동하는 '외부 이동형 대피(evacuation)'와 근거리 또는 현위치에 있는 시설내부로 피신하는 '옥내 보호형 대피(shelter-in-place)'로 구분하고 있다.

이때 외부 이동형 대피의 경우에는 동일 행정구역 내에서의 대피와 다른 행정구역으로의 원거리 대피가 있다. 일반적으로 우리나라의 경우에는 산악지형이 많아 같은 행정구역 내에서도 지형별 고저차가 크다. 따라서 태풍, 호우 등 풍수해 발생시에는 동일 행정구역 내에서의 외부 이동형 대피만으로 충분한 경우가 많다.

하지만 방사능 물질 유출과 같은 경우에는 관할 행정구역을 벗어나 다른 행정구역으로 이동해야 하는 경우가 발생한다. 이를 위해, 원자력 발전소 등이 위치한 지방자치단체에서는 다른 지방자치단체와 협의를 통해 사전에 대피할 장소를 지정하여 관리하여야 한다. 하지만 비용분담과 같은 다양한 이해관계로 인해 이러한 협의가 이루어지지 못하는 경우가 발생하기도 한다.

지형이 평탄한 미국 등에서는 허리케인 내습시 영향지역의 범위가 넓어서 일반적으로 외부 이동형 대피는 다른 행정구역으로의 대피까지를 고려한 경우가 일반적이다. 이러한 장거리 대피의 경우에는 대피경로상 교통혼잡, 대피장소 섭외절차, 교통수단 지원대책 등을 전방위적로 고려해야 한다. 따라서 국내외의 관련 문헌을 살펴볼 때는 이러한 차이를 염두에 두어야 한다.

3.2 재난발생 이전과 이후의 대피방식

재난이 발생하거나 예측되는 경우, 대피시점에 따라 재난발생 이전 대피와 이후 대피로 나눌 수 있다. 이 경우에도 외부 이동형 대피를 실시할지, 실내 보호형 대피를 실시할지는 재난의 예측 가능성, 대피 자원의 가용성 등을 고려하여 선택되어야 한다.

먼저, 재난발생 이전에 충분히 일찍 예측될 수 있다면 가능한 외부 이동형 대피를 하는 것이 좋다. 예를 들어, 태풍 상륙의 경우에는 수일 전에 그 시간과 지점을 예측할 수 있으므로 외부 이동형 대피를 하는 것이 바람직하다. 하지만 토네이도는 불과 수분 전에 예보되는 경우가 많아 외부 이동형 대피를 하는 과정 중에 오히려 실외에서 피해를 입을 수 있는 위험이 있는 바 가능한 근거리에서 건물 등으로 실내 보호형 대피가 바람직하다.

외부 이동형 대피를 위해서는 대규모 교통수단, 충분한 도로여건, 대규모 수용시설 등과 같은 충분한 자원이 뒷받침되어야 한다. 하지만 모든 상황에서 이러한 대피 자원이 뒷받침되는 것은 아니다. 이 경우에는 지역별 위험도를 함께 고려하여 대피 방법이 결정되어야 한다.

예를 들어, 태풍의 상륙이 예상되는 상황에서 위험도가 상대적으로 높은 지역에 대해서는 우선적으로 외부 이동형 대피를 실시하고, 위험도가 상대적으로 낮은 지역에 대해서는 불가피하게 실내 보호형 대피를 권장하게 된다. 이는 당장 위험에 처할 수 있는 지역의 주민에게 우선적으로 교통수단을 배정하여 도로혼잡을 최소화하고 수용시설의 밀집도를 유지하게 하는 한편, 상대적으로 위험도가 낮은 지역의 주민에게는 실내에 머물게 함으로써 피해의 가능성을 감소시키는 불가피한 선택이다.

이외에도 미국 등에서는 허리케인과 같이 사전에 영향을 미치는 시간과 장소가 예측되는 경우에 있어서 주지사 등이 고속도로 등에 반대흐름계획(Contra-Flow Plan)을 긴급하게 가동하기도 한다. 이는 이동대피를 떠나는 교통량이 한 방향으로 집중됨에 따라 양 방향의 고속도로 등을 한 방향으로 변경하여 사용토록 하는 긴급명령에 따른 조치이다. 하지만 이는 익숙해진 교통체계에 대한 급격한 변화를 의미하는 것으로 오히려 인근 도로에 대한 교통혼잡과 같은 높은 사회적 비용이 발생하기도 한다.

한편, 재난발생 이후에 대피하는 경우에는 해당 재난이 예측 또는 예보되지 않아 대피하지 못하였거나 또는 앞서 설명한 바와 같이 대피 순서가 뒤로 되어 있다가 재난 범위가 확대되어 이후에 대피하는 경우로 나눌 수 있다. 예를 들어, 폭발, 화재 등으로 인한 유해화학물질의 유출, 총기 난사, 테러 발생 등과 같이 재난이 예측 또는 예보되지 않은 데다 재난의 진행이 급격하게 전개되는 경우에는 우선적으로 실내 보호형 대피를 하는 것이 필요하다.

하지만 이러한 실내 보호형 대피는 일반적으로 그 자체로 대피상황이 종료되는 것이 아니라 시간이 지나도 위험상황이 종료되지 않으면 외부 이동형 대피로 이어지게 된다. 예를 들어, 유출된 유해화학물질의 영향이 장기화되거나 바람의 방향이 변화되어 특정지역의 위험도가 높아지는 경우, 또는 테러리스트 등의 공격이 소강상태이지만 지속될 수 있는 경우에는 보다 안전한 장소로 이동형 대피를 하여야 한다. 이렇게 재난발생 이후에 외부 이동형 대피를 해야 하는 경우에는 재난발생 이전과 비교하여 이동경로 자체가 위험상황에 노출되어 있으므로 경찰, 소방, 군인 등으로부터 보호조치를 받으면서 이동형 대피를 하여야 하는 경우가 일반적이다.

4. 대피권고와 대피명령

일반적으로 재난관리 관서에서 지역주민에게 대피통보를 하는 방식은 대피권고와 대피명령으로 나뉜다. 대피권고는 지역주민에게 해당지역에 조만간에 위험상황이 발생할 수 있다는 것을 알리는 것을 목적으로 하지만 대피여부를 결정하는 것은 지역주민의 몫이다.

하지만 관련 법규에 따라 대피명령이 발령되는 경우에 지역주민은 반드시 위험지역에서 대피하여야 하며, 불응시에는 과태료 등 벌칙이 부과될 수 있다. 일반적으로 사람들은 대피권고가 발령되더라도 대피명령이 발령되기 전에는 잘 따르지 않는 경우 일반적이다. 따라서 재난관리 관서는 위험상황이 발생한 경우에는 대피명령을 통한 주민대피의 시행력을 확보해야 한다.

우리나라의 경우에도 「재난 및 안전관리 기본법」상 시장 · 군수 · 구청장과 지역 긴급구조통제단장(긴급구조에 관한 권한을 행사하는 경우에만 해당)은 재난이 발생하거나 발생할 우려가 있는 경우에 사람의 생명 또는 시체에 대한 위해를 방지하기 위하여 필요하면 해당 지역 주민이나 그 지역 안에 있는 사람에게 대피하거나 선박 · 자동차 등을 대피시킬 것을 명령할 수 있다.

그리고 이를 위반한 사람에게는 200만 원 이하의 과태료를 부과하며, 필요하다고 인정하면 관할 경찰관서의 장에게 필요한 인력 및 장비의 지원을 요청하여 그 지역 안의 주민이나 그 안에 있는 사람을 강제로 대피시킬 수 있다.

하지만 실제 재난현장에서는 대피명령이라는 용어가 사용되더라도 따르지 않았을 경우, 강제적 조치나 과태료가 부과되는 강제적 조치보다는 선택적 대피권고인 경우가 일반적이다. 특히, 법조항에도 불구하고 대피명령을 위반하는 사람에게 과태료를 부과하는 사례는 동서양을 통틀어 매우 드물다.

이는 일반적으로 대피명령을 따르지 않을 경우 미치는 피해가 대부분 다른 사람이 아닌 당사자에게 한정되기 때문에 일반적으로 타인 또는 사회에 미치는 피해에 기반하여 부과되는 과태료가 부적절하다는 인식 때문인 것으로 해석된다. 일부에서는 그 사람에게 대피명령을 따르게 하기 위해 강제조치를 하는 과정에서 발생한 행정력 손실, 또는 해당 행정력이 다른 사람에게 대신 적용되었을 때 줄일 수 있는 손실에 대한 기회 손실에 대한 부과를 주장하기도 한다.

이에 비해 코로나19 등 감염병 사례에서 보여준 자가격리 또는 역학조사 위반자에 대한 과태료 처분, 더 나아가 구상권 청구는 이들의 행위가 타인에게 감염병을 전파시킬 수 있는 것과 같이 자신보다는 오히려 타인에게 미치는 영향이 절대적이기 때문이다. 이러한 점에서 법조항과는 별도로 현실에서의 과태료 처분에 대한 판단은 행위가 타인, 즉 사회에 미치는 직접적 영향정도라고 볼 수 있다.

5. 대피결정 메커니즘

5.1 사전 예고가 있는 주민대피

사람들이 재난상황에서 대피하는 결정을 내리기 위해서는 3가지의 단계를 거친다. 사람들은 먼저 대피 메시지를 접수하여 정보를 얻고(warning message), 이후 본인이 처한 위험에 대해 지각(risk perception)한 다음에 최종적으로 대피여부에 대한 결정(decision–making)을 하게 된다.

이중 가장 중요한 부분은 본인이 처한 위험을 얼마나 또는 어떻게 지각하느냐인데, 결국 이는 접수한 메시지에 영향을 받게 되고 또한 향후 대피결정을 하는 가장 주요한 판단기준이 된다. 따라서 이러한 인과관계의 메커니즘을 이해하는 것은 주민대피에서 사람들이 보이는 각기 다른 결정을 이해하는데 매우 중요하다.

이러한 절차를 세부적으로 살펴보면 우선, 재난관리자는 먼저 대피 메시지의 특성에 대해 정확하게 이해하고 있어야 한다. 대피 메시지는 크게 출처, 경로, 내용의 3가지의 요소로 구성된다. 일반적으로 사람들은 이러한 3가지 요소에 대한 개별 특성에 대해 매우 다른 반응을 보인다. 예를 들어, 다양한 인종들이 모여 사는 미국의 경우, 흑인 등 소수인종들은 정부가 제공하는 메시지를 상대적으로 신뢰하지 않는 경향이 있다. 이는 그간 정부에서 소수인종들을 도구로서 기만하여 왔다는 피해의식에서 유래한다.

또한, 메시지를 받는 경로로서 최근 SNS와 같은 인터넷 매체가 절대적 비중을 차지함에 따라 '디지털 격차(digital divide)'가 사회적 문제가 되고 있다. 즉, 가난하거나 나이든 사람들의 경우 인터넷 매체를 활용할 수 없어서 메시지에 대한 접근성이 떨어진다.

마지막으로 메시지 내용의 경우도 사람들이 위험을 지각하는 정도에 중대한 영향을 미친다. 일반적으로 메시지 내용은 모호한 표현이 없이 이해하기 쉬워야 하며(no ambiguity), 위험상황이 바로 코앞에 임박했다는 것을 확실하게(with certainty) 표현하여야 한다. 이외에도 메시지 내용은 위해의 세기, 시간, 위치 등을 구체적으로 표현(specific information)할수록 더 많은 사람들이 대피결정을 하였다.

특히, 대피명령 또는 대피권고를 할 때에 대피가 필요한 지역을 명확하게 표현해 주는 것이 필요하다. 하지만 실제 상황에서 이를 정확하게 표현하는 것은 쉽지 않다. 특히, 건물명, 주소지 등을 활용할 경우에는 표현하기도 어려울 뿐만 아니라 관광객 등 지역에 익숙하지 않는 사람들에게 이해하기 어렵다.

이로 인해 대피해야 할 사람들이 대피하지 못할 수도 있고 대피가 필요하지 않은 사람들조차 한꺼번에 몰리는 그림자 대피(shadow evacuation)와 같은 문제가 발생할 수도 있다. 이를 위해 미국 등에서는 우편번호 등을 이용하여 대피해야 할 지역을 명확하게 표현하는 방법을 각종 재난대응계획 등에 도입하고 있다. 하지만 우리나라의 경우에는 아직까지 통일적인 표현 등이 마련되어 있지 않으며, 일반적으로 마을 등 지역명을 사용하고 있어서 개선해야 할 부분이 많다.

아울러 정부기관에서 대피권고 또는 명령과 같은 대피경고를 한다고 해도 모든 사람들이 이를 따르는 것은 아니다. 소렌슨과 밀레티(Sorenson & Mileti, 1988)가 미국 내의 24개의 재난사례(허리케인, 지진해일, 홍수)를 분석한 바에 따르면 대피경고를 이행하는 사람들의 비율은 재난사례별로 32%에서 98%로 차이가 컸다. 일반적으로 사람들은 자신이 위험지역에 있다고 생각할수록 대피경고에 따르는 경향이 컸다.

또한, 사람들은 일반적으로 빠르게 진행되는 재난에 대해서는 상대적으로 대피경고를 이행하는 비율이 높은 반면에, 느리게 진행되는 재난에 대해서는 재난위험이 닥칠 때까지 기다리는 경향을 보였다. 예를 들어, 허리케인 상륙이 예보되는 상황에서 아무리 일찍 대피경고를 하더라도 단지 20~30%의 사람들만이 이를 따랐고, 대부분의 경우에는 상륙하는 마지막 순간까지 기다렸다가 대피하였다.

✍ 그림자 대피(shadow evacuation)와 양치기 소년(cry wolf) 신드롬

어떤 사람들은 안전한 지역에 거주하고 있고 대피경고가 이루어지지도 않았는데도 불구하고 막연한 두려움 등으로 인해 대피하는 경우가 있다. 이러한 행위를 '그림자 대피(shadow evacuation) 신드롬'이라고 한다. 그림자 대피 신드롬은 대피에 소극적인 행위와 별개로 재난관리 정책에서 해결해야 하는 난제 중의 하나이다. 특히, 미국 등에서는 허리케인 상륙 등으로 도시 전체가 함께 대피하는 대규모 상황에서 고속도로 등에 극심한 교통마비를 일으키는 주범으로 지목되면서 재난관리에서 큰 골칫거리가 되고 있다. 이러한 '그림자 대피 신드롬'을 방지하기 위해 재난관리자는 대피해야 하는 지역을 명확히 지정하고 위험요인을 설명해야 한다.

이와는 별도로 '양치기 소년(cry wolf) 신드롬'도 현대 재난관리에서 활발하게 연구되고 있는 분야 중 하나이다. 일반적으로 행정기관에서는 선제적 재난관리라는 미명아래 일기예보 등에 기반하여 허리케인 등이 상륙하기 이전에 대피명령을 발령하여 왔다. 하지만 결과적으로 허리케인 등이 다른 지역에 상륙하였을 경우에는 이러한 '잘못된 경보(false alarm)'가 누적되면서, 이솝 우화에서 나온 '양치기 소년'의 일화처럼 이후에는 대피명령을 내리더라도 따르지 않는 문제가 발생할 수 있다는 우려가 제기되어 왔다. 이렇게 선제적 대피명령의 부작용으로 인한 잘못된 경보가 누적되면서 행정기관의 대피명령에 대한 신뢰도가 하락하고 따르지 않는 왜곡된 현상을 '양치기 소년 신드롬'이라고 한다.

하지만 재난상황은 항상 불확실성을 동반한다는 점을 고려할 때, 아무리 노력한다고 해도 '그림자 대피 신드롬'과 마찬가지로 '양치기 소년 신드롬'을 방지하기 위한 정확한 위험정보를 제공하는 것은 실제로 어려운 경우가 많다. 따라서 반복적인 재난훈련을 통해 주민들의 재난에 대한 경각심을 높이거나 공공기관의 재난정보에 대한 신뢰도를 높이는 방안을 강구해야 한다(Rigos 등, 2019).

5.2 사전 예고가 없는 주민대피: 신규범 발생이론

2003년 미국의 로드 아일랜드에 위치한 스테이션 나이트 클럽에서 화재가 발생한다. 이 화재로 인해 100여 명이 사망하고 200여 명이 부상당했다. 그런데, 이 사고를 조사하면서 특이한 점이 몇 가지 발견되었다. 먼저, 당시 나이트 클럽에는 4개의 출입구가 있었는데, 유독 한군데로 사람들이 탈출하려고 몰리면서 많은 사상자가 발생했다. 그리고 혼자 나이트 클럽에 온 사람들보다 여러 명이서 그룹을 지어 온 사람들의 피해가 컸다(Aguirre et al., 2011).

이 사고를 계기로 그간 재난상황에서의 사람들이 보이는 개별적인 행위에 주된 관심을 보여 온 재난관리 학자들에게 집단적인 행위(collective action)라는 새로운 연구 지평이 열리게 되었다. 그동안의 연구에서는 주로 재난상황에서 개인들의 행동은 비이성적이고 비조직화된 무질서한 것으로 간주되었다. 하지만 이 사건을 연구하면서 학자들은 재난상황에서 개인들의 행동에도 그 개인이 처한 집단에서 발생하는 어떤 규범에 따라 좌우된다는 사실이 발견되었다. 이러한 예고없는 재난상황에서 사람들이 보이는 집단적인 행동에 관련하여 가장 대표적인 이론은 터너와 킬리언(Turner & Killian, 1972)이 제안한 '신규범 발생 이론(Emergent Norm Theory)'[1]이다.

재난상황은 일반적으로 매우 불확실하고 혼란스럽다. 따라서 그 안의 개인들은 무엇을 해야 할지 몰라서 당황하게 된다. 이런 이유로 개인들은 당장 스스로 판단에 따라 어떤 행동을 취하기보다는 다른 사람들이 어떤 행동을 취하는지를 살펴보게 된다. 이런 상황에서 어떤 개인이 특정 행동을 취하면 이를 지켜보고 있던 다수에게 이는 하나의 신규범의 출현(emergent norm)으로 받아들여지게 된다. 그 결과 사람들

1) 「제4장. 학문으로서 재난관리」에서도 다루어지고 있는 재난관리 분야 핵심이론이다.

은 한꺼번에 신규범에 따른 동일한 행동을 따라하게 되는 것이다. 즉, 불확실하고 혼란스러운 상황에서의 이러한 집단적인 행동은 그들 간에 보이지 않은 상황인식에 대한 동의 및 합의가 이루어진 결과인 것이다.

이러한 집단적인 행동은 재난대피에 있어서 밝음과 어둠의 양면을 함께 보여준다. 먼저, 집단적인 행동은 재난상황에서 사람들을 일사분란하게 대피시킬 수 있는 긍정적 측면이 있다. 사람들은 불필요한 경쟁을 줄이고 서로 도와가며 상생의 효과를 거둘 수 있다. 재난관리자의 개입이 어려운 급박한 재난상황에서 집단 속의 일부는 다른 사람들의 생명을 구하는 구세주가 될 수 있는 것이다.

하지만 집단적인 행동은 앞의 나이트 클럽 사고에서와 같이 오히려 인명피해를 악화시키는 부정적 측면도 있다. 콘웰(Cornwell, 2003)에 따르면 재난상황에서 사람들의 집단적인 행동은 사람들의 유대관계와 재난상황에서 위협정도라는 2가지 요소에 의해서 영향을 받는다고 한다. 먼저, 가족, 친구 등과 같은 사람들의 유대관계는 재난상황에서 같이 탈출하려고 하는 집단적인 행동을 강화시켜서 사람들이 모두 모일 때까지 기다리게 하는데, 이로 인해 대피 시간이 지연되어 불필요한 희생을 야기시키기도 한다. 특히, 이러한 대피시간은 그룹의 규모가 커질수록 기하급수적으로 증가하는 경향을 보이다.

또한, 재난상황의 심각정도에 따라서도 영향을 받는다. 사람들의 집단적인 행동은 초기 재난상황에서는 매우 질서정연한 모습을 보인다. 하지만 자기 앞에서 사람이 죽고 다치는 모습을 목격하기 시작하면 개별적으로 자신만이라도 살아남기 위해 전력투구하는 모습을 가지게 된다. 이러한 모습은 재난상황에서 사람들의 유대관계가 약할수록 더 심하게 나타난다.

앞서 설명한 나이트 클럽 사고에서 왜 사람들은 다른 출구가 있음에도 불구하고 한곳으로 몰리면서 대규모 인명피해를 좌초했을까 하는 의문은 이렇게 재난상황에서 일부가 보이는 행위를 새로운 규범으로 간주하여 집단행동으로 옮기고 이후 심각정도를 보면서 비이성적으로 경쟁하는 이러한 집단적인 행동의 어두운 측면을 설명하는 신규범 발생 이론으로 설명되어진다.

6. 상황 및 계층에 따른 고려사항

재난발생으로 긴급대피가 필요한 상황에서도 사람들마다 처한 환경이 다를 수 있다. 보호자가 없어 두려워하는 아이들이 있는가 하면, 대피하고 싶어도 차량이 없거나 장애가 있어서 움직이지 못하는 사람들이 있다. 의료장비가 없이 이동할 수 없는 경우도 있으며, 외국인 · 관광객 등 언어소통이 어려워 대피 메시지를 이해하지 못하는 사람들이 있기도 한다. 또는 대피로 인해 다니던 직장에서 해고될 것을 우려하여 위험을 감수하기도 한다.

이뿐만 아니라 같은 대피 메시지를 받더라도 각자 느끼는 위험지각의 정도가 다를 수 있다. 이는 위험지각의 정보가 「제3장. 위험의 평가와 지각」에서 설명하는 바와 같이 인종, 계층, 성별, 나이, 재산 등과 같은 사회인구(socio-demographic)적 요인뿐만 아니라 과거 재난경험 등 사회문화적 요인과 같은 다양한 요소의 영향을 받고 있기 때문이다. 따라서 대피계획을 세울 때에는 일부 특수계층에게는 그들이 처한 상황과 필요에 대한 특별한 배려가 필요하다.

아직 우리나라의 경우에는 이러한 상황 및 계층에 대해 충분한 연구가 이루어지지 않고 있다. 따라서 이 절에서는 미국 등 해외 관련학계의 연구성과를 바탕으로 소개한다.

6.1 특수상황에 대한 고려사항

(1) 보호자를 동반하지 않는 아이들

예고 없는 재난이 발생하여 대피하는 경우에 아이들은 부모와 떨어져 있을 수 있다. 이 경우, 아이들을 보호 또는 관리하고 있는 사람들은 아이들의 보호를 위해 우선적으로 외부 이동형 또는 실내 보호형의 적절한 대피조치를 신속하게 시행해야 한다. 이후, 아이들마다 특별한 보호조치가 필요할 수 있으며, 부모들도 아이들의 안전여부에 대해 걱정하고 있는 상황으로 신속하게 부모들과 연락이 되거나 다시 만날 수 있도록 조치해야 한다.

(2) 이동수단 또는 이동보조가 필요한 사람들

장거리를 이동하여 대피해야 하는 경우 차량이 없는 사람들에게는 이동수단에 대한 지원이 이루어져야 한다. 특히, 저소득층이 거주하는 지역에서는 자기 차량을 소유하는 비율이 낮기 때문에 이들을 한꺼번에 이동해줄 수 있는 버스 등 차량의 지원과 사람들을 지원 차량이 있는 곳에 모일 수 있게 하는 조치가 사전에 계획되어 있어야 한다.

이를 위해 미국 뉴올리언스와 같이 허리케인이 자주 발생하는 지역에서는 사전 집결장소(Evacuspot)를 미리 지정하고 사람들이 사전에 이를 인지할 수 있도록 특정 조형물을 세워서 관리하고 있다. 이후 대피명령 또는 권고가 내려지면 사람들을 이곳에 모이도록 하여 준비된 버스 등의 차량을 지원하여 대피장소로 이동시킨다.

이외에도 휠체어를 타거나 움직임이 불편한 장애인들에게는 이들이 이동하는데 보조해줄 사람들이 필요하다. 재난관리 기관에서는 이러한 장애인들의 대피를 위해 사전에 담당 사회복지사, 생활관리사 등 이동을 도와줄 사람들을 지정하여 관리하기도 한다. 하지만 급박하게 전개되는 재난상황에서 원거리에 있을 수 있기 때문에 사정을 잘 아는 이웃주민들의 자발적인 도움이 절실한 경우가 많다.

(3) 의료지원이 필요한 사람들

요양병원 등 의료시설에서 대피를 하는 경우에는 대피장소에서도 의료지원이 이루어질 수 있는지를 먼저 확인해야 한다. 따라서 가급적이면 다른 의료시설로 대피하는 것이 바람직하다. 또한, 일부 환자들의 경우에는 대피소까지 이동 중에도 응급상황이 발생하거나 자력으로 대피하는 것이 어려울 수 있으므로 재난관리자는 구급차 등을 사전에 확보할 수 있도록 조치하여야 한다.

(4) 외국인 등 언어소통에 어려움이 있는 사람

최근에 다문화 가정이 늘어나고 외국인 관광객이 증가하면서 우리말로 의사소통이 어려운 경우가 빈번해지고 있다. 따라서 재난관리자는 이러한 언어소통에 어려움이 있는 사람들을 고려하여야 한다. 필요한 경우, 대피소에 통역할 수 있는 인원을 확보하거나 전화를 통해 24시간 통역을 지원하는 1330(문화체육부에서 운영하는 관광통역안내)이나 1588-5644(bbb Korea; 비영리 종합통역봉사 서비스) 등을 활용할 수 있다.

(5) 반려 및 보조동물

요즘 많은 사람들이 반려동물을 키우고 있는데, 이러한 사람들 중에는 반려동물과 대피하지 못하는 경우에는 위험이 임박한 상황에서도 대피를 거부하거나 반려동물을 구조하기 위해 위험한 상황에 처하기도 한다. 하지만 많은 사람들이 함께 생활해야 하는 대피소에서 반려동물은 복잡한 문제를 야기한다. 예를 들어, 어떤 사람들은 동물에 대한 알레르기(allergy)가 있기도 하고 일부 반려동물은 다른 사람에게 질병을 옮기는 매개체가 되기도 한다.

따라서 미국 등 일부 나라에서는 대피소를 운영할 때는 반려동물에 알레르기가 있는 사람들을 위한 공간을 따로 구분하고 대피소에 데려오는 반려동물에 대해 예방접종 증명서를 요구하기도 한다. 또한, 반려동물을 키우는 사람들도 대피시 크레이트(crate) 등과 같이 반려동물을 가두어둘 수 있는 기구들을 준비토록 하기도 한다.

하지만 이러한 반려동물에 대한 제한사항이 안내견과 같은 보조동물에 적용되어서는 안 된다. 실제, 대피소 관리자들이 보조동물을 반려동물과 혼동해서 출입을 제한하여 문제가 되기도 한다. 대피소 관리자는 어떠한 경우에도 안내견 등 보조동물은 항상 주인과 함께 있을 수 있도록 보장하여야 한다.

(6) 가정 · 성폭력 또는 피해자

재난상황에서 가정 · 성폭력과 관련해서는 기존과 잠재적 피해자로 나누어서 생각해야 한다. 먼저, 기존의 피해자를 대피시설에 수용할 경우에 개인정보가 외부로 유출되는 것에 재난관리자는 특별한 관심을 가져야 한다. 피해자의 개인정보가 외부에 유출될 경우에는 기존의 가해자의 보복 또는 추가 가해의 대상이 될 수가 있기 때문이다.

그리고 재난상황에서 대피시설 내의 어린이, 여성 등은 잠재적 피해자라는 점을 간과해서는 안 된다. 연구결과에 따르면 일반적으로 재난상황에서 가정 · 성폭력이 증가하게 되는데, 특히 다른 사람들과 좁은 공간을 공유하는 대피시설에서 이러한 가능성은 더 커지게 된다.

(7) 노숙인

노숙인의 경우에는 일반적으로 대피정보를 제공할 연락처가 불분명할 뿐만 아니라, 노숙인 스스로가 행정관서의 접촉을 경계하는 경우가 많다는 점을 고려해야 한다. 따라서 노숙인에게 대피정보를 제공하는 경우에는 노숙인에게 직접 접촉하려는 노력 이외에도 노숙인과의 소통채널을 유지하면서 신뢰관계가 이미 조성되어 있는 비영리 기관 및 단체 등에게도 알려 노숙인에게 정보가 전달되게 할 필요가 있다. 이러한 노숙인을 지원하는 기관 및 단체의 경우에는 대피시설까지 노숙인을 이동시킬 수 있는 교통수단을 보유하고 있는 경우가 많으므로 대피활동에도 다방면에서 중요한 역할을 수행할 수 있다.

이외에도 노숙인의 경우, 좁은 면적에서 공동생활을 하는 대피시설에서 다른 시민들과 갈등이 있을 수 있기 때문에 관련 전문가를 함께 배치하는 노력이 필요하다.

(8) 관광객

일반적으로 관광객은 해당 지역의 지형뿐만 아니라 위험요인에 대한 정보가 빈약하다. 또한, 현지인과 달리 정보습득의 채널이 확보되지 않은 경우가 많으며, 특히 외국인의 경우에는 의사소통이 어려운 경우가 많다. 따라서 재난발생 전에 최우선적으로 위험상황을 알리고 위험지역에서도 대피토록 한다. 이를 위해서 재난관리 관서에서는 여행사, 항공사 등과 연계하여 신속하게 관광객들이 출발하도록 지원하게 할 필요가 있다.

(9) 구치소, 형무소 등 교정시설 재소자

교정시설 재소자에 대해 외부로 이동형 대피해야 하는 경우에는 교정시설 재소자는 다른 일반 시민들과 같은 시설 내에 수용할 수 없다는 점을 감안할 필요가 있다. 일반적으로 교정시설 재소자가 대피해야 하는 경우에는 인근의 다른 교정시설로 대피시키는 것을 기본원칙으로 고려해야 한다.

6.2 사회문화적 요인

(1) 소수인종 간 공통점과 차이점

다양한 인종으로 구성된 미국과 같은 국가에 있어서 소수인종은 일반적으로 대피 메시지를 발령하는 행정기관을 덜 신뢰하는 경향이 있다. 또한, 언어장벽으로 인해 영어로 표현되는 매체에 덜 노출되어 있다. 이외에도 가난으로 인해 대피를 위한 교통수단을 확보하지 못하는 경우도 상대적으로 많다. 이러한 이유로 인해 소수인종은 일반적으로 위험을 느끼는 지각의 정도가 상대적으로 높은데도 불구하고 실제 대피하는 비율이 상대적으로 낮다. 또한, 일단 대피하게 되면 호텔 등 민간시설보다는 공공 대피소를 이용하는 비율이 매우 높다.

하지만 모든 소수인종이 같은 행동양상을 나타내는 것은 아니다. 예를 들어, 아시아인들은 일반적인 이러한 행동특성에 있어서 소수민족이 나타내는 양상과는 반대의 양상을 보인다. 또한, 히스패닉의 경우에는 친인척 간 근거리에 거주하는 경우가 많은데, 대피 메시지를 접수한 이후에 곧바로 대피장소로 이동하기보다는 친인척 상호간에 서로 연락을 취해 해당 메시지의 신뢰성에 대해 의논하고 함께 행동을 취하기 때문에 일반적으로 대피결정까지 많은 시간이 필요하다.

(2) 소득수준에 따른 일반적인 차이

일반적으로 가난한 사람들도 이러한 소수민족과 같은 행동양상을 보인다. 이러한 맥락에서 소득이 낮은 사람일수록 대피경고를 무시하는 경향이 강하게 나타났는데, 이는 소득수준이 낮은 사람일수록 일반적으로 대피할 수 있는 교통수단이 마련되어 있지 않다는 현실적인 이유와도 관련된다.

(3) 여성과 남성의 차이

여성의 경우에 있어서는 일반적으로 위험에 대해서 남자들보다 더 높은 지각정도를 보인다. 이는 여성의 경우 일반적으로 노인이나 아이들을 돌보는 사회적 역할을 수행해야 한다는 자각으로 인해 나타나는 특성으로 이해된다. 같은 맥락으로 어린이가 있는 가구일수록 신속하게 대피하는 경향을 보였다(Gladwin & Peacock, 1997).

이러한 높은 위험지각으로 인해 여성들은 남성들에 비해 더 높은 대피비율을 나타내나 일반적으로 대피결정을 하는데 더 많은 시간이 소요된다. 이는 여성들의 경우 일반적으로 친구들과 해당 경고 메시지에 대해 확인하고 서로 동의하에 함께 행동을 취하기 때문에 나타나는 현상이다. 이러한 맥락으로 일반적으로 사회적으로 교류가 많은 사람들일 수록 대피결정에 시간이 많이 걸린다. 이에 반해 남성들은 일기예보 등에 대한 경각심이 높은 반면에 의구심도 많은 편이다. 따라서 위험에 대해 지각정도가 낮아 대피하는 비율이 상대적으로 낮다.

(4) 노인들에게 나타나는 '양치기 소년 신드롬'

노인의 경우에도 남성과 유사하게 남성들은 일기예보 등에 대한 경각심이 높은 반면에 의구심도 많은 편이다. 특히, 이러한 성향은 그동안 오랜 세월 살아오면서 본인이 어떤 종류의 위험에도 견뎌 왔으며, 또한 확률적으로 이미 거대 위험은 지나갔다는 오랜 경험에 기반한 자신감에 따른 것으로 해석된다. 이러한 맥락에서 일반적으로 과거에 유사한 재난을 경험한 사람일수록 오히려 대피경고를 무시하는 경향이 높다.

이는 앞서 설명한 '양치기 소년(cry wolf) 신드롬'과도 일맥상통한다. 즉, 과거에 유사한 재난을 경험한 사람은 향후 똑같은 재난이 오더라도 살아남을 수 있다는 자신감으로 대피행동에 소극적이게 된다. 또한, 노인은 일반적으로 가난한 경우가 많아 가난한 사람과 유사한 특성을 나타내며, 또한 디지털 기기에 대한 사용비율도 낮아 대피경고 메시지를 접하지 못하는 경우도 많다.

(5) 가족수가 재난대피에 미치는 영향

마지막으로 일반적으로 대가족의 구성원일수록 대피경고를 이행하는 시간이 오래 걸린다는 연구결과가 있다. 이는 위에 설명한 이유로 가족 구성원 간 위험에 대한 지각정도가 다르기 때문에 가족 구성원 간 대피를 위한 합의에 이르는 시간이 많이 걸린다. 이는 대가족으로 인해 대피시 많은 비용이 발생한다는 현실적인 이유로 인해 가족 구성원 중 일부에서는 항상 대피에 반대 의견을 내세우게 되는 현실적 상황도 포함된다.

이외에도 대피를 위한 의견이 일치된 경우에도 일반적으로 가족 구성원 모두가 모일 때까지 대피를 미루기 때문으로 실제 많은 재난상황에서 대가족 구성원들이 희생되는 경우가 발생한다. 따라서 미국에서 전문가들은 지방자치단체에서 대피계획 수립시 반드시 '가족정보센터(family message center)'를 설립할 것을 권고하고 있다.

(6) 재산 약탈에 대한 우려 등

이외에도 많은 사람들은 거주하고 있는 집을 비우는 동안 재산을 약탈당할 수도 있다는 두려움 때문에 대피를 망설인다. 이러한 경향은 경제적으로 어려운 사람일수록 보다 많이 나타난다. 하지만 관련 연구에 따르면 재난상황에서의 약탈은 일반적으로 미디어가 만들어낸 왜곡된 오해이다.

종합하자면 이러한 사회인구적 요인은 재난대피와 연관하여 대피 메시지에 대한 수용성, 위험에 대한 지각정도, 대피행동으로의 이행력 등 모두에 영향을 미치는 것을 알 수 있다. 그리고 사회인구적 요인의 특성은 결국 각 계층의 경제력과 연관되어 있음을 알 수 있다.

즉, 해당 계층의 경제력이 낮을수록 일반적으로 공권력에 대한 신뢰도가 낮아 대피 메시지에 대한 수용성이 낮다. 이에 반해 일반적으로 거주지가 저지대 등 위험한 곳에 위치하면 본인들이 처한 위험에 대한 지각정도는 높다. 하지만 막상 대피를 결심하더라도 스스로 대피차량이나 장소를 구하지 못하거나 임시직에 대한 종사비중이 높아 실직의 위험 때문에 그들이 실제 대피로 이행하는 정도는 낮다.

7. 요약 및 결론

재난대피와 연계되어 있는 사람들의 심리, 사회적인 구조 등을 이해하는 것은 매우 복잡하다. 이 장에서는 재난대피의 중요성부터 시작하여 각종 재난대피의 종류에 대해 살펴보았다. 또한, 대피결정 메커니즘, 취약계층 고려사항, 사회문화적 영향 등을 전반적으로 살펴보면서 재난대피 계획수립시 유념해야 할 부분들을 확인하였다.

✍ 재난 이야기: 재난상황에서 국민의 기본권 제약

재난상황에서의 긴급조치 등으로 국민의 기본권이 제한되는 경우에는 조치의 적정 여부에 대해서 시비가 엇갈리기도 한다. 미국 연방 대법원은 코로나19 확산방지를 위해 예배 참석자 수를 제한한 뉴욕 주정부의 행정명령에 대해 코로나19가 치명적인 감염병이라 할지라도 방역을 위한 조치로 인해 헌법에서 규정된 종교의 자유가 밀리거나 잊혀져서는 안 된다며 종교의 자유는 침해되어서는 안 된다는 점을 분명히 하였다(이해준, 2020).

우리나라의 경우에도 정부에서 대면예배를 금지하자 일부 교회에서 대면예배금지 가처분 집행정지 신청을 법원에서 일부 인용하여 비대면 전환 관련 방역수칙 고시효력을 정지한 바 있다. 당시 법원에서는 종교행사의 전면적 금지로 인해 기본권에 대한 본질적 침해가 생길 우려가 있다는 점을 지적하며, 방역관련 조건을 강화하되 일부 종교행사를 허용하는 방법으로도 공익과 종교의 자유를 적절하게 조화시킬 수 있다고 지적하였다.

또한, 코로나19 확산 방지를 위해 각국 정부가 집행를 제한하자 이스라엘 등 일부 국가에서는 방역조치가 반정부 시위를 막기 위한 수단으로 활용되고 있다는 지적이 제기되었다. 우리나라의 경우에도 반정부적 성격의 정치집회가 방역을 위해 불허되고 봉쇄되면서 방역이 정치적으로 이용되었다는 비판이 있었다. 또한, 스페인에서는 발생률에 따른 지역별 봉쇄정책을 펼치자 해당 지역이 주로 저소득층, 이민자들 밀집지역으로 국한되면서 방역조치의 불평등을 비판하게 되었다.

즉, 국민의 기본권의 제한이 있으려면 합리적 근거와 기준이 있어야 하는데, 정부정책에 이러한 합리적 근거와 기준이 결여되면서 공권력이 남용되었을 뿐만 아니라 정치가 대중의 불안 · 분노에 편승한 포퓰리즘에 의존하고 있다는 비판이 제기되기도 하였다(장영수, 2000). 유사한 맥락에서 유엔에서도 '코로나19 시기의 집회 · 결사의 자유에 관한 10대 원칙'을 발표했는데 이 원칙에도 "공중보건 비상사태가 … 일반적인 권리나 평화로운 집회 · 결사의 자유에 관한 권리를 억압해서는 안 된다"는 내용이 포함되었다.

* 출처: 장영수 (2000). 시론: '국민과 정부 사이에 세운 '경찰 차벽'은 시대착오다. 중앙일보 2020년 10월 7일자; 이해준 (2020). 미 연방대법원 "코로나19 치명적이지만 종교 자유 더 중요". 중앙일보 2020년 11월 26일자; 온다예 (2021). 법원, 대면예배 금지 방역지침 제동 … "기본권 본질 침해 우려". 수정 2021.7.16. 접속 https://www.news1.kr/articles/?4374562.

연습문제

1. 재난대피에는 다양한 심리적 기제가 작동한다. 특히, 사람들이 대피를 결심하고 실행에 옮기는데 있어서, 재난에 대한 사전 예고 있는 경우와 사전 예고가 없이 급격하게 전개되는 경우에는 상이한 심리 또는 행태적 메커니즘이 작동한다. 각각 어떤 차이점이 있는지를 관련 이론 등을 이용하여 설명하라.

2. 사전 예고가 있는 재난에 대한 대피에 있어서 예견되는 문제로 '그림자 대피'와 '양치기 소년' 신드롬이 있다. 각각 어떤 현상이고 해소를 위해 어떤 노력이 필요한지 설명하라.

3. 갑작스러운 재난이 발생할 때, 대피를 하는 방식으로 원거리 외부로 이동하며 대피하는 방식이 있으며, 근거리 내부에 보호적 대피를 하는 방식이 있다. 유해화학 물질이 유출된 상황을 예로 들어 상이한 대피방식이 어떻게 활용되는지 설명하라.

4. 재난으로 일단 인명피해가 발생하면 왜 대피명령을 통해 강제 대피시키지 않았는지 아쉬움을 지적하는 사회적 목소리가 커진다. 실제, 재난 상황에서 왜 대피명령이 활발하게 이용되지 못하는가?

5. 재난대피에서는 고려해야 하는 사항이 많다. 예를 들어, 어린이, 장애인, 노인, 환자, 반려동물, 노숙인, 가정폭력 피해자 등을 대피시키기 위해서는 특별한 배려가 필요하다. 재난대피에서 이러한 특수계층에 대해서는 어떤 고려와 준비가 필요한가?

6. 재난대피를 결정하고 실행하는 데 있어서, 인종, 소득, 성별, 연령, 결혼여부 등은 상이한 영향을 미친다. 각 요소별로 재난대피의 결정과 실행에 어떤 영향을 주는가?

[참고자료]

Aguirre, B. E., Torres, M. R., Gill, K. B., & Lawrence Hotchkiss, H. (2011). Normative collective behavior in the station building fire. *Social science quarterly, 92*(1),100－118.

Baker, E. J. (1979). Predicting response to hurricane warnings: A reanalysis of data from four studies. *Mass emergencies, 4*(1),9－24.

Bateman, J. M., & Edwards, B. (2002). Gender and evacuation: A closer look at why women are more likely to evacuate for hurricanes. *Natural Hazards Review, 3*(3),107－117.

Bolin, R. C. (1982). Long－term family recovery from disaster. In *Long－term family recovery from disaster.* US University of Colorado. Institute of Behavioral Science.

Cose, E. (1995). *The rage of a privileged class: Why are middle－class blacks angry? Why should America care?* NewYork: Harper Collins.

Conley, D. (2010). *Being black, living in the red: Race, wealth, and social policy in America.* Univ of California Press.

Cornwell, B. (2003). Bonded fatalities: Relational and ecological dimensions of a fire evacuation. *The Sociological Quarterly, 44*(4),617－638.

DHS (2019), *Planning considerations: Evacuation and shelter－in－place, Guidance for State, Local, Tribal, and Territorial Partners,* Department of Homeland Security.

Dow, K., & Cutter, S. L. (1998). Crying wolf: Repeat responses to hurricane evacuation orders.

Drabek, T. E., & Boggs, K. S. (1968). Families in disaster: Reactions and relatives. *Journal of Marriage and the Family,* 443－451.

Drabek, T. E., & Stephenson III, J. S. (1971). When Disaster Strikes 1. *Journal of Applied Socia lPsychology, 1*(2),187－203.

Drabek, T. E., Key, W. H., Erickson, P. E., & Crowe, J. L. (1975). The impact of disaster on kin relationships. *Journal of Marriage and the Family,* 481－494.

Elliott, J. R., & Pais, J. (2006). Race, class, and Hurricane Katrina: Social differences in human responses to disaster. *Social science research, 35*(2),295－321.

Erikson, K. T. (1976). *Everything in its path: Destruction of community inf the Buffalo Creek Flood.* Simonand Schuster.

Fothergill, A., Maestas, E. G., & Darlington, J. D. (1999). Race, ethnicity and disasters in the United States: A review of the literature. *Disasters, 23*(2),156−173.

Gladwin, H., & Peacock, W.G. (1997). Warning and evacuation: A night for hard houses. *Hurricane Andrew: Ethnicity, gender and the sociology of disasters*, 52−74.

Johnston, D. M., & Johnson, N. R. (1989). Role extension in disaster: Employee behavior at the Beverly Hills Supper Club fire. *Sociological Focus*, 39−51.

Kaniasty, K., & Norris, F. H. (1995). In search of altruistic community: Patterns of social support mobilization following Hurricane Hugo. *American Journal of Community Psychology, 23*(4), 447−477.

LeClerc, J., & Joslyn, S. (2015). The cry wolf effect and weather-related decision making. *Risk analysis*, 35(3), 385−395.

Lindell, M. K., & Perry, R. W. (1987). Warning Mechanisms in Emergency Response Systems. *International Journal of Mass Emergencies and Disasters, 5*(2),137−153.

Lindell, M. K., & Perry, R. W. (2004). *Communicating environmental risk in multiethnic communities* (Vol.7). Sage Publications.

Mayhorn, C. B., & McLaughlin, A. C. (2014). Warning the world of extreme events: A global perspective on risk communication for natural and technological disaster. *Safety science, 61*,43−50.

NGA (2014), *Governor's guide to mass evacuation*, National Governors' Association

Peacock, W. G., & Girard, C. (1997). Ethnic and racial inequalities in hurricane damage and insurance settlements. *Hurricane Andrew: Ethnicity, gender and the sociology of disasters*, 171−190.

Perry, R. W. (1979). Evacuation decision−making in natural disasters. *Mass emergencies, 4*(1),25−38.

Perry, R. W., Lindell, M. K., & Greene, M. R. (1981). Evacuation planning in emergency management.

Quarantelli, E. L. (1980). *Evacuation Behavior and Problems: Findings and Implications from the Research Literature*. Ohio State Universiy Columbus Disater Research Center.

Quarantelli, E. L. (1954). The nature and conditions of panic. *American Journal of Sociology, 60*(3),267−275.

Riad, J. K., Norris, F. H., & Ruback, R. B. (1999). Predicting evacuation in two major disasters: Risk perception, social influence, and access to resources 1. *Journal of Applied Social Psychology, 29*(5), 918−934.

Rigos, A., Mohlin, E., & Ronchi, E. (2019). The cry wolf effect in evacuation: A game−theoretic approach. *Physica A: Statistical Mechanics and its Applications*, 526, 120890.

Sorensen, J. H., & Sorensen, B. V. (2007). Community processes: Warning and evacuation. In *Handbook of disaster research* (pp.183−199). Springer, NewYork, NY.

Turner, R. H., & Killian, L. M. (1972). *Collective behavior* (p.301). Englewood Cliffs, NJ: Prentice−Hall.

CHAPTER 15

불평등한 재난: 재난취약계층

1. 개 설

2005년 8월 29일 허리케인 카트리나가 미국의 뉴올리언스를 강타해 하천제방이 붕괴되면서 도시 전체가 물바다가 되었을 때, 피해정도는 인종과 계층에 따라 극명한 차이를 드러냈다. 피해를 입은 대부분의 사람들은 소득이 낮은 흑인들이었다. 이들 중 1/3은 차량조차 소유하고 있지 않아서 다수가 목숨을 잃은 후에 그중 일부만이 뒤늦게 유일한 대피소인 인근 체육관에 도착했다. 하지만 대피소에서 그들을 맞이하는 것은 기본적인 식료품조차 공급되지 않은 재난당국의 무심함이었다. 이뿐만 아니라 식료품을 구하러 다니던 일부 흑인들은 자경단을 자처하는 일부 백인들에 의해 무참히 살해되기도 하였다.

"왜 똑같은 재난이 이렇게 특정 계층에 대해서만 무자비하고 불평등한 것인가?"

심지어 재난이 발생하면 일부 취약계층은 현재의 사회경제 수준에서 더 추락하게 되는 반면 일부 특권계층은 재난상황을 활용하여 더 많은 부를 축적하는 사회경제적 불평등의 악순환이 발생하게 된다. 즉, 재난은 모든 계층에게 평등하지 않고 일부 계층에게는 보다 더 가혹하다. 이 장은 이러한 근본적 질문에 대해 답하는 것을 목적으로 한다.

2. 이론적 접근

2.1 사회적 취약성의 기본개념

그동안 재난에 대한 취약성(vulnerability)은 외부적 요인인 위해(hazard)에 의한 물리적 취약성(physical vulnerability)을 중심으로 논의되어 왔다. 하지만 1983년 휴트

(Hewitt)가 그의 저서 '인간 생태학 관점에서의 재난 해석'에서 사회적 취약성(social vulnerability)에 대한 논의를 시작하면서, 많은 학자들 사이에 재난은 단지 '자연적으로 발생한 사건'이 아니라 이미 존재하고 있는 '사회 · 정치 · 환경 · 경제적인 상황요인'에 따라 결정된다는 공감대가 형성되기 시작했다. 예를 들어, 쿼런텔리(Qurantelli, 1992)는 재난은 적어도 물리적 발생과 사회적 발생의 결합이라는 주장을 했다.

최근 많은 학자들은 재난에 대한 취약성은 물리적 차원과 사회적 차원으로 나뉜다고 보고 있다. 이때 물리적 차원은 위해 요인(hazard agents)에 대한 물리적 노출을 의미하며, 사회적 차원은 위해(hazards)의 영향에 대응 또는 적응할 수 있는 능력을 의미한다. 즉, 전자는 물리적 취약성(physical vulnerability)을 의미하며, 후자는 사회적 취약성(social vulnerability)을 의미한다.

이때 물리적 취약성인 위해 요인(hazard agents)에 대한 물리적 노출은 다시 위해요인(hazards agents)에 대한 물리적 노출 자체와 이러한 노출로 인한 피해 가능성으로 나눠질 수 있다(Polsky, Neff & Yarnal, 2007; Turner et al, 2003). 사회적 취약성은 인종, 성별, 나이, 소득 등 다양한 요인의 영향을 받는다. 커터 등(Cutter et al., 2003)은 이러한 사회적 취약성을 정량화하여 '사회적 취약성 지표(Social Vulnerability Index; SoVI)'를 제안하기도 하였다.

2.2 사회적 취약성의 생성 및 재난피해와 관계

그렇다면 어떻게 특정 계층의 사회적 취약성은 낮아지게 되고, 또한 어떻게 이러한 사회적 취약성은 재난상황에서 피해발생을 가중시키는가? 이러한 질문에 답하기 위해서는 이러한 주요 개념들 간에 상호작용하는 과정(process)을 이해해야 한다. 이러한 상호작용의 과정은 3가지 기본이론, 즉 압박 및 해제 이론(Pressure and Release theory), 자원 접근성 이론(Access theory), 정치경제 생태계 이론(Political–Economical Ecology perspective)의 이해를 통해 설명될 수 있다.

먼저, 압박 및 해제 이론(Pressure and Release theory)은 어떤 사회의 취약성이 높은 데에는 근본적 원인(root cause)이 있다고 주장한다. 이러한 근본적 원인은 뒤에서 설명할 자원 접근성의 차이와 정치경제 생태계의 문제에서 기인하며, 이러한 근본적 원인은 특정 계층의 사람들을 보다 취약성이 높은 위험한 상황에 처하게 '압박'을 가한다(Blaikie *et al.*, 2014).

예를 들어, 근본적 원인은 특정계층에게 고소득 직종에서 일할 수 있는 기회를 박탈할 뿐만 아니라 추가적인 교육 및 훈련을 받을 수 있는 기회조차 제한하게 된다. 이로 인해 이들은 낮은 소득으로 생계를 영위하게 되고, 더 낮은 임대료를 요구하는 주거지를 찾게 된다. 그런데, 이러한 주거지는 주로 위해(Hazards)에 대해 위험한 지역일 뿐만 아니라 허술한 시설물이다. 즉, 위해(Hazards)에 대해 취약한 지역 및 대상인 것이다. 따라서 일단 어떤 재난이 발생하게 되면 이렇게 높은 취약성으로 인해 더 많은 피해를 입게 되고 설상가상으로 그 취약성도 더 심화되게 된다.

반대로, 이러한 압박을 '해제'하게 되면 사람들은 재난발생시에 오히려 피해를 최소화할 수 있게 된다. 즉, 위에서 언급한 근본적 원인이 해소가 되면 저소득층도 고소득의 좋은 직장을 잡을 수 있게 되고 추가적인 교육 및 훈련으로 새로운 직업을 얻을 수 있게 된다. 이로 인해서 저소득층의 소득수준이 높아지게 되면 사람들은 이제 임대료의 제약에서 보다 더 자유로울 수 있게 되고 따라서 가난한 사람들조차 보다 안전한 지역의 안전한 시설물에서 살 수 있게 되는 것이다. 따라서 재난발생시에도 그들만이 더 불평등한 피해를 입는 상황은 발생하지 않을 것이다.

둘째, 블레이키 등(Blaikie et al., 2014)은 그들이 제안한 기존 압박 및 이완이론에서의 '근본적 원인'이 발생하는 이유를 설명하기 위해 자원 접근성 이론(Access theory)을 제안하였다. 이 이론에 따르면 특정 계층의 취약성을 떨어뜨리는 근본적 원인은 결국 금전 또는 정보와 같은 다양한 자원에 대한 낮은 접근성 때문이라는 것이다.

이때 자원의 접근성은 그 개인의 역량에 따른 것이라기보다는 사회적 관계 또는 지배적 구조에 따라 결정된다. 예를 들어, 가난한 사람들은 아무리 노력해도 부자가 될 수 있는 자원에 접근할 수가 없으며, 이로 인해 재난에 대한 취약성이 높아져 결국 재난발생시 더 많은 피해를 입게 될 뿐만 아니라 그 취약성은 더 심화된다.

셋째, 그렇다면 왜 사람들은 특정 자원에 대해 각자 다른 수준의 접근성을 가지게 되는 것일까? 이는 정치경제 생태계 이론(Political–Economical Ecology perspective)으로 설명될 수 있다. 정치경제 생태계 이론에 따르면 어떤 사회에서 자원의 총량은 한정되어 있는 반면, 사회 구성원은 서로 자기를 위해 더 많은 자원을 이용하려 한다. 이로 인해서 자원은 부족하게 되고 경쟁과 갈등이 불가피해진다. 하지만 이러한 경쟁과 갈등에는 공정한 규칙이 적용되는 것이 아니라 소득, 성명, 인종, 나이, 장애 등에 따라 유불리가 형성된다. 이러한 이유로 어떤 특정 계층에는 더 낮은 수준의 자원 접근성이, 또 다른 특정 계층에는 더 높은 수준의 자원에 대한 접근성이 주어지게 되는 것이다(Peacock & Ragsdale, 1997).

이러한 이론을 종합해 보면 이들 3가지 이론간 상호배타적인 관계가 성립되는 것이 아니라 특정 이론이 다른 이론의 미진한 점을 보완하는 상호보충적인 관계가 성립한다. 다시 말해서 압박 및 이완 이론은 주요 개념들 간의 상호작용을 설명하는 기본틀을 제공하는데, 여기서 설명하는 근원적 원인에 대한 발생이유를 자원 접근성 이론이 보완하여 설명하고, 정치경제 생태계 이론은 자원 접근성을 보완하여 설명하게 되는 것이다.

3. 재난취약계층의 유형

다른 계층에 비해 재난으로 인해 더 많은 피해를 입는 재난취약계층은 접근관점에 따라 다양하게 분류될 수 있다. 하지만 전반적으로 살펴보면 경제적 수준, 이동용이성, 정보 접근성, 사회적 유대 중 어느 하나 또는 복수의 요소에 취약한 계층이 재난취약계층이 된다고 보여진다. 이러한 각 요소들에 대해 먼저 정의하고 각 재난취약계층이 이러한 요소들과 어떠한 관계를 가지는지 살펴보자.

3.1 재난취약계층을 만드는 요소

3.1.1 경제적 수준

경제적 수준이란 재난에 대한 예방, 대비, 대응, 복구에 필요한 비용을 지불할 수 있는 금전적 여유를 의미한다. 예들 들어, 경제적 여유가 없는 사람은 위험한 지역 또는 시설임을 인지하면서도 상대적으로 낮은 임대료로 인해 해당 지역 또는 시설에 거주할 수밖에 없을 것이다.

또한, 경제적 이유로 차량을 보유하지 못해 재난이 발생하였을 때는 신속하게 대피할 수 없을 것이다. 이외에도 경제적 이유로 핸드폰, 컴퓨터 등이 없을 경우에는 재난정보를 신속하게 제공받지 못해 적절한 시기에 대피하지 못하는 경우가 발생할 수 있다.

3.1.2 이동 용이성

이동 용이성은 재난발생시 또는 위험 지역에서 필요시 신속하게 대피할 수 있는 신체적 거동의 자유로움 및 이동수단의 확보여부를 의미한다. 여기서 신체적 거동의 자유스러움에 대한 제약은 꼭 장애를 가진 사람만을 한정하는 것은 아니다. 어린이와 노년층의 경우에는 장애가 없어도 재난발생시 스스로 대피할 수 있는 능력이 없다. 또한, 이들을 돌봐야 하는 사람(주로 여성)들도 이들만을 두고 대피할 수가 없어 이들도 이동 용이성이 낮다고 할 수 있을 것이다.

한편, 신체적 거동의 자유로움이 있는 경우에도 자동차와 같은 이동수단이 없으면 장거리 대피가 어렵다. 이러한 이동수단의 문제는 경제적 여유가 없는 사람들뿐만 아니라 색맹 등 의학적 사유가 있는 사람들에게도 나타날 수 있다. 이뿐만 아니라 병원에 입원해 있는 환자들의 경우에는 의료장비가 있어야만 이동할 수 있다.

3.1.3 정보 접근성

정보 접근성이란 본인이 위치한 지역 또는 시설에 대한 위험정도에 대한 정보획득의 가능성 그리고 재난발생시 또는 위험 상황에서 대피명령 등을 인지하거나 전달받을 수 있는 정보획득의 가능성 등을 의미한다.

우리나라를 비롯하여 많은 나라에서 지역별로 침수 또는 지진 등의 발생위험을 나타내는 각종 위험지도를 만들어서 국민들에게 공개하고 있다. 하지만 어린이, 노년층은 이러한 정보를 인지하기 어려운 경우가 많고 대부분의 정보가 전산자료로 공개되어 컴퓨터 사용이 어려운 경우에는 접근이 어렵기도 하다. 특히, 최근 재난발생시 대피 정보 등이 스마트폰 등으로 제공되면서 스마트폰이 없거나 스마트폰 사용에 익숙하지 않은 사람들은 이러한 정보의 사각지대에 놓이게 된다.

또한, 노숙자 등의 경우에는 거주지가 일정치 않아 정보의 사각지대에 놓일 수 있으며, 외국인 및 관광객의 경우에도 사용언어의 차이 등으로 인해 정보습득에 어려움을 겪는다.

3.1.4 사회적 유대

사회적 유대란 재난에 대한 예방, 대비, 대응, 복구의 과정에서 다른 사회 구성원과 연대하거나 다른 사회 구성원으로부터 지원받을 수 있는 특성을 말한다. 예를 들어, 아무리 가난하고 거동이 불편하고 정보가 없더라고 재난발생시 나를 챙겨주는 사람이 있다면, 또는 지금 살고 있는 지역 공동체가 평상시 서로 상부상조하는 연대가 잘 이루어져 있다면, 앞서 언급한 경제적 수준, 이동 용이성, 정보 접근성에 대한 취약성을 보완할 수 있다.

3.2 재난취약계층의 대표적 사례

앞서 살펴본 재난취약계층을 만드는 요소를 중심으로 살펴본 재난취약계층의 대표적 사례는 다음과 같다.

3.2.1 저소득층

추가적인 설명이 필요 없이 '경제적 수준'이 낮은 가장 대표적 재난취약계층이다. 특히, 주지해야 할 부분은 이후에 언급될 다른 종류의 재난취약계층의 상당수가 공교롭게도 저소득층이라는 사실이다. 예를 들어, 장애인, 고령층, 여성, 소수인종, 독거가구 등의 경우, 일반적으로 상대되는 계층에 비해 소득수준이 낮으며 이로 인해 저소득층에서 나타나는 재난취약 특성을 나타낸다.

3.2.2 장애인

장애인은 옷을 입는 등 일상생활에서조차 거동의 불편함을 느끼는 경우가 많다. 따라서 장애인은 재난발생시 '이동 용이성'이 취약한 가장 대표적인 계층이다. 또한 장애인은 일반적으로 소득이 낮은 경향이 있으며 다른 사람에 비해 고립된 삶을 사는 경우도 많아 '경제적 수준'과 '사회적 유대'에도 취약하다. 또한, 시각, 청각 등의 장애로 인해 '정보 접근성'도 떨어지게 되는 경우가 빈번하다.

또한 재난대처를 위한 대책 자체가 장애인에게는 또 다른 장애가 될 수도 있다. 예를 들어, 전염성 감염병으로 마스크를 써야 하는 상황에서 청각 장애인의 경우 입 모양을 보면서 대화해야 하는데 마스크는 의사소통을 불가능하게 만든다. 마스크를 쓴 상황에서 입을 보지 못하고 대화를 한다는 것은 청각 장애인에게 소통의 창구를 막는 일이자 사회 단절을 의미하는 것이다. 또한, 저지대로 물이 들어오는 것을 막기 위해 설치한 방수판 등은 장애인들이 대피하는 데 있어서 이동을 제약하는 장애물이 되기도 한다.

3.2.3 노인

재난관리 측면에서 고령층은 장애인과 매우 유사한 측면을 가진다. 즉, '이동 용이성', '경제적 수준', '사회적 유대', '정보 접근성'이 모두 취약한 경우가 빈번하다. 특히, 최근에는 배우자가 사망한 후에 혼자 살아가는 노년층이 많아 사회적 문제가 되고 있다.

하지만 이 경우에도 남성과 여성이 큰 차이를 보이는데, 여성들은 가족, 이웃,

친구 등과 유대관계를 꾸준히 유지하는 반면에 남성들은 상대적으로 고립된 삶을 사는 경우가 많다. 즉, 노년층 남성에서 '사회적 유대'는 노년층 여성에 비해 더욱 취약한 요소이다.

3.2.4 여성

최근 여성의 사회 진출로 인해 소득 수준이 높아지고 있으나 아직 많은 여성들은 남성들에 비해 소득수준이 낮은 편이다. 이로 인해 여성들의 경우 '경제적 수준'에서 취약한 경우가 많으며, 여성이 가장인 가구 등에서는 저소득층과 공통된 재난 취약 특성이 나타난다.

많은 여성들은 가족들을 직접 돌봐야 하는 돌봄 책임의 객체이기도 하다. 재난 상황에서도 가족 구성원을 돌봐야 하는데 이로 인한 심리적 부담으로 인해 정서적 우울에 더 시달리기도 한다. 이외에도 여성들의 경우에는 다른 사람들과 좁은 공간을 공유하는 대피시설에서 성폭력의 위험에 노출되는 경우가 많으며, 재난상황에서 더 잦은 가정폭력의 희생자가 되기도 한다. 또한, 대피시설 등에서 개인정보의 노출로 인해 기존의 가해자에게 추가로 보복당하는 경우가 발생하기도 한다.

3.2.5 소수인종

우리나라의 경우 미국과 같은 서구 국가들에 비해 인종의 다양성이 매우 낮아 아직까지는 심각한 사회적 문제로 인식되고 있지 않지만 인종 다양성이 매우 높은 미국 등의 국가에서 소수인종은 재난취약계층으로 언급되는 가장 대표적인 사례이다. 일반적으로 소수인종의 경우 소득수준이 낮아 '경제적 수준'과 '이동 용이성'의 취약 요인이 발생한다. 또한, 해당 국가의 표준 언어를 구사하는 능력이 떨어져서 '정보 접근성'에 문제가 발생하고 주변 사람들과의 유대 관계가 형성되지 않아 '사회적 유대'에도 문제가 있다.

하지만 주지할 점은 소수인종일지라도 모두 동일한 특성을 보이지는 않는다는 것이다. 예를 들어, 미국 사회에서 아시아계는 소수인종 중에서는 경제적 수준이 상대적으로 높을 뿐만 아니라 젊은 계층을 중심으로 학력 수준도 다수인종에 비해서도 훨씬 높은 편이다. 또한 전반적으로 종교단체를 중심으로 사회적 유대도 매우 잘 이루어져 있다.

히스패닉의 경우에는 비록 경제적 수준이나 학력 수준은 낮지만 친인척을 중심으로 한 끈끈한 사회적 유대가 맺어져 있어서 재난발생시 서로 도움을 주고받으며,

다른 계층에 비해 재난 피해를 적게 입는 사례가 보고되기도 한다. 이에 반해 일반적으로 흑인의 경우에는 경제적 수준이나 학력 수준이 낮을 뿐만 아니라 주변 사람들과의 사회적 유대도 낮은 편이다. 특히, 과거 정부로부터 나오는 정보를 불신하는 관행으로 인해 재난발생시 많은 희생자가 발생하는 대표적인 계층이다.

3.2.6 어린이

어린이는 아직 독립적 인격으로 성장하지 않은 존재이다. 재난발생시 어린이는 부모와의 신속한 연락이 되지 않을 경우에는 신속한 대피가 어려운 경우가 발생할 뿐만 아니라 일단 대피한 경우에도 보호자와 연락되지 않으면 대피소 등에서 안정된 생활을 할 수가 없다.

재난상황에서 아이들은 가장 큰 희생자 중의 하나이다. 실제, 코로나19 상황에서 인도, 케냐 등 일부 지역에서는 재난으로 인한 경제적 침체상황에서 아동을 경제적 도구로 이용하면서 아동노동, 아동밀매, 아동혼인 등과 같은 비인륜적 행위가 나타났다(이윤경, 2020). 또한, 재난상황에서 어린이는 여성과 함께 가정폭력의 피해자가 되는 경우가 빈번하게 발생한다.

3.2.7 독거인

최근 결혼을 선택으로 여기는 문화가 확산되면서 미혼의 젊은 독거인이 증가하고 있다. 이와 함께 기대수명이 늘어나며 배우자와의 이별 후에 홀로 지내는 고령의 독거인도 늘어나고 있다. 독거인의 경우에는 같이 지내는 가족들이 없기 때문에 재난발생시에 대피 등을 상의하거나 도움받을 수 있는 사람들이 없는 경우가 많다. 즉, '사회적 유대'의 취약성이 나타나는 대표적인 사례인데, 이 중에서도 혼자 사는 남성 독거인의 경우, 다른 가족, 친구들과 단절된 삶을 사는 경우가 특히 많아 다른 독거인에 비해 더 재난에 취약하다.

3.2.8 의료시설 입소자

요양병원 등 많은 의료시설 입소자는 대피경로 또는 대피장소에서도 산소공급기 등 의료장비의 지원이 필요한 경우가 많다. 이뿐만 아니라 질병 등으로 인하여 자력으로 움직이는 것도 어려운 경우가 많아 '이동 용이성'이 취약하다. 따라서 실제로 많은 재난상황에서 많은 의료시설 입소자가 방치되어 대규모 사상자로 발견되는 경우가 발생하고 있다.

3.2.9 교정시설 입소자

구치소, 형무소 등 교정시설 입소자를 시설 외부로 대피시키기 위해서는 대피장소로서 또 다른 교정시설이 필요하다. 이들은 다른 시민들과 같은 시설 내에 함께 수용할 수 없기 때문이다. 하지만 요즘 많은 교정시설이 거의 포화되어 운영되고 있기 때문에 재난발생시 짧은 시간 내에 안전한 곳에 위치한 다른 교정시설을 확보하기 어려울 뿐만 아니라 이들이 탈출하지 못하도록 수갑, 포승 등의 장비를 채워서 한꺼번에 이동시키는 것도 상당히 어려운 일이다. 이런 이유로 교정시설 입소자의 경우에도 '이동 용이성'이 취약하다. 따라서 급박하게 전개되는 재난상황에서 교정시설 입소자에 대한 대피를 망설이다 대규모 인명피해가 발생하기도 한다.

3.2.10 노숙인

노숙인의 경우에는 일반적으로 일정한 연락처나 거주지가 없을 뿐만 아니라 노숙인 스스로가 행정관서와의 접촉을 경계하는 경우가 많다. 이뿐만 아니라 다른 사람들로부터 고립되어 있고 다른 사람과 좁은 공간을 공유하는 대피시설에서는 다른 사람들로부터 기피대상이 되기 쉽다. 그리고 경제적 수준이 매우 낮을 뿐만 아니라 건강이 좋지 않고 이동 수단도 없는 경우가 많다. 즉, 노숙인의 경우에는 '경제적 수준', '정보의 접근', '사회적 유대', '이동 용이성' 등에서 모두 취약하다.

3.2.11 외국인 및 관광객

외국인뿐만 아니라 관광객의 경우의 경우에는 해당 지역에 대한 안전정보가 부족할 뿐만 아니라 언어가 다를 경우에 대피경보 등을 이해하지 못할 수 있다. 또한 주변에 도움을 청할 가족이나 지인들이 매우 적거나 없는 경우가 많다. 즉, '정보의 접근', '사회적 유대' 등에서 취약하다. 대표적 사례로서 2004년 인도양에 지진해일이 발생하였을 때, 태국에서 발생한 사망자 8,200명 중에 2,400여 명이 관광을 위해 방문한 외국인이었다(Telford & Cosgrave, 2006).

실제 다른 나라와 비교해 보면 다인종 국가가 살고 있는 미국의 연방재난관리청 홈페이지 등이 다양한 언어로 다국어 정보를 제공하는 반면에 우리 정부기관의 대다수 홈페이지는 한국어 정보만 제공하거나 영어 홈페이지의 경우에도 한국어판에 비해 제한된 내용만을 제공하고 있다는 지적이 있다. 또한, 재난상황에서 안전정보를 제공하는 재난문자방송의 경우에도 제공되는 외국어 종류가 극히 일부로 제한되는 한계가 있다.

3.2.12 반려동물

최근 많은 사람들이 반려동물을 키우고 있는데, 다른 사람들이 함께 생활해야 하는 대피소에는 특정 동물에 대한 알레르기가 있는 사람들이 있을 수도 있으며 일부 동물은 다른 사람에게 질병을 옮기는 매개체가 되기도 한다. 따라서 일부 국가에서는 반려동물을 대피소로 데리고 가지 못하게 하거나 데려오더라도 예방접종 증명서를 요구하기도 하며 크레이트(crate) 등과 같이 가둘 수 있는 기구를 준비토록 하기도 한다. 이러한 제약으로 인해 많은 반려동물들이 재난 현장에 방치되어 목숨을 잃기도 한다. 즉, 반려동물도 '이동 용이성'에서 취약하다.

4. 계층 유형 간 교차성

계층 유형 간 교차성(intersectionality)이라는 용어는 1989년에 크렌쇼(Crenshaw)가 흑인 여성 연구를 진행하면서 최초로 제안하였다. 크렌쇼에 따르면 흑인 여성에 대한 차별은 인종 또는 성별 등 어느 하나의 독립된 변수로 설명될 수 없고 여러 가지 변수를 결합한 형태로 설명될 수 있다는 것이다. 즉, 이러한 두 변수는 각각 독립된 영향을 미치는 것이 아니라 서로 결합되어 교차성 효과를 나타내게 된다. 이러한 교차성 효과는 증폭 또는 상쇄 효과를 나타내는데, 즉 각각 다른 독립된 변수가 어떤 종속된 변수에 주는 영향이 각각 1씩이라고 할 때, 이러한 두 변수의 결합된 영향은 이를 단순하게 더한 2보다 크거나 작을 수 있다.

재난에 대한 취약성 연구에 있어서도 이러한 교차성은 매우 중요한 개념이다. 즉, 계층, 인종, 성별, 나이, 장애 등과 같은 취약 요인이 각각 결합될 때 증폭 또는 상쇄의 효과를 나타내기 때문이다.

1995년 시카고의 폭염은 이러한 교차성 효과를 설명하는 데 매우 의미있는 예시이다. 1995년 시카고에는 유래를 찾아보기 힘든 강력한 폭염으로 인해 많은 사망자가 발생하였다. 그런데 이러한 사망자 발생의 특성을 살펴보니 당시 범죄율이 높은 지역에서 혼자 살면서 소득이 낮고 나이가 많은 흑인 남성들이 유독 높은 사망률을 보였다(Klinenberg, 1999).

물론 이러한 각각의 요인들은 모두 사망률을 높일 수 있는 취약 요인이다. 예를 들어, 범죄율이 높은 지역에서는 범죄 대상이 될까 봐 실내의 열기를 피해 밖으로 나가거나 환기를 위해 창문을 열지 못한다. 소득이 낮은 사람들은 에어컨을 갖출 경제적 여유가 없으며, 고령층은 일반적으로 건강상태가 좋지 못하다. 여기에 흑인들은 일반적으로 상호간에 유대관계가 약하고 정치적으로도 세력화되어 있지 않다. 남자들은 여성들에 비해서 다른 사람들과의 사회적 유대관계가 약하며, 혼자 사는 사람들은 도움을 요청할 사람들도 없다.

여기서 흥미로운 것은 아무리 이러한 취약 요인이 개별적으로 사망률을 높이는 독립적 요인이라고 하여도 이러한 다양한 취약 요인이 한꺼번에 결합되었을 때 매우 높은 치명률이 나타났다는 것이다. 반면에 이러한 다양 취약 요인들 중에서 어느 하나의 취약 요인만 제거 또는 개선되어도 사망률은 급속하게 감소하였다.

예를 들어, 히스패닉의 경우 일반적으로 흑인들처럼 소득수준이 전반적으로 낮았는데도 불구하고 사망률은 다른 어떤 인종보다도 낮았다. 많은 학자들이 이러한 원인으로 히스패닉에 공통적으로 형성된 친족들 간에 모여 살면서 유대관계를 유지하는 친족문화를 지목하고 있다. 즉, 밖으로 나가지도 못하는 환경에서 에어컨도 없고 건강이 좋지 않아도 그들은 서로 안부를 묻고 위기의 순간에서 의지할 수 있는 대상이 있었던 것이다.

이러한 유사한 사례는 다른 재난 상황에서도 목격된다. 같은 흑인이라도 부유층의 경우에는 빈곤층에 비해 재난발생시 훨씬 더 적은 피해를 입는다. 또한 같은 여성이라도 백인의 경우에는 흑인에 비해 재난발생시 훨씬 더 적은 피해를 입는다.

이러한 교차성 효과는 취약성 연구에 있어서 매우 중요한 의미를 가진다. 즉, 취약 요인이 서로 결합할 때 각 취약요인이 독립적으로 영향을 줄 때보다 훨씬 증폭되어 나타날 수 있다. 거꾸로 여러 가지 취약 요인이 전체 취약성에 영향을 줄 때, 이 중에서 어느 한 취약 요인의 개선만을 통해서 전체 취약성을 훨씬 빠르게 감소시킬 수도 있다.

5. 요약 및 결론

재난에 의한 피해는 위해요인(hazard agents)에 대한 물리적 취약성뿐만 아니라 사회구조, 지배방식 등에 따른 사회적 취약성에 따라서도 영향을 받는다. 물리적 취약성은 각종 예방시설을 설치하는 등의 예방사업을 통해 개선될 수 있지만 사회적 취약성을 결정짓는 사회구조 및 지배방식 등을 변화시키는 것은 매우 어렵다.

이 장에서는 재난발생시 유독 피해를 많이 입는 재난취약계층의 유형을 살펴보고 재난취약계층을 만드는 원인과 유형별 재난취약계층이 나타내는 특성을 사례별로 살펴보았다. 그리고 재난취약계층의 유형이 서로 중복되면서 나타나는 교차성 효과에 대한 접근을 통해 취약성이 증폭, 상쇄되는 사례를 통한 정책적 시사점도 도출해 보았다.

✍ 재난 이야기: 재난으로 인한 양극화

일반적으로 재난 이후 빈부의 격차는 더 심해진다. 재난으로 인한 경제침체는 빈곤층을 의식주조차도 해결할 수 없는 극한의 빈곤상황까지 내몬다. 이에 반해 슈퍼 리치로 불리는 최상위 부유층에게 재난은 또 하나의 기회이다. 일반적으로 정부는 경기부양을 위한 유동성 확대정책으로 이자율을 낮추는 등 시장에 많은 자금을 공급하게 되는데 이로 인해 주식과 부동산 등의 가격이 급등하면서 더욱 부를 확대하게 된다(이철호, 2020).

이러한 부의 양극화는 아이들에게까지 대물림되기도 한다. 코로나19 상황에서 학령층 아이들에게는 원격수업이 일상이 되었다. 하지만 준비되어 있지 않은 상황에서 도입된 온라인 교육 콘텐츠의 문제, 교사들의 원격수업 활용경험 부족 등으로 인해 전반적인 교육의 질 하락의 문제로 부각되었다. 하지만 일부 경제력이 있는 부모들은 학교 대신 학원 교육에 의존하게 되면서 아이들간 교육수준의 격차가 벌어지는 교육의 불평등 문제가 더욱 심화되었다.

이러한 빈부의 격차뿐만 아니라 최근에는 계층간의 '디지털 격차'가 새로운 차원의 불평등을 야기하고 있다. 코로나19 상황에서 감염위험을 줄이기 위한 각종 스마트 기술과 기기가 도입되었다. 하지만 이러한 디지털 기기는 역설적으로 감염병에 취약한 노년층, 빈곤층 등과 같은 이른바 디지털 문맹, 즉 취약계층을 관련 정보로부터 소외시키고 오히려 면역력이 높은 젊은층 등을 중심으로 활발하게 사용되는 결과를 낳고 있다.

* 출처: 이철호 (2020), 칼럼: 세상에서 가장 슬프고 잔인한 주식 랠리, 중앙일보, 2020년 9월 30일자 등

연습문제

1. 특정 계층의 사회적 취약성은 어떻게 실제 재난 상황에서 그들에게 피해를 가중시키는가? 관련 이론을 이용하여 설명하라.

2. 재난은 계층별로 불평등하게 작용한다고 한다. ① 다른 계층에 비해 재난으로 인해 더 많은 피해를 입는 이러한 재난취약계층에는 어떤 부류가 있는가? ② 이러한 특정 부류가 재난취약계층이 되는 데는 어떤 요인들이 영향을 미치는가?

3. 재난취약계층을 설명하는 데 있어서 '계층 유형 간 교차성'이 어떻게 작용하는지 설명하라.

4. 재난으로 인한 계층의 양극화 현상을 설명하라.

[참고자료]

이윤경(2020), **코로나19 탓 학교 문 닫히자 일터로 내몰린 빈민 아이들**, 경향신문, 2020년 8월 30일자.

Blaikie, P., Cannon, T., Davis, I., & Wisner, B. (2014). *At risk: natural hazards, people's vulnerability and disasters*. Routledge.

Crenshaw, K. (1989). Demarginalizing the intersection of race and sex: A Black feminist critique of anti–discrimination doctrine, feminist theory, and anti–racist politics. In K. Crenshaw, *Feminist legal theory*(pp.57–80). Routledge.

Cutter, S. L., Emrich, C.T., Mitchell, J.T., Boruff, B.J., Gall, M., Schmidtlein, M.C., ... & Melton, G. (2006). The long road home: Race, class, and recovery from Hurricane Katrina. *Environment: Science and Policy for Sustainable Development*, 48(2), 8–20.

Hewitt, K. (Ed.) (1983). Interpretations of calamity from the perspective of human ecology, London: Allen and Unwin.

Kailes, J. I., & Enders, A. (2007). Moving beyond "special needs" A function–based framework for emergency management and planning. *Journal of Disability Policy Studies, 17(4)*, 230–237.

Klinenberg, E. (1999). Denaturalizing disaster: A social autopsy of the 1995 Chicago heat wave. *Theory and Society, 28(2)*, 239–295.

Peacock, W. G., & Ragsdale, A. K. (1997). Social systems, ecological networks and disasters: Toward a socio–political ecology of disasters. In W. G. Peacock, & A. K. Ragsdale, *Hurricane Andrew: Ethnicity, gender, and the sociology of disasters*(pp.20–35).

Peek, L., & Stough, L. M. (2010). Children with disabilities in the context of disaster: A social vulnerability perspective. *Child development, 81(4)*, 1260–1270.

Polsky, C., Neff, R., & Yarnal, B. (2007). Building global change vulnerability assessments: The vulnerability scoping diagram. *Global Environmental Change*, 1u, 472–485.

Quarantelli, E. (1992). The importance of thinking of disasters as social phenomena. Disaster Research Paper Preliminary Paper #184. Newark, DE: University of Delaware.

Telford. J., & Consgrave, J (2006). *Joint evaluation of the international response to the Indian Ocean tsunami: Synthesis report*. London, UK: Tsunami Evaluation Coalition.

Turner, B.L., Kasperson, R.E., Matson, P.A., McCarthy, J.J., Corell, R.W., & Christensen, L. (2003). A framework for vulnerability analysis in sustainability science. *PNAS*, 100(14), 8074–8079.

CHAPTER

16 탈진실의 시대와 위험 커뮤니케이션

1. 개 설

최근 재난이 과거와는 다른 유형, 규모 등으로 다변화되면서 재난 자체에 대한 불확실성은 높아지는 반면, 정보통신 기술의 발달로 인한 디지털 미디어 사용이 일상화되면서 뉴스의 공급처가 소셜 미디어, 포털뉴스 댓글 등으로 다양화되고 있다. 이러한 환경에서 사람들의 불확실성에 대한 공포심을 활용하여 '가짜뉴스' 등과 같은 허위정보가 빠르게 생산 및 유통되면서 사회 문제화되고 있다. 특히, 이러한 허위정보는 최근 진위를 판별하기 어려울 정도로 교묘히 제작되어 확산 방지가 어려울 뿐만 아니라 다른 사람의 사생활, 인격권을 침해하고 중요한 사회 이슈에 대해 수용자들의 이성적 판단을 어렵게 하여 적극적인 대응이 필요한 실정이다(민성기, 2020).

이러한 상황에서 언론홍보 등을 비롯한 위험 커뮤니케이션의 중요성이 강조되고 있다. 재난상황에서의 소통의 부족은 정부 정책에 대한 불신을 초래하고 재난극복에 반드시 필요한 국민들의 협조를 저해함으로써 결과적으로 조기 재난수습을 어렵게 만드는 것과 동시에 정부 리더십의 위기를 초래하기도 한다. 한편, 디지털 등 미디어 환경의 변화, 세대 간 정보의 격차, 국민 정보수요의 증가, 허위정보의 확산 등 소통환경은 더욱 복잡해지고 어려워지고 있어 보다 고도화된 커뮤니케이션 전략이 필요한 실정이다(민성기 2020).

2. 인포데믹과 탈진실의 시대

'인포데믹(infodemic)'은 정보를 뜻하는 'Information'과 감염병을 뜻하는 'Epidemic'의 합성어로서 잘못된 정보가 감염병처럼 급속히 퍼져서 혼란을 초래하는 '잘못된 정보의 범람'을 뜻한다 (지식백과, 2020). 우리말로 직역하면 '정보감염병'이라 할 수 있다. '인포데믹'은 2003년 중증급성호흡기증후군(SARS)이 전 세계적으로 확산되던 때에 데이비드 로스코프(David J. Rothkopf)가 워싱턴 포스트에 기고한 글에서 처음 사용되었다.

최근, 우리 사회에서 '가짜뉴스' 등이 주목을 받으며 이러한 잘못된 정보의 범람은 현대 위험사회의 특징을 나타내는 새로운 사회적 문제가 되고 있다. 왜냐하면, 재난상황시 '가짜뉴스' 등 허위정보가 개인의 사생활·인격권을 침해할 뿐만 아니라 국민들의 이상적 판단을 마비시키면서 사회의 재난대응 노력을 마비시키는 등 사회 · 경제적으로 큰 혼란과 피해를 초래할 수 있기 때문이다. 예를 들어, 2020년 코로나19 확산시 세계보건기구(WHO) 사무총장인 테드로스 아드하놈 게브레예수스는 2020년 뮌헨 안보회의에서 "우리는 단순히 감염병과 싸우는 것이 아니라 인포데믹과 싸우고 있다(We're not just fighting an epidemic; we're fighting an infodemic)."고 주장하며, 그 심각성을 지적한 바 있다.

하지만 최근 우리가 살고 있는 사회에는 단지 허위정보의 범람이라는 '인포데믹' 현상만으로 표현하기 어려운 또 다른 문제적 현상이 있다. 이는 우리가 살고 있는 사회의 환경자체가 진실을 말하지 않아도 되는 거짓세상, 즉 '탈진실(post-truth) 시대'로 변화하고 있다는 것이다.

키즈(Keyes, 2004)에 따르면 '탈진실 시대'는 개인들이 자신의 목표를 달성하기 위해 진실을 벗어나서 거짓 속에 자신들을 숨기거나 기만하는 행태를 취하는 것이 허용되는 세상을 말한다. 즉, 개인이 거짓말을 많이 하기보다는 사회가 진실을 말하지 않아도 되는 환경으로 변화되었다는 것이다.

2016년 옥스퍼드 사전은 이를 올해의 단어로 선정한 바 있는데, 이처럼 탈진실 현상은 대중적 관심을 불러일으키고 있다. 최근 소위 '대안적 진실'이라는 미명 아래 허위사실이나 거짓정보가 특정한 개인이나 집단의 이익, 입장 등을 강화하는 수단으로 활용되고 있으며, 대중들도 이러한 사회 환경을 이제 일상으로 받아들이고 있다. 즉, 우리가 사는 시대는 이제 '인포데믹'을 넘어 '탈진실'의 시대로 진입하고 있는 것이다.

3. 잘못된 정보의 종류: 허위정보와 오인정보

재난관리 분야에서 사용되는 정보는 크게 사실성과 기만성을 기준으로 구분할 수 있다. 여기서 사실성은 생산된 정보가 진실에 부합하는가 여부를 나타내는 것이고 기만성이란 정보생산의 목적이 누군가를 속이기 위한 것이냐의 여부를 나타내는 것이다.

잘못된 정보라는 것은 우선 사실성에 부합하지 않은, 즉 진실되지 않은 정보이다. 하지만 똑같이 진실되지 않은 정보라고 할지라도 속이려는 의도 없이 단지 지식의 부족으로 인해 만들어진 것이 있는가 하면 특정한 목적을 가지고 의도적으로 조작된 것도 있다. 일반적으로 이러한 잘못된 정보를 '오정보'라고 표현하기도 한다. 이를 종합하면 사실성에 부합하지 않은 잘못된 오정보[1]는 크게 '오인정보(misinformation)'와 '허위정보(disinformation)'로 구분된다. 오인정보(misinformation)는 앞에서 말한 바와 같이 속이려는 의도 없이 지식의 부족, 잘못된 해석 등으로 인해 발생하는 사실과 다른 정보로서 주로 정보전달 과정에서 왜곡되어 발생한다.

하지만 허위정보(disinformation)는 특정한 의도를 가지고 누군가를 속이기 위해 정교하게 고안된 잘못된 정보로, 뉴스의 외형을 갖춘 형태로 대중을 속이기 위해 만들어진 '가짜뉴스(fake news)' 등이 이 범주에 속한다. 따라서 오정보의 광의적 의미에서 허위정보는 오정보 중 기만성을 가진 것을 의미한다고 할 수 있다. 일반적으로 허위정보가 성립되려면 허위의 사실관계가 입증되어야 한다.

그간 '가짜뉴스'는 허위정보와 동일한 용어로 혼용되기도 하였는데, 유럽연합 등에서는 '가짜뉴스'라는 용어가 허위정보의 복잡한 문제나 사안의 심각성을 포착하지 못하고 너무 가벼운 뉘앙스를 준다고 지적하면서 활용하기 적절하지 않음을 지적하기도 하였다.

일반적으로 정교하게 조작된 허위정보는 일반적인 '오인정보'에 비해 그 진위를 판단하기 어려울 뿐만 아니라 정치 · 경제적 이해관계와 결합되어 정부의 재난수습 활동을 방해하고 사회적 분열을 야기하는 등 사회적 문제가 되기도 한다. 또한, 당초에 의도성을 가지지 않고 생산된 '오인정보'가 특정집단의 이해관계와 결합되어 의도적으로 유포되면서 '허위정보'의 성격으로 변질되기도 한다.

이외에도 비록 사실성에는 부합하지만 언론보도가 특정한 의도하에 특정한 맥

1) 이를 '오정보'라고 표현한다. 하지만 일부 문헌에서는 '오정보'를 '오인정보'와 혼용해서 사용하기도 한다.

락에서 보도되면서 대중의 관심을 왜곡시키는 정보도 있다. 예를 들어, 언론이 어떤 뉴스를 전할 때, 어떤 프레임을 사용할 것이냐가 개인들이 의견 형성 및 변화에 영향을 주는데, 예를 들어, 재난상황에서 인종차별의 문제를 부각시키면서 재난수습 활동이 정치화되기도 한다.

또한, '루머(rumor)' 또는 '소문'도 오정보와 혼돈될 수 있는데, 이는 사실여부가 확인되지 않은 채 개인에서 개인으로 전해지는 정보를 말하는 것으로 수용하는 시점에서 검증되지 않은 소문들이 나중에 부분 또는 전부가 사실이나 거짓으로 판명될 수도 있다. 따라서 루머나 소문은 오정보가 아닌 사실이 될 수도 있으며, 오정보 중 오인정보나 허위정보가 될 수도 있다(Ting and Song, 2017; 류현숙 & 김경우, 2020). 여기서는 이러한 다양한 잘못된 정보 중에서 우리 사회의 문제가 되고 있는 가짜뉴스 등을 일컫는 허위정보에 초점을 맞춰서 설명한다.

4. 허위정보의 확산배경

조작된 허위뉴스가 현대사회에서 기승을 부리는 이유는 일반적으로 정보통신 환경의 변화와 심리학적 해석으로 설명된다.

4.1 정보통신 환경

과거에는 뉴스의 공급처가 신문, 방송 등과 같은 언론사에 한정되었지만 최근에는 소셜 미디어, 포털뉴스 댓글 등으로 다양해지고 있다. 또한, 인터넷, 모바일 기기 등의 보급과 같은 정보통신 기술의 발달로 실시간으로 이러한 정보를 주고받을 수 있는 디지털 미디어가 발달하고 있다. 특히, 딥페이크(deepfake)[2)]와 같은 영상정보에 대한 고도화된 생산기술은 가짜와 진짜를 구별하는 것조차 어렵게 하는 상황을 만들어냈다. 즉, 이제는 누구나 정보를 손쉽게 제작, 보급, 확산할 수 있는 생태계가 구축된 것이다.

과거 언론사에서 생산되는 뉴스는 편집자 등을 통해 잘못된 정보를 거를 수 있는 게이트키핑(gatekeeping)과 같은 제도적 장치를 갖추고 있었다. 하지만 현재의 정보환경은 단지 다른 사람의 비난 또는 관심을 받기 위해 의도적으로 공격적이며 불

2) 딥페이크(deepfake): 영상, 소리 등에 대한 조작 기술

쾌하게 허위로 조작된 내용을 유포하는 것을 즐기는 트롤링(trolling)[3]과 같은 현상이 나타나는 등 거짓정보를 대량으로 퍼뜨려서 여론조작을 할 수 있는 탈진실에 유리한 환경으로 변화되고 있는 것이다.

4.2 심리적 이론

4.2.1 인지 부조화와 확증 편향

현대사회의 디지털 환경에서 범람하는 정보량은 개인의 인지범위를 상회하고 있다. 따라서 개인은 이러한 정보의 범람 속에서 일부 정보만을 선택해서 받아들이게 된다. 일반적으로 사람들은 자신의 믿음과 행동 사이에 조화로운 지점을 찾으려는 경향이 있으며, 이 조화가 무너질 때 심리적으로 불안해지는 '인지 부조화'의 심리 상태를 가지게 된다.

그리고 사람들은 이러한 심리적 불안을 줄이고자 자신의 믿음이나 행동을 변화시키고 이를 합리화하면서 믿음과 행동의 일관성을 유지하려고 한다(Festinger, 1957). 이러한 이유로 인해 사람들은 정보의 홍수 속에서 자신의 믿음과 일치하는 정보에 대해서는 쉽게 받아들이는 반면에 그렇지 않은 정보에 대해서는 받아들이지 않음으로써 믿음과 행동의 일관성을 추구하게 된다.

이러한 레온 페스팅거(Leon Festinger)의 '인지 부조화' 이론과 유사한 맥락으로 사람들이 정보에 대해 가지는 행동은 피터 웨이슨(Peter Wason, 1960)의 '확증편향(confirmation bias)' 이론으로 설명될 수 있다. 확증편향 이론에 따르면 인간은 원래 자신이 가지고 있는 생각이나 신념을 확인하려는 경향, 즉 확증편향을 가진다. 이러한 이유로 사람들은 자신의 생각이나 신념과 일치하는 정보는 쉽게 받아들이는 반면 일치하지 않으면 의심하고 확인하려 한다는 것이다.

이들 두 이론에 따르면 사람들은 기존의 인식이나 믿음에 모순되지 않는 방향으로 새로운 정보를 처리하게 되고 탐색하게 된다(이양구, 2010). 즉, 개인은 단순히 기존의 인식과 믿음과 일치하는 정보들 위주로 받아들이고 다른 정보들에 대해서는 저항하거나 무시하는 성향으로 인해 허위조작된 정보 등을 자신도 모르게 받아들이게 되는 것이다(Ting and Song, 2017).

---

3) 트롤링(trolling)은 배 뒤에 미끼를 걸고 달리면서 물고기를 모으는 트롤링 낚시에서 기원했다는 설과 북유럽 신화 등에서 나오는 악랄한 장난을 치는 요정인 트롤에서 유래되었다는 설이 있다. 즉, 트롤링은 다른 사람의 기분을 망치거나 관심을 받기 위해 혹은, 자기 스스로가 쾌감을 얻기 위해 악의적으로 하는 행동을 빗댄 말이다(네이버 지식백과, 2021).

4.2.2 필터 버블과 반향실 효과

사람들의 인지 부조화 또는 확증편향과 같은 심리상태는 현대의 디지털 환경과 결합하면서 사람들을 편향된 정보만에 노출되고 다른 정보에는 배타적이 되는 정보편향(information silo)[4]에 빠지게 한다. 이렇게 디지털 미디어 환경에서 개인의 정보편향이 나타나는 주된 원인은 크게 '필터버블(filter bubble)'과 '반향실(echo chamber)' 효과로 설명된다.

최근 검색엔진 또는 개인추천 알고리즘의 경우, 개별화된 필터(filter) 기능을 통해 사용자가 기존에 선택한 비슷한 성향의 내용을 우선적으로 노출하게 함으로써 사용자는 비슷한 성향의 정보에만 노출되고 다른 다양한 정보를 접하기 어렵게 된다. 즉, 사용자는 알고리즘 필터(filter)가 만든 버블(bubble)에 갇히게 됨으로써 기존에 가지고 있던 자신의 생각에 더욱 확신을 가지게 되고 다른 생각에 배타적이 되어간다. 이러한 현상을 페리저(Pariser, 2011)는 필터 버블(filter bubble) 효과라고 표현하였다.

두 번째 현상은 썬스타인(Sunstein, 2009)이 소개한 '반향실(echo chamber) 효과'인데, 사람들은 다양한 정보들 중에서도 기존의 자신의 성향과 동일한 정보만을 소비하고 자신과 유사한 생각만을 가진 사람들과 소통하면서 밀폐된 반향실에서 소리가 메아리쳐서 증폭되는 것처럼 편향된 사고를 가진다는 것이다. 즉, 필터 버블이 알고리즘에 추천된 정보에 이용자가 수동적으로 노출된다는 점에 초점을 맞췄다면, 반향실은 이용자가 능동적으로도 자신과 동질성을 가진 정보를 선택 · 공유한다는 점에 초첨을 맞췄다.

이러한 필터버블 또는 반향실 현상은 결국 온라인 내에서 사람들이 수동적 또는 능동적으로 개인의 성향과 일치되는 정보만을 소비하게 하고 경쟁적인 관점에 대한 노출은 축소시킴으로써 결국 정보 소비자는 자신의 견해만이 옳다고 판단하는 오류를 범하게 된다는 것을 의미한다. 따라서 디지털 환경은 집단 간에 견해가 극단화되는 '집단 극단화(group polarization)' 현상을 촉진시키고 있다는 것을 설명해주고 있다.

4) Information Silo는 어떤 정보시스템이 다른 시스템과 상호간에 연계 운영될 수 없는 배타적인 관리체계를 의미하는 말로 정보 편향되는 현상을 만드는 메커니즘을 설명하는 용어이다(국립재난연구원, 2020).

4.2.3 자아중심적 네트워크와 집단 압력(동조) 현상

앞서 설명한 바와 같이 현대의 디지털 환경은 결국 유사한 관심과 생각을 가진 사람과의 네트워크를 강화시키게 된다. 이로 인해 중요한 사안에 대한 결정과 관심이 편향적이 될 가능성이 높아지게 되는 것이다.

특히, 인간은 자신이 가지고 있는 믿음과 행동 간에 조화를 이루기 바라는 것 외에도 자신이 속한 집단 내의 주위 사람들의 믿음과도 조화를 이루기를 바란다. 따라서 설령 자신이 직접 경험한 증거라고 할지라도 집단의 의견과 다를 경우에는 이를 외면하거나 그 사실을 부정하는 집단동조 또는 집단압력의 현상에 빠지기 쉽다(Asch, 1955). 이를 통해 공동체 구성원 간의 창의적, 혁신적, 민주적 의견의 교환이 불가능해지고, 오히려 구성원들의 생각이 특정 정치, 자본세력 등에 의해 조작되거나 영향받기 쉬워진다.

✍ **집단사고**

사회심리학자 솔로몬 애쉬는 '동조실험'으로 유명하다. 그는 답이 명확한 어떤 문제를 피실험자들에게 제시한 뒤 일부 공모자들에게 오답을 일부러 말하게 했더니 피실험자 10명 중 4명이 이에 동조했다고 한다. '집단사고'란 합의를 지나치게 추구한 나머지 다른 대안에 대한 현실적 평가를 제대로 하지 못하는 현상을 가리킨다. 다른 의견을 얘기했다가 조롱과 거부를 당할까 봐 두렵다는 이유에서다.

4.2.4 프레이밍과 프라이밍

개인의 선호 형성 및 의사 결정은 그 선택지가 어떻게 표현되느냐 또는 어떠한 맥락에서 이루어지느냐에 따라 영향을 받게 된다. 즉 판단기제의 핵심은 정보의 내용이 아니라 그 정보가 어떻게 프레이밍 되어 있느냐에 따라 다르다는 것이다. 이를 프레이밍 효과(framing effect)라고 한다(류재성, 2018). 예를 들어, 언론이 어떤 뉴스를 전할 때, 어떤 프레임을 사용할 것이냐가 개인들이 의견 형성 및 변화에 영향을 준다.

이와 비슷한 표현으로 프라이밍 효과(priming effect) 또는 점화 효과가 있는데, 미디어가 특정 이슈를 집중적으로 다루게 되면, 그 이슈가 선행 자극(prime)의 역할을 하여 향후 사람들은 그 이슈와 연관성이 높은 것을 중심으로만 정보를 처리하게 되는 성향을 가진다는 것이다. 즉, 특정 이슈에만 초점을 맞추고, 다른 이슈에 대해서는 등한시하게 하는 결과를 초래한다.

예를 들어, 아옌거와 킨더(Iyengar and Kinder, 1987)에 따르면 1980년대 당시 대통령이었던 카터와 공화당 후보인 레이건 간의 미국 대통령 선거에서 당시 언론에서 이란 인질사태를 집중적으로 보도함에 따라 다른 선거이슈가 파묻히고 카터 행정부의 부족한 외교역량이 부각되면서 선거결과에 결정적 영향을 미치게 되면서 카터가 재선에 실패하게 되었다는 것이다.

이러한 두 가지 효과로 인해 특정 언론이 어떻게 사건을 다루느냐에 따라 사람들이 재난상황을 이해하는 방식에 차이가 생기게 된다. 예를 들어, 2005년 허리케인 카트리나 당시 CNN과 같은 미디어에서는 해안가 저지대 등에 거주하다 희생되거나 피해를 입은 흑인계층에 대해 인종차별이라는 문맥에서 집중조명 하였는데, 이로 인해서 인종차별 이슈가 실제보다 더 크게 부각되고 나이, 성별과 같은 다른 실제적 이슈를 가리면서 노인, 여성 등과 같은 다른 재난 취약계층이 관심과 지원을 받지 못했고 그들의 복귀를 도울 기부도 원활하지 않았다(Gulletter, 2006).

개인이 다양한 미디어를 접하지 않고 특정한 미디어를 통해 재난안전 정보나 뉴스에 접근하게 되면, 이러한 미디어의 프레이밍 또는 프라이밍 효과로 의해 재난상황을 전반적으로 이해하지 못하고 잘못된 재난안전 정보를 무비판적으로 수용할 수 있다(류현숙 & 김경우, 2019).

5. 재난관련 허위정보 발생상황

5.1 허위정보에 취약한 상황

허위정보가 발생하고 확산되는 원인이 되는 상황은 결국 대중의 위험지각이 높아진 경우이다. 즉, 대중이 정보에 대한 의심, 그리고 결과에 대한 공포를 느끼게 되는 상황에서 허위정보의 생산 및 확산이 빈번하게 이루어진다.

구체적으로 살펴보면 전통적 미디어 뉴스 등 공식적인 정보가 부족한 상황 등으로서 믿을 만한 정보가 부족하거나 그릇된 정보가 많아 의심이 팽배하게 되는 경우이다. 또한, 정부의 의사결정이 느리거나, 여건이 스스로 통제할 수가 없어 상황이 불안하거나 두려운 경우이다. 구성원 간의 갈등이 심하거나 조직 내부의 문제가 있는 경우에도 상충되는 정제되지 않은 정보들로 인해 대중의 위험지각은 높아지게 된다(민성기, 2020).

5.2 재난환경 특성에 따른 분석

국립재난안전연구원 분석결과(2020)에 따르면 1995~2020년 기간 동안 신문, 방송, SNS, 댓글 등을 분석한 결과 인포데믹은 일반적으로 자연재난보다는 사회재난 관련하여 더 많이 발생하였다. 이 중에서 가장 많은 사례를 나타내고 있는 것은 코로나19와 같은 인체감염병의 사례였으며, 가축전염병, 방사능 오염 등이 그 뒤를 이었다. 자연재난에 있어서는 지진, 태풍, 홍수, 가뭄, 대설 등의 순으로 나타났다.

이는 재난에 대한 위험지각과 연관되는데, 사회재난이 재난의 발생여부, 발생시기, 발생장소, 피해원인, 피해영향 등과 관련한 불확실성이 크며, 일단 피해가 발생하면 인명피해와 연결된다는 두려움 때문인 것으로 보인다. 특히, 코로나19 또는 미세먼지 등과 같이 불확실성이 크고 학자들마다 연구결과가 다를 때 인포데믹 발생 확률이 높은 것으로 나타났다.

또한, 가장 많은 정보유형은 재난발생과 관련된 것으로 그 뒤를 재난 피해, 재난 대책 등이 따른다. 이는 재난에 대한 시민들의 관심 정도를 반영한 지표로 보인다. 특히, 2020년 코로나19 발생 초기에 감염자에 대한 허위정보가 유포되면서 감염자가 다녀갔다는 의료시설이 폐쇄되고 가게 매출이 하락하면서 방역체계에 혼선이 발생하였으며, 특히, 특정 인종, 계층에 대한 혐오 범죄가 증가하는 문제가 발생하였다(국립재난안전연구원, 2020).

〈재난안전 관련 잘못된 정보의 사례〉

- 영국에서 5G가 코로나19를 확산시킨다는 황당한 소문이 퍼지면서 기지국 철탑에 불을 지르는 사례 발생(BBC News, 2020.6.8)
- 소독용 알코올이 코로나19 예방과 치료에 효과가 있다는 소문에 이란에서 치료목적으로 소독용 알코올을 마셔 700명 이상 사망(Aljazeera News, 2020.4.28)

* 출처: 재난안전연구원(2020) 재인용 등

6. 허위정보에 대한 대응

6.1 단기적 대책: 정책적 대응

허위정보에 대한 단기적 대응은 크게 허위정보에 대한 모니터링, 유포 차단, 관련자 처벌의 3단계로 이루어진다. 먼저, 허위정보 관련기관에서는 허위정보의 유통에 대해 신속하게 모니터링을 실시하고 사실관계를 확인하는 Fact Check 홈페이지 등을 활용하여 사실관계를 바로잡아야 한다.

최근에 이러한 허위정보에 대한 Fact Check를 위한 민간차원의 노력도 이루어지고 있는데, 2000년 11월에 한국기자협회, 한국PD연합회 등에서 개설한 인터넷 전문 사이트인 '팩트체크넷'이 대표적인 사례이다. '팩트체크넷'은 방송 · 언론분야 종사자뿐만 아니라 시민들의 자발적인 협업을 통해 팩트체크 과정과 결과를 공개하고 있다. 이외에도 네이버, 카카오 등 11개 인터넷사업자가 참여한 한국인터넷자율정책기구(KISO)가 발족되어 개별사에서 결정이 어려운 사안에 대해 자율규제 정책 결정 및 회원사의 자율규제 지원을 하고 있다.

다음 단계로 방송통신위원회에서는 방송심의위원회를 개최하여 모니터링을 통해 확인된 허위정보를 신속하게 심의하여 허위정보를 삭제 · 차단하여 그 유포를 막는 역할을 하게 된다. 개인정보위원회는 개인정보 침해상황에 대해 모니터링을 실시하고 개인정보 노출 등으로 인한 2차 피해예방 조치(개인정보 삭제 등)를 실시하게 된다. 이외에 유포자 등에 대한 처벌이 필요한 경우에는 검찰청 및 경찰청이 자체적으로 조사 또는 관련기관 등에서 의뢰받은 사건에 대해서 수사하여 관련자를 처벌하기도 한다. 이러한 허위정보의 대응과정에서는 관련기관 간의 협업이 무엇보다도 중요한데, 2020년 코로나19 대응과정에서 허위정보에 대한 신속한 대응을 위하여 정부는 관련기관 간 '대응협의회'를 구성하여 운영한 바 있다.

만약, 허위정보가 언론사 등을 통해서 전파되는 경우 언론사에 반론 또는 정정보도를 청구할 수 있다. 「언론중재 및 피해구제 등에 관한 법률」에 따르면 반론 또는 정정보도의 청구는 보도가 있음을 안 날로부터 3개월 이내(단, 보도가 있은 후 6개월 이내)에 할 수 있다. 반론보도는 잘못된 사실이나 사실관계의 왜곡(편파, 허위, 과장 등)에 한해 언론보도로 피해를 입은 당사자가 자신이 작성한 반론문을 게재 또는 방송해 줄 것을 요구하는 것으로, 해당 언론사가 이를 받아들이지 않으면 언론중재위원회의 중재를 거쳐서 청구소송도 진행할 수 있다. 정정보도는 허위보도를 한 언론사가 스스로 해당 기사가 잘못되었음을 밝히고 정정기사를 게재 혹은 방송해 줄 것을 요청하는 것으로, 언론중재위원회의 중재를 거치지 않고도 청구소송을 진행할 수 있다(민성기, 2020).

최근에는 정부차원에서 인터넷 플랫폼이나 서비스 사업자들이 내부적으로 허위 또는 위해정보에 대응할 프로토콜, 윤리강령 등을 마련하도록 권고, 유도하고 있으며, 이에 따라 유통되는 정보들에 대해 팩트체크 완료, 정보의 진위, 위험성 경고 등과 같은 메시지를 달아서 대중들에게 정보를 판단할 권리를 부여하도록 하고 있다(민성기, 2020).

6.2 장기적 대책: 관련된 이론

6.2.1 디지털 문해력

이러한 인포데믹, 탈진실의 시대에서 재난안전에 대한 잘못된 정보를 식별하기 위해 필요한 것은 '미디어 문해력(media literacy)'이다. 미디어 문해력은 미디어를 통해 다양한 정보에 접근하고 분석 · 평가할 뿐만 아니라 새로운 정보를 창조하는 능력이다(Auf der Heide, 1993). 특히, 온라인 매체와 디지털 기기를 통한 잘못된 정보 범람의 시대에서는 디지털 미디어를 통해 유통되는 정보의 접근, 분석, 평가 및 창조하는 능력의 '디지털 문해력(digital literacy)'이 필요하다.

이러한 디지털 문해력을 갖추기 위해서는 디지털 기기상에서 정보를 검색하고 이해하는 디지털 능력(digital competence)뿐만 아니라 다양한 온라인 활동에 참여를 통해 구성원들의 다양한 의견과 가치를 식별하고 존중하며 구성원으로서 소통하고 관계할 수 있는 능력, 즉 민주적 시민으로서의 시민역량(civic competence)이 향상되어야 한다(Hobbs, 2010).

6.2.2. 재난안전 지식

이외에도 미디어 종류와 관계없이 재난안전 관련 정보를 제대로 이해하고 판단하기 위해서는 재난안전 분야에 대한 지식이나 상식의 수준도 중요하다. 일반적으로 사람들은 재난에 대한 위험지각, 즉 불안감이 높을수록 잘못된 정보에 현혹되기 쉬운데, 분석결과에 따르면 사람들은 재난에 대한 자신의 지식이 적절하다고 인식할수록 위험지각이 낮아지게 된다는 것이다(Siegrist and Cvekovich, 2000). 예를 들어, 원자력에 대한 지식수준이 높다고 인식할수록 원자력에 대한 위험지각이 낮아지는 것으로 나타났다(이민창 등, 2018).

6.2.3 예방접종 이론

예방접종 이론은 맥과이어(McGuire, 1961)를 포함한 커뮤니케이션 학자들에 의해 제안되었는데, 한국전에서 중국군에 포로가 된 상당수의 미국군이 쉽게 세뇌가 되었는데, 그 이유가 미국의 일방적인 민주주의 교육으로 인해 '무균' 상태에서 공산주의라는 '병균'에 노출되었을 때 쉽게 설득을 당했다고 본 것이다. 생물학적 예방접종 개념을 도입한 이 이론에 따르면 재난안전에 대한 보편적 진리, 또는 기본적 상식 등은 무균 상태에 있기 때문에 외부의 잘못된 정보로부터 쉽게 기존의 태도 및 신념이 영향을 받을 수 있다.

따라서 보편적 진리 또는 기본적 상식과 반대되는 의견(바이러스)을 적절히 노출시켜 기존 태도를 방어하는 연습을 경험하게 하면 저항능력을 증진시키고 수용자의 신념을 확인하는 동시에 기존 신념을 공고히 할 수 있게 된다. 즉 잘못된 정보에 대한 면역력을 가지게 된다(McGuire, 1961). 예를 들어, 재난상황에 대한 잘못된 정보를 적절하게 평소 재난안전 교육시에 노출시킨다면 실제 상황에서 재난안전에 대한 잘못된 정보에 대해 면역력을 가질 수 있을 것이다.

7. 위험 커뮤니케이션

일반적으로 위험커뮤니케이션의 목적은 재난관련 정보를 국민에게 신속하게 전달하고 소통함으로써 재난의 조기 수습 및 빠른 일상으로의 회복을 도모하는 것이다. 이를 구체적으로 살펴보면 재난현장 상황, 재난수습 상황 등의 재난정보를 정확하고 시의적절하게 제공함으로써 재난으로 인한 피해를 최소화할 수 있으며, 허위정보나 유언비어의 확산으로 인한 사회적 혼란을 방지할 수 있다. 또한, 재난대응에 대한 국민의 신뢰를 유지하고 강화함으로써 국민들의 자발적 협력을 도모하는 동시에 사회 구성원 간 연대감 확산을 통해 공동체의 회복력을 제고할 수 있게 된다(민성기, 2020).

7.1 재난수습을 위한 홍보방안

재난상황에서의 재난수습 홍보는 위험 커뮤니케이션으로서 매우 중요한 역할을 하게 되는 것이다.

7.1.1 홍보의 대상

재난수습 홍보의 대상은 크게 언론, 피해자, 일반국민으로 구분할 수 있는데, 재난관리 과정에서 각자의 역할이 다르므로 차별적인 접근이 필요하다(민성기, 2020).

(1) 언 론

언론은 재난정보를 단순히 제공하는 데에 그치지 않고 의제설정(agenda setting) 기능을 통해 국민들의 여론을 주도하는 역할을 하게 된다. 앞서 설명한 프레이밍과 프라이밍 효과로 인해 언론에서 어떤 이슈를 특정 문맥으로 집중적으로 보도하게 되면 국민들의 관심은 결국 특정 이슈에 집중되고 반면에 다른 이슈들은 가려지게 된다.

따라서 재난관리자는 이러한 언론의 특정을 잘 이해하고 홍보전략을 수립해야 한다. 특히, 일반 국민들은 긍정적 뉴스보다는 부정적 이슈에 대해 더 관심을 가지므로 언론에서도 부정적 사건의 보도를 선호한다는 사항을 고려해야 한다(민성기, 2020).

(2) 피해자

재난수습 홍보에서 대상이 되는 피해자는 직접적 피해를 입은 사람뿐만 아니라 심리적 충격을 받은 간접적 대상까지를 포함하는 폭넓은 개념이다. 일반적으로 피해자는 관계 당국의 대응에 불만을 가지기 쉬우며, 보상에 대한 논의에서 갈등이 있을 수 있기 때문에 적극적이고 구체적인 상황설명이 필요하다.

또한, 취재경쟁으로 인해 미성년자 등이 과도하게 언론에 노출될 경우에 심리적 피해를 가중시킬 수 있고, 피해지원 중에서 공감성이 부족한 설명과 처우는 피해자에게 수치심을 느끼게 할 수도 있다. 따라서 피해자협의회 운영 및 지원, 재난심리상담사 파견 등의 섬세한 접근이 필요하다(민성기, 2020).

(3) 일반국민

최근 대형재난을 겪으면서 일반국민들의 재난에 대한 관심이 높아졌다. 일반국민들은 재난상황에서 정부의 대응이나 피해자의 요구에 대해 공감이나 비판을 하는 수동적 대상이 되기도 하지만 최근에는 재난발생시 자원봉사, 성금모금 등과 같은 자발적 재난관리 주체가 되기도 한다. 또한, 재난발생시 국민들의 높아진 경각심을 활용하여 재난관리자는 재난에 대한 행동요령 등 국민들에 대한 안전정보 제공에 대해서도 고려하여야 한다.

7.1.2 홍보의 매체

전달하고자 하는 정보의 내용과 매체의 특성을 고려하여 소통하여야 한다.

(1) 전통적 미디어

전통적 미디어는 일방향적인 형태로 크게 신문과 방송으로 구분된다. 신문은 상세한 정보를 전달할 수 있는 장점이 있으나 하루 한 번 발간되는 한계성으로 신속한 홍보는 어렵다. 하지만 최근 인터넷 판과 결합되어 이러한 한계성을 극복하고 있다. TV 방송의 경우 속보 등을 통해 신속하게 방송될 수 있을 뿐만 아니라 영상의 활용으로 인한 전달효과가 강력하고 시청자 범위도 가장 광범위하다. 하지만 인원, 장비가 재난현장에 이동해야 하는 등 방송을 위한 준비과정이 필요하다. 이에 반해 라디오 방송의 경우 별다른 준비없이 속보를 전달할 수 있으며, 전력 단절시에도 수신이 가능하여 재난방송으로 활용성이 크다. 하지만 최근 라디오 청취자가 급감하여 도달률에 대한 한계를 가진다.

(2) 디지털 · 뉴 미디어

디지털 · 뉴 미디어는 소셜 미디어, 인터넷 댓글 등 일반적으로 인터넷과 모바일 기기에 기반한 쌍방향 매체의 성격을 가진다. 허위정보가 주로 유통되는 매체라는 부정적 인식도 있는 반면, 쌍방향 매체의 특성을 활용하여 재난발생시 피해정보를 실시간으로 수집하여 초기대응에 활용할 수 있을 뿐만 아니라 재난관리자가 재난상황에 맞춰진 행동요령 등을 국민들과 직접 소통하며 실시간으로 전파할 수 있는 장점을 가진다.

이외에 최근 재난관리 관서에서는 재난문자방송(Cell Broadcasting Service; CBS) 등 정보통신기술을 활용하여 위험지역에 위치한 국민들에게 직접 재난정보를 제공하고 있다. 하지만 재난문자방송은 해당지역에 위치한 국민에게 일괄적으로 발송하고 있어서, '재난문자 공해'라는 지적도 제기되고 있다.

7.1.3 홍보의 원칙

재난수습 홍보를 추진함에 있어서 홍보의 시기, 방식, 내용이 적절해야 한다. 이와 관련하여 핵심적으로 지켜야 하는 원칙은 신속성, 개방성, 진실성, 일관성, 공감성으로 크게 5가지로 종합할 수 있다(민성기, 2020).

(1) 신속성

일반적으로 재난 초기에 국민 불안이 높을 뿐만 아니라 재난은 상대적 차이는 있지만 대부분 빠르게 전개된다. 따라서 재난 초기에 재난정보의 전달 또는 소통이 늦어질 경우, 국민들의 재난에 대한 대처가 늦어져 피해를 최소화하기 힘들 뿐만 아니라 정부는 국민들로부터 신뢰를 받기 어렵게 된다. 결국 재난 초기의 소통은 재난 수습의 성패를 좌우하게 된다. 이외에도 재난 전개과정 중 생산되는 정보도 가능한 한 신속하게 제공하는 것이 가장 바람직하다.

(2) 개방성

정부에서는 그동안 국민들이 갑작스러운 재난 상황을 접할 때, 물건 사재기 등과 같은 패닉수준의 비이성적 행위를 보일 수 있어서 오히려 정보제공이 재난수습에 방해가 될 수도 있다고 우려해왔다.

하지만 최근 연구에 따르면 재난 상황시 국민들의 패닉수준은 우려할 정도로 심하지 않으며, 오히려 정보를 공개하지 않으면 피해의 확산을 막을 수 없을 뿐만 아니라 허위정보와 유언비어 등으로 인해 사회적 혼란을 야기할 수 있다.

(3) 진실성

재난상황에 대한 정확하고 올바른 정보는 피해를 줄이고 불신과 오해를 줄일 수 있으나, 그렇지 않을 경우 2차 피해를 야기할 수 있을 뿐만 아니라 정부에 대한 국내외 신뢰를 추락시킬 수 있다.

재난상황에서 제공하는 정보는 실시간으로 업데이트되어야 하며, 특히 인명피해 등 주요한 정보집계에 통계오류가 없도록 유의해야 한다. 하지만 정부조차 정확한 정보를 파악하기 힘든 재난상황의 경우, 정부는 적어도 국민에게 솔직하게 상황을 전달하여야 한다.

(4) 일관성

일관적이지 못한 재난대응은 이해당사자들로 하여금 진정성을 느끼지 못하게 할 뿐만 아니라 재난으로 인한 피해를 최소화하기도 어렵다. 관계기관 간 의견 불일치 및 엇박자 대응은 사회혼란과 정부불신을 초래하게 되어 중앙－지방, 참여기관 간 원활한 정보의 공유, 긴밀한 협조체계 구축 등을 통해 통일된 입장유지가 필요하다.

관계기관 간 의견차이에 따른 입장번복 등 정책혼선이 발생하지 않도록 조직 대내외적으로 미리 협의되거나 확정되지 않은 사실을 선불리 발표하는 것은 삼가야 하며, 사회적으로 이해관계 대립이 있는 민감한 이슈에 대해서는 국민들의 의견인 충분히 수렴하는 과정을 거쳐 신중히 발표해야 한다.

(5) 공감성

재난상황에서 중요한 것 중의 하나는 사람들의 마음을 얻는 일이고 이를 위해서 가장 필요한 것은 피해자의 아픔에 공감하는 모습을 보여줘야 한다. 정부는 피해자에 대한 공감을 통해 다른 국민으로부터의 협력을 도모하고 이를 통해 공동체 회복력을 제고해야 한다.

특히, 피해자 유가족을 대할 때는 현재 구조상황 및 조치계획 등에 대한 실시간 정보가 가장 먼저 전달될 수 있도록 배려하여야 한다. 또한, 피해상황에 대한 정보공개시 이해관계자의 사생활, 기본권이 침해되지 않도록 주의하여야 한다.

재난사고 발생원인에 대해 피해자 등에게 책임을 전가하는 것은 불필요한 논쟁을 유발할 수 있으며, 재난수습을 위한 정부의 적극적인 자세, 재발방지를 위한 정부 차원의 의지피력 등 국가 책임성을 강조할 때 국민신뢰가 형성된다.

7.2 재난과 언론의 관계

앞서 살펴본 바와 같이 재난과 관련하여 신문, 방송 등 언론은 위험을 정의하고 확장 또는 축소하는 역할뿐만 아니라 공론의 장으로서의 역할을 통해 문제해결의 열쇠를 쥐기도 한다. 이처럼 위험 커뮤니케이션에서의 언론의 역할은 절대적이다. 하지만 그동안 우리 사회에서 재난과 관련하여 언론은 많은 부정적 행태를 보이기도 했다.

재난 현장에서 '표현의 자유'라는 언론의 권리가 남용되면서 선정적인 보도, 부정확한 보도 등으로 인해 오히려 재난수습에 방해가 되는 경우가 발생했다. 2014년 세월호 참사시 민간잠수사라고 거짓주장을 한 사람을 인터뷰하여 왜곡된 정보를 제공하고, 확인되지 않은 잠수장비가 효과 있는 것으로 근거 없이 방송한 사례는 오히려 정부의 수색 · 구조의 방향을 지연 또는 오도하는 경우가 되었다.

2011년 일본 대지진 현장 등의 사례를 보면 재난현장에서의 지원활동 정도가 언론의 보도내용과 밀접한 상관관계를 갖는 것이 확인되었는데, 실제 보도내용이 지역별 피해 정도와 달라서 오히려 구호지원의 효율적 배분에 방해가 되었다는 지적도 있었다.[5] 이뿐만 아니라 재난복구 사업과 관련하여 언론은 연례적으로 전년도에

5) "한겨레 21, 세계의 재난연구자들 '세월호'를 말한다. 2017년 7월 5일자"에서 일본 시네마 류마 교

발생한 재난현장의 복구가 지연되고 있다는 방송을 하는 경우가 있는데, 이는 항구적 복구를 방해하고 땜질식 복구를 양산한다는 지적도 있다.

특히, 전 국민의 관심도가 집약적으로 나타난 세월호 참사에서 언론은 과도한 보도경쟁으로 인해 많은 부정적 문제를 야기하였고 이후 여론의 질타를 받게 된다. 이후, 2014년 9월 16일에 한국신문협회, 한국방송협회 등 5개 언론단체들은 공동으로 이러한 문제를 해결하고자 재난보도의 정확성, 피해자의 인권보호 등을 강조한 「재난보도준칙」을 제정하여 공포하였다. 이는 우리 사회의 언론이 스스로 자성하고 발표한 최초의 자율적 보도준칙이라는 데에 매우 큰 의미를 가진다. 취재 및 보도와 관련된 주요 내용을 보다 세부적으로 살펴보면 다음과 같이 크게 4개 부문으로 나뉜다.

(1) 일반 준칙

- 보도의 정확성을 강조하고 무리한 보도경쟁을 자제토록 한다.
- 중요정보는 책임 있는 당국의 공식발표에 따르고 선정보도를 지양한다.

(2) 피해자 인권보고

- 피해자 및 가족들의 명예와 사생활, 심리적 안정 등을 침해하지 않도록 하고 13세 이하 미성년자는 원칙적으로 취재하지 말아야 한다(필요한 경우 보호자 동의를 얻어서 시행).
- 과거에 발생했던 유사사고의 기사, 사진, 영상, 음성 등은 불필요한 불안감 등을 부추길 수 있으므로 가급적 자제토록 한다(부득이한 경우, 과거 자료라는 점을 분명히 밝힌 후 사용).

(3) 취재진의 안전확보

- 언론사는 취재진의 안전, 휴식, 교대 등을 위하여 충분히 지원하고 사후 건강검증 등을 제공하도록 한다.

(4) 현장 취재협의체 운영

- 언론사는 준칙 준수의 협력을 위하여 각 사의 대표가 참여하는 '재난현장 취재협의체'를 구성하여 운영할 수 있다.

수의 인터뷰 내용

✍ 재난보도준칙 전문(2014년 9월 16일, 5개 언론단체 공동제정)

재난이 발생했을 때 정확하고 신속하게 재난정보를 제공해 국민의 생명과 재산을 지키는 것도 언론의 기본 사명 중 하나이다. 언론의 재난보도에는 방재와 복구 기능도 있음을 유념해 피해의 확산을 방지하고 피해자와 피해지역이 어려움을 극복하고 하루빨리 일상으로 돌아갈 수 있도록 기능해야 한다. 재난보도는 사회적 혼란이나 불안을 야기하지 않도록 노력해야 하며, 재난 수습에 지장을 주거나 피해자의 명예나 사생활 등 개인의 인권을 침해하는 일이 없도록 각별히 유의해야 한다. 2014년 4월 16일 세월호 침몰 참사를 계기로 우리 언론인은 이런 의지를 담아 재난보도준칙을 제정하고 이를 성실하게 실천할 것을 다짐한다.

제1장 목적과 적용

제1조(목적) 이 준칙은 재난이 발생했을 때 언론의 취재와 보도에 관한 세부 기준을 제시함으로써 취재 현장의 혼란을 방지하고 언론의 원활한 공적 기능 수행에 기여함을 목적으로 한다.

제2조(적용) 이 준칙은 다음과 같은 재난으로 대규모 인명피해나 재산피해가 발생하거나 발생할 가능성이 있을 경우에 적용한다. 전쟁이나 국방 분야는 제외한다. ① 태풍, 홍수, 호우, 산사태, 강풍, 풍랑, 해일, 대설, 낙뢰, 가뭄, 지진 등과 이에 준하는 자연 재난 ② 화재, 붕괴, 폭발, 육상과 해상의 교통사고 및 항공 사고, 화생방 사고, 환경오염, 원전 사고 등과 이에 준하는 인적 재난 ③ 전기, 가스, 통신, 교통, 금융, 의료, 식수 등 국가기반체계의 마비나 이에 대한 테러 ④ 급성 감염병, 인수공통전염병, 신종인플루엔자, 조류인플루엔자(AI)의 창궐 등 질병재난 ⑤ 위에 준하는 대형 사건 사고 등 사회적 재난

제2장 취재와 보도

1. 일반 준칙

제3조(정확한 보도) 언론은 재난발생 사실과 피해 및 구조상황 등 재난 관련 정보를 국민에게 최대한 정확하고 신속하게 보도해야 한다.

제4조(인명구조와 수습 우선) 재난현장 취재는 긴급한 인명구조와 보호, 사후수습 등의 활동에 지장을 주지 않는 범위 안에서 이루어져야 한다. 재난관리 당국이 설정한 폴리스라인, 포토라인 등 취재제한은 특별한 사유가 없는 한 준수한다.

제5조(피해의 최소화) 언론의 역할 중에는 방재와 복구기능도 있음을 유념해 재난피해를 최소화하는 데 기여해야 한다.

제6조(예방 정보 제공) 언론은 사실 전달뿐만 아니라 새로 발생할지도 모르는 피해를 예방하기 위해 안내와 사전 정보를 제공하고, 피해자 및 지역주민에게 필요한 생활정보나 행동요령 등을 전달하는 데도 노력해야 한다.

제7조(비윤리적 취재 금지) 취재를 할 때는 신분을 밝혀야 한다. 신분 사칭이나 비밀

촬영 및 녹음 등 비윤리적인 수단과 방법을 통한 취재는 하지 않는다.

제8조(통제지역 취재) 병원, 피난처, 수사기관 등 출입을 통제하는 곳에서의 취재는 특별한 사유가 없는 한 관계기관의 동의를 얻어야 한다.

제9조(현장 데스크 운영) 언론사는 충실한 재난 보도를 위해 가급적 현장 데스크를 두며, 본사 데스크는 현장 상황이 왜곡돼 보도되지 않도록 현장 데스크와 취재기자의 의견을 최대한 존중한다.

제10조(무리한 보도 경쟁 자제) 언론사와 제작책임자는 속보 경쟁에 치우쳐 현장기자에게 무리한 취재나 제작을 요구함으로써 정확성을 소홀히 하도록 해서는 안 된다.

제11조(공적 정보의 취급) 피해 규모나 피해자 명단, 사고원인과 수사 상황 등 중요한 정보에 관한 보도는 책임 있는 재난관리당국이나 관련기관의 공식 발표에 따르되 공식발표의 진위와 정확성에 대해서도 최대한 검증해야 한다. 공식 발표가 늦어지거나 발표 내용이 의심스러울 때는 자체적으로 취재한 내용을 보도하되 정확성과 객관성을 최대한 검증하고 자체 취재임을 밝혀야 한다.

제12조(취재원에 대한 검증) 재난과 관련해 인터뷰나 코멘트를 하는 인물에 대해서는 사전에 신뢰성과 전문성을 충분히 검증해야 한다. 재난발생시 급박한 취재 여건상 충실한 검증이 어려운 점을 감안해 평소 검증된 재난 전문가들의 명단을 확보해 놓고 수시로 검증하여 활용하도록 한다. 취재원을 검증할 때는 다음과 같은 사항들을 확인하기 위한 노력을 기울여야 한다.

① 취재원의 전문성은 충분하며, 믿을 만한가

② 취재원이 고의, 또는 실수로 사실과 다른 발언을 할 가능성은 없는가

③ 취재원은 어떤 경위로 그런 정보를 입수했는가

④ 취재원의 정보는 다른 취재원을 통해서도 확인할 수 있는가

⑤ 취재원의 정보는 문서나 자료 등을 통해서도 검증할 수 있는가

제13조(유언비어 방지) 모든 정보는 출처를 공개하고 실명으로 보도하는 것을 원칙으로 한다. 확인되지 않거나 불확실한 정보는 보도를 자제함으로써 유언비어의 발생이나 확산을 막아야 한다.

제14조(단편적인 정보의 보도) 사건 사고의 전체상이 파악되지 않은 상황에서 불가피하게 단편적이고 단락적인 정보를 보도할 때는 부족하거나 더 확인돼야 할 사실이 무엇인지를 함께 언급함으로써 독자나 시청자가 정보의 한계를 인식할 수 있도록 노력한다.

제15조(선정적 보도 지양) 피해자 가족의 오열 등 과도한 감정 표현, 부적절한 신체 노출, 재난 상황의 본질과 관련이 없는 흥미위주의 보도 등은 하지 않는다. 자극적인 장면의 단순 반복 보도는 지양한다. 불필요한 반발이나 불쾌감을 유발할 수 있는 지나친 근접 취재도 자제한다.

제16조(감정적 표현 자제) 개인적인 감정이 들어간 즉흥적인 보도나 논평은 하지 않

으며 냉정하고 침착한 보도 태도를 유지한다. 자극적이거나 선정적인 용어, 공포심이나 불쾌감을 줄 수 있는 용어는 사용하지 않는다.

제17조(정정과 반론 보도) 보도한 내용이 사실과 다를 경우에는 독자나 시청자가 납득할 수 있는 적절한 방법으로 신속하고 분명하게 바로잡아야 한다. 반론 보도 요구가 타당하다고 판단될 때는 전향적으로 수용해야 한다.

2. 피해자 인권 보호

제18조(피해자 보호) 취재 보도 과정에서 사망자와 부상자 등 피해자와 그 가족, 주변사람들의 의견이나 희망사항을 존중하고, 그들의 명예나 사생활, 심리적 안정 등을 침해해서는 안 된다.

제19조(신상공개 주의) 피해자와 그 가족, 주변사람들의 상세한 신상 공개는 인격권이나 초상권, 사생활 침해 등의 우려가 있으므로 최대한 신중해야 한다.

제20조(피해자 인터뷰) 피해자와 그 가족, 주변사람들에게 인터뷰를 강요해서는 안 된다. 인터뷰를 원치 않을 경우에는 그 의사를 존중해야 하며 비밀 촬영이나 녹음 등은 하지 않는다. 인터뷰에 응한다 할지라도 질문 내용과 질문 방법, 인터뷰 시간 등을 세심하게 배려해 피해자의 심리적 육체적 안정을 해치지 않도록 각별히 유의해야 한다.

제21조(미성년자 취재) 13세 이하의 미성년자는 원칙적으로 취재를 하지 않는다. 꼭 필요하다고 판단될 경우에는 부모나 보호자의 동의를 얻어야 한다.

제22조(피해자 대표와의 접촉) 피해자와 그 가족들이 대표자를 정했을 경우에는 이들의 의견을 적절히 수용하고 보도에 반영함으로써 피해자와 언론 사이에 불필요한 마찰이나 갈등, 오해가 생기지 않도록 노력한다. 자원봉사자와의 접촉도 이와 같다.

제23조(과거 자료 사용 자제) 과거에 발생했던 유사한 사건 사고의 기사 사진 영상 음성 등을 사용하는 것은 해당 사건 사고와 관련된 사람의 아픈 기억을 되살리고 불필요한 불안감을 부추길 수 있으므로 가급적 자제한다. 부득이 사용할 경우에는 과거 자료라는 점을 분명히 밝힌다.

3. 취재진의 안전 확보

제24조(안전 조치 강구) 언론사와 취재진은 취재 현장이 취재진의 생명과 안전을 위협할 수 있다고 판단될 경우에는 취재에 앞서 적절한 안전 조치를 강구해야 한다.

제25조(안전 장비 준비) 언론사는 재난 취재에 대비해 언제든지 취재진에게 지급할 수 있도록 기본적인 안전 보호 장비를 준비해두어야 한다. 취재진은 반드시 안전 장비를 갖추고 취재에 임해야 한다.

제26조(재난 법규의 숙지) 재난 현장에 투입되는 취재진은 사내외에서 사전 교육을 받거나 회사가 제정한 준칙 등을 통해 재난 관련 법규를 숙지해야 하며 반드시 안

전지침을 준수해야 한다.

제27조(충분한 취재지원) 언론사는 재난 현장 취재진의 안전 교통 숙박 식사 휴식 교대 보상 등을 충분히 지원해야 하며, 사후 심리치료나 건강검진 등의 기회를 제공해야 한다.

4. 현장 취재협의체 운영

제28조(구성) 각 언론사는 이 준칙이 제대로 지켜질 수 있도록 협의하고 협력하기 위해 필요한 경우 현장 데스크 등 각사의 대표가 참여하는 '재난현장 취재협의체'(이하 취재협의체)를 구성할 수 있다. 각 언론사는 취재협의체가 현장의 여러 문제를 줄이고, 재난보도준칙의 효과를 기대할 수 있는 현실적이고도 유효한 대안이라는 점에 유념해 취재협의체 구성에 적극 협력하고 그 결정을 존중한다.

사전에 이 준칙에 대한 동의 의사를 밝힌 사실이 없는 언론사라 하더라도 취재협의 체에 참여하게 되면 준칙 준수에 동의한 것으로 간주한다.

제29조(권한) 취재협의체는 이 준칙에 따라 원활한 취재와 보도를 할 수 있도록 재난관리 당국에 현장 브리핑룸 설치, 브리핑 주기 결정, 브리핑 담당자 지명, 필요한 정보의 공개, 기타 취재에 필요한 사항 등과 관련해 협조를 요구할 수 있다.

제30조(의견 개진) 취재협의체는 재난관리 당국이 폴리스라인이나 포토라인 설정 등 취재에 직간접적인 영향을 주는 사안을 결정할 경우 사전에 의견을 개진하고 사후 운영 방법에 대해서도 개선이나 협의를 요청할 수 있다.

제31조(대표 취재) 취재협의체는 재난 현장에 대한 접근이 제한받을 경우, 과도한 취재인원으로 피해자의 인권을 침해하거나 구조작업 등에 지장을 줄 우려가 있을 경우, 기타 필요하다고 판단될 경우에는 논의를 거쳐 대표 취재를 할 수 있다.

제32조(초기 취재 지원) 취재협의체는 취재 초기에 취재진이 미처 준비하지 못한 생활용품이나 단기간의 숙박 장소, 전기 · 통신 · 이동수단 등을 확보하기 위해 현장의 관계당국이나 자원봉사단체 등과 협의할 수 있다. 취재협의체는 사후 정산을 제안하거나 수용할 수 있으며 언론사가 소요경비를 분담해야 할 경우 각 언론사는 취재협의체의 결정을 존중해야 한다.

제33조(현장 제재) 이 준칙에 따라 취재협의체가 합의한 사항을 위반한 언론사의 취재진에 대해서는 취재협의체 차원에서 공동취재 배제 등의 불이익을 줄 수 있다. 위반 정도에 따라 소속 언론 단체에 추가제재도 요청할 수 있다.

제3장 언론사의 의무

제34조(지원 준비와 교육) 언론사는 재난보도에 관한 교재를 만들어 비치하고 사전 교육을 실시함으로써 취재진의 빠른 현장 적응을 돕는다.

제35조(교육 참여 독려) 언론사는 사내외에서 실시하는 각종 재난교육과 훈련 프로

그램에 소속 기자들이 적극적으로 참여하도록 독려한다. 언론사는 가능하면 재난 보도 담당 기자를 사전에 지정해 평소 전문지식을 기르도록 지원한다.

제36조(사후 모니터링) 언론사는 재난 취재에서 돌아온 취재진을 대상으로 설문조사나 의견청취, 보고서 제출 등을 통해 다음 재난 취재시 더 실질적이고 효율적인 지원을 할 수 있는 방안을 강구한다.

제37조(재난취약계층에 대한 배려) 언론사는 노약자, 지체부자유자, 다문화가정, 외국인 등 재난 취약계층에게도 재난정보를 신속하고 정확하게 전달할 수 있는 방안을 마련하는 데 힘쓴다.

제38조(언론사별 준칙 제정) 언론사는 필요할 경우 이 준칙을 토대로 각사의 사정에 맞춰 구체적이고 효율적인 자체 준칙을 만들어 시행한다.

제39조(재난관리당국과의 협조체제) 언론사는 회사별로, 또는 소속 언론사 단체를 통해 재난관리당국 및 유관기관과의 상시적인 협조체제를 구축함으로써 효율적인 방재와 사후수습, 신속 정확한 보도를 위해 노력한다.

제40조(준칙 준수 의사의 공표) 이 준칙의 제정에 참여했거나 준칙에 동의하는 언론사는 자체 매체를 통해 적절한 방법으로 준칙 준수 의사를 밝힌다.

제41조(자율 심의) 이 준칙의 제정에 참여했거나 준칙에 동의하는 언론사는 각 언론사별, 또는 소속 언론사 단체별로 자율심의기구를 만들어 준칙 준수 여부를 심의하도록 한다.

제42조(사후 조치) 이 준칙의 제정에 참여했거나 준칙에 동의하는 언론사의 특정 기사나 보도가 준칙을 어겼다고 판단될 경우에는 심의기구별로 적절한 제재조치를 취한다. 구체적인 제재 절차와 방법, 제재 종류 등은 심의기구별로 자체 규정을 만들어 운영한다.

① 한국방송협회 회원사, 또는 방송사업자는 방송법에 따라 방송통신심의위원회의 사후 심의를 받는다.

② 한국신문협회 회원사와 한국온라인신문협회 회원사, 신문윤리강령 준수를 서약한 신문사는 기존의 자체 심의기구인 한국신문윤리위원회의 신문윤리강령 및 실천요강과 이 준칙에 따라 심의를 받는다.

③ 한국인터넷신문협회 회원사와 인터넷신문위원회 서약사는 기존의 자체 심의기구인 인터넷신문위원회의 인터넷신문윤리강령과 이 준칙에 따라 심의를 받는다.

부　칙

제43조(시행일) 이 준칙은 2014년 9월 16일부터 시행한다.

제44조(개정) 이 준칙을 개정할 경우에는 제정 과정에 참여한 5개 언론 단체 및 이 준칙에 동의한 언론단체로 개정위원회를 만들어 개정한다.

2014년 9월 16일

한국신문협회 · 한국방송협회 · 한국신문방송편집인협회 · 한국기자협회 · 한국신문윤리위원회

8. 요약 및 결론

인포데믹이라 일컬어지는 정보의 범람 속에서 우리는 허위정보와 같은 잘못된 정보가 특정한 개인이나 집단의 이익, 입장 등을 강화하는 탈진실의 시대에서 살고 있다. 허위정보는 발달된 정보통신의 환경 속에서 기승을 부리고 있지만 그 이면에는 인지 부조화와 확증 편향, 필터 버블과 반향실 효과, 자아중심적 네트워크와 집단 압력 현상 등과 같은 심리적 기제가 작용하고 있다.

이러한 허위정보에 대응하기 위해서는 허위정보를 식별하여 신속하게 조치하는 정부차원의 노력도 필요하지만 국민들에게도 디지털 미디어를 통해 유통되는 정보의 접근, 분석, 평가 및 창조하는 디지털 문해력과 관련 정보에 대한 습득, 또는 잘못된 정보에 대한 예방접종이 필요하다. 또한, 정부가 국민들과 위험 커뮤니케이션을 활발하게 하면서 관련 정보를 국민들에게 신속하게 전달하고 소통하려는 노력이 필요하다.

연습문제

1. 재난상황에서는 허위 또는 오인정보가 쉽게 유통된다. 대표적인 사례를 열거하고 재난상황이 허위 또는 오인정보의 유통에 취약한 이유를 설명하라.

2. 재난상황에서 관련정보에 대한 홍보는 위험 커뮤니케이션 수단으로 매우 중요하다. 재난상황에서 어떻게 하는 것이 좋은 홍보인가?

[참고자료]

국립재난안전연구원 (2020). Future safety issue: 제2 팬데믹, 인포데믹으로 인한 혼돈의 시대, 행정안전부.

류현숙, 김경우 (2019). **재난안전정보 및 소통과정의 신뢰성 제고 방안**. 한국행정연구원.

류재성 (2018). **프레이밍 효과(framing effects)에 대한 설문실험연구**, 미래정치연구, 8(3), 35-64.

민성기 (2020). **효과적인 재난수습 홍보방안 연구** : 재난수습홍보 가이드라인. 행정안전부.

이민창, 안주아, 김유미 (2018). **원자력에 대한 지식이 위험지각, 정부신뢰 및 수용성에 미치는 영향**, 광고PR실학연구, 11(3), 54-74.

이양구 (2010). **사후과잉확신편향에 관한 연구** -2008 미국 대선을 중심으로, 정치커뮤니케이션 연구, 249-285.

Asch, S. E. (1955). Opinions and social pressure, Scientific American, 193(5), 31-55.

Auf der Heide, P. (1993). Media Literacy. A Report of the National Leadership Conference on Media Literacy. Washington, D.C.: Communications and Society Program, the Aspen Institute.

Festinger, L. (1957). *A theory of cognitive dissonance Row*. Peterson and Company.

Hobbs, R. (2010). Digital and Media Literacy: A Plan of Action. *A White Paper on the Digital and Media Literacy Recommendations of the Knight Commission on the Information Needs of Communities in a Democracy*. Washington, D. C.: The Aspen Institute.

Iyengar, S., & Kinder, D.R. (1987). *News that matters: Agenda setting and priming in a television age*.

Iyengar, S., & Hahn, K. S. (2009). Red media, blue media: Evidence of ideological selectivity in media use. *Journal of Communication*, 59(1), 19-39.

Keyes, R., 2004. *The post-truth era: Dishonesty and deception in contemporary life*. New York: St. Martin's Press.

McGuire, W. J. (1961). The effectiveness of supportive and refutational defenses in immunizing and restoring beliefs against persuasion. *Sociometry*, 24(2), 184-197.

Pariser, E. (2011). *The filter bubble: What the Internet is hiding from you*. London: Pengui.

Siegrist, M., Cvetkovich, G., & Roth, C. (2000). Salient value, similarity, social trust, and risk/benefit perception. *Risk analysis*, 20(3), 353-362.

Siegrist, M., & Cvetkovich, G. (2000). Perception of hazards: The role of social trust and knowledge. *Risk analysis*, 20(5), 713-720.

Sunstein, C. R. (2014). *On rumors: How falsehoods spread, why we believe them, and what can be done*. New Jersey: Princeton University Press.

Sunstein, C. R. (2017). *Republic. Divided Democracy in the Age of Social Media*. New Jersey: Princeton University Press.

Sunstein, C. R. (2009). *Republic. com. 2.0*. New Jersey: Princeton University.

Sunstein, C. R. (2001). *Republic. com*. New Jersey: Princeton University Press.

Ting, C. & Song, S., (2017). *What Lies Beneath the Truth: A Literature Review on Fake News, False Information and More*. Institute of Policy Studies.

Wason, P. C. (1960). On the failure to eliminate hypotheses in a conceptual task. *Quarterly Journal of Experimental Psychology*, 12(3), 129–140.

✍ 재난 이야기: 재난피해자에 대한 낙인효과

코로나19 발생 당시 재난피해자에 대한 낙인효과가 문제가 되었다. 당시 코로나19 확진자가 발생한 회사는 폐쇄되거나 전체 직원이 코로나19 검사를 받게 되는 일이 빈번했으며, 코로나19의 특성상 같이 근무하던 직원들이 전염되는 사례가 많았다. 이로 인해 코로나19에 확진된 사람들은 다른 사람들에게 피해를 주는 죄인이 되었으며, 완치되고도 보균자 취급을 받는 등 코로나19에 걸린 후 주변으로 받을 비난과 피해를 더 두려워하게 되었다.

즉, 확진된 그들도 누군가로부터 전염된 피해자일 뿐인데 오히려 가해자로 둔갑되어 비난받게 되었다. 이러한 코로나19로 인한 낙인효과를 '코로나 이지메'라고 부르기도 하였다. 코로나19 외에도 잘못 제작된 난방기구를 사용하다 화재가 발생해 인근에 번져서 비난받는 등 재난발생시 재난 피해자에 대한 낙인효과는 빈번하게 발생한다.

■ **코로나19 완치 후 맞서게 된 또다른 일상 이야기**

"나는 죄인이 아니다. 피해자다. 그저 운이 나빴을 뿐이다"

직장인 김지호(27) 씨는 지난 2020년 5월 코로나19 확진판정을 받았다. 김씨는 할머니 장례식에 와준 친구 6명에게 고맙다고 인사하기 위해 만난 자리에서 코로나 19에 감염됐다. 그 자리에 확진자 친구가 나온 것이다.

샤워 시설이 없어 물수건으로 몸을 닦으며 버틴 날들이 이어졌다. 고열로 온몸이 뜨거워지면 아이스팩 두 개를 양쪽 겨드랑이에 끼고 버텼다. 그는 지난 6월 29일 50일간의 투병 생활을 마치고 퇴원했다. 병원만 떠나면 지긋지긋한 바이러스와 작별할 줄 알았는데 아니었다. 퇴원 후 회사 측은 김씨에게 처음에는 3주 재택근무를 권고했다. "임신부나 아이가 있는 사람 등 여러 직원이 불안해한다"는 이유였다. 하지만 재택 일주일 만에 퇴사를 종용받았다. 김씨는 "내게 코로나19를 옮긴 친구도 이미 퇴사했다"며 "회사 동료에게 확진으로 신뢰를 잃었다는 말을 들었다. 회사를 떠날 수밖에 없었다"고 말했다. 그는 지난 9월 4년 넘게 다니던 회사를 그만두었다.

"사실 회사에 해명하는 상황은 입원 직후부터 계속됐어요. 힘들고 겁에 질린 건 저잖아요. 저만큼 힘들 수 없는데 제가 계속 죄송하다 말할 수밖에 없었어요. '어쩌다 걸렸냐' '조심하지 그랬어'란 말을 셀 수 없이 들었어요. 이유는 몰랐지만, 회사에 해명문도 썼어요. 저는 피해자인데 그들에게 죄인이 됐죠."

김씨는 K 방역의 그늘을 몸소 겪었다. 확진자 · 완치자는 사회에서 배제됐다. 확진 후에는 '확진자'란 편견과 싸워야 한다. 완치한 뒤에도 낙인 때문에 일상 복귀가 쉽지 않다. 김씨는 "성공적인 방역이라면 확진자의 심리적 안정까지 도와 사회로 안전하게 복귀시키는 내용까지 포함해야 한다"며 "방역시스템의 연장선상에서 확진자를 향한 혐오를 막기 위한 시스템을 마련해야 한다. 완치자를 맞기 위한 사회 구성원의 자세를 포함한 가이드라인을 마련해야 한다"고 말했다.

* 출처: 채혜선 (2020). 코로나와 싸우고 나오니 "퇴사" … 완치자 악몽, K방역의 그늘. 중앙일보 2020년 10월 11일자

PART 06

협력적 재난관리

CHAPTER 17 민관협력

1. 개 설

예방, 대비, 대응, 복구 등 재난관리 주체는 크게 3개 부문으로 나뉜다. 먼저, 재난으로부터 국민을 보호하는 것이 헌법상 책무인 정부부문이 있으며, 둘째, 실제 재난현상의 피해자이면서도 스스로 재난에 대처하는 주민, 기업 등 민간부문, 마지막으로 민간의 자율적인 참여를 조직화하는 등 정부와 민간 사이의 공백을 메우는 비정부(또는 비영리) 기구를 들 수 있다.

이러한 재난관리 주체 간 역할의 비중은 동서양을 중심으로 매우 다르게 발전하여 왔다. 한국, 일본 등 유교주의 국가에서는 정부의 역할이 절대적이었고 미국, 유럽 등 서구에서는 방임주의라는 표현을 할 정도로 민간의 영역임이 강조되었다. 하지만 최근 재난발생의 양상은 과거 상상하지 못할 정도로 대형화, 복합화, 신종화되면서 더 이상 특정 부문의 역량만을 가지고 이러한 불확실한 재난을 극복할 수 없는 상황이다.

특히, 그동안 우리나라는 정부 중심의 재난관리는 명령과 통제에 기반을 둔 수직적 계층체계에 따라 관리되어 오는 한계가 있었다. 이러한 관리체계는 신속한 의사결정을 할 수 있는 장점은 있으나 최근과 같은 불확실한 재난상황에서 유연한 대처를 어렵게 만들었다. 특히, 비밀 유지를 기반으로 하는 정보의 통제 또한 민간과의 협력관계를 구축하는 데 걸림돌이 되었다.[1] 따라서 이제는 이러한 폐쇄성에서 벗어나 투명성을 바탕으로 책임성을 부여하는 등 다양한 이해당사자 간 적극적 참여를 이끌어내는 분산형 기반의 협력적 거버넌스가 필요하다.

---

1) 미국에서는 재난관리에서 기관 간 또는 부서 간 수평적 정보교류가 일어나지 않고 단지 기관 내 또는 부서 내에서 수직적으로만 정보통제를 하는 현상을 난로연통에 비유해 난로연통(Stove Piping) 현상이라고 부른다. 2001년 9 · 11 테러와 관련해서도 FBI, CIA 등이 테러계획을 인지하고 있었음에도 불구하고 다른 기관과 이를 공유하지 않아 테러를 막을 수 있는 기회를 놓쳤다는 지적이 있다.

이 장에서는 3대 재난관리 주체인 정부, 민간, 비정부기구의 역할에 대해 알아보고 이들 간 민관협력을 증진하기 위한 체계 등에 대해서 살펴보기로 한다.

2. 재난관리 주체에 대한 동서양의 패러다임 차이

2.1 정부 중심의 동양권 재난관리 패러다임

한국, 일본 등 유교문화를 공유하고 있는 동양권 국가들에서 공통적으로 발견되는 것은 재난관리에서의 정부부문의 절대적인 역할과 책임이다. 전통적으로 이들 국가에서 국왕은 하늘이 내린 '천제(天帝)'였으며, 따라서 지진, 가뭄 등 재난의 발생은 하늘에서 국왕의 부덕, 관리의 부패 등을 처벌하는 수단으로 인식되었다. 따라서 재난의 발생과 효과적 수습은 해당 왕권의 존폐와도 연계되는 것이었다. 자연스레 '치산치수(治山治水)'라 불리는 재난관리 역량은 국왕의 주요 덕목이었고 자연스레 재난관리는 국가의 임무로 인식되었다. 이에 반해 국민은 단지 국왕의 시혜를 받는 수동적 존재인 '백성(百姓)'이라는 인식이 지배적이었다.

이러한 역사적 배경을 공유하는 동양권 국가에서는 재난관리에서 정부의 임무와 역할이 아직까지 절대적이다. 예를 들어 재난이 발생하여 민간에 피해가 발생하더라도 그 책임이 정부에 있는 것으로 인식되고 국민은 국가에 보상을 요구하는 사례가 빈번하다. 실제, 우리 정부의 사유재산에 대한 복구지원제도는 다른 서방국가들에 비해 지원의 범위와 정도가 상대적으로 매우 높은 편이다. 이런 인식에서 현재 우리 정부도 각종 재난에 대한 정책보험을 단계적으로 도입하여 사유재산에 대한 복구지원제도를 보완 · 대체하도록 하고 '내 집 앞 눈치우기' 정책을 추진하는 것처럼 최근에는 민간부문의 책임과 역할을 확대하는 방향으로 재난관리 정책을 추진하고 있다.

2.2 민간 중심의 서양권 재난관리 패러다임

미국, 유럽 등 서양권 국가들에서 재난관리 역할분담에 있어서 공통적으로 발견되는 것은 민간부문의 중요한 역할과 책임이다. 비록 서양권 국가들도 국왕이 존재하였고 재난의 발생을 신의 행위(acts of God)로 인식했지만 이들 국가의 재난관리는 18세기 아담 스미스가 국부론에서 밝힌 자유방임주의(laissez-faire)에 깊은 영향을 받았다. 즉, “사람들이 각자의 이익에 따라 행동할 때, 보이지 않는 손에 의해 사회는 분명히 이롭게 된다”는 자유방임주의 사상은 재난관리에 있어서도 “민간의 영역에 국가가 개입해서는 안 된다”는 국가의 무개입주의 원칙을 뿌리내리게 했다(Platt, 1999).

따라서 이러한 역사적 배경을 공유하는 서양권 국가에서는 재난관리 분야의 민간의 책임과 역할이 절대적이었다. 예를 들어 미국의 경우, 1950년까지는 대규모 재난이 발생하더라도 구호지원은 이웃사람, 종교단체 등과 같은 민간의 자선행위로 간주되었고 연방정부의 지원활동은 거의 이루어지지 않았다. 이는 영국, 독일 등 대부분의 유럽국가에서도 마찬가지였다. 따라서 이들 국가에서는 일찍부터 보험 등을 통해 재난을 대비하는 자율적 금융시장이 발달하고 자원봉사 활동을 위한 비정부 기구(NGO)의 역할도 일찍 정립되었다.

하지만 최근 이들 국가에서도 예상치 못한 대규모 재난의 발생과 그에 따른 정부의 역할에 대한 기대가 높아지면서 재난 피해자가 신속하게 자립할 수 있도록 사유재산에 대한 복구비용의 일부를 지원하거나 이재민에 대한 무상구호를 지원하는 등의 재난원조(disaster assistance)가 증가하고 있는 추세다.

2.3 동서양 간 재난관리 패러다임 비교

정리하자면, 우리나라와 같은 동양권 국가에서는 그동안 재난관리에 있어서 국가의 책임과 역할이 절대적이었지만 최근 민간의 책임과 자율적 역량을 강화하는 방향의 정책이 추진되고 있다. 이에 반해 미국, 유럽 등 서양권 국가에서는 그동안 국가의 무개입주의 원칙에 따라 민간의 책임과 역할이 절대적이었지만 최근에는 정부가 민간의 신속한 자립을 지원하기 위한 각종 재난원조 제도를 도입하고 있는 실정이다. 하지만 주지하여야 할 사항은 양쪽 문화권 모두가 도입하고 있는 재난원조조차도 국가가 재난피해에 대해 완전한 보상을 하는 제도가 아니라 재난 피해자의 자활을 돕는 최소한의 구호 지원이라는 점에서 재난관리에서 민간의 책임과 역할의 중요성은 결코 간과될 수 없는 원칙인 것이다.

3. 재난관리 분야에서 민관의 임무와 역할

3.1 정부

"지금까지 꼬박꼬박 세금을 낸 것은 재난상황에서 정부가 나를 돌봐 주리라는 믿음 때문이다."라는 국민의 믿음처럼 재난으로 피해를 입은 국민을 구호하고 사전에 재난의 발생을 예방하는 것은 정부의 책무이다. 하지만 정부가 모든 재난과 사고를 예방하고 지원할 수 있는 것은 아니며, 정부 내에서도 중앙 및 지방정부 간 각기 주어진 임무와 역할이 있다.

먼저, 모든 사고 및 재난에 대한 대응, 복구 등의 책임은 개인에게 있다. 하지만 그 피해 규모가 큰 경우에는 정부의 개입이 필요하다. 먼저, 사고현장에서는 소방 또는 해경과 같은 현장대응조직이 초기대응자(First Responder)로서의 역할을 수행한다. 이러한 현장대응조직은 현장에서 각급 기관 및 인력 간 지휘통제가 중요하다. 이때 우선적으로 재난 또는 사고가 발생한 관할 시 · 군 · 구는 이러한 현장대응조직을 지원하고 이재민을 구호하는 등 1차적인 재난수습을 맡게 된다. 이때 필요한 경우 관할 지역의 관계기관 및 단체의 지원도 받으며, 인접 시 · 군 · 구의 지원을 받기도 하는데 사전에 이러한 협력관계가 조율되어 있기도 한다.

만약, 재난피해 등 재난규모가 관할 시 · 군 · 구의 역량을 넘어서는 경우에는 이제 상급기관인 시 · 도의 지원 · 조정이 필요하다. 또한, 시 · 도의 역량도 넘어서는 경우에는 중앙정부의 지원 · 조정이 필요하게 된다. 이때 중앙정부의 지원 · 조정도 해당 재난유형의 주관부처, 즉 재난관리주관기관 중심의 중앙사고수습본부가 우선적인 책무를 가지되, 범정부 차원보다 상위의 총괄 · 조정이 필요한 경우에는 행정안전부 중심의 중앙재난안전대책본부가 운영된다.

재난의 예방, 대비와 같은 재난발생 전 단계에서도 이와 유사한 원칙이 적용된다. 예방, 대비에 있어서 1차적 책임은 민간에게 있지만 공공부문의 지원이 필요한 경우에는 관할 시 · 군 · 구에서 예방사업 등을 실시하게 되며, 사업규모가 예산조달 범위를 넘어서거나 상급 정부기관의 정책적인 사업일 경우에는 예산지원 등이 이루어지게 된다.

하지만 우리나라의 경우에는 앞서 설명한 바와 같이 유교문화의 영향으로 재난관리에 있어서 정부의 역할 비중이 서구사회와 비교하여 상대적으로 매우 큰 편이다. 특히, 성숙되지 않은 지방자치제도로 재난발생시마다 중앙정부에 의존하는 경향도 큰 편이다.

✍ 헌법 · 법률에서 보여지는 우리 사회에서 재난관리 주체로서의 민관의 역할

■ 정부의 역할

우리나라 「헌법」 제34조 제6항은 "국가는 재해를 예방하고 그 위험으로부터 국민을 보호하기 위하여 노력하여야 한다."고 되어 있으며, 이에 따라 「재난 및 안전관리 기본법」 제2조에서 "재난을 예방하고 재난이 발생한 경우 그 피해를 최소화하는 것이 국가와 지방자치단체의 기본적 의무이다."라고 규정하고 있다. 즉, 재난관리에서의 정부부문의 역할은 '기본적 의무'라는 표현을 쓸 만큼 매우 강력하게 표현되어 있다.

■ 민간의 역할

우리나라 「재난 및 안전관리 기본법」 제5조에서는 '국민의 책무'로서 "국민은 국가와 지방자치단체가 재난 및 안전관리업무를 수행할 때 최대한 협조하여야 하고, 자기가 소유하거나 사용하는 건물 · 시설 등으로부터 재난이 발생하지 아니하도록 노력하여야 한다."라고 되어 있다. 즉, 재난관리에 있어서 민간의 역할은 정부에 협조 또는 자기에 대한 방어 수준 정도로 매우 수동적 또는 당위적 선언 수준에 그치고 있다.[2)]

3.2 민간

현실에서 가장 중요하고 직접적인 재난관리자는 주민, 기업 등 민간부문이다. 최근 대형화되고 복합화된 재난은 정부의 역량을 초과하는 피해를 야기하고 있다.

---

2) 다만,「재난 및 안전관리 기본법」 제66조의4에 따라 국무총리가 제정 · 고시하고 있는 「안전관리헌장」은 재난관리에 있어서 상대적으로 국민의 적극적인 역할을 언급하고 있다.

안전관리헌장

안전은 재난, 안전사고, 범죄 등의 각종 위험에서 국민의 생명과 건강 그리고 재산을 지키는 가장 중요한 근본이다. 모든 국민은 안전할 권리가 있으며, 안전문화를 정착시키는 일은 국민의 행복과 국가의 미래를 위해 반드시 필요하다. 이에 우리는 다음과 같이 다짐한다.

Ⅰ. 모든 국민은 가정, 마을, 학교, 직장 등 사회 각 분야에서 안전 수칙을 준수하고 안전 생활을 적극 실천한다.

Ⅱ. 국가와 지방자치단체는 국민의 안전기본권을 보장하는 안전종합대책을 수립하고, 안전을 위한 투자에 최우선의 노력을 하며, 어린이, 장애인, 노약자는 특별히 배려한다.

Ⅲ. 자원봉사기관, 시민단체, 전문가들은 사고 예방 및 구조 활동, 안전 관련 연구 등에 적극 참여하고 협력한다.

Ⅳ. 유치원, 학교 등 교육 기관은 국민이 바른 안전 의식을 갖도록 교육하고, 특히 어릴 때부터 안전 습관을 들이도록 지도한다.

Ⅴ. 기업은 안전제일 경영을 실천하고, 위험 요인을 없애 사고가 발생하지 않도록 적극 노력한다.

따라서 민간의 자발적인 참여는 정부역량의 사각지대를 해소하고 보완하는 역할을 한다. 2007년 허베이 스피리트호 기름유출 사고 당시 100만 명이 넘는 자원봉사자는 피해복구에 절대적인 도움이 되었다. 인접보도 · 이면도로 등에 대한 '내 집 앞 눈치우기' 정책은 정부역할만으로 해소하기 힘든 사각지대의 재난관리에 대한 민간부문과 역할분담의 대표적인 사례이다.

하지만 앞서 살펴본 바와 같이 우리나라의 경우, 서양국가들에 비해 민간의 자발적인 참여는 아직까지 상대적으로 더딘 편이다. 이에 정부는 자연재난에 대한 정책보험 · 사회재난에 대한 의무보험의 도입, '내 집 앞 눈치우기'를 이행하지 않은 자에 대한 과태료 부과 등과 같이 민간의 참여 및 책임을 강화하는 방안의 도입을 추진하고 있다. 또한, 「재해경감을 위한 기업의 자율활동 지원에 관한 법률」을 제정하여 기업 스스로 '사업 연속성 계획(business contiuity plan; BCP)'의 수립과 시행을 통해 재난 발생시 이러한 직 · 간접적 피해를 최소화하는 방안을 강구하도록 유인하고 있다.

이러한 재난관리 과정에서 보여준 민간의 자발적 참여 외에도 민간은 재난관리의 주요 이해당사자가 되는데, 그 역할에 대해 주요한 사항을 몇 가지 나열하면 다음과 같다.

첫째, 재난피해를 입은 주민, 기업 등 민간은 직접적 피해자일 뿐만 아니라 다른 주민, 기업 등에 대한 간접적 가해자가 되고 더 나아가 정부의 재난복구 역량을 저해하는 원인자가 된다. 이는 사회가 네트워크화되어 있어 발생하는 현상으로 일단 재난이 발생하여 어떤 개인, 기업 등 민간이 바로 '직접적 피해'를 입게 되면, 그 피해는 피해 당사자에만 한정된 것이 아니기 때문에 일어난다.

지리적으로 멀리 떨어져 있는 자동차 회사에 철강제품을 납품하던 제철소가 예기치 않은 지진으로 가동이 중단되어 철강제품을 납품하지 못하면 해당 자동차 회사는 물리적 피해를 입지 않았더라도 자동차 생산에 막대한 차질을 입게 된다. 이를 '간접적 피해'라 한다. 또한, 민간부문의 피해로 야기된 생산차질은 종국적으로 국가의 세수감소를 초래하고 종국적으로는 세수를 기반으로 하는 복구작업의 진행을 더디게 하기도 한다. 따라서 민간부문의 재난관리 역량이 바로 사회전체의 지속가능한 재난관리 역량인 것이다.

둘째, 최근에는 과거 공공부문에서 관리하던 기반시설 운영을 민간부문에서 담당하게 되는 경우가 많다. 재난상황에서 필수적인 통신시설뿐만 아니라 주요 도로, 교량 등 교통시설도 민간에서 운영하고 있다. 이러한 기반시설의 피해는 사회시스템의 마비와 연결될 수 있다. 이러한 현상은 미국, 일본 등에서는 매우 보편화된 현상이며 우리나라에서 전력, 철도, 발전 등 중요시설은 아직 공사, 공단 등 공기업에서 운영하고 있으나 민간 기업의 직접 참여가 매우 활발하게 이루어지고 있다. 따라서 「재난 및 안전관리 기본법」은 이러한 기업들을 재난관리책임기관으로 지정하여 재난관리의 직접적 이해당사자로 지정하고 있다.[3)]

셋째, 건설업, 중장비 등의 민간부문은 재난의 대응, 복구 등 수습과정에서 직접적인 행위자로의 역할을 수행하게 된다. 산사태 피해지역 잔해물을 제거하고 파손된 하천제방의 복구 등 응급복구를 수행해야 하나 공공부문의 자재, 장비, 인력으로는 이를 감당할 수 없으며 실제 전적으로 민간부문에 의존해야 하는 실정이다. 정부는 민간의 이러한 자재, 장비, 인력 등 재난관리자원에 대해 재난발생시 신속한 동원 등 활용을 위하여 그동안 공공부문 위주로 운영되던 '재난관리자원 공동활용 시스템'을 민간부문에까지 확대운영하고 있다.

건설업, 중장비 등의 민간부분이 재난의 수습과정에 직접 참석하면서 부작용이 나타나기도 한다. 일반적으로 재난복구 과정에서 건설업은 급격한 산업성장의 기회를 갖게 되는데, 이러는 과정에서 일부 지역에서는 자재비, 인건비 등을 과도하게 인상하여 복구단가가 급등하는 경우가 발생한다. 또한, 해당 지역의 산업보호라는 미명하에 외부업체의 진입을 불법적으로 차단하는 경우가 발생하는 경우도 있는데, 이러한 편협한 이기주의는 피해주민이 조속하게 재난피해에서 벗어나는 데 걸림돌이 되고 있다.

이외에도 오늘날 민간기업은 사회적 책임(Corporate Social Responsibility; CSR)을 이행하기 위해 수색 · 구조, 의료 · 구호 등의 현장에서 직접 대응하는 보다 적극적인 사회공헌 활동을 하기도 한다. 삼성그룹의 에스원 3119 구조단은 대규모 재난이 발생하였을 때, 소방인력과 협력하여 직접 사고현장에서 인명을 수색 · 구조하는 민간부분의 인명구조대이다. 1955년 창단되어 1997년 국내 1호의 민간 구조 · 구급기관으로 지정되었으며, 특수구조대원과 응급구조사, 생존자탐지기 등 각종 첨단 구조 · 구급장비 등을 보유하여 평상시에는 화재안전 교육을 제공하고 재난시에는 직접 구조 · 구급활동을 수행하는 등 사회공헌 활동을 하고 있다.

또한, 현대차 정몽구 재단은 2018년 행정안전부, 연세의료원과 '재난대응 의료

3) 이들은 주주의 이익을 대변하는 상장 주식회사이면서도 「재난 및 안전관리 기본법」상 규정된 재난관리책임기관으로서 공공의 이익을 추구해야 하는 양면성을 가진다(정지범, 2014).

안전망 구축사업'에 관한 협약을 체결하여 평상시에는 취약계층에 대한 심리치료, 건강검진 등 의료서비스를 제공하고 재난발생시에는 의료구호팀을 현장에 파견할 뿐만 아니라 의료물품을 제공하는 등 재난의료 분야에서의 사회공헌 활동을 수행하고 있다.

4. 재난관리 분야에서 비정부기구(NGO)의 임무와 역할

앞서 살펴본 바와 같이 최근 재난관리 분야에서 자원봉사자 등 민간의 자율적 참여와 협력은 정부만의 역량으로 해소할 수 없는 재난관리 사각지대를 보완 또는 해소하는 데 중추적 역할을 하고 있다. 그러나 이러한 자발적인 참여를 보다 체계적, 유기적으로 조직화할 필요성이 제기되었고 그 필요에 의해 탄생한 것이 바로 비정부기구(Non-Governmental Organization; NGO) 또는 비영리기구(Non-Profit Organization; NPO)[4)]로 일컬어지는 민간단체이다. 이러한 민간단체는 크게 개별법에 따른 법정 민간단체와 민법에 따른 비영리 민간단체로 구분할 수 있다.

4.1 개별법에 따른 법정 민간단체

법정 민간단체는 개별법에 설립근거를 둔 것으로 현장에서 재난대응 등을 지원하는 가장 대표적인 민간단체는 지역자율방재단, 의용소방대, 그리고 민간해양구조대 등이다. 이들은 정부와 긴밀한 협력관계를 맺고 있으며, 활동 및 운영에 필요한 예산지원도 받고 있다. 이외에 전국재해구호협회, 대한적십자사 등이 있다.

4.1.1 지역현장 중심

(1) 지역자율방재단

① 설립개요

"시장 · 군수 · 구청장은 지역의 자율적인 방재기능을 강화하기 위하여 지역주민, 봉사단체, 관련업체 등으로 지역자율방재단을 구성 · 운영할 수 있다"는 「자연

4) 비정부기구와 비영리기구가 각각 비정부성과 비영리성에 초점을 둔다는 데 차별성을 둘 수는 있으나 공통적으로 "자발성에 기초한 민간단체로서 비정부성, 비영리성 등의 특성을 지닌다"는 점에서 서로 혼용해서 사용되고 있다. 다만, 이 교재에서는 비정부성에 더 초점을 두어 비정부기구로 통칭해서 사용한다.

재해대책법」 제66조의 규정에 설립근거를 두고 있다. 2005년부터 구성되기 시작하여 현재는 전국 모든 시 · 군 · 구에서 지역자율방재단이 운영되고 있다(설치단위: 시 · 군 · 구). 짧은 기간 동안 상당한 발전을 이루었으나 역할과 성과에 대해서는 아직까지 미약하다는 지적이 있다.

② 조직구성

조직은 크게 '일반조직'과 '전문조직'으로 나뉘는데, '일반조직'은 전문성이 없는 일반적인 개인 또는 단체의 회원으로 구성되고, '전문조직'은 재난관리 관련 지식 또는 장비 등을 보유하거나 사용가능한 회원으로 구성된다. 단장은 단원이 호선하여 시장 · 군수 · 구청장이 임명한다. 각 지역자율방재단의 활동방향 검토 · 조정 및 정책에 대한 심의 · 조정을 위하여 해당 지역자율방재단장을 회장으로 하는 '지역자율방재협의회'를 구성하여 운영한다. 또한, 전국 차원으로는 지역자율방재단 상호간의 교류와 협력 증진을 위하여 '전국자율방재단연합회'를, 시 · 도별로 '지역자율방재단연합회' 등을 두고 있다.

③ 운영개요

재난의 예방, 대비, 대응, 복구 등 전 과정의 업무를 망라하고 있는데, 지역조례에서 밝히고 있는 주요임무를 일부 나열하면 다음과 같다.

- 자연재난으로 인한 피해 우려가 있는 지역의 사전 예찰활동 및 신고 · 정비
- 재난 예방 · 대비 등 사전 예방관련 행동요령 및 대피소 등 홍보
- 재난관련 교육 · 훈련프로그램 개발 및 교육 · 훈련실시
- 비상시 유관기관과 비상연락체계 유지 및 경보전달, 주민대피유도, 차량통제 등
- 이재민 및 대피소 관리, 긴급 구호물자의 조달 및 전달
- 재난지역의 응급복구(전기, 통신, 상 · 하수도 등)
- 재해가 발생하고 행정력이 지원될 때까지 주민대피, 구조 및 연락체계 유지, 차량 통제 등 활동 전개 등

행정안전부장관 및 지방자치단체장은 지역자율방재단을 활성화하기 위하여 활동 및 운영에 필요한 비용을 포함한 예산 등을 지원할 수 있으며, 시장 · 군수 · 구청장은 지역자율방재단 구성원의 재해 예방, 대응, 복구 활동 등 기여도에 따라 복구사업에 우선 참여하게 하는 등 필요한 사항을 지원할 수 있다.

(2) 의용소방대

① 설립근거

"시 · 도지사 또는 소방서장은 재난현장에서 화재진압, 구조 · 구급 등의 활동과 화재예방활동에 관한 업무를 보조하기 위하여 의용소방대를 설치할 수 있다"는 「의용소방대 설치 및 운영에 관한 법률」에 근거를 두고 있다. 전국 각지에 3,628개대 94,617명(2004년 말 기준)의 의용소방대원이 활동하고 있다(설치단위: 시 · 도). 의용소방대는 1889년 구한말 개항지에서 거류민들이 자신들의 재산을 보호하기 위하여 자발적으로 결성된 '소방조'가 효시일 만큼 역사와 전통이 있는 조직이다. 과거 관설 소방조직이 미비할 당시에는 실제 화재진압에 참여하는 등 실질적인 소방조직의 역할도 담당하였다.

② 조직구성

조직은 일반의용소방대 외에도 운영상 필요할 때에는 관할 구역을 따로 정하여 지역의용소방대를, 지역 특수성에 따라 관련 전문자격 소유자 등으로 구성한 전문의용소방대를, 농어촌지역 등 소방관서 미설치 지역에는 전담의용소방대를 지정하여 운영하고 있다. 이외에 여성의용소방대도 운영하고 있다. 각 의용소방대장은 대원 중 관할 소방서장의 추천에 따라 시 · 도지사가 임명한다. 또한, 대원 간 자율적 봉사활동의 효율적 운영 및 상호협조 증진을 위하여 '전국의용소방대연합회'를 설립할 수 있고 시 · 도 등에 '지역의용소방대연합회'를 두고 있다.

③ 운영개요

재난현장에서 화재진압, 구조 · 구급 등의 활동과 화재예방활동에 관한 업무를 보조하는 업무를 맡고 있으며, 소방관서가 없는 농어촌지역 등에서 활동하는 전담의용소방대의 경우에는 실질적 소방조직으로서의 역할을 하고 있다. 다만, 최근에는 정규 소방관서의 증대로 인해 보조하는 정도로 역할이 축소되었으며, 이러한 요인은 노인인구의 증가 등으로 인해 대원 확보가 어려워진 것도 그 이유라는 평가가 있다.

시 · 도지사는 소방 및 기타업무(교육 · 훈련 및 홍보활동 등) 수행을 위하여 출동 또는 동원된 대원에 대하여는 예산의 범위 내에서 수당을 지급할 수 있으며, 그 외에도 운영비용 등에 필요한 경비를 지원할 수 있다. 이러한 경비에 대해서 국비가 지원될 수 있으며, 시장 · 군수 · 구청장도 관할 구역에서의 임무수행에 필요한 비용의 전부 또는 일부를 지원할 수 있다.

(3) 민간해양구조대

① 설립근거

「수상에서의 수색·구조 등에 관한 법률」에 따라 해양경비안전서별로 지역 해역에 정통한 사람 등을 등록받아 민간해양구조대를 설립하여 운영하고 있다. 1997년에 경남 통영에서 최초 설립되었으며, 2016년 기준 3,305명이 활동하고 있다. 일반적으로 해상사고의 경우, 시간을 다투는 매우 긴급한 사안으로 인근에서 어업에 종사하며 긴급한 경우 수색·구조 등에 참여하는 이들의 역할은 매우 중요하다.

② 조직구성

해양경비안전서별로 조직되어 있으며, 주로 어선을 소유한 어민들로 구성되어 있다. 또한, 2017년 기준 별개로 운영되었지만 같은 법에 따라 해수면에서의 수색구조·구난에 관련업무 발전 등을 위해 건립된 한국해양구조협회가 민간해양구조대를 통합하여 관리하는 방향으로 관계법령 개정을 추진하고 있다.

③ 운영개요

해양사고시 각급 구조본부장 등은 수난구호를 위하여 필요한 경우, 사람 또는 단체를 종사하게 할 수 있는데, 이때 민간해양구조대원이 우선적으로 소집된다. 소집된 대원들에게는 소정의 수당이 지급되는데, 지방자치단체 등에서 필요한 비용을 부담하게 된다.

4.1.2 중앙조직 중심

(1) 전국재해구호협회

① 설립개요

전국재해구호협회는 「재해구호법」 제29조에 따라 의연금품의 모집·관리 및 구호활동 등을 위하여 설립된 민간단체이다. 「재해구호법」에 따른 재해구호지원기관으로도 지정되어 있다.

전국재해구호협회는 1959년 840여 명의 사망자와 37만여 명의 이재민을 발생시킨 태풍 '사라'의 피해돕기 모금운동을 계기로 1961년 전국의 신문·방송사와 사회단체가 모여 설립한 '전국수해대책위원회'를 모태로 하며, 같은 해 '전국재해대책위원회', 1964년 '전국재해대책협의회'를 거쳐, 2001년부터 '전국재해구호협회'란 명칭을 사용하고 있다.

② 조직구성

최초 설립이 신문 · 방송사 등 언론기관이 주축이 되었던 만큼 2016년 말 기준, 개인회원 없이 총 23개의 회원단체 중 8개가 언론기관일 정도로 언론기관의 비중이 절대적이며, 회장도 주로 언론기관 대표가 맡아서 하고 있다. 특히, 재해구호협회의 이사회는 「재해구호법」 제25조에 따라 2007년부터 모든 의연금품의 배분에 대한 심의 · 의결기구인 배분위원회로 지정되어 있다. 협회에서 지원하는 재해구호세트뿐만 아니라 전국 지방자치단체의 재해구호세트를 위탁하여 제작하고 있는데, 경기 파주시와 경남 함양군에 재해물류창고를 운영하여 총괄관리하고 있다.

③ 운영개요

전국재해구호협회의 주요사업은

- 의연금품의 모집 · 배분 및 관리, 배분위원회의 설치 · 운영
- 구호세트의 제작, 재해구호물자의 관리 · 공급 및 보관창고의 설치 · 운영
- 재해구호에 관한 홍보 및 조사연구 등 재해구호 관련 사업
- 재해구호 활동지원, 자원봉사자 및 자원봉사단체 관리 · 운영지원 등이다.

운영재원은 주로 의연금품의 모집, 재해구호세트 제작 등에서 발생하는 수익이 기반이 되며, 정부에서 직접 지원하는 예산은 없다. 협회 소속의 일부 자원봉사자가 현장에서 구호활동에 참여하기도 하지만 주된 활동은 의연금품의 모집 · 배분 및 관리 등과 같은 총괄업무이다.

(2) 대한적십자사[5)]

① 설립개요

1905년 대한제국 시절에 관련 규칙 제정으로 '대한적십자사'로 출발하였고, 일제강점 후 폐지되었다가 1919년 대한민국 임시정부가 다시 '대한적십자회'를 발족했으며, 해방 후 1947년 '조선적십자사'를 거쳐 1949년 '대한적십자사'로 조직되었다. 1955년 5월 국제적십자위원회(International Committee of The Red Cross; ICRC)의 인가를 받고 같은 해 9월 국제적십자사연맹(International Federation of Red Cross and Red Crescent Societies; IFRC)의 회원국이 되었다. 현재 설립근거로 「대한적십자사 조직법」이 있다.

---

5) 출처는 인터넷 두산백과(2017년)이며, 국제적십자사 관련 세부내용은 '12장. 국제협력' 편을 참조하라.

② 조직구성

회원은 한국에 거주하는 자는 누구나 될 수 있으며, 일반회원과 특별회원으로 나뉜다. 대통령을 명예총재, 국무총리를 명예부총재로 추대하며 의결기관으로는 전국대의원총회 · 중앙위원회 · 운영위원회가 있다. 임원으로는 총재 1명, 부총재 2명, 재정감독 1명, 법률고문 1명을 두고 있다. 각 시 · 도에 지사를 두며, 사업기관으로 각 시 · 도의 14개 지사와 15개 혈액원, 6개 병원, 기타 교육원, 혈액제제연구소 등을 운영하고 있다. 자원봉사조직으로는 일반지역직장봉사회, 전문봉사회, 청소년적십자(RCY), 각종 사업후원조직 등이 있다.

③ 운영개요

주요활동은 전시(戰時)에는 제네바협약에 입각하여 국군의 의료보조기관으로서 부상자를 치료하는 것을 기본적 임무로 하고, 평시에는 i) 구호사업, ii) 지역보건사업, iii) 사회봉사사업, iv) 혈액사업, v) 청소년사업, vi) 국제사업, vii) 국내외 이산가족찾기사업, viii) 안전사업, ix) 남북적십자회담, x) 원폭피해자 복지사업, xi) 인도주의이념 보급, xii) 병원사업, xiii) 의료정보사업 등을 하고 있다.

「재해구호법」에 따른 재해구호지원기관으로도 지정되어 있고, 재난심리회복지원활동을 추진하기 위해 시 · 도별로 지방자치단체로부터 재난심리회복지원센터를 위탁하여 운영하고 있으나, 미국 등 다른 나라의 적십자사가 실질적 재해구호 주관기관의 역할을 하고 있는 데 비하여 우리나라의 경우, 재난관리 분야에서의 활동자체는 제한적이라는 평가가 있다.

4.2 비법정 민간단체

앞서 살펴본 민간단체 외에도 「민법」 제32조에 따라 관할 관청에 등록한 비영리법인뿐만 아니라 등록되지 않은 다양한 자생적 민간단체 등이 존재한다.

✍ 재난현장에서 다치거나 사망한 자원봉사자 등에 대한 보상

재난발생시 긴급구조활동 및 응급대책 · 복구 등에 참여한 자원봉사자, 응급조치 종사명령을 받은 사람, 민간 긴급구조지원기관의 요원이 응급조치나 긴급 구조활동을 하다가 부상을 입은 경우 및 부상으로 인하여 장애를 입은 경우에는 치료비 및 보상금을, 사망한 경우에는 유족에게 보상금을 지급한다. 또한, 자원봉사자 장비 등이 응급대책·복구 또는 긴급구조와 관련하여 고장나거나 파손된 경우에도 그 자원봉사자에게 수리비용을 보상할 수 있다(「재난 및 안전관리 기본법」 제65조).

또한, 재난상황에서 위해에 처한 다른 사람의 생명, 신체 또는 재산을 구하다가 사망하거나 부상을 당한 경우에는 「의사상자법」에 따라 의사상자로 인정될 수 있으며 치료비, 보상금 등을 지원받을 수 있다. 2021년 기준으로 사망자의 경우 최대 2.2억원의 보상금이 지급된다. 특히, 어민들의 수난구호 활동지원이 중요한 해양사고의 경우에서는 「의사상자법」에 따른 의사상자로 인정되지 않으면, 「수상구조법」에 따라 별도로 의사상자에 준용하는 치료비, 보상금 등이 지원된다.

이외에도 최근 많은 지방자치단체 등에서 재난현장에서 자원봉사활동에 참여하는 사람들을 대상으로 자원봉사센터를 통해 단체보험을 가입하고 있으며, 만약 부상자 등이 소득수준이 낮아 생계곤란한 경우에는 지방자치단체에서 「긴급복지지원법」에 따라 치료비, 생계비 등 긴급복지지원을 하기도 한다.

5. 민관협력 추진체계

2007년 허베이 스피리트호 기름유출 사고 당시 100만 명이 넘는 자원봉사자는 피해복구에 절대적인 도움이 되었다. 하지만 너무 많은 자원봉사자가 몰리다 보니 오히려 효율적인 협력이 이루어지지 않고 다양한 갈등이 발생하였다. 이는 비단 우리나라만의 현상이 아니고 민관협력에 있어서 오랜 역사와 전통을 가진 미국에서도 2005년 발생한 허리케인 카트리나 재난 당시 뉴올리언스에 200만 명이 넘는 자원봉사자가 몰려들면서 비슷한 어려움을 경험했다(정지범, 2010). 이는 민관협력이 단순히 참여하여 돕겠다는 선의만을 가지고 이루어지는 것이 아니라 체계적인 조정과 추진이 필요하다는 것을 의미한다.

이를 위하여 우리 정부는 크게 중앙 및 지역 민관협력위원회, 한국자원봉사협의회 등으로 대표되는 정부 중심의 협력체계와 그 밖의 민간단체 위주의 협력체계를 갖추고 있다.

5.1 정부중심의 협력체계

5.1.1 민관협력위원회(중앙 및 지역)

「재난 및 안전관리 기본법」 제12조의2에 따라 중앙정부는 안전정책조정위원회

(위원장: 행정안전부장관) 산하에 중앙민관협력위원회를, 지방자치단체는 안전정책조정실무위원회(위원장: 부단체장) 산하에 지역민관협력위원회(시 · 도, 시 · 군 · 구)를 설치할 수 있도록 되어 있다. 현재, 재난예방 · 대비 등 각 분과로 구성된 중앙민관협력위원회는 각 지역민관협력위원회의 역할과 활동을 정책 · 제도적으로 지원하여 지역민관협력위원회가 각 지역 내 민간단체들과 협력을 통해 재난에 대한 대응, 복구 등을 지원할 수 있도록 하고 있다. 또한, 필요한 경우 중앙민관협력위원회는 재난긴급대응단의 파견을 통해 재난현장에서의 직접적인 인명구조 및 피해복구 활동 등에 참여하기도 한다.

하지만 민관협력위원회는 아직까지 정책협의 기능에 집중되어 있고, 실제 재난사례에서 자원봉사자의 활동을 조정하는 등의 실질적 활동실적에 대한 평가는 받지 못하고 있다.

⇨ 민관협력위원회의 구성 · 운영 등에 대해서는「제6장. 재난관리 정부조직 및 기구」편을 참조하라.

5.1.2 자원봉사센터(중앙 및 지역)와 한국자원봉사협의회

「자원봉사활동 기본법」 제19조에 따라 중앙에는 중앙자원봉사센터가, 지방에는 시 · 도 또는 시 · 군 · 구별로 지역자원봉사센터가 운영되고 있다. 이때「자원봉사활동 기본법」에서 규정한 자원봉사의 범위는 "재난관리 및 재해구호에 관한 활동"뿐만 아니라 사회전반에 걸친 모든 활동영역을 포함한다. 이 자원봉사센터는 자원봉사 활동에 대한 수요자와 공급자를 연결시켜 효과적인 자원봉사 활동이 이루어지도록 하고 있다. 또한, 정부기구이기는 하지만 같은 법의 규정에 따라 주로 민간단체에서 위탁하여 운영하고 있으며, 현장 중심으로 효과적으로 운영되고 있다는 평가다.

같은 법 제17조에서는 전국 단위의 자원봉사활동을 진흥 · 촉진하기 위해 '한국자원봉사협의회'를 설립하여 운영토록 하고 있는데, 주요 활동영역은 i) 회원단체 간의 협력 및 사업 지원, ii) 자원봉사활동의 진흥을 위한 대국민 홍보 및 국제교류, iii) 자원봉사활동과 관련된 정책의 개발 및 조사 · 연구, iv) 자원봉사활동과 관련된 정책의 건의, v) 자원봉사활동과 관련된 정보의 연계 및 지원 등으로 현장 중심의 자원봉사센터의 역할과는 구분된다.

5.1.3 통합자원봉사지원단(지역 재난안전대책본부)

재난이 발생하면 지역 재난안전대책본부장은 효율적 수습을 위하여 지역 재난안전대책본부에 통합자원봉사지원단을 설치 · 운영할 수 있다. 통합자원봉사지원단은 자원봉사자의 모집 · 등록, 배치 · 운영, 교육훈련, 안전조치, 정보관리 등의 업무를 수행한다. 앞에서 언급한 자원봉사센터를 중심으로 하는 현장의 자원봉사 활동이 원활하게 수행될 수 있도록 지방자치단체 차원에서 통합지원하는 역할을 하게 되는 것이다.

5.1.4 안전문화추진협의회(중앙 및 지역)

안전문화 운동의 체계적이고 지속적인 추진을 위해 공공기관 · 민간단체 등으로 구성된 민 · 관 협의체로 안전문화추진협의회가 있다. 2013년에 전국적인 안전문화 운동 확산을 위해 중앙안전문화추진협의회가 출범하였으며, 행정안전부장관과 민간 위원장이 공동위원장을 맡고 있다. 또한, 시 · 도, 시 · 군 · 구별로 지역안전문화추진 협의회를 구성하여 지역특성에 맞는 안전문화운동을 전개하고 있다. 하지만 그 명칭에서 보이는 것처럼, 이는 평상시 안전문화운동에 그 기능이 맞춰져 있으며, 재난발생시 민간협력 추진체계로서의 기능은 미비하다.

5.2 민간중심의 협력체계

5.2.1 한국재난안전네트워크

2004년에 재난관리 분야에서 활동하는 각 민간단체 간 정보교류, 역할분담, 업무협력 등을 통한 효율적인 재난안전 활동을 수행하기 위해 민간주도로 설립된 단체로 2006년에는 정부로부터 사단법인으로 설립허가를 받았다. 설립 당시 대한적십자사 등 11개의 재난안전 민간단체가 회원단체로 참여하였으며 대한적십자사가 초대회장으로 선임되었다. 시 · 도 및 시 · 군 · 구에도 지역네트워크가 설치되어 운영되고 각 회원기관에서 돌아가며 회장을 맡고 있다. 하지만 현재 회원단체가 줄어들고 있으며, 정부의 민관협력위원회의 운영에 따라 기능중복의 문제가 제기되는 등 실제적인 활동은 감소하고 있는 추세이다. 아직까지 실질적인 활동과 성과가 미흡하여 재난관리에 민간주도 활동의 한계를 보여주고 있다.

5.2.2 안전문화실천시민연합

국민 안전의식 고취와 안전문화 정착을 위한 민간단체로는 1996년에 출범한 안전문화실천시민연합이 있다. 개인회원 중심으로 운영되며 지역별로 지부를 두고 있다. 주된 활동영역은 교통안전, 생활안전, 산업안전 등이다. 앞서 설명한 안전문화추진협의회가 정부가 만든 안전문화 관련 민간단체 간 협의체라 한다면 안전문화실천시민연합은 순수 민간에서 설립된 안전문화 관련 개인회원 간 모임이라고 할 수 있다.

✍ 해외 재난관리 민간협력 체계

〈미국〉

■ 전국재난자원봉사 활동네트워크(National Voluntary Organization Active in Disaster; NVOAD)

과거 미국에서는 적십자사가 재난구호를 전담하였으나 이후 다양한 민간단체가 재난구호에 참여하면서 재해구호에 참여하는 다양한 자원봉사 민간단체 간의 역할조정을 위해 1970년에 설립된 협의회 성격의 자원봉사조직이다. 적십자사(American Red Cross), 구세군(Salvation Army), 카톨릭 자선단(Caltolic Charities) 등 미국의 주요한 자원봉사 민간단체 대부분을 회원기관으로 두고 있다.

주된 역할은 재난현장에서 직접적인 자원봉사가 아닌 회원기관 간의 역할조정을 하는 데 있다. 따라서 평상시 회원기관 간 정보전달, 교육훈련 등을 통해 회원기관 간 자원봉사가 중복되지 않도록 사전조율하고 재난발생시에는 연방재난관리청(FEMA) 등 정부조직과 연계하여 효율적인 민간협력 체계가 실행되도록 하고 있다.

각 주별로 SVOAD(State Voluntary Organization Active in Disaster)를 두고 있으며, 그 하부에 지역별 VOAD(Local Voluntary Organization Active in Disaster)를 두고 있다. 1979년부터 FEMA 요청에 따라 NVOAD는 민간단체 간뿐만 아니라 재난발생시 FEMA 재난대책본부에 연락관을 파견하는 등 민관조직간 연계활동도 담당하고 있으며, SVOAD와 VOAD도 민간단체 간 역할을 조정하고 NVOAD처럼 재난대책본부에 연락관을 파견하는 등 각급 정부조직과 민간단체를 연계하는 활동도 담당하고 있다.

■ 시민봉사단(Citizen Corps)

2001년 9 · 11 테러 이후 4개월 후인 2002년 1월, 조지 부시 대통령은 미국 내외의 국토안보를 위한 국민들의 활발한 자원봉사 참여를 위해 미국 자유봉사단(USA Freedom Corps)을 조직하였는데 이 중에서 재난 및 테러에 특화되어 만들어진 것이 바로 시민봉사단(Citizen Corps)이다. 현재, 연방재난관리청(FEMA)에서 매년 소요경비를 지원하는 등 관리를 하고 있으며, 2015년 말 기준 전 국민의 약 80%가 가입되어 있는 거대조직이다.

중앙 · 주 · 지방 등 각급 행정조직별로 시민봉사단위원회(Citizen Corps Council)가 조직되어 있는데, 정부 기관장, 시민단체 지도자, 소방 · 경찰 등 초기대응자 등이 참여하고, 자원봉사 계획수립, 시민안전 교육홍보 등을 담당한다. 시민봉사단은 시민봉사단위원회를 통하여 재난현장에서 회원기관 간 역할조정뿐만 아니라 시민들의 직접적인 자원봉사를 확산하기 위한 직접 참여조직이라 할 수 있다.

보다 체계적인 운영을 위해 일반재난분야의 지역사회 재난대응팀(Community Emergency Response Team; CERT), 소방분야의 소방단(Fire Corps), 테러방지 분야의 Neighborhood Watch, 구급의료분야의 MRC(Medical Reserve Corps) 및 경찰분야 VIPS(Volunteers in Police Program)의 5개의 자원봉사조직을 관할하고 있다.

〈일본〉

■ **일본재난자원봉사 활동네트워크**(Nippon Volunteer Network Active in Disaster; NVNAD)

1995년에 발생한 고베 대지진은 재난약자의 77%가 자원봉사자에 의해 대피되어 자원봉사의 중요성을 일깨우는 계기가 되었다. 하지만 당시 자원봉사 조직과 지방 행정당국 간 협력문제가 나타나면서 이듬해인 1996년 재해구호에 관련된 국내외 민간단체 등이 서로 협동하고 동시에 행정기관과 협력관계를 유지하면서 신속한 재해구호 및 복구활동을 지원하는 것을 목적으로 설립되었다.

다만, 미국의 NVOAD와 다른 점은 민간단체 간 역할조정의 협의체 역할뿐만 아니라 기업, 시민 등 개인회원의 참여도 허락하여 지역안전활동 등 직접적인 참여에도 활발하게 참여하고 있다. 또한, 오랫동안 지방정부 중심의 재난대응체계가 발달한 일본의 특성상 중앙의 NVNAD보다는 지역의 VNAD가 더 활성화되어 있다.

6. 요약 및 결론

동서양은 재난관리 분야에서 상이한 역사적 변화를 겪어 왔고 이에 따라 현재도 재난관리 주체에 대한 분명한 시각의 차이를 보이고 있다. 유교문화를 공유하는 동양권 국가에서는 정부부분의 역할과 책임을 강조하는 반면에 서양권 국가에서는 민간부분의 역할과 책임이 강조된다. 하지만 최근 다양화, 대형화, 복잡화되고 있는 재난상황에서는 어느 일방의 역할과 책임보다는 관련 주체 간 협력이 중요하다. 이 장에서는 재난관리 3대 주체라고 할 수 있는 정부부문, 민간부문, 비정부(비영리) 기구의 역할과 책임을 상호협력이라는 각도에서 살펴보았다.

연습문제

1. 동양과 서양은 재난관리 정책은 접근방식에 근본적 차이가 있다. 이러한 맥락에서 재난관리에 대한 국가와 개인의 역할에 대해 동·서양의 인식은 어떻게 다른가?

2. 재난관리에서 비정부 기구가 중요한 이유를 설명하고 대표적인 사례를 열거하라.

3. 재난관리에서 민관협력이 중요한 이유는 무엇인가? 다른 나라의 사례와 비교를 통해 이러한 민간협력을 활성화하기 위한 정책 기구에는 어떤 것들이 있는지 설명하라.

[참고자료]

유순덕 등 (2015). **재난관리 민관협력 효율화 방안 연구**. 국민안전처.

정지범 (2010). 행정학적 패러다임에 입각한 국가위기관리의 진화 – 영국, 미국, 한국의 비교 연구. **한국위기관리논집**, 6(2), 239–255.

Platt, L. (1999). *Disasters and democracy: The politics of extreme natural events*. Island Press.

✍ 재난 이야기: '내 집 앞 눈치우기' 정책관련 동서양의 다른 이야기

■ 한국 사례

우리 사회는 얼마 전 정부의 '내 집 앞 눈 치우기' 정책과 관련하여 사회적 논란을 경험한 적이 있다. 원래 「자연재해대책법」에 따르면 건축물의 소유자 · 점유자 또는 관리자에게는 관리하고 있는 건축물 주변의 인접보도, 이면도로 등에 대한 제설의무가 있었는데, 이는 벌칙이 없는 선언적 조항이었다. 이후 정부는 2010년 1월, 100년 만의 기록적인 폭설(서울 28.5cm 등)로 인해 교통마비 문제가 발생하자 제설대책의 일환으로 내 집 앞 눈을 치우지 않은 사람에게 최대 100만 원의 과태료를 부과하겠다는 대책을 발표하였다.

이는 주요 도로 등에 대한 공공부문의 제설작업과는 달리 인접보도, 이면도로 등의 경우 공공부문에서 제설작업을 하기는 사실상 어려운 데다 자발적인 제설작업이 이루어지지 않아 낙상사고, 교통사고 등이 자주 발생하여 정부가 강제적인 조치를 단행한 것이었다. 하지만 당시 정부의 강제적 조치에 화가 난 국민들은 "정부가 폭설대책을 국민에게 전가시키는 것이 아니냐?"며 강하게 반대하였다. 그리고 결국 정부는 그 시행을 유예하게 되었다.

■ 미국 사례

같은 맥락이지만 매우 대조적인 사건이 2015년 2월 미국 매사추세츠 보스턴시에서 발생하였다. 당시 보스턴시도 기록적인 폭설을 경험하였는데 이곳에 살던 존 케리 국무장관이 오바마 대통령과 함께 사우디 국왕의 장례식에 참석하느라 자택 앞에 쌓인 눈을 치우지 않아 50달러의 벌금을 부과받은 것이다.

미국은 오래전부터 자기 집 인접보도 등에 대한 제설책임에 대해서 국민 스스로 당연한 것으로 인식해 왔고 보스턴시를 비롯한 많은 지방정부에서 이를 이행하지 않았을 경우에는 벌금 등 행정적 제재를 가하고 있다. 또한, 이와 관련하여 사회적으로 공감을 얻고 있는 상태다.

⇨ 이는 재난관리에서 민간부분의 역할에 대한 동서양의 인식차이를 극명하게 보여주는 사례이다.

CHAPTER 18

국제협력

1. 개 설

최근 재난발생의 양상을 살펴보면 과거 상상하지 못한 신종재난이 출현하고 있을 뿐만 아니라 기존 재난조차도 대형화되고 복잡화되어 국가차원의 대응능력을 초과하는 일이 빈번해지고 있다. 이렇게 발생 국가차원의 대응능력을 초과하여 다른 나라 등 국제사회의 지원이 필요한 대규모 재난을 국제재난(International Disaster)이라고 부른다.

✍ 용어해설

국제재난(International Disaster)은 다른 나라에서 발생한 재난을 일컫는 해외재난(Foreign Disaster)과는 다음과 같이 구별되는데, 해외재난 중에서도 발생규모가 작아서 해당 국가의 대응범위 내에서 수습될 수 있는 경우는 국제재난이 아닌 반면에, 우리나라에서 발생한 재난일지라도 우리의 대응능력이 이에 미치지 못해 다른 나라의 지원이 필요한 경우 국제재난이라는 점에서 서로 구별된다.

이렇게 발생국가의 대응능력을 초과하는 국제재난이 발생하면 주변국 등에서는 인도주의적 차원에서 피해국에 구조요원을 파견하거나 구호물품을 보내는 등 긴급구호에 나서게 된다. 하지만 이런 경우에 국제사회의 지원활동은 쇄도하지만 피해국이 해당 재난으로 혼란상태에 빠져 있어, 막상 이러한 지원물자 등을 접수하여 분배하는 것조차 버거운 상태에 있기도 한다.

이 경우, 효율적인 긴급구호를 위해서는 누군가 이러한 구호지원을 조정하는 역할을 해주어야 하는데, UN과 같은 국제기구가 피해국과 협력하여 가장 주도적인 역할을 하고 있다. 좀 더 나아가 이러한 국제기구는 앞에서 언급한 재난구호 과정에서의 조정역할뿐만 아니라 예방, 대비, 대응, 복구 등 재난관리 전 과정에서 그 역할을 확대하고 있는데, 이는 전 인류 공동의 발전과 번영에 있어서 재난관리만큼 밀접한 관계를 가지는 것이 없기 때문이다.

따라서 이 장에서는 먼저 재난관리 분야에 있어서의 국제기구의 역할에 대해 다뤄 보도록 한다. 이후에 국제재난발생시 국제협력 과정과 관련한 우리나라의 정책을 보다 구체적으로 살펴보도록 한다.

2. (정부간) 국제기구의 역할: UN 시스템 중심으로

2.1 국제재난관리에서 UN 시스템의 의의

국제재난의 대응 등 재난관리는 UN(The United Nations)을 중심으로 이루어진다. UN은 1945년 제2차 세계대전 직후 세계평화를 위해 창설된 국제기구인데, 2016년 기준 그 회원국 수가 192개로 그 규모적 위상이 세계의 정부라 할 수 있을 만큼 절대적이다.[1)] 하지만 일반 국가에서 정부가 강제적 이행력을 가진 법률 등에 근거하여 정책을 추진하는 것에 비하여, UN은 그 규모적 절대성에도 불구하고 강제적 이행력이 없는 권고적 성격의 결정이나 조치를 통해 세계평화라는 설립목적을 이행하고 있다. 다만, 이러한 UN의 결정이나 조치는 국제사회 속에서 UN의 위상과 성격으로 인해 국제적 가치를 반영한다는 점에서 일반적으로 세계 각국이 이를 존중하고 이행하고 있다.

UN은 크게 총회(General Assembly)를 비롯한 6개의 주요기구로 구성되어 일상적 또는 비상시 업무를 처리하고 있다. 하지만 이는 UN을 협의적으로 본 것이고 광의적으로 본다면 UN은 그 자체뿐만 아니라 전 세계적으로 활동 중인 다양한 기관 등을 포함하고 있으며, 이를 협의적 관점의 UN과 구별하여 UN 시스템(The United Nations System)이라고 부른다. 이 중 특수기관(Specialized Agency)이라 부르는 독립기구는 별도의 정부 간 협약에 따라 창설된 자치기관으로 UN과는 협력약정으로 상호 협력하고 있다. 그 밖에 UN의 다른 Office, Program, Fund 등의 경우에도 독립적인 예산, 조직 등을 가지고, UN 총회 등에 직접 보고하고 있다. UN 시스템을 세부적으로 살펴보면 그림 18.1과 같다.

1) UN은 1945년 창설 당시 미국, 영국, 중국, 프랑스, 러시아 등 5개 상임이사국을 비롯한 51개 회원국으로 시작되었다. 현재, 회원국 수는 비약적으로 늘어났으나 상임이사국은 변화가 없다.

이러한 UN 시스템은 국제재난의 대응 등에 있어서 가장 알맞게 설계되어 있으며, 실제 재난현장에서 가장 주요한 역할을 수행하고 있다. 즉, 국제재난관리는 UN 시스템을 중심으로 이루어지게 된다.

〈UN의 주요 기구(Principal Organs)〉

- 총회(General Assembly): 세계의 의회(Parliament of Nations)라고 할 수 있으며, 회원국별로 1개의 표결권을 가지고, 중요사안은 전체 회원국 2/3의 찬성으로, 일반사안은 1/2로 결정된다. 하지만 앞서 설명한 것과 같이 이러한 결정사항이 강제력을 가지는 것은 아니다. 매년 9~12월이 정기회 기간이고 이외에 임시회가 있으며, 세부 안건논의를 위해 총회 내에는 무장해제 및 국제안전 위원회(disarmament & international security committee) 등과 같은 6개의 상임위원회[2)]가 상설되어 있다.
- 안전보장이사회(Security Council): 국제평화와 안보를 유지하는 것이 목적으로 5개 상임이사국을 포함한 15개국으로 구성되며, 9개국 이상의 찬성으로 가결되나 상임이사국 중 어떤 국가라도 반대표를 던지면 기각된다. UN 회원국은 예외적으로 안전보장이사회 결정사항만은 꼭 따라야 하는 강제적 구속력하에 있다.
- 경제사회이사회(Economic & Social Council): 국제사회의 경제사회 현안을 다루기 위한 기구로서 54개국으로 구성되며, 과반수 찬성으로 권고적 성격의 정책결정이 이루어진다.
- 신탁통치이사회(Economic Council): UN 창설 당시 11개 신탁통치지에 대한 관리감독 업무를 맡았으나 1994년부터는 모든 신탁통치지가 독립하여, 더 이상 추가임무는 없는 상태이다. 현재, 5개 상임이사국으로만 구성되어 있다.
- 국제재판소(International Court of Justice): 15명의 재판관으로 구성된 세계의 재판소라고 할 수 있으며, 국가 간 분쟁을 해결한다. 각국의 참여는 자유이지만, 일단 참여하면 판결사항은 반드시 이행해야 한다. 다만, UN 총회 또는 안전보장이사회에서 요청할 경우 양 기관에 권고사항을 내리기도 한다.
- 사무국(Secretariat): 일상업무의 처리를 담당하며, 뉴욕, 제네바, 비엔나, 나이로비 등 세계 각국의 사무소에서 40,000여 명이 근무하고 있다.

2) UN 총회의 상임위원회는 i) disarmament & international security committee, ii) economic & financial committee, iii) social, humanitarian & cultural committee, iv) special political & decolonization committee, v) administrative and budgetary committee, vi) legal committee 등 6개로 구성된다.

The United Nations System

UN PRINCIPAL ORGANS

GENERAL ASSEMBLY

SECURITY COUNCIL

ECONOMIC AND SOCIAL COUNCIL

SECRETARIAT

INTERNATIONAL COURT OF JUSTICE

TRUSTEESHIP COUNCIL [6]

Subsidiary Organs

- Main Committees
- Disarmament Commission
- Human Rights Council
- International Law Commission
- Joint Inspection Unit (JIU)
- Standing committees and ad hoc bodies

Funds and Programmes [1]

UNDP United Nations Development Programme
- UNCDF United Nations Capital Development Fund
- UNV United Nations Volunteers

UNEP [8] United Nations Environment Programme
UNFPA United Nations Population Fund
UN-Habitat [8] United Nations Human Settlements Programme
UNICEF United Nations Children's Fund
WFP World Food Programme (UN/FAO)

Research and Training

UNIDIR United Nations Institute for Disarmament Research
UNITAR United Nations Institute for Training and Research
UNSSC United Nations System Staff College
UNU United Nations University

Other Entities

ITC International Trade Centre (UN/WTO)
UNCTAD [1,8] United Nations Conference on Trade and Development
UNHCR [1] Office of the United Nations High Commissioner for Refugees
UNOPS [1] United Nations Office for Project Services
UNRWA [1] United Nations Relief and Works Agency for Palestine Refugees in the Near East
UN-Women [1] United Nations Entity for Gender Equality and the Empowerment of Women

Related Organizations

CTBTO Preparatory Commission Preparatory Commission for the Comprehensive Nuclear-Test-Ban Treaty Organization
IAEA [1,3] International Atomic Energy Agency
ICC International Criminal Court
IOM [1] International Organization for Migration
ISA International Seabed Authority
ITLOS International Tribunal for the Law of the Sea
OPCW [3] Organization for the Prohibition of Chemical Weapons
WTO [1,4] World Trade Organization

Subsidiary Organs

- Counter-Terrorism Committee
- International Tribunal for the former Yugoslavia (ICTY)
- International Residual Mechanism for Criminal Tribunals
- Military Staff Committee
- Peacekeeping operations and political missions
- Sanctions committees (ad hoc)
- Standing committees and ad hoc bodies

Peacebuilding Commission

HLPF High-level political forum on sustainable development

Functional Commissions

- Crime Prevention and Criminal Justice
- Narcotic Drugs
- Population and Development
- Science and Technology for Development
- Social Development
- Statistics
- Status of Women
- United Nations Forum on Forests

Regional Commissions [8]

ECA Economic Commission for Africa
ECE Economic Commission for Europe
ECLAC Economic Commission for Latin America and the Caribbean
ESCAP Economic and Social Commission for Asia and the Pacific
ESCWA Economic and Social Commission for Western Asia

Other Bodies

- Committee for Development Policy
- Committee of Experts on Public Administration
- Committee on Non-Governmental Organizations
- Permanent Forum on Indigenous Issues

UNAIDS Joint United Nations Programme on HIV/AIDS
UNGEGN United Nations Group of Experts on Geographical Names

Research and Training

UNICRI United Nations Interregional Crime and Justice Research Institute
UNRISD United Nations Research Institute for Social Development

Specialized Agencies [1,5]

FAO Food and Agriculture Organization of the United Nations
ICAO International Civil Aviation Organization
IFAD International Fund for Agricultural Development
ILO International Labour Organization
IMF International Monetary Fund
IMO International Maritime Organization
ITU International Telecommunication Union
UNESCO United Nations Educational, Scientific and Cultural Organization
UNIDO United Nations Industrial Development Organization
UNWTO World Tourism Organization
UPU Universal Postal Union
WHO World Health Organization
WIPO World Intellectual Property Organization
WMO World Meteorological Organization
WORLD BANK GROUP [7]
- IBRD International Bank for Reconstruction and Development
- IDA International Development Association
- IFC International Finance Corporation

Departments and Offices [9]

EOSG Executive Office of the Secretary-General
DESA Department of Economic and Social Affairs
DFS Department of Field Support
DGACM Department for General Assembly and Conference Management
DM Department of Management
DPA Department of Political Affairs
DPI Department of Public Information
DPKO Department of Peacekeeping Operations
DSS Department of Safety and Security
OCHA Office for the Coordination of Humanitarian Affairs
ODA Office for Disarmament Affairs
OHCHR Office of the United Nations High Commissioner for Human Rights
OIOS Office of Internal Oversight Services
OLA Office of Legal Affairs
OSAA Office of the Special Adviser on Africa
PBSO Peacebuilding Support Office
SRSG/CAAC Office of the Special Representative of the Secretary-General for Children and Armed Conflict
SRSG/SVC Office of the Special Representative of the Secretary-General on Sexual Violence in Conflict
SRSG/VAC Office of the Special Representative of the Secretary-General on Violence Against Children
UNISDR United Nations Office for Disaster Risk Reduction
UNODC [1] United Nations Office on Drugs and Crime
UNOG United Nations Office at Geneva
UN-OHRLLS Office of the High Representative for the Least Developed Countries, Landlocked Developing Countries and Small Island Developing States
UNON United Nations Office at Nairobi
UNOP [2] United Nations Office for Partnerships
UNOV United Nations Office at Vienna

Notes:

1 Members of the United Nations System Chief Executives Board for Coordination (CEB).
2 UN Office for Partnerships (UNOP) is the UN's focal point vis-a-vis the United Nations Foundation, Inc.
3 IAEA and OPCW report to the Security Council and the General Assembly (GA).
4 WTO has no reporting obligation to the GA, but contributes on an ad hoc basis to GA and Economic and Social Council (ECOSOC) work on, inter alia, finance and development issues.
5 Specialized agencies are autonomous organizations whose work is coordinated through ECOSOC (intergovernmental level) and CEB (inter-secretariat level).
6 The Trusteeship Council suspended operation on 1 November 1994, as on 1 October 1994 Palau, the last United Nations Trust Territory, became independent.
7 International Centre for Settlement of Investment Disputes (ICSID) and Multilateral Investment Guarantee Agency (MIGA) are not specialized agencies in accordance with Articles 57 and 63 of the Charter, but are part of the World Bank Group.
8 The secretariats of these organs are part of the UN Secretariat.
9 The Secretariat also includes the following offices: The Ethics Office, United Nations Ombudsman and Mediation Services, Office of Administration of Justice and the Office on Sport for Development and Peace

This Chart is a reflection of the functional organization of the United Nations System and for informational purposes only. It does not include all offices or entities of the United Nations System.

Published by the United Nations Department of Public Information

DPI/2470 rev.5 —17-00023—March 2017

그림 18.1 UN 시스템의 구성
(UN 홈페이지, 2016)

2.2 국제재난관리 분야별 UN 업무체계

UN 시스템을 중심으로 이루어지는 국제재난관리는 재난관리 분야별로 각각 성격이 다른 UN 시스템 내의 국제기구가 중심이 되어 활동하고 있다. 예를 들어, UNDRR(UN Office for Disaster Risk Reduction; UN 재난위험경감 사무국)은 UN 시스템에서의 재난저감을 위한 재난관리 정책총괄 기구로서의 역할을 하며, UNOCHA(UN Office of the Coordination of Humanitarian Affairs; UN 인도주의업무조정국)은 재난대응 기구로서의 역할, UNDP(UN Development Program; UN 개발계획)는 재난예방, 대비 및 복구에 있어서 그 중심역할을 하고 있다. 이 밖에 세계은행(World Bank) 등 국제금융기구(International Financial Institutions; IFI)는 재난관리과정에서 각종 금융지원을 담당하는 역할을 하고 있다.

2.2.1 UNDRR(UN Office for Disaster Risk Reduction;[3] UN 재난위험경감 사무국)

(1) 조직 및 운영

1960년대부터 1980년대까지 UN은 회원국에 재난이 발생한 이후에 긴급지원을 실시하는 식으로 재난관리 업무를 수행하여 왔다. 이후 1989년 UN에서는 급증하는 자연재난에 대한 대비를 강화하기 위해 1990~1999년을 「전 세계 자연재난 저감을 위한 10년(International Decade for Natural Disaster Reduction; IDNDR)」으로 지정하고 관련 사무국을 설치하였는데 UNDRR은 이를 모태로 하고 있다.

이후, UN은 재난관리에 있어서 자연재난이라는 제한을 넘어 인적재난 등 보다 광범위한 접근을 모색하는 시도를 하게 되고, 1999년에는 IDNDR의 종료에 따라 새로이 「국제재난경감전략(International Strategy for Disaster Reduction; ISDR)」을 채택하고 같은 명칭의 사무국, 즉 UNISDR을 창설하게 된다. 특히, 당시 UN 사무총장은 "재난관리는 대응위주에서 예방위주로 변화되어야 한다"는 UN 차원의 재난관리 패러다임 전환을 천명하게 되는데, UNISDR은 이러한 재난관리에 대한 패러다임 전환을 반영한 국제기구이다.

이후 2019년 5월 1일에 사무국 명칭을 현재의 UN 재난위험경감사무국(UN Office for Disaster Risk Reduction; UNDRR)으로 바꾸었다. UNDRR은 "UN 시스템과 권역

---

3) 일반적으로 통용되는 UNISDR은 ① '재난경감을 위한 국제전략'이라는 전략계획(Strategy Plan)과 ② '국제재난경감전략기구', 즉 해당 전략계획을 실행하기 위한 사무국(Secretariot)의 두 가지 의미로 쓰인다. 후자의 의미로 UNISDR을 'UN 재난위험경감 사무국(UN Office for Disaster Risk Reduction)'이라고도 부른다.

별 기구 사이의 재난위험저감 활동, 그리고 사회경제 및 인도주의 분야에서의 활동에 있어서의 조정과 상생을 추구하는 것"을 목적(UN GA, 2001)으로 현재 UN 시스템에서 재난저감을 위한 재난관리 정책총괄 기구로서의 역할을 수행하고 있다.

현재, 스위스 제네바에 본부가 있으며, 전 세계 5개의 지역사무소 등에서 100여 명의 직원이 근무하고 있다. 우리나라에도 2009년부터 인천 송도에 동북아 5개국(한국, 중국, 일본, 북한, 몽골)의 재난위험경감활동 지원을 위한 동북아사무소(Office for Northeast Asia; ONEA)와 전 세계 재난전문가 양성을 위한 국제재난경감 교육훈련원(Global Education & Training Institute; GETI)이 유치되어 운영되고 있다.

UNDRR의 수장(사무총장)은 2008년까지는 UN 인도주의조정국(UNOCHA)의 국장(director-level)이 겸직하였으나, 이후에는 독립적으로 재난경감분야 UN 사무부차장(Assistant Secretary- General; ASG)이 이를 맡고 있다. 참고로 UN의 직급체계는 표 18.1과 같다.

표 18.1 UN 직급과 국내 대우[4)]

UN 직급	UN 직위	국내 대우
SG	Secretary-General(사무총장)	대통령
DSG	Deputy Secretary-General(사무부총장)	총리
USG	Under Secretary-General(사무차장)	장관
ASG	Assistant Secretary-General(사무부차장)	차관
D-2	Director	실장
D-1	Principal Officer	국장
P-5	Senior Officer	과장
P-4	First Officer	4급
P-3	Second Officer	5급
P-2	Associate Officer	주무관
P-1	Assistant Officer	주무관

* 출처: 외교부 국제기구인사센터(2016)

(2) 재난경감 종합대책 및 세계재난경감회의

앞서 설명한 대로 1989년 UN에서는 급증하는 자연재난에 대한 대비를 강화하

4) 유엔직원은 각 범주별로 직급이 구분되는데, 이 표에서는 선출직(Senior Appointments)과 전문직/고위직(Professional & higher categories) 범주에서의 각 직급을 표시하였다. 이 내용은 외교부 국제기구인사센터 자료를 기준으로 작성되었으나 일부 내용은 보완되었다.

기 위해 1990~1999년을 「전 세계 자연재난 저감을 위한 10년(International Decade for Natural Disaster Reduction; IDNDR)」을 지정하고 1994년에는 그 활동의 일환으로 제1회 세계재난경감회의(World Conference on Disaster Reduction; WCDR)를 개최하고 IDNDR의 중간평가를 하게 되는데, 이 과정에서 UN 차원의 재난경감전략으로서 '안전한 세계를 위한 요코하마 전략(Yokohama Strategy for a Safer World, 이하 '요코하마 전략')'을 채택한다.[5] 이에 따라, 요코하마 전략은 국제사회의 공조를 통해 수립된 최초의 국제 재난경감전략으로서 의미를 가진다.

이후, UN은 재난관리에 있어서 자연재난이라는 제한을 넘어 인적재난 등보다 광범위한 접근을 모색하는 시도를 하게 되고, 1999년에는 IDNDR의 종료에 따라 새로이 「국제재난경감전략(International Strategy for Disaster Reduction; ISDR)」을 채택하게 되는데, 그 일환으로 2005년에는 제2차 세계재난경감회의(WCDR)를 개최하고 '이행을 위한 효고 프레임워크 2005~2015(Hyogo Framework for Action 2005~2015, 이하 '효고 프레임워크')'를 채택하게 된다.[6]

이후 2015년 제3차 세계재난위험경감회의(World Conference on Disaster Risk Reduction; WCDRR)[7]를 열고 후속전략으로 '재난위험경감을 위한 센다이 프레임워크 2015~2030(Sendai Framework for Disaster Risk Reduction 2015~2030, 이하 '센다이 프레임워크')'를 채택하여, 현재의 재난관리의 국제전략으로 활용하고 있다.

센다이 프레임워크는 각국이 재난위험경감을 위해 우선적으로 추진해야 할 아래의 4대 우선과제를 설정하고 있으며, 이 자체가 또한 UNDRR의 미래 비전이다.

- 재난위험에 대한 이해
- 재난위험 관리를 위한 거버넌스 강화
- 재난 복원력 증대를 위한 재난위험경감 분야 투자
- 효율적 대응, 개량적 복구를 위한 사전 대비

5) 요코하마 전략의 공식명칭은 "안전한 세계를 위한 요코하마 전략: 자연재난의 예방, 대비 및 저감을 위한 가이드라인 및 실행계획(Yokohama Strategy for a Safer World: Guidelines for Natural Disaster Prevention, Preparedness and Mitigation and its Plan of Action)"이다.

6) 효고 프레임워크의 공식명칭은 "이행을 위한 효고 프레임워크 2005~2015: 재난에 대한 국가 및 공동체 복원력 만들기(Hyogo Framework for Action 2005~2015: Building the Resilience of Nations and Communities to Disaster)"이다.

7) 3차 대회부터 명칭이 세계재난경감대회(World Conference on Disaster Reduction; WCDR)에서 세계재난위험경감대회(World Conference on Disaster Risk Reduction; WCDRR)로 변경되었다.

(3) 주요 추진업무

'센다이 프레임워크'가 표방하는 미래 비전은 UNDRR의 주요업무에 그대로 반영되는데, 다음과 같이 4개 분야로 나뉜다. 하지만 현재의 UNDRR이 아직까지 자연재난 위주의 정책기능을 수행하고 있다는 데는 이전의 IDNDR의 한계를 뛰어넘지 못하고 있다는 지적도 있다.

- 재난위험경감을 기후변화적응 전략에 반영
- 재난위험경감을 위한 투자확대
- 도시, 학교, 병원 등의 재난에 대한 복원력 증대
- 재난위험경감을 위한 국제체계 강화

이를 바탕으로 실제 추진중인 주요사업의 일부를 소개하면 다음과 같다. 먼저, 총괄조정을 위한 국제회의의 개최(We Coordinate!)이다. 크게 재난위험경감 글로벌 플랫폼과 세계재난위험경감대회의 정기적 개최이다.

① 재난위험경감 글로벌 플랫폼(Global Platform for Disaster Risk Reduction) 개최: 격년 단위로 개최하여 재난위험경감과 관련된 이해당사자 간 정보교류 및 관계구축 등의 역할을 한다. 2000년부터 UNOCHA 사무총장이 운영해 온 '재난경감을 위한 기관 간 TF(Inter-Agency TF for Disaster Reduction)'를 2007년에 UNDRR(당시에는 UNISDR) 사무총장이 주관하면서 UNDRR 주도로 바꾼 것이다.

② 세계재난위험경감대회(World Conference on Disaster Risk Reduction; WCDRR) 주관: UN 사무총장의 요청에 따라 UNDRR이 주관하는 대회로 원칙적으로 개최주기는 정해져 있지 않으나 새로운 재난위험경감 국제전략의 채택을 위해 기존 국제전략의 종료시점에 개최하고 있다. 앞서 설명한 바와 같이 2015년 제3차 대회를 개최하여 '센다이 프레임워크'를 채택한 바 있다.

둘째, 재난관리 지식정보의 확산사업(We inform!)의 추진이다. 재난위험경감에 대한 글로벌 평가보고서의 발간과 재난관리 포털사이트 PreventionWeb 운영이다.

① 재난위험경감에 대한 글로벌 평가보고서(Global Assessment Report on Disaster Risk Reduction; GAR) 발간: 격년 단위로 작성되는 자연재난에 대한 UN의 글로벌 분석보고서로서, 재난위험의 패턴과 경향, 재난위험경감활동 진도를 분석한 후, 국제사회에 전략적 정책지침을 제안한다.

② 재난관리 포털사이트 PreventionWeb 운영: 재난관리와 관련한 정보, 경험 등

을 공유하기 위해 2007년부터 운영하는 포털사이트로 재난관리 뉴스 등을 게재할 뿐만 아니라 각종 교육 · 훈련자료의 공유를 통해 정보확산 운동을 주도하고 있다.

셋째, 재난관리 국제전략 동참독려 사업(We campaign!)의 추진이다. '재해복원에 강한 도시 말들기'와 'R!SE' 캠페인을 추진하고, '재난안전의 날' 운영, UN 사사카상 운영 등을 실시하고 있다.

① '재해복원에 강한 도시 만들기(Making Cities Resilient)' 캠페인: 2010년에 시작된 것으로 세계 각국의 도시가 각자의 재난위험을 스스로 평가하고 저감활동에 동참하도록 하기 위한 캠페인으로 2016년 기준 98개국 2,600여 개 도시가 참여하고 있다. 재해복원에 강한 도시가 되기 위한 10가지 체크리스트와 함께 수범도시 모델(role model city)을 선정하여 발표하고 있다.

② R!SE(Alliance for Risk Sensitive Investment) 캠페인: '재해복원에 강한 도시 만들기' 캠페인이 공공부문의 동참을 유도하기 위한 것이라면, 이는 민간부분에서 재난위험경감대책 추진을 독려하기 위한 캠페인이다. 현재 40여 개국의 100여 개 민간회사들이 가입되어 있으며, 7개의 주요대책을 제시하고 있다.

③ 재난안전의 날(International day for DRR) 운영: 1989년 유엔총회에서 1990~1999년을 「전 세계 자연재난저감을 위한 10개년(International Decade for Natural Disaster Reduction; IDNDR)」으로 지정하면서 매년 10월 둘째 주 수요일을 '세계 재난위험 경감의 날'로 지정하고 세계 각국의 동참을 권고하였다.[8)]

다만, 세계 각국에서는 각국 실정에 맞게 이를 변형하여 사용하고 있는데, 우리나라는 1994년부터 여름철 풍수해가 시작되는 5월 25일을, 일본은 1923년 9월 1일 발생한 관동 대지진을 기념하여 9월 1일을 '방재의 날'로 지정하였다. 우리나라는 또한, 2014년 4월 16일 발생한 세월호 사고를 잊지 말자는 취지에서 4월 16일을 '국민안전의 날'로 지정하고 '방재의 날'과 별도로 운용하고 있다.

④ UN 사사카와(Sasakawa)상 운영: 2000년부터 매년마다 재난위험저감에 공헌한 개인 또는 단체에게 주어지는 재난분야에서 가장 권위가 있는 상으로 일본재단(Nippon Foundation) 창립자인 사사카와 료이치의 이름을 따라 제정된 것이

8) 세부적으로 살펴보면, 1989년 유엔총회에서 1990~1999년을 「전 세계 자연재난저감을 위한 10개년」으로 지정하면서 매년 10월 둘째 주 수요일을 '세계 자연재난위험 저감의 날'로 지정하였으며, 이후 인위재난까지 포함하여 「국제재난경감전략(International Strategy for Disaster Reduction; ISDR)」을 채택함에 따라 2000년부터는 '세계 재난위험 경감의 날'로 개칭하였다.

다. 우리나라는 아직 수상실적이 없다. UN 사사카와(Sasakawa)상은 재난관리 분야 외에도 각각 UN 환경계획(UNEP), 세계보건기구(WHO) 주관으로 환경과 건강분야에도 상을 주고 있다.

2.2.2 UNOCHA(UN Office of the Coordination of Humanitarian Affairs; UN 인도주의업무조정국)

1991년 이전에는 UN 본부의 재난구호조정관(Disaster Relief Coordinator)은 자연재난에 대한 구호업무만을 조정하였고, 그 밖의 비상사태에 대해서는 UN 사무총장의 특별대표(Special representatives of the SG)가 담당하는 체계였다. 그후 1991년에 UN에서는 기구개혁의 일환으로 이 두 기능을 통합하여 '비상사태 구호조정관(Emergency Relief Coordinator; ERC)'이라는 직책을 만들었다. 그 직급은 사무차장급(USG)으로 하고, '인도주의 업무국(Department of Humanitarian Affairs)'을 관련조직으로 창설하였다. 현재의 UNOCHA는 1998년에 이를 보다 확대 · 개편하여 재난을 비롯한 각종 비상상황에서 피해자들의 아픔을 최소화하기 위해 창설된 조직이다.

현재, 미국 뉴욕과 스위스 제네바 등 전 세계 30여 개국 지역사무소에 1,900여 명이 근무하고 있으며 "인명구조에서의 핵심은 조정기능이다(Coordination Saves Lives!)"를 그 모토로 삼고 있다. 즉, 인도주의 지원기관들 간 업무수행시 원활한 협조가 이루어질 수 있도록 그 허브역할을 함으로써 비상상황 발생시 효율적 대응이 이루어지도록 하는 데 목적을 두고 있다.

앞서 설명한 바와 같이 UNOCHA의 사무총장은 UN의 인도주의적 구호가 필요한 모든 비상사태에서의 중심 역할을 수행하는 '비상사태 구호조정관(Emergency Relief Coordinator; ERC)'의 역할을 겸임하고 있으며, 재난발생시 인도주의적 구호분야 기관간 상설협의체인 IASC(Inter-Agency Standing Committee)[9]를 주재하며 주요 조정사항을 결정하고 있다.

재난이 발생하면 UNOCHA는 즉시 대응팀을 가동하여 현지 상황보고서를 작성하고 이를 각국 또는 관계 대응기관에 전파하게 된다. 이때 대규모 재난 등으로 조직화된 대응이 필요한 경우에는 현지의 피해상황을 조사하고 구호활동을 조정하기 위한 'UN 재난평가조정팀(UN Disaster Assessment and Coordination; UNDAC)'을 파견하게 된다. 이러한 'UN 재난평가조정팀'은 각국의 재난관리 전문가로 구성[10]되어 있는

9) UNOCHA 사무총장은 IASC와는 별도로 인도주의 업무조정에 관한 전략적 정책수립 등을 위해 '인도주의 업무 집행위원회(Executive Committee on Humanitarian Affairs; ECHA)'를 주재한다.

데, 이들은 사전에 소정의 교육을 거쳐 선발되며, 평상시에는 각국에서 각자의 업무를 수행하다가 실제 재난이 발생하면 수행하던 업무를 중단하고 요청 후 48시간 이내에 재난현장에 파견된다.

또한, 대규모 재난에 대해서는 UNOCHA 사무총장은 '비상사태 구호조정관'의 자격으로 IASC를 주재하며 추가적으로 현장 사령관격인 '인도주의 구호조정관(Humanitarian Coordinator; HC)'을 지명하거나 파견할 수 있다. '인도주의 구호조정관'은 UNOCHA 사무총장에 즉보할 수 있는 권한을 가지고 있다. 현지에는 초기 대응인력 간 활동사항을 조정하기 위해 'UN 재난평가조정팀'이 '현장활동조정센터(On-Site Operations Coordination Center; OSOCC)'를 설치하여 운영할 수도 있다. 인터넷상으로 가상의 현장활동조정센터(Virtual OSOCC)를 운영하여 UNOCHA에서 운영하는 재난활동 관련 정보공유도 추진하고 있다.

이후, 이러한 활동이 원활하게 이루어져 재난상황이 대응에서 복구단계로 전환되면 현지에서의 UNOCHA의 활동은 종료된다.

✍ 추가설명

국제수색구조고문단 (International Search & Rescue Advisory Group; INSARAG)

UNOCHA는 도시수색구조(Urban Search and Rescue; USAR)의 효과와 조정을 강화하기 위한 국제적인 정부 간 네트워크인 INSARAG의 사무국 역할도 수행하고 있다. INSARAG은 각국 도시수색구조팀의 기준과 등급을 설정하고 재난대응조정과 관련한 방법을 개발하여 보급한다.

우리나라의 도시수색구조 조직인 소방청 소속의 중앙119구조본부가 INSARAG 등급평가에서 Light/Medium/Heavy 등급 중 최상위등급인 Heavy 등급을 획득한 바 있다.

2.2.3 UNDP(UN Development Program; UN 개발계획)

UNDP는 원래 1965년 개발도상국에서 민간투자에 대한 조사, 자연자원의 개발 및 그 밖의 교육·훈련을 위하여 창립되었다. 현재의 UNDP는 UN의 세계적 개발 네트워크로서 인류의 보다 나은 삶을 만들기 위해 지속가능한 발전을 위한 지식, 경험 및 자원을 공유하게 하고 스스로 변화될 수 있도록 지원하고 있다. 현재, 미국 뉴욕에 본부를 두고 있으며 전 세계 170여 개국 지역사무소에서 많은 인원이 활동하고 있다. UN 직급구조에서 사무차장급(USG)이 UNDP의 수장을 맡고 있다.

10) 2017년 기준, 우리나라에서도 소방청 소속으로 'UN 재난평가조정팀'의 요원 3명이 지정되어 있다. 이들은 UNOCHA에서 선발되어 소정의 교육을 이수한 요원들이다.

사실 재난관리가 대응중심으로 이루어지던 과거에 UNDP는 재난관리와 특별한 관련이 없는 것으로 간주되었다. 하지만 재난관리의 패러다임이 예방 중심으로 변화되면서 UNDP는 어떤 지역사회의 재난 취약성은 결국 지역 내 부족한 기간시설, 취약한 환경정책, 잘못된 토지이용 등과 밀접한 관련이 있다는 것에 주목하게 되었고 결국 개발과 안전은 동전의 양면과 같다는 것을 인정하게 되었다. 즉, UNDP는 재난 발생 전부터 각종 개발사업을 통해 근원적으로 재난을 예방 및 대비하는 업무를 추진하고 있다.

원래 재난의 예방, 대비기능은 UNOCHA에서 추진하고 있었는데, 1997년 UN차원의 조직개편에 따라 관련기능이 UNDP로 이전되었다. 또한, UNDP는 재난의 복구활동에도 깊게 관여하게 되는데, 재난으로 인한 시설을 복구한다는 의미뿐만 아니라 복구사업시 유사한 재난이 발생하지 않도록 재난대책을 충실히 하여 근원적으로 복구사업을 추진하게 되는 것이다. 즉, 재난관리 업무와 관련해서 재난상황이 대응단계에서 복구단계로 전환되면 UNOCHA는 임무를 종료하고 UNDP 중심의 복구활동이 추진된다.

2.2.4 세계은행(World Bank)

재난발생 후 복구사업에는 한꺼번에 많은 예산이 필요하게 되고 그 필요한 예산이 피해국의 재정규모를 넘어서게 되면 결국 국제사회의 지원이 필요하게 된다. 이는 사전에 재난예방을 위한 사업추진시에도 마찬가지인데, 이를 위하여 재난발생시 각국의 긴급구호적 성격의 원조활동 외에도 국제사회 차원의 체계적 지원을 위한 여러 국제금융기구가 설치되어 있다.

국제금융기구는 차관제공, 무상원조 등을 통해 개발도상국의 경제발전과 가난퇴치 등을 목적으로 운영되고 있으며, 가장 대표적인 국제금융기구로 세계은행(World Bank)을 꼽을 수 있다. 세계은행은 UN 시스템의 일원으로 UN과의 긴밀한 협조를 통해 그 지원효과를 극대화하고 있다. 이밖에 중남미 위주의 IDB(Inter-American Development Bank), 아시아 지역의 ADB(Asian Development Bank) 등이 있으나 이 장에서는 세계은행을 중심으로 살펴보기로 한다.

제2차 세계대전(1939~1945년)으로 유럽 전역에서 전쟁의 상흔으로부터 재기하고자 미국, 영국을 중심으로 유럽 재건의 필요성이 제기되고 이에 따라 1944년 세계은행이 국제금융기구로서 창설되었다. 최초의 수혜국은 1947년에 2억 5천만 불의 차관을 제공받은 프랑스였으며 이후 그 범위와 규모가 확대되어 2016년 기준으로 "전 세계 경제발전 및 가난퇴치"를 위해 미국 워싱턴 본부를 비롯한 전 세계 120여 개국에서 10,000여 명의 직원들이 활동하고 있다(World Bank, 2016).

세계은행은 186개 회원국이 주주로 참여하는 일종의 협동조합과 같은 형태로 그 의사결정도 기여금의 지분율에 따른 투표권에 따라 행사된다. 특히, 그 구성을 살펴보면 그룹형태의 아래와 같은 5개의 주요기구로 구성되는데, 공식적으로 세계은행이라 함은 IBRD(International Bank for Reconstruction and Development)와 IDA(International Development Association)의 2개 기구를 의미하고, 세계은행그룹(World Bank Group)이라 함은 여기에 IFC(International Finance Corporation), ICSID(International Center for Settlement of Investment Disputes)와 MIGA(Multilateral Investment Guarantee Agency)를 더한 5개 기구를 의미한다.

〈세계은행그룹(World Bank Group)〉

- IBRD(International Bank for Reconstruction and Development): 세계은행그룹 중 최초로 설립된 기구로서 제2차 세계대전으로 인한 유럽지역 재건을 목적으로 1944년 설립되었으며 현재는 중간소득층 개발도상국 또는 신용능력이 있는 극빈국의 경제개발과 가난퇴치를 위해 有이자 차관을 지원하는 역할을 하고 있다. 아래 IDA와 함께 공식적으로 세계은행을 구성하며, 두 기구의 명칭과 역할은 다르지만 수장을 비롯한 같은 임직원들이 두 기구의 업무를 수행하고 있다는 점이 특기할 사항이다.
- IDA(International Development Association): IBRD의 역할 중에서 신용능력이 없는 극빈국에 대한 지원을 강화하기 위해 설립된 기구로서 1960년 설립이후 현재까지 극빈국에 無이자 차관(credits) 또는 무상원조(grants)를 지원하는 역할을 담당하고 있다.
- IFC(International Finance Corporation): 세계은행그룹 중 민간영역에 대한 투자업무를 특화하기 위해 1956년에 설립된 기구로서, 개발도상국의 경제개발과 가난퇴치를 목적으로 하는 것은 같지만 그 투자대상을 민간의 상업영역으로 설정하여, 민간의 자생적 경제발전이 국가 전체에 확산되어 자연스럽게 국가의 경제개발과 가난퇴치로 이어지도록 하는 데 그 목적을 두고 있다.
- ICSID(International Center for Settlement of Investment Disputes): 국가 간 투자시 발생하는 각종 분쟁을 조정하기 위해 1966년에 설치된 기구로서, 일반적으로 기구자체에서 분쟁을 해결하는 역할보다는 다른 국제분쟁조정기구에서의 분쟁조정 당사자들에게 행정적, 기술적 지원을 하는 역할을 주로 담당하고 있다.
- MIGA(Multilateral Investment Guarantee Agency): 세계은행그룹 기구 중 가장 늦게 1988년에 설립되어, 일반적으로 민간보험회사에서 담보하기를 기피하는 정치적 위험과 같은 비상업적 위험을 담보하는 보험상품의 제공을 통해 개발도상국에 대한 해외투자를 활성화시키는 업무를 담당하고 있다.

앞서 설명한 바와 같이 세계은행은 전 세계의 경제발전과 가난퇴치를 위한 기구이지만 재난관리에 있어서도 매우 중요한 역할을 맡고 있다. 특히, 빈곤국일수록 재난피해가 가중되고 반복적이어서 세계은행은 최근 재난관리 분야에 대한 지원액을 매년 20% 이상 증액시켜 왔으며, 2014년 기준으로 53억 달러에 달한다. 또한, 재정적 지원 외에도 근원적 해결방안으로 여러 가지 기술적, 행정적 지원까지 그 지원범위를 확대하고 있다. 이를 위해 2006년에는 산하에 세계 재난경감 및 복구기구(Global Facility for Disaster Reduction & Recovery; GFDRR)를 설치하여 세계은행의 재난관리 허브기구로서의 역할을 수행하게 하고 지원형태도 포괄적 · 다분야 접근방식(Comprehensive Multi-Sector Approach)으로 변경한 바 있다(GFDRR, 2016).

3. 비정부 국제기구의 역할: 국제적십자사연맹 중심으로

최근 국제재난의 지원조직으로 가장 괄목할 만한 성장을 거두고 있는 것이 국제적십자사연맹(The International Federation of Red Cross/Red Crescent Societies; IFRC)과 같은 비정부 국제기구(Non-Governmental Organization; NGO)이다. 이러한 비정부 국제기구는 국제적으로 회원과 지부를 두고 활동한다는 점에서는 UN과 같은 정부 간 국제기구와 유사하지만 UN이 정부조직을 회원으로 하고 지역사무소가 중앙집권적으로 설치 · 운영되는 반면에 국제적십자사연맹과 같은 비정부 국제기구의 경우에는 대한적십자사와 같이 각 국가별로 독립적으로 활동하는 자생조직을 회원으로 하는 동시에, 이 자생조직 자체를 지부(Chapter)로 활용하여 활동하고 있다는 점에서 정부 간 국제기구와 가장 큰 차이가 있다. 현재, 비정부 국제기구는 이러한 특징을 이용하여 UN과 같은 정부 간 국제기구가 하지 못하는 사각지대를 효율적으로 해소하고 있다. 이 절에서는 비정부 국제기구 중 가장 대표적인 국제적십자사연맹 활동을 통해 그들의 국제협력체계를 살펴보고자 한다.

적십자(Red Cross)라는 개념은 원래 전쟁시 지원활동을 위해 개념화되었으며, 1919년에는 국제적십자사연맹의 설립을 통해 재난과 같은 평상시 지원활동으로 그 업무범위가 발전되었다. 최초의 적십자 개념은 1859년 스위스 제네바 출신의 앙리 뒤낭(Henri Dunant)이 이탈리아 통일전쟁의 와중에 솔페리노 인근을 지나다 전쟁으로 부상당한 군인들이 아무런 도움 없이 방치되는 것을 안타깝게 생각하여 그 지역주민과 함께 국적에 관계없이 부상당한 군인들을 구호하면서 비롯되었다. 그는 당시 이때의 경험을 바탕으로 '솔페리노의 회상(1862년)'이라는 책을 저술하고 전쟁시 부상자 구호를 위한 중립적 비정부 국제기구 창설의 필요성을 역설하게 되는데, 이 제안이 유럽 각국으로부터 호응을 얻어 1863년 국제적십자위원회(The International Committee of the Red Cross; ICRC)가 창설되었고, 다음 해인 1864년 전쟁시 정치, 종교, 국적 등에 구애받지 않는 구호활동을 원칙으로 하는 제네바 협약이 체결된 것이다.

하지만 당시 국제적십자위원회는 전쟁시 구호활동을 위한 조직이었고 재난과 같은 평상시 구호활동은 그 업무영역에 포함되지 않았다. 이후 제1차 세계대전이 끝날 당시 미국 적십자의 전쟁위원장이었던 헨리 데이비슨(Henry Davison)이 전쟁시 구호활동에서 습득한 국제적십자위원회의 경험과 지식이 재난과 같은 평상시 활동에도 활용될 수 있다는 점에 착안하여 평상시 구호활동을 할 수 있는 비정부 국제기구의 창설을 역설하였고 1919년 국제적십자사연맹이 창설되었다. 2016년 기준, 국제적십자사연맹은 스위스 제네바에 본부를 두고 있으며, 195개국의 자생적 국가적십자사 조직이 참가하고 60여 명이 전 세계에서 활동하고 있다. 이처럼 국제적십자사운동(The International Red Cross/Red Crescent Movement)이라 함은 지원업무 성격에 따라 국제적십자사연맹과 국제적십자사위원회의 활동으로 구분된다.

국제적십자사연맹은 UN 시스템과 유사하게 매우 체계화된 조직이다. 일단, 대규모 재난이 발생하여 해당 국가의 대응능력을 초과하게 되면 그 국가의 적십자 지부는 국제적십자사연맹의 사무국(Secretariat)에 지원을 요청하게 된다. 사무국은 자체적으로 보유하고 있는 인력, 자재 등을 우선 공급하면서 국제적십자사연맹을 통한 각국에 지원을 요청하게 된다. 이렇게 긴급지원이 이루어진 이후 필요한 경우, 항구복구를 위한 지원과 함께 향후 유사피해가 발생하지 않도록 하는 예방사업 등의 개발사업에 대한 지원이 이루어진다. 현재, 이렇게 대규모 재난에 대한 긴급지원은 연평균 30회 정도 이루어지고 있다.

추가설명

현장조사조정팀(Field Assessment and Coordination Team; FACT)

UNOCHA 내의 'UN 재난평가조정팀(UN Disaster Assessment and Coordination; UNDAC)'과 유사한 조직으로, 대규모 재난 등으로 긴급지원이 필요한 경우, 현지의 피해상황을 조사하고 구호활동을 조정하기 위한 긴급파견팀이다. 국제적십자사연맹에 속한 각국 지부의 재난관리전문가로 구성되어 있으며, 전 세계 어떤 곳에 대해서도 24시간 이내에 도착할 수 있도록 평소 훈련이 되어 있다.

4. 국제재난시 우리나라의 긴급구호체계

이 장에서는 국제재난 발생시 우리나라의 긴급구호체계를 해외재난이 발생한 경우와 국내재난이 발생한 경우로 나누어 살펴보기로 한다. 즉, 해외에 대규모 재난이 발생한 경우에 우리나라가 다른 나라에 긴급구호하는 체계와 우리나라에 대규모 재난이 발생한 경우에 해외에서 긴급구호를 지원받는 방법에 대해 관계법규 등을 통해 살펴보기로 한다.

4.1 해외재난 발생시

해외재난이 발생할 경우, 우리 정부가 해야 할 기능은 크게 재난발생 국가에 거주 · 체류 · 방문 중 재외국민을 보호하는 것과 필요한 경우에 재난발생 국가에 대한 긴급 구호지원을 하는 것으로 나뉜다.

4.1.1 재외국민 보호

해외에서 대규모 재난이 발생하여 재외국민이 피해를 입거나 피해가 우려되는 경우, 우리 정부는 외교부가 주관기관이 되어 재외국민의 보호 및 지원업무를 담당할 신속대응팀(또는 현장지원팀)을 현지에 즉각 파견하여 위기관리를 하게 된다. 신속대응팀장은 일반적으로 외교부 내 국장급 공무원이 팀장을 맡으며, 사안에 따라 직급[11]이 달라진다. 팀원은 외교부 본부 과장급 이하 직원 중 예비인력으로 지정된 60명의 인력풀에서 차출하여 파견되며, 국립과학수사연구원 등 관계기관과 합동으로 구성되기도 한다.

재난의 규모와 정도에 따라 외교부장관이 본부장이 되는 '재외국민보호대책본부'[12]가 외교부에 설치하여, 재외국민의 생사여부 등 안전확인 및 안전대책을 추진하게 된다. 이때의 재외국민보호대책본부는 「재난 및 안전관리 기본법」상의 중앙재난안전대책본부의 역할을 대체하며, 국내재난을 기준으로 재난유형에 따른 주무부처에는 장관이 본부장인 중앙사고수습본부가 구성된다. 또한, 현지 해외공관에는 공관장이 본부장인 현장지휘본부 등이 설치되게 된다.

또한, 필요한 경우에 안전상 특별한 주의가 요구되는 국가 또는 지역에 대해서

11) 재난 규모 및 정도에 따라 팀장을 실장 등으로 조정한다. 또한, 팀원의 경우에도 재난 규모 및 정보에 따라 외교부뿐만 아니라 관계기관으로부터 파견된 직원들로 다양하게 구성될 수 있다.
12) 재난 규모 및 정도에 따라 본부장을 차관 또는 실장 등으로 조정하여 운영하기도 한다.

는 표 18.2와 같이 위험수준과 행동지침의 기준을 규정하는 '여행경보 제도'를 시행하고 있다. 이 중에서 다른 행동지침은 권고의 성격을 띠고 있으나 여행을 금지하는 흑색경보의 경우에는 「여권법」 제26조를 준수하지 않으면 처벌받을 수 있는 강제성을 갖춘 조치이다.

표 18.2 여행경보의 종류

위험수준	남색경보	황색경보	적색경보	흑색경보
행동지침	여행주의	여행자제	철수권고	여행금지

특히, 긴급한 위난상황이 발생한 국가 및 지역에 대해서는 이와는 별도로 '특별여행경보 제도'가 시행된다. 특별여행경보는 주의보와 경보로 구성되는데, 특별여행주의보는 여행경보 제도의 적색경보와 준하는 철수권고 조치이며, 특별여행경보는 흑색경보에 준하는 즉시철수 또는 여행금지 조치이나 흑색경보와는 다르게 강제성이 없어서 준수하지 않아도 처벌받지는 않는다.

1963년에 제정된 「영사관계에 관한 비엔나 협약」에 따르면 해당 국가에 주거 · 체류 · 방문하고 있는 외국인의 신변을 보호하고 이와 관련한 국가 간의 신뢰를 강화하기 위하여 외국인 사상자가 발생할 경우에 해당 인적정보를 해당 국가의 대사관에 지체없이 통보하도록 되어 있다.

또한, 해외재난 발생시 이동수단이 부재 · 중단 · 부족한 경우에 재외국민보호대책본부에서는 관계부처 대책회의를 통해 전세기 등을 파견할 수 있다. 이와 관련해서는 「해외 위난상황 발생시 전세기 등 운용지침」에 따르게 되는데, 탑승비용은 수혜자 부담원칙에 따라 정부가 정한 비용기준에 따라 탑승자가 부담하여야 한다.

4.1.2 긴급 구호지원

4.1.2.1 원칙

해외에서 어떤 국가의 대응능력을 초과하는 재난이 발생하게 되면 국제사회의 각국은 국제사회의 책임 있는 구성원으로서 향후 자신의 처지가 될 수 있는 피해국가에 대한 긴급구호에 나서게 된다. 우리나라의 경우에도 2004년 12월에 발생한 남아시아 지진해일 발생을 계기로 해외긴급구호의 체계적인 추진을 위해 「해외긴급구호에 관한 법률」을 2007년 3월에 제정하였다. 이 법률에 따르면 "우리나라는 인도주의에 입각하여 피해국 정부의 요청과 우리나라의 국제적, 경제적 위상을 고려하여 피해국 및 국제기구와 긴밀한 협력을 통하여 적절한 해외긴급구호를 수행하게 된다(동법 제4조)." UN에서는 이러한 해외긴급구호와 관련된 인도주의적인 지원에 대해 아래와 같은 4대 원칙을 규정하고 있다(UN, 1991 & 2004).

- 인도성(humanity): 인간의 존엄성 보호
- 공평성(impartiality): 국적, 인종, 종교 등에 무관한 차별 없는 지원
- 중립성(neutrality): 갈등상황에 있는 일방에 대한 호의배제
- 독립성(independence): 지원목적이 정치, 경제, 군사적 목적 등에서 독립

4.1.2.2 종류

해외긴급구호는 인적, 물적 지원 등 다양한 방식으로 이루어진다. 이를 요약하면 다음과 같다.

(1) **해외긴급구호대 파견**: 다수의 사상자, 이재민 등이 발생한 경우, 국제구조대 또는 긴급의료팀 등으로 구성된 구호대를 파견한다. 4.1.2.3절에서 상세하게 설명하겠지만 원칙적으로 파견결정은 외교부 장관이 위원장으로 있는 '민관합동 해외긴급구호협의회'에서 이루어진다.

(2) **물품의 지원**: 생필품, 의약품 등 피해국 정부가 희망하는 물품 중에서 우리 정부가 신속하게 지원할 수 있는 것을 지원하게 된다. 국내에서 조달하여 군 또는 민간 항공편 등으로 수송하는 것을 우선 고려하되, 운송료가 과다하거나 현지에서 신속한 조달이 가능한 경우에는 물품대금을 송금하고 해외공관이 현지에서 조달하여 지원하기도 한다.

(3) **현금의 지원**: 피해국 정부의 역량에 따라 선진국 등 피해복구를 위한 제도적 역량을 갖춘 피해국에 대해서는 현금지원을 검토하되, 피해국 정부가 자금을 투명하고 효과적으로 활용하기 어렵다고 판단되는 경우에는 현금지원을 지양한다. 또한, 세계식량계획(WFP), 유엔아동기금(UNICEF) 등 국제기구가 긴급지원요청(flash appeal) 등을 통해 지원요청하는 경우, 해당 국제기구 사업에 대해 현금지원을 실시할 수 있다.

(4) **보건의료활동**: 해외긴급구호대 의료지원팀 파견, 의약품 및 의료기기 지원, 방역활동, 전염병 예방교육 등을 실시한다. 이 경우 의료품을 포함한 각종 보건의료활동은 세계보건기구(WHO) 등이 정하는 국제기구에 적합해야 한다.

(5) **수송지원**: 군 수송기, 민간 항공기 등 다양한 수송수단을 지원한다.

(6) 임시 재해복구: 긴급구호 단계에서 재건복구 착수 이전까지 수개월 동안 다양한 조기복구 사업수행을 지원한다.

(7) 기타: 재해발생시 피해규모 조사 및 긴급구호 수요평가, 그 밖에 해외긴급구호본부장이 필요하다고 인정하는 사항에 대해 지원한다.

표 18.3 관계기관별 임무

기 관	임 무
외교부	해외긴급구호에 관한 업무 총괄 · 조정, 민관합동 해외긴급구호협의회 및 해외긴급구호본부 운영 등에 관한 사항
국방부	신속한 긴급구조 · 구호 인력 또는 물품의 수송지원을 위한 군용 수송기 또는 수송함 파견에 관한 사항
보건복지부	피해국에 파견할 의료지원팀의 선발 · 구성 · 파견 및 부상자의 치료, 해외긴급구호대원의 예방접종, 건강검진 등 건강관리에 관한 사항
행정안전부	내국인 사망자 및 유가족에 대한 정보수집, 「기부금품의 모집 및 사용에 관한 법률」에 따른 기부금품 모집등록, 지방자치단체의 피해국 지원관련 행정지도에 관한 사항
국토교통부	구호인력, 구호물품과 유가족 수송을 위한 민간수송 수단의 지원에 대한 협조에 관한 사항
산업통상자원부	피해국에 진출한 우리 기업체의 관리에 관한 사항
기획재정부	해외긴급구호를 위한 예비비 배정에 관한 사항
소방청	피해국에 파견할 국제구조대 구성 · 파견에 관한 사항
해양경찰청	해상에서의 인명구조에 관한 사항
한국국제협력단	해외긴급구호대의 파견과 관련한 행정사항, 피해국 현지 구호본부의 설치 및 해외긴급구호 지원관련 업무수행에 관한 사항

4.1.2.3 체계

해외긴급구호는 재난피해의 규모, 피해국의 요청 정도 등에 따라 과정의 일부가 생략될 수 있지만, 일반적으로 심의기구로서의 민관합동 해외긴급구호협의회, 집행기구로서의 해외긴급구호본부, 그리고 파견기구인 해외긴급구호대로 나누어 생각해 볼 수 있다. 하지만 이는 대규모 재난에 대해 해당되는 과정이고 소규모 재난의 경우에는 해외공관 건의 등에 기초하여 외교부가 직접 지원방침을 결정하고 한국국제협력단(KOICA)이 필요한 인력, 장비, 물자 등을 확보하여 지원하게 된다(관계부처합동, 2010).

(1) 민 · 관 합동 해외긴급구호협의회

① 기능

해외긴급구호 수행에 필요한 사항에 대한 심의 · 의결기구로서 다음의 관련 안건을 처리한다.

- 해외긴급구호의 제공여부, 내용 · 규모에 관한 사항
- 중앙행정기관 간 또는 민관 간 협조방안에 관한 사항
- 해외긴급구호 기본대책, 활동결과평가에 관한 사항 등

② 구성

위원장은 외교부장관이며, 위원은 관계중앙행정기관 차관(기획재정부, 국방부, 행정안전부, 산업통상자원부, 보건복지부, 국토교통부 등) 또는 청장(소방청, 해양경찰청), 한국국제협력단 총재, 위원장이 위촉하는 민간위원 등 20인 이내(위원장 포함)로 구성된다.

(2) 해외긴급구호본부

① 기능

해외긴급구호 사항의 신속한 이행을 위한 집행기구로서 다음의 관련안건을 처리한다.

- 민 · 관 해외긴급구호협의회 결정사항에 대한 집행
- 해외긴급구호 지원관련 실무 총괄 · 조정
- 해외긴급구호 지원결과의 정리 · 보고 등

② 구성

위원장은 외교부장관이며 간사로는 외교부 개발협력국장이 되며 외교부장관

이 지명하는 소속공무원 6명, 국방부 · 행정안전부 · 산업통상자원부 · 보건복지부 · 국토교통부 장관이 지명하는 소속공무원 각 1명, 한국국제협력단의 긴급구호담당이사 등이 위원이 된다.

(3) 해외긴급구호대(Korea Disaster Relief Team; KDRT)

① 파견결정

피해국 또는 재외공관 지원요청에 따라 민 · 관 합동 해외긴급구호협의회에서 파견결정하는 것이 원칙이나 많은 경우 긴급상황임을 감안하여 재난발생 24시간 이내에 외교부 2차관 주재의 관계부처 실무회의에서 결정되기도 한다.

② 구성

외교부 소속의 한국국제협력단, 소방청 소속의 중앙119구조본부, 보건복지부 산하의 한국국제보건의료재단의 인력풀을 기본적으로 활용한다. 주요임무에 따라 원칙적으로 구조팀, 의료팀, 방역팀, 지원팀 등으로 구성된다. 일반적으로 이 중에서 구조팀과 의료팀이 핵심적인데, 재난발생 72시간 내 도착가능 지역 등에 대해서는 구조대(60명 기준) 위주로, 72시간 후 도착예정 지역 등에 대해서는 의료팀(35명 기준) 위주로 편성한다.

대장은 외교부장관이 관계공무원 또는 민간전문가 중에서 위촉 또는 임명하게 되는데, 일반적으로 구조대 중심의 파견시에는 소방청의 중앙119구조본부장을, 의료팀 중심의 파견시에는 외교부의 인도지원과장 등을 대장으로 임명한다. 일반적으로 구조대보다는 의료팀 중심의 파견이 보다 빈번하게 이루어진다.

▪ 사무국

외교부 산하의 한국국제협력단(KOICA)이 우리나라 해외긴급구조호팀의 사무국 역할을 맡고 있다. 사무국은 해외긴급구호팀의 평상시 운영뿐만 아니라 해외재난시 파견 실무를 담당한다.

▪ 구조팀

구조팀은 소방청 소속의 중앙119구조본부가 운영을 총괄하고 있다. 소방청장은 국제구조대를 재난발생국에 파견하기 위하여 필요한 경우 관계 중앙행정기관의 장 또는 시 · 도지사에게 직원의 파견 및 장비의 지원을 요청할 수 있다. 이 경우 관계 중앙행정기관의 장 또는 시 · 도지사는 특별한 사유가 없으면 요청에 따라야 한다(「119구조 · 구급에 관한 법률」 제9조제5항).

국제구조대는 평상시에 소방청의 중앙119구조본부와 시 · 도 소방본부 인원을 대상으로 인력풀이 마련되어 있다. 2020년을 기준으로 총 176명의 인력풀이 구성되어 있는데, 이 중에서 중앙119구조본부는 73명, 시 · 도 소방본부는 103명이다. 국제구조대는 피해국의 요청에 따라 외교부가 소청방에 파견을 요청하게 되는데, 일반적으로 구조장비의 경우 부피가 크고 무거운데, 평상시 미리 인천국제공항의 창고에 준비해 두었다가 출동하는 경우 바로 항공기에 선적하여 이동하게 된다. 국제구조대는 운영팀, 물류팀, 구조팀, 탐색팀의 4개 팀으로 구성된다.

우리나라의 국제구조대를 운영하고 있는 소방청 소속의 중앙119구조본부는 UNOCHA의 산하조직인 INSARAG(국제수색구조 고문단; International Search & Rescue Advisory Group)에서 Light, Medium, Heavy 등급 중 최상위등급인 Heavy 등급을 획득한 바 있다.

표 18.4 OCHA INSARAG의 도시수색구조팀 인증 등급

등급	활동역량	기술역량	의료역량
Light	1개소에서 12시간/일, 5일 이상	• 목재, 무철근 조적, 철재 메쉬 보강 구조물의 붕괴/피해 • 탐지견 및 기술적 수색가능, 잔해물 이동 및 견인(rigging and lifting)	구성원/탐색견 치료가능, 피해국 허용시 피해자 치료가능
Medium	1개소에서 24시간/일, 7일 이상	• + 강한 목재, 철근 조적, 철재 구조보강 구조물의 붕괴/피해 • 탐지견 및 기술적 수색가능, 잔해물 이동 및 견인(rigging and lifting) + 철제구조물 절삭가능	구성원/탐색견 치료가능, 피해국 허용시 피해자 치료가능
Heavy	2개소(동시)에서 24시간/일, 10일 이상	• + 철근콘크리트 구조물의 붕괴/피해 • 탐지견 및 기술적 수색가능, 잔해물 이동 및 견인(rigging and lifting) + 철제구조물 절삭가능	구성원/탐색견 치료가능, 피해국 허용시 피해자 치료가능

2023년 기준, 그동안의 국제구조대 해외출동 현황을 정리하면 표 18.5와 같다.

표 18.5 구조대 해외 출동현황(2023년 기준)

연번	피해국	재난유형	출동기간	인원	활동내용
1	캄보디아	여객기추락	1997.9.4~8	7	사체수습 21
2	터키	지진	1999.8.20~30	17	사체수습 154
3	대만	지진	1999.9.22~27	16	구조 1, 사체수습 21
4	알제리	지진	2003.5.24~6.1	21	사체수습 22
5	이란	지진	2003.12.27~2004.1.3	24	사체수습 57
6	태국	지진해일	2004.12.29~2005.1.6	15	사체수습 14
7	파키스탄	지진	2005.10.14~21	2	의료팀 지원
8	인도네시아	지진	2006.5.28~6.4	1	의료팀 지원
9	중국	지진	2008.5.16~23	41	사체수습 27
10	미얀마	태풍	2008.6.5~15	5	안전조치 및 방역활동
11	필리핀	태풍	2009.9.30~10.15	1	UN 재난평가조정팀 (UNDAC)
12	인도네시아	지진	2009.10.1~7	41	사체수습 3
13	필리핀	태풍	2009.9.30~10.15	1	UN 재난평가조정팀 (UNDAC)
14	아이티	지진	2010.1.15~25	25	사체수습 33
15	일본	지진해일	2011.3.13~23	105	사체수습 18
16	필리핀	태풍	2013.11.15~12.1	29	사체수습 145
17	네팔	지진	2015.4.27~5.8	27	사체수습 8
18	라오스	댐 붕괴	2018.7.29~8.24	1	의료팀 지원
19	헝가리	유람선 침몰	2019.5.30~7.30	24	사체수습 18
20	튀르키예	지진	2023.2.7~18	63	구조 8, 사체수습 19

- **의료팀**

보건복지부가 의료팀 운영을 총괄하지만 한국국제보건의료재단에서 의료팀 교육을 맡으며, 국립중앙의료원은 관리를 맡고 있다. 특히, 국립중앙의료원은 자체 의료진, 한국국제보건의료재단은 민간병원 의료진 등을 대상으로 사전에 의료팀 인력풀을 만들어 관리하고 있다. 그리고 필요한 의료장비 등에 대해서도 국립중앙의료원 내에 관리하고 있다가 신속하게 출동하게 된다.

일반적으로 피해국의 요청을 받아 외교부에게 파견 요청을 하기도 하지만 국제보건기구(WHO)가 직접 파견 요청을 하기도 한다. 이때 국제보건기구(WHO)는 각국 정부 및 비정부 기구 응급의료팀(Emergency Medical Team; EMT)의 역량에 따라 표 18.6과 같이 Type 1–Mobile, Type 1–Fixed, Type 2, Type 3, Specialist Cell의 5가지 등급으로 나누어 평가하고 있는데, 재난 상황에 따라 특정 등급 이상의 응급의료팀 파견을 요청하기도 한다. 우리나라의 경우 2022년 기준, WHO로부터 이 중에서 2번째인 Type 1–Fixed 등급의 인증을 받은 상태다.

표 18.6 WHO의 응급의료팀 인증 등급

등급	정의	특징	요건
Type 1-Mobile	외래 응급환자 치료 –이동구조(고정된 의료시설이 없음)	경한 치료, 응급 치료 (모든 연령대)	12시간/일 50명/일
Type 1-Fixed	외래 응급환자 치료 –고정구조(고정된 의료시설이 있음)		24시간/일 100명/일
Type 2	입원환자, 외과 · 산과 치료	지역병원 규모, 깨끗한 수술실	수술실 1개, 입원실 20병상, 7개 수술/일 등
Type 3	중환자실 포함한 복잡 입원환자 및 복잡 수술	3차 병원 규모, 전환환자 치료, 멸균 수술실	수술실 1개, 입원실 40병상, 15개 수술/일 등
Specialist Cell	특수의료 전문 (예: 에볼라, 재활 등)	전문가 특수시설 및 인력	시설 및 인력 규모가 중요한 것은 아님

* 출처: WHO(2023) 등

③ 활동

일단 현지에 파견되면 UNOCHA에서 조정을 따르는 것을 원칙으로 현지에 설치된 현장구조조정본부(OSCOCC)와 지역재난관리기관(Local Emergency Management Agency)을 통해 활동지역을 할당받아 활동을 실시하게 된다. 이후 매일 UNOCHA에서 개최하는 각종 회의에 참석하여 정보를 공유하고 업무를 조정하게 된다.

4.2 국내재난 발생시

4.2.1 국내 외국인 보호

국내에서 대규모 재난이 발생하게 되면 우리 정부의 경우에도 외교부를 중심으로 국내거주 외국인에 대해 해당 국가와 협조하여 생사여부 등 안전확인, 안전대책 등을 협조해주고 있다.

4.2.2 국제공조 지원접수

국내에서 대규모 재난이 발생하게 되면, 우리나라의 경우에도 해외로부터 긴급지원을 받을 수 있다. 이 절에서는 「대규모 국내재난시 국제공조 지원 매뉴얼(2014년)」에 규정된 긴급지원을 받는 절차에 대해 설명한다.

4.2.2.1 지원 요청단계

국내 대규모 재난발생이 발생하게 되면 중앙재난안전대책본부장은 긴급 상황판단회의를 개최하게 되고 해외의 긴급구호지원을 받아야 할 필요가 있는지 검토에 착수하게 된다. 이때 만약 그 필요성이 인정되면 대통령께 건의드려 재가를 받고 이를 외교부 장관과 대한적십자사 총재에게 통보하게 된다. 통보를 받은 외교부 장관은 외국정부 및 국제기구에, 대한적십자사 총재는 국제적십자사연맹에 긴급지원을 요청하게 된다.

4.2.2.2 지원 접수단계

해외로부터 지원을 받을 때, 가장 문제가 발생하는 부분이 바로 지원인력, 장비, 물품 등의 입국 및 통관과 관련된 부분이다. 이를 위해 중앙재난안전대책본부장은 외국의 구조 인력 · 장비, 구호물품 등이 신속하게 입국 및 통관될 수 있도록 총괄관리 · 지원해야 하며, 이를 위해 사전에 관계부처(외교부 · 법무부 · 보건복지부 · 농림축산식품부 · 관세청)와 신속한 통관을 위한 Hot-Line을 구축해 놓는 것이 필요하다.

일반적으로 구조인력 수용은 관리, 통솔, 입국 등 많은 문제를 안고 있어 구호를 위한 현금 및 물자의 수용을 우선하고 구조인력 수용은 최후수단으로 하게 된다. 또한, 국제구호대의 휴대식량 등 음식물은 농림축산식품부의 엄격한 감독하에 추진하게 되며 외국의료단의 의료활동 및 의약품 반입 등도 보건복지부 및 식품의약품안전처가 심사하여 허가여부를 결정하게 된다.

이때 원칙적으로 외교부는 국제정세, 우리나라와의 우호 정도, 외국정부의 재난대응 및 복구 지원능력 및 외교상황 등을 고려하여 지원요청 및 수락을 결정하고 업무를 조정하는 역할을 맡는다. 하지만 정부의 국제사회 지원요청이 없을 경우에도 연대차원에서 지원하는 타국 적십자사의 자발적 지원을 대한적십자사가 자체 수용하여 관계법령 및 국제적십자사운동 법규에 따라 집행할 수 있다.

4.2.2.3 현장 대응단계

중앙재난안전대책본부장은 지원 물자, 장비, 인력 등을 시기적절하게 배분하고 국제구호대의 활동지원 및 총괄관리를 추진해야 한다. 이때 소관기관에서는 원칙적으로 사전에 수립된 국제구호대의 현장활동 및 물품활용 계획을 기반으로 업무를 추진하게 된다. 특히, 2011년 발생한 일본 대지진시 문제가 되었던 것처럼 필요물자의 경우 실제 재난발생 후 지원물자와 필요물자가 일치하지 않은 경우가 발생하므로 사전에 필요물자에 대한 요구서를 작성해 놓는 것도 필요하다.

4.2.2.4 복구 활동단계

현장 대응단계가 마무리되면 일반적으로 외국의 긴급국제구호대 등은 철수하게 되고, 국내인력을 활용한 복구사업 중심으로 업무로 전환된다. 이때 재난으로 인해 실종되거나 헤어진 가족구성원을 찾기 위한 활동이 시작되고 중앙재난안전대책본부장은 재난지역의 피해복구계획을 수립하여 재난현장의 복구를 총괄하게 된다.

5. 요약 및 결론

이 장에서는 국가차원의 대응능력을 초과하여 다른 나라 등 국제사회의 지원이 필요한 국제재난이 발생한 경우의 국제협력체계에 대해 살펴보았다. 현재, UN 시스템을 중심으로 국제재난에 대한 관리가 이루어지고 있으며, 구체적으로 UNDRR은 UN 시스템에서의 재난저감을 위한 재난관리 정책총괄 기구로서의 역할을 하며, UNOCHA은 재난대응 기구로서의 역할, UNDP는 재난예방, 대비 및 복구에 있어서 그 중심역할을 하고 있다.

이 밖에 세계은행 등 국제금융기구(International Financial Institutions; IFI)는 재난관리 과정에서 각종 금융지원을 담당하는 역할을 하고 있다. 또한, 이러한 정부 간 국제기구인 UN 시스템의 사각지대를 국제적십자연맹과 같은 비정부 국제기구에서 보완하고 있다.

우리나라의 경우에는 대규모 국제재난에 대한 국제공조시스템의 효율적 운영을 위해 「해외긴급구호에 관한 법률」 등 관련법규를 마련하여 해외긴급구호를 하는 경우와 수령하는 경우의 절차와 방법에 대해 구체적으로 규정하고 있다.

✍ 재난 이야기: 재난상황에서 발생하는 배타적 민족주의와 인종주의 문제

1923년 일본 관동 대지진 때 희생된 한국인은 6,000여 명이 넘는다. 어처구니없는 것은 지진으로 인한 희생이 아니라 "조선인이 폭동을 일으켰다"는 날조된 소문으로 피해가 컸다는 데 있다. 나중에 밝혀진 바에 따르면 당시 일본 군부 등이 조선인과 일본내 사회주의자들을 몰아내기 위해 때마침 일어난 대지진을 빌미로 헛소문을 만들고 국민 감정을 자극해 저지른 반인륜적인 학살사건이었다. 정치적인 이유로 만들어 낸 헛소문을 대규모 학살의 도구로 활용한 셈이다.

이러한 배타적 민족주의는 최근 코로나19 대처상황에서도 나타났다. 코로나19의 발생을 중국인의 독특한 식습관과 위생의식 등과 연계하여 중국 혐오 더 나아가 아시아 혐오라는 '문화적 편견'과 같은 인종주의를 불러일으켰다. 미국, 유럽 등에서 동양인들의 수업 참석을 금지하는 등 인종차별이 있었으며, 길거리에서 동양인이 무차별 폭행 또는 모욕당하는 사태가 발생하였다. 그 이면에는 경제적, 정치적 의도의 가능성을 배제할 수 없었다.

순혈주의가 팽배한 우리나라에서도 이러한 현상이 발생하였다. 코로나19 초기에는 중국 우한 교민 등 해외에 있는 교민 또는 교포들의 입국조차 반대할 정도로 민족주의를 뛰어넘는 정도로 바이러스에 대한 공포가 지배적이었다. 그리고 외국인의 코로나19 발생률이 상대적으로 높아지자 코로나19 확산원인을 외국인으로 지목하며 외국인에 대해서만 코로나19 검사를 의무화하는 등의 차별적인 조치로 인해서 각국 대사관으로부터 외교적 항의를 받기도 하였다.

이외에도 코로나19 당시에 미국, 유럽 등 선진국이 백신을 사재기하는 바람에 아프리카 등 후진국은 백신 부족에 시달리게 되었다. 하지만 이로 인한 결과는 다시 선진국과 전 세계의 방역상황을 악화시키는 계기가 되었는데, 백신 부족으로 감염병이 창궐하게 된 후진국에서는 더 강력한 바이러스 변종이 출현하고 선진국으로 다시 확산되면서 선진국은 다시 추가 접종을 위해 백신 확보에 나서면서 이러한 악순환이 반복되었다.

* 출처: 김진호 (2020). 오피니언: 때로 질병보다 더 치명적인 '공포담론'. 경향신문 2020년 2월 1일자

연습문제

1. 재난관리 분야의 대표적인 국제기구를 열거하고 그 기능과 역할을 설명하라.

2. 해외재난 발생시 정부에서 추진하는 재외국민 보호 및 긴급 구호지원 활동이 어떻게 이루어지는지 설명하라.

[참고자료]

관계부처 합동 (2010). **해외긴급구호 업무 표준매뉴얼**. 행정안전부.

관계부처 합동 (2014). **대규모 국내재난시 국제공조 지원 매뉴얼**. 행정안전부.

대한적십자사 (2015). **글로벌 재난구호 봉사기관으로서 재난 · 안전 혁신을 위한 대한적십자사의 역할**. 대한적십자사.

외교부 (2015). **재외국민보호 위기관리 표준매뉴얼**.

외교부 (2016). 국제기구인사센터. http://unrecruit.mofa.go.kr/overview/unstaff.jsp.

GFDRR (2016). *GFDRR*. Retrieved from http://www.worldbank.org/

UN (1991). A/RES/16/182

UN (2001). GA/RES/56/195

UN (2004). A/RES/58/114

UN (2016). *UN*. Retrieved from http://www.un.org/

World Bank (2016). *World Bank*. Retrieved from http://www.worldbank.org/

PART 07

재난관리의 현안

CHAPTER 19

기후변화와 재난관리

1. 개 설

우리가 살고 있는 기후는 매일 그리고 매년 변화를 거듭하고 있지만 이 장에서 말하는 기후변화는 이러한 단기적인 변화양상을 의미하는 것이 아니다. 여기서는 장기간에 걸쳐 지구전체 대기비율의 변화를 일으키고 추가적으로 기후변동을 일으킬 수 있는 정도이면서 인간활동과 연관되는 결과로서 나타나는 기후변화를 의미한다(UNFCCC, 1992).

기후변화는 일반적으로 온실가스의 증가로 인해 발생하는 것으로 이해되고 있다. 이러한 온실가스는 주로 화석연료의 사용으로 인한 결과로서 발전소, 자동차 등의 사용으로 발생한다. 또한, 산림이 황폐화됨에 따라 온실가스가 흡수되지 않으면서 더 심화되는 경향이 있다.

기후변화에 대한 국제패널(International Panel on Climate Change; IPCC)(2014)에 따르면 온실가스의 증가로 인해 지구표면의 온도는 지속적으로 상승해 왔다. 예를 들어, 1880년부터 2012년의 기간 동안 0.85°C가 상승하였으며 이러한 추세는 지속될 것으로 보인다. 뜨거워진 대기는 지구 생태계에 악영향을 미친다. 이러한 영향은 단기적으로 집중호우나 폭염과 같은 극한 기상현상으로 나타날 수도 있지만 해수면 상승과 같이 장기간에 걸쳐 점진적으로 드러날 수도 있다.

이 장에서는 기후변화가 재난관리에 미치는 악영향을 살펴보고 기후변화에 대한 대책을 기후변화적응(Climate Change Adaptation; CCA)과 기후변화경감(climate change mitigation; CCM)으로 나누어 살펴본다. 그리고 기후변화대책과 재난위험경감, 지속가능한 발전과의 관계 등에 대해서도 살펴보기로 한다.

2. 기후변화가 재난발생에 미치는 영향

2.1 재난위해에 미치는 영향

기후변화는 재난을 일으키는 2가지 요소인 재난위해(hazard)와 취약성(vulnerability)을 모두 변화시킨다. 먼저, 재난위해(hazard)에 미치는 영향을 살펴보면 기후변화는 극단적인 기상현상과 관련한 주기, 강도 및 기간에 영향을 준다. 하지만 재난위해에 대한 기후변화의 영향은 매우 복잡하고 예측하기 어려운 데다 지역에 따라 차이가 발생한다. 예를 들어, 일반적으로 대기가 뜨거워지면 바다로부터 더 많은 수증기가 증발되고 이로 인해 강우의 강도가 커지는 반면, 건조한 지역에서는 오히려 가뭄이 더 심각해질 수도 있다(Dore, 2005).

온난화된 대기로 인해 태풍과 같은 열대성 저기압의 전반적 강도가 강해질 수 있지만 발생빈도는 감소하게 된다(Knutson et.al., 2010). 이러한 현상으로 인해 산사태 발생이 빈번해질 수 있고 겨울에는 폭설로 인해 눈사태 위험이 증가할 수도 있다. 반면에 기온의 상승으로 인해 어떤 겨울에는 눈이 오지 않고 비가 내리는 이상기상이 발생할 수도 있다(Kelman, 2015). 엘니뇨나 라니뇨 현상도 이러한 기후변화의 영향에 의한 것으로 설명된다.

극지방의 온도상승은 극지방과 적도 간 온도차이를 줄이는데, 이는 결국 이상기상을 발생하게 한다. EM-DAT(2017) 자료에 따르면 1900년대에 10회 미만에 머물던 자연재난도 2000년대에는 500회 이상으로 증가하였다. 이로 인해 육지와 바다의 생태계가 파괴되었을 뿐만 아니라 농수산 산업분야에도 영향을 미쳐서 농수산물 부족으로 인한 가격상승과 기아문제를 야기시켰다.

또한, 기후변화는 미생물과 관련된 재난위해(hazard)를 증가시킬 수도 있다. 기온이 상승하게 되면 일반적으로 사람이나 동물에 질병을 일으키는 기생충 등이 증식하게 된다. 그리고 이러한 질병 매개체에 노출된 사람들은 기존에는 존재하지 않은 새로운 질병에 감염될 수 있다(Costello et al., 2009).

일부에서는 지진, 화산 등과 같은 지질재난의 증가도 기후변화와 연계되어 있다고 주장한다. 그들의 논리에 따르면 기후변화로 인해 빙하가 녹고 해수면이 상승하는데 이로 인해 지구의 지각에 변동이 생기게 된다. 이러한 지각의 변화는 지반에 미치는 중력의 변화로 연계되는데 이로 인해 지진이나 화산 활동에 영향을 줄 수 있다는 것이다. 또한, 해수면의 상승된 상태에서 지진해일이 발생하면 더 많은 인적,

물적 피해가 발생하게 된다(McGuire, 2013).

2.2 재난 취약성에 미치는 영향

기후변화는 재난 취약성(vulnerability)에도 영향을 준다. 사람들은 어떤 지역에 오랜 기간 살아오면서 해당 지역의 기후에 적응해 오며, 여기에 맞는 생존 방법을 터득하고 관련 위해(hazard)에 대응하여 왔다. 하지만 기후변화로 인해 이제 사람들이 마주쳐야 하는 재난위해는 그간 경험해보지 못한 새로운 유형으로 바뀌었고 이에 대해서는 대응하는 방법, 지식 또는 필요한 자원조차도 준비하지 못했다. 즉, 기후변화로 인해 새롭게 만들어진 재난위해에 대한 대응능력이 저하되어 재난 취약성이 심화되게 되는 것이다(Hewitt, 1983).

극지방 빙하가 녹으면 해수면이 상승하게 되는데 실제 1901년부터 2010년 사이에 해수면은 평균 0.19m 상승한 것으로 관측되고 있다. 이러한 해수면 상승은 점점 빨라지고 있는데, 1901년부터 2010년까지 매년 1.7mm 상승하던 것이 1993년부터 2010년까지는 연간 3.2mm 상승하였다. 일부 학자들은 2100년에는 해수면이 0.77m까지 상승할 것으로 예측하고 있다. 기후변화로 인해 해수면이 상승하게 되면 해안가 저지대는 홍수 또는 해일 등에 더욱 취약해진다. 또한, 개발할 수 있는 토지가 감소하면서 기존에는 고려되지 않던 재난 취약지가 개발되면서 사회 전반의 재난 취약성이 높아질 수 있다.

기후변화는 '사회 형평성(social equity)'과 관련된 문제를 야기시키기도 한다. 일반적으로 기후변화를 유발하는 그룹과 기후변화에 따른 영향을 받는 그룹은 일치하지 않는 경향이 있다. 온실가스를 발생시키며 개발을 도모한 그룹은 경제력을 바탕으로 보다 안전한 지역에서 기후변화로 인한 영향을 덜 받으며 살고, 반대로 온실가스 발생에 비교적 책임이 작은 그룹은 저지대의 위험한 지역에서 살면서 기후변화로 인한 피해를 입는 경우가 많다.

3. 기후변화에 대한 대응전략

기후변화에 대한 대응전략은 크게 기후변화 적응(Climate Change Adaptation; CCA)과 기후변화 경감(Climate Change Mitigation; CCM)으로 구분된다.

3.1 기후변화 적응 전략

기후변화 적응(CCA)이란 진행중인 또는 예상되는 기후변화에 대해 인간 또는 자연 시스템을 조정하여 악영향을 최소화하고 순영향은 활용하는 전략이다 (UNFCCC, 2014). 예를 들어, 하천이나 해안의 제방을 높여 홍수 또는 해수면 상승 등에 대비하거나 농작물을 변화된 기후에 적합하거나 민감하지 않은 것으로 대체하는 방법 등이 대표적인 예이다. 일반적으로 기후변화 적응 전략의 효과는 기후변화 경감 전략에 비해 영향을 미치는 지역이 좁다. 주로 인근 지역에 혜택을 부여하는 시설 설치 등이 주된 대책이기 때문이다.

3.2 기후변화 경감 전략

이에 반해 기후변화 경감(CCM)은 기후변화의 원인인 온실가스의 생산을 줄이거나 흡수를 늘려서 대기에서 온실가스 절대량을 감축시키는 전략이다(UNFCCC, 2014). 예를 들어, 전기차 사용, 자원의 재활용을 통해 화석연료의 사용량을 감소시키거나 태양 또는 바람을 활용하여 친환경 에너지를 생산하는 방법이 있다. 또한, 숲을 가꾸어서 온실가스의 흡수를 증대시킬 수도 있다. 제도적으로는 온실가스를 배출하는 사업체에 대해 배출목표를 부과하여 배출량을 감소토록 할 수 있다.

또한, 온실가스를 적게 배출하는 제품, 즉 에너지 효율이 높은 친환경 전자제품, 친환경 전기차 등에 지원금과 같은 인센티브를 부여하기도 한다. 기후변화 경감 전략의 효과는 당장 해당 지역에 나타나지는 않는다. 오히려 장기적으로 보다 넓은 지역, 특히 전 지구적으로 집합적인 효과가 나타나게 된다. 이런 이유로 대다수의 국가에서는 당장 해당 지역에 효과가 나타나는 기후변화 적응 전략에 더 많은 관심과 투자를 하려는 경향이 크다.

표 19.1 기후변화 적응과 경감 전략

	기후변화 적응(CCA)	기후변화 경감(CCM)
기본 개념	예상되는 피해 최소화	온실가스 발생 저감
주요 수단	하천, 해안 등에 제방 축조 시설물 보수 및 보강 불투수 포장면 교체 등	태양광 등 신재생 에너지로 전환 친환경 전자제품 사용 숲 조성 등
특징	효과가 단기적 / 지역적 국한	효과가 장기적 / 전 지구적

3.3 기후변화 적응 및 경감 전략의 관계

개념적 차이에도 불구하고 기후변화 적응(CCA)과 경감(CCM)은 엄격하게 구분되기보다는 상호 밀접하게 연관되기도 한다. 예를 들어, 상승된 기후에 적응하기 위해 전기에너지 사용을 최소화한 패시브(passive) 또는 자연적 공기조화 시스템을 구축할 수 있는데, 이는 기후변화에 적응하는 대책이기도 하지만, 전기에너지 사용을 최소화하면서 온실가스 발생을 감축시킨다는 점에서 기후변화를 경감하는 대책이기도 하다. 수력발전댐을 건설하는 것은 친환경 에너지 생산을 통해 화석연료에 대한 의존도를 줄이는 기후변화 경감대책이기도 하지만 기후변화로 인해 향후 발생할 수 있는 홍수 또는 가뭄에 적응하기 위한 기후변화 적응전략이 되기도 한다(Etkin, 1999).

또한, 기후변화에 대응하기 위한 전략이 오히려 더 큰 재난의 발생으로 나타나기도 한다. 기후변화에 대응하기 위해 지은 댐은 상대적으로 작은 홍수에는 효과적이다. 하지만 댐 건설로 인해 사람들은 댐 하류라 할지라도 이제 안전하다고 생각하며 댐 건설 전에는 기피하던 저지대에 주택을 조성할 수 있다. 이후 기후변화로 오히려 대형 홍수가 발생하면 댐 하류 저지대에 있는 많은 사람들이 희생되게 되는 것이다. 이렇게 재난을 예방하기 위해 취한 조치를 영구적 안전조치라 잘못 받아들이는 것을 '잘못된 안전의식(a false sense of security)'이라 하며, 이로 인해 발생한 현상을 세대 또는 지역 간 위험 전가현상(risk transference)이라고 한다(Hore et al., 2018).

4. 재난발생의 원흉으로 지목되는 기후변화

최근 기후변화는 거의 모든 형태의 재난발생의 원흉으로 지목된다. 하지만 실제 기후변화가 이러한 재난발생의 근본적인 이유인가라는 질문에 대해서는 보다 냉철한 통찰이 필요하다. 일부에서는 강력한 정치적 아젠다로서 기후변화가 가지는 위치를 활용하여 전혀 관련없는 부분에도 기후변화를 이용하기도 하기 때문이다. 이러한 이유로 일부 학자들은 기후변화를 재난관리 분야의 희생양(scapegoat)이라고 하기도 한다(Hore et al., 2018).

앞서 설명한 것처럼 기후변화는 그 영향을 설명하거나 예측하는데 아직 과학적인 설명이 명확하지 않는 데 반해, 사람들에게 가지는 정치적 호소력은 매우 강력하다. 따라서 재난관리 관련 많은 기관, 단체 등에서 스스로의 재난관리 역량의 부족함을 감추려고 재난으로 발생한 대규모 피해의 원인을 기후변화로 인한 불가피한 것으로 돌리는 경우가 만연하다(Gailllard, 2010). 반대로 일부 재난관리 기관, 단체 등에서는 그간에 이행하지 못한 정책이나 사업 등을 관철하기 위해서 진지한 연구나 성찰없이 기후변화를 일종의 핑계거리로서 사용하기도 한다. 즉, 기후변화의 과학적 모호성과 정치적 호소력을 과학적 근거와 경제성 부족 등을 가리기 위한 수단으로 활용하는 것이다.

5. 기후변화 관련 국제적인 노력: 국제협력[1)]

기후변화 문제를 해결하기 위해서는 국경을 넘나드는 다양한 주체가 탄소배출 저감을 위한 통합된 노력을 해야 한다는 점에서, 기후변화 이슈는 글로벌 집단행동 문제(global collective action problem)라고 할 수 있다(Sandler, 2004). 기후변화에 따른 위협요인은 개인, 집단, 그리고 국가와 같은 다양한 주체들의 축적된 결과이므로 국제사회 차원에서의 해결책이 요구된다(Ostrom, 2010). 지구온난화에 책임이 있는 국가뿐만 아니라 그렇지 않은 국가들도 기후변화에 따른 부정적 외부효과(negative externalities)에 노출되기 때문에 기후변화 효과를 줄이기 위해서는 국제사회 차원의 합의된 행동이 필수적이다.

기후변화에 대한 국제협력은 1992년 6월 브라질 리우데자네이루에서 개최된 유

1) 외교부 (2021). 기후변화협상. https://www.moga.go.kr/www.wpge/m_20150/contents.do에서 발췌

엔환경개발회의(United Nations Conference on Environment & Development; UNCED)에서 채택된 유엔기후변화협약(United Nations Framework Convention on Climate Change; UNFCCC)에서 본격화되었다. 유엔기후변화협약은 선진국과 개도국 간에 '공통되지만 차별화된 책임'의 원칙에 따라 각자의 역량에 따라 온실가스를 감축할 것을 약속하였다. 2000년까지 1990년 수준으로 온실가스 배출규모를 안정화시킬 것을 권고하였다. 이를 위해 개도국에 대해서는 온실가스 감축의무를 부여하지 않은 반면에 선진국에 대해서는 개도국의 기후변화적응과 온실가스 감축을 위해 재정과 기술을 지원하는 의무를 규정하였다. 우리나라는 이 당시에는 개도국으로 분류되어 온실가스 감축의무를 부여받지 않았다.

1997년 일본 교토에서 개최된 제3차 유엔기후변화협약 당사국총회(COP3)에서는 교토의정서(Kyoto protocol)가 채택되어 기후변화의 원인이 되는 온실가스를 구체적으로 제시하고 선진국에게 제1차 공약기간(2008–2012) 동안 온실가스 배출량을 1990년 수준 대비 평균 5.2% 감축하는 의무를 부과하였다. 또한, 이른바 '신축성 메커니즘(Flexibility Mechanism)'으로 불리는 청정개발체제(Clean Development Mechanism; CDM), 배출권거래제(Emission Trading Scheme; ETS) 및 공동이행제도(Joint Implementation; JI)를 도입하여 온실가스를 비용효과적으로 감축하고 개도국에 대한 지속가능한 발전을 지원할 수 있는 계기를 마련하였다.

2015년 프랑스 파리에서 개최된 제21차 유엔기후변화협약 당사국총회(COP21)에서는 2020년부터 선진국과 개도국 모든 국가가 참여하는 신기후체제 근간이 될 파리협정(Paris Agreement)이 채택되었다. 이로써 선진국에만 온실가스 감축의무를 부과하던 기존의 교토의정서를 넘어 모든 국가가 자국의 상황을 반영하여 참여하는 보편적인 체제가 마련되었다.

파리협정은 지구 평균기온 상승을 산업화 이전보다 2℃ 이상 낮은 수준으로 유지하고 1.5℃로 제한하기 위해 노력한다는 장기목표를 설정하였다. 이를 위해 모든 국가는 스스로가 결정한 온실가스 감축목표를 5년 단위로 제출하고 국내적으로 이행토록 하고 있으며, 재원 조성 등을 위해 선진국이 선도적 역할을 수행하고 개도국은 자발적으로 참여하도록 하고 있다. 또한, 기후행동 및 지원에 대한 투명성 체제를 강화하면서도 각국의 능력을 감안하여 유연성을 인정하고 2023년부터 5년 단위로 파리협정의 이행 및 장기목표 달성 가능성을 평가하는 전 지구적 이행점검(global stocktaking)을 실시한다고 규정하고 있다.

우리나라도 이러한 국제사회의 기후변화 대응노력에 동참하기 위해 2016년 11월 3일 파리협정의 국내비준 절차를 완료하고 같은 해 12월 3일부터 발효하였다. 이와 관련하여 이미 2009년 '2020년 온실가스 배출전망 대비 30% 감축'이라는 자발적인 목표를 제시한 바 있으며 2011년에는 저탄소녹색성장기본법을 제정하여 목표이행을 위한 법적 기반을 마련하였다. 이후 2012년 온실가스 · 에너지 목표관리제 실시, 2014년 온실가스 감축 로드맵 수립, 2015년 배출권거래제 실시, 2010년 · 2014년 국가 기후변화 적응대책 마련 등의 노력을 해오고 있다. 이뿐만 아니라 녹색기후기금(Green Climate Fund; GCF녹색기후기금) 사무국 유치를 계기로 기후변화 협상의 주요 쟁점인 기후재원 분야에서도 활발하게 활동하고 있다.

6. 재난위험경감, 지속가능한 개발 그리고 기후변화대책

그간 재난위험경감, 지속가능한 개발, 기후변화대책은 밀접한 관련성에도 불구하고 서로 독립된 영역으로 발전하여 왔다. 예를 들어, 2015년에 이러한 세 분야의 국제기구에서는 서로 독립적인 장기비전을 발표했다. 유엔 재난위험경감사무국(UNISDR, 현재의 UNDRR)은 2015년 3월 일본 센다이에서 '재난위험경감을 위한 센다이 프레임워크 2015–2030(Sendai Framework for DRR 2015–2030)'을 발표했으며, 유엔 지속가능한 발전 정상회의(UN Sustainable Development Summit)는 같은 해 9월 미국 뉴욕에서 '지속가능한 발전을 위한 2030년 아젠다(2030 Agenda for Sustainable Development)'를 발표했고 UN 기후변화 프레임워크 회의(UN Framework Convention on Climate Change)는 같은 해 12월 프랑스 파리에서 관련 국가들과 협정을 체결하였다(SFDRR & UNISDR, 2015; UN, 2015; UNFCCC, 2015). 하지만 이러한 분야별 장기비전은 피상적인 관계만을 언급하고 있을 뿐 유기적 조정에 대한 노력은 포함하고 있지 않다.

하지만 이러한 세 가지 개념은 서로 매우 밀접한 관련성을 갖는다. 먼저, <u>기후변화적응(CCA) 전략</u>은 <u>재난위험경감 대책</u>의 부분으로 이해되어야 한다. 왜냐하면 기후변화는 다양한 재난위험의 요소 중의 한 부분이기 때문에 기후변화에 적응하려는 노력은 결국 재난위험을 경감하는 노력이 되기 때문이다. 이에 반해 <u>기후변화경감(CCM) 전략</u>은 결국 <u>환경오염방지 대책</u>의 부분으로 이해되어야 한다. 이는 기후변화경감 전략은 결국 온실가스 저감을 위한 노력으로서 결국 대기오염방지의 부분이 되기 때문이다.

또한, 기후변화적응 전략과 기후변화경감 전략은 서로 간에 공통점을 가진다. 예를 들어, 앞서 설명한 바와 같이 수력발전댐의 건설은 해당 지역의 홍수와 가뭄을 조절하는 기후변화적응 전략이 됨과 동시에 화석연료의 사용을 대체하는 수력발전으로 인해 기후변화경감 전략이 되기도 한다.

유사하게 재난위험경감 전략과 환경오염방지 전략도 서로 간에 공통점을 가진다. 도시지역에 나무들을 심는 행위는 여름철 도시 열섬화를 막아 폭염 위험을 경감하는 좋은 재난위험경감 대책이 되기도 하지만 나무들은 온실가스의 주범인 이산화탄소의 흡수를 통해 온실가스 저감을 위한 훌륭한 도구가 된다. 즉, 재난위험경감 대책이 환경오염방지 전략이 되는 것이다.

그리고 이러한 재난위험경감과 환경오염방지 전략들은 지속가능한 발전이라는 대의를 추구하기 위한 부분이 된다. 예를 들어, 어떤 학교를 재난위험이 없는 상태로 지었다고 하더라도 가난한 학생들이 이용할 수 없게 운영된다면 이는 해당 지역사회의 지속가능한 발전을 위한 대책이 될 수 없을 것이다. 하지만 지속가능한 발전을 위해 필요한 학교가 재난위험에 상습적으로 노출된다면 이러한 학교는 잦은 재난피해를 입게 되고 결국 해당 지역사회는 지속가능한 발전을 추구할 수 없게 된다. 환경오염방지 전략과 지속가능한 발전의 관계도 같은 맥락에서 이해될 수 있다.

이러한 내용들은 종합하면 그림 19.1과 같다. 기후변화경감은 환경오염방지의 필요조건이며 기후변화적응도 재난위험경감의 필요조건이다. 그리고 기후변화경감과 기후변화적응 그리고 환경오염방지와 재난위험경감은 일부 중복성이 있다. 또한, 환경오염방지와 재난위험경감도 결국 지속가능한 발전을 위한 필요조건이다.

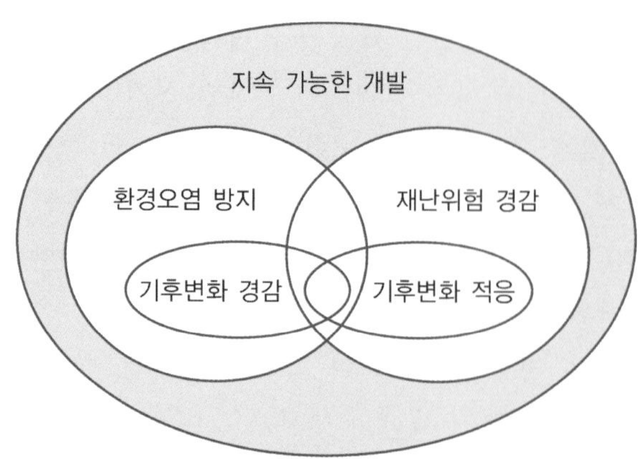

그림 19.1 재난위험경감, 지속가능한 개발, 기후변화대책 간의 관계

* 출처: Hore et al.(2018) 수정

여전히 이러한 3가지 개념들은 개별적인 학문분야로서 별도로 분리되어 발전하고 있다. 따라서 이러한 개념들 간의 유기적 관련성을 고려할 때 학계 연구자뿐만 아니라 현업 종사자들도 이들을 서로 연계하려는 노력이 필요하다.

7. 요약 및 결론

산업화 이후 온실가스의 발생이 증가하면서 지구의 온도는 지속적으로 상승되어 왔다. 이로 인해 현재의 생태계가 파괴되고 재난발생이 증가하였다는 것이 대다수 과학자들이 믿는 가설이다. 세계 각국의 정부는 이러한 온실가스 저감을 위한 공동의 노력을 기울이는 한편, 개별적으로 기후변화적응 및 저감 정책을 시행해 왔다. 하지만 학문적으로 또는 현장에서는 기후변화정책, 재난저감정책 그리고 지속가능한 발전에 대한 유기적 연계가 미흡하다. 기후변화는 재난관리과 발전전략의 연결선상에서 추진될 때에 정책의 완성도가 달성될 수 있다.

✍ **재난 이야기: 소설 프랑켄슈타인과 뱀파이어는 재난이 만든 발자국?**

재난은 사람들에게 공포감과 빈곤함을 준다. 하지만 사람들은 겪는 이러한 공포감과 빈곤함은 오히려 사람들에게 후대에 남을 문학작품을 탄생시키는 계기가 되기도 한다. 우리에게 널리 알려진 프랑켄슈타인과 뱀파이어는 1815년 인도네시아에서 폭발한 거대 화산(탐보라)으로 인해서 이듬해인 1816년 유럽이 '여름 없는 이상 기상'을 겪던 해에 두 명의 거장에 의해 탄생되었다.

1816년 6월 메리 고드윈은 스위스 제네바 근교에서 괴팍한 여름을 보내고 있었다. 그해 여름은 유난히 기후가 불순했는데 기온은 낮고 천둥 번개를 동반한 비가 많이 내려 농작도 엉망이 됐다. 굶주린 사람들은 대부분 영양실조에 시달리며 해골 같은 몰골을 하고 있었다고 전한다. 그녀는 그곳에서 낭만파 시인 퍼시 셸리, 조지 바이런, 의사 존 폴리도리 등과 어울렸는데, 날씨 때문에 집안에만 틀어박혀 있어야 했다.

어느 날 우울했던 이들은 밤을 보내기 위해 괴담을 하나씩 창작해 내놓기로 했다. 이때 메리 고드윈이 내놓은 것은 한 과학자가 시체들을 모은 뒤 전기의 힘으로 되살리는 이야기였다. 이전에 들어본 적 없는 새로운 괴담에 이들은 큰 인상을 받았고, 조지 바이런은 소설로 집필할 것을 적극 권했다. 힘을 얻은 메리 고드윈은 이를 다듬어 2년 뒤 익명의 소설로 내놓았다. 『프랑켄슈타인』은 이렇게 탄생했다. 이듬해에는 존 폴리도리가 흡혈귀를 다룬 소설, 『뱀파이어』를 내 세상을 놀라게 했다.

오랫동안 문학사가들은 1816년의 이상 기후를 단순한 현상으로 지나쳤지만 20세기 들어 과학자들은 그것이 1815년 인도네시아에서 폭발한 거대 화산(탐보라) 때문이라는 것을 알게 됐다. 역사시대에 손꼽힐 만한 대규모 폭발로 인해 화산재가 대기를 덮었고 보기 드문 한랭한 기후가 이어지면서 1816년은 유럽에서 '여름 없는 해(Year Without a Summer)'라고 기록됐다.

코로나19가 장기화하면서 전 세계가 큰 어려움을 겪고 있다. 이 위기는 훗날 인류의 문화사에 어떤 발자국을 남기게 될까.

* 출처: 유성운 (2021). 역지사지(歷知思志): 프랑켄슈타인. 중앙일보 2021년 7월 21일자

연습문제

1. 기후변화는 어떻게 재난위기를 초래하는가?

2. 기후변화에 대한 대응전략은 크게 기후변화 '적응'과 '경감'으로 구분된다. 전략별 의의와 사례를 설명하라.

[참고자료]

외교부(2021). **기후변화협상**. https://www.moga.go.kr/www.wpge/m_20150/contents.do

Costello, A., Abbas, M., Allen, A., Ball, S., Bell, S., Bellamu, R., et al. (2009). *Managing the health effects of climate change*. The Lancet, 373(9676), 1693–1733.

Dore, M.H. (2005). Climate change and changes in global precipitation patterns: What do we know? *Environmental International*, 31(8), 1167–1181.

Etkin, D. (1999). Risk transference and related trends: Driving forces towards more mega–disasters. *Environmental Hazards*, 1(2), 69–75.

Gaillard, J.C. (2010). Vulnerability, capacity, and resilience: Perspectives for climate and disaster risk reduction. *Journal of International Developmet*, 22(2), 218–232.

Hewitt, K. (1983). *Interpretations of calamity*. London: Allen and Unwin.

Hore K., Kelman I., Mercer J., Gaillard J.C. (2018). Climate Change and Disasters. In *Handbook of Disaster Research, Handbooks of Sociology and Social Research*.

IPCC (2014) *Synthesis Report: Climate Change 2014*, Intergovernmental Panel on Climate Change.

Knutson, T.R., McBride, J., Chan, K., Emanuel, G., Holland, C., Landsea, I., Held, J.P., & Kossin, et al. (2010). Tropical cyclones and climate change. *Nature Geoscience*, 3, 157–163.

Kellman, I. (2015). Climate change and the Sendai framework for disaster risk reduction. *International Journal of Disaster Risk Science*, 6(2), 117–127.

McGuire, B. (2013). *Waking the giant: How a changing climate triggers earthquakes, tsunamis, and volcanoes*. Oxford: Oxford University Press.

United Nations Framework Convention on Climate Change (UNFCCC). (1992). *United Nations Framework Convention on Climate Change*. Bonn: United Nations Framework Convention on Climate Change.

United Nations Framework Convention on Climate Change (UNFCCC). (2014). Glossary of climate change acronums, Retrieved from http://www4.unfccc.int/nap/Pages?golssary.asp.

United Nations Framework Convention on Climate Change (UNFCCC). (2015). *Adoption of the Paris Agreement*, 21st Conference of the Parties. Paris: United Nations.

United Nations (UN). (2015). *Sustainable Development Goals*. New York: United Nations.

CHAPTER

20 기업재난관리(BCM)

1. 개 설

2001년 9월 11일, 미국 뉴욕에 위치한 세계무역센터(World Trade Center)에 항공기를 이용한 자살테러가 발생했을 때, 입주민, 소방관 등 3,000여 명이 사망 · 실종하고 미국 주식시장이 일주일간 폐장되는 등 전 세계 금융시장은 대혼란을 겪었다. 하지만 이곳에 입주해 있던 대형 투자은행인 모건 스탠리(Morgan Stanley)에는 기적 같은 일이 일어났다. 당시 모건 스탠리는 세계무역센터 내 20개 층에 3,700여 명의 직원이 근무하고 있었는데, 사고 1시간 43분 만에 전산망을 100% 복구하고 전 세계 모든 지점들도 다음 날 아침 평소와 다름없이 정상영업을 시작하였다. 또한, 인명피해도 6명에 불과하였다.

전 세계가 혼란을 겪고 있던 와중에 세계무역센터에 직접 입주해 있던 모건 스탠리가 이렇게 빨리 정상운영 상태로 복귀할 수 있게 한 비결은 무엇이었을까? 이 비결은 모건 스탠리가 추진하여 왔던 철저한 기업재난관리, 이른바 '업무연속성관리'가 있었기 때문에 가능한 일이었다. 세계무역센터는 1993년에도 지하주차장에서 테러사고가 있었는데, 이를 계기로 모건 스탠리는 폭탄테러 등을 가정한 '업무연속성계획'을 수립하여 백업사이트 가동, 대체사업장 보유, 정기적 대피훈련 등 만약의 상황을 대비해 왔고, 실제 상황발생시 조기경보 시스템을 가동하여 업무연속성을 구현해 나갈 수 있었던 것이다.

'업무연속성관리'는 원래 미국, 영국 등 IT 부서 주도하에 재난 또는 사고발생시 IT 시스템과 데이터 피해를 최소화하고 신속하게 복구하기 위해서 발달해 왔다. 하지만 최근에는 IT 기업뿐만 아니라 전체 업종으로 확대되고 있다. 이러한 배경으로는 많은 글로벌 기업들이 증가하고 있는 재난위험에 대비하여 협력기업을 선택하는데 있어서 업무연속성관리를 계약체결의 전제조건으로 하는 경우가 일반화되고 있는 것과도 연계된다.

우리나라도 이러한 국제적 흐름 속에서 재난이 발생하는 경우 기업활동이 중단되지 않고 안정적으로 유지될 수 있도록 기업의 업무연속성관리를 지원하기 위해 2007년에 「재해경감을 위한 기업의 자율활동 지원에 관한 법률(이하 '기업재해경감법')」을 제정하여 시행하고 있으며, 국제표준화기구(International Organization; ISO)는 2012년에 ISO 22301이라는 업무연속성관리체계에 대한 국제표준을 발표하였다. 이 장에서는 이러한 '업무연속성관리'로 표현되는 기업재난관리에 대해 전반적으로 살펴보도록 한다.

2. 업무연속성관리의 개념 및 효과

2.1 개념

영문 약자로 BCM(Business Continuity Management)으로 표현되는 기업의 '업무연속성관리'[1]는 기업이 재난발생시에도 핵심업무 기능을 계획된 수준 또는 중대한 변경 없이 지속할 수 있도록 하기 위한 정책 또는 절차를 수립하여 이행하는 전반적인 프로세스를 의미한다. 그리고 이러한 업무연속성관리를 위한 계획의 수립, 실행, 운영, 감시, 검토, 관리, 개선 등 전반적인 경영체계를 '업무연속성관리체계(Business Continuity Management System; BCMS)'라고 부른다. 과거에는 국가에 따라 BCP(Business Continuity Plan)라는 용어가 주로 사용되기도 했으나 국제표준의 등장과 함께 국제사회의 동의에 따라 BCM이라는 표현이 규약화되고 BCP는 이를 위한 계획을 의미하는 협의적 개념으로 사용되고 있다.

한편, 최근에는 ERM(Enterprise Risk Management)이라고 약칭되는 '전사적 위기관리'라는 개념도 사용되고 있는데, 이는 일반적으로 업무연속성관리(BCM)보다 상위개념으로 간주된다. 즉, 위험을 식별하고 그 위험으로부터 기업이 최적의 경영을 할 수 있도록 하는 관리영역 모두를 포괄한다. 예를 들어, 지진이 자주 발생하는 지역에서 사업의 연속성을 보장할 수 있도록 하는 것이 업무연속성관리의 영역이라면, 전사적 위기관리는 이외에도 그 지역의 사업진출 또는 사업철수에 대한 전략수립까지도 포함한다.

---

1) '사업연속성관리'라고도 불린다.

✍ 공공분야의 기능연속성관리(COOP)

영문 약자로 COOP(Continuity of Operations)라고 불리는 기능연속성관리는 미국 연방재난관리청(FEMA)에서 추진하는 정부 등 공공기관에 대한 업무연속성관리(BCM)이다. 즉, 재난 또는 사고가 발생하더라도 공공기관이 핵심기능과 대민업무를 지속적으로 수행할 수 있도록 공공기관은 사전에 핵심기능, 승계순서, 권한유임, 대체시설, 통신수단, 인적자원, 자료관리 등으로 구성된 기능연속성관리 계획을 수립하고 운영해야 한다.

민간영역의 BCM과 전체적인 형식 및 기능은 유사하지만 공공기관은 해당기능은 소수 또는 독점적으로 운영되는 경우가 많아 민간영역에 비해 위기상황에서 대체 자원 및 인력을 수급하기가 보다 제한적이다. 또한, 일부 업무의 경우, 외부인에게 공개할 수 없는 보안정보를 취급하고 있어서 대체인력을 투입하기 위해 사전에 보안심사를 미리 실시해야 하는 문제도 발생한다.

우리나라의 경우에도 「재난 및 안전관리 기본법」에서 중앙행정기관 등 모든 재난관리책임기관은 재난상황에서 해당 기관의 핵심기능을 유지하는데 필요한 기능연속성계획을 수행 · 시행해야 한다(제25조의2 제5항)고 규정하고 있다. 또한, 행정안전부 장관으로 하여금 수립지침의 통보 등 전반적인 업무를 총괄하도록 하고 있다.

2.2 효과

앞서 살펴본 바와 같이 이른바 '업무연속성관리(BCM)'는 기업이 재난발생시에도 핵심업무 기능을 계획된 수준 또는 중대한 변경 없이 지속할 수 있도록 하기 위한 정책 또는 절차를 수립하여 이행하는 것을 의미한다. 이제 '업무연속성관리체계(BCMS)'가 구축된 기업과 미구축 기업간의 비교를 통해 이러한 업무연속성관리의 효과에 대해 구체적으로 살펴보자.

그림 20.1에서 점선은 업무연속성관리체계(BCMS)가 구축되지 않은 기업에 폭파사고와 같은 갑작스러운 재난 또는 사고가 발생한 경우 시간 흐름에 따라 발생하는 조업수준을 나타낸 것이다. 재난 또는 사고가 발생하자 해당 기업은 조업을 중단해야 할 수준, 즉 조업수준이 거의 제로(지점 a)에 이르게 된다. 그리고 이러한 상태가 한동안 계속되다가 상당한 시간이 지나서야(지점 b) 조업수준이 회복되기 시작한다. 즉, 조업수준이 정상으로 회복되기까지 상당한 시간이 소모된 것이다. 이에 비해 청색 실선으로 표시된 것처럼 업무연속성관리체계(BCMS)가 잘 구축되어 업무연속성관리가 원활하게 이루어져 온 기업은 매우 다른 추이를 보여주고 있다. 먼저, 재난 또는 사고가 발생하여 조업에 차질이 발생하였으나(지점 A) 조업수준은 핵심기능이 중

단되지 않고 유지되는 수준으로 하락했다. 이른바 업무연속성이 보장된 것이다. 이를 위해, 기업은 '업무에 차질이 빚어진 동안에 조직의 목표달성을 위해 허용된 최소 조업수준'인 '최저업무연속성목표(Minimum Business Continuity Objective; MBCO)'를 산정하고, 실제 목표로 할 조업수준인 '복구목표수준(Recovery Point Objective; RPO)'까지 조업수준이 유지되도록 관리하였다.

또한, 정상범위의 조업수준으로 회복하는 데 걸리는 시간도 매우 단축된 것을 볼 수 있다. 먼저, 회복되기 시작하는 시점(지점 B)이 업무연속성관리체계가 미구축된 기업에 비해 매우 신속했다. 이후, 신속하게 복구가 이루어져 정상범위의 조업수준으로 회복되는 데 걸리는 시간도 매우 단축되었다. 이를 위해 기업은 '일정수준 이상 발생한 업무차질에 대해 기업이 버틸 수 있는 최대시간'인 '최대허용중단기간(Maximum Tolerable Period of Disruption; MTPD)'[2]을 산정하고 실제 목표로 할 회복시간인 '복구목표시간(Recovery Time Objective; RTO)' 내에 복구가 이루어질 수 있도록 관리하였다.

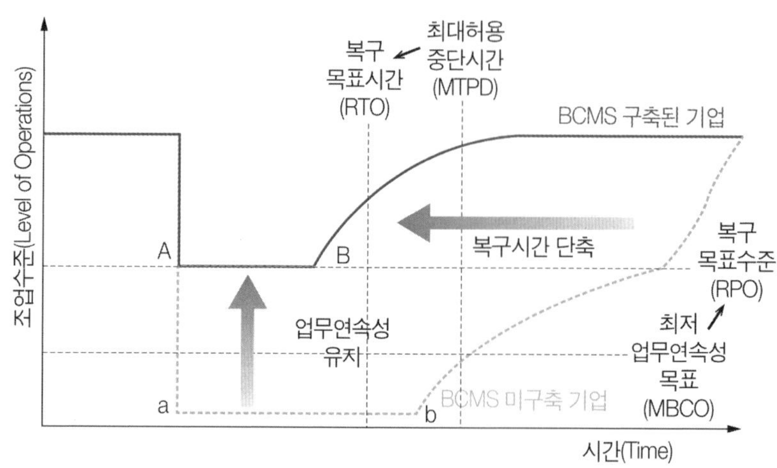

그림 20.1 갑작스러운 사고발생시 BCMS 효과 예시

* 출처: ISO 22313(2012) 재구성

2) 동일용어로 최대허용중단시간(Maximum Acceptable Outage; MAO)이 쓰이기도 한다.

3. 업무연속성관리를 위한 관계법령: 기업재해경감법

우리나라는 기업의 업무연속성관리를 지원하기 위해 2007년부터 「기업재해경감법」을 제정하여 시행하고 있다. 이 법률은 그 제정목적으로 "재난이 발생하는 경우 기업활동이 중단되지 않고 안정적으로 유지될 수 있도록 하기 위하여 기업의 재해경감활동을 지원함으로써 국가의 재난관리 능력을 증진함을 목적으로 한다."라고 하고 있다.

이때 정의하고 있는 기업의 '재해경감활동'이 바로 앞서 설명한 '업무연속성관리'이다. 또한, 업무연속성관리를 위한 전반적인 경영체계라 할 수 있는 기업의 '업무연속성관리체계(Business Continuity Management System; BCMS)'는 '재해경감활동관리체계'로 정의하여 사용하고 있다. 따라서 이 장에서 쓰이는 용어도 이들 법규에서 사용하고 있는 용어를 기준으로 사용한다.

이 법률의 주요 내용을 살펴보면 크게 i) 기업의 재해경감활동계획 수립을 지원하기 위해 표준화된 절차와 원칙을 규정한 국가차원의 재난관리표준 운영, ii) 이러한 재난관리표준에 따라 기업의 재해경감활동계획 수립 및 이행, 그리고 iii) 기업재난관리를 위한 정부의 지원시책으로 나눌 수 있다. 이 내용들을 세부적으로 살펴보면 다음과 같다.

4. 국가차원의 기업재난관리표준 운영

아직 우리 기업에게 재해경감활동은 다소 생소한 분야이다. 또한, 정부는 재해경감활동이 우수한 기업에 대해서는 인증을 하고 있는데, 이를 위해서는 관련된 표준이 필요하다. 이를 위해, 정부는 기업의 재해경감활동계획 수립을 지원할 목적으로 재해경감활동계획에 대한 표준화된 절차와 원칙을 규정한 '기업재난관리표준'을 작성하여 고시하고 있다(기업재해경감법 제5조).

이러한 국가표준의 운영은 우리나라에만 국한된 것이 아니다. 미국, 일본 등 여러 나라에서는 오래전부터 국가표준을 운영하여 왔다. 예를 들어, 미국에는 국가표준기구(American National Standard Institute; ANSI)에서 승인한 국가소방협회(National Fire Protection Association; NFPA)의 NFPA 1600이 있으며, 영국은 영국표준기구(British Standards Institution; BSI)에서 제정한 BS 25999, 일본에는 내각부에서 제정한 업무연속성 가이드라인이 있다. 또한, 2012년에는 국제표준화기구가 영국의 BS 25999을 기초로 하여 국제표준인 ISO 22301을 제정하면서 현재는 이를 중심으로 각 나라의 국가기준들이 정리되고 있다. 현재, 우리나라가 운영하고 있는 기업재난관리표준도 국제표준인 ISO 22301에 기반을 두고 있다.

그 내용을 살펴보면 재해경감활동관리체계 구축 프로세스와 관련하여 국제적으로 그림 20.2와 같이 i) 계획의 수립(Plan), ii) 운영 및 실행(Do), iii) 감시 및 검토(Check), iv) 유지 및 개선(Act)이라는 이른바 PDCA(Plan－Do－Check－Act) 모델을 적용하고 있다.

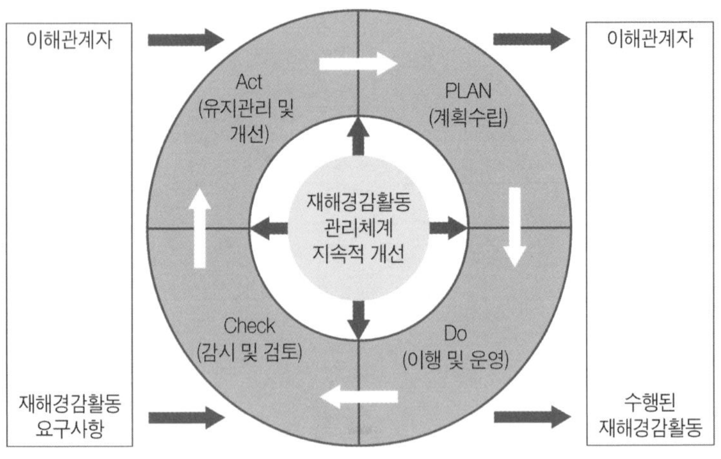

그림 20.2 기업재난관리체계 구축에 적용되는 PDCA 모델

* 출처: 기업재난관리표준(국민안전처, 2017)

이를 기업재난관리표준 구성체계와 연계하여 구체적으로 살펴보면 그림 20.3에서 볼 수 있는 바와 같이, 제1절(기업재난관리표준의 개요)과 제2절(용어 및 정의)을 제외하고 i) 제3절(재해경감활동관리체계 기획) + 제4절(목표달성계획 수립) → [Plan], ii) 제5절(운영 및 실행) + 제6절(교육 및 훈련) → [Do], iii) 제7절(수행평가) → [Check], iv) 제8절(개선) → [Act]라는 것을 알 수 있다. 정부는 이러한 '재난관리표준' 외에도 이를 세부적으로 규정한 '재해경감활동계획 수립기준'을 정하여 운영하고 있다.

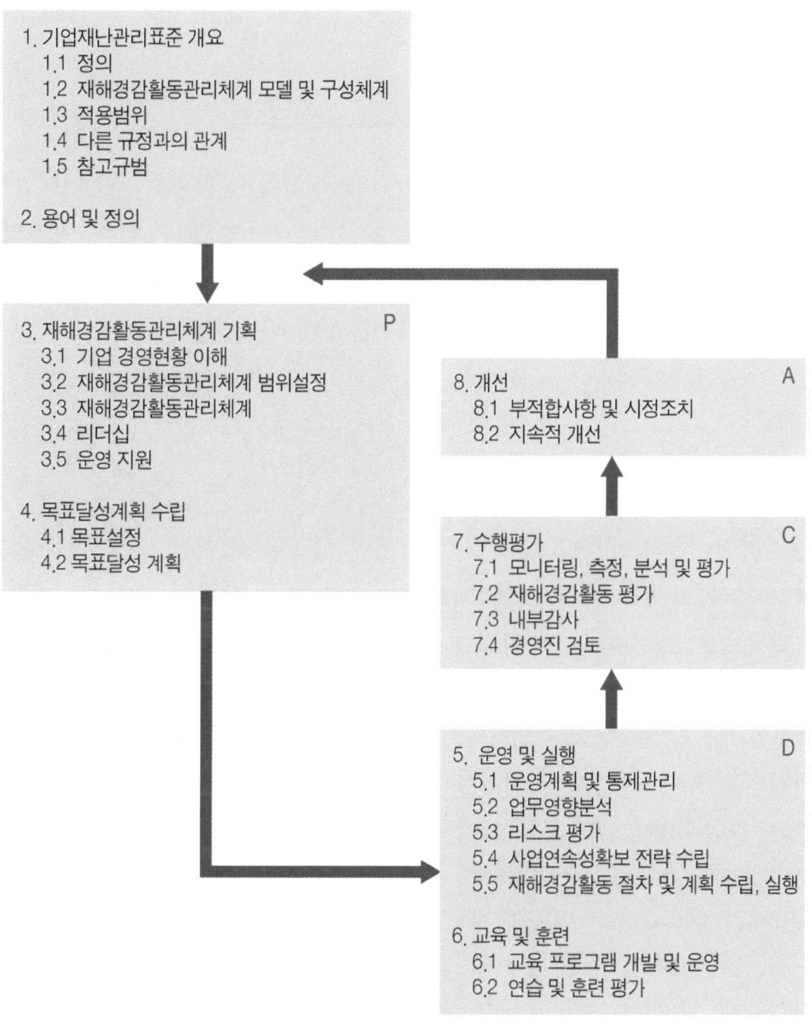

그림 20.3 기업재난관리표준 구성체계

* 출처: 기업재난관리표준(국민안전처, 2017)

5. 재해경감활동계획 수립 및 이행

기업은 ‘재난관리표준’과 이를 세부적으로 규정한 ‘재해경감활동계획 수립기준’에 따라 자율적으로 재해경감활동계획을 수립하여 시행한다. 이때 필요한 경우, 재해경감활동계획 수립 대행자에게 관련업무를 의뢰할 수도 있다. 즉, 재난관리자에게 기업 재해경감활동계획의 대행업무라는 직업세계가 만들어져 있는 것이다. 기업 재해경감활동계획의 수립절차를 두 규정에 근거하여 구분하면 크게 다음과 같이 5단계로 나뉜다.

5.1 업무영향평가(Business Impact Analysis; BIA)

업무의 중단이 사업에 어떤 영향을 미치게 될지를 평가하는 단계가 업무영향평가이다. 먼저, 업무중단 상황에서 우선적으로 복구되어야 할 기업의 핵심업무를 도출하고 최대중단허용시간(MTPD)을 산정한다. 이후, 최대중단허용시간(MTPD) 내에서 전략적 고려사항 등을 반영하여 복구목표시간(RTO)을 결정하고 이에 기반을 두어 인력, 장비 등 필요자원을 산출한다.

5.2 위험분석(Risk Assessment; RA)

업무영향분석(BIA)에서 도출된 핵심업무에 영향을 미치는 발생 가능한 각종 위험을 식별, 분석 및 평가하고 이에 대한 대응방안을 제시하는 활동까지가 위험분석이다. 구체적으로 보면 다음과 같다.

i) 핵심업무를 위협하는 시나리오를 도출하는 상황설정 단계(Establishing the context)

ii) 핵심업무에 영향을 미치는 위험의 종류를 식별하는 위험식별 단계(Risk Identification)

iii) 위험의 크기를 산정하는 위험분석 단계(Risk Analysis) → 일반적으로 위험의 크기는 가능성(발생빈도)×영향도(예상피해)로 계산

iv) 위험의 수준을 기준과 비교하여 수용가능한 위험수준을 결정하는 위험평가 단계(Risk Evaluation) → 위험평가 결과에 따라 위험의 우선순위를 결정하고 핵심위험, 일반 위험, 위험 후보군으로 분류

v) 위험처리 단계(Risk Treatment) → 일반적으로 위험의 특성에 따라 회피, 경감, 전가, 수용의 4가지 방법을 이용

5.3 업무연속성 전략 수립

위 두 가지 분석결과를 기초로 하여 기업은 i) 우선적으로 수행되어야 하는 활동의 보호, ii) 우선적으로 수행되어야 하는 활동과 그에 종속하고 지원하는 자원을 안정화, 계속화, 재개 및 복구, iii) 재난(또는 업무중단 사고) 영향을 완화, 대응 및 관리 등을 위한 사업연속성 전략을 수립하여야 한다. 사업연속성 전략의 유형으로는 다각화, 복제, 준비, 사후확보, 외주, 방치 전략 등이 있다.

5.4 재해경감활동 절차 수립

기업은 업무중단을 초래할 만한 사고에 대해 전반적인 대응이 가능하고 기존의 업무활동을 복구목표시간(RTO) 이내로 재개할 수 있도록 재해경감활동 절차를 수립해야 한다. 재해경감활동 절차는 조직 구성원들의 상황에 따른 역할 및 책임, 조치방법을 구체적으로 정의한 문서모음으로 재해경감활동 계획은 이러한 문서화된 절차서의 형태로 유지된다.

5.5 교육, 훈련 및 평가

기업은 재해경감활동 절차 및 계획을 정기적으로 교육 및 훈련하여야 한다. 특히, 실제 재난(또는 업무중단 사고)뿐만 아니라 훈련결과 등을 평가하여 개선사항을 도출하고 끊임없이 발전시켜 나가야 한다.

6. 기업재난관리를 위한 정부지원

6.1 우수기업 인증 및 지원제도

정부에서는 「기업재해경감법(제7조)」에 따라 재해경감활동이 우수한 기업을 기업재난관리표준에 근거한 지표에 따라 평가하여 '재해경감 우수기업' 인증서를 발급하고 있다. 이때 인증서 발급을 실무적으로 추진할 인증대행기관을 지정하여 운용할 수 있다. 기업이 재해경감 우수기업으로 인증되면 정부로부터 각종 혜택을 부여받을 수 있는데 이를 요약하면 다음과 같다.

- 중소기업에 정책자금 지원 등을 할 때, 가산점 부여 등의 조치

- 재난관리책임기관에서 발주하는 물품구매, 시설공사 등의 사업에 대하여 입찰 참여하는 경우, 가산점 부여 등의 조치
- 「조세특례제한법」 등 조세관련 법률로 정하는 바에 따라 세제상의 지원
- 신용보증기금 등의 보증한도 및 자기자본한도 적용 우대 등의 조치
- 재해경감활동에 필요한 시설의 신설, 증설, 개설 등에 대해 정책자금 등의 지원
- 국가, 일반, 농공 산업단지 등 기반시설 우선입주 지원
- 대출금리 인하, 보증료 감면, 재난관련 보험료 인하 등

6.2 전문인력의 양성

기업 재해경감활동의 인력은 앞에서 설명된 것처럼 다음과 같이 크게 3가지 분야(실무분야, 대행분야, 인증분야 등)로 나뉜다.

- 기업에서 실제로 재해경감활동을 수행할 실무분야 인력
- 기업의 재해경감활동계획 수립을 대행할 대행분야 인력
- 재해경감 우수기업에 대한 인증대행 업무를 담당할 인증평가분야 인력

「기업재해경감법(제10조)」은 정부로 하여금 이러한 분야의 전문인력을 육성토록 명시하고 있다. 그 일환으로 정부는 기업재난관리에 관한 전문교육과정을 전문기관에 위탁하여 운영하고 있으며, 이를 이수하고 시험을 통과한 사람에 대해서는 '기업재난관리사' 인증서도 수여하고 있다. 이외에도 석사, 박사 등 전문인력 양성을 위한 지원사업도 추진하고 있다.

7. 요약 및 결론

재난이 발생하는 상황에서도 기업활동이 중단되지 않고 안정적으로 유지될 수 있도록 기업의 업무연속성관리를 지원하기 위해 「재해경감을 위한 기업의 자율활동 지원에 관한 법률」이 시행되고 있다. 이 장에서는 이러한 업무연속성관리에 대한 개념 및 효과를 알아보고 현행 법령체계 안에서 기업연속성관리가 정착할 수 있도록 하기 위한 조치들, 즉 국가차원의 기업재난관리표준의 운영, 재해경감활동계획 수립 및 이행, 기업재난관리를 위한 정부지원 등을 살펴보았다.

연습문제

1. 기업 재난관리의 방편으로 업무연속성 관리는 왜 필요한가?

2. 우리 정부는 기업 재난관리를 지원하기 위해 어떤 정책을 시행하고 있는가?

[참고자료]

국민안전처 (2016). **기업 재해경감활동계획 수립기준**.

국민안전처 (2016). **기업재난관리기준**.

국민안전처 (2017). KSBCM: Korean standards for business continuity management. 국민안전처 기후변화대책과.

박성훈, 유지상 (2016). **재해경감활동 실무과정** III. 한국방재협회.

유종기, 배익환, 이희정 (2016). **재해경감활동 실무과정** II. 한국방재협회.

유종기, 추민수 (2016). **재해경감활동 실무과정** I. 한국방재협회.

지식경제부 (2013). KS A ISO-22301: **사회안전- 비즈니스연속성 관리시스템 - 요구사항**. 지식경제부 기술표준원.

ISO (2011). *ISO-22313: Societal security-Business continuity management systems-guidance (Draft)*. International Organization for Standardization.

ISO (2012). *ISO-22301: Societal security-Business continuity management systems-Requirements*. International Organization for Standardization.

✍ 재난 이야기: 남의 탓? 타자의 논리(Theory of the Other)

우리는 매일 신문, 방송에서 보도되는 각종 사고, 사건과 관련된 기사를 접한다. 오늘도 화재로 인해 무고한 사람이 죽는가 하면, 전염병으로 인해 수많은 사람이 희생되기도 한다. 그런데 사람들은 이런 비극적 소식을 접하면서 어떤 생각을 할까? "쯧쯧, 왜 소방시설 관리를 게을리해서 화재를 초래했지? 왜 위생관념이 떨어져 그런 전염병에 걸렸을까? 아무튼 그건 나하고는 상관없는 일이야!" 혹시 이런 생각을 하지는 않을까?

영국 College London의 저명한 심리학자 헬렌 조페(Helene Joffe)가 「위험사회와 타자의 논리」라는 책에서 주장한 바에 의하면, 사람들은 일반적으로 "나쁜 일은 다른 사람의 나쁜 행동으로부터 발생하고 따라서 다른 사람에게만 일어날 것이다"라고 믿기를 좋아한다고 한다. 즉, 남 탓을 하고 남의 일이라 간주하는 것인데, 위험이 발생하는 이유를 나쁜 외부 집단과 연계시키고 자신은 그 집단의 나쁜 행위와 관계없기 때문에 결국 자신은 위험에서 안전하다고 생각하게 된다는 것이다.

예를 들어, 15세기 유럽에서 매독이 만연했는데 당시 영국 사람들은 이를 프랑스 사람만 걸리는 프랑스병이라고 하고 프랑스 사람들은 이를 독일 사람만 걸리는 독일병이라 하면서 발병의 원인을 다른 나라, 지역의 탓으로 돌렸다. 따라서 자신은 이것과 무관하기 때문에 안전하다고 믿게 되고 결국 특별한 주의를 하지 않으며 결국 매독이 유럽 전역에 더욱 만연해지는 결과를 초래했다고 한다. 에이즈의 경우도 마찬가지인데, 서구사회에서는 이를 게이들의 잘못된 성생활 또는 아프리카 풍토병으로 이해했고 아프리카 사람들은 거꾸로 이를 서구사람들이 가져온 병이라고 연결시켰다. 그리고 공통적으로 모든 것들은 다른 사람들의 그릇된 행위 또는 이탈적 관행과 연결시키면서 사회 전체적으로 에이즈에 대한 주의를 소홀히 하는 결과를 초래했다.

이러한 이론은 재난에 대한 사람들의 행태와도 연관되는데, 먼저 사람들은 사고는 누군가가 어떤 잘못된 행위를 해서 초래된 특별한 사건이라고 생각하기 때문에 자신에게는 절대 일어나지 않을 것이라고 믿게 된다. 이로 인해서 재난이 일상화되고 있는 상황에서도 계속 '남의 탓, 남의 일'이라고 생각하게 된다. 자기가 살고 있는 지역은 절대 재난이 발생하지 않을 것이라고 믿어 보수, 보강을 하지 않는 행위, 야영이나 취사가 금지된 계곡에서도 자신은 잘못을 하지 않을 것이기 때문에 안전하다고 생각하는 행위, 비슷한 이유로 지속된 대피권유에도 자신만은 예외라며 따르지 않는 행위, 그리고 사고가 나면 무조건 정부가 책임져야만 한다고 주장하는 행위 등이 대표적인 것이다.

CHAPTER

21 재난보험

1. 개 설

보험이란 "비슷한 위험에 처한 사람들이 자신의 위험을 제3자에게 전가하는 사회적 장치로서 각자가 겪을 수 있는 손실을 한 데 묶음으로써 손실의 통계적 예측을 가능하게 하고 자신의 위험을 제3자에게 전가하는 대가로 지불하는 보험료로 발생 손실을 보상해 주는 제도"이다(보험경영연구원, 2002). 하지만 그동안 재난은 일반적으로 보험으로 관리될 수 없는 위험으로 간주되는 경향이 강했다. 일반적으로 보험으로 관리 가능한 위험은 다음과 같은 6가지 조건을 만족해야 한다(박상범 등, 2006).

i) 다수의 동질적이고 독립적인 위험이 존재하여야 한다.
ii) 손실은 우연적이고 고의적이지 않아야 한다.
iii) 손실은 그 원인이나 시간, 장소, 피해의 정보를 분명히 식별하고 측정할 수 있어야 한다.
iv) 손실의 규모가 지나치게 크거나 재난적이지 않아야 한다.
v) 손실발생 확률을 측정할 수 있어야 한다.
vi) 경제적으로 부담할 수 있는 보험료가 가능한 손실이어야 한다.

그런데, 이 중에서 재난에 대해서는 iv)와 v)의 조건을 만족할 수 없다는 것이 일반적 인식이었다. 즉, 재난은 그 특성상 상상할 수 없는 규모의 손실이 발생할 수 있으며, 이러한 손실의 발생확률은 수학적으로 측정하기 어렵다는 것이었다. 하지만 최근에는 보험회사의 대형화 등을 통해 자체 위험인수 능력도 증가했을 뿐만 아니라 재보험 등 다양한 위험분산 제도의 운영을 통하여 위험관리 능력이 월등하게 증대되어 점차 재난위험도 인수할 수 있는 수준이 되었다. 이뿐만 아니라, 보험료 산출의 기초가 되는 손실 발생확률도 오랜 기간 통계자료가 축적되고 또한, 높은 연산처리 능력을 갖춘 전산체계에 힘입어 각종 피해예측 기술이 등장하여 이제는 재난손실의 발생확률 예측도 가능해지고 있다. 이러한 이유로 이제 재난보험은 위험관리의 중요한 기법으로 자리매김하고 있으며, 많은 보험회사에서도 재난보험이라는 새로운 시장개척을 위해 노력하고 있다.

2. 재난보험의 분류

보험은 관점에 따라 분류 방법이 매우 다양하다. 대분류로 간주되는 일부만을 나열해도 인보험과 물보험, 공보험과 사보험, 손해보험과 생명보험, 임의보험과 강제보험, 정액보험과 실손보험, 원보험과 재보험, 개인보험과 단체보험, 단기보험과 장기보험 등이 있으며, 각각에 대한 세분류까지 나열하면 그 수를 헤아리기 어려울 정도다(박상범 등, 2006). 이 중에서 대중에게 가장 익숙한 것은 「보험업법」에 따른 분류인 손해보험과 생명보험으로 구분하는 것이다.[1)]

손해보험은 보험회사가 우연한 사고로 인한 경제적 손해 등을 보상할 것을 약정하고 보험계약자가 이에 상응하는 보험료를 지급할 것을 약정하는 보험이다. 이때 "피보험자는 보험사고의 발생으로 금전적이거나 다른 형태의 손해를 입어야 한다"는 원칙이 적용되어, 일반적으로 실제로 발생한 경제적 손실에 대해서만 보상하는 실손보험이다. 이에 반해 생명보험은 보험회사가 사람의 생사에 관하여 일정한 금액을 지급할 것을 약정하고 보험계약자가 이에 상응하는 보험료를 지급할 것을 약정하는 보험이다. 따라서 손해보험과는 달리 손해의 유무, 대소와 관계없이 사고가 발생하면 일정한 금액을 지급하는 정액보험이다.

이러한 분류체계를 살펴볼 때, 재난에 대비하기 위한 보험은 일반적으로 손해보험으로 분류된다. 이러한 재난보험의 가장 대표적인 자동차보험의 예시를 통해 재난보험의 세부 분류방법에 대해 좀 더 살펴보자. 표 21.1과 같이 자동차보험은 타인의 상해에 대한 대인배상 I과 II, 타인의 재산손해에 대한 대물배상, 자기 신체사고, 무보험 자동차에 의한 상해, 자기차량 손해 등을 보상하는 6가지의 보상내용으로 구성되어 있다. 그런데, 이를 세부적으로 들여다보면 다른 사람에게 끼친 손해들을 배상해주는 보장내용(대인배상 I, 대인배상 II, 대물배상)과 자신에게 미친 신체 또는 재산상

---

1) 「보험업법」에서는 생명보험과 손해보험 외에 생명보험과 손해보험의 성격 모두를 갖고 있는 상해, 간병, 질병보험 등을 제3보험으로 별도로 명시하고 있다.

손해를 보상해주는 보장내용(자기신체 사고, 무보험 자동차에 의한 상해, 자기차량 손해)으로 구성되어 있다는 것을 알 수 있다.

즉, 재난보험은 담보되는 위험의 성격에 따라 i) 자기손실을 보상하는 보험과 ii) 타인손실을 배상하는 보험으로 나뉠 수 있다. 이때 전자는 보험대상에 따라 보험상품 중 재산보험(Property Insurance)과 상해보험으로 구분될 수 있으며, 후자는 책임보험(Liability Insurance)으로 분류된다. 주목할 부분은 자기손실을 보상하는 보험은 가입자가 가입여부를 선택할 수 있는 임의보험임에 반해, 타인손실을 배상하는 보험은 의무적으로 가입해야 하는 의무보험이라는 것이다. 이는 자기손해에 대한 보장여부는 자기재량이지만 타인손해에 대한 배상책임은 의무사항으로 '타인에게 피해를 줘서는 안 된다.'는 사회적 인식과 일치한다.

표 21.1 자동차보험 예시

구 분	보험가입금액	지급사유	비 고
대인배상 (I)	사망: 최고 1억 원, 최저 2천만 원 후유장애: 최고 1억 원 부상: 최고 2천만 원	자동차사고로 다른 사람을 죽게 하거나 다치게 한 경우에 「자동차손해배상보장법」에 정한 한도 내에서 보상	의무보험
대인배상 (II)	피해자 1인당 무한	자동차사고로 다른 사람을 죽게 하거나 다치게 한 경우에 그 손해가 대인배상 I에서 지급하는 금액을 초과하는 경우에 그 초과 손해를 배상	1사고당 1억 원까지 의무보험 (영업용 자동차 해당)
대물배상	1사고당 최고 2억 원	자동차사고로 다른 사람의 재물을 없애거나 훼손한 경우에 보상	1사고당 1천만 원까지 의무보험
자기신체 사고	사망 · 후유장애: 최고 5천만 원 부상: 최고 3천만 원	피보험자가 죽거나 다친 경우에 보상	임의보험
무보험 자동차에 의한 상해	최고 2억 원	무보험자동차에 의해 피보험자가 죽거나 다친 경우에 보상	임의보험
자기차량 손해	차량가액 2천만 원, 자기부담금 20%(최소 20만 원, 최대 50만 원)	피보험자동차가 파손된 경우에 보상	임의보험

앞서 우리는 재난을 자연재난과 인위재난으로 구분하였다. 따라서 재난보험도 담보로 하는 재난의 종류에 따라 크게 자연재난보험과 인적재난보험으로 나뉠 수 있다. 다음 절에서는 이렇게 재난의 종류에 따른 재난보험 분류체계를 기반으로 각 보험제도에 대해 살펴보기로 한다.

3. 자연재난에 대한 보험

자연재난은 원인자가 하늘이기 때문에 피해가 발생하더라도 원칙적으로 배상책임의 의무를 진 자는 없다. 따라서 자기손실에 대해서는 스스로 대비해야 한다. 그동안 '국가 중심'의 재난관리 정책을 추진하여 왔던 우리나라는 미국, 유럽 등의 서구권 국가들과 달리 오래전부터 재난지원금 제도를 통해 태풍, 호우 등 자연재난으로 피해를 입은 주민들의 사유재산 피해복구를 지원하여 왔다. 하지만 이러한 재난지원금 제도에 대한 정부와 국민의 인식은 매우 달랐다.

정부의 재난지원금 제도의 도입취지는 피해주민의 자활을 위해 필요한 최소한의 자금을 지원하는 구호제도의 일환으로 추진되었음에도 불구하고 주민들은 피해복구에 필요한 예산을 전액 지원하는 보상제도로 인식하여 정부지원액이 피해액에 비해서 턱없이 적다는 불만을 토로하고 이로 인해 지원규모가 지속적으로 증가하면서 국가의 재정부담도 가중되어 왔다. 이에 반해서 민간 보험회사에서는 대형손실에 대한 우려와 취약지역에서만 보험에 가입하는 이른바 역선택(Anti-Selection)에 대한 우려로 자연재난에 대한 보험판매에 매우 소극적이었다.

이에 따라, 정부는 민간 보험회사의 자연재난에 대한 보험시장 활성화를 위해 정부주도로 자연재난보험 상품개발을 추진하고 약정체결을 통해 민간 보험회사가 이를 운영할 수 있도록 하는 정책보험을 도입하여 운영 중이다. 예를 들어, 1997년 가축재해보험, 2001년 농작물재해보험, 2006년 풍수해보험, 2008년 양식수산물재해보험 등이 도입되었다(세부 제도설명은 표 21.2 참조). 이러한 자연재난보험은 자연재난의 원인자는 하늘이기 때문에 앞에서 언급한 재난보험의 보험분류상 배상책임보험은 존재하지 않고 '자기손실에 대한 재산 보험'만으로 운영된다.

표 21.2 국내 자연재난 정책보험 현황

구 분		풍수해보험	농작물 재해보험	가축재해보험	양식수산물 재해보험
보험 대상		주택, 온실 (비닐하우스 포함)	사과, 배, 복숭아, 단감, 콩, 옥수수, 마늘, 양파, 벼 등	소, 돼지, 말, 닭, 오리, 꿩, 메추리, 사슴 등 및 그 축사	넙치, 전복, 조피볼락, 굴, 김 등 및 그 양식시설
담보 재해	주 계약	태풍, 호우, 강풍, 풍랑, 해일, 대설, 홍수, 지진	태풍(강풍), 우박 등	풍해, 수해, 설해, 질병, 화재	태풍, 해일, 적조, 강풍 등
	특약	하천고수부지내 온실보장(강풍, 대설) 등	동상해, 집중호우	축사(풍수해, 화재), 전기장치위험	수산질병, 양식시설물
국고 지원	순 보험료	40~85%	50%	85%	50%
	운영 사업비	90%	100%	15%	100%
국가 재보험		△ (손실보전준비금으로 대체)	○ (손해율 150~180% 이상)	–	○ (손해율 140% 이상)
보험 운영기관		동부화재, 삼성화재, 현대해상, KB손보, 농협손보	농협손보	농협손보, KB손보, 동부화재, 현대해상, 한화손보	수협은행
관장기관		행정안전부	농림축산식품부		해양수산부
가입방식		임의가입	임의가입	임의가입	임의가입
근거법령		풍수해보험법	농어업재해보험법		
도입년도		2006	2001	1997	2008

* 출처: 국민안전처 업무자료(2017)

현재, 운영되고 있는 자연재난에 대한 보험 활성화를 위해 도입된 정책보험은 크게 2가지 형태로 개인과 보험회사를 지원하고 있다. 먼저, i) 개인에 대해서 보험료의 50% 이상을 중앙 및 지방정부에서 지원하여 실제 내야 하는 보험료 부담을 경감시키고, ii) 보험회사에 대해서는 대형재난에 대한 안전장치로 일정 손해율 이상이 발생하면 국가가 책임지는 국가재보험 제도 등을 도입하여 운영하고 있다. 이외에도 지방자치단체를 통해 보험가입을 지원하고 관련 통계구축 등을 지원하고 있다.

해외에서도 자연재난에 대해서는 국가가 직간접적으로 개입하는 정책보험 제도를 시행하고 있다. 하지만 그 운영방식은 표 21.3과 같이 국가가 직영하는 미국의 홍수보험부터, 공영 재보험 운영을 지원하는 방식, 화재보험 등 다른 손해보험의 강제 또는 자동특약으로 제도화하여 가입률을 높이는 방법 등이 다양하게 운영되고 있다.

표 21.3 해외 자연재난 정책보험 현황

구 분	미국 홍수보험	미국 캘리포니아 지진보험	일본 지진보험	프랑스 자연재해보험	스위스 자연재해보험
대상 재해	홍수	지진	지진	홍수, 지진 등 자연재해(포괄적 제공)	홍수 등 자연재해(포괄적 제공, 지진제외)
보험 대상	개인 · 상업용 건물 및 동산	주택 및 동산	주택 및 동산	개인 · 상업용 건물 및 동산	개인 · 상업용 건물 및 동산
보험 사업자	연방재난관리청 (FEMA) 직영 * 120여 개 민간 보험사에서 보험판매 손해평가 등 위탁운영 병행	CEA(California Earthquake Authority) + 민영보험사	민간보험사	민간보험사	공영보험(주정부) + 민영보험 * 2/3 건물이 공영보험 가입, 동산은 민영보험만 담보
가입 방식	임의가입 (단, 홍수위험지역 주민 등의 경우 토지개발규제 및 보험 의무가입)	임의가입 (단, 가정종합보험의 의무부대 특약 운영)	임의가입 (단, 화재보험의 자동부대 특약으로 운영)	임의가입 (단, 화재보험의 의무부대 특약으로 운영)	임의가입 (단, 화재보험의 의무부대 특약으로 운영)
보험료 지원	없음	없음	없음	없음	없음
비고	국가직영으로 손실보증(국가홍수보험기금으로 별도 계정 관리) * 홍수보험과 연계하여 홍수터개발 조례, 지역 안전도지수 (CRS) 등을 활용한 홍수 예방 정책 시행	CEA(주정부 · 보험회사 공동운영)를 통한 재보험 제공 * 지진보험과 연계하여 "내진성능 보강을 위한 재정지원 (SAFER)" 정책시행	JER(일본지진재보사, 보험회사 공동출자)과 계약관계를 통한 재보험 제공 – 민영보험회사에서 위험을 인수하여 JER에 재보험, JER은 다시 민영보험회사와 국가에 재재보험	국영 재보험회사 (CCR)를 통한 국가재보험 제공	공영보험: 정부보증 민영보험: SIA (보험협회) 보험 pool에 의한 위험 분산

* 의무부대 특약은 주보험 가입시 의무적으로 가입해야 하지만 자동부대 특약은 주보험 가입시 가입거부 의사를 밝히면 가입하지 않을 수 있다.

*출처: 국민안전처 업무자료(2017)

4. 인적재난에 대한 보험

2014년 2월 17일 21:10경 경북 경주시에 위치한 국내 굴지의 대기업이 운영하던 리조트 체육관에서 쌓인 눈으로 지붕이 붕괴되는 사고가 발생하였다. 신입생 환영회 준비를 하던 모대학 소속의 학생 등 10명이 사망하고 다수의 상해자가 발생하였는데, 당시 가입되었던 재난보험이 불합리하여 사고배상에 큰 혼란이 야기되었다. 내용을 살펴보니 시설피해를 보상하는 재산보험은 700여억 원까지 보상할 수 있도록 가입되어 있었으나, 제3자의 피해를 배상하는 배상책임보험은 사상자 수와 무관하게 사고당 최대 5억 원에 불과하여 다수의 사상자에 대한 배상이 보험으로 불가한 상황이었다.

화재, 폭발, 붕괴 등 인적재난이 발생하면 시설물, 사업장 등의 소유 또는 관리자는 해당 시설물 등의 피해를 복구해야 할 뿐만 아니라 이러한 시설물 등의 이용자가 입는 상해에 대해 보상해야 하는 책임을 가진다. 이렇게 인적재난으로 인한 손실을 담보하는 보험은 크게 자기가 소유 또는 관리하는 시설물, 사업장 등의 피해를 보상하는 자기손실 보상형 보험과 해당 시설의 소유 또는 관리자가 타인의 손실에 대해 배상해야 하는 피해를 보상하는 타인 배상책임형 보험으로 구분할 수 있다.

그런데, 앞의 예에서 볼 수 있는 바와 같이 그동안 인적재난에 대한 보험은 보험 가입자체도 매우 저조했을 뿐만 아니라 자기손실 보상형 재산보험의 형태로 보험가입이 이루어져 왔으며, 이에 반해 실제 사고발생은 제3자에 대한 배상책임 손해 위주로 발생하였다(보험개발원 등, 2015). 따라서 사고가 발생하면 배상책임을 부담해야 하는 시설물 등의 소유 또는 관리자는 심각한 경제적 어려움을 겪어 폐업을 해야 하는 경우가 빈발했으며, 반면에 피해자는 배상주체의 경제적 능력 부족으로 법적 소송을 제기해도 배상을 받지 못하는 상황이 발생하였다.

그동안 정부는 이러한 문제를 해소하기 위해 지속적으로 배상책임 손해를 담보하는 보험가입을 의무화하는 제도를 운영하여 왔다. 피해발생 가능성이 큰 국내 총 28여 종의 시설물 또는 영업장에 대해 개별법령을 통해 보험가입을 의무화하였으며, 2016년에는 「재난 및 안전관리 기본법」 개정을 통해 15층 이하 아파트와 일상생활에서 국민들이 자주 이용하는 주유소, 도서관, 박물관, 미술관 등 19개 업종에 대해서도 추가적으로 가입을 의무화하였다.

이를 통해 시설물 소유 또는 관리자는 인명 및 재산피해 보상에 따른 부담을 덜고 신속한 복구와 영업재개가 가능하게 되었다. 또한, 이용객은 업주와의 갈등 없이 본인의 피해에 대해서 보상을 받을 수 있는 길이 열리게 된 것이다. 즉, 사회적으로 재난유발자의 배상책임 원칙이 확립되고 피해 국민들에게는 실질적 배상을 보장할 수 있게 된 것이다.

하지만 이러한 재난 배상책임보험 의무가입 제도(표 21.4 참조)는 그동안 종합적인 고려 없이 1993년 '서해 페리호' 사고를 통해 도입된 유도선사업자 배상책임보험 등과 같이 사회적으로 이슈가 된 대형재난 또는 사고 이후에 개별적으로 도입되어 아직까지도 많은 재난취약 시설이 의무가입 대상에서 제외되어 있다. 이로 인해 의무보험 대상시설이 아닌 시설에서 사고가 발생하면 해당 시설관리자 등 책임자는 손해배상 책임을 스스로 감당해야 하기 때문에 파산되는 등 경제적으로 부담이 컸으며 또한, 피해자 역시 충분한 배상을 받지 못함으로써 육체적, 경제적으로 많은 어려움을 겪을 수밖에 없었다.

더욱이, 앞의 예에서 나온 것처럼 보험에 가입되어 있더라도 보상한도액이 지나치게 낮거나 제각각이여서 실효성을 높일 수 있는 방안마련이 필요하다는 지적이 있어 왔다. 최근 정부는 이러한 문제점의 해결을 위하여 「자동차손해배상 보장법」에서 규정한 1인당 대인 보상한도액을 최소 1.5억 원까지 하도록 권고하고 있다.

미국 등 해외에서는 우리와 유사하게 일부 시설물 또는 영업장에 대해서 의무보험 제도를 운영하고 있다. 하지만 보험제도가 이미 정착된 이러한 서구국가에서는 발달된 손해배상 소송제도에 따라 배상책임보험에 대한 국민인식이 확산되어 국가차원의 의무보험보다는 시설물에 대한 담보대출시 관련보험의 가입을 조건으로 하는 등 민간부분에서 보험가입을 유도 또는 촉진하는 제도가 자생적으로 발달되어 있다.

표 21.4 국내 재난 배상책임보험 의무가입 대상물 29종

연번	의무보험	근거법률	법률상 보상한도
1	가스사고배상책임보험	도시가스사업법, 고압가스안전관리법, 액화석유가스의 안전관리 및 사업법	– 대인 1인당 8천만 원 – 대물 1사고당 1~100억 원
2	관광사업자배상책임보험	관광진흥법	– 법률상 보상한도 없음
3	궤도운송업자배상책임보험	궤도운송법	– 대인 1인당 2억원/사고당 2억 원
4	낚시터 및 낚시어선 배상책임보험	낚시 관리 및 육성법	– 대인 1인당 1억 5천만 원 *자동차손해배상보장법(대인) 준용
5	다중이용업소화재배상책임보험	다중이용업소의 안전관리에 관한 특별법	– 대인 1인당 1억 원 – 대물 1사고당 1억 원
6	사회복지시설배상책임보험	사회복지사업법	– 법률상 보상한도 없음
7	산후조리원배상책임보험	모자보건법	– 대인 1인당 1억 원
8	선주배상책임보험	해운법	– 법률상 보상한도 없음
9	수련시설배상책임보험	청소년활동진흥법	– 대인 1인당 8천만 원
10	수렵보험	야생생물 보호 및 관리에 관한 법률	– 대인 1인당 1억 원 – 대물 1사고당 3천만 원
11	수상레저보험	수상레저사업법	– 대인 1인당 1억 5천만 원 *자동차손해배상보장법(대인) 준용
12	승강기시설소유(관리)배상책임보험	승강기시설 안전관리법	– 대인 1인당 2억 원/사고당 2억 원
13	어린이놀이시설배상책임보험	어린이놀이시설안전관리법	– 대인 1인당 8천만 원 – 대물 1사고당 2백만 원
14	어린이집배상책임보험	영유아보육법	– 공제규정에 따름
15	연안체험활동운영자배상책임보험	연안사고 예방에 관한 법률	– 대인배상 1인당 8천만 원 *청소년활동진흥법 준용
16	우주손해배상책임보험	우주손해배상법	– 우주손해 2천억 원
17	운전학원종합보험	도로교통법	– 법률상 보상한도 없음

연번	의무보험	근거법률	법률상 보상한도
18	원자력손해배상책임보험	원자력손해배상법	– 1사고당 3억 SDR (약 5,000억 원)
19	유도선사업자배상책임보험	유선 및 도선 사업법	– 대인 1인당 1억 5천만 원 *자동차손해배상보장법 (대인) 준용
20	유류오염손해배상책임보험	유류오염손해배상보장법	– 451만 SDR(5천 톤 이하)/ 8천 977만 SDR(5천 톤 이상)
21	자동차손해배상책임보험	자동차손해배상보장법	– 대인 1인당 1억 5천만 원
22	체육시설업자배상책임보험	체육시설의 설치 및 이용에 관한 법률	– 대인 1인당 1억 5천만 원 *자동차손해배상보장법 (대인) 준용
23	학원 배상책임보험	학원의 설립운영 및 과외교습에 관한 법률	– 조례 준용
24	항공보험(경량항공기)	항공사업법('17.3.30시행)	– 대인 1인당 1억 5천만 원 *자동차손해배상보장법 (대인) 준용
	항공보험(항공사업자)		– 항공운송의 책임에 관한 국제협약의 규정에 따름
25	화재보험신체손해배상책임 특약	화재로 인한 재해보상과 보험가입에 관한 법률	– 대인 1인당 8천만 원
26	환경오염배상책임보험	환경오염피해 배상책임 및 구제에 관한 법률	– 시설범위에 따른 차등 (500억, 1,000억, 2,000억)
27	생활체육자배상책임보험	생활체육진흥법	– 법률상 보상한도 없음
28	마리나업자배상책임보험	마리나 항만의 조성 및 관리 등에 관한 법률	– 대인 1인당 1억 5,000만 원 *자동차손해배상보장법 (대인) 준용
29	재난배상책임보험	재난 및 안전관리 기본법	– 대인 1인당 1억 5,000만 *자동차손해배상보장법 (대인) 준용 – 대물 1사고당 10억 원

* 출처: 국민안전처 업무자료(2017)

5. 요약 및 결론

과거에는 일반적으로 재난은 손실규모가 큰 데다 발생확률도 예측하기 힘들어 보험으로 관리될 수 없는 위험이라고 간주하였다. 하지만 최근에는 보험회사의 위험관리 능력 증대와, 피해예측 기술의 발달에 힘입어 재난보험은 위험관리의 중요한 기법으로 자리매김하고 있다.

이러한 재난보험은 크게 자기손실을 보상하는 보험과 타인손실을 배상하는 보험으로 나뉠 수 있다. 일반적으로 자연재난에 대해서는 현행 정부가 무상으로 복구비를 지원하는 재난지원금을 대체할 수 있는 자기손실을 보상하는 보험의 형태인 반면에 인적재난에 대해서는 타인손실을 배상하는 보험이 주된 목적이며 부가적으로 자기손실을 보상하는 보험으로 가입된다.

하지만 재난보험은 현재 공급자인 보험회사와 수요자인 일반국민 모두의 자발적 참여에 한계가 있는 상황이다. 이를 위해, 정부에서는 자연재난에 대해서는 보험회사의 대규모 손실위험을 떠맡고 일반국민의 보험료를 지원하는 정책보험을 운영하고 있으며, 인적재난에 대해서는 보험가입을 의무화하는 정책수단을 이용하고 있다.

연습문제

1. 재난에 대한 보험이 활성화되지 않은 이유는 무엇인가? 같은 맥락에서 최근 정부가 재난보험을 활성화하려고 노력하는 이유는 무엇인가?

2. 다양한 재난보험을 다양한 기준에 따라 분류해 보자.

[참고자료]

박상범 등 (2006). **손해보험론**. 문영사.

보험경영연구회 (2002). **보험론**. 문영사.

보험개발원 & 상명대학교 (2015). **사회재난 정책보험 도입 및 재난보험 관리·운영체계 개선방안 연구**. 보험개발원 & 상명대학교.

✍ 재난 이야기: 자연재난 발생시 관리기관 및 그 소속 공무원의 책임

그동안 자연재난은 불가항적 천재지변으로 인식되어 그 누구를 탓할 수 없는 숙명적인 것으로 받아들여 왔다. 하지만 최근 많은 피해 국민들이 해당 시설물을 관리하는 지방자치단체 등과 관계 공무원, 책임자 등에게 관리상 책임을 이행하지 않은 데 대해 처벌 또는 배상 등을 요구하고 있다. 이에 반해 관리상 책임에 대해 소송에 휩싸이게 되는 지방자치단체 등과 관계 공무원, 책임자 등은 여전히 천재지변으로 인한 불가피성을 강조하며 무죄를 주장하게 된다. 그렇다면 자연재난에 대해서 관리기관 및 소속 공무원은 정말 책임에서 자유로울까? 이와 관련하여 몇 가지 관련 사례를 살펴본다.

- 관리기관에 부과된 손해배상책임

2011년 7월 27일 오전 7시 40분에 서울시 서초구 일대에 유례없는 집중호우가 발생해 우면산 지역에 산사태가 발생하고 사망자 16명, 부상자 50명의 인명피해와 427억여 원의 재산피해가 발생하였다. 이후 산사태로 밀려 내려온 토사, 빗물 등에 매몰된 사망자의 부모 등이 서울시와 서초구를 상대로 손해배상을 청구한 사안에서 대법원은 서초구의 손해배상책임을 인정하였다.

해당 판결에 따르면 서초구의 산사태위험지 관리시스템 담당공무원 등은 산사태 발생 당시 즉시 산사태 경보를 발령하고 우면산 일대에 거주하는 주민들에게 가능한 방법을 모두 동원해 대피를 지시할 의무가 있었는데도 그와 같은 조치를 취하지 아니한 과실이 있으므로 서초구에 손해배상책임을 인정하되, 전례를 찾아보기 어려울 정도의 국지성 집중호우로 인한 불가피성 등도 고려하여 서초구가 배상하여야 할 손해배상의 범위를 50%로 제한하였다.

- 공무원에게 면제된 손해배상책임

앞서 설명한 우면산 지역의 산사태로 인한 손해배상의 경우, 관리기관인 서초구에는 손해배상책임을 인정하되 담당공무원 등에게는 손해배상책임이 부여되지 않았다. 이는 대법원 판례(1996.2.14. 선고, 95다38677 전원합의체 판결)에 의한 것인데, 공무원의 경과실에 대해서는 비록 국가 등이 손해배상책임을 부담할 수는 있지만 공무원 개인에게는 손해배상책임을 부여하지 않는다고 판결하고 있다.

세부적으로 살펴보면 공무원이 직무수행 중 불법행위로 타인에게 손해를 입힌 경우에 국가 등이 손해배상책임을 부담하고 공무원 개인도 고의 또는 중과실이 있는 경우에는 불법행위로 인한 손해배상책임을 진다. 하지만 공무원에게 경과실뿐인 경우에는 공무원 개인은 손해배상책임을 부담하지 않는다. 대법원에서는 이러한 내용이 헌법 제29조 제1항 본문과 단서 및 국가배상법 제2조의 입법취지에 조화되는 올바른 해석이라고 판결하였다.

• 담당공무원의 업무상과실치사상죄

1994년 10월 21일 서울시 한강에 위치한 성수대교가 붕괴되면서 32명이 사망하고 17명이 다치는 전대미문의 인명피해가 발생하였다. 사고의 원인은 교량 상부를 떠받치는 트러스의 연결 이음새의 용접 불량과 유지관리 소홀로 밝혀졌다. 이로 인해 교량을 건설한 건설회사의 담당자뿐만 아니라 공사감독 공무원 등도 업무상과실치사상죄가 유죄로 인정되었다.

해당 판결문에 따르면 교량이 그 수명을 다하기 위해서는 건설업자의 완벽한 가공 및 시공, 감독공무원의 철저한 제작 · 시공상 감독 및 유지관리 담당 공무원의 철저한 유지관리라는 조건이 합치되어야 하나 이러한 단계에서 과실 그것만으로 붕괴원인이 되지 못하더라고 서로 합쳐지면 교량이 붕괴될 수 있는바, 각 단계에 관여한 자는 전혀 과실이 없거나 과실이 있다고 하여도 교량붕괴의 원인이 되지 않았다는 특별한 사정이 있는 경우를 제외하고는 붕괴에 대한 공동책임을 면할 수 없다고 판결하였다.

• 구상권 청구

2009년 서울중앙지법은 눈길에서 과속으로 달리다 앞차와 부딪힌 차량의 보험회사가 경기도 광주시를 상대로 낸 구상금 청구소송에서 "보험사에 7,200만원을 지급하라"고 원고 일부 승소판결을 내렸다. 당시 재판부는 광주시가 도로 위 방호 울타리에 충격 흡수처리를 해야 했는데 소홀히 했다고 지적했다. 다만 해당 차량이 눈길에 과속한 점을 들어 배상책임을 30%로 제한하였다.

일반적으로 충분히 예측이 가능했고 이에 따라 피해를 막을 수 있는 상황이었다면 관리관청인 정부나 기관 등을 상대로 과실에 대한 책임을 물을 수 있는 것으로 적용되고 있다. 결국 이는 앞서 설명한 관리기관 및 관계 공무원의 손해배상책임과 연계해서 생각해야 되는 사안이다.

* 출처: 대법원판례(2016.6.3 선고), 2011가합97466, 2015가합24121 [우면산 산사태 관련] 등

CHAPTER 22

재난관리의 미래

1. 미래사회의 재난환경 변화양상

2015년 5월 20일 중동호흡기증후군인 메르스 환자가 처음 확진된 이후 이름조차 생소했던 신종 전염병에 온 나라가 공포와 불안에 휩싸였다. 186명이 확진판정을 받았고 이 중 38명이 사망하는 안타까운 상황이 발생했을 뿐만 아니라 공포와 불안으로 국가경제가 마비되고 천문학적인 손실이 발생했다. 또한, 11월 13일에는 프랑스에서 이슬람 수니파 무장단체에 의해 130여 명이 사망하고 300여 명이 부상당하는 폭탄테러가 발생하였는데, 지구상 유일의 휴전국가인 우리나라에 테러위협을 다시 한번 각인시켰으며, 여러 정치적 논란을 거쳐 이듬해 3월 3일 「국민보호와 공공안전을 위한 테러방지법」이 제정되게 되었다.

미래사회는 그동안 전통적 재난관리 대상으로 간주하지 않았던 메르스와 같은 신종재난을 겪게 될 것이며 테러위협과 같은 안보위협에 대해서도 재난관리조직이 어떤 역할을 해야 하는지 해답을 요구하게 될 것이다. 기후변화로 인해 자연재해의 불확실성이 증가되고 특히 급속한 산업화와 도시화를 거친 우리나라의 경우, 재난양상도 더 다양화되고 대형화되며, 복합적이며 복잡하게 일어나는 양상을 띠게 될 것이다. 이뿐만 아니라 급속한 인구고령화와 다문화 가족의 증가는 재난약자의 증가를 초래하는 반면에 대처인력의 감소를 가져올 것이다. 즉, 한국사회의 재난관리체계는 이러한 다양한 불확실성에 대한 유연하고 효율적인 대처능력을 강화해야 한다. 이를 위한 세부 미래과제와 대응방안에 대해 살펴본다.

2. 재난관리 미래과제 및 대응방안

2.1 재난관리 8대 원칙에 대한 진단과 개선과제

재난의 불확실한 특성만큼 그 미래과제나 대응방안도 명확할 수는 없다. 하지만 아직까지 학계 및 현장에서 공통적으로 인식되고 있는 재난관리의 미래모습은 미국 연방재난관리청(FEMA, 2008)의 포괄적, 선제적, 위험 기반의, 통합적, 협력적, 조정형, 유연한, 전문적 재난관리라는 8대 원칙의 맥락에서 이해될 수 있다. 즉, 재난관리는 재난유형 등 모든 영역에서 포괄적이어야 하며, 선제적으로 예측 · 대응하고 위험도에 따른 과학적 접근이어야 한다. 또한, 참여주체 전체가 아우러지는 통합적 관리가 되어야 하며, 이를 위해 참여기관 간의 협력관계가 구축되도록 조정자의 역할을 해야 한다. 또한, 재난관리자는 이를 위해 항상 유연함과 전문성을 갖춰야 한다.

비록 오랜 시간이 흐른 재난관리 분야의 고전적 원칙이긴 하지만 아직까지 우리의 재난관리 현주소로 볼 때, 여전히 따라잡아야 할 미래과제이자 대응방안이다. 여기서는 이러한 재난관리 8대 원칙을 기반으로 현재 우리의 부족한 점과 나아가야 할 방향에 대해 간단하게 정리해 본다.

2.1.1 포괄적 재난관리(Comprehensive Emergency Management)

그동안 우리의 재난관리 부서는 주로 자연재난 위주로 대처하고 나머지 재난유형에 대해서는 해당 담당부서가 이를 전담하는 식이었다. 따라서 새로운 신종재난이 발생하면 해당 담당부서는 경험하지 않은 재난상황에 대해 허둥대기 마련이었다. 하지만 이러한 경험하지 않은 상황에서도 재난관리자는 재난의 특성상 다른 사람들에 비해 보다 효과적인 대처를 할 수 있다.

일반적으로 어떤 재난유형에서도 일부 전문영역을 제외한 대부분의 지원영역은 유사성을 가진다. 따라서 그동안 다양한 재난을 경험한 재난관리자의 경우에는 신종재난뿐만 아니라 모든 재난에 대해서도 전체적인 큰 그림 안에서 다양한 이해관계를 조정하며 보다 효과적인 대처를 할 수 있는 것이다. 포괄적 재난관리가 필요한 이유이다. 포괄적 재난관리를 위해서 선결되어야 하는 것으로 현재 재난유형 중심으로 만들어진 대응매뉴얼의 개선 등은 급히 해결되어야 하는 과제이다.

2.1.2 선제적 재난관리(Progressive Emergency Management)

그동안 우리의 재난관리는 미래에 발생할 재난을 예측하고 이에 대비하기보다는 닥친 재난에 대응하며 사후 복구하는 데 더 치중했던 것이 사실이다. 일반적으로 재난예방에 투자된 예산은 향후 피해복구에 소요될 비용의 6배 이상을 절감할 수 있다고 한다(NIBS, 2017). 비록 이러한 경제적 설명 외에도 재난으로 희생된 피해자는 그 어떤 것으로도 대처할 수 없는 사회적 아픔이다.

미래의 재난관리자는 직접적으로 예방업무를 수행하는 것 외에도 다양한 사업 및 정책분야에 있어서 재난위험을 저감할 수 있는 조치가 반영될 수 있도록 정책 자문가 또는 관리자의 역할로 변모되어야 한다. 이를 위해 재난관리자는 사고방식을 보다 선제적이고 적극적으로 변모시켜야 한다. 우선 모든 사업, 정책에 대해 재난위험을 고려할 수 있는 제도적 수단에 대한 마련이 필요한데, 현재의 사전재해영향성검토협의 등과 같은 제도의 확대시행이 필요한 이유이다.

2.1.3 위험기반 재난관리(Risk-Driven Emergency Management)

짧은 시간에 한정된 예산 속에서 이루어지는 재난관리의 특성상 많은 영역에서 합리적 근거 없이 주먹구구식으로 이루어져 왔던 것이 현실이다. 이로 인해 많은 사람들이 재난관리자가 하는 말의 진실성을 의심하고 관련된 투자, 지원에 인색해 왔던 것도 현실이다.

하지만 이제 과학기술의 발달에 따라 많은 재난위험을 예측할 수 있게 되었고 이에 대한 합리적 근거를 확보할 수 있게 되었다. 미래의 재난관리자는 이러한 합리적 근거와 경제성 분석에 바탕을 두고 정책의 우선순위와 자원의 활용계획을 제시할 수 있어야 한다. 이를 위해 재난관리 분야의 연구개발 투자를 확대하되, 재난관리학의 다학제적 학문특성을 고려하여 인문사회학과 과학기술학의 융합연구가 이루어질 수 있도록 해야 한다.

2.1.4 통합적 재난관리(Integrated Emergency Management)

2.1.5 협력적 재난관리(Collaborative Emergency Management)

2.1.6 조정형 재난관리(Coordinated Emergency Management)

우리나라의 재난관리는 역사적인 배경, 늦은 지방자치 시행 등으로 아직 중앙정부 위주의 지휘 · 통제에 의존하는 경향이 크다. 시민사회의 참여의식이 높아지고 민간기업의 역량도 증대되었으나 실제 재난상황에서 시민사회와의 파트너십 구축도 원활하지 않으며 민간기업의 인적, 물적 자원활용도 원활하지 못한 것이 현실이다.

복잡화, 대형화되고 있는 재난환경에서 이러한 재난관리 참여주체의 역량이 모였을 때 상생의 효과를 발휘할 수 있다.

이를 위해 미래 재난관리 정책과 활동은 각급 정부기관뿐만 아니라 지역사회와 별개의 것이 아닌 통합(Integreated)된 모습이어야 하며, 이를 시행하기 위한 과정에서도 상호 협력(Collaborative)에 기반을 두어야 한다. 그리고 재난관리자는 이러한 다양한 이해관계를 잘 조정(Coordinated)할 수 있어야 한다. 하지만 재난관리자가 이러한 통합, 협력, 조정의 역할을 원활하게 하기 위해 검토되어야 할 선행과제 중 하나가 재난관리 총괄조직의 위상강화이다.

상하 간의 위계를 강조하는 유교문화 국가인 우리에게 이러한 조직의 위상강화는 차관급, 장관급 등으로 표현되는 조직의 계급구조로 이해되기 쉽다. 물론 이러한 계급구조도 우리의 특수한 사회문화를 고려할 때 무시할 수 없는 요인이다. 하지만 더 중요한 것은 다양한 이해관계자를 설득하고 유인할 수 있는 당근과 채찍과 같은 정책수단의 마련이다. 당근도 채찍도 없는 상황에서 다양한 이해관계자를 협력·조종하는 것은 불가능하다.

물론 2014년 국민안전처 출범과 함께 도입된 특별교부세 교부권, 안전예산 사전협의권, 안전감찰관제의 운영 등은 이러한 재난관리 총괄부서의 조직위상 강화로 이해될 수 있다. 하지만 실제 재난상황에서 이러한 다양한 정책수단이 시스템적으로 구현되기 위해서는 아직 많은 보완과 발전이 필요하다. 또한, 미국 등 주요국의 재난 총괄 조직과 비교할 때, 지방정부와 연결조직이 없는 우리 정부조직에 대한 개편도 검토되어야 한다.

2.1.7 유연한 재난관리(Flexible Emergency Management)

미국 등 서구사회에서도 경험한 것이긴 하지만 그동안 우리의 재난관리는 폐쇄적 사회구조와 민방위 제도에 근간을 둔 특성으로 인해 폐쇄적 재난정보 운영, 명령과 지시에 따른 관리형태 등 매우 경직된 구조로 운영되었다. 이는 소방, 경찰과 같은 초기대응자(First Responder)와 재난관리자의 역할에 대한 구분이 명확하지 못한 현장상황도 이러한 경직성에 기여하였다. 또한, 불확실한 재난상황에서 차후 일어날 책임추궁에 대한 두려움은 오히려 명령과 지휘에만 의존해 소극적 태도로 일하도록 하였다.

하지만 앞서 말한 것처럼 최근의 재난상황은 파악하기도 예측하기도 힘든 불확실성이 강해서 이러한 경직된 구조로는 결코 대처하기 힘들다. 따라서 재난발생시

대중과의 활발한 위험 커뮤니케이션뿐만 아니라 재난관리 계획의 수립에서도 참여를 보장하여 재난정책에 대한 대정부 신뢰도를 높이고 대중 자체가 재난대처에 기여할 수 있는 이해당사자가 되도록 만들어야 한다.

또한, 재난관리자의 직급 고하를 막론하고 상당한 권한을 부여해서 다양한 상황에서 유연하게 대처하도록 하며, 이후 결과에 대해 재난상황의 불확실성을 감안하여 일부 면책권한을 부여하여 재난관리자가 좀 더 소신 있고 책임 있는 판단을 내리고 행동하도록 분위기를 조성해야 한다.

2.1.8 전문적 재난관리(Professional Emergency Management)

그동안 재난관리 분야의 발전을 가로막았던 가장 큰 이유는 재난관리 종사자의 전문성 부족일 수 있다. 특히, 우리나라 재난관리 공무원은 순환보직으로 관련업무에 대한 경험이나 경력이 부족하고 교육훈련도 제대로 이루어지지 않아 전문성이 부족하다는 지적이 계속되어 왔다. 대학 등 교육기관에서 재난관리학과 개설이 충분하지 않아 관련교육을 이수한 사람이 많지 않을뿐더러 재난업무에 대한 기피로 인해 업무담당자의 교체도 잦은 편이다.

최근 우리 정부는 재난관리 공무원의 전문성 강화를 위해 방재안전직 공무원의 신규채용을 시작하였다. 하지만 어떤 전문직렬을 도입하는 것만으로 그 분야의 전문성이 단번에 강화될 수는 없다. 교육과 채용으로 이루어지는 순환이 필요한데, 이를 위해서는 재난안전을 위한 고등교육 기관의 양성과 해당분야의 업무에 종사케 하는 유인대책, 그리고 공공뿐만 아니라 민간까지 이어지는 인력수요의 창출과 같은 선순환 구조가 정착될 필요가 있다.

2.2 한국형 재난관리체계의 정립

앞선 다양한 재난관리의 미래과제를 추진할 때, 꼭 염두에 두어야 할 사항이 있다. 바로 "우리 사회에 맞는 재난관리는 무엇인가?"라는 근본적인 고민이 이루어져야 한다는 것이다. 모든 국가마다 그 행정체계가 다르고 사회문화가 다른 상황에서 막연한 외국사례의 답습은 오히려 역작용만을 불러일으킬 수 있다.

예를 들어, 재난관리 행정에 있어서 지방정부의 책임과 역할을 강조하는 미국사회와 비교할 때, 우리 시 · 군 · 구가 처한 현실은 확연하게 구별된다. 미국 지방정부는 소방, 경찰 등 초기대응자를 그 소속기관으로 두고 재난발생시 지방자치단체장이 통솔하고 있으나 우리는 소방조직은 시·도, 경찰조직은 중앙정부 소속으로 되어 있어 조직위계가 더 낮은 시·군·구가 이를 협력·조종하는 데 어려움이 있다. 이뿐만 아니라 전통적으로 서구에 비해 재난관리에 대한 국가 의존도가 높은 현실에서 개인에게 무작정 그 책임을 강요하기도 어렵다.

또한, 비교적 국토가 좁고 대규모 재난의 발생도 빈번하지 않은 상황에서 어떻게 하면 만약의 경우를 대비한 재난관리 인력을 효과적으로 관리할 수 있을지에 대한 고민도 필요하다. 현재와 같이 대규모 재난 후에 재난관리 인력을 대폭 증원하고 이후 재난이 뜸해지면 축소하는 식의 재난관리 조직운영은 그 어떤 분야보다 경험이 중시되는 재난관리 분야에서 비효율적 운영형식일 수밖에 없다. 전쟁을 염두에 둔 군이 상비군과 예비군으로 구분되고 일반 국민까지 참여를 염두에 두고 평시 훈련을 하는 것처럼, 재난관리에 있어서도 이렇게 예비인력과 국민참여를 염두에 둔 정책의 개발이 필요하다.

아직까지 한국형 재난관리체계에 대해서는 우리 재난관리의 짧은 역사로 인해 폭넓은 논의조차 시작되지 않았다. 따라서 기술할 내용의 한계로 인해 여기에서는 그 필요성만을 언급하고 구체적으로 정의와 방법에 대해서는 나중으로 미루도록 한다.

3. 요약 및 결론

이 장에서는 미래사회의 재난환경의 변화양상과 이에 대한 미래과제 및 대처방안을 살펴보았다. 미래의 재난은 불확실성이 증가하고 그 양상도 다양화, 대형화될 뿐만 아니라 복합적이고 복잡할 것이다. 이러한 재난환경에서 우리는 현재의 재난관리체계를 재난관리의 8대 원칙에 따라 포괄적, 선제적, 위험기반의, 통합적, 협력적, 조정형, 유연한, 전문적 체계로 전환시킬 필요가 있다. 다만, 이때 반드시 염두에 두어야 할 것은 해외 제도의 단순한 답습이 아니라 우리의 가진 사회문화, 행정환경을 염두에 둔 한국형 재난관리체계가 되어야 한다.

✍ 재난 이야기: 언제 변화가 이루어질까?

일부 예외가 있기는 하지만 재난은 매우 급격한 현상이다. 물론 재난이 우연의 일치로 발생하는 경우도 있지만 일반적으로 문제들이 축적되다 한꺼번에 터지면서 발생하는 현상이라고 이해하는 시각이 있다. 이러한 현상을 설명하는 방법으로 '티핑 포인트(Tipping Point)' 이론을 적용할 수가 있다.

원래 티핑 포인트는 1969년 노벨 경제학상 수상자인 토머스 셸링(Thomas Schelling)이 논문 "분리의 모델(Models of Segregation)"에서 처음 소개한 후에 사회 여러 현상에 다양하게 적용되고 있는 이론이다. 당초 셸링은 1970년대 백인 거주지역에 흑인의 비율이 일정 정도까지 증가하면 갑작스럽게 많은 백인들이 다른 지역으로 이주해 버리는 White Flight 현상을 발견하고 티핑 포인트 이론을 제시하였다.

티핑 포인트는 "갑자기 뒤집히는 지점"이라는 뜻으로 이 지점에 이르기 전까지는 아무 변화가 없다가 이 지점에서 균형을 이루던 두 세력들 간에 균형이 갑작스럽게 깨지면서 어느 한 세력이 갑작스럽게 절대적 우위를 차지하게 되는 현상이 발생한다. 즉, 이 지점에 다다르게 되면 아주 작은 변화가 급속한 변화를 야기하게 되는 것이다.

사람들은 사소한 잘못이 재난으로 번졌다며, 이를 단순히 운이 나빴다고 표현하지만 이는 그동안의 잘못된 관행이 누적되다가 어느 순간 티핑 포인트에 다다르게 되고 이때 일어난 사소한 잘못이 결국 큰 재난으로 연결이 된 것일 뿐이다. 다만, 재난관리 측면에서의 이러한 티핑 포인트의 개념은 재난발생이라는 부정적 상황에만 적용되는 것은 아니다. 거꾸로 위험사회를 안전사회로 바꾸는 과정도 사람들의 안전에 대한 노력이 계속 쌓이다 보면 결국 안전사회를 위한 티핑 포인트에까지 다다르게 되고 결국 이 지점에서 벌어지는 작은 실천이 안전사회를 확보하게 되는 계기가 된다는 것이다.

결국 티핑 포인트가 전달하는 메시지는 현재의 위험한 관행의 문제를 간과해서도 안 되며, 또한 현재의 안전을 위한 노력이 당장 가시적 성과가 나타나지 않는다고 실망할 필요도 없다는 것이다. 어느 순간 사회는 천당과 지옥과 같은 급격한 변화의 상황을 경험할 수도 있게 된다.

연습문제

1. 많은 학자들은 미래에 대규모 재난뿐만 아니라 새로운 재난의 발생이 증가할 것이라고 주장하고 있다. 현재 재난관리체계의 문제는 무엇이고 어떻게 개선해 나가야 하는가?

2. 최적의 재난관리체계가 무엇인가에 대한 논의는 아직 국내외적으로 종착역을 찾지 못하고 진행 중이다. 2008년 미국 연방재난관리청(FEMA)은 재난관리 8대 원칙을 밝힌 바가 있는데, 이를 준거틀로 해서 우리와 미국 재난관리체계를 비교 · 설명하라.

색인

(W)

(ㄱ)

(ㄴ)

(ㄷ)

(ㄹ)

(ㅁ)

(ㅂ)

(ㅈ)

(ㅊ)

(ㅋ)

(ㅌ)

(ㅍ)

저자 소개

임현우

- 학 력: 미국 University of Illinois at Urbana-Champaign에서 위험공학(Risk Engineering)으로 박사학위를 받았으며, 이후 미국 최초로 재난관리학이 독립학위 과정으로 개설된 University of North Texas 행정학과의 박사과정에 진학하여 재난관리 행정체계에 대한 연구를 수행하였다. 서울대학교 토목공학과를 졸업하고 同대학원에서 지진공학으로 석사학위를 받았다.
- 경 력: 지난 25년간 대부분을 재난관리 분야 공직생활을 하며 실무경험을 쌓았다. 대통령실, 행정안전부, 국민안전처, 국무총리실, 소방방재청, 지방자치단체 등에서 재난관리 업무 등을 담당하였고, 구체적 업무영역으로 재난복구, 재난보험, 상황관리, 재난경감, 지진방재 등이 있다. 자연재난분야 중앙재난안전대책본부 담당관(2020~2021년)과 코로나19 중앙재난안전대책본부 제2본부 담당관(2021~2022년) 등을 역임하였으며, 현재에도 대통령실에서 정부의 재난관리를 총괄·보좌하는 공무원으로 재직 중이다.
- 연 구: 미국 연방재난관리청(FEMA), 미국 국가과학재단(NSF) 등의 연구과제를 수행하였으며, University of North Texas의 Newell Fellowship 프로그램 등의 지원을 받아 재난행정에 대한 연구를 수행하였다. 이와 관련하여 국내외적으로 다수의 논문을 출판하였고 후학들을 위한 재난관리론, 정치와 정책, 경제성 분석론 등을 강의하였다.

유지선

- 학 력: 미국 최초로 재난관리학이 독립학위 과정으로 개설된 University of North Texas 행정학과에서 박사학위를 받았다. 홍익대학교 건설도시공학부를 졸업하고 서울대학교 대학원에서 지진공학으로 석사학위를 받았다.
- 경 력: 지난 18년간 대부분을 재난관리 분야 공직생활을 하며 실무경험을 쌓았다. 행정안전부, 국민안전처, 소방방재청 등에서 재난관리 업무 등을 담당하였고, 구체적 업무영역으로 재난복구, 재난예방, 안전관리, 기후변화, 국제협력, 위험커뮤니케이션 등이 있다. 현재에도 행정안전부의 재난 및 안전관리를 총괄·담당하는 공무원으로 재직 중이다.
- 연 구: University of North Texas의 Newell Fellowship 프로그램 등의 지원을 받아 재난행정에 대한 연구를 수행하였으며, 국내외적으로 다수의 연구논문을 출판하였다.

☞ 본 교재와 관련된 강의자료 등을 포함한 각종 재난관리 관련 자료들은 네이버 카페(http://cafe.naver.com/dsmgmt)를 통해 공유될 예정입니다. 또한, 현재의 교재내용 중 부족한 부분에 대한 사항도 이를 통해 지속적으로 보완할 예정입니다. 이와 관련하여 질문이나 제안이 있으신 경우, 저자(임현우: flyhwlim@gmail.com, 유지선: flyjsryu@gmail.com)에게 직접 연락 주시기 바랍니다.

제3판
재난관리론 I -이론과 실제-

초판발행 2019년 6월 10일
제2판발행 2022년 4월 28일
제3판발행 2024년 3월 10일

지은이 임현우 · 유지선
펴낸이 안종만 · 안상준

편 집 사윤지
기획/마케팅 조성호
표지디자인 권아린
제 작 고철민 · 조영환

펴낸곳 (주) 박영사
서울특별시 금천구 가산디지털2로 53, 210호(가산동, 한라시그마밸리)
등록 1959. 3. 11. 제300-1959-1호(倫)
전 화 02)733-6771
f a x 02)736-4818
e-mail pys@pybook.co.kr
homepage www.pybook.co.kr
ISBN 979-11-303-1929-2 94350
979-11-303-1928-5 (세트)

정 가 32,000원